唐翰林学士传论

晚唐卷（上）

傅璇琮◎著

辽海出版社

前　言

前　言

　　《唐翰林学士传论》上册（即盛中唐卷），于2005年12月由辽海出版社印成，2006年上半年发行。使我感到欣慰的是，此书一出版，就受到学术界的关注，并得到首肯。古典文学界名家陶文鹏、韩经太两位先生，于2006年三、四月间就在《光明日报》、《中华读书报》刊发书评，后两位中青年学者胡可先、李德辉，更撰写长篇评论，分别刊于《唐研究》第十二卷（北京大学出版社，2006年12月）、《文学评论》2007年第3期，他们共同肯定此书开拓了一个新的学术空间，通过翰林学士与文学关系的探讨，拓展历史文化层面的整体研究，同时又指出书中订正了史籍的不少错误，为唐代文史的进一步研究提供坚实的史料基础。另外，我又接到好几位学术挚友的信，信函与正式发表的文章不同，不全面论述，但清新、自由，使人备感亲切。如复旦大学陈允吉教授，谓此书"禀具文学家之灵魂，就中贯注着作者对古代上层社会一个特殊群体的同情和了解"。杨明教授认为"既是真实准确，又亲切具体还原历史，读来津津有味"。上海大学董乃斌教授也云"读起来真是津津有味"，"以'传论'的形式来写，也是一种创新"。

　　但学界对书中所述也有提出探讨意见的。如胡可先教授认为翰林待诏、翰林供奉并非同一职务，而是存有演变与更迭的关系；又指出，关于翰林学士所撰制诏文体的文学与文化价值，关于《蒙求》的境外文献（古抄本与刻本），日本学者已有可观成果，书中未及引用。又如南京师范大学郁贤皓教授，是李白研究权威学者，他在给我的信中详细考述玄宗朝翰林学士张垍并非如我在张垍传中所叙的天宝四载五月为兵部侍郎，后转为太常少卿或太常卿。这些，我都深受启发、教益。学术研究是不断探索的进程，有所得，也会有所失，这就要在自我摸索并广泛吸收意见中踏实行进。宋人叶梦得有云："古之君子不难于攻人之失，而难于正己之是非。"这应当是作学问的君子之风。

董乃斌教授于信中望我"劳逸结合，多加保重"，但仍云"更企望您对晚唐翰林学士研究的结集"。复旦大学王水照教授信中更引用古人所云"老当益壮，宁移白首之心"，称"洵为我侪立帜"，互勉继续做事。胡可先教授于《唐研究》的书评中更明确提出："晚唐时期史料缺失甚多，有关翰林学士的记载更少，即使有些记载，也是多有舛误的，故晚唐时期翰林学士的考索与研究，还是一项极其艰难的大课题，希望能够早日见到'晚唐卷'。"我对晚唐时期的翰林学士材料，好几年间都已有辑集、积聚，即于2006年集中时间撰写此"晚唐卷"。

晚唐期间翰林学士研究，确有不小难度，也当会有极大特色。盛中唐，自开元二十六年（738）建置翰林学士起，至敬宗宝历二年（826），共89年，有学士73人；晚唐，自文宗大和元年（827）起，至哀帝天祐四年（907），共81年，稍少于盛中唐，而学士却有150余人，多一倍。晚唐时期翰林学士，不仅人数多，且政治、文学活动更频繁，由学士直接提升为宰相的固然不少，而学士因朝政纷争而被贬甚至被杀者也常见。翰林学士之敢于直言，有政见，颇值得研究。如僖宗朝一位翰林学士卢携，在职期间就明确提出："国家之有百姓，如草木之有根柢。"（《乞蠲租赈给疏》，《全唐文》卷七九二）这就是颇可注意的"以民为本"，当时有此见识，洵属难得。正因此，他就向皇帝上疏，由于广泛发生旱灾，就须停止向民间征税，还应加以救济赈给。又如另一位懿宗朝翰林学士刘允章，他于咸通八年（867）十一月以礼部侍郎出院后，即于第二年（咸通九年）初知贡举，这也是唐翰林学士与科举考试关系密切之一例。他知举时，当时有交结宦官的"芳林十哲"应试，刘允章皆予排斥，"及掌贡举，尤恶朋党"（《唐语林》卷三）。可能因此即被遣出为鄂州刺史。值得一提的是，他后期任河南尹时，向朝廷进《直谏书》，开篇自称"救国贱臣前翰林学士"。文中着重提出，当时国之弊政，有"九破"，如贿赂公行、权豪奢僭、赋役不等、长吏残暴等，又谓民间有"八苦"，如官吏苛刻、赋税繁多、冤不得理、病不得医等。如此家破人亡情势，文中特为提出："今国家狼戾如此，天下知之，陛下独不知之。"这时距其任翰林学士已二十余年，但他仍称"前翰林学士"，可见他如此直抒己见，抨击弊政，即认为仍执行翰林学士之职责。晚唐翰林学士如此参预政治，直斥朝政，颇值得重视，却为过去研究唐翰林学士之唐史学界所未曾注意。

另可注意的是，晚唐翰林学士在职期间，除撰写制诏等官方文书外，还编撰与时政有关而又具有文献史料价值的著作。现举宣宗时两位学士为例。一为刘瑑，于大中前期在院时，曾编撰《刑法统类》一书，选辑唐太宗贞观二年（628）至宣宗大中五年（851）的刑法条令，二千八百六十五条，分为六百四十六门，并"议其轻重"。刘瑑确是"精于法律"（《旧唐书》本传），能编有这套长达二百二十余年的刑事法条令，应是有唐一代规模最大的法令资料汇编。另一为韦澳，宣宗中期在职时，应皇帝之命，广采各地州郡境土风物及民间习俗资料，编为一书，名为《诸道山河地名要略》，一名《处分语》，备宣宗议政时参考。据《东观奏记》、《通鉴》等所记，新授邓州刺史的薛弘宗，于宣宗召见、应对后，会晤韦澳，深叹皇上对当地情势了解之真切，韦澳询之，实为其所编《处分语》中记叙者。上述二书，确与政事有关，但又有相对独立的文献价值，当时的翰林学士能着意于此，也可见其非同寻常的学术意识。惜此二书后未留存，否则对研究唐代社会极有意义。

晚唐时期翰林学士另一特色，是与文士的广泛文字交往。晚唐时，由于社会动乱，科试风气颓坏，广大文士，特别是清寒知识分子，境遇极差，这是盛中唐时所未有的。也正因此，文士就着意与翰林学士的交往，期望学士以其特殊政治地位与社会声望为其举荐。如丁居晦于文宗大和时为翰林学士，当时以诗闻名的刘得仁，因"出入举场三十年，竟无所成"（《唐摭言》卷一〇），就献《上翰林丁学士》诗（《全唐诗》卷五四五），特为标出："时辈何偏羡，儒流此最荣。"将翰林学士称誉为儒林学界中"最荣"，是晚唐文士群体对翰林学士最具概括性的称誉。也正因此，翰林学士在院期间，文士多有诗文进献。如"咸通十哲"之一张蠙，于懿宗咸通时向翰林学士张裼献诗：《投翰林张侍郎》（《全唐诗》卷七〇二），后又于僖宗乾符时向另一位翰林学士萧遘献诗：《投翰林萧侍郎》（同上），就是因为十年间未曾得第（"十五年看帝里春，一枝头白未酬身"）。晚唐时期以诗著称者，如薛逢、赵嘏、李频、李山甫、顾云、郑谷等，均有诗求荐。即如晚唐前期两位名家李商隐、杜牧，也是如此。如前所提及的刘得仁进诗称誉"儒流此最荣"的丁居晦，李商隐就连续有两次为泾原节度使王茂元上书（《为濮阳公贺丁学士启》、《为濮阳公与丁学士状》）；李商隐又有《为濮阳公与周学士状》，即又代王茂元向学士周墀上书，皆既致祝贺，又望其荐引。李商隐另有以自己身份向武宗时翰林学士孙瑴两次上书（《上孙学士状》、《贺翰林孙舍人启》），时未授职，望其荐引。杜牧则于宣宗大中四年（850）向翰林学士郑处诲、毕诚等献诗，求举荐其出任外州刺史，以改善经济境遇。李商隐、杜牧不仅是当时文坛大家，且有独特性格，但仍对翰林学士深表企求之情，这也是当时士人的心理状态。

当然，晚唐时翰林学士也有一种反面现象，即宦官对翰林学士起相当大的作用。僖宗广明元年（880）十二月，黄巢军将攻占长安，僖宗出奔西川，宦官田令孜就迫使时任宰相的卢携罢相（卢亦曾为翰林学士），随即举荐王徽、裴澈两位翰林学士擢居相位。又僖宗在蜀期间，时任右拾遗的乐朋龟"谒田令孜而拜之，由是擢为翰林学士"（《通鉴》卷二五四）。后乐朋龟在院时应命撰《西川青羊宫碑铭》，就特颂谀田令孜"赏罚无私"，"恩威普度"。僖宗朝另一翰林学士徐彦若，其能入院，也受宦者杨复恭所荐。又如韦昭度，于僖宗中和元年（881）以翰林学士身份在成都知贡举试，当时有二位应试者由于依附田令孜，田令孜乃出力使此二人登第，韦昭度只能曲意为之。这都值得注意。

就上所述，我们现在研究唐翰林学士，就不能仅局限于考索入院、出院年月及在院期间之官阶迁转，而应较全面地探讨学士的生平行迹、参政方式、生活心态、社会交流，等等。应该说，两《唐书》是这方面研究的基本史料，但晚唐时期，两《唐书》，尤其是《旧唐书》，在记事方面有不少错失。清代学者钱大昕认为，《旧唐书》于晚唐史事，所记虽"卷帙滋繁，而事迹之矛盾益甚"（《廿二史考异》卷五七）。我们要全面研究有唐一代翰林学士，如不订正两《唐书》记事之误，就会出现不少差错，并导致理论探讨不确或失误。

也正因此，这次我集中为晚唐翰林学士一一立传，就仔细考察两《唐书》所记，不仅着眼于其在院任职期间，而且尽可能探索其一生事迹，特别是入院前仕历。但也正因此，发现两《唐书》讹误之繁复，是盛中唐撰传时所未曾有的。今概举数例如下。

如本书文宗朝前十位学士，新旧《唐书》皆有传，但两《唐书》于此十位学士，均有误记。即以第七位丁公著而言，其于文宗大和三年（829）四月以礼部尚书入为翰林侍讲学士，同年七月出院。《旧唐书》卷一八八本传载其前于穆宗时已任为工部侍郎，后"授浙江西道节度使"；《新唐书》卷一六四本传也记其出为浙西观察使。而《旧唐书·穆宗纪》长庆元年（821）十月，则记此次出任为浙东观察使。经查核，时任中书舍人的白居易撰有丁公著授职制文（见朱金城《白居易集笺校》卷五〇），即称其为越州刺史、浙东观察使。由此可证新旧《唐书》本传误，《旧纪》所记浙东，是。但《旧纪》记丁公著此次由工部尚书出任，而据白居易制文，应为工部侍郎，则《旧纪》亦有误。另，《新传》记丁公著出院，谓"四迁礼部尚书、翰林侍讲学士。长庆中，浙东灾疠，拜观察使"，则将丁公著为翰林侍讲学士列于穆宗长庆前期，实则丁公著于文宗大和三年四月才入院，《新传》误提前五、六年，将丁公著误列于穆宗朝学士。又丁公著此次出任外镇，据《旧纪》及丁居晦《壁记》，乃为浙东，非浙西。《新传》记此次出院，又有显误。两《唐书》纪、传记丁公著此后仕迹，又有两误。可见仅丁公著一人，两《唐书》所记，就有七、八处讹误。又如文宗朝第四位学士许康佐，《新唐书》卷二〇〇本传记云："迁侍御史，以中书舍人为翰林侍讲学士，与王起皆为文宗宠礼。"意即许康佐先为中书舍人，后入院，与同院的王起皆受文宗信重。实则许康佐于大和元年八月以度支郎中入院，至大和四年八月才累迁为中书舍人，非入院前已为中书舍人。且许康佐于大和九年（835）五月已出院，而王起于开成三年（838）才入，则许、王二人未曾同时在院。《新传》此处所记，仅二句，即有二误。

限于篇幅，此处即不细述，书中有具考。前已提及，文宗朝首十位，两《唐书》纪、传所记均有误；又就本书所考，文宗朝共有 29 位学士，两《唐书》有传的为 26 人，而所记有误者则有 23 人，这确应引起注意。文宗朝如此，其他如宣宗、懿宗、僖宗、昭宗朝，误处有时更多。如懿宗朝杨收，两《唐书》纪、传所记，有七、八处讹误。又如赵鹭，无专传，《新唐书》卷一八二《赵隐传》（赵隐为其兄），记其事仅一句：“终宣歙观察使。”仅此一句，即有误，《新唐书·宰相世系表》及《旧唐书·赵隐传》皆记其终于华州刺史、镇国军节度使。又如宣宗朝学士宇文临，两《唐书》也无专传，仅《新唐书》卷一六〇其父宇文籍传附记一句，谓其“大中初登进士第”。按宇文临实于大中元年闰三月以礼部员外郎入为翰林学士，何以于同年即大中元年才登进士第，即于二、三月内即入为翰林学士？且入院前已任为礼部员外郎，进士刚登第是绝不可能授以从六品上之礼部员外郎的。可见晚唐时翰林学士，有时虽无专传，仅于他传中记有一句，也会有显误。

就以上概略介绍，确可佐证胡可先教授书评中所说，“故晚唐时期翰林学士的考索与研究，还是一项极其艰难的大课题”。本书是尽量对两《唐书》关于翰林学士记事之误加以辩正，同时也对有关部分予以补述，以有助于全面了解。如郑薰，文宗大和二年（828）登进士第，后于宣宗大中三年（849）以考功郎中入院，《新唐书》卷一七七有其传。但《新传》记其“擢进士第”后，即云“历考功郎中、翰林学士”，对其间二十余年无一字叙及。我这次为郑薰撰传，则根据有关史书及诗文集材料，如明陶宗仪《古刻丛钞》著录之《张公洞壁记》，《赤城志》，许浑《陪越中使院诸公镜波馆饯明台裴郑二使君》、《陪郑使君泛舟晚归》等诗，《全唐文》卷七九一王讽《漳州三平大师碑铭并序》，《闽书》卷二九《漳州》，考述郑薰于大和二年登第后，大和四、五年间在岭南幕府任职，武宗会昌六年在台州刺史，与诗人许浑有交游，宣宗大中初又任漳州刺史，后于大中三年初入朝为考功郎中，同年九月以考功郎中入院。又宣宗朝学士萧寘，《旧唐书·萧遘传》、《新唐书·萧瑀传》仅记其于咸通中任宰相，别无他记，我这次则据杜牧诗、李商隐文，及《剧谈录》、《东观奏记》等唐人笔记杂文及《资治通鉴》，考其任职前后事略，并辨《旧唐书·懿宗纪》记咸通六年四月萧寘尚在相位之误（萧寘实于咸通六年三月已卒）。又如与萧寘同时的庾道蔚，两《唐书》无传，本书则采辑杜牧制文、李商隐赠诗、笔记《东观奏记》及出土墓志，概述其一生主要事迹。类似者，又有武宗朝李褒，宣宗朝郑颢、崔慎由、孔温裕等，僖宗、昭宗朝更有，请参阅。

除两《唐书》外，我在撰传时还注意纠正其他史书之误。如本书晚唐卷第一位学士，文宗朝王源中，清徐松《登科记考》卷一七记其于宪宗元和二年（807）登进士第，标其所据，云"见《旧书·文苑·卢景亮传》"。实则《旧唐书·文苑传》未有卢景亮传，《旧唐书》全书也未有为卢景亮立传者，徐《考》实为显误。而孟二冬《登科记考补正》也未记及，仅云"亦见《新唐书·卢景亮传》"，实则《新唐书·卢景亮传》仅谓王源中"第进士"，未记有登进士年。类似者如文宗朝高元裕，徐《考》亦有误，孟二冬也未补正。另如《全唐文》，也有好几处误。如李让夷，于文宗大和二年入院，

《全唐文》卷六九三载有李虞仲《授学士李让夷职方员外郎充职制》，李虞仲与李让夷同时；而《全唐文》卷三六六又载贾至所撰制文，文题同，贾至则为玄宗、肃宗时人，时代不合，《全唐文》误载。又如《全唐文》卷七六七载宣宗朝学士沈询文六篇，而卷七六三以沈珣名载文十六篇，其小传所记实为沈询事，文亦实为沈询所作。《全唐文》乃误袭《文苑英华》，当前《文苑英华》研究，也未注意及此。

以上纠误、补辑，仅举数例。清章学诚《文史通义》卷五曾谓："浙东之学，言性命者必究于史。"作为浙东人，我确愿承袭浙东之学，着意于文史结合，如上册"前言"所说，希望为唐史研究补一"翰学"传，算是新世纪所补作的一种唐代史书。

本书系安徽师范大学中国诗学研究中心学术项目。

2007 年 3 月

[附记]

本卷于今年二月写就，送交辽海出版社后，又从有关史料发现新出土的墓志，可以补辑有些翰林学士未传存之作，这一方面可有助于有关翰林学士行迹的了解，另一方面又可纠正两《唐书》记事之误。由于排版已定，不能在行文中补述，故于近期复阅校样时，摘要记述如下。应当说，这些新发现的史料，确是很值得参阅、研索的。

懿宗朝翰林学士李贶，《全唐文》卷七六一仅载其《连山燕喜亭后记》一文，为入院前所作（武宗会昌五年十一月）。《唐研究》第十二卷（北京大学出版社，2006 年 12 月），载有赵力光《〈唐庆王李沂墓志〉综考》一文，此文据西安碑林博物馆所藏李觊所著《唐故庆王墓志》（西安市灞桥区席王乡出土，2006 年 5 月 15 日入藏）。按庆王李沂，为宣宗第五子。此《志》记，李沂卒于大中十四年（860）八月一日，同年十月二十一日迁葬于京郊万年县崇道乡。《旧唐书》卷一七五、《新唐书》卷八二《宣宗十一子传》，皆记庆王李沂于大中十四年（咸通元年）卒，未记月日，而《新唐书》卷九《懿宗纪》则于咸通元年具记为："十一月丙子，朝享于太庙。丁丑，有事于南郊，大赦，改元。是月，庆王沂薨。"则李觊所撰此《志》可纠正《新唐书·懿宗纪》此处记时之误。

另赵力光文又附录西安碑林博物馆新征集之《唐昭王李汭墓志》，撰者为徐仁嗣，署为"翰林学士、朝散大夫、守中书舍人、上柱国、赐紫金鱼袋臣徐仁嗣奉敕撰"。《志》中记昭王李汭为宣宗第九子，于懿宗咸通六年（865）四月二十七日卒，僖宗乾符三年（876）十月三十日迁葬于京郊万年县。按据《旧唐书·僖宗纪》，徐仁嗣于乾符二年（875）二月为司封郎中，仍在院，后即无记。由此《志》，即可补记：乾符三年十月，徐仁嗣在院时已升迁为中书舍人（现已补记于"学士年表"）。又《旧唐书》卷一七五《宣宗十一子传》载："昭王汭，第八子也，大中八年封，乾符三年薨。"实则据《志》，李汭于咸通六年四月卒，乾符三年十月迁葬，《旧传》显误。

新出土墓志可订正两《唐书》误记，可再举一例。吴钢主编《全唐文补遗》第七辑（三秦出版社，2000 年），第 155 页，载有裴澈《唐故广王墓志铭》。此广王，即宣宗第十一子李滩。《志》中称广王于咸通五年（864）六月一日卒，年十一，乾符四年（877）四月十四日迁葬于万年县浐川乡，与前昭王李汭相似。《旧唐书》卷一七五《宣宗十一子传》，记广王李滩"大中十一年封",未记其卒,而《新唐书》卷八二《宣宗十一子传》却记其"乾符四年薨"。此亦以迁葬之年误记为卒年。又,裴澈为僖宗朝翰林学士,于乾符二年(875)以度支郎中入,广明元年(880)十二月由户部侍郎擢迁为相,在院期间八年,史书未记有其官阶迁转,《全唐文》也未载其文。此《唐故广王墓志铭》,可补其仕。《志》署名"翰林学士、朝议郎、守尚书礼部员外郎、柱国、赐绯鱼袋臣裴澈奉敕撰",则乾符四年四月,裴澈已迁为礼部员外郎,可补(今补记于"学士年表")。

另如宣宗朝翰林学士蒋伸,《全唐文》卷七八八载其制文九篇,均为其入院前以他官兼知制诰时所作。今检周绍良主编《唐代墓志汇编》(上海古籍出版社,1992年),其大中一二〇(页2344)载有蒋伸所作《唐故天平军节度赠兵部尚书乐安孙府君墓志铭》,记《志》主孙景商于大中十年(856)八月二十二日卒,同年十月二十七日葬,葬前蒋伸为其作墓志,署为"翰林学士承旨、通议大夫、户部侍郎、知制诰、上护军、赐紫金鱼袋蒋伸撰"。据此亦即可佐证丁《记》记蒋伸于大中十一年(857)十二月以兵部侍郎、知制诰入为翰林学士之误。于此亦可补充蒋伸在院时所作之文,以补《全唐文》之缺。

以上为本卷(晚唐卷)所补之作,另,盛中唐卷,据近所检,亦可补。如陈尚君《全唐文补编》(中华书局,2005年9月)卷三五,据《贞元新定释教目录》卷一四,辑有吕向《金刚智行记》,玄宗开元十八年(730)作。《全唐文补遗》第七辑(页60),载吴通微《大唐故永王第二男(李伶)新妇河东郡夫人宇文氏墓志铭并序》,为早期入院前任校书郎时所作。又《唐研究》第十二卷赵力光《〈唐庆王李沂墓志〉综考》,据《新中国出土墓志·陕西卷一》(文物出版社,2000

年），记有吴通微《行内侍省内常侍俱慈顺墓志》，德宗贞元七年（791）作，署"尚书职方郎中、知制诰、翰林学士"。《新中国出土墓志·陕西卷一》又有吴通玄《雷彦芬妻冯氏墓志》，贞元三年（787）作，署为"起居舍人、翰林学士"。

2007 年 6 月

目 录

文宗朝翰林学士传

目　录

文宗朝翰林学士传

王源中

王源中，《旧唐书》无传，《新唐书》卷一六四有传，附于《卢景亮传》后。卢景亮于德宗时曾任右补阙，敢于直谏，"多激发"，即受德宗之贬，为朗州司马；宪宗时召回，迁为中书舍人，元和初卒。《新唐书·卢景亮传》乃于传后云："宪宗时，以直谏知名者，又有王源中。"故附记王源中事。

唯《新唐书·王源中传》所记甚简。首云"字正蒙"，未记其籍。按《新唐书》卷七二中《宰相世系表》二中，记其为王弘让后裔；《旧唐书》卷八九《王方庆传》，记方庆为雍州咸阳人，其伯父即弘让。则王源中之郡籍当即咸阳（今属陕西）。

《新传》于"字正蒙"后，接云"擢进士、宏辞"，未记年。清徐松《登科记考》卷一七系于宪宗元和二年（807）状元，云"见《旧书·文苑·卢景亮传》"。[1] 经查核，《旧唐书·文苑传》未有卢景亮传，且《旧唐书》全书也未有为卢景亮立传者，徐《考》显误。孟二冬《登科记考补正》亦未予指正，并又云"亦见《新唐书·卢景亮传》"。[2]前已引述，《新唐书》卷一六四《卢景亮传》后所附王源中传，仅谓王源中"擢进士"，未记有登第年，不知孟之《补正》何以云此。

不过王源中确于元和二年进士登第，且为状元，其现存主要依据当为《唐才子传》卷四《窦巩传》，称"元和二年王源中榜进士"。[3]窦巩于元和二年进士及第，晚唐时褚藏言所作《窦巩传》已有记，并记同年及第者有王源中，云："府君元和二年举进士，与今东都留守左仆射孙公简、故吏部侍郎兴元节度使王公源中、中书舍人崔公咸、制诰李公正封同年上第。"（《全唐文》卷七六一）

《新传》于"擢进士"后，接云"宏辞，累迁左补阙"，亦未记年，当在宪宗时。又《白居易集笺校》卷四九"中书制诰"二，有《李彤授检校工部郎中充郑滑节度副使、王源中授检校刑部员外郎充观察判官各兼侍御史赐绯紫制》，[4]制中称"（王）承元有大忠于国，受重任于外"，于是朝廷派遣李彤、王源中在其幕府任职，使其"叶力以济"。按此制为中书制诰，白居易于元和十五年（820）十二月任主客郎中、知制诰，长庆元年（821）十月转迁中书舍人，长庆二年七月出为杭州刺史；又《旧唐书》卷一六《穆宗纪》，王承元于元和十五年十月为义成节度使、郑滑等州观察使。据此，则白居易此制当作于长庆元年间，王源中于此时具刑部员外郎衔（从六品上），充郑滑节度观察判官。此已为其登第后十余年。

《新传》接云："累转户部郎中、侍郎，擢翰林学士。"即自此进入翰林学士任（不过《新传》此处所叙，于"侍郎"后云"擢翰林学士"，误，详后）。

丁居晦《重修承旨学士壁记》（后简称丁《记》），记"宝历后二人"，即王源中、宋申锡，并记王、宋二人同于宝历元年（825）九月二十四日入。按《旧唐书》卷一六七《宋申锡传》记为："宝历二年，转礼部员外郎，寻充翰林侍讲学士。"宋王应麟《玉海》卷二六"帝学"门，有《唐翰林侍讲学士》条，中云"（宝历）二年，礼部员外郎宋申锡"为翰林侍讲学士。据此，则王源中与宋申锡当皆于宝历二年（826）入，丁《记》误"二"为"元"（岑氏《注补》亦考及）。

丁《记》记王源中："宝历元年九月二十四日，自户部郎中充。十一月二十八日，赐紫。"此可将"元年"改为"二年"。即王源中此前为户部郎中（《新传》已有记），现即以户部郎中入为翰林学士。

又，敬宗于宝历二年十二月卒，则王源中与宋申锡于宝历二年九月入，在敬宗朝仅三月，二人在院供职主要在文宗时，故本书将王源中、宋申锡列于文宗朝翰林学士，非如丁《记》仅记于宝历敬宗朝。

丁《记》后云："（宝历）二年正月二十八日，权知中书舍人。"据前所考，则此"二年"当改为"三年"，亦即文宗大和元年（827）。按文宗于宝历二年十二月即位，翌年二月乙巳改元大和（《旧唐书》卷一七上《文宗纪》误将乙巳仍列于正月）。由此，则丁《记》所记据院中壁录，故仍将此"正月二十八日"记为宝历三年。

李虞仲有《授学士王源中等中书舍人制》（《全唐文》卷六九三），此云"等"，实即王源中、宋申锡二人，即王、宋二人既同时入院，后又同时擢迁。制中称王源中为朝散大夫、守尚书户部郎中、充翰林学士、上柱国、赐紫金鱼袋，现改授中书舍人，依前翰林学士；宋申锡原为朝议郎、行尚书礼部员外郎、充翰林学士、上柱国、赐紫金鱼袋，现授为尚书户部侍郎、知制诰。但丁《记》所记，王源中为正月二十八日，宋申锡为正月八日，日期有异。按韦表微《翰林学士院新楼记》，[5]有云："明年正月，学士路君迁小司马为承旨，表微洎王、宋二舍人皆迁秩加职。"此所谓"明年"，即大和元年，路随于此年正月八日为翰林学士承旨，韦表微亦于此年正月（未记日）迁户部侍郎、知制诰（见前穆宗朝路随、韦表微传），岑氏《注补》亦引韦表微此记，谓宋申锡、王源中既与路随同日擢迁，则当为正月八日，非正月二十八日，当是。即丁《记》记王源中于正月二十八日权知中书舍人，当为正月八日。

又李虞仲制曰："朝庭之制，外有纶阁之职，以奉大猷；中有翰苑之司，以专密命。帝王懿范，备举而行，森然在前，其道一贯。"此处虽称中书舍人之职在外，但仍"以奉大猷"，且与翰林学士共将"帝王懿范，备举而行"，"其道一贯"。可见当时对中书舍人仍是看重的。制又云："二者（指王、宋）皆国器也，先皇帝能用之，顾予冲人，敢不加敬。"云"先皇帝"，即指敬宗，可见此次擢迁、改授，乃文宗刚即位时，此亦可证非丁《记》原所记之宝历二年正月。

丁《记》接云："大和二年二月五日，正拜。十一月五日，迁户部侍郎、知制诰。"即王源中于大和元年正月八日，权知中书舍人，逾一年，大和二年二月五日，正式具为中书舍人官衔（正五品上），而同年十一月五日，又迁为户部侍郎（正四品下）并兼知制诰。李虞仲又有《授学士王源中户部侍郎制》（《全唐文》卷六九三），首称"翰林学士、中散大夫、中书舍人、上柱国、赐紫金鱼袋王源中"，后云"可尚书户部侍郎、知制诰，依前充翰林学士，散官勋赐如故"。此制为十一月作，此前即同年二月王源中已由"权知"改"正拜"，故即称"翰林学士、中书舍人"。

由此，则王源中于大和二年十一月在任职期间，由中书舍人迁户部侍郎，而《新传》未提及中书舍人，仅云"累转户部郎中、侍郎，擢翰林学士"，即先为户部侍郎，后擢入为翰林学士，当为疏失。

另有一误处，即宋陈思《宝刻丛编》（《丛书集成初编》本）卷七长安县，著录有《唐左威卫将军李藏用碑》，引据《集古录目》云"唐礼部侍郎、翰林学士王源中撰，翰林待诏唐玄度篆额"；又谓"碑以大和四年立"。又欧阳修《集古录跋尾》卷九亦有《唐李藏用碑》，题下注"大和四年"，但仅云"右《李藏用碑》，王源中撰，唐玄度书"。[6]如此，则《宝刻丛编》所引《集古录目》，记王源中于大和四年在礼部侍郎任。实则王源中在院期间未曾任礼部侍郎。此或为《宝刻丛编》转引之误，非欧阳修原误。《李藏用碑》，《全唐文》未载，为王源中佚文。李藏用亦为宦官，官至冠军大将军、左威卫大将军。为宦官立碑撰传，亦为唐翰林学士之常务。

《新传》记王源中擢为翰林学士后，云"进承旨学士"，未标年月。丁《记》则于大和二年（828）十一月五日记其迁户部侍郎、知制诰后，谓："十二月，加承旨。"则于大和二年十二月又加为学士承旨。按据前穆宗朝韦表微传，韦表微于大和二年二月二十八日加承旨，三年八月以疾出院，如此则王源中不可能在韦表微于承旨任期又加此职。岑氏《注补》亦提及韦表微事，谓可能韦表微于大和三年八月出院后，王源中乃于是年（即大和三年）十二月接任承旨，丁《记》于"十二月加承旨"前应补"三年"二字。岑氏此说虽为揣测，但较合理，可从。

丁《记》接云："（大和）八年四月二十日，出院。"《旧唐书》卷一七下《文宗纪》下，亦有记，即大和八年四月"乙巳，翰林学士、兵部侍郎王源中辞内职，乃以源中为礼部尚书"。岑氏《注补》曾提及，乙巳为廿四日，丁《记》记为二十日，先四日。但此仅为小异，不必深究。应提及的是，《旧纪》记王源中时为兵部侍郎，而《新传》、丁《记》皆未载王源中曾任兵部侍郎，此有两种可能，一为大和三年十二月任承旨后，又曾由户部侍郎改兵部侍郎，二为《旧纪》有误，所记之"兵部侍郎"应仍为"户部侍郎"。

关于王源中出院，《旧纪》记为自己辞职，《新传》则有具体记述："源中嗜酒，帝召之，醉不能见。及寤，忧其慢，不悔不得进也。他日，又如之，遂失帝意。以疾自言，出为山南西道节度使。"又《太平御览》卷八四六有记云："王源中为户部侍郎、翰林承旨学士。性颇嗜酒，尝召对，源中方沉醉，不能起，及醉醒，同列告之，源中但怀忧，殊无悔恨。他日又以醉，不任赴召，遂终不得大任，以眼病求免所职。"[7]《太平御览》所记，文意更清，似可见当时处境与心态，即王源中任职时间虽长，但其后期，面对当时政局之宦官专权，朋党纷争，未能如宪宗时敢于直言。[8]如大和五年（831）宋申锡为宦官诬告而下狱，当时外廷如左常侍、给事中、谏议大夫、补阙等八人有直谏（详见后宋申锡传），而时在内廷、被誉为"心腹"的翰林学士，却未有进言者。可能迫于压力，王源中于后期就嗜酒，后即以疾辞职出院。

《新传》记王源中出院后即为山南西道节度使，而据《旧唐书·文宗纪》，王源中于大和八年四月乙巳出院，为礼部尚书；同年十一月"癸丑，以礼部尚书王源中检校户部尚书，充山南西道节度使"。即《新传》缺记出院时任礼部尚书。《旧纪》又记，大和九年十月庚子，"以前山南西道节度使王源中为刑部尚书"；十二月"丙子，以刑部尚书王源中为天平军节度使"。又开成三年（838）十一月，"乙丑，天平军节度使王源中卒"。《新传》亦谓："开成三年卒，赠尚书右仆射。"传末评云："源中澹名利，率身治人，约而简，当时咨美。"

评价虽高，但其任翰林学士期间之业绩不显。

《新唐书·艺文志》未著录其著作。《全唐诗》、《全唐文》亦未载其诗文。前所记述之欧阳修《集古录目》曾录其所撰《李藏用碑》，则其任翰林学士时仍有所撰。

注释

〔1〕清徐松《登科记考》，赵守俨点校，中华书局，1984年。

〔2〕孟二冬《登科记考补正》，北京燕山出版社，2003年。

〔3〕见《唐才子传校笺》第二册，傅璇琮主编，中华书局，1989年。

〔4〕《白居易集笺校》，朱金城笺校，上海古籍出版社，1988年。

〔5〕韦表微《翰林学士院新楼记》，原载《全唐文》卷六三三，今据傅璇琮、施纯德编校《翰学三书》，页13；辽宁教育出版社，2003年。

〔6〕见《欧阳修全集》卷一四二，中华书局点校本，2001年。

〔7〕《太平御览》，中华书局影印宋刊本，1963年。

〔8〕如《新传》记王源中于宪宗时任左补阙，"是时，中官领禁兵，数乱法，捕台府吏属系军中。源中上言：'台宪者，纪纲地，府县责成之所。设吏有罪，宜归有司，无令北军乱南衙，麾下重于仗内。'帝纳之。"

宋申锡

宋申锡，两《唐书》有传，见《旧唐书》卷一六七、《新唐书》卷一五二。

《旧传》："宋申锡字庆臣。祖素，父叔夜。"未载其籍。《新传》即谓"史失其何所人"。按《新唐书》卷七五上《宰相世系表》五上，广平宋氏，记有宋申锡。《元和郡县图志》，[1]卷一五河东道，有洛州广平郡，相当于今河北邯郸、鸡泽等地。广平当为宋氏郡籍。

《旧传》未载其祖、父仕迹，称宋申锡"少孤贫"。后云："有文学，登进士第，释褐秘书省校书郎。"清徐松《登科记考》即列于已登第但未知其年之卷二七。按《旧传》后云："韦贯之罢相，出湖南，辟为从事。其后累佐使府。"据《旧唐书》卷一五《宪宗纪》下，元和十一年（816）八月壬寅，韦贯之罢相，九月，出为湖南观察使。如此，则宋申锡约于元和十年前登第，十一年九月后在湖南幕，"后累佐使府"。《新传》亦简称为"擢进士第，累辟节度府"。

《旧传》接云："长庆初，拜监察御史。"白居易有《张彻宋申锡可并监察御史制》，朱金城《白居易集笺校》卷四八"中书制诰"载此篇，谓长庆元年（821）作，时白居易为中书舍人。[2]制中云："今御史中丞僧孺奏，某官张彻、宋申锡皆方直强毅，可监察御史。章下丞相府，丞相亦曰可。朕其从之，并可监察御史。"按牛僧孺于元和十五年（820）十一月为御史中丞，长庆二年（822）正月迁户部侍郎，则其荐张彻、宋申锡为监察御史（正八品上），当在长庆元年（821）。

《旧传》接云："（长庆）二年，迁起居舍人。宝历二年，转礼部员外郎，寻充翰林侍讲学士。"即宋申锡以礼部员外郎入院，为翰林侍讲学士。但丁《记》记为宝历元年（825），云："宝历元年九月二十四日，自礼部员外郎充侍讲学士。十一月二十八日，赐紫。"前王源中传已考，王源中与宋申锡为同时入院，又同日赐紫，应为宝历二年。宋王应麟《玉海》卷二六"帝学"门，《唐翰林侍讲学士》条，亦明确记"（宝历）二年，礼部员外郎宋申锡"为侍讲学士。丁《记》所记时误。

《新传》于此亦有误述，云："以礼部员外郎为翰林学士，敬宗时，拜侍讲学士。"则宋申锡于敬宗前即穆宗时已以礼部员外郎入为翰林学士，至敬宗时改为侍讲学士。而据前考，宋申锡与王源中同于宝历二年（826）九月二十四日入院，而穆宗则于长庆四年（824）正月已卒，宋申锡何能在穆宗时已入？且宋申锡于敬宗宝历二年入院时即已为翰林侍讲学士，何以先为翰林学士、后又改为翰林侍讲学士。按唐时士人入院者，有先为翰林侍讲学士，后改为翰林学士者，从未先为学士后又改为侍讲。北宋时亦有翰林侍讲学士，《新唐书》撰写者何以有此显误？

丁《记》于"十一月二十八日，赐紫"后，接云："十二月十九日，改充学士。"据前考述，此当为同年即宝历二年，也与《旧唐书》卷一七上《文宗纪》上所载合，即宝历二年十二月庚戌，"侍讲学士宋申锡充书诏学士"。此为文宗即位仅一月，对宋申锡当有重视。

又据前王源中传考，王源中与宋申锡于大和二年（828）正月同迁官秩，丁《记》记王源中"二年正月二十八日，权知中书舍人"，宋申锡则为"二年正月八日，迁户部郎中、知制诰"。据李虞仲《授学士王源中等中书舍人制》（《全唐文》卷六九三），王、宋二人既同时授，当为此年正月八日。但《全唐文》所载李虞仲此制，记宋申锡所迁之官秩有误。据丁

《记》，宋申锡乃由入院时之礼部员外郎迁为户部郎中并知制诰，而李虞仲所撰之制则谓迁户部侍郎。按唐官制，不可能由从六品上之礼部员外郎直接擢迁正四品下之户部侍郎的。此制亦载于《文苑英华》卷三八四，亦记为户部侍郎。《全唐文》当沿袭《文苑英华》之误。由此可见，当代对《文苑英华》也有必要加以全面点校整理。

丁《记》接云："大和三年六月一日，迁中书舍人。"而《旧传》则称"大和二年，正拜中书舍人"。岑氏《注补》谓"如依《记》作三年，是申锡试用几二年半而后正拜"，不应如此之长，应据《旧传》作大和二年。按宋申锡于大和二年正月为户部郎中、知制诰，至三年六月迁中书舍人，仅一年半，非二年半，岑氏误算。经一年半而由从五品上之户部郎中迁为正五品上之中书舍人，即升两阶，当为习例，非超常规，故当以丁《记》为是，《旧传》不确。

关于出院，丁《记》记为："（大和）四年七月七日，迁尚书右丞，出院。"《旧唐书》卷一七下《文宗纪》下，大和四年七月，"癸未，诏以朝议郎、尚书右丞、上柱国、赐紫金鱼袋宋申锡为正议大夫、行尚书右丞、同中书门下平章事"。《新唐书》卷六三《宰相年表》同。《旧传》谓："未几，拜左丞，踰月，加平章事。"此云踰月，则出院当在大和四年六月，此与丁《记》、《旧纪》所记异，且记为左丞，亦异。但此皆为小异。宋申锡于大和四年七月出院，不到一月，即擢为相，这与当时的政局有关。

《旧传》与《通鉴》对此都有具体记述。《旧传》谓："初，文宗尝患中人权柄太盛，自元和、宝历比致宫禁之祸。及王守澄之领禁兵，恃其宿旧，跋扈尤甚。有郑注者，依恃守澄为奸利，出入禁军，卖官贩权，中外咸扼腕视之。文宗雅知之，不能堪。申锡时居内廷，文宗察其忠厚，可任以事。尝因召对，与申锡从容言及守澄，无可奈何，令与外廷朝臣谋去之，且约命为宰相，申锡顿首谢之。未几，拜左丞，逾月，加平章事。申锡素能谨直，宠遇超辈，时情大为属望。"

《通鉴》卷二四四大和四年六月记："上患宦者强盛，宪宗、敬宗弑逆之党犹有在左右者；中尉王守澄尤专横，招权纳贿，上不能制。尝密与翰林学士宋申锡言之，申锡请渐除其偪。上以申锡沈厚忠谨，可倚以事，擢为尚书右丞。七月癸未，以申锡同平章事。"

正因如此，文宗于《授宋申锡行尚书右丞平章事制》中，赞誉曰："自选入周行，参我内署，奉职恭肃，率心坦夷。蕴冲用以究国经，铺训词以润王度，密赞弥久，宏益兹多。朕累因暇日，召于别殿，访以大政，观其立诚，而胸襟洞开，肝膈无隐，识精词直，实契虚求。固可以掖持化权，参决理本，是用升于鼎铉，付以枢机。"（《全唐文》卷六九）制中主要称赏其两点，一是"奉职恭肃，率心坦夷"，二是"识精词直"，故托以重任，委以密谋。

但宋申锡任相仅半年，即出事。《通鉴》卷二四四大和五年（831）二月记："上与宋申锡谋诛宦官，申锡引吏部侍郎王璠为京兆尹，以密旨谕之。璠泄其谋，郑注、王守澄知之，阴为之备。上弟漳王凑贤，有人望，（郑）注令神策都虞候豆卢著诬告申锡谋立漳王。戊戌，守澄奏之，上以为信然，甚怒。"这样，此年三月，宋申锡即罢相，旋贬为开州司马。关于此事，两《唐书》本传都有详记，不赘述。《旧传》称宋申锡任相后，"望实颇不相副"，他以密谋告与京兆尹王璠，亦可见其不慎。但宋申锡此事，实为郑注、王守澄诬告，这是文宗朝宦官对朝官发动的第一次较大的攻击，即制造冤狱，罢黜宰相，间接打击文宗想要削弱宦官专权的谋划。值得注意的是，当时外廷一些官员为宋申锡辩护者不少，据《通鉴》载，就有"左常侍崔玄亮、给事中李固言、谏议大夫王质、补阙卢钧、舒元褒、蒋係、裴休、韦温等复请对于延英，乞以狱事付外覆按"，即要求在外廷正式审阅。而当时在院的翰林学士，却无一人言及者。

据《旧纪》、《旧传》，大和七年（833）七月，宋申锡即卒于开州（今重庆开县）。当时诗人许浑就特作诗悼念，有《闻开江宋相公申锡下世二首》（《全唐诗》卷五三六），其一云："权门阴奏夺移才，驲骑如星堕峡来。晁氏有恩忠作祸，贾生无罪直为灾。贞魂误向崇山殁，冤气疑从汨水回。毕竟功成何处是，五湖云月一帆开。"[3]许浑此诗确表达当时对宋申锡冤狱的不平之情及对宋申锡悲惨遭遇的吊念。

宋申锡著作未有著录。《全唐文》卷六二三载其文一篇：《义成军节度……李公德政碑铭并序》，为李听作。中云："圣皇践位之明年，以大和纪岁号。……监军使宋守义列疏其事。……词臣奉诏，勒铭贞石。"则为大和元年作。自称"词臣"，即在翰林学士任期，奉命为节度方镇记其德政之作。这是宋申锡在院时所作传存的唯一一篇。

注释

〔1〕《元和郡县图志》，唐李吉甫撰，贺次君点校，中华书局，1983年。

〔2〕《白居易集笺校》，朱金城笺校，上海古籍出版社，1988年。

〔3〕按此诗，《全唐诗》卷五二六亦载，列于"杜牧七"，即亦为杜牧作，题为《闻开江相国宋公下世二首》。陈允吉点校之《樊川文集》（上海古籍出版社，1978）未收。罗时进《丁卯集笺证》卷九载《闻开江相国宋公下世二首》，注谓此应为许浑作。《丁卯集笺证》，江西人民出版社，1998年。

郑 澣

郑澣，两《唐书》有传，见《旧唐书》卷一五八、《新唐书》卷一六五，皆附于其父郑馀庆传后。据两《唐书》本传，郑馀庆为郑州荥阳（今属河南）人。

《旧传》："澣本名涵，以文宗藩邸时名同，改名澣。"则其改名澣当在文宗即位后，此前名涵，故白居易、韩愈等所作文皆称为涵（见后）。

《旧传》记其"贞元十年举进士"（《新传》仅云"第进士"）。清徐松《登科记考》卷一三即据《旧传》系于德宗贞元十年（794）。同年登第者有李逢吉、王璠等，但郑澣此后仕历，与李、王等无甚交往。又《旧传》称其卒于开成四年（839），年六十四，则当生于代宗大历十一年（776）。贞元十年，为十九岁，是当时科举及第中甚为年轻的。

《旧传》接云："以父谪官，累年不仕。"按郑馀庆于贞元中曾为翰林学士，后于十四年（798）七月入居相位，十六年（800）九月，为德宗所嫉，出贬为郴州司马，至顺宗永贞元年（805）才返朝；宪宗于同年八月即位，又任其为相（见前德宗朝郑馀庆传）。如此，则郑澣虽于贞元十年及第，此后十年间均未能入仕。

《旧传》于"以父谪官，累年不仕"后，具述其仕历，云："自秘书省校书郎迁洛阳尉，充集贤院修撰，改长安尉、集贤校理。转太常寺主簿，职仍故。迁太常博士，改右补阙。献疏切直，人为危之。及馀庆入朝，宪宗谓馀庆曰：'卿之令子，朕之直臣，可更相贺。'遂迁起居舍人。"则均在宪宗即位，郑馀庆入朝任相后。

郑澣任集贤校理，可就韩愈《送郑十校理序》考知其任职之时间，此郑十，即郑澣（当时称涵）。[1] 文中云："四年，郑生涵始以长安尉选为校理，人皆曰是宰相子。……求告来宁，朝夕侍侧，东都士大夫不得见其面。于其行日，分司吏与留守之从事，窃载酒肴席定鼎门外，盛宾客以饯之。既醉，各为诗五韵，且属愈为序。"此处明确称此时郑涵"是宰相子"，即郑涵之任集贤校理，为其父任宰相之后。今据两《唐书》郑馀庆本传及有关纪、表，郑馀庆于永贞元年（805）八月癸亥拜相，元和元年（806）十一月庚戌罢相，出为河南尹；三年（808）六月，又以检校兵部尚书兼东都留守，仍在洛阳。而韩愈于元和二年秋以国子博士分司东都，四年六月改为尚书都官员外郎、分司东都，亦在洛阳。[2] 故韩愈于文中云："愈为博士也，始事相公于祭酒；分教东都生也，事相公于东太学；今为郎于都官也，又事相公于居守。"今郑涵在集贤校理任时，自长安来洛阳探亲问候（"求告来宁"），在其返京时，洛阳众吏相送，韩愈特为作序，并附诗一首，诗中有"归骑春衫薄"、"杨花共纷泊"句，当在元和五年春。

由此可证，郑澣乃于元和四年以长安尉为集贤校理，在此之前，即元和初，郑馀庆返朝任相后，郑澣才始任秘书省校书郎，后以洛阳尉为集贤院修撰。韩愈对集贤校理之职能是很看重的，认为"校理则用天下之名能文学者"，并特称郑澣"好古义施于文辞者"，"获重语于天下"。可见郑澣仕历早期，已为当时文坛名家韩愈如此赞誉。

《旧传》于集贤校理后，接云："转太常寺主簿，职仍故。迁太常博士，改右补阙。"今检白居易有《郑涵等太常博士制》（《白居易集笺校》卷五五"翰林制诏"二）。按白居易于元和二年至六年五月任翰林学士，而据前述，郑澣于元和五年春任集贤校理，则当五年春后又升迁为从七品上之太常寺主簿，任职如故（即仍为集贤校理），后则正式任为太常博士。白居易制文称其"况雅有学识，进修不已，礼官方缺，宜当此选"，当在元和五、六年间。

据两《唐书》本传，郑澣后又累擢为起居舍人、考功员外郎，后穆宗、敬宗时又为司封郎中、中书舍人。李虞仲有《授李渤给事中、郑涵中书舍人等制》（《全唐文》卷六九三），先称郑涵为司封郎中、知制诰，现授为中书舍人，赞其"操履坚明，雄文炳蔚，虚怀宏达，雅思冲深，立言尝见其著诚，秉志颇闻其经远"。当在敬宗时，因《旧唐书》卷一七上《敬宗纪》，宝历元年（825）三月辛未，记："上御宣政殿试制举人二百九十一人，以中书舍人郑涵、吏部郎中崔琯、兵部郎中李虞仲并充考制策官。"则其任中书舍人，或敬宗即位初。

《旧传》："文宗登极，擢为翰林侍讲学士。"《新传》同。此即丁《记》所记："大和元年四月二十三日，自中书舍人充侍讲学士。"又据丁《记》，郑澣乃与许康佐同时入，许康佐自度支郎中改驾部郎中入为侍讲学士（见后许康佐传）。郑、许是文宗即位后首批召入的，而二人又同为侍讲学士，则当与文宗看重侍讲学士之学术职能有关（关于翰林侍讲学士，请参另文《唐翰林侍讲侍读学士考论》，见2005年出版之《唐翰林学士传论》上编）。又作于大和元年（827）的韦表微《翰林学士院新楼记》，[3]即特记为："夏四月，中书郑舍人，驾部许郎中，皆以鸿文硕学为侍讲学士，有诏赐宴，始觞于斯，中外之知者朝昏皆贺。"

所谓"有诏赐宴"，当即为丁《记》所记，同月（即大和元年四月）"二十八日，赐紫"。唯《旧传》云："文宗登极，擢为翰林侍讲学士。上命撰《经史要录》二十卷，书成，上善其精博，因摘所上书语类，上亲自发问，澣应对无滞，赐以金紫。"岑氏《注补》对此有疑，谓"二十三日加侍讲，二十八日赐紫，中间数日，岂能成二十卷之书，赐紫或与成书无关也。"岑氏说是。郑澣于宪宗、穆宗时曾两次授任史馆修撰，敬宗时又为中书舍人，当已著有《经史要录》，文宗也因有所闻，见其有此专长，故特召为侍讲学士。故《旧传》谓文宗召郑澣入院后始命其撰《经史要录》，书成后"赐以金紫"，不确。

丁《记》后记其出院："（大和）二年六月一日，迁礼部侍郎出院。"《旧传》亦记为："大和二年，迁礼部侍郎。典贡举二年，选拔造秀，时号得人。"[4]由此可见，郑澣在院虽仅一年二月，时间不长，但文宗对其很看重，遂即特遣其出院以主持贡举，选拔人才，因按唐制，翰林学士在内供职，是不能知举的。这也表现文宗对侍讲学士的看重，如大和二年知举者崔郾，也于穆宗、敬宗时为翰林侍讲学士（见前崔郾传及徐松《登科记考》卷二〇）。

此后仕历，据两《唐书》本传，历仕兵部侍郎、吏部侍郎、河南尹，皆有政绩。后又为尚书左丞、刑部尚书、山南西道节度使、兴元尹；"开成四年闰正月，以户部尚书徵。诏下之日，卒于兴元，年六十四，赠右仆射，谥曰宣"（《旧传》）。

《旧传》又云："有文集、制诰共三十卷，行于世。"《新唐书》卷六〇《艺文志》四，集部别集类，亦著录"《郑澣集》三十卷"。但其集与《经史要录》均未传存。《全唐文》卷六一四仅载其文一篇：《敕修应圣公祠堂碑》；《唐文拾遗》卷二六亦载有一文：《唐故同州司兵参军上柱国京兆杜府君墓志铭并序》。

可以注意的是，李德裕于文宗大和四年（830）十月由义成节度使改为西川节度使，在赴川途中，经汉州（今四川广汉）时，作有《汉州月夕游房太尉西湖》诗二首，[5]此房太尉，为房琯。房琯于唐肃宗时曾为相，后出为汉州刺史，卒赠太尉。西湖为房琯于汉州住地。李德裕途经此地，缅怀故人，云："丞相鸣琴地，何年闭玉徽。偶因明月夕，重敞故楼扉。"李德裕诗后，附有郑澣和诗二首（亦见《李德裕文集校笺》本），署为"兵部侍郎郑澣"。按郑澣以礼部侍郎知举在大和三年、四年，《旧传》后云"转兵部侍郎"，则郑澣此二首和作当在大和四年冬（此二诗又见于《全唐诗》卷三六八）。另刘禹锡也有和作二首，题为《和西川李尚书汉州微月游房太尉西湖》（《刘禹锡集笺证》外集卷七），时刘禹锡任礼部郎中、集贤殿学士，亦在京。当为李德裕将此诗传至京师，寄于友人，郑澣、刘禹锡即有和作。又李德裕另有《房公旧竹亭闻琴缅慕风流神期如在因重题此作》（五绝），郑澣亦有和作（见《李德裕文集校笺》别集卷四）。按郑澣父郑馀庆，于德宗贞元后期曾与李德裕父李吉甫同官郴州，后李吉甫入朝，多受到郑馀庆支助。[6]由此，则郑澣与李德裕早有交往，故有诗歌唱和之作。又，《全唐诗》卷三六八除载其和李德裕诗外，另有二篇。

按《全唐诗》卷三六八所载，郑澣与时人所作之和诗，就前所述，除和李德裕二首，另尚有诗与当时名家诗作唱酬。如《全唐诗》同卷又有《中书相公任兵部侍郎日后阁植四松逾数年澣忝此官因献拙什》，刘禹锡即有《和兵部郑侍郎省中四松诗十韵》，陶敏、陶红雨《刘禹锡全集编年校注》卷八载此诗，考谓郑澣诗题中"中书相公"，为李宗闵，[7]李宗闵于敬宗宝历元年为兵部侍郎，文宗大和四年六月为中书侍郎，任相，而郑澣于大和四年在兵部侍郎任。当为郑澣因有感于李宗闵前任兵部侍郎时在署中植有四松，现尚在，故作此诗，刘禹锡即作有和诗。又据《全唐诗》所载，还另有三位文士和作，即唐扶《和兵部郑侍郎省中四松诗》（《全唐诗》卷四八八），姚合《奉和四松》（同上，卷五〇一），雍陶《和兵部郑侍郎省中四松诗》（同上，卷四八八）。郑澣此诗，竟有好几位和作，也可见他与文士交往的情况。又白居易有《和河南郑尹新岁对雪》，朱金城《白居易集笺校》外集卷上载，谓此"河南郑尹"即郑澣，[8]因据《旧唐书·文宗纪》，郑澣于文宗大和八年九月由吏部侍郎出为河南尹，开成元年四月改为尚书左丞，则白居易此诗当作于大和九年初。而郑澣原作未存，由白居易诗题，当郑澣任河南尹，在洛阳，与白居易亦有交往（白居易时任太子宾客、分司东都），先作诗赠白居易，白居易即作诗和之。

　　另虽非和作，但有主动进献者。如姚合有《送郑尚书赴兴元》（《全唐诗》卷四九六），陶敏《全唐诗人名考证》（页727），谓此郑尚书乃郑澣，因据《旧唐书·文宗纪》，郑澣于文宗开成二年十一月由刑部尚书出为山南西道节度使。此时姚合任为右谏议大夫（参据《唐才子传校笺》卷六《姚合传》吴企明笺），在京，故郑澣出任方镇，就作诗赠之，并特赞誉："儒有登坛贵，何人得此功。"又，前已记述，郑澣于大和二年以礼部侍郎出院，后连续于大和三年、四年知贡举，此时即有应试举子向他献诗，请予荐引，《全唐诗》卷五〇九载顾非熊《陈情上郑主司》，即上主持科试之郑澣。按顾非熊多年应举不第，《唐摭言》卷八《已落重收》条，记顾非熊"在举场三十年，屈声聒人耳"；项斯《送顾非熊及第归茅山》（《全唐诗》卷五五四）已云："吟诗三十载，成此一名难。"而顾非熊进士及第在武宗会昌五年（845），[9]则郑澣于大和三、四年（829、830）知举，顾非熊仍未及第，故在试前特向主司者行卷、进诗，首四句为"登第久无缘，归情思渺然；艺惭公道日，身贱太平年"，故末四句深表衷情："愿察为裘意，彷徉和角篇；恳情今吐尽，万一冀哀怜。"此亦为唐翰林学士与科举考试的关系提供研究的史料。惜顾非熊此次仍未及第。

注释

〔1〕《韩昌黎文集校注》卷四。《韩昌黎文集校注》,马其昶校注,上海古籍出版社,1986 年。又岑仲勉《唐人行第录》(中华书局上海编辑所,1962 年),引刘禹锡《奉和郑相公以考功十弟山姜花俯赐篇咏》,谓此"考功十弟"即郑澣。今查瞿蜕园《刘禹锡集笺证》(上海古籍出版社,1989 年)别集卷五所载此诗,瞿氏笺证谓是郑覃弟郑朗,作于开成间;陶敏、陶红雨《刘禹锡全集编年校注》(岳麓书社,2003 年)所注同,则岑说误。

〔2〕参据张清华《韩愈年谱汇证》,见其所著《韩学研究》下册,江苏教育出版社,1998 年。

〔3〕韦表微《翰林学士院新楼记》,见傅璇琮、施纯德编《翰学三书》中《翰苑群书》卷三;辽宁教育出版社,2003 年。

〔4〕宋王谠《唐语林》卷八记"神龙元年已来,累为士司者",中有郑澣,为大和三年、四年。

〔5〕见傅璇琮、周建国《李德裕文集校笺》别集卷四,河北教育出版社,2000 年。

〔6〕参见傅璇琮《李德裕年谱》,河北教育出版社,2001 年修订新版。

〔7〕《刘禹锡全集编年校注》,岳麓书社,2003 年。

〔8〕《白居易集笺校》,上海古籍出版社,1988 年。

〔9〕参见清徐松《登科记考》卷二二。按唐末五代王定保所著之《唐摭言》卷八《已落重收》条,曾记:"长庆中,陈商放榜,上怪无非熊名,诏有司追榜放及第。"(据中华书局上海编辑所点校本,1959 年)按陈商为会昌五年(845)知

举，顾非熊确亦于会昌五年及第，长庆时知举者为钱徽、王起、李宗闵，并无陈商，《唐摭言》此处所记误。但《登记科考》卷二二会昌五年顾非熊名下，亦引及《唐摭言》此条，却将"长庆中"改为"会昌中"，未有说明，此亦不当。孟二冬《登科记考补正》对此亦未有校正。

许康佐

许康佐，两《唐书》有传，皆列于《儒学传》，见《旧唐书》卷一八九下、《新唐书》卷二〇〇。《旧传》仅云"父审"，未载郡籍，后称"家贫母老"，《新传》则未记，由此则其出身当较清寒。

《旧传》："康佐登进士第，又登宏辞科。"《新传》则谓"贞元中举进士"，亦未记年。唯《新传》后有云："诸弟皆擢进士第，而尧佐最先进，又举宏辞，为太子校书郎。八年，康佐继之。"清徐松《登科记考》卷十，据《册府元龟》、《唐会要》列许尧佐为贞元十年（794）登贤良方正能直言极谏科，但未考其进士及第年，于是即以贞元十年为据，参《新传》所云"八年，康佐继之"，即定许康佐为贞元十八年进士第（《登科记考》卷一五）。孟二冬《登科记考补正》卷一二则考许尧佐为贞元六年及进士第，即定许康佐为贞元十四年举进士。[1]今按《新传》先言许尧佐擢进士第，后又举宏辞，又云"八年，康佐继之"，则此"八年"，是继进士及第年，还是继宏辞登科年，并不明确，进士及第与宏辞登科，通常并非同年。又孟二冬考定许尧佐为贞元六年及进士第，其主要依据为《文苑英华》卷一八九"省试诗"收许尧佐、李君房《石季伦金谷园》诗，而李君房可确定为贞元六年进士，故定许尧佐亦同年及第。按《文苑英华》于卷一八○至一八九所载诗虽标为"省试",但又标以"州府试",从实际情况看(即参考徐松《登科记考》所录省试诗赋题),此十卷所录诗,多未能定为礼部省试诗,故仅以《文苑英华》所载之诗未能即定许尧佐与李君房同登贞元六年第。

不过《新传》称其"贞元中举进士",则可以肯定。又《旧传》载"卒年七十二",《旧唐书》卷一七下《文宗纪》下,开成三年(838)二月"乙酉,礼部尚书许康佐卒",以此推算,当生于代宗大历二年(767)。如依《登科记考》定其为贞元十四年(798)进士及第,则为二十二岁。

《旧传》叙其早期仕历,概云:"迁侍御史,转职方员外郎,累迁至驾部郎中,充翰林侍讲学士。"《新传》则更简,且有显误,谓"迁侍御史,以中书舍人为翰林侍讲学士"(其误,辨见后)。按据丁《记》,许康佐于大和元年(827)入院,则《旧传》所叙其仕迹,当在宪宗元和、穆宗长庆、敬宗宝历间。

经查,元稹有《酬许五康佐》诗,据杨军《元稹集编年笺注(诗歌卷)》,[2]系于元和五年(810)。元稹于元和五年三月贬江陵府士曹参军,约五、六月间已至任。[3]按元稹此诗题下注谓"次用本韵",当为许康佐先寄以诗,元稹用其韵答之。唯许之原作已佚,未见。元稹诗中有云:"蓬阁深沉省,荆门远慢州。课书同吏职,旅宦多乡愁。"按元稹于元和四、五年间在朝曾任监察御史,而许康佐有侍御史之任,元诗中之"课书同吏职",当概指此。由此,则许康佐当于元和初已任侍御史,元稹出贬,许康佐特作诗寄慰,元稹乃深感"旅宦多乡愁",并志谢情:"珠玉惭新赠,芝兰忝旧游。"[4]

《旧传》载许康佐由驾部郎中充翰林侍讲学士,但未记年。丁《记》记为:"大和元年四月二十三日,自度支郎中改驾部郎中，充侍讲学士。其月二十八日，赐紫。"其入院与赐紫，与郑澣同时（见前郑澣传）。这是文宗即位后首批召入学士，而召人者先为翰林侍讲学士。中晚唐时，以文宗朝翰林侍讲学士为数最多，这似与文宗拟加深儒学传统、弘扬君权，以抵制宦者有关，值得探索。

又《新传》谓许康佐"以中书舍人为翰林侍讲学士，与王起皆为文宗宠礼"，则为显误。许康佐为中书舍人，乃在院任职期间之迁升，在大和四年（830）八月，大和元年（827）入院时为驾部郎中。又王起入院在开成三年（838）五月（见后王起传），而许康佐于大和九年（835）五月已出院，即王起、许康佐未同时在院。《新传》此处所记，当本《补国史》，《唐语林》卷六亦载有此则，其所据之《补国史》，[5] 记文宗"在藩邸"时即"好读书"，如《礼记》、《春秋》等儒家经典，即位后，更"取书便殿读之"，后记云："乃诏兵部尚书王起、礼部尚书许康佐为侍讲学士，中书舍人柳公权为侍读学士。每有疑义，即召学士入便殿，顾问讨论，率以为常，时谓'三侍学士'，恩宠异等。"据此所述，此三人即同时在院。而据前述，王起在许康佐出院三年后才入，且其入时为工部尚书判太常卿事，又柳公权虽于大和八年十月入，即许康佐出院前，但因其为书法家，故入院时称为侍书学士（见后柳公权传），非所谓侍读学士。可见《唐语林》所据之《补国史》，所记甚误。又宪宗朝翰林学士李肇曾著有《补国史》，经查，现传存之署名李肇《唐国史补》，也未有此记。李肇曾自称，此书乃记开元至长庆间事（参见前宪宗朝李肇传），而《唐语林》所据此条，当为晚唐时有缀异闻夹入者。北宋宋祁撰《新唐书》列传，多采小说笔记，虽可补辑史事，但亦多有误，故应加订正。

《旧传》记其入院后，云"历谏议大夫、中书舍人，皆在内庭",甚简,《新传》则更未有记。丁《记》所记较详,为:"(大和)二年六月一日,迁谏议大夫。三年八月二十三日,改充学士。四年八月二十七日,改中书舍人,充侍讲学士兼侍讲。七年七月二十五日,改户部侍郎、知制诰。八年五月八日,加承旨。"后至九年五月五日,改兵部侍郎出院。如此,则许康佐任两年侍讲学士后,改为学士,这也是唐翰林侍讲学士常例,前穆宗、敬宗朝即有。但丁《记》后又记大和四年(830)八月二十七日,既迁中书舍人,又"充侍讲学士兼侍讲"。岑氏《注补》对"兼侍讲"三字有疑,谓"盖既充侍讲学士,无取乎兼侍讲之职",此无理;但岑氏又谓此"兼侍讲"之"侍讲"当为"学士"之讹,即迁中书舍人后,又改充侍讲学士,而仍兼为学士,则不合实。中晚唐时,一般先由侍讲学士入,后有改为学士(即翰林学士),未有学士改为侍讲,而又再兼学士的。故丁《记》记大和四年八月二十七日迁改中书舍人,未能再有"充侍讲学士兼侍讲",此当为误记,应删。

又据前王源中传,王源中于大和三年十二月为承旨,八年四月出院,则许康佐当如丁《记》所记,于八年五月八日接为承旨。此时在院者共有五人(参见后"学士年表"),而以许康佐入院最早,资历最深,故依常例,接任承旨。

《通鉴》卷二四五,大和九年(835)四月,记文宗与李训、郑注谋诛宦官事,有《考异》,《考异》引《实录》所云"今年四月癸亥,许康佐进纂集《左氏传》三十卷。五月乙巳朔,以御集《左氏列国经传》三十卷宣付史馆"。又《新唐书》卷五七《艺文志》一,经部春秋类,著录有"许康佐等集《左氏传》三十卷",下注"一作文宗御集"。当系许康佐在院时,前期为侍讲学士,编纂儒家典籍为侍讲学士之职责,故编成献上,文宗则略改书名,以《左氏传》改为《左氏列国经传》，同为三十卷，而作为御著，宣付史馆。

又《通鉴·考异》所引《实录》所记，即与许康佐出院有关。《考异》引此《实录》前，又引有《补国史》，云："许康佐进新注《春秋列国经传》六十卷，上问阍弑吴子馀祭事，康佐托以《春秋》义奥，臣穷究未精，不敢容易解陈。后上以问李仲言，仲言乃精为上言之。上曰：'朕左右刑臣多矣，馀祭之祸安得不虑？'仲言曰：'陛下留意于未萌，臣愿遵圣谋。'"《唐语林》卷六即据《补国史》有两条记，甚详。《旧传》未记此事，《新传》则有载，云："帝读《春秋》至'阍弑吴子馀祭'，问：'阍何人邪？'康佐以中官方强，不敢对，帝嘻笑罢。后观书蓬莱殿，召李训问之，对曰：'古阍寺，今宦人也。君不近刑臣，以为轻死之道，孔子书之以为戒。'帝曰：'朕迩刑臣多矣，得不虑哉！'训曰：'列圣知而不能远，恶而不能去，陛下念之，宗庙福也。'于是内谋蒉除矣。康佐知帝指，因辞疾，罢为兵部侍郎。"文宗与李训（仲言）对语，是否属实，司马光于《通鉴·考异》中即有质疑，谓："然文宗与（李）训语时，宦官必盈左右，恐亦未敢班班显言，如《补国史》所云也。"《补国史》此记，当为甘露事变后，晚唐人采摭轶闻写入。不过当因大和后期，党朋纷争，[6]宦官专横，许康佐当未敢有所为，故如王源中那样（见前王源中传），借疾辞出。

丁《记》记："（大和）九年五月五日，改兵部侍郎，出院。"《旧传》："以疾解职，除兵部侍郎，转礼部尚书，卒年七十二，赠吏部尚书。"《旧唐书》卷一七下《文宗纪》下，开成三年（838）二月，"乙酉，礼部尚书许康佐卒"。则许康佐出院后，即由兵侍转礼尚，为闲职，甘露事变前后，未有所作为。

其著述，《旧传》仅记为"撰《九鼎记》四卷"，其《左氏传》后改为文宗御作，故传中未提。《新唐书》卷五八《艺文志》二史部，亦著录其《九鼎记》四卷。观《新志》此类前后所列之书，则为传记。其书后不存，南宋晁、陈二志亦未有著录。

《全唐文》卷六三三载文一篇：《宣尼宅闻金石丝竹之声赋》。《全唐诗》卷三一九载诗二首：《日暮碧云合》、《白云起封中》，皆五言排律，十二句。其《日暮碧云合》，《文苑英华》卷一八一已载，列省试、州府试行，则《白云起封中》当亦为科举应试时所作。

注释

〔1〕孟二冬《登科记考补正》，北京燕山出版社，2003年。

〔2〕杨军《元稹集编年笺注（诗歌卷）》，三秦出版社，2002年。

〔3〕《唐五代文学编年史》，傅璇琮主编；《中唐卷》，陶敏、傅璇琮撰，辽海出版社，1998年。

〔4〕按杨军《元稹集编年笺注（诗歌卷）》于此诗注①中简介许康佐，中谓"穆宗即位，自扬州刺史入为京兆参军"，后又云"迁侍御史"，不知何据。实则扬州长官，只能称"淮南节度使、扬州大都督府长史"，不能如一般之州称"刺史"。又检郁贤皓《唐刺史考全编》，中晚唐时，扬州长史从未有许康佐之名，两《唐书》本传亦未记许康佐曾节镇扬州者。且按唐官制，扬州大都督府长史，官阶为从三品，而京兆府参军仅为正七品上，何以许康佐返朝竟如此降阶？此注①当误。

〔5〕见周勋初《唐语林校证》卷六，第859条；中华书局，1987年。

〔6〕可参傅璇琮《李德裕年谱》，河北教育出版社，2001年修订版。

李让夷

李让夷，两《唐书》有传，见《旧唐书》卷一七六、《新唐书》卷一八一。

《旧传》："李让夷，字达心，陇西人。"《新传》同。《元和郡县图志》卷三九陇右道，有渭州陇西郡，所属有陇西县。渭州辖境相当今甘肃陇西、渭源等县。《旧传》又谓"祖悦，父应规"，皆未记有官职。

《旧传》载其于"元和十四年擢进士第"，清徐松《登科记考》卷一八即据《旧传》系于宪宗元和十四年（819）。但徐松又引《永乐大典》所辑《元一统志》记李让夷"第进士"，即又将李让夷列于未记年之卷二七，则为重复误载。

及第后，《旧传》仅概云"释褐诸侯府"，《新传》则具体记述为："辟镇国李绛府判官，又从西川杜元颖幕府。"按《旧唐书》卷一六《穆宗纪》，李绛于长庆二年（822）八月，由前东都留守为华州刺史，充潼关防御、镇国军等使；又据郁贤皓《唐刺史考全编》卷三京畿道华州，崔群于长庆二、三年间，接为华州刺史。又据《旧唐书·穆宗纪》及《文宗纪》，杜元颖于长庆三年（823）十月至大和三年（829）十二月为剑南西川节度使。则李让夷当于元和末进士及第后，于长庆、宝历间先后供职于李绛华州、杜元颖成都幕府。

《旧传》接云"大和初入朝，为右拾遗，召充翰林学士。"丁《记》记为："大和元年十二月二十二日，自左拾遗改史馆修撰。"则李让夷当于文宗即位后，于大和元年由杜元颖幕入朝，先为左拾遗，后即以左拾遗入为翰林学士。《新传》则记其入院，为宋申锡之荐："与宋申锡善，申锡为翰林学士，荐让夷右拾遗，俄拜学士。"按宋申锡于敬宗宝历二年（826）九月入院，为翰林侍讲学士，同年十二月十九日，即文宗登位后，改为学士，至大和四年（830）七月出院，在院时甚得文宗信重（见前宋申锡传）。则当正由于宋申锡之荐，李让夷能自西川远地返朝，入内廷。这也是唐时翰林学士互荐之一例。

又丁《记》记为左拾遗，两《唐书》本传记为右拾遗，此为小异。问题是，丁《记》云"自左拾遗改史馆修撰"，按拾遗为官名，有官阶（从八品上），史馆修撰则为差职，无官阶。按例制，李让夷自左（右）拾遗（从八品上）入院，兼史馆修撰，在史馆供职，但仍为翰林学士，而不能云由左（右）拾遗改为史馆修撰。此当为丁《记》词语之误。

丁《记》记"大和元年十二月二十二日"入院，后接云："六月二十七日，赐绯。"则为翌年，实为同月（十二月）二十七日赐绯，如前郑瀚、许康佐同于大和元年四月二十三日入院，又于同月二十八日赐紫。故岑氏《注补》谓丁《记》之"六"殆为"其"或"同"之讹，岑氏虽以意推之，当是。

《旧传》接云："转左补阙。三年，迁职方员外郎、左司郎中。"《新传》未载。丁《记》记为："（大和）二年二月五日，迁左补阙。三年十一月五日，加职方员外郎。"未记迁左司郎中。李虞仲有《授学士李让夷职方员外郎充职制》（《全唐文》卷六九三），首称"翰林学士、朝议郎、行左补阙、赐绯鱼袋李让夷"，后谓"可行尚书职方员外郎，依前充翰林学士"，与丁《记》合。制中称其"学务研精，文推轶拔。早飞声于戎幕，遂踏位于谏垣"，与其早年仕历合。后又赞誉其在翰学之业绩："忠言屡闻，密命斯委，果扬温雅之称，宜获持谦之效。亦既久次，所宜转迁，受退宠于握兰，用酬劳于视草。"又，此制又载于《全唐文》卷三六六贾至名下，题亦作《授学士李让夷职方员外郎充职制》，按贾至为玄宗、肃宗时人，时代不合，此亦为《全唐文》之一显误。

丁《记》记李让夷出院，为："（大和）五年九月十六日，守本官出院。"《旧传》却于"三年，迁职方员外郎、左司郎中充职"后，即云"九年，拜谏议大夫"，未记出院，则以大和九年为谏议大夫时仍在翰林学士任，此当有缺文。《新传》则有记其出院事，云："素善薛廷老，廷老不饬细检，数饮酒不治职，罢去，坐是亦夺职。累进谏议大夫。"《新传》明确记李让夷于出院后，才"累进谏议大夫"，较《旧传》为妥。

关于其出院原因，《旧唐书·文宗纪》亦有记，大和五年（831）九月甲辰："翰林学士薛廷老、李让夷皆罢职守本官。廷老在翰林，终日酗醉无仪俭，故罢。让夷常推荐廷老，故坐累也。"此九月甲辰为九日，即薛与李同于大和五年九月九日罢职出院。而丁《记》记李让夷出院在此年九月十六日，记薛廷老出院在九月四日，各异，当以《旧纪》为是，详见后薛廷老传。

《旧传》、《新传》皆记李让夷出院，乃受薛廷老饮酒无仪俭之累，这可能仅为表面现象，实则有当时的政治背景。据《新传》，李让夷素与宋申锡善，李之入院，乃宋之推荐，而宋申锡于大和五年三月，因受宦官王守澄之诬害，被迫免相，后又出贬为开州司马（见前宋申锡传）。数月后，李让夷罢职出院，当即与宋申锡事件有关。

李让夷出院后，仕历则有所升迁。《旧传》记其于大和九年（835）为谏议大夫，即由出院时从六品上之职方员外郎，迁为正五品上之谏议大夫，与中书舍人同阶。此后又涉于牛李两派之人事纷争。两《唐书》本传皆记，开成元年（836），起居舍人李褒因疾罢官，文宗乃使宰相李石、李固言、郑覃提名。据《新唐书·宰相年表》，李石等三人同在相位，为开成元年四月甲午至五月己巳。当时李石、郑覃推荐李让夷，此二人皆与李德裕交好。由此，文宗信从李石、郑覃之荐，任李让夷为谏议大夫兼起居舍人，开元二年又为中书舍人，但牛僧孺、李宗闵之党的李珏、杨嗣复于开成三年（839）正月为相，即抑制李让夷，《旧传》载："以郑覃此言，深为李珏、杨嗣复所恶，终文宗此官不达。"

正因如此，武宗于开成五年（840）正月即位，李德裕于九月为相，李珏、杨嗣复相继罢去，李让夷遂"骤加拔擢，历工、户二侍郎，转左丞。累迁检校尚书右仆射，俄拜中书侍郎、同平章事"（《旧传》）。任相在武宗会昌二年（842）七月（《旧唐书·武宗纪》、《新唐书·宰相年表》）。但正因涉及牛李人事纠纷，宣宗于会昌六年（846）三月即位，李德裕罢相出为荆南节度使，李让夷也于七月罢出为淮南节度使。

但《旧唐书》卷一八下《宣宗纪》却记：会昌六年"七月，以兵部尚书李让夷为剑南东川节度使"。按据《新唐书·宰相年表》，李让夷在相位时，未曾兼兵部尚书，两《唐书》本传也未记其罢相后为兵部尚书。又据《新表》等所载，李让夷罢相后乃出为淮南节度使，而《旧唐书·宣宗纪》却记为剑南东川节度使，竟有如此显误，真使人费解。

据《通鉴》卷二四八载，会昌六年（846）七月壬寅，淮南节度使李绅卒。表面看来，李让夷之出镇淮南，接替李绅，实则为已在相位之白敏中等所排挤。因此深受李德裕信重的郑亚，于大中元年（847）春亦受累由给事中出为桂州刺史，赴任后即托其幕僚李商隐撰书致李让夷，即《为荥阳公上淮南李相公状》（《樊南文集外编》卷三）。中云"即以今月七日赴任"，刘学锴、余恕诚《李商隐文编年校注》即系于大中元年三月七日。[1]文中称："某素无材术，谬窃宠荣。论驳靡效于掖垣，廉问更叨于藩服。此皆相公十一丈早迴抡览，曲赐丹青。"意谓自己（郑亚）前之仕宦，多仗李相公（让夷）之擢助，特致谢忱，并对其罢相出镇深致慰勉。

《旧传》所记又有失实处，谓"宣宗即位，罢相，以太子宾客分司卒"，未记出镇淮南事。《新传》所载则较实，在记"拜淮南节度使"后，云："以疾愿还，卒于道。"据前引述之李商隐为郑亚所撰致李让夷状，郑亚于大中元年三月赴桂州任后向李让夷问候，称"上淮南李相公"，则李让夷于会昌六年七月罢相出任淮南节度使，至大中元年三月尚在任。由此更可确证，《旧纪》记李让夷罢相出为剑南东川节度使，《旧传》记罢相后为太子宾客分司东都，均误。

《新唐书·艺文志》未著录其个人著作，仅于《艺文志》二载有《敬宗实录》十卷，注云："陈商、郑亚撰，李让夷监修。"当于会昌朝李让夷任相时监修。由此亦可见李让夷曾举荐郑亚参与撰修《实录》。

《全唐诗》、《全唐文》皆未载其所作。

注释

〔1〕《李商隐文编年校注》（页1226），中华书局，2002年。

柳公权

柳公权，两《唐书》有传，见《旧唐书》卷一六五、《新唐书》卷一六三。

柳公权于穆宗朝已入院，为翰林侍书学士，于元和十五年（800）三月二十三日入，为右拾遗，长庆四年（824）以右补阙出院（见前穆宗朝柳公权传）。丁《记》记大和后，接李让夷，为柳公权，云："大和二年五月二十一日，自司封员外郎充侍书学士。"此为柳公权第二次入院。

关于此次入院之时间及所具之官衔，两《唐书》本传所载皆有缺误。《旧传》记其于穆宗时入院，云："迁右补阙、司封员外郎。穆宗政僻，尝问公权笔何尽善，对曰：'用笔在心，心正则笔正。'上改容，知其笔谏也。历穆、敬、文三朝，侍书中禁。"《新传》略同，亦载其入院后再迁司封员外郎，后即记穆宗问其笔法。两《唐书》本传皆未记其曾出院，《旧传》且谓"历穆、敬、文三朝"，即意谓历此三朝，均在院内。

丁《记》明确记："（长庆）四年，出守本官。"即以右补阙出院。又《旧唐书》卷一七上《敬宗纪》，长庆四年（824）十二月："淮南节度使王播厚赂贵要，求领盐铁使，谏议大夫独孤朗、张仲方、起居郎孔敏行、柳公权、宋申锡、补阙韦仁实、刘敦儒、拾遗李景让、薛廷老等伏延英抗疏论之。"《通鉴》卷二四三长庆四年十二月亦记有此事，并称柳公权为起居郎，均未称其时为翰林侍书学士；且在院之学士是不能与外廷朝臣联名上疏的，时同为起居郎之孔敏行、宋申锡亦非为翰林学士。由此应确定，柳公权于长庆四年以右补阙（从七品上）出院，同年十二月已在起居郎（从六品上）任。两《唐书》本传皆漏载其出院事。

至于其任司封员外郎，则当在文宗即位后。《唐文拾遗》卷二八曾载其笔帖十一篇文，其中有据《三希堂帖》之《题王大令送梨帖》，末署"大和二年三月十日司封员外郎柳公权记"。[1]由此，则柳公权于文宗大和二年（828）三月在司封员外郎任，再过两月，如丁《记》所记，于五月二十一日即以司封员外郎入院。由此亦可证，两《唐书》本传记柳公权任司封员外郎为在穆宗朝，甚误。

关于柳公权入院后官阶之迁转及再次出院，丁《记》云："（大和二年五月）二十三日，赐紫。十一月二十一日，改库部郎中。五年七月十五日，改右司郎中，出院。"

关于柳公权此次出院，《旧传》记云："（柳）公绰在太原，致书于宰相李宗闵云：'家弟苦心辞艺，先朝以侍书见用，颇偕工祝，心实耻之，乞换一散秩。'乃迁右司郎中。"《新传》略同。据《旧唐书·柳公绰传》及《旧唐书·文宗纪》，柳公绰于大和四年（830）三月至六年（832）三月为太原尹、河东节度使，而李宗闵于大和三年八月为相，七年六月罢相，则柳公绰之上书于宰相李宗闵，当在大和四年三月后，七年六月前，与丁《记》所记柳公权于大和五年七月出院合。据《旧传》所载柳公绰所上书，可见当时对翰林学士院内另加侍书称号，评议不高，可能有类于翰林供奉。

此次柳公权在院，前后四年，无甚表现。但有一事可记，即《集古录目》卷九著录《丞相王播碑》，云："中书侍郎平章事李宗闵撰，翰林学士承旨柳公权书……碑以大和四年正月立。"下注据《宝刻丛编》。今检《宝刻丛编》（《丛书集成初编》本），卷十有此记，同卷又著录有《唐太尉王播墓志》，系据《金石录》，云："唐牛僧孺撰，柳公权正书，大和四年四月立。"今查《宋本金石录》，[2] 卷九第一千七百九十二，有《唐太尉王播碑》："李宗闵撰，柳公权正书，大和四年正月。"后第一千七百九十三，有《唐王播墓志》，云："牛僧孺撰，柳公权正书，大和四年四月。"按王播，两《唐书》有传（《旧唐书》卷一六四、《新唐书》卷一六七），《旧传》记其卒于大和四年正月，则李宗闵于大和四年正月为其撰碑，与时合。唯《集古录目》记柳公权为其书写，署为"翰林学士承旨"，则甚误。因此时柳公权为侍书学士，侍书学士是不能任承旨的，且此时已有任承旨者，为王源中（见前王源中传）。
又据丁《记》，柳公权于大和五年七月出院后，于八年十月又
以侍书学士入院，至大和九年九月改为学士，开成三年九月乃
任承旨（详后）。则《集古录目》误以柳公权后曾为翰林学士
承旨署于大和四年之王播碑。《金石录》著录之《唐太尉王播
碑》，仅云"柳公权正书"，当是。

又《全唐文》卷七一四载有李宗闵《故丞相尚书左仆射
赠太尉太原王公神道碑铭并序》，牛僧孺所撰之墓志则未有传
存，当后佚。不过据南宋陈思所纂之《宝刻丛编》（卷十），
李《碑》、牛《志》，也都记由柳公权书。李宗闵于大和三年
（829）八月已为相，牛僧孺则于大和四年（830）正月由武昌
节度使入相，《通鉴》卷二四四大和四年正月记："李宗闵引
荐牛僧孺；辛卯，以僧孺为兵部尚书、同平章事。于是二人相
与排摈李德裕之党，稍稍逐之。"而王播则是善于结交宦官
的，《旧唐书》卷一七上《敬宗纪》长庆四年（824）十二月
即记："淮南节度使王播厚赂贵要，求领盐铁使，谏议大夫独
孤朗、张仲方、起居郎孔敏行、柳公权、宋申锡、补阙韦仁
实、刘敦儒、拾遗李景让、薛廷老等伏延英抗疏论之。"《通
鉴》卷二四三又明确记："王播以钱十万缗赂王守澄，求复领
利权。"《旧传》又记文宗即位后，"大和元年五月，自淮南入
觐，进大小银盎三千四百枚，绫绢二十万匹"；正因此，即于
此年六月加尚书左仆射、同平章事之宰相衔。李宗闵、牛僧孺
二人均能为其作碑、志，可见也互有交结。正因此，《宝刻丛
编》卷十于著录李《碑》、牛《志》后，又引《集古录目》，
谓"（王）播以金钱附离，致位宰相，公权少其为人，□□对
延英，发其倾邪关通状矣"，但却"复为播书碑"，甚为置疑，
并加讥议。前已记述，柳公权于长庆四年十二月任起居郎时，
曾与其他几位朝臣共奏劾王播，而于大和期间在院内为侍书学

士时，却为碑、志书写，这或受学士职能之拘束，不得不应命。

柳公权于大和五年（831）七月以右司郎中出院后，《旧传》称其"累换司封、兵部二郎中、弘文馆学士"，实则其实职在弘文馆，司封、兵部二郎中为所具之官衔。

《旧传》后云："文宗思之，复召侍书，迁谏议大夫。俄改中书舍人，充翰林书诏学士。"此为柳公权于文宗时出院后再次入院，但未记年月。丁《记》记为："大和八年十月十五日，自兵部郎中、弘文馆学士充侍书学士。九年九月十二日，加知制诰，充学士兼侍书。开成元年九月二十八日，迁中书舍人。二年四月，改谏议大夫、知制诰。"据此，则文宗仍重视柳公权之书法声誉，就于大和八年（834）仍以侍书学士召入，而于第二年即大和九年（835）九月，正式转为翰林学士，不过仍兼侍书之名；开成元年（836）九月，又迁为中书舍人，二年（837）四月，改谏议大夫（因中书舍人、谏议大夫皆为正五品上，故不必称迁）。而《旧传》则记刚入为侍书学士，已迁谏议大夫，后改中书舍人，在授中书舍人时，才改为翰林学士，又未记知制诰，颠倒疏失。

又《集古录目》（即《云自在龛丛书》本）卷十著录有《柳尊师墓志》，称"翰林学士、谏议大夫柳公权撰并书"，并云"碑以开成二年立，在华原县"。可见柳公权确于开成二年（837）已改为谏议大夫，与丁《记》合；且仅称翰林学士，未提兼侍书，可见其正式为翰林学士后，即不再提侍书。

关于柳公权由中书舍人改谏议大夫，《旧传》有记云："便殿对六学士，上语及汉文恭俭，帝举袂云：'此浣濯者三矣。'学士皆赞咏帝之俭德，唯公权无言，帝留而问之，对曰：'人主当进贤良，退不肖，纳谏诤，明赏罚。服浣濯之衣，乃小节耳。'时周墀同对，为之股栗，公权辞气不可夺。

帝谓之曰：'极知舍人不合作谏议，以卿言事有诤臣风彩，却授卿谏议大夫。'翌日降制，以谏议知制诰，学士如故。"按柳公权由中书舍人改谏议大夫、知制诰，丁《记》记为开成二年四月，而据本书书后之"学士年表"，此时在院者仅陈夷行、柳公权、丁居晦、黎埴四人，且周墀于该年十二月二十五日才入院，亦非为翰林学士。[3]由此，则《旧传》所记之"对六学士"，亦不确。

丁《记》后云："（开成）三年九月十八日，迁工部侍郎、知制诰，加承旨。"谏议大夫为正五品上，工部侍郎为正四品下，故云迁。据丁《记》，则柳公权于迁工部侍郎、知制诰时，即加承旨。而《旧传》记为"开成三年，转工部侍郎，充职"，后云"累迁学士承旨"（《新传》略同）。即非同时，稍有异。按此前为陈夷行任承旨，于开成二年四月五日出守本官（见后陈夷行传）。陈夷行出院后，在院诸学士，柳公权资历最深，且距陈夷行出院已时隔年余，故即任其为学士承旨。

《集古录目》卷十又著录有《淄王傅元锡碑》，署云"中书侍郎平章事李宗闵撰，翰林学士承旨、工部侍郎柳公权书"，又云"碑以开成四年七月立"。此与丁《记》所记柳公权于开成三年九月已为工部侍郎、翰林学士承旨合。唯李宗闵已于大和九年（835）六月罢相，贬明州刺史，后累贬潮州司户，开成元年（836）量移衢州司马，三年（838）为杭州刺史，四年（839）冬改太子宾客、分司东都。即开成四年七月立碑时李宗闵未在中书侍郎平章事任，且《全唐文》亦未载此碑文。可见《集古录目》著录有误，此碑是否为李宗闵撰，未能定。

丁《记》后记其出院："（开成）五年三月九日，加散骑常侍出院。"《旧传》记为："武宗即位，罢内职，授右散骑常侍。宰相崔珙用为集贤学士，判院事。李德裕素待公权厚，及为珙奏荐，颇不悦，左授太子詹事，改宾客。"《旧传》此处所记，亦不合实。按文宗于开成五年（840）元月卒，武宗立，李德裕于此年九月由淮南入相，则柳公权于三月出院，与李德裕无关。又据《新唐书》卷六三《宰相年表》，此时任相者为崔郸、杨嗣复、李珏，崔珙则于五月入相。又《旧唐书》卷一七七《崔珙传》，李德裕于武宗时居相位时，"与珙亲厚"。后崔珙因与崔铉不合，于会昌三年（843）二月罢相，四年六月又贬为澧州刺史。宣宗即位后，因崔珙与李德裕善，终不得用。[4] 如此，则《旧传》所载柳公权因崔珙所荐而为李德裕所抑，亦不合实。

柳公权出院后，据两《唐书》本传，累为太子宾客、金紫光禄大夫、左常侍、国子祭酒、太子少师，多为虚衔。懿宗咸通六年（865）卒，年八十八。

《新唐书·艺文志》对其著作未有著录。《全唐诗》卷四七九载其诗五篇。《全唐文》卷七一三仅载其文一篇：《百丈山法正禅师碑铭》；《唐文拾遗》卷二八则据《三希堂帖》等载其笔帖十一篇。

注释

〔1〕《唐文拾遗》，清陆心源辑，中华书局影印，附于影印本《全唐文》后，中华书局，1983 年。

〔2〕《宋本金石录》，中华书局影印本，1991 年。

〔3〕不过据岑氏《注补》引《册府元龟》，周墀此时为考功员外郎、集贤殿直学士，"属承顾问"。或周墀虽非翰林学士，亦又以集贤殿直学士应召入对。

〔4〕参见傅璇琮著《李德裕年谱》，河北教育出版社，2001 年修订新版。

丁公著

　　丁公著，两《唐书》有传，见《旧唐书》卷一八八、《新唐书》卷一六四。按丁公著于文宗大和三年（829）任翰林侍讲学士仅三月，也未有业绩，唯两《唐书》记其事迹，甚有误，故特详记之，以订史书之误。

　　两《唐书》本传皆记其为苏州吴郡人。《旧传》称其"祖衷，父绪，皆不仕"，当出身平民。《旧传》又记："年二十一，《五经》及第。"按据《旧唐书》卷一七下《文宗纪》下，大和六年（832）九月，"丁未，太常卿丁公著卒"，又《旧传》记其卒时年六十四，据此推算，则当生于代宗大历四年（769）。年二十一，即为德宗贞元五年（789）。清徐松《登科记考》卷一二，即据此系丁公著于贞元五年明经登第。《旧传》接云："明年，又通《开元礼》，授集贤校书郎。"则其于德宗贞元时已入仕。

　　《旧传》又接云："秩未终，归侍乡里，不应请辟。居父丧，躬负土成坟，哀毁之容，人为忧之，里间闻风，皆敦孝悌。观察使薛苹表其行，诏赐粟帛，旌其门间。"按据《旧唐书·宪宗纪》，薛苹元和五年（810）八月任为浙西观察使、润州刺史，后李俯于元和十一年（816）十月接任。则丁公著居父丧，在元和五年至十一年间。《全唐文》卷六〇有宪宗《旌前集贤殿校书郎丁公著诏》，云："丁公著辞官侍亲，不顾荣利，高行至性，人伦所称。今执丧致毁，又闻过礼，其所请旌表门间宜依，仍委本州刺史亲自慰问，并量给粟帛。"此可与《旧传》参看。由此也可见他早年即以孝行闻世，故《旧唐书》列于卷一八八《孝友传》。

　　此后仕迹，据两《唐书》本传，概述如下：李吉甫于元和三年九月至六年正月任淮南节度使，曾表荐丁公著入朝为太子文学，兼集贤殿校理；后李吉甫于元和六年入朝为相，又表荐之，即授为右补阙。宪宗元和中后期，历水部员外郎，太子及诸王侍读。穆宗即位，因丁公著曾为东宫侍读，早已受穆宗信重，故即位后曾"以宰相许之"。丁公著辞之，于是迁为工部侍郎、集贤殿学士。此后，两《唐书》所叙有误。

《旧传》云："公著知将欲大用，以疾辞退，因求外官，遂授浙江西道都团练观察使。"《新传》略同，谓"迁授浙西观察使"。而《旧唐书·穆宗纪》长庆元年（821）十月壬申则记为："以工部尚书丁公著检校左散骑常侍，兼越州刺史、御史中丞，充浙东观察使。"此云浙东，非浙西。按白居易有《尚书工部侍郎集贤殿学士丁公著可检校左散骑常侍越州刺史浙东观察使制》（《白居易集笺校》卷五〇"中书制诰"）。长庆元年白居易正任为主客郎中、知制诰（十月十九日转中书舍人），故可撰此制。此制制题即称"越州刺史、浙东观察使"，且制文中又云："朕以浙河之左，抵于海隅，全越奥区，延衮千里。宜得良帅，俾之澄清。"即指浙东。由此可证两《唐书》本传所谓"浙江西道"，显误。不过《旧唐书·穆宗纪》此处所记亦有误，即称丁公著时为工部尚书，而白居易制文则称为"尚书工部侍郎"。白居易又有《韦绶从右丞授礼部尚书、薛放从工部侍郎授刑部侍郎、丁公著从给事中授工部侍郎三人同制》，朱金城《白居易集笺校》卷五〇亦系于长庆元年。《旧传》亦有记，谓穆宗即位后，本欲擢迁丁公著为相，后因丁公著恳辞，乃"超授给事中，赐紫金鱼袋；未几，迁工部侍郎"。可见《旧纪》记丁公著为浙东观察使，可纠两《唐书》本传之误，但将工部侍郎记为工部尚书，则另有一误。[1]

又许浑有《送张厚浙东谒丁常侍》（《全唐诗》卷五三

五），陶敏《全唐诗人名考证》（页794）及罗时进《丁卯集笺证》[2]卷八，皆考定此丁常侍即丁公著，是。据此，亦可佐证丁公著确任为浙东观察使。按此诗末二句云："定知洛下声名士，共说膺门得孔融。"即许浑向丁公著推荐张厚能在浙东幕府供职者，由此亦可见丁公著与当时文士有交往。

此后，丁公著历任河南尹，尚书右丞，兵部、吏部侍郎，后于文宗时迁为礼部尚书，旋即入为翰林侍讲学士。《旧唐书》卷一七上《文宗纪》，大和二年（828）五月，"乙未，以吏部侍郎丁公著为礼部尚书"。丁《记》记为："大和三年四月二十六日，自礼部尚书充侍讲学士。"据唐官制，礼部尚书为正三品，其官阶与门下侍郎、中书侍郎等同，以如此高之官阶入院，在当时翰林学士中是极少见的。而丁公著此次之入又非为翰林学士，而为翰林侍讲学士，这当与他曾为太子侍读时撰有《皇太子及诸王训》十卷（据《旧传》），后又撰有《礼志》十卷（据《新唐书》卷五七《艺文志》一，礼类）等有关。又大和三年，丁公著入院前，在院者已有六人，其中许康佐为侍讲，柳公权为侍书，而于九月，又召郑覃、路群为侍讲（参书后"学士年表"），可见文宗当时对以儒学为专职的侍讲学士是甚为看重的。

不过，丁公著在院仅三月，于同年七月又出任外镇。丁《记》未记出院年月，仅云："改正户部尚书、浙西观察使。"《旧唐书·文宗纪》则于大和三年七月记为："乙巳，以礼部尚书、翰林侍讲学士丁公著检校户部尚书，兼润州刺史，充浙江西道观察使。"何以在院仅三月，即出任浙西？《旧传》有谓："上以浙西灾寇，询求良帅，命检校户部尚书领之。"不过据《旧纪》，丁公著出镇浙西前，时任浙西观察使为李德裕，而据《旧唐书·李德裕传》及《通鉴》卷二四四，当时任宰相的裴度荐李德裕为相，即得文宗同意，召李德裕入朝，改任丁公著（参傅璇琮《李德裕年谱》）。浙西也为当时重镇，丁公著乃接李德裕，由翰林侍讲学士出任，也可见文宗对他的看重。

又，《新传》记丁公著出院事又有显误，云："四迁礼部尚书、翰林侍讲学士。长庆中，浙东灾疠，拜观察使。"按丁公著于文宗大和三年入为翰林侍讲学士，《新传》此处所记，乃列于穆宗长庆前，误一；丁公著由翰林侍讲学士出院，任外镇，在大和三年（七月），《新传》则记为"长庆中"，误二；丁公著此次出镇，为浙西观察使，《新传》却记为浙东，误三。《新传》此处所记，仅数句，二十余字，竟有三误，真使人费解。

《旧唐书·文宗纪》于大和六年（832）五月又记："壬子，浙西丁公著奏杭州八县灾疫，赈米七万石。"而前引《旧传》则记为："上以浙西灾寇，询求良帅，命检校户部尚书领之。诏赐米七万石以赈给，浙民赖之。"即以下诏赐米七万石乃在丁公著受任之时。实则据《旧纪》，丁公著出任在大和三年七月，上奏浙西灾疫，朝中遂下诏赈米七万石，乃在大和六年五月，已时隔三年。此又为《旧传》一误。

又据《旧纪》，大和六年八月，"壬申，以前浙西观察使丁公著为太常卿"。参前所引《旧纪》，大和六年五月，丁公著仍在浙西任，当旋离职，同年八月改授太常卿。《旧传》记云："改授太常卿，以疾请归乡里，未至而终，年六十四。"《旧纪》又于大和六年九月记："丁未，太常卿丁公著卒。"则当为：丁公著于大和六年八月，先已离浙西任，被授为太常卿，但未返朝，以疾请归乡里，即由浙西治所之润州（今江苏镇江）返回乡里苏州，但未至而于途中病卒。而《新传》却叙为："长庆中"出任浙东观察使，"久之，入为太常卿；大和中，以病丐身还乡里，卒"，又将"入为太常卿"记于大和前，又一显误。

丁公著一生"清俭守道"。其著作，前已记述，有《皇太子及诸王训》、《礼志》，后皆未传存。《全唐诗》、《全唐文》均未载其诗文。

注释

〔1〕岑仲勉《唐史馀瀋》卷三《〈新丁公著传〉之纰谬》条，主要纠《新唐书·丁公著传》之误，也提及此浙西事。《唐史馀瀋》，上海古籍出版社，1960年。

〔2〕《丁卯集笺证》，江西人民出版社，1998年。

崔 郸

崔郸，两《唐书》皆附于其兄崔邠传后，见《旧唐书》卷一五五、《新唐书》卷一六三。

《旧唐书·崔邠传》记云"清河武城人"，《新传》云"贝州武城人"。《新唐书》卷三九《地理志》三，河北道有贝州清河郡，所辖县有清河。《元和郡县图志》卷一六同。贝州，相当于今河北清河、临城及山东馆陶、威县等地。

《旧唐书·崔郸传》记其祖名结，父名倕，谓"官卑"。而《新唐书》卷七二下《宰相世系表》二下，记崔倕官御史中丞。刘禹锡曾为崔倕撰有神道碑：《唐故朝散大夫检校尚书吏部郎中兼御史中丞赐紫金鱼袋清河县开国男赠太师崔公神道碑》，[1]记其于德宗贞元时仕为吏部郎中兼御史中丞。按吏部郎中为从五品上，御史中丞则为正五品上，与中书舍人同阶，为中上层官员，不能说"官卑"。又《新唐书·崔郸传》记崔倕，虽未言"官卑"，却更有误，云："至德初，献赋行在，肃宗异其文，位吏部侍郎。"即肃宗于至德元年（756）在西北行在时见崔俟所献赋，异之，即授以吏部侍郎（正四品下），较后德宗时所授之吏部郎中、御史中丞更高好几阶，且时在前十余年。刘禹锡为崔俟所作的神道碑，确也记献赋事，云："至德中，戎羯猾夏，王师出征。公少有奇志，思因时以自奋，乃作《伐鲸鳇赋》上献。既闻尔矣，果器之。"碑文即记授以盐铁使寮属，临晋县丞，太子司仪郎，均为低级官员，何能为吏部侍郎？《新唐书》撰者竟有此显误，确使人费解。

此仅就崔郸之父崔俟，就两《唐书》记事之误，顺加辩正，以供两《唐书》全面整理参考。《旧唐书·崔郸传》记其早年仕迹甚简，云："登进士第，累迁监察御史，三迁考功郎中。大和三年，以本官充翰林学士。"何年进士登第，未有记，后迁监察御史、考功郎中，亦不详其时。《新传》补记一事，则可稍知其时，云："及进士第，补渭南尉。累除刑部郎中，出副杜元颖西川节度府。"据《旧唐书》卷一六《穆宗纪》，长庆三年（823）十月，杜元颖罢相，出为剑南西川节度使；《旧唐书》卷一七下《文宗纪》，大和三年（829）十二月，因南蛮侵陷成都，杜元颖被贬为韶州刺史（详见前宪宗朝杜元颖传）。则崔郸当于穆宗、敬宗朝在杜元颖西川节度幕府，文宗大和初入朝，为考功郎中，后于大和三年（829）五月以考功郎中入为翰林学士。

但《新传》于此却另有一误，于"出副杜元颖西川节度府"后，接云："召入为工部侍郎、集贤殿学士。"即由西川幕府召入朝，任为工部侍郎、集贤殿学士。而据丁《记》，崔郸乃于"大和三年五月七日，自考功郎中充"。《旧传》亦记其迁考功郎中后，"大和三年，以本官充翰林学士"。又据丁《记》，崔郸于大和六年（832）以本官（中书舍人）出院。《旧传》亦记其于"六年，罢学士"，接云："八年，为工部侍郎、集贤殿学士，权知礼部。"清徐松《登科记考》卷二一，即据此系崔郸于大和九年（835）知贡举，其所带官衔为工部侍郎，由此，则《新传》之失，一为将崔郸于大和八年由中书舍人（正五品上）迁为工部侍郎（正四品下），误记为自西川幕府召还时，二为缺记自西川幕府召还，旋于大和前期任翰林学士（《新传》一字未提及崔郸曾任翰林学士）。

丁《记》记崔郸："大和三年五月七日，自考功郎中充。八月十二日，加知制诰。四年九月十六日，拜中书舍人。六年，以疾陈请出守本官。"此大致与《旧传》合。《旧传》："大和三年以本官充翰林学士，转中书舍人。六年，罢学士。"按崔郸在院，前后历时三年余，但无论参政、撰诏，均未有记载。大和五年，宋申锡应文宗之命，谋诛宦官，事泄，被贬责，当时外廷有谏议大夫、给事中等朝臣多人上疏请予覆审（详见前宋申锡条），而崔郸等在内廷的翰林学士却无一人议及此事。又，崔郸后于文宗开成四年（839）七月任相（详后），《全唐文》卷七〇载有文宗《授崔郸平章事制》，中叙其在翰学时业绩，有云："乃者入典训词，出司俊造，能用周密，靡混妍媸。"评价亦较一般。

崔郸出院后，仕历则甚顺速。据两《唐书》本传及纪、表，大致为：大和八年（834）为工部侍郎、集贤殿学士；九年（835），知贡举，后又累为兵部、吏部侍郎。开成二年（837）正月，出为宣歙观察使、宣州刺史；四年（839），入为太常卿，同年七月，以本官同中书门下平章事，即任相。武宗会昌元年（841）十一月，出为剑南西川节度使。按此时李德裕亦在相位，《旧传》称："会昌初，李德裕用事，与郸弟兄素善。"崔郸此次出镇时，李德裕有诗相送，但李德裕此诗后未存，可就杜牧、姚合之和作诗得悉。杜牧有《奉和门下相公送西川相公兼领相印出镇全蜀诗十八韵》。[2]李德裕时为门下侍郎、同中书门下平章事，故杜牧诗题称"门下相公"。姚合有《和门下李相公饯西蜀相公》（《姚少监诗集》卷九），中云："圣朝同舜日，作相有夔龙。理化知无外，烝黎尽可封。燮和皆达识，出入并登庸。"称颂李德裕、崔郸任相之政绩。姚合于文宗开成四年八月由给事中为陕虢观察使，开成五年，入朝为秘书监，会昌元年当亦在长安。[3]此次崔郸出镇，有两位著名诗人作诗相送，亦可见其与当时文士之交往。

《旧传》末云："郸在相位累年，历方镇，太子师保，卒。"《新传》则另有记："宣宗初，以检校尚书右仆射同平章事，节度淮南，卒于军。"即宣宗即位后，崔郸又曾为淮南节度使，卒于任。

其著作未见著录，诗文未有载记。

注释

〔1〕见瞿蜕园《刘禹锡集笺证》卷三；上海古籍出版社，1989 年。

〔2〕《樊川文集》卷二；陈允吉点校，上海古籍出版社，1978 年。

〔3〕参见傅璇琮主编《唐才子传校笺》卷六《姚合传》吴企明笺；中华书局，1990 年。

郑　覃

郑覃，两《唐书》有传，见《旧唐书》卷一七三、《新唐书》卷一六五。

《旧传》谓："郑覃，故相珣瑜之子。"按珣瑜，《旧唐书》无传，《新唐书》卷一六五有传，郑覃即附于传后。《新传》称"郑州荥泽人"。据《元和郡县图志》卷八河南道郑州，有荥泽县，在郑州西北（黄河北）。

郑珣瑜，据《新唐书》卷六二《宰相年表》，德宗贞元十九年（803）十二月，任相；顺宗时王叔文施行新政，郑珣瑜未予合作，于永贞元年（805）七月罢相，旋卒，郑覃以其父曾居相位，即以父荫补弘文馆校书郎，当在贞元后期。

《旧传》接云："历拾遗、补阙、考功员外郎、刑部郎中。元和十四年二月，迁谏议大夫。"后于穆宗长庆元年（821）转为给事中；四年（824），迁御史中丞，后又权知工部侍郎，升迁甚速。敬宗宝历元年（825），又为京兆尹。刘禹锡于大和五年（831）曾作有《高陵县令刘君遗爱碑》，[1]记京都畿县高陵县令刘仁师，有鉴于泾水经流之地，乡里豪族，倚恃权势，垄断水源，乃立意于更新水道，上奏。刘《碑》记云："居二岁，距宝历元年，端士郑覃为京兆，秋九月，始具以闻"，后即施行。此与郑覃于宝历元年闰七月为京兆尹合。刘《碑》特称郑覃为"端士"，也可见时人对郑覃守正、仗义的赞誉。

文宗即位不久，郑覃即召入为翰林侍讲学士。《旧传》："文宗即位，改左散骑常侍。三年，以本官充翰林侍讲学士。"丁《记》具体记有时日，云："大和三年九月二十一日，自右散骑常侍充侍讲学士。"按路群亦与郑覃同时入为翰林侍讲学士（见后路群传），丁公著于同年四月亦自礼部尚书入为翰林侍讲学士（见前丁公著传），文宗于一年之内即召有三位为侍讲学士，也可见其对儒学的重视。

丁《记》又记："（大和）四年三月三十日，改工部尚书。"《旧传》则记为："四年四月，拜工部侍郎。"《新传》未记年月，但亦谓"进工部侍郎"。按《旧唐书·文宗纪》大和四年四月有记："丙午，以右散骑常侍、翰林侍讲学士郑覃为工部尚书。"是月乙巳朔，丙午为初二日，则与丁《记》所记之三月三十日改为工部尚书，日期稍有差异，问题在于两《唐书》本传记为工部侍郎，则为显误。又，郑覃此时改为工部尚书，实与此后出院有关，这又与当时的牛李党争有关。

李德裕于穆宗长庆二年（822）九月由御史中丞出为浙西观察使，文宗大和三年（829），时居相位的裴度推荐李德裕为相，遂于是年八月入朝任兵部侍郎，但此时李宗闵因得宦官之助，遂于是年八月入相，就排挤李德裕。[2]《通鉴》卷二四四大和三年九月即记："壬辰，以李德裕为义成节度使。李宗闵恶其逼己，故出之。"《旧唐书》卷一七四《李德裕传》亦记有此事，并提及郑覃，云："德裕为（李）逢吉所摈，在浙西八年，虽远阙庭，每上章言事。文宗素知忠荩，采朝论征之。到未旬时，又为宗闵所逐，中怀忄胆，无以自申。赖郑覃侍讲禁中，时称其善，虽朋党流言，帝乃心未已。"可见郑覃此时在院中虽任为侍讲学士，并不拘泥于儒典的研索，仍关心时政，且敢于直言，为李德裕申述自己的政见。

郑覃也正因此，而被排挤出院。《旧唐书·郑覃传》记："（大和）五年，李宗闵、牛僧孺辅政，宗闵以覃与李德裕相善，薄之。时德裕自浙西入朝，复为闵、孺所排，出镇蜀川，宗闵恶覃禁中言事，奏为工部尚书，罢侍讲学士。"中唐时，翰林学士多受党争之牵累，如前穆宗、敬宗朝之李绅、蒋防等也均因此而被迫出院的。

不过《旧传》此处所述，记时有误。据《新唐书·宰相年表》及两《唐书》有关纪传，大和三年八月甲戌，李宗闵由吏部侍郎任相，四年正月辛卯，牛僧孺又继为相，大和五年，李宗闵、牛僧孺确均在相位。但李德裕于大和三年八月已由浙西观察使入为兵部侍郎，旋又被挤，出为义成节度使、滑州刺史；大和四年十月，改为西川节度使，即均在大和五年之前。而丁《记》记郑覃于大和"四年三月三十日，改工部尚书"后，即于同年"六月十七日，出守本官"。由此，则《旧传》记郑覃为李宗闵所奏，使郑覃罢侍讲学士出院，在大和五年，则为显误。

郑覃在院时另一突出表现，即曾有一大项文化项目计划，建议全面校订儒学经书，并加以刊石。《旧传》云："覃长于经学，稽古守正，帝尤重之。覃从容奏曰：'经籍讹谬，博士相沿，难为改正。请召宿儒奥学，校定六籍，准后汉故事，勒石于太学，永代作则，以正其阙。'从之。"后郑覃于大和九年为相（详后），又兼判国子祭酒，更采取实际措施，起用起居郎周墀等，"校定九经文字，旋令上石"。《旧唐书·宣宗纪》于开成二年（837）十月记："癸卯，宰臣判国子祭酒郑覃进《石壁九经》一百六十卷。"

这就是传于后世的著名"开成石经"。这是唐翰林侍讲学士有代表性的职能表现。

郑覃在文宗朝曾两次入院，其于大和四年六月以工部尚书出院后，丁《记》记为："大和六年三月十四日，自工部尚书充侍讲学士。"《旧传》亦记云："文宗好经义，心颇思之，六年二月，复召为侍讲学士。"此云二月，当据丁《记》，为三月。

不过郑覃第二次入院，在院仅一年余，又出院。丁《记》："（大和）七年六月十六日，改御史大夫出院。"《旧唐书·文宗纪》所记同，于大和七年六月壬申记："以工部尚书、翰林侍讲学士郑覃为御史大夫。"此年六月壬申，即十六日，与丁《记》合。不过郑覃此次出院与第一次出院不同，第一次出院为宰相李宗闵排斥，而第二次出院则受到宰相李德裕重用。《旧传》记云："七年春，德裕作相。五月，以覃为御史大夫。"按大和六年十二月，李德裕由西川节度使入朝为兵部尚书，七年二月，以兵部尚书守本官同中书门下平章事，即任相。李德裕任相后，即擢用其所信重的人，如李回、沈传师、韦温、王质，亦即有郑覃（参见傅璇琮著《李德裕年谱》）。翰林侍讲学士，其主要职责为讲经学，编儒典，而御史大夫则为议政言事之实职，故李德裕特使其出任御史大夫。

不过此后，大和八年十月，李宗闵复入相，与李训、郑注同谋，排斥李德裕、李绅，李德裕又出任外镇（先为山南西道节度使，后又为浙西观察使）。《旧唐书·郑覃传》于此亦有记："其年，德裕罢相，宗闵复知政，与李训、郑注同排斥李德裕、李绅，二人贬黜，覃亦左授秘书监。"秘书监与御史大夫虽同为从五品，但为虚衔，未如御史大夫有实际职责，故云"左授"。此又可参证宋王应麟《困学纪闻》卷一四《考史》："奸臣惟恐其君之好学近儒，非独仇士良也，吴张布之排韦昭、盛冲，李宗闵之排郑覃、殷侑，亦士良之术也。"可见郑覃又一次受李宗闵之排抑。

郑覃后仕为刑部尚书、尚书右仆射、兼判国子祭酒。大和九年十一月甘露事变后，文宗则擢其为相。《旧传》："（李）训、（郑）注伏诛，召覃入禁中草制敕，明日以本官同平章事。"郑覃任相至开成四年（839）五月（据《新唐书·宰相年表》）。《旧传》后记："武宗即位，李德裕用事，欲援为宰相，因以足疾不任朝谒。会昌二年，守司徒致仕，卒。"《旧唐书》卷一八上《武宗纪》，会昌二年（842）五月："太子太师致仕郑覃卒。"

郑覃著作未有著录。《全唐文》卷七二一载《谏穆宗疏》一文，即穆宗新即位，郑覃时任谏议大夫，奏谏穆宗"内耽宴嬉，外盘游畋"。《旧传》有具体记述。

注释

〔1〕参见瞿蜕园《刘禹锡集笺证》卷二，上海古籍出版社，1989年。

〔2〕参《李德裕年谱》，傅璇琮著，河北教育出版社，2001年修订新版。

路　群

路群，两《唐书》无专传，皆附于其子路岩传（《旧唐书》卷一七七、《新唐书》卷一八四），甚简。《旧传》称其阳平冠氏人，《新传》谓魏州冠氏人。冠氏，即今河北馆陶。其父季登，代宗大历六年（771）登进士第，后官至左谏议大夫（又见于《新唐书》卷七五下《宰相世系表》五下）。路群子岩，懿宗朝翰林学士，后曾任相（见后传）。

《旧传》记路群字正夫，《新传》同，而《新唐书·宰相世系表》作"字正大"，疑"大"字讹。中华书局点校本未有校。

《旧传》仅云"既擢进士"，未记年，清徐松《登科记考》即列于已登第而未知其年之卷二七。今按韩愈有《唐银青光禄大夫守左散骑常侍致仕上柱国襄阳郡王平阳路公神道碑铭》。[1]此路公为路应。据《新唐书·宰相世系表》，路应与路群父季登同辈，为同族兄弟。据韩《碑》，路应于宪宗元和前期曾为宣歙池观察使，后卒于元和六年（811）九月，元和七年葬。文末记其卒后，云："既，其子临汉县男贯，与其弟赏贞谋曰：'宜有刻也。'告于叔父御史大夫鄜坊丹延观察使恕，因其族弟进士群以来请铭，遂以其事铭曰。"则韩愈此文作于元和七年，称路群为"进士"，当已科试及第。但未称其衔，当及第不久，尚未解褐入仕，其及第当在元和前期。此可补唐登科记。

《旧传》于其进士及第后，概述云："又书判拔萃，累佐使府。入朝为监察御史。"皆未记时。按《全唐诗》卷四八六载有鲍溶《淮南卧病感路群侍御访别》诗，云："西台御史重难言，落木疏篱绕病魂。一望青云感骢马，款行黄草出柴门。"则此时鲍溶正寓居淮南，路群当因公出使，途经淮南，特为访问，鲍溶甚有所感，作诗进赠。按《册府元龟》卷一三六有记："穆宗以元和十五年正月即位，二月，命监察御史杨虞卿、卢周仁、高铢、路群分往京西、京北监赏设将士。"则路群确于穆宗即位初在监察御史任，曾出使监察。其往淮南，是否亦为元和十五年（820）二月之行，未可定。又，鲍溶，两《唐书》无传。宪宗元和四年（809）进士及第（《郡斋读书志》卷四中《鲍溶集》提要及《唐才子传》卷六《鲍溶传》），与当时文士多有交往，《唐诗纪事》卷四一记其"与韩愈、李正封、孟郊友善"。《郡斋读书志》又谓："张荐谓溶诗气力宏赡，博识清度，雅正高古，众才无不备具。"但虽于元和前期已进士登第，仕途仍不顺，《唐才子传》卷六称其"初隐江南山中，避地，家苦贫，劲气不扰，羁旅四方"。则其于元和末、长庆初寓居淮南时，亦仍清贫，故路群以监察御史访之，特有感志。由此可见路群于早期亦对文士甚为重视。

又《全唐文》卷七三〇载有路群文一篇，题为《劾韩愈斋宿违例奏》，有云："今月九日，孟秋飨太庙，摄太尉、国子祭酒韩愈，准式合令起今月六日于太庙致斋，今于国子监宿，有违格令。"此事亦记于《唐会要》卷一八《缘庙裁制》，云："长庆元年七月，监察御史路群奏：今月九日孟秋，享太庙，摄太尉、国子祭酒韩愈，准式于太庙致斋，今于本寺监省，有违格式。勅，宜罚一季俸。"按韩愈确于元和十五年

（820）十一月就任国子祭酒，至长庆元年（821）七月庚申（二十六日），后为兵部侍郎。[2]《唐会要》所记长庆元年七月韩愈在国子祭酒任，与韩愈事迹合，唯有关韩愈生平事迹材料，皆未载韩愈此时又摄太尉；且《唐会要》及《全唐文》所载路群文，所谓"斋宿违例"，文意亦不明，其事之本身待考。不过据此则可考知，路群于穆宗长庆元年，任为监察御史。

《旧传》接云："大和二年，迁谏议大夫，以本官充侍讲学士。"丁《记》记为："大和三年九月二十一日，自右谏议大夫充侍讲学士。"即与郑覃同时入为翰林侍讲学士。第二年即大和四年（830），三月三十日，郑覃由散骑常侍改为工部尚书，皆正三品，官阶相当高，但仍为侍讲学士，而路群则于大和四年八月二十七日改为学士，仍为右谏议大夫（正五品上）。又据丁《记》，五年九月五日，改中书舍人（仍为正五品上）；七年十二月十七日，出守本官，即出院仍任为中书舍人。《新传》记路群事甚简，且又有误，云："累官中书舍人、翰林学士承旨。"岑氏《注补》指出：王源中已于大和二年十二月加为承旨，至八年四月二十日始出院，中间不容有两承旨。又丁《记》及《旧传》亦均未记路群曾任承旨者，《新传》当误。

路群在院，前后历有五年，《旧传》称其"精经学，善属文"，《新传》谓"文宗优遇之"。但在院业绩未有具体记载。《新唐书·艺文志》也未有著录；《全唐文》卷七三〇除前已引述之《劾韩愈斋宿违例奏》外，别无他篇。

《旧传》评其"历践台阁，受时君宠异，未尝以势位自矜。与士友结交，荣达如一。"故《旧传》末云："（大和）八年正月病卒，君子惜之。"

注释

〔1〕马其昶《韩昌黎文集校注》卷六，上海古籍出版社，1986 年。

〔2〕参见张清华《韩愈年谱汇证》，江苏教育出版社，1998 年。

薛廷老

薛廷老，两《唐书》有传，皆附其父薛存诚传后，见《旧唐书》卷一五三、《新唐书》卷一六二。

《旧传》称薛存诚为河东人，《新传》则云河中宝鼎人。宝鼎本汾阴县，今为山西万荣县西南宝鼎。

薛存诚于宪宗时历任监察御史、殿中侍御史、给事中、御史中丞，直言敢谏，对弊政屡有谏奏，"毅然不可夺"（《新传》）。《旧唐书·薛廷老传》即称"廷老谨正有父风，而性通锐"。薛廷老即因此屡被宦官、权臣斥责，亦由此而被贬斥出院者。

《新传》谓薛廷老"及进士第"。清徐松《登科记考》即据《新传》列于已及第而未能记年之卷二七。今按唐文宗开成年间陈翱所撰之《卓异记》，[1] 其《门生为翰林学士撰座主白麻》条，有云："唯廷老翰林时，座主庾公拜兖海节度，廷老为门生，得为麻制。时代荣之。"岑仲勉《登科记考订补》，[2] 即引及《卓异记》此数句，谓此庾公即庾承宣，并云："今《登科记考》一八元和十三、四年承宣两知举，不列廷老，唯于卷二十七附记之，是徐氏未考及《卓异记》也。"岑氏说是。但庾承宣于元和十三、十四年（818、819）两年知举，岑氏未再考述薛廷老在何年及第。孟二冬《登科记考补正》卷一八亦引及岑氏《订补》，列薛廷老于元和十三年，但未考述为何列于此年。

按据《旧传》，薛廷老后于文宗大和四年（830）入翰林学士院，乃因李让夷之荐，李让夷时亦为翰林学士（见前李让夷传），而薛廷老于大和五年（831）九月因事出院，李让夷也受累外出（详后）。如此，则薛廷老与李让夷交谊甚切，而李让夷亦于庚承宣知举下，元和十四年及第者。按唐惯习，同年及第者即有深交，故薛廷老当亦于元和十四年及第。此亦为唐登科记之一补。

两《唐书》本传皆记薛廷老"宝历中为右拾遗"。按《旧唐书》卷一七上《敬宗纪》，长庆四年（824）十二月，记淮南节度使王播"厚赂贵要，求领盐铁使"，朝臣多人抗疏论之，其中有"拾遗李景让、薛廷老等"（《通鉴》卷二四三所记同）。由此则宝历（825—826）前，长庆四年（824）薛廷老已为右拾遗，两《唐书》本传则记为"宝历中"，不当。

不过长庆四年十二月，已为敬宗时（敬宗于此年二月接位）。《旧传》称"敬宗荒恣"，《新传》云"敬宗政日僻"，于是薛廷老数与同僚"入阁奏事"，敬宗则常以"厉声"、"厉语"对之。此后，薛廷老即受权臣、宦官嫉害，出贬。两《唐书》本传皆有记，《旧传》记云："时李逢吉秉权，恶廷老言太切直。郑权因郑注得广州节度，权至镇，尽以公家珍宝赴京师以酬恩地。廷老上疏请按权罪，中人由是切齿。又论逢吉党人张权舆、程昔范不宜居谏列，逢吉大怒。廷老告满十旬，逢吉乃出廷老为临晋县令。"此亦未记其时。按据《新唐书·宰相年表》，李逢吉于穆宗长庆二年（822）六月任相，至敬宗宝历二年（826）十一月出为山南东道节度使。而郑权于长庆三年（823）四月为岭南节度使（《通鉴》卷二四三），四年十月卒于任（《旧唐书·敬宗纪》）。《通鉴》于长庆三年四月记穆宗时已有疾，宦官王守澄乃"专利国事，势倾中外"，郑注则"日应出入其家，与之谋议，语必通夕，关通赂议"，而时为工部尚书的郑权，"即因（郑）注通于守澄，以求节镇"。《旧唐书》卷一六二《郑权传》接云："初权出镇，有中人之助，南海多珍宝，权颇积聚以遗之，大为朝士所嗤。"据郑权于长庆三年四月出镇岭南，四年十月卒，则薛廷老"上疏请按权罪"，当在长庆三、四年间，其贬责为临晋（在今陕西大荔县东）县令，当在敬宗宝历初李逢吉尚在相位时。

有一事值得提出、注意，即郑权出任岭南节度使时，韩愈曾作序送之：《送郑尚书序》。[3]此序先叙岭南所辖之境广，镇帅所治不易，"故选帅常重于他镇"，于是盛称郑权此前历任方镇，颇有治绩，"皆有功德可称道"，后云："及是命，朝廷莫不悦，将行，公卿大夫士苟能诗者咸相率为诗以美朝政"。韩愈此处之记序，与当时朝议时论完全相反。又张籍亦有诗相送，为《送郑尚书出镇南海》（《全唐诗》卷三八四）、《送郑尚书赴广州》（同上，卷三八五），称"班行争路送"，"共知公望重"。此当韩愈序中所称当时"公卿大夫士"，"相率为诗以美朝政"，实则当为郑权以某种特殊方式邀名人所作。这也可见文学创作的一种复杂情况。

《旧唐书·薛廷老传》接云："文宗即位，入为殿中侍御史。大和四年，以本官充翰林学士，与同职李让夷相善，廷老之入内署，让夷荐挈之。"丁《记》记为："大和四年，自御史充。"未记月日，并以殿中侍御史略记为"御史"。按李让夷于文宗大和元年（827）十二月入为翰林学士，大和四年（830）仍在院，为职方员外郎（见前李让夷传）。薛廷老约于敬宗时即出贬为县令，而于文宗即位时即召入为殿中侍御史（从七品上），可能也出于李让夷大和元年入院后之荐，后李让夷又于大和四年再荐薛廷老入院，如前所述，当于往昔同年登第有关。又前所引《卓异记》，记庾承宣出任兖海节度使，薛廷老为草撰制文，据《旧唐书·文宗纪》，庾之任命在大和四年十一月癸巳，则薛廷老入院当在此年十一月前。

但薛廷老不到一年，即出院。丁《记》："五年九月四日，改刑部员外郎出院。"《旧唐书·文宗纪》，大和五年九月甲辰，有具体记述："翰林学士薛廷老、李让夷皆罢职守本官。廷老在翰林，终日酣醉无仪俭，故罢。让夷常推荐廷老，故坐累也。"《旧传》亦记为："廷老性放逸嗜酒，不持节操，终日酣醉，文宗知之不悦。五年，罢职，守内官，让夷亦坐廷老罢职，守职方员外郎。"《新传》略同。按《旧·文宗纪》记薛、李同于五年九月甲辰罢出，九月甲辰为九日，而丁《记》记薛之出院在九月四日，记李让夷出院为九月十六日，稍有小异。问题在于出院之原由，按两《唐书》本传，叙薛廷老仕迹，在此之前，均无嗜酒酣醉之记，《旧传》且称其"当官举职，不求虚誉，侃侃于公卿之间，甚有正人声望"，《新传》也有同评，称其"推为正人"，此皆与所谓"日酣饮，不持节操"，完全相反。据本书李让夷传所记，大和五年三月，宋申锡因受宦者王守澄之诬陷，被迫免相，后又出贬为开州司马，而李让夷之入院，乃受宋申锡之荐，即李让夷与宋申锡关系密切，又李让夷与李德裕之亲信李石、郑覃亦甚有交结，而大和五年居相位者有李宗闵、牛僧孺，李、牛二人与宦者王守澄亦密相勾结，又薛廷老于穆宗、敬宗时因直言进谏，"中人由是切齿"。由此考述，当为：薛廷老、李让夷二人于大和五年九月被迫出院，实为王守澄与李宗闵、牛僧孺相结，出于朋党政见纠纷，使二人排出；所谓"日酣饮，不持节操"，仅为一种借口。

据两《唐书》本传，薛廷老此后仕历，为刑部员外郎，刑部郎中，给事中。开成三年（838）年卒，赠刑部侍郎。其著作未著录，诗文也未有载记。前所引述之《卓异记》，在院时撰有授庾承宣兖海节度使制文，也未存。唐时翰林学士所撰制诏，多未有传存者，未能如陆贽、白居易等保留有相当部分制文，甚可惜。

注释

〔1〕《卓异记》，见泰山出版社 2000 年出版之《中华野史》点校本。

〔2〕岑仲勉《登科记考订补》，附见于赵守俨点校《登科记考》后，中华书局，1984 年。

〔3〕见马其昶《韩昌黎文集校注》卷四，上海古籍出版社，1986 年。

李　珏

李珏，两《唐书》有传，见《旧唐书》卷一七三、《新唐书》卷一八二。

《旧传》："李珏字待价，赵郡人。父仲朝。"《新传》："其先出赵郡，客居淮阴。"所谓赵郡人，当如李吉甫、李德裕，为赵郡赞皇（在今河北），仅为郡籍，实际上皆客居外地。又《新唐书》卷七二下《宰相世系表》二下，记李珏父名仲塾，与《旧传》所记之"仲朝"有异。

《旧传》记李珏"大中七年卒"，《新传》云卒年六十九。按李珏应卒于宣宗大中六年（852），《旧传》误（详后）。依此推算，则李珏生于德宗兴元元年（784）。就此，又可纠《新传》之误。按《旧传》云"珏进士擢第，又登书判拔萃科"，未记年。《新传》则具体记为："甫冠，举明经，李绛为华州刺史，见之，曰：'日角珠廷，非庸人相，明经碌碌，非子所宜。'乃更举进士高第。"此云"甫冠"，据前关于其生年推算，当为德宗贞元十九年（803），而李珏于宪宗元和十年（815）为华州刺史（《旧唐书》卷一六四《李绛传》），元和十一年（816）二月返朝为兵部尚书（《旧唐书·宪宗纪》）。如此，则李绛为华州刺史时，李珏已为三十二、三十三岁，何能曰"甫冠"？

《新传》所记此事，本于晚唐昭宗时裴廷裕之《东观奏记》（见后昭宗朝裴廷裕传），其书卷上有记云："珏字待价，赵郡赞皇人。早孤，居淮阴，事母以孝闻，弱冠，徒步（下缺六字），举明经，李绛为华州刺史，一见谓之曰：'日角珠庭，非常人也，当掇进士科。明经碌碌，非子发迹之路。'一举不第，应进士，许孟容为宗伯，擢居上第。"[1]《东观奏记》即云"弱冠"举明经，《新传》即沿此误。至于许孟容知举，据清徐松《登科记考》卷一八，在元和七年（812），亦列李珏于此年。李珏此年已为二十九岁。

两《唐书》本传记李珏于穆宗时曾任右拾遗，因"穆宗荒于酒色"，"珏与同列上疏论之"。《旧传》又记长庆元年（821），"盐铁使王播增茶税，初税一百，增之五十"，此乃"王播希恩增税，奉帝嗜欲"，李珏即又上疏论之。《通鉴》卷二四一记此于长庆元年五月，称穆宗"不从"。李珏即"以数谏不得留，出为下邽令"（《新传》）。此当在长庆后期，不久，即受牛僧孺之辟，入其武昌军节度使幕。《新传》于记"出为下邽令"后，称："武昌牛僧孺辟署掌书记。"此亦据《东观奏记》（卷中）所记："牛僧孺为武昌节度使，奏章先达银台，授殿中侍御史内供奉、武昌掌书记。"牛僧孺任武昌节度使，自敬宗宝历元年（825）正月，至文宗大和四年（830）正月（见《旧唐书》之《敬宗纪》、《文宗纪》）。李珏后为牛僧孺所撰之神道碑（《全唐文》卷七二〇），曾叙有此事，云："小子不佞，早栖门墙，考选第叨殊等之科，开宾筵忝入幕之吏，国士相过，笔札见知。"此后，李珏即屡受牛僧孺荐援，由此也参与牛李党争之列。

李珏后还朝，累任殿中侍御史、吏部员外郎，转司勋员外郎、知制诰，旋即召入为翰林学士。两《唐书》本传皆记李珏之入，实出于牛僧孺、李宗闵之荐援。《新传》谓"（牛）僧孺还相，以司勋员外郎、知制诰为翰林学士"；《旧传》称："大和五年，李宗闵、牛僧孺在相，与珏亲厚，改度支郎中、知制诰，遂入翰林充学士。"按牛僧孺于大和四年（830）正月由武昌节度使入相，李宗闵则于前大和三年（829）八月已由吏部侍郎擢迁为相。《通鉴》卷二四四大和三年八月记："会吏部侍郎李宗闵有宦官之助，甲戌，以宗闵同平章事。"大和五年，二人皆在相位，即引李珏入，这也是唐代文士之入为翰林学士出于宰相所举之一例。

《旧传》谓李珏以度支郎中、知制诰入，《新传》则记以司勋员外郎、知制诰入，丁《记》记为："大和五年九月十九日，自库部员外郎、知制诰充。"均异。裴廷裕《东观奏记》（卷上）谓改司勋员外、库部郎中，文宗召充翰林学士，即先为司勋员外郎，后迁库部郎中，旋即以库部郎中（加知制诰）入院。清劳格《唐尚书省郎官石柱题名考》卷一三度支郎中，于石刻、补遗中皆未记李珏名，仅于"附存"中列有李珏，但加按云："《旧传》度支，当从《奏记》、《壁记》作'库部'；《壁记》员外郎，当从《旧传》、《奏记》作'郎中'。"即李珏入院时所具之官衔，应为库部郎中，非度支郎中、库部员外郎，岑氏《注补》是首肯此说的，可从。不过此仅为小异，主要应注意《东观奏记》所云："李宗闵为相，以品流程式为己任，擢掌书命。"此可与两《唐书》本传所记李宗闵、牛僧孺"与珏亲厚"相参证。

据丁《记》及两《唐书》本传，李珏于大和五年（831）九月十九日入院，同月二十三日赐紫；七年（833）三月二十八日，迁中书舍人；九年（835）五月六日，加承旨；同月十九日，迁户部侍郎、知制诰，八月五日，出院。《东观奏记》（卷上）记文宗对其极为信重："文宗召充翰林学士，珏风格端肃，属词敏赡，恩倾一时。"这几年，正是郑注、李训因宦官之助，甚得势，并利用牛李党争，对李宗闵等既有结联，又有排斥。如大和六年十二月，牛僧孺罢相，出为淮南节度使，李德裕由西川节度使入为兵部尚书，第二年二月，即任为相；而同年六月，李宗闵罢相，出为兴元节度使。大和八年十月，李训、郑注又与宦官交结、协议，命李宗闵再入相，李德裕罢相，出为浙西观察使。李珏于九年五月六日加承旨，同月十九日又迁户部侍郎、知制诰，当与李宗闵时在相位有关。但不久，李训、郑注又与李宗闵有利害矛盾，遂使其罢相，并于大和九年六月，使其连续贬为明州刺史、处州刺史。《旧唐书·李珏传》即记为："（大和九年）七月，宗闵得罪，珏坐累，出为江州刺史。"丁《记》记为："（大和九年）八月五日，贬江州刺史。"《旧传》云七月，丁《记》云八月，此亦为小异。中晚唐时，翰林学士多因受朋党交争之累而受贬的。

此后，李珏则更涉入牛李党争。据两《唐书》有关纪、传，李珏于大和九年（835）八月出贬为江州刺史，开成元年（836）四月，改为太子宾客、分司东都，又迁河南尹，这可能与李训、郑注事败被诛有关，即前所贬者逐步量移。正因此，开成二年（837）五月，入朝为户部侍郎。三年（838）正月，牛党派杨嗣复入相，即援引李珏亦任为相。《新唐书·李珏传》叙云："开成中，杨嗣复得君，引珏同中书门下平章事，与李固言皆善。三人者居中秉权，乃与郑覃、陈夷行等更持议，一好恶，相影和，朋党益炽矣。"《旧传》更明确记为："珏与固言、嗣复相善，自固言得位，相继援引，居大政，以倾郑覃、陈夷行、李德裕三人。"

武宗即位后，会昌元年（841），李珏就与杨嗣复罢相，并出贬。《新唐书》卷一七四《杨嗣复传》记："帝之立，非宰相意，故内薄执政臣，不加礼。"关于此事，《通鉴》卷二四六有具体记述，即开成五年（840）正月，文宗病危，宦者、知枢密刘弘逸、薛季棱与杨嗣复、李珏密议，仍立年尚幼的太子成美嗣位，而另一派宦者、中尉仇士良、鱼弘志拟另立颍王李瀍，遂谋杀刘弘逸及太子成美，颍王接位，即武宗。如此，武宗即位后，仇士良等又进一步谋害杨嗣复、李珏，开成五年八月，连续罢杨嗣复、李珏相位；会昌元年（841）三月，又贬杨嗣复为潮州刺史，李珏为昭州刺史。《通鉴》卷二四六会昌元年三月具体记述为：李珏先出为桂管观察使，宦官仇士良劝武宗将杨嗣复、李珏杀之，时已任宰相的李德裕则未受党争的牵累，极力上奏解救，结果即贬杨为潮州刺史，李为昭州刺史。[2]又，据此，则《旧传》记李珏"出为桂州刺史、桂管观察使；三年，长流骧州"，于"桂管观察使"后漏载贬昭州刺史，而"长流骧州"，更失实。《新传》又有误记，谓"终以议所立，贬江西观察使，再贬昭州刺史"，将"桂管"误为"江西"。可参本人所作另一专文《两〈唐书〉记事辨误》（载《文史》2006年第3辑，中华书局，2006年8月）。

此后事迹，《旧传》记为："大中二年，崔铉、白敏中逐李德裕，徵入朝为户部尚书，出为河阳节度使。入为吏部尚书。"后又为淮南节度使。但《旧传》记其卒年，又有一误，云"大中七年卒"。按杜牧有《李珏册赠司空制》（《樊川文集》卷一七），[3]记李珏因病卒于扬州淮南节度使任上，朝廷乃遣使"持节册尔为司徒，魂而有知，鉴兹诚意"。而此册文首云："维大中六年，岁次壬申，五月丁卯朔，十六日壬午。"则当卒于大中六年（852）五月。《新传》未记卒于何年，唯云"年六十九"。

《新唐书·艺文志》未著录其著述。蒋伸《授李珏扬州节度使制》（《全唐文》卷七八八），中云："文章穷三变之风，学术洞九流之奥。"则对其文章、学术有较高之评议。当时确有好几位诗文名家有诗进赠李珏的，但都在李珏后期，即翰林学士出院、任相后好几次坎坷境遇，如刘禹锡《奉送李户部侍郎自河南尹再除本官归阙》，[4]《奉和吏部杨尚书太常李卿二相公策免后即事述怀赠答十韵》。[5]白居易有《旱热》诗，末句"迁客向炎州"，句下自注："时杨、李二相，各贬潮、韶。"朱金城《白居易集笺校》卷三五，[6]笺云此诗作于会昌元年，白居易时在洛阳；又谓"各贬潮、韶"之"韶"，《全唐诗》所载亦作"韶"，应作"昭"，因李珏所贬为昭州刺史。另姚合有《和厉玄侍御题户部李相公庐山西林草堂》（《全唐诗》卷五〇一）；许浑有《闻韶州李相公移拜郴州因寄》（《全唐诗》卷五三四；按此"韶州"亦为"昭州"之误）、《寄郴州李相公》（同上卷五三七）、《和李相国》（同上卷五三七，有自序，云：蒙宾客相国李公见示《和宣武卢仆射以吏部高尚书自江南赴阙贻大梨白鹇因赠五言六韵》攀和。）、赵嘏有《舒州献李相公》（同上卷五四九）、《泗上奉送相公》（同上卷五五〇）。按，就上所引诗，李珏有与时人和作者，即自己亦有诗，惜《全唐诗》未载其所作。《全唐文》卷七二〇载文四篇，中即有《牛公（僧孺）神道碑》。

注释

〔1〕《东观奏记》，中华书局点校本，1994 年。

〔2〕可参傅璇琮《李德裕年谱》，河北教育出版社，2001

年修订新版。

　　〔3〕《樊川文集》卷一七；陈允吉点校，上海古籍出版社，1978 年。

　　〔4〕陶敏、陶红雨《刘禹锡全集编年校注》卷十，岳麓书社，2003 年。

　　〔5〕同上卷一一。

　　〔6〕《白居易集笺校》，上海古籍出版社，1988 年。

陈夷行

　　陈夷行，两《唐书》，有传，见《旧唐书》卷一七三、《新唐书》卷一八一。

　　两《唐书》本传皆称其颍川人，据《元和郡县图志》卷七河南道，颍川汝阴，秦时为颍川郡地，治今安徽阜阳县。

　　《旧传》记其字周道，"祖忠，父邑"。《新唐书》卷七一下《宰相世系表》一下，记其祖名忠，父名邕，此"邕"与《旧传》之"邑"，稍有异。

　　《旧传》又记"元和七年登进士第"，清徐松《登科记考》卷一八即据此系于宪宗元和七年（812）进士及第。《新传》未有记。《旧传》此后述云："宝历末，由侍御史改虞部员外郎，皆分务东都。大和三年，入为起居郎、史馆修撰，预修《宪宗实录》。四年献上，转司封员外郎。五年，迁吏部郎中。"后即记其入为翰林学士（但记时有误，详后）。《新传》所记则甚简，云："由进士第，擢累起居郎、史馆修撰。以劳迁司封员外郎，凡再岁，以吏部郎中为翰林学士。"按《旧唐书》卷一七下《文宗纪》，大和四年（830）三月记："丁酉，监修国史、中书侍郎、平章事路随进所撰《宪宗实录》四十卷，优诏答之，赐史官等五人锦绣银器有差。"此史官五人，即·《全唐文》卷七一所载文宗《答路随等上宪宗实录诏》有记，其中有"起居舍人陈夷行"，而两《唐书》本传所载，称陈夷行时为起居郎。起居舍人与起居郎皆为史官，亦皆为从六品上，但起居郎属门下省，主要"掌起居注，录天子之言动法度，以修记事之史"，起居舍人属中书省，为"录天子之制诰德音，为记事之制，以记时政损益"（据《旧唐书》卷四三《职官志》二）。即虽皆为史官，但职责有所不同，据《全唐文》卷七一所载诏文，陈夷行当为起居舍人。

陈夷行于大和四年三月《宪宗实录》修成上奏后，转司封员外郎，此后，《旧传》记为："五年，迁吏部郎中。四月，召充翰林学士。"意即大和五年四月入为翰林学士。而丁《记》记为："大和七年，自吏部员外郎充。"按陈夷行入院在李珏、郑覃后，而李珏于大和五年九月入，郑覃为六年三月入，按丁《记》所列时序，陈夷行既在李珏、郑覃后，就不可能于大和五年四月入，《旧传》所记误。又，陈夷行入院在郑涯前，郑涯于大和七年四月八日入，参《旧传》所记，陈夷行可能于大和七年四月八日与郑涯同时入，或较郑涯稍早，为四月初。《旧传》当于"四月，召充翰林学士"前缺"七年"二字。又丁《记》记以吏部员外郎入，两《唐书》本传则记为吏部郎中。岑氏《注补》以为应据丁《记》，作吏外，备考。

丁《记》接云："八月二十三日，授著作郎、知制诰，兼皇太子侍读。八年九月六日，赐绯。七日，迁谏议大夫。"则此"八月二十三日"乃在大和八年前。而《旧传》记云："（大和）八年，兼充皇太子侍读，诏五日一度入长生院侍太子讲经。上召对，面赐绯衣牙笏，迁谏议大夫、知制诰，余职如故。"《新传》亦记此事，唯未记年。依此，则可据《旧传》

补丁《记》，于"八月二十三日"前加"八年"二字，后之"八年九月六日"，"八年"二字可去。据《旧唐书·职官志》，著作郎与尚书诸司郎中同为从五品上，谏议大夫为正五品上。则陈夷行于大和八年（834）八月二十三日授著作郎，逾月即又迁为谏议大夫，并加知制诰。

丁《记》接云："九年二月十六日，罢侍读。开成元年五月二十二日，改太常少卿。二十九日，兼太子侍读。"岑氏《注补》谓此处记"开成元年"云云，而后又谓"其年五月二十三日，加承旨"，"其年"即开成元年，相重，岑氏又引两条材料，一为《册府元龟》卷七〇八："王起为兵部尚书判户部事，大和九年七月，以起及翰林学士、太常少卿、知制诰陈夷行并充皇太子侍读。"二为《旧唐书》卷一七下《文宗纪》大和九年七月戊午，记工部侍郎、充皇太子侍读崔侑贬为洋州刺史，考功郎中、皇太子侍读苏涤贬为忠州刺史。岑氏即谓"夷行复兼侍读，似在崔、苏既贬之后"。据此，则丁《记》所记，应为：陈夷行于大和九年（835）二月十六日，罢太子侍读，但仍在院；同年五月二十二日，由谏议大夫（正五品上）迁为太常少卿（正四品）；七月，与王起复兼太子侍读。丁《记》之"开成元年五月二十二日，改太常少卿"，"开成元年"四字应删，并于"二十九日，兼太子侍读"前加"七月"二字。

《旧传》所记，为"九年八月，改太常少卿，知制诰、学士侍讲如故"。此"八月"应为"七月"，特别是"侍讲"必须改为"侍读"，即陈夷行乃兼太子侍读，非一般之翰林侍讲学士。

丁《记》后记于开成元年（836）五月二十三日，加承旨。按归融于大和九年（835）八月一日入为翰林学士，同月五日加承旨，开成元年五月十五日出院（参见后归融传），陈夷行当接归融为承旨。因开成元年在院者六人，以陈夷行入院时日最早（参见本书"学士年表"），资历最深，故依例可接为承旨。又，郑覃自去年甘露事变后，复任为相，开成元年仍在相位，郑覃与李德裕亲近，陈夷行亦与李德裕有交往，可能也出于郑覃之举荐，在归融出院不到十天，陈夷行就接任承旨。

丁《记》又于同年（开成元年）记云："六月二十四日，迁工部侍郎、知制诰。八月七日，赐紫。二年四月五日，出守本官平章事。"《旧传》于"九年八月改太常少卿，知制诰、学士侍讲如故"后接云："开成二年四月，以本官同平章事。"其间缺记工部侍郎，所谓"以本官"，则为以太常少卿同平章事，不合官制。《旧唐书·文宗纪》开成二年四月戊戌即记为："诏将仕郎、守尚书工部侍郎、知制诰、充翰林学士、兼皇太子侍读、上骑都尉、赐紫金鱼袋陈夷行可本官同中书门下平章事。"《新唐书》卷八《文宗纪》开成二年四月戊戌亦记陈夷行原为工部侍郎。《唐大诏令集》卷四九《陈夷行平章事制》（亦载《全唐文》卷七〇）称为："顷在郎署，雅有名称，是用擢居禁密，俾辅导元良，论辨见贤人之业，教谕得名臣之体"；又赞誉云："孝友为修己之具，文学诚润身之余，众推全才，时号端士。"陈夷行是文宗朝由翰林学士直接擢任宰相之首例。

此时郑覃亦仍在相位，如前所述，陈夷行于上年即开成元年五月为承旨，当由郑覃推荐，而此次任相，当更为郑覃举荐。可能正因此，杨嗣复、李珏于开成三年（838）正月亦入相，就与郑覃、陈夷行多次争议。《旧传》记云："（开成）三年，杨嗣复、李珏继入辅政，夷行介特，素恶其所为，每上前议政，语侵嗣复，遂至往复。"特别是关于李德裕、李宗闵事，更有争执。按大和八年（834）十一月，李宗闵与郑注交结，谋使李德裕罢相，使其出为浙西观察使；后李宗闵又与郑注、李训有利害矛盾，大和九年（835）六月，李宗闵则累被贬为明州、处州刺史，潮州司户。《旧唐书·文宗纪》开成三年二月记："己未，上谓宰相曰：'李宗闵在外数年，可别与一官。'郑覃、陈夷行曰：'宗闵养成郑注，几覆朝廷，其奸邪甚于李林甫。'杨嗣复、李珏曰：'大和末，宗闵、德裕同时得罪，二年之间，德裕再量移为淮南节度使，而宗闵尚在贬所。凡事贵得中，不可但徇私情。'"双方另有其他事相争者。《旧唐书·陈夷行传》后即云："上竟以夷行议论太过，恩礼渐薄，寻罢知政事，守吏部尚书。"《旧唐书·文宗纪》、《新唐书·宰相年表》皆记郑、陈罢相在开成四年（839）五月丙申。《通鉴》卷二四六开成四年五月记郑、陈罢相时，云："覃性清俭，夷行亦耿介，故嗣复等深疾之。"元胡三省于此处注云："史言小人排君子，不遗余力。"即意为陈夷行与郑覃此次罢相，亦出于杨嗣复之谋。

此后仕迹，据史书所载，大致为：开成四年九月，出为华州刺史。五年九月，武宗在位时，李德裕任相，即召陈夷行入朝；会昌元年（841）三月，复任为相。二年（842）六月，罢相，为太子太保；三年（843），出为河中节度使。四年（844）八月，卒。但《旧唐书·武宗纪》于会昌四年八月，记为"河东节度使陈夷行卒"，此"河东"当为"河中"之误。又，陈夷行卒后，李德裕撰有《赠陈夷行司徒制》（《李德裕文集校笺》卷四），极称其"言必体要，行归于周，得壶遂之深忠，持颜子之极乐。"李德裕时在相位，也能如翰林学士那样草撰制词，值得研究。

《新唐书》卷五八《艺文志》二，著录有《宪宗实录》，纂修者有陈夷行。《全唐文》卷七四五载其文一篇：《条覆馆驿事宜疏》；《唐文拾遗》卷十载有《仆射上仪依三公奏》一篇。《全唐诗》未载其诗。

郑 涯

郑涯，两《唐书》无传。《新唐书》卷七五上《宰相世系表》五上，有记，记其官职为"检校左仆射，同中书门下平章事"。又据《新表》，郑涯为郑覃从兄弟。郑涯与郑覃同在翰林学士院任职两月余，即郑涯于大和七年（833）四月八日入，而郑覃于七年六月十八日出院。

丁《记》所记为："（使相）郑涯：大和七年四月八日，自左补阙充。八年九月七日，加司勋员外郎；十六日，赐绯。九年十一月十九日，加知制诰。十二月十五日，守本官出院。"

郑涯入院前，事迹不详，亦未知其是否曾应科举试。至于其出院，岑氏《注补》以为郑覃于九年（835）十一月二十二日入相，"涯之出院，岂避亲欤"。此亦未能定，因郑涯、郑覃未为亲兄弟，岑说备参。又丁《记》记其为"使相"，《通鉴》卷二五〇懿宗咸通二年（861）有记云："冬十月，以御史大夫郑涯为山南东道节度使；十一月，加同平章事。"（按《通鉴》此处记郑涯于咸通二年十月任山南东道节度使，不确，详见后考。）即郑涯未曾在朝中为相，而任外镇山南东道节度使时加同平章事，故云"使相"。

郑涯在院三年期间，正为文宗朝牛李党争及郑注、李训事件高潮事（详见后李训、郑注等传），但郑涯对此似无甚参预。《全唐文》卷七九宣宗《授郑涯山南东道节度使制》中云："自承明晓对，建礼晨趋，参密命于北门，演纶言于西掖。相如雄丽，咸推视草之工；孔光庄重，空闻言树之诚。"

《全唐文》卷七二八封敕《批郑涯谢上表》，有云："内庭西掖，留重价于雄文；宪府南宫，蔼余芳于嘉话。"对其在翰学之业绩，主要赞誉其撰制文辞之优美，任职之慎恪，不涉及对政事之参预。

郑涯以司勋员外郎、知制诰出院，此后数年仕迹不详。现可知者，武宗会昌三年（843）七月在兵部侍郎任。按此时朝廷已立意征讨河北节镇刘稹，《旧唐书》卷一八上《武宗纪》会昌三年："秋七月戊子，宰相奏：'秋色已至，将议进军，幽州须早平回鹘，镇、魏须速诛刘稹，各须遣使谕旨，兼侦三镇军情。今日延英面奉圣旨，欲遣张贾充使。臣等续更商量，张贾干济有才，甚谙军中体势，然性刚负气，虑不安和，不如且命李回。若以台纲缺人，即兵部侍郎郑涯久为征镇判官，情甚精敏，虽无词辩，言事分明，官重事闲，最似相称。"按此"宰相奏"，即李德裕《幽州镇魏使状》，[1]中即称"兵部侍郎郑涯久充戎镇判官，性甚精敏"，《旧纪》当即本此。于此可见，李德裕对郑涯之才干，甚为称赏，其在朝任兵部侍郎，或亦为李德裕荐引。状中称郑涯"久充戎镇判官"，则郑涯入任翰林学士前，当长期在方镇幕府任职。

又前所引述之封敕《批郑涯谢上表》（《全唐文》卷七二八），前叙其任翰林学士、谏官之业绩，云："出入更践，便蕃宠荣，所莅有声，溢于闻听。是用授之铁钺，镇以荆蛮，压江汉之上游，总吴蜀之都会。苟非良干，其谁付焉。知已下车，故多劳止，勉宏政术，必副忧勤。所谢知。"即郑涯出镇时，按例上谢表，封敕乃代皇上草撰批文。郁贤皓《唐刺史考全编》卷一八九山南东道襄州，据《通鉴》咸通二年（861）所记"冬十月，以御史大夫郑涯为山南东道节度使"，即系郑涯于咸通二年至四年为山南东道节度使。但《全唐文》卷七九载有宣宗《授郑涯山南东道节度使制》，即称郑涯先任为御史大夫，现任为襄州刺史、山南东道节度使，则在宣宗时。又《文苑英华》卷四六八"翰林制诏"亦收载封敖此文，封敖于武宗会昌时任翰林学士，但于会昌五年（845）三月出院，为工部侍郎、知制诰，后宣宗大中初为御史中丞、礼部侍郎，《全唐文》卷七二八载其所撰《懿安皇太后哀册文》，作于大中二年（848）十一月；后于大中四年（850）出为兴元尹、山南西道节度使，又曾为淄青节度使，约大中末卒（详后武宗朝封敖传）。由此，则封敖《批郑涯谢上表》绝不可能作于懿宗咸通二年，结合《全唐文》所载宣宗《授郑涯山南东道节度使制》，郑涯当于宣宗初为山南东道节度使，《通鉴》所载咸通二年十月，未有所据，当不确，《唐刺史考全编》亦当为沿袭《通鉴》之误。

唐末康骈《剧谈录》，[2]卷上《洛中大水》条，记"咸通四年秋，洛中大水，苑囿庐舍，靡不淹没"，称"时郑相国涯留守洛师，闻之，以为妖妄"。如此，则懿宗咸通前期，郑涯在洛阳，当任为东都留守。后无记载，当不久即卒。

《全唐文》卷七六一载其所作《武宗祔庙议》、《武宗祔庙合祧迁议》。前文首云："会昌六年五月，礼仪使奏，武宗昭肃皇帝祔庙，并合祧迁者。"后文又继议此事。《通鉴》卷二四八会昌六年（846）十月记："礼院奏禘祭祝文于穆、敬、文、武四室，但称'嗣皇帝臣某昭告'，从之。"当作于会昌六年，时或已任为御史中丞。

《新唐书·艺文志》未著录其著述，《全唐诗》亦未载其诗作。

注释

〔1〕《李德裕文集校笺》卷一五，傅璇琮、周建国校笺，河北教育出版社，2000年。

〔2〕《剧谈录》，上海古籍出版社"唐五代笔记小说大观"点校本，2000 年。

高　重

高重，为敬宗时翰林侍讲学士，见前敬宗朝高重传。据丁《记》，高重与崔郾同于长庆四年（824）六月四日入院，为敬宗即位后不到半年首次召入的翰林侍讲学士。在院期间，他与崔郾合作，抄撮儒家经籍中的嘉言要道，分类编排，纂成《诸经纂要》十卷，供帝王阅览，也是唐代翰林侍讲学士有代表性的著作。后于宝历三年也即大和元年（827）正月出院，为给事中。

高重，仅《新唐书》卷九五有传，附于其五世祖高俭传后，所记甚略，仅百余字。《新传》未记其出院年月及所任官职。据丁《记》，出院后，任给事中。此后出任同州刺史，李虞仲有《授高重同州刺史兼防御使制》（《全唐文》卷六九三），有叙其此前仕履，主要即为翰林侍讲学士："属者侍周禁署，驳议琐闱，重席有戴凭之名，通经得陈邵之美。"李虞仲，《旧唐书》卷一六三有传，记其于敬宗宝历时为兵部郎中、知制诰，后迁中书舍人，大和四年（830）出为华州刺史，则作此制，当在大和初期。又《旧唐书》卷一六五《徐晦传》："（宝历）二年，入为工部侍郎，出为同州刺史、兼御史中丞。大和四年，徵拜兵部侍郎。"又《旧唐书》卷一七下《文宗纪》大和四年十二月癸亥，记云："以同州刺史高重为潭州刺史、兼御史中丞，充湖南观察使。"据此，则高重当于大和四年（830）初由给事中出任同州刺史，同年十二月，又改为湖南观察使。据《元和郡县图志》卷二，同州属关内道，在今西安市东，相当于今陕西大荔、合阳等地，为关中通关东等地要道，故李虞仲所撰制文中称："襟带山川，接畛甸服，掌离宫之管钥，领近关之式遏"，故"俾扬风化，思得兼材"，乃授高重为同州刺史，当考虑到高重在敬宗朝曾任翰林侍讲学士，"以礼法为践履之途，以学行为游泳之地"，可见文宗对他的信重。

可能正因此，高重旋又自湖南调回，任国子祭酒，而于大和七年（833）复又召入为翰林侍讲学士。丁《记》记为："大和七年十月十二日，自国子祭酒充侍讲学士。"《新传》则未记其出任同州、湖南事，在记敬宗时为侍讲学士后，即谓"再擢国子祭酒"。意即高重未曾出院，在院期间又再擢迁为国子祭酒。由此亦可见《新传》之缺漏。另，《册府元龟》卷五九九《学较部·侍讲》记高重此事，亦有误，云："高重，开成七年十月，以国子祭酒充翰林侍讲学士，诏令每月一日、十日入院，不绝本司常务。"岑氏《注补》亦引此，指出开成未有七年（开成仅五年），当依丁《记》作大和七年。不过《册府元龟》所记亦提供一种信息，即高重此次虽入学士院，但仍兼国子祭酒之职，"不绝本司常务"，每月逢一日、十日入院即可，此当与一般翰林学士须经常值班、撰诰不同。此亦为唐翰林侍讲学士之一特殊点。

高重此次在院，仍如前在敬宗朝时，颇着重于编儒学典籍。《新传》记："文宗好《左氏春秋》，命分列国各为书，成四十篇。与郑覃刊定《九经》于石。"按高重在敬宗时，曾与崔郾合编《诸经纂要》十卷，《新唐书·艺文志》三，列于子部儒家类，而此次则为高重独自就《左氏春秋》分类编纂，《新唐书·艺文志》一，著录为《春秋纂要》四十卷，列于经部春秋类。郑覃后于大和九年（835）为相，亦兼判国子祭酒，起用起居郎周墀等，"校定九经文字，旋令上石"（《旧唐书》卷一七三《郑覃传》）。后即于开成二年（837）十月"进《石壁九经》一百六十卷"（《旧唐书·文宗纪》）。此当即《新唐书·高重传》所云"与郑覃刊定《九经》于石"。这也是高重第二次入为侍讲学士的具体业绩，而于当时外廷的党派纷争，则未涉及。

丁《记》后记："（大和）九年九月十八日，改御史大夫、鄂岳观察使。"《旧唐书·文宗纪》大和九年七月辛酉记为："以鄂岳观察使崔郾充浙西观察使，以国子祭酒高重为鄂岳观察使。"岑氏《注补》云："辛酉，十八日也，若在九月，辛酉为十九日，然则（丁氏）记之九月必七月之讹。"此仅为小异，备参。值得注意的是，大和七、八年间，郑注、李训结纳宦官王守澄等，渐次得到文宗的宠信，大和八年（834）十月，郑、李与王守澄合谋，召入李宗闵为相，李德裕罢出；九年（835）六月，郑、李又因与李宗闵有利害矛盾，又使李宗闵罢相、出贬，时连累排出者不少。宋孙甫《唐史论断》卷下，曾论其时朝政纷乱，评文宗"又听（李）训、（郑）注所谮，朝之善士，每日为二党而逐之，此所谓君明不足"。这可能亦为高重此次外出之政治背景。

《旧唐书·文宗纪》后于开成二年（838）五月记云："癸未，以吏部侍郎高锴为鄂岳观察使，代高重；以重为兵部侍郎。"时郑覃在相位，高重入朝，可能与此有关。

《新传》后云："久之，拜太子宾客，分司东都。卒，赠太子少保。"皆未记时，可能在武宗时。

《新唐书·艺文志》除著录其《诸经纂要》、《春秋纂要》外，未记其他。又《新唐书·艺文志》一，经部春秋类，著录高重《春秋纂要》四十卷，注云"别名《经传要略》"，而同卷经解类，又著录"高重《经传要略》十卷"。既为"别名"，当为一书，不必再列，而《新志》则于《春秋纂要》四十卷外，又另录《经传要略》，且标为十卷，不当。

元 晦

元晦，两《唐书》无传，仅《新唐书》卷七五下《宰相世系表》五下，有记其名，但未记其字号及官职；另记其父洪，饶州刺史。此外，两《唐书》皆未有记元晦者。

今检元稹有《唐故京兆府盩厔县尉元君墓志铭》，云："讳某，字某，姓元氏，于有魏昭成皇帝为十四世孙。……享年五十五，以疾殁于衢州。元和十五年四月某日，归祔于咸阳县之某乡某里。……是月二十一日，犹子晦跪于予曰：'某日孤子震襄祔事，请铭于季父。'由是铭。"（《全唐文》卷六五四）则元晦为元稹下一辈，同族，元和十五年（820）时尚为少年。元稹又有《寒食日毛空路示侄晦及从简》诗，杨军《元稹集编年笺注（诗歌卷）》,[1] 系于元和十五年。此诗首二句云："我昔孩提从我兄，我今衰白尔初成。"则元晦确为其侄。时元稹在京，任膳部员外郎；五月，迁为祠部郎中、知制诰（见前穆宗朝元稹传）。

敬宗宝历元年（825）四月，元晦应制举试，登贤良方正能直言极谏科。《唐会要》卷七六《制科举》，即记宝历元年四月，贤良方正能直言极谏科，有元晦。又《全唐文》卷六八敬宗《处分贤良方正等科举人制》，第三等（即甲等）为舒元褒等三人，第四等为萧敞等六人，第四次等为韦鼎等五人，第五上等为元晦等四人。此次科举登科，应入仕，唯不知其官职。

此后即丁《记》所记，于文宗大和八年（834）入为翰林学士，丁《记》记云："大和八年八月九日，自殿中侍御史充；九月十六日，赐绯。九年八月二十日，加库部员外郎。九月十一日，出守本官。"则元晦入院前，即文宗大和时，已在朝中任职，大和八年八月前为殿中侍御史（从七品上），九年（835）九月出院时为库部员外郎（从六品上），官阶均不高。

又，元晦后于武宗会昌三年（843）二月任右谏议大夫（详见后），李德裕有《授元晦谏议大夫制》，[2]中有叙其在学士院供职情况："往在内廷，尝感先顾，奋发忠恳，不私形骸，俯伏青蒲，至于雪涕。数共工之罪，不蔽尧聪；辨垣平之诈，益彰文德。"清劳格《唐尚书省郎官石柱题名考》卷三吏部郎中记有元晦，亦引及李德裕此制中数语，并加按云："忤李训辈，故罢内职也。"劳格此说有见。李德裕所撰此制，极赞述其"奋发忠恳"，敢于直言，以至"俯伏青蒲，至于雪涕"。大和九年，正为郑注、李训得势之时，李珏、高重均于大和九年七、八月被迫出院的。

元晦出院后之仕迹，可就杜牧《荐韩乂启》得一信息。杜牧此启，载《樊川文集》卷一六，[3]中云："韩及第后，归越中，佐沈公江西宣城。府罢，唐扶中丞辟于闽中。罢府归，路由建州，妻与元晦同高祖，扶恶晦为人，不省之。及晦得越，乃弃产避之，居常州。"据《旧唐书·文宗纪》，沈传师于大和四年（830）九月为宣歙观察使，七年四月返朝为吏部侍郎（可参前宪宗朝沈传师传）；又唐扶于开成元年（836）五月为福建观察使，开成四年（839）闰正月卢贞由大理卿为福建观察使，开成四年十一月壬申"前福建观察使唐扶卒"。又《旧唐书》卷一九〇下《唐扶传》，载"（开成）四年十一月卒于镇"，即开成四年闰正月由卢贞接任福建观察使，但唐扶仍在镇，于同年十一月卒，故《旧唐书·文宗纪》称其为"前福建观察使"。如此，参合前所引述之杜牧荐文，韩乂当于开成四年闰正月因唐扶罢任，他即离幕职，返越中（韩为越人），路过建州，时元晦在建州，当为建州刺史，因某种人事关系，未往见之。

据上所考，元晦当于大和九年九月由库部员外郎出院后，约开成前期改任建州刺史。

又前所引述之李德裕《授元晦谏议大夫制》，称"吏部郎中元晦"，与《唐尚书省郎官石柱题名考》卷三吏部郎中所记合。《册府元龟》卷四五七《台省部·选任》有记："元晦为吏部郎中，会昌三年二月除右谏议大夫，制曰……"此"制曰"，即李德裕《授元晦谏议大夫制》，故《李德裕文集校笺》即系于会昌三年（843）二月。就此，元晦于大和九年九月以库部员外郎出院，不久即发生甘露事变，当于开成初出任建州刺史；武宗即位，李德裕入相后，约于会昌初入朝为吏部郎中（从五品上），至会昌三年二月，又擢迁为右谏议大夫（正五品上），此或亦出于李德裕之荐引，故李德裕虽居相位，亦特为草撰此制文。

据李德裕制文，元晦于会昌三年二月任为右谏议大夫。而《唐刺史考全编》卷二七五岭南道桂州却系元晦于会昌二年为桂州刺史、桂管观察使，其所据为《全唐文》卷七九五孙樵《唐故仓部郎中康公墓志铭并序》所云："三举进士登上第，是岁会昌元年也。……明年临桂元公以观风支使来辟。"即以明年为会昌二年，而未注意有李德裕制文。孙樵所记之"明年"，当误，亦如著于唐末莫休符《桂林风土记》，于《越亭》条，云："会昌初，前使元常侍名晦，搜达金貂，翱翔翰林，扬历台省，性好岩沼，时恣盘游。"以元晦任桂州误为"会昌初"。

据此，则元晦当于会昌三、四年间出任桂州刺史；又据《会稽掇英总集·唐太守题名》，元晦于会昌五年七月改为越州刺史、浙东观察使，大中元年（847）五月又返朝，后改除卫尉、分司东都。此后不详。

《全唐文》卷七二一载其文两篇:《叠彩山记》、《四望山记》,皆记桂林山水,文虽短,颇有文采。前文记于叠彩山西门筑一齐云亭,"北人游此,多轸乡思"。文末署"(会昌)四年七月功既",当为将赴越时所作。又《全唐诗》卷五四七亦载诗二首:《越亭二十韵》、《除浙东留题桂郡林亭》。此二诗当皆本莫休符《桂林风土记》之《越亭》条,记云"金貂从此府除浙东,留题曰",即《全唐诗》之《除浙东留题桂郡林亭》,七律,亦有文采,后四句云:"西邻月色何时见,南国春光岂再游。莫遣艳歌催客醉,不堪回首翠蛾愁。"《桂林风土记》同卷又记:"越亭初成,金貂有二十韵长诗",即《全唐诗》之《越亭二十韵》。

《新唐书·艺文志》未著录其著述。

注释

〔1〕参见杨军《元稹集编年笺注(诗歌卷)》,页837,三秦出版社,2002年。

〔2〕傅璇琮、周建国《李德裕文集校笺》卷四,河北教育出版社,2000年。

〔3〕杜牧《樊川文集》,陈允吉点校,上海古籍出版社,1978年。

李　训

李训、郑注,于大和八、九年间曾先后为翰林侍讲学士,但后因大和九年(835)十一月甘露事变,为宦官仇士良等所杀,而丁居晦之《重修承旨学士壁记》(即丁《记》)撰于开成二年（837）五月，当因避嫌，将李训、郑注及王涯、顾师邕，均未列入。岑氏《注补》则据两《唐书》有关记载，略有补记。

李训、郑注与宦官冲突而遭致甘露事变，历史上评议有所不同。清王鸣盛《十七史商榷》卷九一认为"训、注皆奇士，特奇功不成耳"（《训注皆奇士》条）。实则李训、郑注之大半时期皆依附于宦者的。李训、郑注虽按照文宗意旨，谋诛宦官，实纯从个人利害出发，并未如顺宗时王叔文之抑制宦官，主要在施行新政（参见前顺宗朝王叔文传）。范文澜《中国通史简编》即明确认为，"唐文宗将心事密告李训、郑注，李训、郑注认为有大利可图"，即只从个人权益考虑（见《中国通史简编》第三册，第三编《隋唐五代时期》，页215，人民出版社，1965年）。晚唐朝士，一般对李训、郑注的政治行为多有恶感，甘露之变后，对李、郑也并不表示同情，甚至还加谴责（可参董乃斌《唐人看甘露之变》，《中华文史论丛》1981年第1辑，上海古籍出版社）。

严格说来，李训、郑注并不符合翰林侍讲学士之职责规定的（可参另文《唐翰林侍讲侍读学士考论》，见前《唐翰林学士传论》上编）；且入院时间亦不长，郑注仅五十天。二人之被召入院，完全出于文宗的特殊政治要求。不过此二人既曾为侍讲学士，就此依例记入，着重于记叙其甘露事变前的政治行迹，以有利于作全面了解。甘露事变，两《唐书》的有关纪、传，及《通鉴》，均有详记，就不再赘述。

李训，两《唐书》有传，见《旧唐书》卷一六九、《新唐书》卷一七九。《旧传》："李训，肃宗时宰相揆之族孙也。"《新传》亦称"故宰相揆族孙"。故《全唐文》卷六九文宗《授舒元舆李训守尚书同平章事制》，称李训有云："轩缨鼎族，河岳间贤。"两《唐书》本传又称李逢吉为其从父，《新唐书》卷一七四《李逢吉传》亦称"从子训"。可见较有门第，未如郑注之家世微贱。

又《旧传》云"始名仲言"；《新传》记："李训字子垂，始名仲言，字子训。"

两《唐书》本传皆称其进士擢第，但未记何年。清徐松《登科记考》卷一九载王起曾于穆宗长庆二年、三年知贡举，又据《旧唐书·王播传》载李训为王起贡举门生，姑附于长庆三年（823）。

《新传》记李训擢进士第后，"补太学助教，辟河阳节度府"，当即在长庆年间。长庆四年（824）即依附李逢吉，参与谋害李绅，这是他参预政事的第一件事。《通鉴》卷二四三长庆四年，记正月壬申穆宗卒，丙子敬宗即位，时李逢吉为相，因鉴于穆宗原留李绅，李逢吉甚忌之，使李绅族子李虞，"与补阙张又新及从子前河阳掌书记（李）仲言等，伺求绅短，扬之于士大夫间"。二月癸未，乃贬李绅为端州司马（详见前穆宗敬宗朝李绅传）。李逢吉实际上是结交宦官王守澄，谋害李绅的。《旧唐书》卷一七三《李绅传》："中尉王守澄用事，逢吉令门生故吏结托守澄为援以倾绅，昼夜计画。"《通鉴》卷二四三长庆四年四月又记："时李逢吉用事，所亲厚者张又新、李仲言、李续之、李虞、刘栖楚、姜洽及拾遗张权舆、程昔范，又有从而附丽之者，时人恶逢吉者，目之为八关、十六子。"长庆四年二月，李绅之贬同时，翰林学士庞严、蒋防亦被贬，即出于李逢吉亲厚者张又新等之谋。

由此可知，李训（仲言）于长庆三年进士登第，后供职于河阳节度幕府（掌书记），长庆四年正月前已离任至长安，依附于李逢吉，为其党羽。

李逢吉后历仕内外，文宗大和五年（831）八月任为东都留守，为闲职。时李训亦居于洛阳。《旧唐书·李训传》记云："时（李）逢吉为留守，思复为宰相，且深怨裴度，居常愤郁不乐。训揣知其意，即以奇计动之，自言与郑注善，逢吉以为善，遗训金帛珍宝数百万，令持入长安，以赂注。注得赂甚悦，乘间荐于中尉王守澄，乃以注之药术，训之《易》道，合荐于文宗。"即李训受李逢吉之托，向郑注进赂，实则李逢吉未副其愿，未授实职，于大和后期致仕卒，而李训则因通过郑注，与宦官王守澄交结，又因王守澄之荐，为文宗所知。《通鉴》卷二四五，大和八年（834）六月，记云："（郑）注引仲言见王守澄，守澄荐于上，云仲言善《易》，上召见之。"

文宗后即欲召李训入院。《通鉴》同卷于大和八年八月记："仲言既除服，秋八月辛卯，上欲以仲言为谏官，置之翰林。"但受到时为宰相李德裕的反对，王涯时亦居相位，却设法使文宗之意发下。此时，郑注亦自昭义节度副使入朝，《通鉴》记："王守澄、李仲言、郑注皆恶李德裕，以山南西道节度使李宗闵与德裕不相悦，引宗闵以敌之。"于是于本年十月庚寅，任李宗闵为相；甲午，李德裕罢相，出为山南西道节度使（后改为镇海节度使），"是日，以李仲言为翰林侍讲学士"。[1]

按李德裕于大和四年（830）十月为西川节度使，治蜀有功，成绩斐然，颇受朝中重视，为文宗所知，即于大和六年十二月召入为兵部尚书，七年二月即擢任为相，任相期间，对朝政颇有创革，特别是科举考试制（参见傅璇琮著《李德裕年谱》）。可能即因此遭致宦官的不满，于是李训、郑注即与王守澄相谋，利用李德裕与李宗闵早有朋党纷争，即援用李宗闵，排除李德裕，李训当也想由此更得到文宗的宠用。

文宗召李训为翰林侍讲学士，"两省谏官伏阁切谏，言训奸邪，海内闻知，不宜令侍宸宸；终不听"（《旧传》）。《通鉴》更具体记为："给事中高铢、郑肃、韩佽、谏议大夫郭承椵、中书舍人权璩等争之，不能得。"文宗之所以召为侍讲学士，据《旧传》所记，为："帝犹虑宦人猜忌，乃疏《易》五义示群臣，有能异训意者赏，欲天下知以师臣待训。"即按唐惯例，唐翰林侍讲学士，主要偏重于为君主讲述经书，编纂典籍，未有如翰林学士代皇帝起草制诏，参预政事（参见另文《唐翰林侍讲侍读学士考论》）。文宗谓"以师臣待训"，即以此想掩饰其政治意图。

实际上，李训入为翰林侍讲学士后，并未实施所谓讲学、编籍职责，而是直接参预政事，今略记如下：一、大和八年十二月己卯，朝廷正式任郑注由昭义节度副使、检校库部员外郎为太仆卿（《旧纪》）。即由从六品上之库部员外郎擢迁为从三品之太仆卿，与御史大夫、京兆尹同阶，这是极少见的。之所以能如此，李训即与之谋，即使郑注更能参预中朝政事。二、大和九年五月，进擢另一宦官仇士良为左神策军中尉，以分王守澄之权。《通鉴》卷二四五大和九年，记："上之立也，右领军将军兴宁仇士良有功，王守澄抑之，由是有隙。训、注为上谋，进擢士良以分守澄之权。五月乙丑，以士良为左神策中尉。"三、大和九年六月，郑注与李训谋，罢李宗闵相位，又出贬为明州、处州刺史、潮州司户（详见《通鉴》及《旧唐书》之《李宗闵传》、《杨虞卿传》）。此次之贬，除李宗闵、杨虞卿外，另有宗闵之党如萧澣、李汉等人，及既非李德裕党、也非李宗闵党者，如工部侍郎、皇太子侍读崔侑，吏部郎中张讽，考功郎中、皇太子侍读苏涤，户部郎中杨敬之，侍御史李甘，殿中侍御史苏特（《旧纪》）。这是李训、郑注乘势对朝官、特别是对言官的一次打击（参傅璇琮著《李德裕年谱》）。

此时，文宗即与之密谋，排诛宦官。《通鉴》卷二四五即谓："初，宋申锡获罪，宦官益横，上外虽包容，内不能堪。

李训、郑注既得幸，揣知上意，训因进讲，数以微言动上，上见其才辩，意训可与谋大事，且以训、注皆因王守澄以进，冀宦官不之疑，遂密以诚告之。训、注遂以诛宦官为己任。"文宗由此于大和九年七月改训为翰林学士，以示提高其地位，并于八月又召郑注为翰林侍讲学士。

《旧唐书·李训传》："（大和）九年七月，改兵部郎中、知制诰，充翰林学士。"《新传》同。《旧唐书·文宗纪》则记为：大和九年七月"甲子（二十一日），以《周易》博士李训为兵部郎中，依前充翰林侍讲学士"。岑氏《注补》又据《旧纪》记九月任李训为相时亦称其"翰林侍讲学士"，即谓九年七月虽迁官阶，但仍为侍讲学士。今检《唐大诏令集》，[2]卷四九《舒元舆李训平章事制》，即称"守兵部郎中、知制诰、充翰林学士、赐绯鱼袋李训"，《全唐文》卷六九所载此制，亦称为"充翰林学士"，则《旧纪》所谓"依前充翰林侍讲学士"，误。

郑注则于此年八月入为翰林侍讲学士。《旧纪》大和九年八月"丁丑（四日），以太仆卿郑注为工部尚书，充翰林侍讲学士"。

九月，李训又擢迁为相，《旧纪》系于九月己巳（二十七日）。[3]李训虽居相位，仍可"三五日一入翰林"（《旧传》）。

此后即谋议分诛宦官，最终遭致甘露事变，被杀。甘露事变，两《唐书》及《通鉴》所记甚详，此处即不复述，并可参考今人卢向前《李训郑注矛盾与甘露之变》（《文史》2001年第3辑，中华书局）。

注释

〔1〕按《旧唐书》卷一七下《文宗纪》，于大和八年九月甲午记："以助教李仲言为国子《周易》博士，充翰林侍讲

学士。"《旧纪》所记此年九月后未有十月，后即为十一月，则《旧纪》此处所记九月李训事，应为十月。因据《新唐书·宰相年表》，李德裕即于此年十月甲午罢相，任为山南西道节度使。又可参见武秀成《旧唐书辨证》页240（上海古籍出版社，2003年）。

〔2〕《唐大诏令集》，商务印书馆点校本，1959年。

〔3〕按《旧纪》、《新纪》及两《唐书》本传，皆记李训由兵部郎中为礼部侍郎、同中书门下平章事，唯《新唐书·宰相年表》记为由兵部郎中为兵部侍郎，似非。

郑　注

郑注，两《唐书》有传，见《旧唐书》卷一六九、《新唐书》卷一七九。两《唐书》本传皆称其绛州翼城人。《元和郡县图志》卷一二河东道绛州有翼城县（今属山西省）。

《旧传》："始以药术游长安权豪之门。本姓鱼，冒姓郑氏；故时号鱼郑。"《新传》："世微贱，以方伎游江湖间。"则其出身为一般平民，但长于医术，后即以此入仕。《新唐书》卷五九《艺文志》三，子部医术类，著录有郑注《药方》一卷，则其对药术确有一定专长。

《旧传》："元和十三年，李愬为襄阳节度使，注往依之，愬得其药力，因厚遇之，署为节度衙推。从愬移镇徐州，又为职事，军政可否，愬与之参决。"据《旧唐书》卷一五《宪宗纪》，李愬于宪宗元和十二年（817）十一月为襄州刺史、襄邓等州观察使，十三年（818）七月为徐州刺史，在征讨淮西吴元济、淄青李师道等叛镇中立有战功，得到宪宗的信重。此时徐州监军使为宦官王守澄，郑注即因李愬之荐，与王守澄交结，且又作药献之，《旧唐书》卷一八四《宦官·王守澄传》即记为："恕与守澄服之，颇效。"郑注依附于王守澄，即始于此。王守澄后入朝，参与弑宪宗、立穆宗事，而李恕于长庆元年（821）十月卒，郑注当即离李恕幕府，入朝随从于王守澄。《旧传》记云："及守澄入知枢密，当长庆、宝历之际，国政多专于守澄。注昼伏夜动，交通赂遗。"后即与其配合，参预谋害宋申锡，这是郑注第一次参与政事活动。

宋申锡事，详见前宋申锡传。《通鉴》卷二四四大和五年（831）二月，记："上与宋申锡谋诛宦官，申锡引吏部侍郎王璠为京兆尹，以密旨谕之，璠泄其谋，郑注、王守澄知之，阴为之备。上弟漳王湊，贤有人望，注令神策都虞候豆卢著诬告申锡谋立漳王；戊戌，守澄奏之。"宋申锡由此获罪被贬。由此可见，宋申锡之事，郑注是起主要策划作用的，其意图也是想进一步与宦官勾结。此事，当时的舆论对郑注是极为谴责的。《旧唐书》卷一六七《宋申锡传》称："有郑注者，依恃守澄为奸利，出入禁军，卖官贩利，中外咸扼腕视之。"《旧唐书》卷一七一《李中敏传》更有具体记述。此传称李中敏"元和末登进士第，性刚褊敢言；与进士杜牧、李甘相善，文章趣向，大率相类"；后叙大和六年夏旱，"时守澄方宠郑注，及诬构宋申锡后，人侧目畏之。上以久旱，诏求致雨之方。中敏上言曰：'仍岁大旱，非圣德不至，直以宋申锡之冤滥，郑注之奸弊。今致雨之方，莫若斩郑注而雪申锡。'"《全唐文》卷七一六更详载李中敏《大和六年大旱上言》，认为宋申锡"陷不测之辜，狱不参验，衔恨而没，天下士皆指目郑注"。可见当时确以为宋申锡之冤狱，郑注乃起主要作用，以附结于宦者王守澄。许浑有《闻开江宋相公申锡下世二首》（《全唐诗》卷五三六），首句即云"权门阴进夺移才"。实即指王守澄、郑注。

大和七年九月，又有谏臣上奏，弹劾郑注。《通鉴》卷二四四，大和七年，"九月丙寅，侍御史李款阁内奏弹（郑）注内通敕使，外连朝士，两地往来（元胡三省注，两地谓南牙、北司），卜射财贿，昼伏夜动，干窃化权，人不敢言，道路以目，请付法司。旬日之间，章数十上。"朝论虽如此频繁，而王守澄仍"言注于上而释之"。时王涯为宰相，《通鉴》称"王涯之为相，注有力焉，且畏王守澄，遂寝李款之奏"，即王涯将李款之奏压住，不上奏。

由此，郑注不受朝论之影响，又有所升迁。《旧唐书·文宗纪》记李款奏后，仍授郑注通王府司马、兼侍御史，充神策军判官，"中外骇异"。大和八年十二月，郑注又以太仆卿兼御史大夫。九年八月丁丑（四日），又"为工部尚书，充翰林侍讲学士"。

郑注此次之任为翰林侍讲学士，受到好几位朝臣的抨责，而这几位直言者则被贬外出。《通鉴》卷二四五，大和九年七月已记有："时人皆言郑注朝夕且为相，侍御史李甘扬言于朝，曰：'白麻出，我必坏之于庭。'癸亥，贬甘封州司马。"又八月，"丁丑，以太仆卿郑注为工部尚书充翰林侍讲学士。……注之初得幸，上尝问翰林学士、户部侍郎李珏曰：'卿知有郑注乎？亦尝与之言乎？'对曰：'臣岂特知其姓名，兼深知其为人。其人奸邪，陛下宠之，恐无益圣德。臣忝在近密，安敢与此人交通。'戊寅，贬珏江州刺史。"同月又记："郑注之入翰林也，中书舍人高元裕草制，言以医药奉君亲。注衔之，奏元裕尝出郊送李宗闵。壬寅，贬元裕阆州刺史。"《旧唐书·文宗纪》皆记有李珏、高元裕等受贬事。

郑注后于九月下旬出院。《旧纪》记九月丁卯（二十五日），"以翰林侍讲学士、工部尚书郑注检校右仆射，充凤翔陇右节度使"。据两《唐书》载，郑注之出镇，有受李训之嫉，李训怕郑注在朝，会影响他之专权。此后即发生十一月甘露事变，不复述。

丁居晦

丁居晦，两《唐书》无传。其字号、籍贯及早期事迹，均不悉。

清徐松《登科记考》卷一九记丁居晦于穆宗长庆二年（822）登进士第，所记甚略，仅于丁居晦名下注云"见《文苑英华》"，并于该年末录本年进士所试诗赋，为丁居晦《琢玉诗》、浩虚舟《琢玉诗》，及浩虚舟《木鸡赋》，但亦仅署据《文苑英华》，未注理由。孟二冬《登科记考补正》亦未有补记。今稍补有关材料。

据《旧唐书》卷一七六《周墀传》，周墀"长庆二年擢进士第"。是年知举者为王起（据徐松《登科记考》卷一九）。唐末五代初王定保《唐摭言》卷三，记武宗会昌三年（843）王起再知贡举，时周墀任华州刺史，"墀以诗寄贺"，诗中有"曾忝木鸡夸羽翼"，并自注"墀初年《木鸡赋》及第"（《唐诗纪事》卷五四亦载此，当即据《唐摭言》）。这是长庆二年进士试赋题之唯一材料，也当是可信之资料。但周墀此赋后未存世，《文苑英华》卷一三八则载有浩虚舟《木鸡赋》。《文苑英华》、《全唐文》所载，以此为题之赋，亦仅浩虚舟此篇，徐松《登科记考》卷一九即据此系浩虚舟与周墀同年，为长庆二年进士登第者。又《文苑英华》卷一八六"省试、州府试"诗，载有丁居晦与浩虚舟之《琢玉诗》。浩虚舟既以《木鸡赋》为长庆二年进士赋试，徐松即以《琢玉诗》为长庆二年进士试之诗题，并据此系丁居晦亦为长庆二年进士及第。

又据徐松《登科记考》及孟二冬《补正》，此年进士及第者尚有李训、白敏中等。

丁居晦于长庆二年进士及第，其后仕历不详，现可知者，为文宗大和五年（831）二月在拾遗任。《旧唐书》卷一七下《文宗纪》下，大和五年二月，"戊戌，神策中尉王守澄奏得军虞候豆卢著状，告宰相宋申锡与漳王谋反，即令追捕。庚子，诏贬宋申锡为太子右庶子。壬寅，左常侍崔云亮及谏官等十四人伏奏玉阶：'北军所告事，请不于内中鞫问，乞付法司。'"《旧唐书》卷一六七《宋申锡传》载此事，具体记述谏官姓名，其中即有丁居晦，所任为拾遗（唯未记左、右）。按左、右拾遗为从八品上，官阶并不高，距其登第时已近十年。

此后，即入为翰林学士。丁《记》："大和九年五月三日，自起居舍人、集贤院直学士充。"起居舍人为从六品上，与尚书诸司员外部同阶。由此，则丁居晦于大和五年二月参与宋申锡奏议事，虽未听从，但本身未受影响，且又有所升迁，大和九年五月前已为起居舍人。丁《记》记为"起居舍人、集贤院直学士"，即起居舍人为其所带之官衔，实在集贤院供职，为直学士（按唐官制，集贤殿书院，五品以上可为学士，六品以下则为直学士）。

又，岑氏《注补》曾转引《全唐文》卷七五七丁居晦小传"大和中官起居舍人、集贤院直学士，擢拾遗，改司勋员外郎"，谓："按起居舍人、员外郎均从六上、拾遗止从八上，平添'擢拾遗'三字于起人、员外间，大误。"岑氏说是。但岑氏就官阶加以辨析，未提及两《唐书·宋申锡传》所记大和五年丁居晦曾任拾遗。

丁《记》接云："（大和九年）十月十八日，赐绯；十九日，迁司勋员外郎。开成二年九月十一日，加司封郎中、知制诰。三年八月十四日，迁中书舍人。十一月十六日，拜御史中丞出院。"《唐尚书省郎官石柱题名考》卷八司勋员外郎、卷五司封郎中均列有其名。按起居舍人与司勋员外郎为从六品上，司封郎中为从五品上，中书舍人与御史中丞同为正五品上，如此，则丁居晦此次在院四年间，其官阶迁转是较为顺利的。

丁居晦在文宗朝曾两次入院，开成三年（838）十一月十六日出院后，又于开成四年（839）闰正月入（详见后）。第一次在院期间，其主要业绩，则为编撰有唐一代最为详切的翰林学士年表。

宋陈振孙《直斋书录解题》卷六职官类有著录此书，题为"《重修翰林壁记》一卷"，而同为南宋人之洪遵，其《翰苑群书》卷六，编录其书，则题为《重修承旨学士壁记》。按洪遵《翰苑群书》先已收元稹《承旨学士院记》，丁氏此书列于其后，加"重修"二字，如仅以书名而言，则当为继元稹之书，续记翰林承旨学士，而实际上所记大多非承旨学士，而为一般的翰林学士，包括翰林侍讲、侍读、侍书学士。故岑氏《注补》以为应如《直斋》所录，当作《重修翰林壁记》。岑氏说是，但因此书编于《翰苑群书》，《翰苑群书》影响较大，故后世引述时大多皆沿称为《重修承旨学士壁记》，为方便起见，本书亦沿袭此称。

丁氏此书书名所以称为"重修"，如前所述，当非传承元稹之《承旨学士院记》，而实为继韦执谊之《翰林院故事》，因《翰林院故事》所记即自唐玄宗朝翰林学士院创建时首批学士吕向、尹愔等开始，丁氏此记也自吕向、尹愔等起。不过丁《记》之特点，一为时段长，二为记事确。韦执谊《翰林院故事》撰于德宗贞元二年（786），其所记学士姓名，即自玄宗朝起，至贞元初，现存之本则尚记此后三十余位学士名录，至宪宗元和末，当为后继者所作（详见前德宗朝韦执谊传）。而丁居晦作此《壁记》，自署为文宗开成二年（837）五月十四日，其所记即至开成初，后亦又有继记者（如《翰林院故事》），至懿宗咸通末，即自玄宗开元后期翰林学士建置开始，至懿宗朝，历时一百三十余年，所记学士近一百八十人，是有唐一代所记翰林学士最多的。又，韦执谊所记，于姓名后，仅略记其官阶迁转（间有缺略），丁居晦所记，则自德宗朝起，就具体记述入院、出院及在院期间官阶迁转之年月日，有些所记，即与两《唐书》本纪之日期切合，极有史料价值。

当然，丁氏此书也有缺漏。首先是受当时政事影响，有意未列几个翰林学士之名，即丁氏作此书在开成二年，而在此之前，大和九年（835）十一月发生甘露事变，当时遭致杀害的王涯、李训、郑注，均曾任翰林学士，以及时任翰林学士的顾师邕也被杀，丁居晦因忌讳，即未列此四人。其他可能因客观原因，也有缺误，详参本书前册《唐翰林学士史料研究劄记》，及其他有关传记考述，此处不复述。

丁《记》记其于开成三年（838）"十一月十六日，拜御史中丞出院"。《旧唐书》卷一七下《文宗纪》下，开成三年十一月亦有记，云："庚午，以翰林学士丁居晦为御史中丞。"据陈垣《二十史朔闰表》，[1] 此年十一月庚午，即十六日；由此亦可见丁《记》所记，当据当时学士院中之壁记题名。又《册府元龟》卷一〇一《帝王部·讷谏》有记："（开成三年）十一月庚午，帝于麟德殿召翰林学士柳公权、丁居晦对，因便授居晦御史中丞，翼日制下。"柳公权时确在院，柳、丁是当时在院学士资历最深的，故文宗特召二人密谈。《册府元龟》系此事于《帝王部·讷谏》，则当为文宗召柳公权、丁居晦议事，丁居晦有所谏议，文宗有所看重，故特授以御史中丞之实职。

不过，丁居晦出院后仅三月，又召入院。丁《记》记为："开成四年闰正月，自御史中丞改中书舍人。"此当为由御史中丞改为中书舍人，又召其入院。岑氏《注补》谓丁《记》之"中书舍人"下应补"充"字，是。

丁居晦此次复入，《册府元龟》亦有记，卷五一五《宪官部·刚正》二，云："丁居晦为御史中丞，颇锐志当官，不畏强御，然而措置或乖中道，执政请移易，遂复旧官。帝疑与当轴者不叶，故复旧职。"据《旧唐书》卷四四《职官志》三，称"（御史）大夫、中丞之职，掌持邦国刑宪典章，以肃正朝廷"，"凡中外百僚之事，应弹劾者，御史言于大夫"。由此，则丁居晦出院为御史中丞，当时"中外百僚"，多有弹劾，为执政者所忌，文宗当即使其重新入院，并以为中书舍人。又《旧唐书·文宗纪》记开成四年闰正月甲申朔，"以谏议大夫高元裕为御史中丞"。则当为高元裕接丁居晦为御史中丞，丁居晦即由御史中丞改为中书舍人，入院，即在闰正月甲申朔，丁《记》亦与此合。

丁居晦于开成四年闰正月甲申朔再次入院后，丁《记》接云："五年二月二日，赐紫。其年三月十三日，迁户部侍郎、知制诰。其月二十三日，卒官，赠吏部侍郎。"按文宗于开成五年（840）正月四日卒，武宗于此月十四日接位，则丁居晦于五年二月二日赐紫，三月十三日由中书舍人（正五品上）迁为户部侍郎（正四品下），已在武宗时。武宗刚即位，对前朝翰林学士大多赐迁，如丁居晦于二月二日赐紫前，黎埴即于前一日（二月一日）赐紫（黎埴时亦为中书舍人）。又丁居晦于三月十三日由中书舍人迁为户部侍郎、知制诰，周墀也于同一日由职方郎中、知制诰迁为工部侍郎、知制诰（见后周墀传）。本年自三月二十日后，又连续召有七人入院（参书后"学士年表"），由此亦可见武宗对翰林学士的重视。

丁居晦再次入院期间，堪可注意者有二事，一为李商隐代泾原节度使王茂元上书，二为诗人刘得仁献诗。

据《旧唐书·文宗纪》，王茂元于大和九年十月癸未，由前广州节度使为泾原节度使，后李商隐在其幕府。《全唐文》卷七七六载有李商隐《为濮阳公贺丁学士启》，首赞颂丁居晦"学士位以才升，官由德举，光扬中旨，润饰洪猷"，后云"墨丸赤管，岂滞于南宫；黄纸紫泥，聊过于禁掖"，即含喻丁居晦由尚书省郎官升迁为中书舍人，故特为祝贺。[2]时当在丁居晦于开成三年八月十四日司封郎中、知制诰迁中书舍人后，十一月十六日为御史中丞前。启文有不满于现职，愿有所擢迁："某烧烽边郡，题鼓军门；仰鸾鹤于烟霄，空悲路阻。"而于丁居晦再次入院后，李商隐又代王茂元草撰《为濮阳公与丁学士状》（《全唐文》卷七七三），首云："近频附状，伏计相次达上"，即自前次贺启后，又曾数次进上。后云："自学士罢领南台，复还内署，朝委攸重，时论愈归。"即离御史中丞之职，复入内廷之学士院，这既为"朝委攸重"，又为"时论愈归"。此状之意望较前启更为明显，谓"某才谢适时，仕无明略，久乘亭障，长奉鼓鼙"，企希"当依余眷，庶惬后图，仰望音徽，不胜丹赤"。可见当时地方节镇，也是很看重翰林学士参预政事的作用的。

刘得仁当时以诗闻名，《郡斋读书志》卷四著录《刘得仁诗》时，称其"五言清莹，独步文场"。晚唐张为所作《诗人主客图》举孟郊为"奇僻苦主"，"及门"二人，其一即刘得仁。丁居晦在院供职时，刘得仁写有好几首诗呈献之，其《上翰林丁学士》（《全唐诗》卷五四五），对翰林学士之声望极为称扬，谓"官自文华重，恩因顾问生；词人求作称，天子许和羹"，于是特为标出："时辈何偏羡，儒流此最荣"，正因如此，就能国理治平："终当闻燮理，寰宇永升平。""儒流此最荣"，这是唐代对翰林学士之社会声望最高的评价。

按刘得仁虽被誉为"贵主之子"（《唐摭言》卷十），实际上长期应科试，未能得举："自开成至大中三朝，昆弟皆历贵仕，而得仁苦于诗，出入举场三十年，竟无所成。"（同上）可能正因此，他渴望与丁居晦有文字交往，望其荐引。其《山中舒怀寄上丁学士》（《全唐诗》卷五四五），即云："五字投精鉴，惭非大雅词。本求闲赐览，岂料便蒙知。幽拙欣殊幸，提携更不疑。弱苗须雨长，懒翼在风吹。"自比"弱苗"，希望能霑以恩雨，予以"提携"。又此诗后有自注："学士有禁中诗，早春曾命和。"即同卷刘得仁之《禁署早春晴望》，此当是丁居晦原作之诗题。由此，则丁居晦在院时即作有此诗，并赠予刘得仁，命其和作。此亦为翰林学士与其他文士诗文交往之一例。惜丁居晦原诗已佚，未存。

丁居晦卒后，刘得仁又有《哭翰林丁侍郎》诗（《全唐诗》卷五四五），对丁居晦生前对其荐引甚表感激："相知出肺腑，非旧亦非亲。每见云霄侣，多扬鄙拙身。"

《新唐书·艺文志》未著录其著述。《全唐诗》卷七八〇载其诗一首，即应进士试之《琢玉诗》。《全唐文》卷七五七载其《重修承旨学士壁记》之前记。

注释

〔1〕陈垣《二十史朔闰表》，中华书局，1963 年新 1 版。

〔2〕刘学锴、余恕诚《李商隐文编年校注》，页 220，中华书局，2002 年。

归 融

归融，两《唐书》有传，见《旧唐书》卷一四九、《新唐书》卷一六四，皆附于其祖归崇敬传后。归崇敬，苏州吴郡人，德宗时翰林学士，官至兵部尚书。归融父归登，德宗时曾任右拾遗，顺宗时超拜给事中，宪宗时为兵部侍郎、国子祭酒、工部尚书。

《新传》记："融字章之，元和中及进士第。"《旧传》则所载甚简，未记字号，仅云"进士擢第"。清徐松《登科记考》卷一八记归融于宪宗元和七年（812）进士及第，系据《永乐大典》所辑之《苏州府志》："融登元和七年第。"

《旧传》记其进士及第后，云："自监察、拾遗入省，拜工部员外郎，迁考功员外。"《新传》则仅记云："累迁左拾遗。"后即记为"事文宗为翰林学士"，未载工部、考功员外郎。《唐尚书省郎官石柱题名考》卷十考功员外郎即列有归融，融之前为权璩；劳格笺乃据刘禹锡有关诗文，谓权璩任考外，在大和四年（830）。据此，则归融任考功员外郎，当亦在大和四年、五年间。

丁《记》记归融入院，为："大和九年八月一日，自中书舍人充。"而《旧传》却于"进士擢第"后谓"自监察、拾遗入省，拜工部员外郎，迁考功员外"，接云："六年，转工部郎中，充翰林学士；八年，正拜舍人。""六年"前缺记年号，当为大和六年，如此，则归融乃于大和六年以工部郎中为翰林学士，大和八年再转为中书舍人。此与丁《记》有明显差异。按丁《记》所列名次乃以入院先后为序，归融列于陈夷行、郑涯、高重、柳公权、丁居晦后，此数人皆分别于大和七、八、九年入，如归融于大和六年入，就不可能在此数人后。此为《旧传》显误。

丁《记》接云："□年□月五日，加承旨。"年、月前有缺字。按许康佐于大和八年（834）五月八日接王源中为承旨，九年（835）五月五日出院，李珏于同年五月六日接为承旨，但李珏又于同年八月五日出贬江州刺史（许康佐、李珏见前传，并本书后"学士年表"）。岑氏《注补》亦据此，谓归融当接李珏任，于大和九年八月五日加承旨。按归融于此月一日才入院，何以仅数日即加任承旨；且此时在院较归融年历较深者有陈夷行、郑涯、元晦、柳公权、丁居晦，皆甚有声望，何以独着意于归融，此可作进一步考索。

丁《记》接云："八月二十日，迁工部侍郎、知制诰；二十四日，赐紫。"岑氏《注补》以为"上文均是九年八月事，此处'八'字疑误，否则'八'字亦是衍文矣。"按以"八"字为误，无据，所谓"八月"二字为衍文，亦是小异，当仍可定为八月二十日。不过丁《记》所记之"工部侍郎"，有误。清劳格《唐尚书省郎官石柱题名考》卷十考功员外郎，于归融名下列《旧传》"九年，转户部侍郎"，谓应如丁《记》作"工部"，"疑《传》误"。岑氏《注补》则引《旧唐书·文宗纪》开成元年十二月丙申朔"以户部侍郎兼御史中丞归融为京兆尹"，谓《旧传》与《旧纪》均称为户侍，则"工"字之误无疑。又《唐会要》卷五八《户部侍郎》条，有记云："开成元年，湖南观察使卢周仁进羡余钱十万贯，户部侍郎归融奏曰"，则此时归融尚在院中，亦为户部侍郎之确证。[1]

丁《记》记归融之出院，云："开成元年五月十五日，出守本官兼御史中丞，出院。"《旧唐书·文宗纪》开成元年（836）·五月亦记："癸亥，以翰林学士归融为御史中丞。"五月癸亥，即十五日，与丁《记》合。归融在院仅八个月，而官阶升迁甚速，且入院仅五日即加任承旨，似尚可考。又《全唐文》卷七四七载归融草撰之《郑覃平章事制》，据《旧唐书·文宗纪》，大和九年十一月壬戌甘露事变，翌日癸亥，即"诏以银青光禄大夫、尚书左仆射、上柱国、荥阳郡开国公郑覃以本官同中书门下平章事"（又载《唐大诏令集》卷四九，唯未署撰者）。当时正当紊乱之际，文宗任郑覃为相，亦想稳定政局，而命归融草此制文，这可见其对归融之信重。但此后仅半年，归融即出院，似亦出于人事纠纷。

据《新唐书》卷六三《宰相年表》，李固言于开成元年（836）四月甲午由山南西道节度使入相。又《旧唐书·归融传》载，归融出为御史中丞后，旋又任京兆尹，而"李固言作相，素不悦融，罢尹"。所谓"素不悦"，即二人不和已久，则当为李固言于开成元年四月入居相位，即于五月使归融出院，后又罢其京兆尹任。李固言与归融同于元和七年进士及第，可见虽为同年，也可能由于某种人事纠纷，形成无可回避的冲突。

《旧传》记归融罢京兆尹后，"月余授秘书监，俄而（李）固言罢，杨嗣复辅政，以融权知兵部侍郎"。据《旧纪》，开成二年六月庚戌，崔珙为京兆尹，同月乙亥，"以前京兆尹归融为秘书监"。则归融罢京兆尹当在开成二年（837）五月，"月余"，即六月丁亥，改为秘书监。而李固言于开成二年十月罢相，杨嗣复于开成三年（838）元月入相，则归融权知兵部侍郎当在开成三年春。后又改为吏部侍郎（《旧传》）。

此后仕历为：开成四年（839）二月，由吏部侍郎改为检校礼部尚书，出为山南西道节度使。[2]后改为剑南东川节度使（《新传》，未记年）。武宗会昌五年（845），正月，在兵部尚书任（《旧唐书·武宗纪》、《唐会要》卷三八《服纪》条）。宣宗大中三年（849）十二月，仍在任（《唐会要》卷一《帝号》条）。大中七年（853）正月壬辰卒：《旧唐书》卷一八下《宣宗纪》大中七年正月，"壬辰，金紫光禄大夫、守太子少傅分司、上柱国、晋陵郡开国公、食邑二千户归融卒，赠右仆射"。《新传》亦记于大中七年，但云赠左仆射。左、右，有小异。

归融卒后，杜牧草有《归融册赠左仆射制》（《樊川文集》卷一七），甚为赞誉，其中称其任翰林学士之业绩，云："发于文华，扬历清近，业冠前辈，才高当时。"可见归融在院时间虽不长，但仍有时誉。按归融在院时，对政事之弊确敢于直言，如《旧唐书》本传载，"湖南观察使卢周仁违敕进羡余钱十万贯"，归融即评奏，"臣恐天下放效，以羡余为名，因缘刻剥，生人受弊"。又《旧唐书》卷一六四《王播传》，记王播子王式，"转殿中，亦巧宦。大和中，依倚郑注，谒王守澄，为中丞归融所劾，出为江陵少尹"。《新唐书》卷一六七《王式传》亦载，略同。唯《旧唐书·王播传》此处记归融时在御史中丞任，误，因据前所述，归融于开成元年五月出院才改任御史中丞，而王守澄则于大和九年十月已被杀。《旧唐书·王播传》所载归融责劾事，当在大和九年八、九月间在院时，尚未任御史中丞。

《全唐文》卷七四七载其文四篇：《郑覃平章事制》、《劾卢周仁进羡余状》，前已述；《顺宗加谥至德宏道大圣大安孝皇帝议》、《宪宗加谥昭文章武大圣至神孝皇帝议》，为大中三年任兵部尚书时作，见前所引《唐会要》。《全唐诗》未载其诗。

注释

　〔1〕两《唐书》本传载归融奏议此事，乃在"开成元年拜御史中丞"后，即已出院后，不确。

　〔2〕《旧传》云："三年，检校礼部尚书、兴元尹，兼御

史大夫，充山南西道节度使"，云"三年"，误。

黎 埴

黎埴，两《唐书》无传，记其事者仅《新唐书》卷一七九《李训传》，及卷一八〇《李德裕传》。

《元和姓纂》记黎埴为黎干孙。《旧唐书》卷一一八《黎干传》，记为"戎州人，始以善星纬数术进，待诏翰林"，后历任京兆尹、兵部侍郎，为代宗时；后德宗即位，以其交结宦官刘忠翼，长流，赐死。《旧唐书·黎干传》未提及黎埴。

丁《记》记黎埴："大和九年十月十二日，自右补阙充。开成二年二月十日，加司勋员外郎。三年正月十日，加知制诰。其年十二月十八日，赐绯。其月二十一日，加兵部郎中。四年十一月六日，迁中书舍人。五年二月一日，赐紫。三月十六日，拜御史中丞，出院。"记黎埴仕迹，以丁《记》最详，如无丁《记》，唐翰林学士即未有其名。

《新唐书》卷一七九《李训传》，记文宗大和九年（835）十一月甘露事发，宦者率军"大索都城，分掩（王）涯、（李）训等第，兵遂大掠，入黎埴、罗让"等家，"赀产一空"。则黎埴亦受其累，但仕历未受影响，仍在院供职，直至开成五年（840）三月十六日，以御史中丞出院，时武宗已于该年元月即位。

《新唐书》之另一记述为卷一八〇《李德裕传》："开成初，帝从容语宰相：'朝廷岂有遗事乎？'众进以宋申锡对，帝俛首涕数行下，曰：'当此时，兄弟不相保，况申锡邪？有司为我褒显之。'又曰：'德裕亦申锡比也。'起为浙西观察使。后对学士禁中，黎埴顿首言：'德裕与宗闵皆逐，而独三进官。'帝曰：'彼尝进郑注，而德裕欲杀之，今当以官与何人？'埴惧而出。"按李德裕于开成元年十一月二十日由太子宾客分司东都之闲职改授浙西观察使，这是文宗有鉴于郑注、李训对李德裕之排斥、诬害，而黎埴则为李宗闵进言，则黎埴较倾向于李宗闵。

据丁《记》，黎埴于开成五年三月以御史中丞出院，今检《唐会要》卷三一《内外官章服·杂录》条，有云："（开成）五年六月，御史中丞黎埴奏：[1] '伏以朝官出使，自合驿马，不合更乘檐子，自此请不限高卑，不得辄乘檐子。'"此即《全唐文》卷七五九所载之《出使官不得乘檐子奏》。可见其出院后，于同年六月仍在御史中丞任。

《太平广记》卷一七五《林杰》，据《闽川士传》，记当地士子林杰，幼即善诗，"至九岁，谒卢大夫贞、黎常侍埴，[2] 无不嘉奖"。卢贞，据《旧唐书·文宗纪》，于开成四年闰正月丙午任福建观察使。《闽川士传》将卢贞、黎埴连叙，则黎埴当接卢贞为福建观察使，或即在武宗会昌时（可参见《唐刺史考全编》卷一五一江南东道福州）。

又《宝刻类编》卷六《浯溪题名》，记有黎埴，为大中元年（847）七月二日。《唐刺史考全编》卷一五一江南东道福州亦引此，谓："当是外任行此，抑罢福刺时路出此处？"按浯溪在今湖南，元结有《浯溪铭并序》（《全唐文》卷三八二），云："浯溪在湘水之南，北汇于湘。爱其胜异，遂家溪畔。"铭中又有"湘水一曲"之句。据此，则距福州甚远，不可能因赴任或离任而途经此处者。但据此《浯溪题名》，当可知黎埴于宣宗初尚在世，或出任江南某节镇。

黎埴此后仕迹不详。《全唐诗》未载有其诗。《全唐文》卷七五九载文一篇，即前所述之《出使官不得乘檐子奏》。又周绍良所编《唐代墓志汇编》，[3] 辑有其文二篇：《唐故河南府士曹参军黎公（燧）墓志铭》（页 2173）、《唐故赠陇西郡夫人董氏墓志铭》（页 2174）。

注释

〔1〕"御史中丞黎埴"之"埴"，原误作"植"，今改。

〔2〕"黎常侍埴"之"埴"，中华书局 1961 年出版之点校本《太平广记》，原作"殖"，误，今据傅璇琮等编撰之《唐五代人物传记资料综合索引》(中华书局，1987 年）黎埴条改。

〔3〕《唐代墓志汇编》，周绍良编，上海古籍出版社，1992 年。按《黎公志》为开成二年撰，署"左补阙内贡奉"，《董氏志》亦开成二年撰，署"司勋员外郎"，即开成二年初由左（右）补阙迁勋外，与丁《记》合。

顾师邕

顾师邕亦为文宗大和时翰林学士，但因甘露事变时为宦官所杀，丁居晦于开成二年（837）作《壁记》，当因避讳，与王涯、李训、郑注皆未列入。

顾师邕，《新唐书》卷一七九有传，附于《王璠传》后。《新传》云："顾师邕，字睦之，少连子。"按顾少连，《新唐书》卷一六二有传，苏州吴人，德宗时翰林学士（见前德宗朝顾少连传）。《新唐书·顾少连传》末云："始，少连携少子师闵奔行在，有诏同止翰林院，车驾还，授同州参军。"所谓"奔行在"，当为建中四年（783）十月因泾师之乱，德宗出奔奉天事。此云少子师闵，未记其长子。按顾少连于贞元十九年癸未（803）十月四日卒于洛阳，第二年二月十五日"葬于亳邑"，杜黄裳应约为作神道碑：《东都留守顾公神道碑》（《全唐文》卷四七八），碑中记："有子曰师闵，克家光烈，早岁继明，以拔萃甲科历咸阳尉；次曰师安，太常寺太祝；次曰宗彧、宗宽。"宗彧、宗宽未记官职，当于贞元末尚未入仕。碑中记顾少连卒后，"师闵等考卜先远，以明年二月十五日奉公洎夫人之裳帷合葬于亳邑"，如此，师闵当为其长子，而《新唐书·顾少连传》称"少子师闵"，当误。又杜《碑》记顾少连四子，甚详切，但未记有师邕。岑氏《注补》亦引及此碑文，云："无师邕，岂为后来改名欤，抑少连之侄而《新传》误曰子欤？"备参。

《新传》云："性恬约，喜书，寡游合。第进士，累迁监察御史。"清徐松《登科记考》卷一九长庆三年（823）进士第有顾师邕，乃据《永乐大典》所辑《苏州府志》："长庆三年，顾师邕登第。"

《新传》接云："李训荐为水部员外郎、翰林学士。"按据《登科记考》卷一九，王起于长庆二年、三年知贡举，徐《考》列李训于长庆三年，乃据《旧唐书·王璠传》所载李训为王起贡举门生，"故附此年"。而孟二冬《登科记考补正》却系李训于长庆二年状元。按《新唐书·顾师邕传》载顾之入院，乃受李训之荐，当为登第同年之故，李训当如徐《考》，在长庆三年。

李训于大和八年（834）十月入为翰林学士，九年（835）九月二十七日拜相（见前传），顾师邕既受李训之荐而入，则当在大和九年上半年或李训任相后，即九年十月间。

但顾师邕很快就受甘露事变之累而被害。《新传》叙"李训荐为水部员外郎、翰林学士"后，接云："训遣宦官田全操、刘行深、周元稹、薛士幹、似先义逸、刘英诲按边，既行，命师邕为诏赐六道杀之，会训败，不果。师邕流崖州，至蓝田赐死。"此事，《通鉴》所记较详，卷二四五大和九年十一月记甘露事后，云："初，王守澄恶宦者田全操、刘行深、周元稹、薛士幹、似先义逸、刘英诲等，李训、郑注因之遣分诣盐州、灵武、泾原、夏州、振武、凤翔巡边，命翰林学士顾师邕为诏书赐六道，使杀之。会训败，六道得诏，皆废不行。丙寅，以师邕为矫诏，下御史狱。"按李训、郑注先为附结宦官王守澄，后因有交结中的纠纷，又听文宗之命，于十月辛巳，"遣中使李好古就第赐酖，杀之"（《通鉴》卷二四五）。李训、郑注所谓遣宦者田全操等巡边，当在王守澄死前，命顾师邕草撰诏书，使盐州等六道杀之。则顾师邕因李训之荐入院，即听从李训之命。

据前所述，《通鉴》记大和九年十一月丙寅，下狱，后记："十二月壬申朔，顾师邕流儋州，至商山，赐死。"《新传》记为："师邕流崖州，至蓝田赐死。"儋州、崖州均在今海南岛，邻接，蓝田、商山亦在西安东南，实为一地。

顾师邕任翰林学士约仅数月。无诗文传世，《新唐书·艺文志》亦未有著录。

袁　郁

袁郁，两《唐书》无传，亦无一字记述。现可知者，唯丁《记》所记，云："大和九年十二月二十七日，自礼部员外郎、集贤院直学士充。开成元年正月十四日，转库部员外郎。二年三月十一日，丁忧。"其字号、籍贯，早年经历，出院后仕迹，均不详。清劳格《唐尚书省郎官石柱题名考》卷二〇礼部员外郎列有其名，其备考材料亦仅丁《记》。

据丁《记》，袁郁为大和九年（835）十一月甘露事变后最早召入的翰林学士。

岑氏《注补》对袁郁之名有考，其引《旧唐书》卷一八五下《袁滋传》所记"子都，仕至翰林学士"，谓"若依《旧唐书》，则'郁'乃'都'之讹也"。又引《新唐书》卷一五一《袁滋传》"子均，右拾遗，郊，翰林学士"，又云："若依《新唐书》，则'郁'又'郊'之讹也。"又引《新唐书》卷七四下《宰相世系表》袁滋有五子：炯、宴、均、都、郊，及《新唐书》卷五八《艺文志》著录袁郊《二仪实录衣服名义图》下注："字之仪，滋子也，昭宗时翰林学士。"岑氏谓各互有异，但谓："总之'郁'字必讹，论字形则《旧唐书》传之'都'近，将以俟徵实也。"

又陈尚君有《袁郊未任翰林学士》一文（载《中华文史论丛》1985 年第 1 期，上海古籍出版社），认为据《新唐书·艺文志》及《唐诗纪事》等所记，袁郊既为昭宗时翰林学士，则与袁滋卒于元和十三年（818），已近八十年，"揆之传理，恐无除翰林学士事"。但陈文仍以为丁《记》所记"郁"显误，与岑氏之说近，以为"都"字之讹。

按《旧唐书》卷一五《宪宗纪》，元和十三年（818）六月，"乙丑，湖南观察使袁滋卒"，而据丁《记》，袁郁于文宗开成二年（837）三月十一日丁忧出院，已在袁滋卒后近二十年，何以能为袁滋子？又岑氏《注补》与陈尚君文，均引有《千唐志斋藏石》所辑大和九年《礼记博士赵口直墓志》，署"将仕郎守右补阙集贤殿直学士袁都撰"。按据丁《记》，袁郁于大和九年十二月入院时，为礼部员外郎，官阶为从六品上，较右补阙（从七品上）高好几阶，皆为同年，则袁郁、袁都应为二人。又今检宋陈思《宝刻丛编》卷八，据《京兆金石录》，有《唐内侍少监第五从直碑》，注云："唐袁郁撰，朱玘行书，毛伯贞篆额，开成元年立。"（《丛书集成初编》本）开成元年为袁郁仍在院中，与唐时翰林学士累应命为宦者撰写墓碑情形合。则《宝刻丛编》著录此碑，所署撰者姓名与丁《记》合，则当为同一人，丁《记》所记袁郁，名并不误，当非袁滋子。

柳 璟

柳璟，《旧唐书》卷一四九附于《柳登传》后，《新唐书》卷一三二附于《柳芳传》后。据《旧唐书·柳登传》，柳登弟冕，冕子璟，则柳璟为柳登侄。而《新唐书·柳芳传》，柳芳二子，为登、冕，又谓登子璟，则柳璟为柳登子，柳冕侄。《新唐书》卷七三上《宰相世系表》三上，记柳芳子登，登子璟，又登弟冕，冕下未记有子，与《新传》同。由此，则《旧传》于此所记不确。

据两《唐书》传，柳芳于肃宗时曾任史官，撰有《国史》一百三十卷，上自唐高祖，下止肃宗乾元时（758—760）；后又采高力士口述，记开元、天宝时政事，别撰《唐历》四十卷，"颇有异闻"（《新传》）；柳登则"与弟冕咸以该博著称"（《旧传》）。故晚唐时赵璘《因话录》（卷三），[1] 称柳璟"自祖父郎中芳以来，奕世以文学居清列"。

《旧传》记："璟，宝历初登进士第。"《新传》同。明徐应秋《玉芝堂谈荟》卷二"历代状元"，记"宝历状元柳璟"。又《因话录》（卷三）亦称其"乃擢第，首冠诸生"。清徐松《登科记考》卷二〇即据此系柳璟于敬宗宝历元年（825）登进士第，状元。又《因话录》并云"当年宏词登高科"，《新传》当本此，即谓"第进士、宏词"。

两《唐书》本传于此后云"三迁监察御史"，未记年，实则柳璟于进士及第、宏词登科后，即释褐入仕，为校书郎。此见许浑诗《赠柳璟冯陶二校书》（《全唐诗》卷五三一）："霄汉两飞鸣，喧喧动禁城。桂堂同日盛，芸阁间年荣。香掩蕙兰气，韵高鸾鹤声。应怜茂陵客，未有子虚名。""桂堂"，唐代科举试时，多以喻为试院，此句即称柳璟与冯陶同年登第；"芸阁"，即芸台，亦喻秘书省机构，即称二人后又为秘书省校书郎。此诗首二句称誉二人同时及第、登科，且柳璟又为状元，故"喧喧动禁城"。冯陶，《旧唐书》卷一六八《冯宿传》末有记："子图、陶、韬，三人皆登进士，扬历清显。"《太平广记》卷一八〇《冯陶》，据《传载》《故实》，亦记有："冯宿之三子陶、韬、图，兄弟连年进士及第，连年登宏词科，一时之盛，代无比焉。"虽皆谓登进士第，但未有记年，故徐松《登科记考》系于卷二七，今据许浑诗，可确定冯陶与柳璟同年登第。[2]

由此可知，柳璟于宝历元年及进士第，后即仕为秘书省校书郎。秘书省校书郎官阶并不高，为正九品上，为唐代科试及第，释褐入仕后初授之官，亦为时人重视。又，许浑，两《唐书》无传，生平可参《唐才子传校笺》卷七谭优学笺。[3] 谭笺谓许浑生年，诸书均未载，闻一多《唐诗大系》订为德宗贞元七年（791），虽未详所据，但大致可信。如此，则许浑于大和元年（827）作此诗时，已三十七岁。此前许浑多次应试，皆未中第，南北奔走，至大和六年（832）才登第。就此，则许浑作此诗，有求柳、冯举荐之意："应怜茂陵客，未有子虚名。"许浑诗于晚唐时亦颇有声誉，唐末韦庄曾有《题许浑诗卷》，称之为"江南才子许浑诗，字字清新句句奇"（《全唐诗》卷六九六）。有如此声望的诗人，特称柳、陶二人"香掩蕙兰气，韵高鸾鹤声"，也可见柳璟早年与文士之交往。

如前所述，两《唐书》本传记其登进士、宏词后，"三迁监察御史"，缺记秘书省校书郎事，亦未记任监察御史之时间。按《唐会要》卷六〇《监察御史》条，有云："大和二年，郊庙告祭，差摄三公行事，多以杂品。监察御史柳璟监祭，奏曰……从之。"此即《旧传》所云："时郊庙告祭，差摄三公行事，多以杂品，璟时监察，奏曰……从之。"如此，则柳璟于大和元年在秘书省校书郎任（正九品上），大和二年已任为正八品上之监察御史。

《旧传》接云："再迁度支员外郎，转吏部。开成初，换库部员外郎、知制诰，寻以本官充翰林学士。"《新传》亦略云："累迁吏部员外郎。文宗开成初，为翰林学士。"皆未记时，《新传》更缺记库部员外郎、知制诰。丁《记》记为："开成二年七月十九日，自库部员外郎、知制诰充。"与《旧传》合，且更记有时日。

不过丁《记》此后所记，字句有缺。丁《记》记其入院后，接云："二年四月十四日，加驾部郎中、知制诰。二月九日，迁中书舍人。"按前已云"二年七月"，何以又云"二年四月"？年份既重，月份时序亦倒。此"二年四月"当为"三年四月"（岑氏说同）。而"四月十四日"后，又记云"二月九日"，亦不合。按《旧传》曾记柳璟续修《永泰新谱》，此后，云："五年，拜中书舍人充职。"《新传》略同，虽未记"迁中书舍人"之年，但亦记于续修之后。此即可补正丁《记》。又《册府元龟》卷六二一《卿监部·司宗》，记开成"四年闰正月，翰林学士柳璟奏，今月十二日面奉进止，以臣先祖所撰《皇宗永泰新谱》，事颇精详，令臣自德宗皇帝至陛下御极已来，[4]依旧式修续。伏请宣付宰臣，诏宜令宗正寺差图谱官与柳璟计会修撰，仍令户部量供纸笔。璟续成十卷，以附前谱"。又《唐会要》卷三六《修撰·氏族》条，亦记："其年（开成四年）闰正月，敕翰林学士柳璟修续皇室永泰新谱。"皆记为开成四年闰正月，则《旧传》记此事后云"五年，拜中书舍人充职"，当由柳璟修成此谱，即为擢迁。此亦为柳璟此次在院时之主要业绩。

丁《记》于"二月九日，迁中书舍人"后，云："五年十月，改礼部侍郎出院。"则"二月九日"前，缺"五年"二字，后之"五年十月"，此"五年"应移于"二月九日"前。如此，则柳璟入院、任职，应为：开成二年七月十九日，自库部员外郎、知制诰充。三年四月十四日，加驾部郎中、知制诰。五年二月九日，迁中书舍人。十月，改礼部侍郎出院。

按开成五年正月，文宗卒，武宗立。是年九月，李德裕入居相位。则柳璟于开成五年十月改礼部侍郎出院，翌年即知贡举，主持科试，可能与李德裕有关，李德裕是很关注科举试的，并对科试屡有所改革（参见拙作《李德裕年谱》）。[5]

另可注意的是，柳璟于出院前仍任中书舍人时，李商隐特献一文，望求荐引，即《献舍人河东公启》（《全唐文》卷七七八）。刘学锴、余恕诚《李商隐文编年校注》，谓"此启当上于开成五年九、十月间，正当辞尉移家从调时"。[6]按李商隐于开成二年进士登第，后释褐为秘书省校书郎，开成四年调补弘农尉，开成五年辞弘农尉，移家从调，即待再仕。正因如此，李商隐即上书于翰林学士、中书舍人柳璟，这也是当时文士有求于翰林学士期望荐引之一例。此启首云："前月十日，辄以旧文一轴上献，即日补阙令狐子直至，伏知猥赐披阅，今日重于令狐君处伏奉二十三日荣示，特迁尊严，曲加褒饰，捧缄伸纸，终惭且惊。"令狐子直为令狐绹，时为左补阙、兼史馆修撰（详后令狐绹传），时亦在朝中任职，故柳璟通过令狐绹与李商隐作文字交往。李商隐启中详抒自己不遇之心情，乃仰望于柳璟："方今外无战伐，内富英贤，阁下文为世师，行为人范，廓至公之路，优接下之诚，是愿窃望门闺，仰干阍侍"；一再表示"是当延望，实在深诚"，"伏惟念录"。《旧唐书》卷一四〇《文苑下·李商隐传》记"会昌二年，又以书判拔萃"。柳璟于会昌二年（842）亦知贡举（见后），书判拔萃虽为吏部试，其能通过此关，恐亦与柳璟当时主持进士试有关。

又《因话录》卷三商部下，有记："尚书（指柳公权）与族孙璟，开成中同在翰林，时称大柳舍人、小柳舍人。"可见柳璟当时确有名声，与名家柳公权并称。

《旧传》："武宗朝，转礼部侍郎，再司贡籍，时号得人。"《新传》称："武宗立，转礼部侍郎。璟为人宽信，好接士，称人之长，游其门者它日皆显于世。会昌二年，再主贡部。"又《太平广记》卷一五五《郭八郎》条据《野史》，有云："会昌二年，礼部侍郎柳璟再司文柄。"即会昌元年、二年，见《登科记考》卷二二。[7]《因话录》卷三商部下，亦记其知举之识拔人才："性喜汲引后进，出其门者，名流大僚至多。以诚明待物，不妄然诺，士益附之。"此亦为唐翰林学士出院后接知举试之一例。

但《新传》云："坐其子招贿，贬信州司马，终郴州刺史。"《旧传》未载此事，仅言"子韬，亦以进士擢第"。如此，则柳璟知举时，其子招贿，柳璟即受累出贬。《新唐书·宰相世系表》记其为郴州刺史，当为其终官，但未定于何时。《因话录》卷六羽部，记宣宗大中九年（835）沈询知举时，其登第门生聚会，有右司郎中李从晦曾提及柳璟，《因话录》称即"谓郴州柳侍郎也"。

柳璟著述，《新唐书·艺文志》著录为《永泰皇室续谱》十卷，后未存。《全唐文》卷七四四载文一篇：《郊庙告祭请准开元元和勅例差官奏》，即《唐会要》、《旧传》所载者，前已述。

注释

〔1〕《因话录》，上海古籍出版社"唐五代笔记小说大观"点校本，2000年。

〔2〕陶敏《全唐诗人名考证》（页787），李立朴《许浑研究》（贵州人民出版社，1994年）中篇《京洛风尘》，罗时进《丁卯集笺证》（江西人民出版社，1998年）卷四，皆有此说。由此可补《登科记考》，列冯陶于宝历元年进士。孟二冬《登科记考补正》未及。

〔3〕《唐才子传校笺》第三册，中华书局，1990年。

〔4〕按此句"至陛下御极已来"之"至"字，原无。《册府元龟》卷五六〇《国史部·谱牒》亦载此事，有"至"字，今补。

〔5〕参见傅璇琮《李德裕年谱》，河北教育出版社，2001年修订新版。

〔6〕见《李商隐文编年校注》（页473），中华书局，2002年。

〔7〕按宋王谠《唐语林》卷八记"神龙元年已来累为主司者"，亦记有柳璟，但记为开成五年、会昌元年，误。

周　墀

周墀，两《唐书》有传，见《旧唐书》卷一七六、《新唐书》卷一八二。另杜牧有《唐故东川节度使检校右仆射兼御史大夫赠司徒周公墓志铭》（《樊川文集》卷七）[1]，记事较详。

《旧传》："周墀字德升，汝南人。"《新传》同。《新唐书》卷三八《地理志》三，河南道，有蔡州汝南郡，相当于今河南淮河以北，有汝南县。《旧传》又云"祖颋，父霈"，则有误。《新唐书》卷七四下《宰相世系表》四下，记周墀之祖名沛，右拾遗，父名颐，左骁卫兵参军。杜《志》云："祖沛，左拾遗；皇考颋，右骁卫兵曹军，赠礼部侍郎。"与新《表》同（官名，"左"、"右"有小异）。则《旧传》乃将其祖、父名误倒。

《旧传》记周墀"长庆二年擢进士第"，《新传》、杜《志》亦皆言其登进士第，但未记年。清徐松《登科记考》卷一九即据《旧传》系周墀于穆宗长庆二年（822）进士及第者。是年知举者为王起。《全唐文》卷七三九载周墀《贺王仆射诗序》，有云："在长庆之间，春闱主贡，采摭孤进，至今称之。"又云"墀忝沐深恩"，即指长庆二年登第事。是年登第者有白敏中、丁居晦等，后皆为翰林学士（见白、丁等传）。

又据杜《志》，周墀卒于宣宗大中五年（851）二月十七日，年五十九，则当生于德宗贞元九年（793）。长庆二年（822）进士及第，当为三十岁。

又《全唐文》卷七三九载有周墀《国学官事书》，记郭彪之于元和七年（812）为国学助教，颇有声誉，中云："墀元和十年，德彪之道于国学，仰其风。"则元和十年（815），周墀曾入读于国学，时年二十三岁。此为两《唐书》本传及杜《志》均未记。

周墀及第后之早期仕历，《新传》云："及进士第，辟湖南团练府巡官，入为监察御史、集贤殿学士。长史学，属辞高古，文宗雅重之。李宗闵镇山南，表行军司马，阅岁召还。"《旧传》未叙仕湖南及供职于李宗闵幕府事，于进士及第后，即云："大和末，累迁至起居郎。墀能为古文，有史才，文宗重之，补集贤学士，转考功员外郎，仍兼起居舍人事。"《新传》当本杜《志》，杜《志》云："举进士登第，始试秘书正字，湖南团练巡官"；丁母忧，"后自留守府监察真拜御史、集贤殿学士。李公宗闵以宰相镇汉中，辟公为殿中侍御史、行军司马。后一年，复以殿中书职徵归。"这里应指正的是，两《唐书》本传及杜《志》均谓周墀以监察御史充集贤殿学士，而按唐制，五品以上官始能为集贤学士，六品以下只能称集贤直学士，监察御史为正八品上，起居郎为从六品上，均不能称集贤学士。周墀当以监察御史兼集贤殿直学士。

又，李德裕于文宗大和五、六年间任剑南西川节度使，因有治绩，文宗"注意甚厚，朝夕且为相"（《通鉴》卷二四四），乃于大和六年（732）十二月召入朝为兵部尚书，七年（733）二月为相，而李宗闵于是年六月罢相，出为山南西道节度使，当出于当时朋党之争。大和八年（734），郑注、李训交结宦官王守澄，渐次得到文宗的宠信，而与李德裕不合，遂合谋劝文宗于九月召李宗闵入，十月使其为相，李德裕则罢相，又出为浙西观察使（参傅璇琮著《李德裕年谱》）。据此，则周墀当于大和七年六月后应李宗闵之辟，仕于山南西道幕府，为行军司马、殿中侍御史；"后一年，复以殿中书职徵归"，此"后一年"，即大和八年九月李宗闵入相，周墀当亦随其返朝。周墀由此即归属于李宗闵党。

《新传》接云："大和末，训、注乱政，以党语汙搢绅有名士，分逐之，独墀虽尝为宗闵所礼，不能以罪诬也。迁起居舍人，改考功员外郎，兼舍人事。"此亦本于杜《志》："时大和末，注、训用事。夏六月，始逐宰相宗闵，立朋党语，钩挂名人，凡白日逐朝士三十三辈，天下悼慑以目。受意附凶者，屡以公为言，注、训曰：'如去周殿中，恐人益惊。'竟不敢议，注、训取公为起居舍人。"按据前所述，郑注、李训交结宦官王守澄，于大和八年九月召李宗闵入朝，十月为相，同月罢斥李德裕出外。而大和九年，郑、李又与李宗闵有人事矛盾，就又排斥之，屡贬为潮州司户。当时黜贬者甚多，《通鉴》卷二四五大和九年七月载："是时李训、郑注连逐三相（按指李德裕、路随、李宗闵），威震天下，于是平生丝恩发怨无不报者。"后又云："时（郑）注与李训所恶朝士，皆指目为二李之党，贬逐无虚日，班列殆空，廷中恼恼。"周墀之所以未受其累，有一事可以注意，即据前所述，周墀于长庆二年进士及第，李训于长庆三年及第，而长庆二年、三年皆为王起知举，即皆为王起门生，李训可能正因此而对周墀特予照顾。

后周墀也未受甘露事变影响，并于开成二年（837）入为翰林学士。《旧传》："开成二年冬，以本官知制诰，寻召翰林学士。"丁《记》具体记为："开成二年十二月二十五日，自考功员外郎、知制诰充。"即大和九年十一月前李训、郑注荐引其为起居舍人，后文宗又改任为考功员外郎（与起居舍人同为从六品上）。杜《志》："数月，以考功掌言。"即以考功员外郎兼知制诰，亦即《新传》所谓"改考功员外郎，兼舍人事"，唐人常称知制诰为中书舍人。

丁《记》记入院后，云："三年十一月十六日，加职方郎中。"当仍兼知制诰。此后所叙官阶迁转，文字有所缺误，谓："四年□月十二日，赐绯。五月十三日，改工部侍郎、知制诰。六月十日，守本官出院。"则均为开成四年，且于四年六月十日出院。杜《志》仅云"迁职方郎中、中书舍人"，未记年月，后云"武宗即位，以疾辞，出为工部侍郎、华州刺史"，则应为开成五年，因武宗于开成五年正月即帝位。《旧传》于"三年，迁职方郎中"后，有云："四年十月，正拜中书舍人，内职如故。"（《新传》未记）后即云："武宗即位，出为华州刺史。"亦未记改工部侍郎事。可见均互有所缺。不过据杜《志》、《旧传》，周墀在职期间当任有中书舍人。中书舍人为正五品上，尚书诸司侍郎为正四品下，则周墀当先为中书舍人，后迁为工部侍郎。岑氏《注补》亦有论及，谓："意赐绯当在迁舍人前，赐绯下夺去十月迁舍人事。"当可从。如此，则开成四年十月既为中书舍人，而"五月十三日，改工部侍郎、知制诰"前，应有"五年"二字。其出院亦即为开成五年六月十日。由此亦可见，丁居晦作此《壁记》，止于开成二年五月（见前丁居晦传），此后为他人续编，难免有所疏失。

周墀在院期间值得一提的，是李商隐为泾原节度使王茂元上书，即《为濮阳公与周学士状》（《全唐文》卷七七四[2]）。开成三年秋冬，李商隐正在泾原节度使王茂元幕，当于此时作此书状。状文首称誉翰林学士："学士时仰高标，世推直道，果当清切，以奉恩私。"又云："地接蓬山，居遥阆苑；敢期尘路，获望冰容。"可以体现当时对翰林学士清高地位的仰望心情。后接叙周墀对王茂元之关怀与荐引："然前者犹蒙问以好音，致之尺牍，是何眷遇，孰可钦承？某自领藩条，累蒙朝奖，皆因学士每于敷奏，辄记姓名。"刘学锴、余恕诚笺，谓此数语，"盖指其既加工部尚书，又加兵部尚书之事"，故后云："状当上于三年春夏间茂元加兵部尚书之后，是年十一月十六日周墀加职方郎中之前。"按前句是，后句似可商，因周墀于十一月十六日加职方郎中，仍在院中，而云"之前"，则似谓加职方郎中后已出院，未能如题中所称之"周学士"。不过，从此状中，仍可见王茂元对周墀既致谢忱，又有企望再为荐引之意，故末云："空余深恋，贮在私诚，伏惟特赐信察。"李商隐后于开成四年春又曾为王茂元上书致翰林学士丁居晦：《为濮阳公与丁学士状》，也渴望丁居晦为其援荐（见前丁居晦传）。由此也可见当时地方节镇对翰林学士政治作用的重视。

又，李商隐另又为人撰文提及并赞誉周墀在院时之业绩者。《全唐文》卷七七三载李商隐《为尚书渤海公举人自代状》，所举人有周墀。过去李集笺注本多谓为高元裕任京兆尹时作，刘学锴、余恕诚《李商隐文编年校注》（页1161），详加考证，谓此"尚书渤海公"，非高元裕，而为韦正贯。韦正贯于会昌六年四月至大中元年间为京兆尹，此文乃作于会昌六年三至八月间，时周墀在江西观察使任（见后）。其荐周墀，乃赞誉云："前件官庄栗以裕，简严而宽，玉无寒温，松有霜雪。顷居内署，实事文皇，引裾而外朝莫知，视草而中言罔漏。"

周墀在院，时间并不长，仅两年余，杜牧所撰《墓志》中曾有评论："政事细大，必时被顾问，公终身不言，事故不传。"即以为周墀对当时政事"不言"，故其参预政事亦"不传"。按此期间，同时先后为相者有陈夷行、李石与杨嗣复、李珏，陈、李与杨、李议政事多不合，朋党之争又起，且当时朝政主要仍为宦官操持，这也使翰林学士未能有所作为。而武宗于开成五年正月接位，李宗闵之党杨嗣复于五月罢相，李德裕于七月由淮南节度使入朝，九月拜相。可能由此气氛，周墀即"以疾辞"（杜《志》）。丁《记》记为"六月十日，守本官出院"，即出为工部侍郎，旋又改为华州刺史。

据杜《志》及两《唐书》有关纪、传，周墀后历任江西观察使，郑滑节度使，兵部侍郎；宣宗大中二年（848）正月任相，三年（849）四月出为东川节度使；大中五年（851）二月十七日卒，年五十九，赠司徒。卒后，杜牧为作《墓志》，《志》中可注意者，有两处讯及李德裕：一为记周墀出刺华州后，"李太尉德裕伺公纤失，四年不得，知愈治不可盖抑，迁公江西观察使，兼御史大夫"。即当时李德裕任相，欲伺索周墀缺失，但未得，还是改徙于外地。二为记周墀于大中二、三年间任相时，"李太尉德裕会昌中以恩换元和朝实录四十篇，益美其父吉甫为相事，公上言曰：'人君唯不改史，人臣可改乎？《元和实录》皆当时名士目书事实，今不信，而信德裕后三十年自名父功，众所不知者而书之。此若垂后，谁信史？'竟废新本。"按会昌元年确有记李德裕奏议修改《宪宗实录》事，这多出于宣宗朝白敏中等诬蔑之词（参见傅璇琮著《李德裕年谱》会昌元年、大中二年），而杜牧于大中时作周墀墓志竟也特标此事。杜牧于武宗会昌时对李德裕之政绩是极为赞颂的，但宣宗朝时，李德裕被贬责，杜牧在为牛僧孺等所作墓志，就对李德裕多加抨击，甚至谓"时李太尉专柄五年，多逐贤士，天下恨怨"。这也可见当时文人与政治纷争关系的一种心情。

《全唐诗》卷五六三载其诗二首：《贺王仆射放榜》、《酬李常侍立秋日奉诏祭岳见寄》，皆在华州刺史任时所作。《全唐文》卷七三九载文四篇。又宋陈思《书小史》卷十记有其字画，云："长于史学，尤工小篆，见称于一时；字画颇佳，伤于柔媚。"则其字画，在南宋时尚有传存，后皆未存。

注释

〔1〕《樊川文集》，陈允吉点校，上海古籍出版社，1985年。

〔2〕按《全唐文》卷七七四、《樊南文集补编》卷四，题内"濮阳"均作"河东"，误，应作"濮阳"。参刘学锴、余恕诚《李商隐文编年校注》（页297），中华书局，2002年。

王 起

王起，两《唐书》有传，见《旧唐书》卷一六四、《新唐书》卷一六七，皆附于其兄王播传后。

《旧传》未载其籍贯。《新唐书·王播传》云："其先太原人，父恕为扬州仓曹参军，遂家焉。"白居易有为王恕所作墓志铭：《唐扬州仓曹参军王府君墓志铭并序》（《白居易集笺校》卷四二），[1]记王恕于德宗建中初为扬州仓曹参军，则《新传》所云"遂家焉"，即有所本。

《旧传》记王起于德宗贞元十四年（798）登进士第，清徐松《登科记考》卷一四即据此系于贞元十四年，同年及第者有李翱、吕温、独孤郁、李建等，后皆为文坛名人。又据《旧传》，王起卒于宣宗大中元年（847），年八十八，则当生于肃宗上元元年（760）。贞元十四年，为三十九岁，则其及第之年亦并不早。

《旧传》接云："释褐集贤校理，登制策直言极谏科，授蓝田尉。宰相李吉甫镇淮南，以监察充掌书记。"《新传》略同。按王起于宪宗元和三年（808）三月登直言极谏科（《登科记考》卷一七），李吉甫则于元和三年九月免相后出镇扬州，为淮南节度使，六年正月再次入相（参据《旧唐书·宪宗纪》）。王起当于元和三、四年间在淮南幕。时李德裕亦随其父吉甫在扬州，即与王起结交，此后二人相处甚切（详见后）。王起后亦撰有《李赵公行状》一卷，《新唐书》卷五八《艺文志》二，史部杂传记类著录，下注云"李吉甫"，当为李吉甫于元和九年（814）卒后所作，不过此文后未存。

按王起于文宗开成三年（838）入为翰林侍讲学士，年已七十九岁，这是唐人入院之年龄最高者。而其于元和三年直言极谏登科，至开成三年，亦已有三十年，历仕既长，官位亦甚高，这在唐翰林学士中也极为稀见。为避于记叙繁琐，今据两《唐书》等有关记载，概述如下，不具论证。

李吉甫于元和六年（811）正月再次入相，王起当亦随之入朝，历为起居郎、司勋员外郎、比部郎中，知制诰。穆宗即位，升迁为中书舍人；长庆二、三年（822、823），连续两年以礼部侍郎知贡举，擢第者有白敏中、周墀、丁居晦、李训、顾师邕等，后皆为翰林学士。史称其"掌贡二年，得士尤精"（《旧传》）。长庆二年，王起已六十三岁。后历任河南尹、吏部侍郎，约穆宗、敬宗时。文宗即位，为兵部侍郎；大和二年（828）出为陕虢观察使；四年（830），入为尚书左丞，后迁为户部尚书、判度支；六年（832），为检校吏部尚书、河中尹、河中晋绛节度使；七年（833），又入为兵部尚书；八年（834），出为襄州刺史、山南东道节度使。大和九年（835），正是李训、郑注结交宦官王守澄、仇士良等，既入为翰林学士，李训又任为相。《旧传》称："时李训用事，训即（王）起贡举门生也，欲援起为相。八月，诏拜兵部侍郎，判户部事。其冬，训败，起以儒素长者，人不以为累，但罢判户部事。"这样，甘露事变后，文宗又任其为兵部尚书，后"以庄恪太子登储，欲令儒者援经，乃兼太子侍读，判太常卿"（《旧传》）。按庄恪太子（李）永，为文宗长子。据《旧唐书》卷一七五《庄恪太子永传》，王起与陈夷行均曾任太子侍读。此后，开成三年（838），即"以本官充翰林侍讲学士"（《旧传》）。

由此可见，王起入院前，内外皆历任要职，并连续两年知举，仕至兵部尚书、太常卿（皆正三品），这是唐翰林学士入院前之仕历少见的。且此年已七十九岁，文宗仍能召其入院，应当说，这与文宗当时的政治境遇有关。《通鉴》卷二四五记，大和九年十一月甘露事变后，"自是天下事皆决于北司，宰相行文书而已。宦官气益盛，迫胁天子"；"上自甘露之变，意忽忽不乐"。文宗当为保持政局稳定，也为了保全自己，遂于开成期间，甚注意于召用经术、文学之士。

丁《记》记："开成三年五月五日，自工部尚书、判太常卿事充皇太子侍读，充侍讲学士，依前判太常卿事充。"两《唐书》本传及《旧唐书·文宗纪》，此前王起仕为兵部尚书，而丁《记》则记为工部尚书，有异。

丁《记》接云："四年三月十二日，授太子少师兼兵部尚书。四月二日，赐给少师俸料。"《旧传》亦有记："四年，迁太子少师，判兵部事，侍讲如故。以其家贫，特诏每月割仙韶院月料钱三百千添给。"太子少师为从二品，虽为虚衔，但较门下侍郎、中书侍郎还高一阶，惟两《唐书》则谓其家贫，这也值得研究。

其出院，丁《记》记为："五年正月七日，以金紫光禄大夫，守本官出院。"按文宗于开成五年（840）正月四日卒，武宗于正月十一日始即位，王起则于文宗已卒、武宗尚未即位之际出院，且旋又出为东都留守，不知何故。

王起在院仅一年半，于当时政事无所涉及，撰制则仅于庄恪太子开成三年十月卒后，十二月葬时，为撰哀册文（文载《旧唐书》卷一七五《庄恪太子永传》）。王起在院期间，其主要则为备顾问，编撰儒家典籍，如《旧传》云："（王）起侍讲时，或僻字疑事，令中使口宣，即以牍子对，故名曰《写宣》。"《新唐书》卷五八《艺文志》二，著录《写宣》为十卷，列于起居注类。

武宗即位后，王起虽出院，但仕宦仍显达。《旧传》云："会昌元年，徵拜吏部尚书，判太常卿事。三年，权知礼部贡举，明年，正拜右仆射，复知礼部贡举。"即会昌元年

（841），王起复由洛阳入朝，后于会昌三年、四年（843、844）又连续两年知举。这应当与李德裕时任为相有关。按李德裕于开成五年七月即应武宗之召，由淮南节度使入朝，九月拜相，当于会昌元年即徵召王起入朝任吏部尚书。李德裕于会昌元年秋作有《秋声赋》，序云："昔潘岳寓直骑省，因感二毛，遂作《秋声赋》。况予百龄过半，承明三入，发已皓白，清秋可悲。尚书十一丈鹓披上寮，人文大匠。聊为此作，以俟知音。"此称尚书，即王起已于会昌元年自东都留守入朝为吏部尚书，此为会昌元年秋作。[2]李德裕序中称王起为"人文大匠"，彼此为"知音"，可见其对王起之看重。又刘禹锡此时亦作有《秋声赋》，序云："相国中山公赋《秋声》，以属天官太常伯，唱和俱绝。"此"天官太常伯"，即指王起。[3]则王起亦有和作（后未存）。

关于会昌三年、四年知举事，《旧传》称："起前后四典贡举，所选皆当代辞艺之士，有名于时，人皆赏其精鉴徇公也。"又唐末五代初王定保《唐摭言》卷三，记会昌三年春王起知举时，周墀刚由翰林学士出为华州刺史（周墀乃长庆二年王起知举时及第者），他就特作诗寄贺，序云"仆射十一叔以文学德行，当代推高"，此次"新榜既至，众口称公"。于是当时及第者有二十二人和周墀诗。《唐诗纪事》卷五五记张籍亦有《喜起放榜》诗（七律），前四句云："东风节气近清明，车马争来满禁城。二十八人初上榜，百千万里尽传名。"可见当时之声誉。会昌三年，王起已八十四岁，以如此高龄知举，世亦罕见。此或亦为李德裕推荐。李德裕于会昌二年正月进位司空（见《新唐书·宰相年表》），特进奏《让司空后举太常卿王起自代状》（见《李德裕文集校笺》卷一八），称誉王起"五朝旧老，一代名臣。孔门四科，实居其首；皋繇九德，无不备包"。

此后，据《旧传》，又任为山南西道节度使，大中元年（847）卒，年八十八。

《新唐书·艺文志》著录王起著述颇多，计有：《艺文志》二，编年类，《五位图》十卷（《旧传》作《五纬图》）；起居类，《写宣》十卷；传记类，《李赵公行状》一卷，下注："李吉甫。"《新唐书·艺文志》四，集部别集类，《王起集》一百二十卷；《文场秀句》一卷，按此目前后有殷璠《河岳英灵集》、姚合《极玄集》，当亦为诗选，标为"文场"，当为及第进士之应试选句。此类又有《大中新行诗格》一卷，前有王昌龄《诗格》、皎然《诗评》，当亦为诗评著作。由此可见王起治学之博洽。《全唐文》编其文三卷（卷六四一至六四三），大部分为赋。赵璘《因话录》卷三商部，有记云："李相国程、王仆射起、白少傅兄弟、张舍人仲素为场中词赋之最，言程式者，宗此五人。"可见其赋作之声誉。其诗作今存者则不多，《全唐诗》卷四六四载其诗六篇，其中有三篇即分别和李德裕、周墀、白居易者。

注释

〔1〕《白居易集笺校》，朱金城笺校，上海古籍出版社，1988 年。据朱笺，此诗作于顺宗永贞元年（805）。诗题下自注"代裴颐舍人作"。裴颐与王恕子王炎同于贞元十五年（799）进士及第。

〔2〕《李德裕文集校笺·别集》卷九，傅璇琮、周建国校笺，河北教育出版社，2000 年。据笺，此文作于会昌元年（841）。

〔3〕按刘禹锡此赋，瞿蜕园《刘禹锡集笺证》（上海古籍出版社，1989 年）卷一，笺谓"天官太常伯"及李德裕赋序中之"尚书十一丈"为令狐楚，文作于大和七、八年间，误。

陶敏、陶红雨《刘禹锡集编年校注》（岳麓书社，2003年）同本文。

高元裕

　　高元裕，两《唐书》有传，见《旧唐书》卷一七一、《新唐书》卷一七七。另《金石萃编》卷一一四载有萧邺《大唐故吏部尚书赠尚书右仆射渤海高公神道碑》，《全唐文》卷七六四亦载，所记甚详，唯多有缺字，且文多不顺。

　　《旧传》："高元裕字景圭，渤海人。祖彪，父集，官卑。"《新唐书》卷七一下《宰相世系表》一下，有记高元裕祖彪（非彪），著作佐郎、崇贤馆学士；父集，太原少尹、兼御史中丞，皆本萧《碑》。按御史中丞为正五品上，与给事中、中书舍人同阶，则不能说"官卑"，《旧传》所云不确。

　　两《唐书》本传皆谓登进士第，未记年，萧《碑》有云："弱冠博学工文，擢进士上第。"清徐松《登科记考》卷一四据萧《碑》，谓"弱冠在贞元十三年"，即系于德宗贞元十三年（797）进士登第者。按萧《碑》记高元裕卒于宣宗大中四年（850）六月，年七十六。据此，则当生于代宗大历十年（775），如此，其弱冠（年二十），当为贞元十年（794）。贞元十三年（797），已为二十三岁，不当云"弱冠"。徐松《登科记考》当误计，孟二冬《登科记考补正》也未涉及，仍列于贞元十三年。

　　《旧传》于进士及第后所记其略，于"累迁左司郎中"后即叙李宗闵任相时用其为谏议大夫，则已为文宗大和时。《新传》则记"第进士，累辟节度府"，后入朝为右补阙、侍御史内供奉，即亦叙李宗闵擢用事。萧《碑》则稍具详，云："第进士，调补秘书省正字，佐山南西道、荆南二镇为掌书记，转试协律郎、大理评事，摄监察御史，入拜真御史。"亦未记时。《旧传》有云"大和初为侍御史"。又《太平广记》卷二七八《高元裕》，据《集异记》，谓"大和三年任司勋员外郎"。当先为侍御史（从六品下），后为司勋员外郎（从六品上），后又累迁左司郎中（《旧传》），为从五品上。

此后，即有与李宗闵交结及受其累而贬责事。《旧传》记云："李宗闵作相，用为谏议大夫，寻改中书舍人。九年，宗闵得罪南迁，元裕出城饯送，为李训所怒，出为阆州刺史。时郑注入翰林，元裕草注制辞，言注以医药奉君亲，注怒，会送宗闵，乃贬之。"《新传》略同。萧《碑》于此虽亦有记，但多有缺字，文意不明。按李宗闵于大和三年（829）八月入相，七年（833）六月出为山南西道节度使，八年（834）十月又入相，九年（835）六月出贬为明州刺史。高元裕当于大和三年八月后因李宗闵之荐为谏议大夫，后迁中书舍人。李宗闵被贬时，宗闵之党如萧澣、李汉等多被贬出（见《旧唐书·文宗纪》大和九年七月，及《旧唐书》卷一七一《李汉传》）。《通鉴》卷二四五大和九年八月亦记："郑注之入翰林也，中书舍人高元裕草制，言以医药奉君亲，注衔之，奏元裕尝出郊送李宗闵，壬寅，贬元裕阆州刺史。"郑注之召入为翰林侍讲学士，亦为大和九年八月丁丑（初四），而高元裕于壬寅贬出，在是月二十九日。

可以一提的是，高元裕贬阆州后，令狐楚、刘禹锡皆有诗寄怀。刘禹锡有《和令狐相公晚泛江汉书怀寄洋州崔侍郎阆州高舍人二曹长》（《刘禹锡集笺证·外集》卷三）。此令狐相公为令狐楚，据《旧唐书·文宗纪》，令狐楚于开成元年（836）四月为兴元尹、山南西道节度使，《旧唐书》卷一七二《令狐楚传》同。汉江（汉水）即在兴元南。"洋州崔侍郎"

为崔洧。《旧唐书·文宗纪》大和九年七月壬子，李宗闵再贬为处州长史后，记："戊子，贬工部侍郎、充皇太子侍读崔洧为洋州刺史。"同贬者还有苏滌、李敬之等。《通鉴》卷二四五谓"皆坐李宗闵之党"。洋州，所辖为今陕西洋县等地；阆州，所辖为今四川阆中等地，皆与兴元（南郑）相近，令狐楚可能在兴元尹任，泛游汉江时，对崔洧、高元裕特致怀念，作有诗，刘禹锡亦即作此和诗。刘诗谓令狐楚"望中寄深情"，刘本人亦望崔、高"几时还至京"。可见当时令狐楚、刘禹锡对高元裕出贬是深致同情的（令狐楚此诗，未存）。

《旧传》接云："训、注既诛，复徵为谏议大夫。开成三年，充翰林侍讲学士。"《新传》略同。丁《记》记为："开成三年五月五日，自谏议大夫充侍讲学士。"按《旧传》于"充翰林侍讲学士"后，云："文宗宠庄恪太子，欲正人为师友，乃兼太子宾客。"萧《碑》亦于"充侍讲学士"后记为："寻兼太子宾客。文宗重儒术，尊奉讲席。公发挥教化之本，依经传纳，上倾心焉。"按王起与高元裕同时入，据丁《记》王起为"充皇太子侍读，充侍讲学士"（见前王起传）。如此，则高元裕既与王起同时入为翰林侍讲学士，当亦又兼太子宾客，丁《记》缺记。

又，姚合此时即与高元裕有诗唱和，《全唐诗》卷五〇一载姚合《和高谏议蒙兼宾客时入翰苑》："兼秩恩归第一流，时寻仙路向瀛洲。钟声迢递银河晓，林色葱笼玉露秋。紫殿讲筵邻御座，青宫宾榻入龙楼。从来共结归山侣，今日多应独自休。"按姚合于开成初离杭州刺史任入京，后任谏议大夫，开成三年秋冬改为给事中。[1]此当为高元裕刚入院时，有诗赠姚合，姚合即作此和诗。因二人在此前皆曾任谏议大夫，现高元裕入院，"紫殿讲筵邻御座，青宫宾榻入龙楼"，有清高之地位。由此可见，高元裕确以谏议大夫入，寻又兼太子侍读，与王起同。岑氏《注补》亦引及姚合此诗，但将姚合诗题之"时入翰苑"理解为高已出院，仅有时还入翰苑，"有类乎王叔文'仍许三五日一入翰林'之后命"。实际上，此"时入翰苑"，乃姚合记高元裕作此诗时，在翰苑值班。岑氏所解似不确。

　　按姚合亦为中晚唐时诗坛名家，与白居易、张籍、贾岛、李商隐等多有唱酬。张为《诗人主客图》所列"清奇雅正"，姚合为"入室"，贾岛为"升堂"。姚合于开成前期任谏议大夫时曾编有《极玄集》，选王维至戴叔伦二十一位诗人诗作，约百首，唐末韦庄又编有《又玄集》，序中即称"昔姚合选《极玄集》一卷，传于当代，已尽精微"。此为唐人选唐诗有代表性之作。由上述姚合此诗诗题，可见高元裕入院时即作有诗赠姚合，姚合亦特作诗和之，惜高氏原作不存，由此亦可见高元裕与当时文士之交往。

　　两《唐书》本传皆未记出院。丁《记》记为："八月十日，出守本官兼光禄大夫。"即同年八月出院，在院仅三月，萧《碑》因字多缺，未见有出院之记述。岑氏《注补》谓光禄大夫为从二品，是最高散官，非重臣不授，而萧《碑》题中只题银青光禄大夫，为三品散阶，但散官不能兼，故丁《记》之"兼光禄大夫"应为"兼太子宾客"，即出院后兼太子宾客。按岑氏之说，与前所引述之姚合诗不合，未能谓出院后才兼太子宾客。不过可以将丁《记》之"光禄大夫"改为"银青光禄大夫"，萧《碑》即称："未几擢拜御史中丞，兼金章紫绶之赐。"即开成四年由谏议大夫改为御史中丞后，仍为银青光禄大夫。

　　此后仕历，《旧传》叙为："会昌中，为京兆尹。大中初，为刑部尚书。二年，检校吏部尚书、襄州刺史，加银青光禄大夫、渤海郡公、山南东道节度使，入为吏部尚书。"《太平广记》卷二八《高元裕》篇，据《集异记》，于记叙御史中丞后，即云："是后出入中外，扬历贵显，清望硕德，冠冕时流，海内倾注。"

《旧传》记于宣宗大中二年（848）为山南东道节度使。《新传》称"在镇五年，复以吏部尚书召"，当为大中六年（852）。杜牧有《高元裕除吏部尚书制》（《樊川文集》卷一七），叙其仕历："始以御史谏官，在长庆、宝历之际，匡拂时病，磨切贵近，罔有顾虑，知无不为。复以谏议、舍人，在大和末，词摧凶魁，坐以左宦。继为中丞、京兆，公卿藩服。朕始在位，徵归朝廷，爰自尚书，裂分茅土。"并称誉其政绩："为政以德，行己推仁，信而履之，服而乐之，馀三十年，道益昭著。"可以注意的是，杜牧此篇制文，一字未提及高元裕曾任翰林侍讲学士，这可能高元裕在院仅三个月，无可记述。

按杜牧于大中六年在中书舍人任，故可撰此制。这里还可一提，即《旧唐书》卷一八下《宣宗纪》有二误：大中二年记："七月戊午，以前山南西道节度使高元裕为吏部尚书。"按两《唐书》本传及萧《碑》皆记为山南东道节度使，《旧唐书·宣宗纪》此处将"东"误作"西"。另，《旧传》记高元裕出为山南东道节度使在大中二年，《新传》云"在镇五年"，萧《碑》亦谓"公为襄州之五岁，慨然有悬车之念"，即大中六年自山南东道召回，非如《旧唐书·宣宗纪》所记为大中二年七月。且大中二年七月，杜牧尚在睦州刺史任，八月才入朝为司勋员外郎（参傅璇琮主编《唐五代文学编年史·晚唐卷》），即大中二年七月杜牧绝不可能作此制文。《旧唐书·宣宗纪》记此一事，竟有两处显误，确应校正。《新传》记高元裕于大中六年以吏部尚书召，"卒于道，年七十六，赠尚书右仆射"。

《新唐书·艺文志》未有著录。《全唐文》卷六九四载其文二篇，《全唐诗》卷七九五仅载其句二。《书史会要》卷五则概称其"性勤约，善书"。

注释

〔1〕参见傅璇琮主编《唐才子传校笺》卷六《姚合传》吴企明笺，第三册，中华书局，1990年；又《唐五代文学编年史·晚唐卷》，辽海出版社，1998年。

裴 素

裴素，两《唐书》无传，《新唐书》卷七一上《宰相世系表》一上，载有其名，未注字号、官职，其上格也未载其先世名。清劳格《唐尚书省郎官石柱题名考》卷八司封员外郎，于裴素名下，亦据此《新表》，谓"太仆卿敳子"，实则敳虽在裴素上格，但在旁几个位置，未能确定即是其父。

清徐松《登科记考》卷二〇据《宝真斋法书赞》所载裴素《明日帖》，系裴素于敬宗宝历元年（825）登进士第，是年登第者柳璟，亦为文宗朝翰林学士。又《唐会要》卷七六《制科举》，载文宗大和二年（828）闰三月贤良方正能直言极谏科，有裴素。《全唐文》卷七一文宗《委中书门下处分制科及第人诏》，中云："贤良方正能直言极谏科举人，第三等裴休、裴素，第三次等李郃，第四等南卓、李甘、杜牧、马植、郑亚、崔峤……"则裴素与裴休为此科首列，裴休后于宣宗大中时任相（见《新唐书》卷六三《宰相年表》）。按大和二年贤良方正制科，刘蕡亦应试，其策文对朝政之弊，特别是对宦官专横，极为斥责，当时考官冯宿等见刘蕡策，"皆叹服，而畏宦官，不敢取"（《通鉴》卷二四三）。此为晚唐制举试之突出事件。

上述《委中书门下处分制科及第人诏》末云："其第三等、第三次等人，委中书门下优与处分。"裴素当即释褐入仕，但限于史科，未详其所授官。

此后行迹可知者，为杜牧一诗：《陕州醉赠裴四同年》（《樊川文集·外集》）："凄风洛下同羁思，迟日棠阴得醉歌。自笑与君三岁别，头衔依旧鬓丝多。"此裴四即裴素。据吴在庆考辨，杜牧于文宗大和九年（835）秋为监察御史，分司东都，当与裴素曾在洛阳聚面；开成二年（837）春，杜牧弟因患眼疾，不能见物，时居扬州，乃迎同州眼医石生，经陕州时，当又会见裴素，故云"自笑与君三岁别"。吴说可信，详见其所著《杜牧生平行踪、作品系年及其诗考论》。[1]按《旧唐书》卷一七下《文宗纪》下，记开成二年十二月，"丙申，阁内对左右司裴素等"。按唐官制，门下省有起居郎，中书省有起居舍人，各分左右，均为从六品以上。如此，则裴素当于文宗开成初仕为起居郎，"掌起居注，录天子之言动法度，以修记事之史"（《旧唐书》卷四三《职官志》二）。开成二年春与杜牧在陕州会见时，当即在起居郎任，其官阶较杜牧之监察御史（正八品上）要高好几阶。

丁《记》记裴素入院："开成三年十二月十六日，自司封员外郎兼起居郎、史馆修撰充。"则裴素当于开成二年（837）春后，又改为司封员外郎，但仍兼起居郎、史馆修撰，开成三年（838）十二月六日，即以此入院。

丁《记》接云："四年七月十三日，加知制诰。五年二月二日，赐绯。六月，迁中书舍人。十一月，加承旨，赐紫。"清劳格《唐尚书省郎官石柱题名考》卷一六司封员外郎，于裴素名下亦引有丁《记》，谓"六月"上有脱文，但为何脱文，未有说明。按《文苑英华》卷七九七、《全唐文》卷七六四均载有裴素《重修汉未央宫记》，首云："皇帝嗣位之年，众灵悦附，日月所照，莫不砥属。……草木畅茂，山川景清。""皇帝嗣位"，即指武宗于开成五年（840）正月即位。此文后记武宗游览城郊，"视往昔之遗馆，获汉京之馀址；邀风光以邅属，眇思古以论都"，于是召左护军中尉（段）志弘等，建修汉宫，"存列汉事，悠扬古风"，即重修汉未央宫，规模很大，"凡殿宇成构，总三百四十九间，工徒役指万计"。由此，则此次工程始于开成五年，后云："明年……上乃顾新宫，回玉辇……乃命侍臣曰：'尔为我记之，刻以贞石，传示乎不朽。'臣素任当承旨，不敢固让，惶恐拜舞而文之，时会昌元祀濡大泽之明月也。谨记。"按《旧唐书》卷一八上《武宗纪》："会昌元年正月壬寅，朔。庚戌，有事于郊庙，礼毕，御丹凤楼，大赦，改元。""濡大泽"，即大赦，亦即会昌元年正月事，则此时裴素确已任为承旨。由此，则丁《记》所记"六月，迁中书舍人；十一月，加承旨"，当承前开成五年二月二日赐绯，"六月"前并无脱文。

又据本书书后"学士年表"，柳公权于开成五年三月九日出院，此前为承旨；其他较裴素早入院者黎埴、柳璟、周墀、王起，皆于十一月前陆续出院，时裴素为院中资历最深者，故于十一月加任承旨，这也合乎当时院内情况，故丁《记》所记当切合实际。

唯丁《记》接云"十七日，卒官，赠户部侍郎"，则接前"十一月，加承旨"，即于开成五年十一月加承旨后，旋于同月十七日卒，此与前所引述之《重修汉未央宫记》不合，岑氏《注补》据李褒于会昌元年（841）十二月加承旨，当接替裴素，则其卒在会昌元年十二月前，此当是。但岑氏又云或卒于会昌元年十一月十七日，"因涉上文十一月以致脱去会昌元年字"，则仅为揣测。

裴素在院期间亦与当时诗家有文字交往。姚合有《和李十二舍人裴四二舍人两阁老酬白少傅见寄》（《全唐诗》卷五〇一）。如前所述，裴素于开成五年六月为中书舍人，又李褒于开成五年三月二十日自考功员外郎入，其年六月，转库部郎中、知制诰，即二人同于六月行中书舍人职，故姚合诗云："纶闱并命诚宜贺"。诗又云"罢草王言星岁久，嵩高山色日相亲"，即此时白居易正任太子少傅、分司，居洛阳，离过去撰写制诰，已"星岁久"。由姚合此诗，可见裴素、李褒于开成五年夏秋曾作诗寄洛阳白居易，姚合即特作诗和之。又姚合另有《寄裴起居》（《全唐诗》卷四九七）："千官晓立炉烟里，立近丹墀是起居。彩笔专书皇帝语，书成几卷太平书。"则为专叙起居郎之职责，未提及翰林学士事，当在开成初期裴素尚未入院时。姚合又有《同裴起居厉侍御放朝游曲江》（《全唐诗》卷五〇〇），当亦作于同时，可见姚合与裴素甚有交往。姚合时任谏议大夫，曾于此数年间编选唐二十一位诗人诗作，为《极玄集》（见前高元裕传，又参傅璇琮编撰《唐人选唐诗新编》）。[2]

裴素亦善书艺，宋《宣和书谱》卷一八《赴赴有感感诗》条，称其"善草书，其笔意规模王氏羲、献父子之学"；但又谓："然力不甚劲，而姿媚有余，顾未得古人落笔之妙。"又称"今御府所藏草书一"，则其字迹在北宋时尚有留存。又南宋岳珂《宝真斋法书赞》卷五亦著录其《明日帖》，谓"真迹一卷"。

唯《新唐书·艺文志》未有著录。《全唐诗》亦未载其诗；《全唐文》所载即前所记述之《重修汉未央宫记》。

注释

〔1〕吴在庆著《杜牧论稿》，厦门大学出版社，1991 年。

〔2〕傅璇琮编撰《唐人选唐诗新编》，陕西人民教育出版社，1996 年。

高少逸

高少逸，两《唐书》有传，见《旧唐书》卷一七一、《新唐书》卷一七七，附于其弟元裕传后。其家世、籍贯，见前高元裕传。

两《唐书》本传皆未记其早年事，也未记是否曾应科试。《旧传》首叙即云："长庆末为御史，坐弟元裕贬官，左授赞善大夫。"《新传》云："长庆末为侍御史，坐失举劾，贬赞善大夫。"两《唐书》此处所记，时与事均有误。按高元裕早期仕迹，于穆宗、敬宗朝，均未有贬责事，其贬责乃于文宗大和九年（835）八月因受李宗闵之累由中书舍人出贬为阆州刺史（见前高元裕传），非穆宗长庆末（824）。《新传》虽亦云长庆末，而未提高元裕事，但云"坐失举劾"，亦误。

按《旧唐书》卷一六八《独孤朗传》，记独孤朗（宪宗时翰林学士独孤郁弟）于敬宗宝历元年（825）十一月为御史中丞，二年六月赐紫，接云："宪府故事，三院御史由大夫、中丞自辟，请命于朝。时崔罕、郑居中不由宪府而除，皆丞相之僚旧也，敕命虽行，朗拒而不纳，罕竟改太常博士，居中分司东台。其年十月，高少逸入阁失仪，朗不弹奏，宰相衔阻崔罕事，左授少逸赞善大夫，朗亦罚俸。朗称执法不称，乞罢中丞，敬宗令中使谕之，不允其让。"《新唐书》卷一六二《独孤朗传》亦记此事，虽未提高少逸，但仍记在敬宗时。由此可见，两《唐书·高少逸传》记其左授事在穆宗长庆末，误，《旧传》谓因其弟高元裕事，《新传》云"坐失举劾"，亦均不合事实，皆为显误。

由此可知，高少逸于敬宗宝历二年（826）十月前，在侍御史任；十月，即因独孤朗与当时任相者有人事纠纷，乃受牵累，左授赞善大夫（文散官）。

《旧传》于"左授赞善大夫"后，云："累迁左司郎中，元裕为中丞，少逸迁谏议大夫，代元裕为侍讲学士。"《新传》未提左司郎中，亦云"累迁谏议大夫，乃代元裕"。又《新唐书》同卷《高元裕传》，谓："自侍讲为中丞，文宗难其代，元裕表言兄少逸才可任，因以命之，世荣其迁。"如此，则高少逸于敬宗宝历二年十月改授赞善大夫后，当于文宗大和期间，历任左司郎中，及司勋郎中、主客郎中（按清劳格《唐尚书省郎官石柱题名考》卷七司勋郎中、卷二五主客郎中，皆列有高少逸名，注谓此二职，"二传失载"）。

按两《唐书》本传皆记高少逸以谏议大夫入为翰林侍讲学士，亦误。丁《记》记为："开成四年闰正月十一日，自左司郎中充侍讲学士，其年八月一日，迁谏议大夫。"即先以左司郎中（从五品上）入，入院后历经半年余，迁谏议大夫（正五品上）。此为唐翰林学士在职期间迁转官衔的常例，而两《唐书》本传却谓以谏议大夫入，误。

又，据丁《记》，高元裕出院为开成三年八月十日（参见前高元裕传），高少逸则于开成四年闰正月入，其间有半年。而两《唐书》本传皆记为高元裕出院时，文宗即因其请，召高少逸继为翰林侍讲学士，此与丁《记》所记有差异，当亦不确。

丁《记》接云："五年正月二十七日，赐紫，守本官出院。"即出院后仍为谏议大夫，时武宗刚即位。

　　两《唐书》本传皆记高少逸于会昌中为给事中，未记有年，今查《旧唐书》卷一八上《武宗纪》，会昌二年（842）十月，记云："帝幸泾阳，校猎白鹿原。谏议大夫高少逸、郑朗等于阁内论：'陛下校猎太频，出城稍远，万机废弛，星出夜归。方今用兵，且宜停止。'上优劳之。"《通鉴》卷二四六记此事于会昌二年十一月："上幸泾阳校猎。乙卯，谏议大夫高少逸、郑朗于阁中谏曰……"后接云："己未，以少逸为给事中，朗为左谏议大夫。"按《旧唐书·武宗纪》会昌二年，只记止十月，无十一、十二月，当有缺漏，应据《通鉴》，高少逸、郑朗之谏，在十一月，并改任给事中。

　　可以注意的是，高少逸任给事中时曾撰有记述西域诸国的一部历史地理著作。宋陈振孙《直斋书录解题》卷五杂史类，有《四夷朝贡录》十卷，云："唐给事中渤海高少逸撰。会昌中，宰相李德裕以黠戛斯朝贡，莫知其国本原，诏为此书。凡二百一十国，本二十卷，合之为十卷。"关于黠戛斯朝贡，《通鉴》卷二四七会昌三年二月有记："辛未，黠戛斯遣使者注吾合索献名马二，诏太仆卿赵蕃饮劳之。"会昌二、三年间，唐廷正与回鹘交战，李德裕时为宰相，当极关心西域诸国，即因黠戛斯有所朝贡，即作为契机，约高少逸编撰此书。《直斋书录解题》称此书记有二百一十国，则编撰时确为不易。《新唐书》卷五八《艺文志》二，史部地理类，亦著录高少逸《四夷朝贡录》十卷。惜此书后未存。

　　高少逸在武宗朝即任为给事中。后于宣宗朝之仕历，两《唐书》本传所记又有误。《旧传》："大中初，检校礼部尚书、华州刺史、潼关防御、镇国军使。入为散骑常侍、工部尚书，卒。"此云大中初任为华州刺史，而《旧唐书》卷一八下《宣宗纪》，大中十年（856）四月癸丑，"以给事中、渤海郡开国公、食邑二千户高少逸检校礼部尚书、华州刺史、潼关防御、镇国军等使"；同卷大中十一年十月，记："以华州刺史高少逸为左散骑常侍，以苏州刺史裴夷直为华州刺史、潼关防御、镇国军等使，以太常少卿崔钧为苏州刺史。"所记皆具体，当可信。由此，则高少逸于宣宗大中十年四月前仍为给事中，是年四月改任华州刺史，至十一年十月，《旧传》记为"大中初"，显误。

《新传》未记高少逸任华州刺史事，而谓宣宗时曾任陕虢观察使，云："稍进给事中，出为陕虢观察使。中人责峡石驿吏供饼恶，鞭之，少逸封饼以闻。宣宗怒，召使者责曰：'山谷间是饼岂易具邪？'谪隶恭陵，中人皆敛手。"按此事又见《通鉴》卷二四九，系于大中八年九月丙戌，称"以右散骑常侍高少逸为陕虢观察使"。按据前所引之《旧纪》，高少逸于大中十一年十月离华州刺史入朝才任为左（右）散骑常侍，大中十年四月任华州刺史前为给事中，《新传》亦未记高少逸在陕虢观察使已为左散骑常侍。又王谠《唐语林》卷三亦载有此事，未记年，而称为"高尚书少逸为陕州观察使"。实则高少逸由华州刺史返朝，于晚年才以兵部（工部）尚书致仕。《唐语林》称其为尚书而任陕州观察使，亦误。

《旧传》末云"入为左散骑常侍、工部尚书，卒"；《新传》云："以兵部尚书致仕，卒。""工"、"兵"，有小异。其卒或即在大中末。

《新唐书·艺文志》著录其《四夷朝贡录》十卷，其他别无著录。《全唐诗》、《全唐文》亦未载其诗文。

武宗朝翰林学士传

李 褒

　　李褒于开成五年（840）三月入院，丁《记》将其与前裴素、高少逸及后周敬复、郑朗、卢懿、李讷、崔铉、敬晖，同列于"开成后十四人"，实则自李褒起，已为武宗朝翰林学士，因武宗于开成五年正月十四日即位，开成虽为文宗朝年号，实则开成五年应列于武宗朝。可以注意的是，武宗即位后，以李褒为始，开成五年，新召入者有七人，而文宗时所留于院中者七人，本年内陆续出院者有六人，只裴素于本年十一月加承旨，翌年即会昌元年（841）十一月卒，即文宗朝翰林学士，至会昌元年冬已未有仍留于院中者。这也为唐代历朝翰林学士组建之常例，很值得探索。

　　李褒，两《唐书》无传。丁《记》记其在院供职，虽仅三年，但也为其一生所记之最详者。岑氏《注补》曾引有若干材料，也可资参考。

　　《旧五代史》卷九二《李愚传》有记："京兆人也。祖褒，唐黔南观察使。父昭，户部尚书。"昭，确为李褒子（见后），但云李褒任黔南观察使，似不可靠。不过由此可知其为京兆人。又，李愚，五代梁时曾为翰林学士，于后唐明宗天成（926—930）时又为翰林学士承旨。

李褒早年事迹不详，现可知者，宪宗元和后期曾与沈亚之交游。《全唐文》卷七三六沈亚之《旌故平卢军节士文》，记唐宪宗于元和十年（815）征讨淮西方镇吴元济外，另有兵征伐山东、河北诸镇，后十四年二月斩除淄青节度使李顺道，战事平。此文所记甚详，后有云："（元和）十四年，余与李褒、刘濛宿白马津，俱闻之于郭记室，明日复皆如济北，济北之人尽能言（郭）旷之节，故悉以论著，将请于史氏云。"则此时，沈亚之与李褒、刘濛同聚于山东淄青一带。《元和郡县图志》卷八河南道滑州白马县，有白马津，为黄河南岸渡口；白马县在今河南滑县东，靠近济州（今山东西南）。沈亚之，两《唐书》亦无传。据《唐才子传校笺》卷六《沈亚之传》笺，[1]沈亚之，吴兴人，元和十年（815）进士及第，后供职于泾原节度使李�幕府，旋返回；穆宗长庆时为京畿栎阳县尉。沈亚之为中唐时传奇创作名家。刘濛为刘晏孙，附见《新唐书》卷一四九《刘晏传》，"举进士，累官度支郎中，会昌初，擢给事中"。沈氏此文，仅举李褒名，未记其官衔，可能亦为元和时进士及第者。

又李商隐《为绛郡公上李相公启》，为会昌五年（845）李褒在郑州刺史时所作（参见刘学锴、余恕诚《李商隐文编年校注》，页1069；[2]关于李商隐作启状及年月，详见后）。此启中有云："且某运偶昌期，年初知命。"刘、余注引《论语》"五十而知天命"，谓"据此，李褒当生于唐德宗贞元十二年（796）左右"，当是。据此，则元和十四年（819），李褒为二十余岁。又李商隐《为绛郡公上崔相公启》（《全唐文》卷七七七），代其自述早年曾"粗沾科第，薄涉艺文"，则亦曾进士及第者。

《旧唐书》卷一七六《李让夷传》，记李让夷于文宗大和九年（835）为谏议大夫（李让夷于大和元年至五年为翰林学士，见前文宗朝李让夷传），"开成元年，以本官兼知起居舍人事"，之所以如此，乃因为"时起居舍人李褒有痼疾，请罢官"（《新唐书》卷一八一《李让夷传》同）。则李褒于开成元年（836）前已任为起居舍人（从六品上，与尚书诸司员外郎同阶），此为现在所知其最早所任之官。此后数年，即入为翰林学士。

丁《记》："开成五年三月二十日，自考功员外郎、集贤院直学士充。"此为武宗即位后第一位召入为翰林学士。

丁《记》接云："其年六月，转库部郎中、知制诰。十二月十二日，赐绯。会昌元年五月，拜中书舍人。十二月，加承旨；六日，赐紫。二年五月十九日，出守本官。"此为开成五年（840）至会昌二年（842）行迹。按裴素于开成五年六月迁中书舍人，十一月加承旨，会昌元年十一月十七日卒官，此时在院中以李褒为资历最深者，故于十二月加承旨，时间衔接，丁《记》所记合实。

李褒在院期间于翰林学士职责，无有史书记载，所可注意者是有几位文士与其有诗文交往。姚合《和李十二舍人裴四二舍人两阁老酬白少傅见寄》（《全唐诗》卷五〇一），末二句云："纶闱并命诚宜贺，不念衰年寄上频。"前裴素传已述，裴素于开成五年六月为中书舍人，李褒则于同年六月为库部郎中、知制诰，亦可称舍人，故姚合诗云"纶闱并命诚宜贺"。又此诗首二句云"罢草王言星岁久，嵩高山色日相亲"，乃叙白居易。白居易此时任太子少傅、分司，居洛阳，且距过去任翰林学士、中书舍人草撰制诰已有多年，故云"罢草王言星岁久"。开成五年,白居易已六十九岁。就姚合此诗诗题,当为李褒、裴素在院时,白居易特自洛阳作诗,寄贺二人升迁中书舍人及以他官知制诰,李、裴二人即有和作,姚合时在长安(任谏议大夫),亦和李、裴二人诗。由此可见,李褒、裴素与白居易亦有文字交往。

姚合又有《和李舍人秋日卧疾言怀》(《全唐诗》卷五〇一),中云"王言生彩笔,朝服惹炉香",亦记李褒在院中值班,撰写制诏事。后云:"松影幽连砌,虫声冷到床。诗成谁敢和,清思若怀霜。"极赞誉其诗才之清新。姚合又有《和李十二舍人直日放朝对雪》、《和李十二舍人冬至日》(均同上),当皆为会昌元年冬作。由此可见李褒屡有诗寄赠姚合,姚合即有和作,惜李褒诗未存。

李褒于会昌二年(842)五月十九日以中书舍人出院,不久先后任绛州、郑州刺史,乃与李商隐有文字交往,很值得研究。

周绍良编纂之《唐代墓志汇编》据"河南千唐志斋藏石",载有《唐故绵州刺史江夏李公墓志铭并序》,[3]署"朝散大夫使持节郑州诸军事守郑州刺史上柱国赐紫金鱼袋李褒撰",称"有唐会昌四年四月十一日,左绵守李公殁于位",后谓其年十二月十九日葬。如此,则会昌四年冬,李褒在郑州刺史任。这是确证,也是李褒唯一留存之文。在郑州期间,李商隐曾为其撰文数篇,并称其为从叔(见《郑州献从叔舍人褒》)。[4]按李商隐于会昌二年在陈许节度使王茂元幕(任掌书记),旋以书判拔萃入为秘书省正字,后又因母丧居家,在郑州荥阳,会昌三至五年间即居于洛阳、郑州等地,遂与李褒有接触,故李褒曾多次约李商隐代草启状。李商隐《为绛郡公上李相公》,据《李商隐文编年校注》(页944),此李相公为李德裕,作于会昌四年八月。文中云:"周旋二郡,绵历两霜"，所谓"二郡"，结合当时唐廷征讨昭义节镇刘稹，云"绛台北控，有元戎大集之师；郑国东临，过列镇在行之众"，即绛州、郑州。李商隐另有一篇《为绛郡公上崔相公启》（《李商隐文编年校注》页1042），亦有云："若某者实有何能，可叨出牧。绛田已非厥任，荥波转过其材。"即绛州任在郑州前。参据《唐刺史考全编》、《李商隐文编年校注》，大致可确定，李褒于会昌二年五月出院后，当不久即出任绛州刺史，会昌三、四年间改任郑州刺史，约至会昌五、六年间。

在此期间，可以注意的是，李商隐曾数次代李褒撰文。如《为绛郡公上崔相公启》（《李商隐文编年校注》页1042），称"某本洛下诸生，东莞旧族，粗沾科第，薄涉艺文"，则李褒为琅琊东莞旧族，早期居于洛阳（按此可与前所引述之《旧五代史·李愯传》所谓"京兆人"比勘），曾举进士及第。在郑州期间，李商隐甚受李褒眷怀，其《上郑州李舍人状一》（同上，页1051），有云："伏奉荣示，伏蒙赐及麦粥饼啖锡酒等，谨依捧领讫。某庆耀之辰，早蒙抽擢；孤残之后，仍被庇庥。"《上李舍人状一》（同上，页1076），作于会昌五年五、六月间，又云："自春又为郑州李舍人邀留，比月方还洛下。"《上郑州李舍人状三》："昨者累旬陪侍座下，赏赐稠叠，宴乐频仍。"可见李褒对李商隐生活处境的关怀。

又，李商隐于会昌四、五年间为李褒上书致时任宰相的李德裕、李绅、崔铉、李回，均提出辞郑州刺史任，自称"力有所不任，心有所不逮"，希望能在江南任职，"彼吴楚偏乡，非舟车要路"，"俾之养理，使得便安"。李褒这种心情，也值得探索。

李褒何时离郑州刺史任，不可考。《唐刺史考全编》卷五八河南道虢州，据《全唐文》卷八三二钱珝《授李褒刺史等制》，谓"李褒为虢刺疑在会昌末"。按钱珝于昭宗时知制诰，

后于会昌五十余年，时代不合。且钱珝制文，记李褒仅云
"或清识雅裁，为时隽才；或检操修身，累居绳准"，与前曾
任绛、郑二州刺史之任历不合。则钱珝此制之李褒，当为昭宗
时人，同名异人。

李褒当于会昌末入朝，宣宗初在朝中任职，于宣宗大中三
年（849），知科举试。《唐语林》卷七有记："大中三年，李
褒侍郎知举。"清徐松《登科记考》卷二二即据《唐语林》所
记，系李褒于大中三年（849）以礼部侍郎知举。

李褒知举后，即于同年出为浙东观察使、越州刺史。《会
稽掇英总集》："李褒，大中三年自前礼部侍郎授，六年八月
追赴阙。"李褒于浙东期间，杜牧曾献有诗，题为《李侍郎于
阳羡里富有泉石，牧亦于阳羡粗有薄产，叙旧述怀，因献长句
四韵》（《樊川文集》卷二），诗云："冥鸿不下非无意，塞马
归来是偶然。紫绶公卿今放旷，白头郎吏尚留连。终南山下抛
泉洞，阳羡溪中买钓船。欲与明公操履杖，愿闻休去是何
年。"陶敏《全唐诗人名考证》据李褒于大中三年以礼部侍郎
知举，杜牧此诗题称"李侍郎"，当为李褒，是。陶《考》又
谓杜牧此诗当作于大中三年，"时杜牧为司勋员外郎，牧开成
五年已官员外郎，十年后仍在郎署，故云'白头郎吏尚留
连'"。按杜牧于大中三年（849）为尚书司勋员外郎、史馆修
撰，后于大中四年（850）转吏部员外郎，是年秋出为湖州刺
史。[5]则此诗当作于大中三、四年间。但陶《考》又引《唐语
林》卷四所记"李尚书褒晚年修道，居阳羡川石山后，长子
召为吴兴，次子昭为常州，当时荣之"，谓与诗中"放旷"及
"终南山下抛泉洞，阳羡溪中买钓船"之语合，即谓杜牧作此
诗时，李褒已隐居阳羡。按此与前所引述之《会稽掇英总集》
所载李褒于大中三年至六年为浙东观察使不合。检《元和郡
县图志》卷二五江南道常州有义兴县，云"本汉阳羡县"，在

今江苏宜兴市南，太湖西岸，与会稽（今浙江绍兴）尚有一定距离，李褒不可能在任期间又居于该处。

按《唐语林》所记此则，有两种可能性，一为有真实性，结合杜牧此诗，即李褒在会稽任期，已着意于阳羡，特于该处先购置住地，"富有泉石"，后离浙东任后，即隐居于此。另一为是否合于实际尚有可疑，《唐语林》记李褒居阳羡时，"长子召为吴兴，次子昭为常州，当时荣之"。今查核《唐刺史考全编》卷一四〇江南东道湖州（吴兴郡），据《吴兴志》，记李超于咸通十一年（870）八月自楚州都团练使授，郁氏谓此李超疑即为李褒子李召。[6]大中六年（852），咸通十一年（870），相距近二十年，何以李褒后居阳羡时李召在吴兴任，且"当时荣之"。《唐语林》当依杜牧之诗而揣测写之。

据前所述，李褒当于大中六年离浙东任，此后不详。《旧五代史》卷九二其孙李悍传，谓"祖褒，唐黔南观察使"，即李褒后又任黔南观察使，未知是否属实，俟考。

李褒，两《唐书》无传，现辑集有关史料，确可大致勾稽其主要事迹，且可见其与当时文士之较广交往，确可补唐史之不足。

注释

〔1〕参傅璇琮主编《唐才子传校笺》卷六《沈亚之传》吴企明笺，中华书局，1990年。

〔2〕刘学锴、余恕诚《李商隐文编年校注》，页1069，中华书局，2002年。

〔3〕《唐代墓志汇编》，周绍良编纂，上海古籍出版社，1992年。

〔4〕刘学锴、余恕诚《李商隐诗歌集解》，页521；台北洪业文化事业有限公司，1992年。

〔5〕参见缪钺《杜牧年谱》，人民文学出版社，1980年。

〔6〕按，《唐刺史考全编》又于卷一三八常州，引《嘉泰吴兴志》所载此文，系李昭于咸通十一年为常州刺史，昭、召混为一人，似误。

周敬复

周敬复，两《唐书》无传。其事迹最早可知者，为《旧唐书》卷一七三《郑覃传》所载："其年，李固言复为宰相。固言与李宗闵、杨嗣复善，覃憎之。因起居郎缺，固言奏曰：'周敬复、崔球、张次宗等三人，皆堪此任。'覃曰：'崔球游宗闵之门，且赤墀下秉笔，为千古法，不可朋党。如裴中孺、李让夷，臣不敢有纤芥异论。'乃止。"按据《新唐书》卷六三《宰相年表》，李固言于文宗大和九年（835）七月辛亥任相，同年九月出为山南西道节度使；开成元年（836）四月甲午又任相，二年十月戊申又出为西川节度使。则此所谓"复为宰相"，当在开成元年四月后。

由此可知，开成元年时，周敬复已在朝中任有官职，本由李固言荐其与崔球、张次宗为起居郎，但因当时执政者各有朋党之争，未就。又据《旧唐书·郑覃传》，此时郑覃为相，曾建议勒石刻经，乃奏水部员外郎崔球、监察御史张次宗参预校订《九经》文字。水部员外郎与起居郎同为从六品上，监察御史为正八品上，如此，则周敬复此时所任官当亦在七、八品之间。

《旧唐书》卷一七五《文宗子·庄恪太子永传》，记开成三年（638），文宗为加强对太子的教导，"诏侍读窦宗直、周敬慎依前隔日入少阳院"。《新唐书》卷八二《庄恪太子永传》

亦载此，记为："敕侍读窦宗直、周敬复诣院授经。"清劳格《唐尚书省郎官石柱题名考》卷四吏部员外郎，引《旧·庄恪太子传》，即谓"敬慎"当从《新书》作"敬复"。按两《唐书》除《旧唐书》卷一七五记有"周敬慎"外，其他均未有记，则"慎"字当误，应作"复"。由此可见，周敬复于开成前期任太子侍读。

此后，即入院。丁《记》："开成五年三月三十日，自兵部员外郎、知制诰充。"即此前周敬复已为兵部员外郎、知制诰。据《旧唐书·文宗纪》及两《唐书·庄恪太子永传》，庄恪太子永，于开成三年十月庚子卒，则周敬复当于庄恪太子卒后，离太子侍读任，改为兵部员外郎。

丁《记》接云："十二月十一日，赐绯。会昌元年二月十三日，转职方郎中、知制诰、中书舍人。二年九月十八日，守本官出院。"此处将职方郎中、知制诰与中书舍人并提，且为同时，岑氏《注补》对此有说，谓："按知制诰即中书舍人之试用，试用而可者约周年乃正除舍人，唐制如是，可于各条见之，断无同日授知诰复授中舍之理，此处中书舍人四字是衍文，抑其上有夺文，今难确定。"如此，则其出院时所谓守本官，系职方郎中、知制诰，还是中书舍人，确未能定。

出院后仕历未详，现可知者为《旧唐书》卷一八下《宣宗纪》，大中四年（850），"十二月，以华州刺史周敬复为光禄大夫、检校左散骑常侍，兼洪州刺史、江南西道团练观察使，赐金紫"。周敬复何时任华州刺史，未可知。

《全唐文》卷七三三杨绍复《授周敬复尚书右丞制》，中云："江南西道都团练使观察处置等使检校右散骑常侍周敬复，以精远之词，早登科籍；以深奥之学，遂列显名。振风绩于南宫，奋华辉于翰苑，声猷实著，名以事高。"《唐刺史考全编》卷一五七江南西道洪州，亦提及杨绍复此制，又据严耕望《唐仆尚丞郎表》谓周敬复约于大中七年（853）前后由江西观察迁右丞。杨绍复为杨於陵子，两《唐书·杨於陵传》皆记杨绍复官中书舍人，但未记年。此当为杨绍复为中书舍人时所作。由杨此制，则周敬复亦曾进士及第（"早登科籍"），先任尚书省郎官（"南宫"），后即入翰林学士院（"奋华辉于翰苑"）。

又杜牧有《代人举周敬复自代状》（《樊川文集》卷一五），云："前件官执德以进，循道而行，蔼有令名，备历清贯。掌纶言于西掖，才称发挥；参密命于内庭，众推忠慎。自珥貂近侍，主钥东门，声实益重于搢绅，磨涅始彰其坚白。伏以南省实天下根本，两丞为百司管辖，苟非其选，必致败官。今若以臣所任迴授敬复，庶能肃清台阁，提举纪纲，既曰涉明，实不虚受。伏以天恩允臣所请。"此为杜牧代人所撰，未能定其确切时间。唯因文中有"两丞为百司管辖"，杨嗣复有《授周敬复尚书右丞制》，则似有联结。胡可先《杜牧诗文编年》，[1]有云："周敬复大中七年由洪州刺史迁尚书右丞，故杜牧作此状于此前不久，当为大中六年（852）杜牧卒前。《唐方镇年表》卷五引杜牧《代人举周敬复自代状》亦在大中六年下，良是。"此说有一定道理。但杜牧此文，周之仕绩，仅言"掌纶言于西掖"（即曾任兵部员外郎、知制诰），"参密命于内庭"（即入院为翰林学士），而未叙出院后连续任绛州、洪州节镇，不知何故。

还值得一提的是，周敬复在江西任时，李商隐作有一文称誉之。李商隐于大中五年至九年（851—855）在柳仲郢东川节度使幕，掌书记，在梓州。当地一寺院建立四位佛教大师碑铭，李商隐应命撰有《唐梓州慧义精舍南禅院四证堂碑铭并序》，作于大中七年（参据刘学锴、余恕诚《李商隐文编年校注》，页2069），[2]中谓此时江西廉使汝南公（周敬复），闻讯后特寄赠一大师道貌，深致谢忱，云："江西廉使大夫汝南公，黄中秉德，业尚资仁，动之则瑶瑟琼钟，锵洋清庙；静之则明河亮月，浩荡华池。远应同声，函缄遗貌。"于此也可见周敬复之文化情趣。

据前所述，周敬复约于大中七年入朝，任尚书右丞，此后两年，却发生一件意外错失事。《旧唐书》卷一八下《宣宗纪》，大中九年，"三月，试宏词举人，漏泄题目，为御史台所劾，侍郎裴谂改国子祭酒，郎中周敬复罚两月俸料，考试官刑部郎中唐枝出为处州刺史，监察御史冯颛罚一月俸料。其登科十人并落下。其吏部东铨委右丞卢懿权判"。《新唐书》卷八《宣宗纪》、《通鉴》卷二四九皆未记此事。《唐会要》卷七六亦记此，唯云"大中元年二月"（中华书局1957年排印本），"元"当为"九"之形讹。又《唐会要》所载此事，谓"考试官刑部郎中唐扶出为虔州刺史"，与前《旧纪》所载之"唐枝"，又异。今查《旧唐书》卷一九〇下《文苑传》下《唐次传》，记唐次弟款，款子枝，有云："枝字已有，会昌末累迁刑部员外，转郎中，累历刺史，卒。"此与《旧纪》所记大致相合。又《旧唐书·唐次传》确亦记有唐扶，为唐次之次子，但未记其曾任虔州刺史，且谓开成四年十一月卒于福建团练观察使，已为大中九年之前十余年。可见《唐会要》此书确需重新全面整理。

此后周敬复仕迹不详。《新唐书·艺文志》未有著录；《全唐诗》、《全唐文》亦未载其诗文。

又，岑氏《注补》于丁《记》记周敬复于会昌二年九月十八日出院后，谓李商隐有《谢邓州周舍人启》，谓此周舍人当为周敬复，见其所著《玉谿生年谱会笺平质》。按刘学锴、余恕诚《李商隐文编年校注》（页1779）考此文作于大中二年秋，时李商隐由桂管归京途经邓州，但此周舍人"是否即周敬复，则尚待进一步考证"。周敬复似未曾任邓州刺史，且李商隐此文既作于大中二年，距周敬复会昌二年九月出院，已有六年，岑说似不确。

注释

〔1〕见胡可先著《杜牧研究丛稿》，人民文学出版社，1993 年。

〔2〕刘学锴、余恕诚《李商隐文编年校注》，中华书局，2002 年。

郑　朗

郑朗，两《唐书》有传，见《旧唐书》卷一七三、《新唐书》卷一六五。郑覃为文宗大和时翰林侍讲学士（见前郑覃传）。

《旧传》记："朗字有融。长庆元年，登进士甲科。"而《新传》则记为："有司擢朗第一，既又覆实被放。"长庆元年（821）举试事，清徐松《登科记考》卷一九，有详记。此年为钱徽知举，初选后为人所告，谓"今岁礼部殊不公，所取进士皆子弟无艺，以关节得之"（《通鉴》卷二四一长庆元年三月载，此为西川节度使段文昌上言）。后由中书舍人王起、主客郎中知制诰白居易等复试，"诏黜（郑）朗等十人"，钱徽等亦被贬（详见前宪宗朝钱徽、段文昌传）。则郑朗于长庆元年应试，初及第，后被黜落，《旧传》仅言"长庆元年，登进士甲科"，不确。

《旧传》后又有误，其于"长庆元年，登进士甲科"后，接云"再迁右拾遗"，即谓是年进士及第后，即再迁为右拾遗。《新传》则记为："始辟柳公绰山南幕府，入迁右拾遗。"又《旧唐书》卷一六五《柳公绰传》记云："钱徽掌贡之年，郑朗复落，公绰将赴襄阳，首辟之。"

又据《旧唐书》卷一六《穆宗纪》，长庆三年五月，山南东道节度使牛元翼卒，而《旧唐书·柳公绰传》记柳于长庆三年先为尚书左丞，后任山南东道节度使。如此，则郑朗当于长庆元年举试复落后，于长庆三年五月后应辟入柳公绰之山南东道节镇。后柳公绰于敬宗宝历元年（825）入为刑部尚书，则郑朗亦因之入朝，迁右拾遗。

《旧传》后记郑朗于开成中为起居郎，转考功郎中，开成四年又迁为谏议大夫。在这期间，刘禹锡有诗与郑覃、朗兄弟唱酬。刘禹锡有《奉和郑相公以考功十弟山姜花俯赐篇咏》，陶敏、陶红雨《刘禹锡全集编年校注》，即据此系于开成三年，郑朗于四年迁谏议大夫前。[1]时刘禹锡在洛阳。开成三年，郑覃正居相位，故刘诗题称"郑相公"。此诗有云："响为纤筳发，情随彩翰飞。故将天下宝，万里共光辉。"当为郑朗在考功郎中任时，以名花山姜寄赠刘禹锡，郑覃并撰有诗，刘禹锡即特为和作，以致谢意，并抒情谊。

《旧传》后记郑朗于开成四年迁谏议大夫，会昌初为给事中，未叙开成四年至会昌初入为翰林侍讲学士。《新传》则云："累迁谏议大夫，为侍讲学士。"虽未记年月，但合乎事实，可补《旧传》之不足。

丁《记》记云："开成五年四月十九日，自谏议大夫充侍讲学士，其年五月四月，赐绯。十一月二十九日，出守本官。"

郑朗与卢懿是武宗即位后第一批召入为翰林学士的（卢懿，见后传）。时李德裕任相，李德裕与郑覃甚有交谊，郑朗当因受李德裕之荐而入院的。但仅半年，又以谏议大夫出院，不知何故。不过李德裕于会昌二年（842）十一月所撰《授郑朗等左谏议大夫制》，[2]对郑朗在谏议大夫任期之职责，是甚加称誉的，称其"贞正守道，列于左掖，从容讽谏，每竭嘉献"，"执以言责，本于忠诚"。

此后，郑朗仕迹颇显，据两《唐书》本传，历任地方节镇，朝中又任为御史中丞、户部侍郎。又《新唐书》卷六三《宰相年表》，记为：宣宗大中十年（856）正月，任相，守工部尚书、同中书门下平章事；十一年（857）十月，罢为检校尚书右仆射、兼太子少师。而《旧传》所记有异，云："大中十年，以疾辞位，进加检校右仆射、守太子少师。"此可为又一显误。

《全唐文》卷七九一载其文一篇：《请停直馆增修撰奏》，甚短。其他均未有载记。

注释

〔1〕《刘禹锡全集编年校注》，页719；岳麓书社，2003年。

〔2〕傅璇琮、周建国《李德裕文集校笺》卷四，河北教育出版社，2000年。

卢　懿

卢懿，两《唐书》无传。《新唐书》卷七三上《宰相世系表》三上，载有其名，但未记其字号、官名；又记其祖晊，殿中侍御史，父逢，户部郎中。又《旧五代史》卷六七《卢程传》云："卢程，唐朝右族。祖懿，父蕴，历仕通显。"即卢懿之仕迹亦为通显者，但未有具述。

卢懿是否科举及第，不详。其事迹最早可知者，为清劳格《唐尚书省郎官石柱题名考》卷三吏部郎中卢懿名下，引石刻《蜀丞相诸葛武侯祠堂碑阴》，有云："杨嗣复记，后列衔有节度参谋、试大理评事卢懿。大和九年八月八日，四川成都。"按清陆心源辑《唐文拾遗》卷二五有杨嗣复《蜀武侯祠堂碑阴题记》，云："予以元和初为临淮公从事，因陪刻石，时序荏染，二十有七年。今廖膺戎寄，口继前烈，谒拜祠宇，顾瞻斯文，省躬怀旧，不胜感幸。"文末署《金石苑》。但未列碑阴题名。今检《旧唐书》卷一七六《杨嗣复传》，杨嗣复于文宗大和九年（835）三月为成都尹、剑南西川节度使，开成二年（837）十月入为户部侍郎。《郎考》所引《祠堂碑阴》题名，为大和九年八月八日，则卢懿当应杨嗣复之辟，于大和九年三月后在西川节度幕府任节度参谋，带大理评事之衔（从八品下）。

杨嗣复后于开成二年召还，卢懿可能亦随之入朝，过三年，开成五年（840）四月，即以司封员外郎入院。

丁《记》："开成五年四月十九日，自司封员外郎充侍讲学士。"与郑朗同时入（见前郑朗传），亦为武宗朝首批召入的翰林侍讲学士。

丁《记》接云："其年四月，赐绯。"按前所记为开成五年四月十九日入院，而此又云"其年四月"，相重。岑氏《注补》有云："按懿与前条郑朗同日入为讲学，则其赐绯似亦同时，今朗以五月四日赐绯，而懿以四月，殆任一有误，四月近于四日之讹，其误或在本条也。"岑说是，当据郑朗条，改为"其年五月四日"。

丁《记》接记其出院："会昌元年二月九日，出守本官。"则其在院，不到一年，似也无具体职绩。后崔嘏草制的《授卢懿吏部郎中制》（《全唐文》卷七二六），称其"词锋绚练，门绪清华；儒席许其温恭，士林推其端厚"，即就其侍讲学士职责而言的。

卢懿以司封员外郎出院，后有迁转。元王恽《玉堂嘉话》卷一，记有"李绅拜相制"，又云："后平书司勋郎中判懿，会昌二年二月。"《唐尚书省郎官石柱题名考》卷七司勋郎中，于卢懿名下引《淳熙秘阁续法帖》卷六，亦记有："李绅拜相告后平书司勋郎中判懿。会昌二年二月日。"《李绅拜相制》为孔温业所撰（见《唐文拾遗》卷三，亦据王恽《玉堂嘉话》。《唐大诏令集》未载此制）。李绅由淮南节度使入朝，确在会昌二年（842）二月（参见傅璇琮《李德裕年谱》）。由此，则卢懿于会昌元年二月以司封员外郎出院后，迁司封郎中，会昌二年二月仍在此任。

又崔嘏《授卢懿吏部郎中制》（《全唐文》卷七二六），先称其"河南少尹卢懿"，首云"自分曹洛汭，贰尹三川"，则卢懿于会昌二年二月后，又曾任河南少尹（洛阳），会昌后期又入为吏部郎中。

又杜牧《唐故东川节度使检校右仆射兼御史大夫赠司徒周公墓志铭》（《樊川文集》卷七），记周墀于宣宗大中五年（851）二月十七日，"讣至，废朝三日，册赠司徒，命谏议大夫卢懿吊其家"。则卢懿于大中五年二月在谏议大夫任。

又《旧唐书》卷一八下《宣宗纪》，大中九年（855）三月，记本年试宏词举人，漏泄题目，考官受罚（详见前周敬复传），有云："其吏部东铨委右丞卢懿权判。"即此次博学宏词试，复由吏部复试，卢懿即以尚书右丞主持其事。《旧唐书·宣宗纪》后于大中十一年（857）四月又记："以吏部侍郎卢懿检校工部尚书、兼凤翔尹、御史大夫、凤翔陇右节度使。"后又记大中十一年十二月，任蒋系为凤翔尹、凤翔陇右节度观察等使。则卢懿任凤翔陇右节镇，仅半年。此后不详，可能即卒于凤翔节镇任，故仅半年，即另委人接任。

卢懿未有著述著录，亦无诗文传世。

李 讷

李讷，两《唐书》有传，见《旧唐书》卷一五五、《新唐书》卷一六二，附于其父李建传后。李建，德宗时翰林学士，详见前传。李建郡籍为陇西，其先世后寓居江陵（今湖北江陵）。

《旧唐书·李建传》所记李讷事甚略，仅云："三子：讷、恪、朴。讷最知名，官至华州刺史、检校尚书右仆射。"《新传》所记稍详，有云："建子讷，字敦止，及进士第。迁累中书舍人，为浙东观察使。"皆未记翰林学士事，如无丁《记》，则唐翰林学士即缺李讷之名。

元稹曾为李建作墓志铭：《唐故中大夫尚书刑部侍郎上柱国陇西县开国男赠工部尚书李公墓志铭》（《全唐文》卷六五五），记李建"生五男"，"长曰讷"，后又依此叙四子名：朴、恪、愬、硕。而《旧传》所记，李建仅三子，且恪在朴之前，元《志》可补其缺失。又据元《志》，李建卒于长庆元年（821）二月二十三日，五月二十五日葬于凤翔府某县，《志》又云："生五男，长曰讷，始二十。"则长庆元年李讷为二十岁，当生于德宗贞元十八年（802）。此亦可补两《唐书》本传。

《新传》谓其"及进士第"，未记年。李讷前期事迹不详，其最早仕历可知者唯丁《记》云："开成五年七月五日，自左补阙充。会昌二年四月十六日，迁职方员外郎。十一月二十一日，赐绯。三年四月囗日，守本官。"据此，则李讷于文宗开成年间已任为左补阙（从七品上），武宗即位后，于当年七月五日召入为翰林学士，时年三十九；会昌二年（842）四月，迁职方员外郎（从六品上）；会昌三年（843）四月，守本官（职方员外郎）出院。又《唐尚书省郎官石柱题名考》卷四吏部员外郎有李讷，或于出院后又由职方员外郎改为吏部员外郎，旋又迁为礼部郎中（从五品上）、知制诰（见后）。

崔嘏《授李讷中书舍人李言大理少卿制》（《全唐文》卷七二六），称李讷原为礼部郎中、知制诰，现授以中书舍人。按崔嘏于会昌时为中书舍人（见前卢懿传）。如此，则李讷于会昌三年四月以职方员外郎出院，后又改吏部员外郎，随又迁礼部郎中、知制诰，当于会昌后期擢为中书舍人（正五品上）。崔嘏制文称其"以器能犀利，文采光华，演纶推倚马之工，剖竹著悬鱼之化"。[1]

又，岑氏《注补》，于丁《记》记李讷出院后，曾援引李商隐《郑州李舍人状》、《上李舍人状》，谓非李商隐集旧注所谓李褒，应为李讷，李讷于会昌三年出院后，于此年冬出守外郡（郑州），四年复召为吏部员外、知制诰，李商隐即作此二状。按岑氏所言实无据。今检刘学锴、余恕诚《李商隐文编年校注》（第三册），此李舍人仍当为李褒，详见前李褒传。

《新传》记李讷"及进士第"后，即云"迁累中书舍人"，未记入翰林学士院事，也未记任所谓中书舍人之年。《全唐文》卷四三八载有李讷《授卢弘止韦让等徐滑节度使制》、[2]《授薛元赏昭义军节度使制》、《授陈君从鄜州节度使塞门行营使制》。按卢弘止、韦让，约于宣宗大中三年（849）为徐、滑节度使（参《唐刺史考全编》卷六四河南道徐州、卷六三滑州），薛元赏亦于大中三年为昭义军节度使（参同上卷八六河东道潞州），陈君从约于大中五、六年间为鄜州节度使（参同上卷七关内道鄜州）。据此，则李讷于会昌后期任中书舍人，至宣宗大中五、六年间仍在任。可注意的是，李讷在翰林学士任期内，未有制文传世，而在中书舍人任内，却存有三篇制文，且此三篇制文，皆为授重镇之作。由此可见，晚唐时中书舍人撰写制诰之职责，亦甚受朝中重视。可再就此时中书舍人崔碣、钱珝，作进一步考索。

《新传》又记：“迁累中书舍人，为浙东观察使。”即后由中书舍人出任浙东观察使，而杜牧《李讷除浙东观察使兼御史大夫制》（《樊川文集》卷一八），则先称李讷为华州刺史，潼关防御镇国军等使，现授为浙东观察使，即由华州刺史、镇国军节度使改任，非由中书舍人出任，此可纠《新传》之不确。又《会稽掇英总集·唐太守题名》记：“李讷，大中六年八月自华州防御使授。”由此，则李讷当于大中五、六年间自中书舍人出任华州刺史，大中六年八月又改任浙东观察使。

杜牧所撰制文，称李讷“实以君子之德，华以才人之辞，扬历清显，昭彰令闻。辍自掌言，式是近辅，子贡为清庙之器，仲弓有南面之才。”即先为翰学，又为中书舍人，均能“表率教化，皆有法度”，对其撰制之职责甚为重视。

这里还可纠《旧唐书》一误。《旧唐书》卷一八下《宣宗纪》下，大中十年，“正月己巳，以正议大夫、陇西县开国男、食邑三百户、赐紫金鱼袋李讷检校右散骑常侍、兼越州刺史、御史大夫、浙江东道都团练观察等使”。即李讷由华州转任浙东，在大中十年正月。而据上所述，李讷任浙东观察使之制文乃杜牧所撰，杜牧则于大中五年八月由湖州刺史擢考功郎中，知制诰，大中六年初入朝，同年八月正除中书舍人，而于同年冬病卒（参见《唐五代文学编年史》）。如此，则此撰制当作于大中六年，与《会稽掇英总集》所记大中六年八月合。《旧纪》记为大中十年，显误。且《通鉴》卷二四九大中九年七月记“浙东军乱，逐观察使李讷”；于是“九月乙亥，贬李讷为朗州刺史"。《新唐书》卷八《宣宗纪》亦于大中九年七月记："是月，浙江东道军乱，逐其观察使李讷。"即大中十年前一年，李讷已离浙东任。此亦可证，晚唐时期，《新唐书》本纪较《旧唐书》确切。

又《通鉴》载浙东之所以发生军乱，是因为李讷"性卞急，遇将士不以礼，故乱作"。《东观奏记》卷下、《唐语林》卷二，亦皆有此记。《新传》后记李讷贬朗州刺史，又召为河南尹，在河南尹时"时久雨，洛暴涨，讷行水魏王堤，惧漂泊，疾驰去，水遂大毁民庐。议者薄其材"。可见李讷仕绩不显。

此后仕迹不详。《旧传》云"官至华州刺史"，《新传》则谓"凡三为华州刺史，历兵部尚书，以太子太傅卒"，所记互异，且均未记年月。《全唐文》卷七九五孙樵《唐故仓部郎中康公墓志铭并序》，称康氏卒于咸通十三年，中称"今华州刺史李公讷"，则懿宗咸通十三年（872）仍在华州刺史任，时年已七十一。

《新唐书·艺文志》未著录其著述。《全唐诗》卷五六三载其诗一篇，《全唐文》卷四三八载其文数篇。

注释

〔1〕按崔嘏此制，题中称"李言大理少卿"；《唐尚书省郎官石柱题名考》卷四吏部员外郎，于李讷名下亦引及崔嘏此制文，劳格谓"李言"疑"卢言"，即谓"李言"当作"卢言"，但未叙所据。按卢言，两《唐书》无传，《新唐书》卷一八〇《李德裕传》记宣宗即位后，贬李德裕，大中二年又有讼李绅冤杀吴湘事，大理卿卢言即言，当由此再贬李德裕。大中二年卢言为大理卿，则会昌后期当任为大理少卿。此可补劳格之说。

〔2〕按此制题，"卢弘止"原作"卢弘正"，今改。

崔 铉

崔铉，两《唐书》有传，见《旧唐书》卷一六三、《新唐书》卷一六〇，皆附于其父崔元略传后。《旧传》记崔元略为博陵人，《新传》谓博州人。《元和郡县图志》卷一六河北道有博州，其所属县博平，"本齐之博陵邑也"。其地为今山东茌平。又《新唐书》卷七二下《宰相世系表》二下，记崔元略，"义成节度使"。据《旧传》，崔元略为滑州刺史、义成节度使，在文宗大和五年（831），同年十二月卒。

两《唐书》本传皆记崔铉字台硕，登进士第，但未记年。宋计有功《唐诗纪事》卷五一崔铉条，谓"宝历三年登第"。据《旧唐书·文宗纪》，大和元年（827）二月乙巳始改元，唐科试一般在年初，故此云宝历三年。清徐松《登科记考》卷二〇即据《唐诗纪事》系于大和元年。又《太平广记》卷一七五《崔铉》条，据《南楚新闻》，谓崔铉"大历三年侍郎崔郾下及第"。按大和元年确为崔郾知举，而云大历三年，则显误（大历三年知举者为薛邕）。

《唐诗纪事》卷五一又载崔铉"为儿时随父访韩晋公滉，滉指架上鹰令咏焉。吟曰：'天边心胆架头身，欲拟飞腾未有因。万里碧霄终一去，不知谁是解绦人。'滉曰：'此儿可谓前程万里也。'"按此事，《太平广记》卷一七五亦载，所据亦为尉迟枢《南楚新闻》。按据《旧唐书》卷一二九《韩滉传》，韩滉卒于德宗贞元三年（787），若以此年计算，时崔铉尚为儿时，但已能作诗，姑以十岁计，则当生于大历十二年（777）左右。如此，宝历三年（大和元年）进士登第，已五十一岁；后于文宗开成三年（838）入李石荆南幕，为六十一岁，唐时入方镇幕府，似未能有六十余岁的。后崔铉于懿宗咸通时为荆南节度使，咸通八年（867）曾阻庞勋兵有功，则此年为九十一岁，九十余岁是不能仍在方镇任的。故《唐诗纪事》据《南楚新闻》所载此则轶事，当不合实；且前已考述，《南楚新闻》载崔铉为大历三年及进士第，已误，可见《南楚新闻》所载崔铉事，均误。

两《唐书》本传记其进士及第后，曾应辟在方镇幕府供职，后入朝被召为翰林学士。丁《记》记为："开成五年七月五日，自司勋员外郎充。会昌二年正月十二日，加司封郎中、知制诰。其年九月二十七日，加承旨，赐绯。十一月二十九日，迁中书舍人。三年五月十四日，拜中书侍郎平章事。"按《旧传》云："会昌初，入为左拾遗，再迁员外郎、知制诰，召入翰林，充学士。"即崔铉在入院前，于会昌初，先为左拾遗，再为员外郎并知制诰，而据丁《记》，崔铉于开成五年（即会昌元年前一年）已以司勋员外郎入院，此云"会昌初"才为左拾遗，后再迁员外郎、知制诰，才召入院，皆误。《旧传》又有云："累迁户部侍郎、承旨。"而据丁《记》，崔铉加任承旨时，其官衔为司封郎中、知制诰，在院时未有任户部侍郎者。《旧传》记崔铉入院事，仅数句，却有数误。

又，李褒于会昌元年十二月以中书舍人加承旨，会昌二年五月十九日出院（见前李褒传），崔铉即于会昌二年九月十七日接承旨任。

《全唐文》卷七五九仅载其文一篇：《遣司封员外郎充史馆修撰权审于衢路突尚书左仆射平章事判》，为残篇，权审，两《唐书》无传，仅《新唐书》卷七五下《宰相世系表》五下，记其"字子询"；此判文题中"于衢路突尚书左仆射平章事"，其事亦不详，亦未知其确年，是否在院时所作，亦未可定。可定为在院期间所作的，有《左神策军纪全德碑》，欧阳修《集古录目》卷十据《宝刻丛编》有著录，云："翰林学士承旨崔铉撰，散骑常侍、集贤殿学士柳公权书，集贤直院徐方平篆额。武宗常幸神策军劳策军士，兼统三军上将军仇士良请为碑以纪全德，铉等奉书撰。碑以会昌三年立。"（据《云自在龛丛书》本）按文宗于开成五年正月卒，武宗立，宦者仇士良颇有功，故武宗于会昌前期甚宠信之，故《集古录目》云"武宗常幸神策军劳策军士"，当据崔铉所撰碑文。此当于会昌三年上半年崔铉在承旨任时所撰（又，柳公权于会昌二年二月已由集贤学士、判院事左迁太子詹事，见《通鉴》卷二四六，欧阳修当仍据其原衔所署）。

《旧传》："会昌末，以本官同平章事。"《新传》则具体记为："会昌三年，拜中书侍郎、同中书门下平章事。"《旧唐书·武宗纪》未记，《新唐书》卷八《武宗纪》亦记于会昌三年，谓五月"戊申，翰林学士承旨、中书舍人崔铉为中书侍郎，同中书门下平章事"，与《新唐书》卷六三《宰相年表》同，戊申为二十日。《通鉴》卷二四七则记为会昌三年五月壬寅，壬寅为十四日，与丁《记》同。此为小异，而《旧传》却记为"会昌末"，则不确，会昌共六年，不应将会昌三年称为"末"。

崔铉是武宗朝由翰林学士直接提升为宰相之首例（也仅此一例）。关于崔铉入相，《通鉴》有具体记述，云："（五月）壬寅，以翰林学士承旨崔铉为中书侍郎、同平章事。铉，元略之子也。上夜召学士韦琮，以铉名授之，令草制，宰相、枢密皆不之知。"（两《唐书》本传未载此）《通鉴》于此处有《考异》，谓："《实录》，李让夷引铉为相。"即崔铉此次入相，为李让夷所荐引。按据《新唐书·宰相年表》，李让夷于会昌二年七月为相，会昌三年仍在相位，当然有荐引之可能。唯据《旧唐书》卷一七六《李让夷传》，李让夷在文宗时，"深为李珏、杨嗣复所恶，终文宗世官不达"。李珏、杨嗣复为牛僧孺、李宗闵一党。《旧传》接云："及德裕秉政，骤加拔擢，历工、户二侍郎，转左丞，累迁检校尚书右仆射，俄拜中书侍郎、同平章事。"后武宗卒，宣宗即位，李德裕被贬，李让夷也罢相。由此，则《实录》谓崔铉入相因李让夷所荐，《通鉴·考异》认为不可信，故于正文即未载。

但崔铉确涉入当时朋党之争。《旧唐书》卷一七七《崔珙传》，称珙"性威重，尤精吏术"，"会昌初，李德裕用事，与珙亲厚，累迁户部侍郎，充诸道盐铁转运等使"，后即擢迁为相，时为开成五年五月（据《新唐书·宰相年表》）。又据《旧唐书·崔珙传》，珙素与崔铉不叶，铉即奏劾其非，且"言珙尝保护刘从谏"，崔珙即于会昌四年六月被罢贬。可能正因此，崔铉即与李德裕不合，乃于会昌五年五月与杜悰同罢相。《旧传》称"为同列李德裕所嫉，罢相，为陕虢观察使、检校刑部尚书"。《新传》略同，亦称"与李德裕不叶"。《唐大诏令集》卷五六"宰相罢免"类，载《杜悰右仆射崔铉户部尚书制》，即谴责杜、崔二人"或趋尚之间，时闻于朋比；黜陟之际，每涉于依违"。杜悰亦素与牛党接近的。杜、崔此次罢相，也即含有党争色彩。后宣宗时，崔铉即挟此私怨，积极赞助白敏中，加害于李德裕（参见傅璇琮《李德裕年谱》）。又白敏中于会昌二年九月入为翰林学士，会昌三年五月崔铉出院拜相，白敏中即于是年十二月接任承旨（见后白敏中传）。有可能，崔铉、白敏中在院时即有朋党交结。

崔铉后于宣宗大中三年（849）又召为相（《新唐书·宰相年表》）；九年，为淮南节度使。懿宗咸通年间，先后任襄州、荆南等节镇，卒于荆南任。

《新唐书》卷五九《艺文志》三，史部，载《续会要》

四十卷，记杨绍复、裴德融、薛逢等撰，"崔铉监修"。据《旧传》，此书为大中七年（753）崔铉任相时所上。后未存。《全唐文》卷七五九载其文一篇：《遣司封员外郎充史馆修撰权审于衢路突尚书左仆射平章事判》，前已述。《全唐诗》卷五四七载诗二首：《进宣宗收复河湟诗》、《咏架上鹰》。

敬 晖

敬晖，两《唐书》无传。《新唐书》卷一七七《敬晦传》略有记，谓："晦兄昕、晖，弟旷、煦，俱第进士籍。昕为河阳节度使，晖右散骑常侍，世宠其家。"未提及敬晖为翰林学士事。《新唐书》卷七五上《宰相世系表》五上，记敬晖字日新，官亦为右散骑常侍。

敬晖仕历，即以丁《记》所记最为具详，云："开成五年十一月十六日，自兵部员外郎、史馆修撰充。会昌二年八月六日，出守本官。"如无丁《记》，则唐翰林学士即无敬晖之名。

按兵部员外郎为从六品上，右散骑常侍为正三品，品阶虽高，但为散官，当为敬晖出院后，累有仕历，最终为散骑常侍。《唐尚书省郎官石柱题名考》卷七司勋郎中有敬晖名，当为出院后，于会昌后期、大中前期，曾由兵部员外郎升迁为司勋郎中（从五品上）。

敬晖无著作载录，为武宗朝翰林学士中最未有著述表现的。

韦 琮

韦琮，《旧唐书》无传，《新唐书》卷一八二有传，但甚简，仅数十字。

《新传》云："韦琮字礼玉，世显仕。"虽云"世显仕"，但未有具体记述，传中亦未记其祖、父名。韦琮后曾任相，丁《记》亦于其姓名前标"相"字，但《新唐书》之《宰相世系表》未列其名。《通鉴》卷二四七会昌三年（843）五月有记韦琮事（详见后），有云："琮，乾度之子也。"可补《新传》之缺。按《新唐书》卷一三九《房式传》记房式曾为宣歙观察使，卒于任，"赐其谥号"，"吏部郎中韦乾度曰"，以为"不宜得谥"。据《新唐书》卷七《宪宗纪》，元和七年（812）八月，"甲辰，宣歙观察使房式卒"，则韦乾度于元和中曾为吏部郎中（又见《唐会要》卷八〇《谥法》条）。后穆宗长庆二年（822），在国子祭酒任（《唐会要》卷六六《国子监》条，有云："长庆二年闰十月，祭酒韦乾度奏。"）。岑仲勉《唐史馀瀋》卷三，[1] 即据此订正《旧唐书》卷一六《穆宗纪》之误。《旧唐书·穆宗纪》长庆三年，"七月，国子祭酒韦乾庆卒"。即《唐会要》已记长庆二年闰十月韦乾度为国子祭酒，则长庆三年七月国子祭酒卒，当为韦乾度，非"韦乾庆"。

《新传》记韦琮"进士及第"，未记年，故清徐松《登科记考》卷二七列于进士登第未知年者。

《新传》于"进士及第"后，云："稍进殿中侍御史，坐讯狱不得实，改太常博士。擢累户部侍郎、翰林学士承旨。"所记过简，亦有不切者。丁《记》具体记为："会昌二年二月十五日，自起居舍人、史馆修撰充。其年十月十七日，加司勋员外郎。三年五月二十九日，转兵部员外郎、知制诰。四年四月十五日，转兵部郎中。九月四日，拜中书舍人，依前充。"

由丁《记》，可知韦琮于会昌二年（842）二月前已任为起居舍人（从六品上），在史馆供职（为史馆修撰），并以此入院。按武宗于开成五年（840）正月即位，当年即召有七位文士入院，其中有二人为翰林侍讲学士（郑朗、卢懿），而第二年会昌元年（841）则未有召人者，会昌二年则又召人四人，不知何故。或会昌二年，在院已仅五人，其中又有三人陆续出院（李褒、周敬复、敬晦），故复召四人。

《新传》称韦琮曾任太常博士，按太常博士为从七品上，而起居舍人为从六品上，则韦琮当由太常博士累迁为起居舍人，后即以起居舍人入为翰林学士。入院后，历为司勋员外郎，兵部员外郎（亦从六品上，与起居舍人同阶）。至会昌四年（844）四月十五日，迁兵部郎中（从五品上）。岑氏《注补》谓迁兵部郎中时应仍为知制诰，当于"兵部郎中"后加"知制诰"三字，是。

丁《记》记会昌四年九月四日迁中书舍人（正五品上），云"依前充"，即仍在院。又《旧唐书》卷一八下《宣宗纪》，大中元年（847）二月，记："丁酉，礼部侍郎魏扶奏：'臣今年所放进士三十三人，其封彦卿、崔琢、郑延休等三人，实有词艺，为时所称，皆以父兄见居重位，不得令中选。'诏令翰林学士承旨、户部侍郎韦琮重考覆。敕曰：'彦卿等所试文字，并合度程，可放及第。……'"《唐会要》卷七六《贡举中·进士》亦载此。[2] 由此可知，韦琮于宣宗大中元年正月仍在院，且已由中书舍人（正五品上）升为户部侍郎（正四品下），并已为翰林学士承旨，与《新传》所载合，此可补丁《记》。又，白敏中于武宗会昌三年十二月已加承旨，会昌六年四月，宣宗即位后，即提升为宰相（见后白敏中传），则韦琮当于该年下半年接为承旨（参岑仲勉《补唐翰林学士承旨记》。）

韦琮旋又于同年三月提升为宰相。《旧唐书·宣宗纪》，大中元年，"秋七月，制以正议大夫、尚书户部侍郎、知制诰、翰林学士承旨、柱国、赐紫金鱼袋韦琮以本官同中书门下平章事"。而《新唐书》卷八《宣宗纪》、卷六三《宰相年表》，则记是年三月，中书侍郎、同中书门下平章事卢商罢相，崔元式、韦琮同时入相，即："刑部尚书、判度支崔元式为门下侍郎兼刑部尚书，翰林学士承旨、户部侍郎韦琮为中书侍郎，并同中书门下平章事。"《通鉴》卷二四八同。《旧纪》记为七月，又未记崔元式事，《旧纪》所记当为误失。

丁《记》记韦琮于会昌四年九月四日为中书舍人后，即未有记，当据两《唐书》纪、表作补。由此可定，韦琮于会昌二年二月入院，大中元年三月出任宰相，在院前后六年（实为五年）。在院期间，可知者有三事：一、《通鉴》卷二四七会昌三年五月，载："壬寅，以翰林学士承旨崔铉为中书侍郎、同平章事。铉，元略之子也。上夜召学士韦琮，以铉名授之，令草制，宰相、枢密皆不之知。"此事，《新唐书·韦琮传》未记。关于崔铉任相，武宗不先使宰相、宦官知，见前崔铉传。由此亦可见武宗对韦琮之信用，亦可见翰林学士在朝中参预机密之事例。二、即前已引述之大中元年正月参与科试复核事，可见唐翰林学士虽未如宋朝那样可直接主持贡试，但仍可代表皇上检核科试。三、宋欧阳棐据欧阳修编修之《集古录目》（《云自在龛丛书》本）卷十，据《宝刻丛编》，著录《商於驿路碑》，云："翰林学士承旨韦宗（琮）撰，太子宾客柳公权书，秘书省校书李商隐篆额。商州刺史吕公（原注：碑不著名）移建州之新驿，碑以大中元年正月立。"此商州刺史吕公，据《新唐书》卷五八《艺文志》二，史部地理类，有吕述《黠戛斯朝贡图传》一卷，云："字修业，会昌秘书少监、商州刺史。"此即会昌时任商州刺史之吕公（吕述）。吕述，两《唐书》无传。李商隐有《为荥阳公祭吕商州文》，据刘学锴、余恕诚《李商隐文编年校注》[3]作于大中元年秋。此荥阳公为郑亚，大中元年出为桂管观察使，李商隐以秘书省正字在其幕府供职，为支使兼掌书记。郑亚与吕述同于元和十五年（820）进士及第，后又曾同在幕府，当有交往，故吕述于大中元年秋卒于商州刺史任，李商隐即为其撰写祭文。韦琮所撰《商於驿路碑》，今不存，碑既立于大中元年正月，吕述当尚在世，李商隐也当因在郑亚幕，故特为篆额。

又《全唐文》卷七六六载有薛逢《上翰林韦学士启》，中云："某顷因章句，获达门墙。"但又云："嗟乎！九仞将成，而一篑莫前；三年欲飞，而长风不借。顾影增叹，谁将窬言。"按薛逢于会昌元年登进士第，后释褐为秘书省校书郎，崔铉于会昌三年入相后，即荐授为万年县尉。[4]薛逢启中云"三年欲飞，而长风不借"，当意为，会昌元年进士及第后，虽已授为秘书省校书郎、万年县尉，但仍未有高阶。又会昌年间，以韦姓为翰林学士者仅韦琮，则此"韦学士"当即韦琮，薛逢乃求其荐引者，故云"方今选限犹远，官秩未期，伏希度以短长，择其任用"。此启之开端，即盛赞韦学士之文采："学士文章拔俗，嵩华让其孤标；学海无边，乾坤以之涯涘。优游仙署，偃息禁闱，笔洒王猷，砚涵天泽。成霖而雨露非远，吐气而虹霓坐舒。流品人伦，衣冠仰其衡镜；扶持大厦，社稷思其栋梁。"薛逢在当时亦有文名，《旧唐书》卷一九〇《文苑下》有其传，载其与杨收、王铎等同年登第，"而逢文艺最优"。薛逢上韦琮此启，于其仕途有所求，故极赞颂，此亦可见韦琮当时之声誉。

据前所述，韦琮于会昌六年下半年在院期间，为户部侍郎、知制诰、承旨，大中元年三月又擢迁为相。按宣宗即位后，由武宗时翰林学士提升为相的，第一个为白敏中（会昌六年五月），后即为韦琮，这值得研究。

不过韦琮任相仅一年半，又被罢免。《新传》记其"以中书侍郎同中书门下平章事，迁门下侍郎兼礼部尚书，无功，罢为太子宾客分司，卒"。《旧唐书·宣宗纪》记于大中二年（848）十一月。《新唐书》卷八《宣宗纪》大中二年十一月壬午记韦琮此事，更明确称为"贬"。按此时居相位者为白敏中、马植、周墀，马植、周墀亦皆为牛僧孺、李宗闵党。

韦琮在洛，闲居，与文人有文字交往。许浑《元处士自洛归宛陵山居见示詹事相公饯行之什因赠》（《全唐诗》卷五三六）。此"詹事相公"即韦琮，《旧唐书·宣宗纪》大中二年十一月记韦琮罢相，即授以太子詹事、分司东都。罗时进《丁卯集笺证》卷九亦载此诗，[5]谓此元处士，名不详，不过杜牧、许浑在宣州时与之交游颇频，宛陵即在宣城；又谓杜牧有《赠宣州元处士》、《题元处士高亭》诗，并引清冯集梧《樊川诗集》卷一注，谓此詹事相公或即韦琮。陶敏《全唐诗人名考证》（页794）亦谓此"詹事相公"为韦琮。由此，则此元处士自洛阳归宣州宛陵时，韦琮有诗相赠（其时当在大中二年十一月后），但《全唐诗》未载有其诗。

《全唐文》卷七六○载其文二篇：《月明星稀赋》、《明月照积雪赋》，皆原载《文苑英华》卷七，可能为州府省试之作。

注释

〔1〕岑仲勉《唐史馀瀋》，上海古籍出版社，1979年。

〔2〕清徐松《登科记考》卷二二大中元年条，谓据《登科记》与《唐会要》，应作二十三人，是。

〔3〕刘学锴、余恕诚《李商隐文编年校注》，中华书局，2002 年。

〔4〕详参傅璇琮主编《唐才子传校笺》卷七《薛逢传》谭优学笺，第三册，中华书局，1990 年。

〔5〕罗时进《丁卯集笺证》，江西人民出版社，1998 年。

魏 扶

魏扶，两《唐书》无传。《新唐书》卷七二中《宰相世系表》二中，鹿城魏氏，记有魏扶，"字相之，相宣宗"。又记其祖盈，父昌，皆未记官职。

宋计有功《唐诗纪事》卷五一魏扶条，有云："扶，登大和四年进士第。"清徐松《登科记考》卷二一，即据此系于文宗大和四年（830）。

魏扶于大和四年登第后，仕历不详，现所知者，即以丁《记》所记，于武宗会昌时入为翰林学士。丁《记》记云："会昌二年八月八日，自起居郎充。三年四月二十五日，赐绯。五月二十九日，加知制诰。四年四月十五日，转考功郎中。九月四日，拜中书舍人。"按清劳格《唐尚书省郎官石柱题名考》卷六司封员外郎，卷九考功郎中，皆记有魏扶，考功郎中当系在职时迁转之官衔（会昌四年四月十五日）；司封员外郎与起居郎同为从六品上，当为会昌二年（842）八月八日以起居郎入院前，曾任司封员外郎。

又丁《记》记魏扶于会昌四年（844）九月四日迁为中书舍人，但后未有记，当有缺。按《旧唐书》卷一八下《宣宗纪》，记魏扶于大中元年（847）初以礼部侍郎知贡举。据唐科举制惯例，知举者多为前一年秋冬任命，魏扶当于会昌六年

（846）后半年由中书舍人（正五品上）迁为礼部侍郎（正四品下），出院，以备明年（大中元年）知举。

《唐诗纪事》卷五一魏扶条，又载："李羲叟，义山弟也，是岁登第。义山因上魏公诗曰：'国以斯文重，公仍内署来。……'"李商隐此诗即《喜舍弟羲叟及第上礼部魏公》（《全唐诗》卷五四〇）。此处明言魏扶此次知举，乃从内署（翰林学士院）调来。李商隐又有《献侍郎钜鹿公启》（刘学锴、余恕诚《李商隐文编年校注》，页1188），[1]亦为其弟羲叟及第放榜后致书魏扶，表示感谢，中亦有"窃计前时，承荣内署"之语。由此当可证，魏扶出院后迁为礼部侍郎，以备知举，时在会昌六年后半年。

魏扶于大中初又参与诬害李德裕事。《新唐书》卷一八〇《李德裕传》有云："白敏中、令狐绹、崔铉皆素仇，大中元年，使党人李咸斥德裕阴事。故以太子少保分司东都，再贬潮州司马。明年，又导吴汝纳讼李绅杀吴湘事，而大理卿卢言、刑部侍郎马植、御史中丞魏扶言：'绅杀无罪，德裕徇成其冤，至为黜御史，罔上不道。'乃贬为崖州司户参军事。"由此可见，魏扶是积极配合白敏中，参与诬害李德裕的（关于吴湘狱事，可参傅璇琮著《李德裕年谱》大中二年条）。

《旧唐书·宣宗纪》，大中二年（848），有记云"十一月，兵部侍郎、判户部事魏扶奏"，则魏扶于大中元年初以礼部侍郎知举后，于大中二年十一月改任兵部侍郎。后又于大中三年（849）四月，擢居相位。《旧唐书·宣宗纪》大中三年四月，"正议大夫、行兵部侍郎、判户部事、上柱国、钜鹿县开国男、食邑五百户、赐紫金鱼袋魏扶可本官、平章事"。《新唐书·宣宗纪》、《新唐书·宰相年表》所记同，并记与崔铉同日拜相。

不过魏扶不久即卒。《新唐书·宣宗纪》大中四年（850）

"六月戊申，魏扶薨"，同日即以"户部尚书、判度支崔龟从同中书门下平章事"。《新唐书·宰相年表》及《通鉴》卷二四九所载亦同。而《旧唐书·宣宗纪》却于大中四年十月记："十月，中书侍郎、平章事魏扶罢知政事。"此处有显误：魏扶于是年六月已卒，而据《旧纪》，却于十月才罢相，而未有记其卒时。

《新唐书·艺文志》未著录其著述。《全唐诗》卷五一六载诗三首；《全唐文》则未有载。

注释

〔1〕刘学锴、余恕诚《李商隐文编年校注》，中华书局，2002 年。

白敏中

白敏中，两《唐书》有传，见《旧唐书》卷一六六、《新唐书》卷一一九，皆附于《白居易传》后。

《旧传》："敏中字用晦，居易从父弟也。祖镃，位终扬府录事参军；父季康，溧阳令。"《新传》未载其祖、父名。《新唐书》卷七五下《宰相世系表》五下，记其祖潾，扬州录事参军；父季康，溧水令，与《旧传》大致同。白居易有《唐故溧水县令太原白府君墓志铭并序》[1]，称"公讳季康，字某，太原人"，并称其父"讳镃"，与《旧传》同，则《新表》作"潾"，疑非。

《旧传》云："长庆初，登进士第。"《新传》同。清徐松《登科记考》卷一九即据《旧传》列于长庆二年（822），又引陈振孙《香山年谱》所云"长庆元年，公从弟敏中及第"，未予辨析。按《唐摭言》卷八即记王起于长庆中知举时，选拔白敏中及第，而王起乃于长庆二年、三年知举（见前文宗朝王起传）。白居易有《喜敏中及第偶示所怀》（《白居易集笺校》卷一九），朱金城笺，即谓此诗作于长庆二年。长庆共四年，则两《唐书》本传云"长庆初"，不切。

《旧传》记其登进士第后，云："佐李听，历河东、郑滑、邠宁三府节度掌书记，试大理评事。"按前所引述之白居易所作白季康墓志，记白敏中于"进士出身"后，云："前试大理评事，历河东、郑滑、邠宁三府掌记。"白居易此志作于大和八年（834），敏中母敬氏卒于大和七年正月，敏中当在服丧期，则其在河东、郑滑、邠宁幕府，皆在大和七年正月前。

白敏中在邠宁幕，白居易有二诗：《送敏中归邠宁幕》（《白居易集笺校》卷二五），《见敏中初到邠宁秋日登城楼诗诗中颇多乡思因以寄和》（同上卷三五）。由此，则白敏中早期即数与白居易有诗唱和，但其在邠宁所作皆未存。

据前述，白敏中于大和七年（833）正月居母丧，约至开成四年（839）又在符澈邠宁幕。《旧唐书·文宗纪》，符澈于开成四年六月任为邠宁节度使。《旧唐书·白敏中传》后记其于会昌初为殿中侍御史，分司东都。白居易有《和敏中洛下即事》（《白居易集笺校》卷三六），题下自注"时敏中为殿中分司"，即《旧传》所云"殿中侍御史，分司东都"。朱金城笺即系此诗于会昌元年（841）。

《旧传》接云："寻除户部员外郎，还京。"白敏中当于会昌元年夏由洛阳返长安，任户部员外郎，后转右司员外郎，召入为翰林学士，从此就步入仕途显迹。

丁《记》记为："会昌二年九月十三日，自右司员外郎充。"

按白敏中此次之入，实出于李德裕之举荐。关于此事，两

《唐书》本传所叙较为符实，而《通鉴》所记则有偏见。《旧传》云："武宗皇帝素闻居易之名，及即位，欲徵用之，宰相李德裕言居易衰病不任朝谒，因言从弟敏中辞艺类居易，即日知制诰，召入翰林充学士。"《新传》云："武宗雅闻居易名，欲召用之。是时，居易足病废，宰相李德裕言其衰茶不任事，即荐敏中文词类其兄而有器识。即日知制诰，召入翰林为学士。"《通鉴》卷二四六会昌二年九月记为："上闻太子少傅白居易名，欲相之，以问李德裕。德裕素恶居易，乃言居易衰病，不任朝谒，其从父弟左司员外郎敏中，辞学不减居易，且有器识。甲辰，以敏中为翰林学士。"按《通鉴》此处所记，较两《唐书》本传，增叙李德裕素恶白居易，突出李德裕有所谓个人私怨。

按会昌二年（842），白居易已七十一岁，按惯例，是不能再召入为相的，且白居易于文宗开成四年（839）即得"风疾"，左足病残。其《病中诗十五首》（《白居易集笺校》卷三五），即作于开成四年，时年六十八，自序中云："冬十月甲寅旦，始得风痹之疾……左足不支，盖老病相乘时而至耳。"开成五年（840），《强起迎春戏赠思黯》诗云"杖策人扶废病身"，《足疾》诗云"足疾无加亦不瘳，绵春历夏复经秋"；《老病幽独偶吟所怀》诗云"眼渐昏昏耳渐聋，满头霜雪半身风"（以上亦皆《白居易集笺校》卷三五）。至会昌二年（842），其所作《病中看经赠诸道侣》（同上卷三六），仍云"右眼昏花左足风，金篦石水用无功"。可见李德裕所说白居易"衰病不任朝谒"，足病残，完全合乎事实。《通鉴》所谓武宗欲召白居易为相，也不合情理的。而李德裕仍荐白居易从弟白敏中入为翰林学士，也可见李德裕之器识。康骈《剧谈录》卷上《李朱崖知白令公》条，即记云："白中书方居郎署，未有知者，唯朱崖李相国器之，许于搢绅间多所延誉。"

可见唐末的有关记载，也认为白敏中确得力于李德裕之举荐。

两《唐书》本传记白敏中入院后仕迹，甚简。《旧传》云"召入翰林充学士，迁中书舍人。累至兵部侍郎、学士承旨"，后即叙"会昌末，同平章事"，即宣宗即位后拜相。《新传》所记更略，在院时仅"进承旨"一句。丁《记》具述为："会昌二年九月十三日，自右司员外郎充。其月十五日，改兵部员外郎。十一月二十九日，加知制诰。三年五月二十九日，转职方郎中。十二月七日，加承旨，赐紫。四年四月十五日，拜中书舍人。九月四日，迁户部侍郎、知制诰，并依前充。"确可补两《唐书》本传之简略，且可有所订正，如两《唐书》本传记李德裕向武宗推荐白敏中后，接云"即日知制诰，召入翰林充学士"，即入院前已以右司员外郎兼知制诰，而据丁《记》，白敏中于会昌二年十一月二十九日，即入院后，才以兵部员外郎加知制诰。

丁《记》记白敏中于会昌三年（843）十二月七日加承旨，此乃因崔铉于会昌三年五月十四日拜相出院，崔铉此前在院为中书舍人、承旨，白敏中当接为承旨。

又丁《记》所记仅止于会昌四年（844）九月四日迁户部侍郎、知制诰，云"并依前充"，即仍在院，此后未记出院。按《旧唐书》卷一八下《武宗纪》，会昌五年（845）二月，"谏议大夫、权知礼部贡举陈商选士三十七人中第，物论以为请托，令翰林学士白敏中复试，落张渎、李玗、薛忱、张觌、崔凛、王谌、刘伯刍等七人"。徐松《登科记考》卷二二亦记此事，所据为《旧纪》、《册府元龟》。由此则会昌五年二月白敏中仍在院，并按唐惯例，以翰林学士身份，应天子之命，参与科举复试。

《新传》记："宣宗立，以兵部侍郎同中书门下平章事，迁中书侍郎，兼刑部尚书。"《旧传》记其出院拜相为"会昌末"。《旧唐书》卷一八下《宣宗纪》，会昌六年（846）四月辛未，"以兵部侍郎、翰林学士承旨白敏中守本官、同中书门下平章事"。《新唐书》卷八《宣宗纪》则记为五月乙巳，《新唐书》卷六三《宰相年表》、《通鉴》卷二四八均同。按《旧纪》记白敏中入相同日，李德裕罢相出为江陵尹、荆南节度使，而《新纪》、《新表》、《通鉴》则记李德裕于此年四月罢相、外出，五月再擢白敏中为相，较合实际。由此，《旧纪》记白敏中于四月乙巳出院、拜相，时误。

白敏中在院前后共五年，历时不短，但其职迹未有记述，也未有撰写制诰。

宣宗于会昌六年三月即位，于五月即提拔白敏中为相，这是宣宗朝由翰林学士直接提升为宰相之首例。白敏中任相后，即积极应宣宗之命，参与诬陷李德裕。《新传》称："德裕贬，敏中抵之甚力。"《旧传》谓："及李德裕再贬岭南，敏中居四辅之首，雷同毁誉，无一言伸理。"关于白敏中参与迫害李德裕事，详参傅璇琮著《李德裕年谱》大中元年、二年条，此不赘。不过两《唐书》本传，对白敏中此次诬陷事，是有评议的，《旧传》称"物论罪之"，《新传》称"议者訾恶"。后世也有评论，如宋李之仪《书牛李事》（《姑溪居士集》卷一七），云："武宗立，专任德裕，而为一时名相，唐祚几至中兴，力去朋党，卒为白敏中、令狐绹所中伤。"清王士禛《池北偶谈》中说："及德裕贬，（白敏中）诋之不遗余力。……尤为当世鄙薄。"

白敏中后于大中五年（851）三月出为邠宁庆等州节度使（《新唐书·宰相年表》）。《新传》记为："崔铉辅政，欲专任，患敏中居右。会党项寇边，铉言宜得大臣镇抚，天子嚮其言，故敏中以司空、平章事兼邠宁节度、招抚、制置使。"按崔铉于大中三年四月入相，亦属牛党，与李德裕不协（见前崔铉传），但此时与白敏中又有私权之争，于是策谋使白敏中出任边镇。

白敏中此后即长期在外，历任成都尹、剑南西川节度副大使，江陵尹、荆南节度使，河中尹、河中晋绛节度使。懿宗即位初，曾召其入朝，复相位，但时间不长，仅一年余（大中十三年十二月至咸通二年二月）。

两《唐书》本传皆未载其卒年，《新传》记其于咸通二年（861）出为凤翔节度使，辞，未行，又除东都留守，后"许以太傅致仕，诏书未至，卒"，亦未记年。欧阳修《集古录》卷九著录有《唐白敏中碑》，题下注"咸通三年"，则当卒于此年。《新传》末云："博士曹邺责其病不坚退，且逐谏臣，举怙威肆行，谥曰丑。"可见时人对白敏中的评议。

《新唐书·艺文志》未著录其著述。《全唐诗》卷五〇八载诗二首，《全唐文》卷七三九载文五篇。

注释

〔1〕朱金城《白居易集笺校》卷七〇，上海古籍出版社，1988 年。

封　敖

封敖，两《唐书》有传，见《旧唐书》卷一六八、《新唐书》卷一七七。《旧传》："封敖字硕夫，其先渤海蓚人。"《新传》记为"其先盖冀州蓚人"。《元和郡县图志》卷一七河北道德州，所属有蓚县（今河北景南），谓后汉属渤海郡，唐贞观十七年（643）属德州。

《旧传》记其祖希奭，父谅，"官卑"。《新传》未记。

《新唐书》卷七一下《宰相世系表》一下，载其祖希奭，无官职；父亮，司封员外郎、杭州刺史，则亦非"官卑"。按《元和姓纂》卷一渤海蓚县封氏有记云："希奭生亮，司封员外、杭州刺史。"《唐尚书省郎官石柱题名考》卷六司封员外郎，列有封亮，无封谅。清劳格并引李益《溪中月下寄杨子尉封亮》诗。此诗见《全唐诗》卷二八二。由此，则应作"亮"，《旧传》作"谅"，非。

《旧传》记其"元和十年登进士第"，清徐松《登科记考》卷一八即据《旧传》系于宪宗元和十年（815），并载其《乡老献贤能书赋》（《文苑英华》卷六七）、《春色满皇州》诗（同上卷一八一），为该年进士试之赋诗试题。同年及第者有沈亚之、庞严等。

据两《唐书》本传，封敖及第后，曾在方镇节度幕府供职，后入朝。《旧传》："大和中，入朝为右拾遗。会昌初，以员外郎知制诰，召入翰林为学士。"《新传》云："转右拾遗。雅为宰相李德裕所器，会昌初以左司员外郎召为翰林学士。"两《唐书》本传于此漏记一事，即封敖于会昌初入朝前曾任池州刺史，今考述之。

《唐诗纪事》卷五〇有记封敖云："敖为池州刺史，《题西隐寺》云：'三年未到九华山，终日披图一室间。秋寺喜因晴后赏，灵峰看待足时还。猿从有性留僧住，云蔼无心伴客闲。胜事偍能销岁月，已弃名利不相关。'"《全唐诗》卷四七九载封敖《题西隐寺》，当即本《唐诗纪事》。《唐诗纪事》记其为池州刺史，可以李群玉二诗作证，即《池州封员外郡斋双鹤丹顶霜翎仙态浮旷罢政之日因呈此章》、《经费拾遗所居呈封员外》（《全唐诗》卷五六九）。题中云"池州封员外郡斋"、"罢政之日"，即指其为州之长官。"经费拾遗所居"，费拾遗指费冠卿。《唐摭言》卷八记费冠卿于元和二年及第，不想入仕，长期隐于九华山（九华山在皖南西部，靠近池州），长庆中曾徵其为右拾遗，亦未应。《唐诗纪事》卷六〇亦记其为池州人。此均与封敖《题西隐寺》诗意合。封敖在任池州刺史时曾游九华山，李群玉当亦游九华山费冠卿故居，有所感，即撰诗呈刺史封敖。《唐刺史考全编》附编即据上所引述之《唐诗纪事》及李群玉诗，称封敖约开成中为池州刺史。陶敏《全唐诗人名考证》（页780）亦云"开成二年杜牧在宣歙幕，（封）敖为宣歙治内池州刺史"。

据前引述之材料，可大致确定：封敖于大和中由外镇幕僚入朝，为右拾遗，后迁为祠部员外郎（《唐郎官考》卷二二祠外有其名），后又外任为池州刺史，为开成时；因其曾任祠外，故李群玉诗题称为员外。此既可补两《唐书》本传之缺，又可考见其早期与诗家之交往。李群玉在晚唐时亦甚有诗名，令狐绹于宣宗时所作之《荐处士李群玉状》（《全唐文》卷七五九），曾称其"佳句流传于众口，芳声籍甚于一时"。

封敖于开成年间任池州刺史，约开成末、会昌初入朝，后即召为翰林学士。《旧传》："会昌初以员外郎知制诰，召入翰林为学士。"《新传》："会昌初，以左司员外郎召为翰林学士。"丁《记》记为："会昌二年十二月一日，自左司员外郎兼侍御史知杂事充。"即会昌二年（842）十二月入院前，任为左司员外郎，但时并兼侍御史知杂事，而《旧传》则云"会昌初以员外郎知制诰"，非，其知制诰乃在职时所加。

丁《记》接叙在职期间官阶之迁转："其月（即会昌二年十二月）三日，改驾部员外郎。三年五月二十五日，加知制诰。四年四月十五日，迁中书舍人。九月四日，迁工部侍郎、知制诰，依前充。"会昌二年十二月一日入院时左司员外郎为从六品上，不到二年，至会昌四年（844）九月四日，即累迁为正四品下之工部侍郎。其会昌四年四月十五日迁中书舍人，同年九月四日迁为尚书侍郎，均与白敏中同时（参见前白敏中传）。由此可见，封敖与白敏中之召入为翰林学士，及在院期间官阶之顺利迁转，均得力于李德裕之荐助。而就现有材料看来，封敖在院之职责表现，较白敏中明显，白敏中未有制诏传存，封敖所撰制诏，《全唐文》卷七二八所载，有二十篇，这是武宗朝翰林学士所撰制文，传存最多的。

封敖所撰，不仅数量多，且甚有特色。《旧传》记："敖构思敏速，语近而理胜，不务奇涩，武宗深重之。尝草《赐阵伤边将诏》，警句云：'伤居尔体，痛在朕躬。'帝览而善之，赐之宫锦。"这二句，确体现皇帝对受伤边将的深切怀念之情，可比美于陆贽所撰《奉天改元大赦制》代德宗深切自责之辞（"天谴于上而朕不悟，人怨于下而朕不知"）。[1]

现存封敖所撰制诏，颇值得研究。制诏文体，一般按传统格式，为骈体，但封敖所撰，多骈散结合，且少用骊语、典故，如《旧传》所云"不务奇涩"。这应当说是继承元稹、白居易所倡导的"芟繁辞，划弊句"，使"文章言语与三代同风"（白居易《元稹除中书舍人翰林学士赐紫金鱼袋制》，详见前穆宗朝元稹传）。晚唐时制诏文风的改革，可结合翰林学士，与中书舍人（如杜牧、钱珝）所撰制文，作综合探索，这也有助于对中晚唐骈体文的研究。

丁《记》后记其出院："五年三月十八日，三表陈乞，蒙恩出守本官。"即会昌五年三月十八日，连续三上表，提出辞职出院，但仍守本官，即任为工部侍郎、知制诰。而《旧传》则谓："德裕罢相，敖亦罢内职。"按李德裕罢相在宣宗于会昌六年（846）三月即位后，会昌五年三月，李德裕仍居相位，《旧传》所记显误。不过丁《记》所记封敖"三表陈乞"，是否属实，也甚可疑，限于史料，未能论定。

《新传》未记封敖出院，在记其在院时，有云："未几，拜御史中丞。"而据丁《记》，封敖在院时之官阶迁转，未有御史中丞。《新传》所记之拜御史中丞，当在封敖出院后。

《新传》记其"拜御史中丞"后，接云"与宰相卢商虑囚，误纵死罪，复为工部侍郎"，亦未记年。据《新唐书·宰相年表》，卢商于会昌六年（846）九月入相，大中元年（847）三月出为武昌军节度使。《新唐书》卷一八二《卢商传》有记："大中元年春旱，诏商与御史中丞封敖理囚系于尚书省，误纵死罪，罢为武昌军节度使。"《通鉴》卷二四八亦记此事，在大中元年二、三月间，亦称封敖为御史中丞。

据两《唐书》本传所载，封敖在宣宗朝并未受李德裕贬责之累，且其仕迹较显顺。如大中二年（848）春，以礼部侍郎知贡举，"多擢文士"（《旧传》）。后转吏部侍郎。大中四年（850）出为兴元尹、山南西道节度使（《旧纪》记为大中三年二月）。后为淄青节度使。《唐刺史考全编》卷七六河南道青州，谓吴氏《方镇年表》列于咸通二、三年（861—862），云"姑从之"。《旧传》记其于淄青节度使后，"入为户部尚书，卒"，当在咸通中。

敖封后期，可以注意的是李商隐曾与他有文字交往。据《旧唐书·宣宗纪》，封敖于大中三年二月由太常卿出为兴元尹、山南西道节度使。《新传》记封敖在任时，"蓬、果贼依鸡山，寇三川，敖遣副使王赟捕平之。[2]加检校吏部尚书"。《通鉴》卷二四九载此事于大中五、六年间。李商隐有《为兴元裴从事贺封尚书加官启》（《全唐文》卷七七七），题下原注："裴即封之门生。"徐松《登科记考》卷二二即将此裴某系于大中三年封敖知举时进士及第者。李商隐在为其所作之贺启中，先赞誉封敖因平定战乱，加封吏部尚书，云"伏承天恩，荣加宠秩，伏惟感慰"，后云："某早忝生徒，复叨参佐。汉祖以萧何为人杰，晏子以仲尼为圣相。当今昌运，系我师门；鸡树凤池，不胜心祷。无任抃贺之至。"竟企望封敖以后当擢迁为相。按李商隐自大中五年七月起应辟在柳仲郢东川节度使幕（掌书记），六年春仍在梓州，与兴元近。李商隐当与此裴从事有交，故代撰贺启，由此亦可见其对封敖之仰慕。李商隐又有《为山南薛从事谢辟启》，刘学锴、余恕诚《李商隐文编年校注》（页1975），亦以为代作，向封敖致谢者，作于大中三年。启中称"尚书士林圭臬，翰苑龟龙"，即对其任翰林学士之赞颂。

以上二启为李商隐代人所作，后李商隐又有自作寄呈封敖之诗：《行至金牛驿寄兴元渤海尚书》。刘学锴、余恕诚《李商隐诗歌集解》（页1326），据冯注，谓此渤海尚书即封敖。按李商隐本在柳仲郢幕，大中九年十一月柳仲郢内徵，李商隐亦随之赴京，当在途中经山南西道梁州金牛县时所作。诗为七律："楼上春云水底天，五云章色破巴笺。诸生个个王恭柳，从事人人庾杲莲。六曲屏风江雨急，九枝灯檠夜珠圆。深惭走马金牛路，骤和陈王白玉篇。"据前人笺注，此诗乃叙写封敖与幕下文士于楼上宴饮赋诗；末二句抒其慕仰之情，并称颂封敖之诗有似于曹植者（陈王子建）。

又杜牧有《送王十至褒中因寄尚书》（《全唐诗》卷五二四）："阙下经年别，人间两地情。坛场新汉将，烟月古隋城。雁去梁山远，云高楚岫明。君家荷藕好，缄恨寄遥程。"胡可先《杜牧交游考略》，[3]据岑仲勉《唐人行第录》，谓此王十为王起佺，王起曾为尚书，镇兴元（褒中）。陶敏《全唐诗人名考证》（页780），则以此诗之尚书为封敖，并谓"开成二年杜牧在宣歙幕，敖为宣歙治内池州刺史"。陶说可参。如此则封敖后期确与文士名家多有交往。

《新唐书》卷六〇《艺文志》四，集部别集类，著录有封敖《翰稿》八卷。按此前为李虞仲《制集》四卷，后为崔嘏

《制诰集》十卷，则封敖此《翰稿》八卷，当亦为任翰林学士时所撰之制诏。《全唐文》卷七二八载其制文二十余篇。

注释

〔1〕经查《全唐文》卷七六至七八武宗文，卷七二八封敖文，皆未载此诏，可见唐翰林学士所草诏文，后多有佚失者。

〔2〕按此云"王赟"，《通鉴》卷二四九大中五、六年亦载此事，所记之人名为"王赟弘"，疑《新传》缺"弘"字。

〔3〕见胡可先《杜牧研究丛稿》，人民文学出版社，1993年。

徐 商

徐商，两《唐书》无专传，附于《旧唐书》卷一七九其子徐彦若传，及《新唐书》卷一一三其先世徐有功传。

《旧传》谓彦若"曾祖宰，祖陶，父商，三世继登进士科"。《新唐书》卷七五下《宰相世系表》五下，记徐商，"字义声，相懿宗"；又《新表》记徐商父名为宰，"字舜约，大理评事"，与《旧传》所载徐商父"陶"，有异。

《新传》："商字义声，或字秋卿。客新郑再世，因为新郑人。"

《新传》仅云"擢进士第"未记年。《旧传》谓"大中十三年及第"，则为明显错误，因徐商于武宗会昌三年（843）已为翰林学士，宣宗大中十年（856）已为山南东道节度使（详后），皆在大中十三年（859）前，何以进士及第前已历仕高阶？按《全唐文》卷七二四有李骘《徐襄州碑》，即明载：

"始举进士，文宗五年春，考登上第。"李骘曾为徐商山南东道节度使幕僚，对徐商事迹甚为熟悉。故清徐松《登科记考》卷二一即据此《徐襄州碑》，系徐商于文宗大和五年（831）进士及第者，并指出《旧传》误记，而中华书局点校本却未及校正。

《旧传》记其进士登第后，接云："释褐秘书省校书郎。累迁侍御史，改礼部员外郎。寻知制诰，转郎中，召充翰林学士。"未记年，甚简，且有误（见后）。《新传》则更简，未提及翰林学士事，仅云"擢进士第，大中时擢累尚书左丞"，更不明晰。

丁《记》记徐商为："会昌三年六月一日，自礼部员外郎充。"则此前已任为礼部员外郎。李德裕有《授徐商礼部员外郎制》（《李德裕文集校笺》文集卷四），[1]此为李德裕于武宗会昌任相时作，当在会昌元年、二年间（841、842）。此制称徐商于礼部员外郎前任为殿中侍御史，有云："尔风度粹和，文词温丽，列于清宪，雅有贞标。"对其文词甚为称赏。又据《徐襄州碑》，徐商之由殿中侍御史改迁为礼部员外郎，乃受到"执政"者之关注。此时执政者亦当为时任宰相的李德裕。

又温庭筠有《病中书怀呈友人》诗（《全唐诗》卷五八○），自序云："开成五年秋，以抱疾郊野，不得与乡计偕至王府，将议遐适。隆冬自伤，因书怀奉寄殿院徐侍御，察院陈、李二侍御，回中苏端公，鄠县韦少府，兼呈袁郊、苗绅、李逸三友人，一百韵。"陶敏《全唐诗人名考证》（页868）考谓此徐侍御为徐商，是。温诗中"对虽希鼓瑟，名亦滥吹竽"，句下自注云："予去秋试京兆荐，名居其副。"按温庭筠"数举进士不中第"（《新唐书》卷九一本传），由此诗注，则其曾于开成四年（839）秋曾应试于京兆，虽名居其副，而开成五年春仍未及第，开成五年秋因病居于京郊，故特献诗于朝中诸臣，先提及"殿院徐侍御"，则徐商早期即有文士求其举荐者。

又丁《记》记徐商于会昌三年六月一日自礼部员外郎召入，而《全唐文》所载之《徐襄州碑》却云"会昌二年，以文学选入禁署"。按丁《记》列徐商入院，在封敖后，孙毂前，封敖于会昌二年十二月入，孙毂于会昌三年九月二十八日入，则徐商于六月一日，自当在会昌三年。《全唐文》之《徐襄州碑》所记之"会昌二年"，当为形讹（《文苑英华》卷八七〇亦载此篇，亦作"二年"，《全唐文》当沿袭此误）。

丁《记》记徐商入院后，接云："四年八月七日，加礼部郎中、知制诰。其年九月四日，迁兵部郎中，并依前充。"而《旧传》在记徐商任礼部员外郎后，谓"寻知制诰，转郎中，召充翰林学士"，即将知制诰与迁兵部郎中均在入院前，又一显误。

丁《记》与《旧传》皆未记其出院，《新传》则未叙及任翰林学士事。现据两《唐书》本传及《徐襄州碑》，大致考述为：会昌四年（844）九月四日迁兵部郎中，仍兼知制诰，仍在院；会昌五年（845）加中书舍人，出院；宣宗时为户部侍郎、判左司事，又改为尚书左丞，后又先后任河中节度使、山南东道节度使。

《全唐文》卷八三载懿宗《授徐商崔玙节度使制》，称徐商由河中尹改任襄州刺史、山南东道节度使。《徐襄州碑》则明确记为："大中十年春，今丞相东海公自蒲移镇于襄。十四年，[2]诏徵赴阙。"按宣宗于大中十三年（859）八月七日卒，懿宗立。据《旧唐书》卷一九上《懿宗纪》，第二年十一月才改为咸通元年，则十一月前，时人当仍称为大中十四年。徐商当于咸通元年（860）十一月前由襄州调任入朝，为御史大夫。

据此，徐商于大中十年至咸通元年任襄州刺史、山南东道节度使。此五年期间，堪可注意的是，他能从文化角度，辟请好几位文士在其幕府，进行诗文唱酬，后编有诗歌唱和之作《汉上题襟集》，颇为时人与后世关注。《新唐书》卷六〇《艺文志》四，集部，著录有："《汉上题襟集》十卷：段成式、温庭筠、余知古。"《郡斋读书志》卷二〇总集类亦著录《汉上题襟集》十卷，记为段成式编纂，云："右唐段成式辑其与温庭筠、余知古酬和诗笔题。"[3]《直斋书录解题》卷一五总集类则著录为三卷，非十卷，[4]但所记唱酬参与者人数稍多，云："唐段成式、温庭筠、逢皓、余知古、韦瞻、徐商等唱和诗什，往来简牍。在襄阳时也。"徐商不仅是幕主，也确参与诗文酬和，《唐诗纪事》卷四八徐商条，记云："商镇襄阳，有副使、节判同加章绶，商以诗贺之曰……朝仪郎、江州刺史段成式和云……"《全唐诗》卷五九七即载有徐商《贺襄阳副使节判同加章绶》，七律，前四句为："朱紫花前贺故人，兼荣此会颇关身。同年坐上联宾榻，宗姓亭中布锦裀。"段成式诗，见《全唐诗》卷五八四，题《和徐商贺卢员外赐绯》，中云"一篇佳句占阳春"，即赏徐商贺诗者。同卷段成式又有《观山灯献徐尚书》，《全唐诗》卷五九七有温庭筠《观山灯献徐尚书》等诗。

《汉上题襟集》，《郡斋》、《直斋》均有著录，则南宋前期尚存，但后佚。现代学者贾晋华《唐代集会总集与诗人群研究》[5]，有《〈汉上题襟集〉与襄阳诗人群研究》专章，据各书所载，辑有诗四十八首，赋一首，连珠二首，书简十九篇。此为唐时著名的诗人群体唱和之作，由此也可见徐商在地方节镇任时对文化活动的重视，这当也与其曾任翰林学士有关。

徐商后入朝，并于懿宗咸通六年（865）擢任宰相。《新唐书》卷九《懿宗纪》，咸通六年六月记，"御史大夫徐商为兵部侍郎、同中书门下平章事"。《新唐书》卷六三《宰相年表》及《通鉴》卷二五〇同。又《新纪》、《新表》及《通鉴》皆记咸通六年四月以剑南东川节度使高璩为兵部侍郎、同中书门下平章事，但高璩于此年六月卒，故即以徐商继任，亦为兵部侍郎、同中书门下平章事。但《旧唐书·懿宗纪》于此又有一显误，即于咸通五年五月记，"兵部侍郎、平章事高璩为中书侍郎、知政事"，六年"二月，制以御史中丞徐商为兵部侍郎、同平章事，高璩罢知政事"。实则咸通五年任中书侍郎者为萧寘，非高璩。又《旧唐书·徐商传》更误，竟记为"（咸通）四年，以本官同平章事；六年罢相，检校右仆射、江陵尹、荆南节度观察等使"。实际上徐商于咸通六年四月才任相，而《旧传》却记为六年罢相。又据《新唐书·宰相年表》，徐商乃于咸通十年六月癸卯，才罢相出为荆南节度使，《新唐书·懿宗纪》、《通鉴》卷二五一同。《旧传》竟有如此讹误，真使人费解，而当今点校本皆未有一字提及。

由此，徐商于咸通六年六月至十年六月任相，此数年居相位时，则无政绩可言，且为时人讥评。按同时在相者尚有曹确、杨收、路岩，宋初钱易《南部新书》甲卷记有："曹确、杨收、徐商、路岩同秉政，外有嘲之曰：确确无余事，钱财总被收。商人都不管，货贿几时休。"后王谠《唐语林》卷七亦有记，称"杨、路以弄权卖官，曹、徐但备员而已"。即徐商、曹确虽未有如杨收、路岩弄权卖官，但不管事，仅备员而已。

据《旧唐书·懿宗纪》，咸通十年（869）十二月，杜悰在荆南节度使任，则徐商当于咸通十年后半年又返朝。

《旧传》称"入为吏部尚书，累迁太子太保，卒"，未记年。《新传》亦仅云"累进太子太保，卒"。

《新唐书·艺文志》未著录其著述，唯卷五八《艺文志》二，史部谱牒类，有《徐氏谱》一卷，下注："徐商。"按《新志》谱牒类于书名下注人名，一般非为撰者，则此《徐氏谱》当为后人为徐商所撰家谱。《全唐诗》所载，即前所述之在襄州所作酬和之诗。《全唐文》未有载。

注释

〔1〕《李德裕文集校笺》，傅璇琮、周建国校笺，河北教育出版社，2000 年。

〔2〕按此处"十四年"，《全唐文》原作"四十年"，当为传写之误，今径改。

〔3〕《郡斋读书志》，孙猛校证，上海古籍出版社，1990 年。

〔4〕《直斋书录解题》，上海古籍出版社点校本，1987 年。

〔5〕贾晋华《唐代集会总集与诗人群研究》，北京大学出版社，2001 年。

孙 毂

孙毂，两《唐书》无传。《新唐书》卷七三下《宰相世系表》三下，记有孙毂，云："字子相，河南尹。"并记其父公义，睦州刺史；公义有五子，毂为次子。另《千唐志斋藏石》载有《唐故银青光禄大夫工部尚书致仕乐安县男孙府君（公义）墓志》，[1]即明确记："次子"毂，则可与《新表》参证。

孙毂早期事迹不详。晚唐赵璘《因话录》卷三商部有记："开成三年，余忝列第。考官刑部员外郎纥于公，崔相国群门生也。……是年科目八人，六人继升朝序。鄙人蹇薄，晚方通籍。敕头孙河南毂，先于雁门公为丞。"此纥于公为纥于泉，徐松《登科记考》卷一八记其于宪宗元和十年（815）进士及第，是年知举者即为崔群。据《因话录》此处所载，纥于泉当于开成时为刑部员外郎，参与吏部考铨，孙毂当与赵璘同于开成三年（838）以博学宏词登科。按此时博学宏词已非制科，为吏部试，故宋王谠《唐语林》卷四记此事，即云"书判考官刑部员外郎纥于公"。

又《千唐志斋藏石》亦辑有孙毂所撰《唐故滑州白马县令赠尚书刑部郎中乐安孙府君继夫人河东县太君裴氏墓志铭并序》，[2]署"第九侄孙将仕郎守京兆鄠县主簿直弘文馆毂撰"。《志》中记裴氏于会昌元年（841）十一月丁酉卒，十二月二十五日葬，孙毂即应约为作此文。据此，则孙毂于会昌元年，其官衔为京兆鄠县主簿，实在弘文馆供职，此当为开成三年博学宏词试后所授。

此后即丁《记》所记："会昌三年九月二十八日，自左拾遗充。"按京兆县主簿为正九品上，左拾遗为从八品上，孙毂当于会昌二、三年间由鄠县主簿迁为左拾遗，后即以左拾遗入院。这是武宗朝入院诸学士中官阶最低的。

不过孙毂入院后，官阶升迁较快。丁《记》接云："（会昌）四年九月十日，迁起居郎，依前充。六年二月二十三日，加兵部员外郎。其年四月十五日，浴殿赐绯。其月十七日，守本官，知制诰。六月十日，迁兵部郎中。[3]大中元年十二月七日，加承旨，思政殿赐紫。其月二十六日，拜中书舍人。二年七月六日，特恩迁户部侍郎、知制诰，并依前充。其年十二月二十四日，除河南尹兼御史大夫。"所记甚详。又《旧唐书》卷一八上《武宗纪》，会昌六年二月，"壬辰，以翰林学士、起居郎孙毂（毂）为兵部员外郎充职"。壬辰为二十一日，与丁《记》所记之"二十三日",有小异,但可确证于会昌六年二月下旬确由起居郎迁改为兵部员外郎,可见丁《记》史科之确切性。又丁《记》记孙瑴于大中元年(847)十二月七日加承旨,乃因该年七月,韦琮以户部侍郎、承旨出院任相(见前韦琮传),此时孙瑴为在院资历最深者。

关于孙瑴出院,王谠《唐语林》卷一有所记叙:"孙侍郎瑴在翰林,父为太子詹事,分司东都。瑴因春时游宴欢,忽念温清,进状乞省觐。其词曰:'"陟彼岵兮",孰不瞻父?"方寸乱矣",何以事君?'自内廷径出,时皆称之。至华阴,拜河南尹。"岑氏《注补》亦引及此,唯云:"据丁《记》是十二月除河南尹,则非春游时也,小说不尽可信。依《新唐书》表,瑴似官终河南尹,然表亦不可确持。"按《唐语林》所记"春时游宴"与丁《记》记其于十二月出院,时节似有不合,但《唐语林》所记,可提供孙瑴出院原由之信息,当由孙瑴因其父以太子詹事分司东都,居洛阳,乃欲侍奉其父,即辞职,遂授以河南尹。

又前曾引述之孙公义墓志(《唐故银青光禄大夫工部尚书致仕乐安县男孙府君墓志铭》),记孙公义于会昌二年五月自饶刺史移睦州,后又历移亳州、合肥郡,"(会昌)六年五月,徵入拜大理卿";因久居外任,又多病,"愿假以散秩归洛"。《志》后具叙:"天子怜其志,即拜宾护分司。明年春,至自上京。公家素清贫,能甘闲寂。次子瑴,职参内署,渥泽冠时,天子宠公之归,辄自近侍,除为河南尹,天下荣之,从其私也。"即孙瑴愿侍奉其父于洛阳,故辞职出院。

又,据此《孙府君墓志》,可以考知孙瑴之卒年。《志》记孙公义至洛后,"当大中三年秋,以工部尚书致仕。是岁仲冬月,有河南意外之丧,不胜其恸,因得风疾"。此"河南",即时任河南尹之孙瑴,即孙瑴卒于大中三年(849)河南尹任。按前所引及之岑氏《注补》，怀疑《唐语林》所记不确，又云"依《新唐书》表，毅似官终河南尹，然表亦不可确持"，即怀疑丁《记》所记之出任河南尹。岑氏当未注意《孙府君墓志》之具体记述，故有不切实之判断。

孙毅在院共五年，无撰制等记载，可注意者，李商隐有二状向其投呈。李商隐有《上孙学士状》，刘学锴、余恕诚《李商隐文编年校注》（页1122）引"张笺"："文有'况自近年，仍多大政，藩方逆竖，夷虏饥戎'，'载观扫荡之勋，密见发挥之力'语，当作于会昌五年。"按唐廷于会昌三年击回鹘，四年征讨泽潞刘稹，四年下半年征回鹘、刘稹等战事皆平，故李商隐于会昌五年作此状，即极赞孙毅"于雷霆赫怒之时，在朝夕论思之地，谋惟入猷，事隔外朝，载观扫荡之勋，密见发挥之力"。又称颂其文辞："学士长离耀采，仁寿含明，奋词笔而赤堇惭芒，钧雅音而泗滨韬响。"按李商隐于会昌二年因母丧，免秘书省正字之职，移居洛阳、郑州等地，后于会昌五年十月服阕入京，复官秘书省正字。刘学锴、余恕诚校笺即定此状作于会昌五年十月入京前，即尚未授职，故李商隐特上此状，对孙毅深有希冀，故文末云："窃期光价，微借疏芜，濡笔临笺，不胜丹慊。"又李商隐之所以特向孙毅求荐，文中有云："某早游德宇，尝接恩门，童冠相随，陪舞雩于沂水。"则似李商隐早年曾向孙毅之父求教，并与孙毅"童冠相随"，即早年就有交接。尤可注意者，文中又称孙毅"才踰壮室，荣入禁林"。壮室，一般即喻指年三十，如此，则孙毅于会昌三年入翰苑时，年仅三十余。

李商隐另有《贺翰林孙舍人启》，有云："伏承荣加宠命，伏惟感慰"，"载迁星次，爰奉夏官"。夏官指兵部。故刘、余即参据前人笺注，谓孙毅于会昌六年二月以起居郎擢迁为兵部员外郎（《李商隐文编年校注》页1130）。时李商隐已复任秘书省正字，可能有受孙毂之荐引，故启中有"某厚承恩顾"之语，且云"伫当仰承睿旨，近执化权，侣四辅以燮和，合万钱于供养"，竟期望其升居相位。这也是当时文士对翰林学士企仰之情。李商隐曾多次向翰林学士上书求荐，这也值得注意。

孙毂所作，除前引述之《裴氏墓志铭》外，其他皆无诗文载记。

注释

〔1〕见周绍良编《唐代墓志汇编》，页 2289，上海古籍出版社，1992 年。

〔2〕见《唐代墓志汇编》，页 2219。

〔3〕按，"迁兵部郎中"后，应加"知制诰"三字，因前加兵部员外郎时，已云"知制诰"；后于大中二年七月六日迁户部侍郎时，亦加有知制诰。

宣宗朝翰林学士传

刘　瑑

刘瑑，两《唐书》有传，见《旧唐书》卷一七七、《新唐书》卷一八二。《旧传》所记甚略，且未记任翰林学士事；《新传》所记较详，记事有采于小说稗史者。

《旧传》："刘瑑者，彭城人。祖璠，父煟。"《新传》："刘瑑字子全，高宗宰相仁轨五世孙。"《新唐书》卷七一上《宰相世系表》一上，亦记刘瑑字子全，其先世仁轨，相高宗，与《新传》同。唯《新表》记其祖名子藩，与《旧传》异。

又据《新唐书》卷六三《宰相年表》，刘瑑卒于宣宗大中十二年（858）五月丙寅任相时，《新传》记其卒时，年六十三，则当生于德宗贞元十六年。

《旧传》记刘瑑"开成初进士擢第"，《新传》则仅言"第进士"，未记年。清徐松《登科记考》卷二一即据《旧传》，记刘瑑进士登第于文宗开成元年（836）。时年已四十一岁。

两《唐书》本传皆未记其及第前事。《太平广记》卷一九九《刘瑑》条，文末署据郑处诲所撰《刘瑑碑》，称其"幼苦学，能属文，才藻优赡"。按郑处诲所撰《刘瑑碑》，《全唐文》未有载，《太平广记》所辑不知出于何书。郑处诲亦为宣宗朝翰林学士，见后传。

《旧传》记其进士及第后，即云"会昌末，累迁尚书郎、知制诰"。《新传》则记谓："镇国陈夷行表为判官，入迁左拾遗。"据《旧唐书》卷一七三《陈夷行传》及《新唐书》卷六三《宰相年表》，陈夷行于文宗开成四年（839）五月免相，九月出为华州刺史（镇国军）。刘瑑当于开成元年及第，四年九月后应辟在陈夷行华州幕府。

《新传》后云："入迁左拾遗，谏罢武宗方士，言多恳恻。"按《通鉴》卷二四七武宗会昌四年（844）四月有有关记载："上好神仙，道士赵归真得幸，谏官屡以为言。"此处所云谏官，当亦有刘瑑，即刘瑑于会昌中仍为左拾遗（从八品上），后擢为殿中侍御史（从七品上）。丁《记》即记刘瑑于会昌六年六月二日，以殿中侍御史入为翰林学士，与裴谂同时入，是宣宗即位后首次召入的。

丁《记》记刘瑑入院后迁转情况："（会昌六年）七月九日，三殿赐绯。大中元年闰三月十二日，加职方员外郎。十一月二十七日，加知制诰。二年七月六日，特恩加司封郎中。三年六月十四日，拜中书舍人。十二月二十七日，三殿赐紫，并依前充。四年十一月二十八日，守本官兼御史中丞，充西讨伐党项行营诸寨宣慰使，依前充。五年五月，守本官出院。"

丁《记》所记，可对两《唐书》本传加以补正。前已提及，《旧传》未记叙刘瑑入院事，而云："会昌末，累迁尚书郎、知制诰，正拜中书舍人。大中初，转刑部侍郎。"实则所谓会昌末，即会昌六年，刘瑑刚入院，时为殿中侍御史，至大中元年，闰三月，才改为职方员外郎（即尚书郎），后于十一月加知制诰，而《旧传》记谓会昌末，误。又云"大中初转刑部侍郎"，实则刘瑑任刑部侍郎在大中四年十二月后（详见后），大中元年、二年间仍为员外郎、郎中，尚未迁至尚书侍郎，《旧传》又误。而《新传》云"大中初，擢翰林学士"，亦不确。刘瑑入院，确为宣宗即位后，但仍在会昌六年六月，不应谓"大中初"。

不过据有关史料，也可对丁《记》作些补正。

丁《记》云："（大中）二年七月六日，特恩加司封郎中。"《唐尚书省郎官石柱题名考》卷五司封郎中确记有刘瑑，可佐证。不过刘瑑于上年（大中元年）十一月二十七日已为职方员外郎并加知制诰，则二年七月六日迁司封郎中时仍应加知制诰，故翌年（大中三年）六月十四日再迁为中书舍人。

关于大中四年（850）十一月充讨伐党项行营诸寨宣慰使，《旧传》未载，《新传》也简云"会伐党项，诏为行营宣慰使"，也未记年。《通鉴》卷二四九大中四年，九月有记，云："党项为边患，发诸道兵讨之，连年无功，戍馈不已"；"十一月壬寅，以翰林学士刘瑑为京西招讨党项行营宣慰使"。日期与丁《记》同，唯未称其为御史中丞。

关于任刑部侍郎，《旧唐书》卷一八下《宣宗纪》大中五年（851）有记："四月癸卯，刑部侍郎刘瑑奏：据今年四月十三日已前，凡二百二十四年，杂制敕计六百四十六门，二千一百六十五条，议轻重，名曰《大中刑法统类》，欲行用之。"则刘瑑于大中五年四月前已任刑部侍郎。又据前述，刘瑑于会昌四年十一月二十八日充京西招讨党项行营宣慰使，则后返京，或即于大中四年底、五年初，由御史中丞迁为刑部侍郎。

关于刘瑑编撰《刑法统类》一书，两《唐书》本传皆有记。《旧传》云："璩精于法律，选大中以前二百四十四年制敕可行用者二千八百六十五条，分为六百四十六门，议其轻重，别成一家法书，号《大中统类》，奏行用之。"按《旧传》云"选大中以前二百四十四年"，有误。《旧纪》所记原作"三百四十四年"，中华书局点校本于此有校记，据本书卷五〇《刑法志》，及《唐会要》卷三九、残宋本《册府元龟》卷六一三，改为"二百二十四年"。按《旧唐书·刑法志》及《唐会要》卷三九《定格令》均记所选期限，为起贞观二年（628）六月二十八日，至大中五年（851）四月十三日，确为二百二十四年，中华书局点校本据此校正《旧纪》，是，但却未注意《旧传》所云"二百四十四年"亦有误，当为漏校。

不过刘璩能编这套长达二百二十余年的刑法条令，确为不易。《新传》称"法家推其详"。《新唐书》卷五八《艺文志》二，史部刑法类，著录为：《大中刑法总要格后敕》，六十卷。这是有唐一代所编规模最大的刑法条令，也是刘璩在翰林学士任期最显著的业绩。

前所引及之郑处诲《刘璩碑》，也记述刘璩草撰制诰的业绩，云："是时新复河湟，边上戎事稍繁，会院中诸学士或多请告，璩独当制，一日近草诏百函，笔不停辍，词理精当。夜艾，帝复召至御前，令草喻天下制，璩濡毫抒思，顷刻而告就。达明召对，帝大嘉赏，因而赐金紫之服。"这是唐代翰林学士日夜撰写制诰具体描述的史料，很值得研究。按《通鉴》卷二四八，大中三年二月，"吐蕃秦、原、安乐三州及石门等七关来降，以太仆卿陆耽为宣谕使，诏泾原、灵武、凤翔、邠宁、振武皆出兵应接"；六月，"泾原节度使康季荣取原州"。《旧唐书·宣宗纪》亦记大中三年六月十三日收复萧关，八月收秦州，于是下诏示以赏赐，《旧纪》即详载此制诏。据郑处诲所作碑记述，此类制文当即刘璩所作。丁《记》记云：

"（大中）三年六月十四日，拜中书舍人；十二月二十七日，三殿赐紫。"正与当时政事相合，刘瑑当因撰制之绩，遂由从五品上之司封郎中升迁为正五品上之中书舍人。不过可惜，刘瑑当时所撰制文虽多，但无一篇留存，《全唐文》即未载其所作。

丁《记》记其出院，云："（大中）五年五月，守本官出院。"据丁《记》，刘瑑前为中书舍人，则"守本官出院"即出院后仍任中书舍人。而据前考述，刘瑑于大中四年底、五年初已任为刑部侍郎，此当为丁《记》所缺。由此，则刘瑑于大中五年五月出院时，任为刑部侍郎。

刘瑑出院后，《旧传》接云："出为河南尹，迁检校工部尚书、汴州刺史、宣武军节度使。"《新传》亦简云"由河南尹进宣武军节度使"，皆未记年。据《旧唐书·宣宗纪》及《旧传》，大致为：刘瑑于大中五年五月以刑部侍郎出院，出任河南尹，九年十一月改任宣武节度使，十一年五月为河东节度使，同年十二月入朝，次年正月擢任为宰相。据《新传》所叙，刘瑑之所以能入居相位，还在于翰林学士任职时之业绩，云："始，瑑在翰林，帝素器遇，至是，手诏追还，外无知者，既发太原，人方大惊。后请间，帝视案上历，谓瑑：'为朕择一令日。'瑑跪曰：'某日良。'帝笑曰：'是日卿可遂相。'即诏同中书门下平章事，仍领度支。"《新传》此处之具体记叙，即本唐末裴庭裕所撰之稗史杂记《东观奏记》（卷中）。《通鉴》卷二四九亦记此事，《考异》中即引《东观奏记》，云"今从之"。又《全唐文》卷八〇所载宣宗《授刘瑑平章事制》，即盛赞其在院时，"润色词林，早参宥密，彩笔既符于宿梦，温树不漏于私言"。

《新唐书》卷八《宣宗纪》及《新唐书·宰相年表》、《通鉴》卷二四九，皆记大中十二年（858）"五月丙寅，刘瑑薨"。《新传》未记具体时日，记刘瑑入相后，大病，"居位半岁卒，年六十三"。此亦与大中十二年五月丙寅卒相合。《通鉴》卷二四九记："瑑病笃，犹手疏论事，上甚惜之。"但《旧传》另有记，谓刘瑑任相后，又"罢相，又历方镇，卒"，则刘瑑于大中十二年正月任相，后又罢相，并出任方镇，即卒于镇，皆与史书所记不合。《旧传》如此显误，真令人奇异。

　　《新唐书·艺文志》除著录其《大中刑法总要格后敕》外，其他皆无。《全唐诗》、《全唐文》亦未载其所作。宋叶梦得《石林燕语》,[1]卷四，记其"家藏唐碑多"，其中有"大中中《王巨镛碑》，撰者言翰林学士、中散大夫、守中书舍人刘瑑之类"。由此则刘瑑在院任中书舍人时曾为王巨镛作有碑文，北宋时尚有人收藏，后皆无存。王巨镛，不详。

　　另有一事可述，即他于大中五、六年间出任河南尹，后于大中九年十一月改任汴州刺史、宣武节度使，即在洛阳期间，诗人许浑与他颇有文字交往。据现有研究,[2]许浑于大中六、七年间为虞部员外郎、分司东都，亦即在洛阳，他就有好几首诗奉献刘瑑，如《玩残雪寄河南尹刘大夫》（《丁卯集笺证》卷三），《蒙河南刘大夫见示与吏部张公喜雪酬唱辄敢攀和》（同上），《三川守大夫刘公早岁寓居敦行里肆有题壁十韵今之置第乃获旧居洛下大僚因有唱和叹咏不足辄献此诗》（同上卷一二），《中秋日拜起居表晨渡天津桥即事十六韵献居守相国崔公兼呈工部刘公》（同上），《分司东都寓居履道叨承三川尹刘侍郎恩知上四十韵》（同上）。据此数诗诗题，可知刘瑑在任河南尹时，洛中人士多与之宴聚，许浑称自己获刘瑑"恩知"。许浑另一诗《寄献三川守刘公》（同上卷九），自序云："余奉陪三川守刘公宴，言尝蒙询访行止，因话一麾之任，冀成三径之谋。特蒙俯鉴丹诚，寻许慰荐。属移居履道，卧疾弥旬，辄抒二章寄献。"许浑后就因刘瑑举荐，于大中八年改任鄮州刺史实职。

刘瑑后于大中九年由河南尹转为汴州刺史、宣武节度使，许浑又作诗寄献：《中秋夕寄大梁刘尚书》（同上卷九），首二句云："汴人迎拜洛人留，虎豹旌旗拥碧油。"具体描述刘瑑之深得人心。这在宣宗朝翰林学士中，也是少有的。

注释

〔1〕《石林燕语》，侯忠义点校，中华书局，1984 年。

〔2〕参见《唐才子传校笺》卷七《许浑传》谭优学笺，中华书局，1990 年；罗时进《丁卯集笺证》，江西人民出版社，1998 年。

裴　谂

裴谂，两《唐书》有传，见《旧唐书》卷一七〇、《新唐书》卷一七三，皆附于其父裴度传后，所记皆甚简。

《旧唐书·裴度传》记度子五人：识、谡、让、谂、议。《新传》亦云裴度"五子，识、谂知名"。唯《新唐书》卷七一上《宰相世系表》一上，列裴度七子，皆具记其名，此当为互异，唯《新表》记裴谡，为"翰林学士、工部侍郎"，记裴谂，则仅为"权知刑部侍郎"。实则任翰林学士、工部侍郎者为裴谂（工部侍郎为裴谂入院后于大中二年七月所加之官衔，详后），而裴谡，《旧唐书·裴度传》仅记其"长庆元年登进士第"，其他皆未记（《新传》于进士登第也未记）。此当为《新表》误载，中华书局点校本及赵超《新唐书宰相世系表集校》[1]，皆未及校。

《旧传》记裴谂，自大中五年（851）由宣州刺史、宣歙观察使入朝权知刑部侍郎起，此前皆无记，故亦未叙及翰林学士事。《新传》则有记，先云"谂有文，藉荫累官考功员外郎"，后即叙召入为翰林学士。由此，则裴谂当未应科举试，藉其父之荫入仕。清劳格《唐尚书省郎官石柱题名考》卷十考功员外郎即列有裴谂。裴谂后即以考功员外郎入为翰林学士。丁《记》记为："会昌六年六月二日，自考功员外郎充。"即与刘瑑同为宣宗即位后首批召入者。

《新传》记为："宣宗访元和宰相子，思度勋望，故待谂有加。"按宣宗本为宪宗第四子，裴度乃宪宗时宰相，征讨淮西，颇有功，为时所称，宣宗即位后即就巩固其权位着想，"见宪宗朝公卿子孙，多擢用之"（《通鉴》卷二四八大中二年十二月）。《通鉴》并记宣宗即因此更任裴谂为翰林学士承旨："翰林学士裴谂，度之子也，上幸翰林，面除承旨。"即丁《记》所记大中二年（848）十二月二十六日加承旨。

《新传》记裴谂入院，仅数句，即："为翰林学士，累迁工部侍郎，诏加承旨。"皆未记时，且有缺。丁《记》则具体记为："会昌六年六月二日，自考功员外郎充。八月十九日，加司封郎中。大中元年二月三十日，加知制诰。二年七月二日，三殿赐紫。其月六日，特恩加工部侍郎、知制诰。十二月二十六日，加承旨，并依前充。三年五月二十三日，守本官出院。"

按裴谂于会昌六年（846）六月二日以考功员外郎入院，仅逾二月，即迁为司封郎中。《全唐文》卷七二六所载崔嘏《授裴谂司封郎中依前充职制》，先称"翰林学士、考功员外郎裴谂"，与丁《记》合。制文后赞誉谓："袭庆于门，腾芳戴席，端庄抱吉士之操，谨默得贤人之风。灼若春华，皎如瑞素。自擢居文围，参侍瑶墀，进对益见其周详，词旨不离于雅厚。是宜仍金銮之旧职，荣粉署之新恩。"入院任职仅两月，已撰制诏，且"词旨不离于雅厚"，可见翰林学士入院即可撰诏，不一定先要加知制诰。

后再历半年，大中元年（847）二月三十日，即以司封郎中加知制诰，崔嘏又有制文（《授裴谂知制诰制》），中云："自擢升翰苑，入侍禁闱，勋必知机，静而适道。大玉之韵，清越以长；小山之姿，贞芳自茂。是用资其粉泽，演我丝纶；斧藻方耀于凤衔，挥洒更期于鸿笔。"重点即其撰制之业绩。

可以注意的是，裴谂在院期间，官阶每有升迁，朝中皆发有制文，并传存，这也是唐翰林学士极少见的。如崔嘏所撰，又有《授裴谂中书舍人制》（《全唐文》卷七二六），先称"翰林学士、司封郎中、知制诰裴谂"，接叙其功绩，后即云："爰因满岁，授以正名。"按裴谂于大中元年二月三十日以司封郎中加知制诰，既云"满岁"，则为大中二年初，"授以正名"，即正式授为中书舍人。既有制文，自当可信，此即可补丁《记》，因丁《记》于大中二年（848）未记裴谂曾任中书舍人。裴谂此次迁中书舍人，当在大中二年正月初，因崔嘏于二年正月己丑出贬端州（见《通鉴》卷二四八），其作此制，则当在贬前。

丁《记》记裴谂于大中三年（849）五月二十三日守本官出院，本官即工部侍郎。《旧传》未记裴谂有任翰林学士事，另有记云："大中五年自大中大夫检校右散骑常侍、御史大夫、宣州刺史、宣歙观察使、上柱国、河东男、食邑三百户、赐紫金鱼袋，入朝权知刑部侍郎。"即裴谂于大中三年五月出院，为工部侍郎，后又出任宣歙观察使，大中五年（851）又返朝。不过《旧传》记其入朝为权知刑部侍郎，而《旧唐书》卷一八下《宣宗纪》大中五年九月记为："以前宣歙观察使、太中大夫、检校左散骑常侍裴谂权知兵部侍郎。"即入朝任为兵部侍郎，非刑部侍郎。今检杜牧有《裴休除礼部尚书裴谂除兵部侍郎等制》（《樊川文集》卷一七），中称其"前宣歙等州都团练观察处置等使"，后云"谂可权知尚书兵部侍郎"，与《旧纪》合。则《旧传》所记"刑部侍郎"，误。

《旧唐书·宣宗纪》，大中九年（855），"三月，试宏词举人，漏泄题目，为御史台所劾，侍郎裴谂改国子祭酒，郎中周敬复罚两月俸料"。此事可参见前周敬复、卢懿传。两《唐书》本传皆未载此，《旧纪》也未记裴谂为尚书何部侍郎。按《东观奏记》卷下对此有具体记述，记"吏部侍郎兼判尚书事裴谂左授国子祭酒"。由此，则裴谂于大中五年九月自宣歙入朝为权知兵部侍郎，后又改为吏部侍郎，故可主持大中九年之宏词试（晚唐时博学宏词已属吏部铨试，非制举科），而却因漏泄题目事故，改国子祭酒。

《旧传》载裴谂事，即止于大中五年自宣歙入朝，后未有记。《新传》有云："后为太子少师，封河东郡公。黄巢盗国，迫以伪官，不从，遇害。"《旧唐书》卷一九下《僖宗纪》，广明元年（880）十二月，记黄巢军入长安，僖宗出逃，留于长安之朝臣，有为黄巢军所捕而被杀者，中有"太子少师裴谂"。则裴谂于大中九年由吏部侍郎改为国子祭酒后，历二十余年，长期处于闲职。

《新唐书·艺文志》及《全唐诗》、《全唐文》，于其著述、诗文皆未有载记。

注释

〔1〕赵超《新唐书宰相世系表集校》，中华书局，1998年。

萧　邺

萧邺，《旧唐书》无传，《新唐书》有传，见卷一八二。《新传》云："萧邺字启之，梁长沙宣王懿九世孙。"《新唐书》卷七一下《宰相世系表》一下，萧氏齐梁王，记萧懿之弟衍，即南朝梁高祖武帝，懿为长沙宣王。按萧邺虽为南朝梁武帝族后裔，实对萧邺仕迹、政见无甚影响。

《新传》云："及进士第，累进监察御史、翰林学士。"皆未记年，其记早期事迹，甚简略。《全唐文》卷七二六崔嘏《授萧邺李元监察御史制》，中云："尔等皆以词华升于俊秀，从事贤侯之府，驰声馆阁之中，筹画居多，操持甚固。"则萧邺进士及第后，当曾在方镇幕府供职（"从事贤侯之府"），后入朝为监察御史，当在武宗会昌后期（据《新唐书·艺文志》著录之崔嘏《制诰集》及《新唐书·武宗纪》，崔嘏于会昌四年闰七月由邢州刺史入朝为知制诰、中书舍人）。

丁《记》记萧邺入院："大中元年二月二十六日，自监察御史里行充。"崔嘏亦有制文：《授萧邺翰林学士制》（《全唐文》卷七二六），称"监察御史萧邺"。则萧邺确以监察御史入为翰林学士。此制概叙翰林学士之职能，云："吾内有宰辅，重德作为股肱；外有侯伯，虎臣用寄藩翰。至于参我密命，立于内庭，即必取其器识宏深，文翰遒丽，动能持正，静必居中；指温树而不言，付虚襟而无隐，此所以选翰林学士之意也。"将翰林学士参预政事，与宰臣、方镇并提，且特别关注于翰林学士乃"参我密命，立于内庭"，颇可注意。

丁《记》记其入院后迁转情况，云："（大中元年）十一月二十日，迁右补阙。十二月二十七日，三殿赐绯。二年七月六日，特恩迁兵部员外郎。十一月十三日，加知制诰。二年九月十四日，责授衡州刺史。"其出院责授衡州刺史，记为"二年九月十四日"，而前已记二年"十一月十三日加知制诰"，年份重述，月份颠倒。又丁《记》于萧邺后，为宇文临，其记宇文临，有云"（大中）三年九月十四日责授复州刺史"，即责授外州刺史，二人皆为九月十四日，当为同时，而宇文临所记，明确为"三年"，则萧邺之"二年九月十四日，责授衡州刺史"，"二"当为"三"，丁《记》此处所记形讹。但何以与宇文临同时责授外州刺史，不详，《新传》亦仅云："累进监察御史、翰林学士，出为衡州刺史。"

不过萧邺后又入院，丁《记》记为："大中五年正月二十八日，自考功郎中充。二月一日，加知制诰。七月十四日，迁中书舍人。六年正月七日，三殿召对赐紫。七月二十七日，加承旨。七年六月十二日，迁户部侍郎、知制诰，并依前充。八年十二月十八日，守本官、判户部出院。"按萧邺第一次在院，官阶迁转并不快，大中元年（847）二月入院时为正八品之监察御史，后升迁为右补阙、兵部员外郎，也仅为从七品上、从六品上，且旋又责授外出。而第二次入院，为从五品上之考功郎中（《唐尚书省郎官石柱题名考》卷九考功郎中即列有其名），同年仅历半年，即迁为正五品上之中书舍人，后又加承旨，并提升为正四品下之户部侍郎。可见萧邺与宇文临于大中三年九月同时受责外出，恐未涉及重大政治事件，对其仕途未有大的影响，故不久即又返朝，并再入院，升迁更快。

萧邺第二次在院时曾撰有两篇碑文。《集古录目》（《云自在龛丛书》本）卷十据《宝刻丛编》，著录有《岭南节度韦正贯碑》，记云："翰林学士、中书舍人萧邺撰，左散骑常侍柳公权书。正贯字公理，京兆杜陵人，官至岭南节度使。碑以大中六年立。"按此碑文，《全唐文》卷七六四亦载，称韦正贯于大中五年七月卒，六年二月葬，萧邺为其外侄，应嘱为作此碑铭。萧邺于大中五年七月已为中书舍人，故《集古录目》著录为翰林学士、中书舍人，是。另一篇为《大唐故吏部尚书赠尚书右仆射渤海高公神道碑》，多有缺字，文义不清。宋赵明诚《金石录》目录第一千八百八十九有《唐吏部尚书高元裕碑》，著录为："萧邺撰，柳公权正书，大中七年十月。"[1] 又《金石萃编目录》卷一一四，亦记有："《高元裕碑》，大中七年十月。"

萧邺在院期间与其他文人似无交往。岑氏《注补》曾引杜牧一诗《早春阁下寓直萧九舍人亦直内署因寄书怀四韵》，岑氏云："按萧九是邺抑真颇难定，疑前者近是，牧诗则六年春作也。"按陶敏《全唐诗人名考证》（页770），胡可先《杜牧交游考略》，[2] 皆考谓此萧九为萧真，并据《新唐书·沈传师传》，沈传师为江西观察使、宣歙观察使时，"其僚佐如李景让、萧真、杜牧，极当时选云。"即杜牧与萧真已早有交谊（详见后萧真传）。杜牧与萧邺则未有交往，岑说非是。

萧邺在院时与同僚的关系，有不同的记载。《旧唐书》卷一五八《韦澳传》记澳在院时，"与同僚萧邺深为宣宗所遇，每二人同值，无不召见，询问时事"。按韦澳于大中五年（851）七月二十日入，十年（856）五月二十五日以京兆尹出院（见后韦澳传），与萧邺同在院有三年余，当甚有交往，故二人值班时，宣宗多予召见，"询问时事"。但另有一误记，即《旧唐书》卷一七七《崔慎由传》所记："初，慎由与萧邺同在翰林，情不相洽。及慎由作相，罢邺学士。"按崔慎由于大中三年（849）六月八日入院，同年十二月九日即出院，与萧邺同在院仅三月，却有"情不相洽"，甚可疑。问题在于，崔慎由于大中十年（856）十二月任相，而萧邺则于此前两年即大中八年（854）十二月十八日即已出院，《旧唐书·崔慎由传》却云崔慎由作相，遂"罢邺学士"，显误。

　　《新唐书·萧邺传》记邺"迁户部侍郎、判本司"后，即"以工部尚书同中书门下平章事"，入相。而据丁《记》，萧邺于大中八年（854）十二月十八日以户部侍郎出院，至大中十一年（857）七月才任相，其间尚隔有两年余。《新唐书》卷六三《宰相年表》记为，大中十一年，"七月庚子，兵部侍郎、判度支萧邺本官同中书门下平章事，判如故"（《新唐书》卷八《宣宗纪》同）；又同年十一月己未，"邺为工部尚书"。《旧唐书·宣宗纪》记萧邺拜相为大中十一年六月，月份有异，但仍称其为"兵部侍郎、判度支"，《通鉴》卷二四九同。由此，则《旧传》所云"工部尚书"，误。《全唐文》卷八〇宣宗《授萧邺平章事制》，亦称"守尚书兵部侍郎、判度支"，后云"可守本官，同中书门下平章事，仍判度支"。

　　《新传》接云："懿宗初，罢为荆南节度使，仍平章事。"《新唐书·宰相年表》记为大中十三年（859），"十一月戊午，邺检校尚书右仆射、同平章事、荆南节度使"。《新唐书》卷九《懿宗纪》也记其于大中十三年十一月戊午罢相。

　　《新传》记其此后仕历，云："徙剑南西川。南诏内寇，不能制，下迁检校右仆射、山南西道观察使。历户部、吏部二尚书，拜右仆射。还，以平章事节度河东，在官无足称道，卒。"《通鉴》卷二五〇载萧邺由西川节度使改山南西道节度使在懿宗咸通五年（864）二月。而《旧唐书》卷一九上《懿宗纪》，咸通二年（861）二月，记"吏部尚书萧邺检校尚书右仆射、太原尹、北都留守、河东节度观察等使"。实则咸通前期，萧邺在西川节度使任，而《通鉴》卷二五二，咸通十四年（873）十一月，记为："以右仆射萧邺同平章事，充河东节度使。"则萧邺为河东节度使在咸通十四年，而《旧纪》则误前十余年，记为咸通二年。又《旧纪》记萧邺任河东节度使前为吏部尚书，实则萧邺于咸通十一年（870）正月主持考试应宏词选人，时任为吏部尚书（见后）。可见《旧唐书》之晚唐本纪竟有如此众多之显误，值得研究。

《旧唐书·懿宗纪》，咸通十一年正月，记："以吏部尚书萧邺、吏部侍郎于德孙、吏部侍郎杨知温考官，司勋员外郎李耀、礼部员外郎崔澹等，考试应宏词选人。"又咸通十二年三月，十三年三月，皆记萧邺以吏部尚书考宏词选人。此后，即据《通鉴》，于咸通十四年十一月出任为河东节度使，约即卒于任。

《新唐书·艺文志》未著录其著述。《全唐文》卷七六四载其碑文二篇（前已述）。

注释

〔1〕《宋本金石录》，中华书局影印本，1991 年。

〔2〕载于胡可先《杜牧研究丛稿》，人民文学出版社，1993 年。

宇文临

宇文临，两《唐书》无专传，仅《旧唐书》卷一六〇其父宇文籍传附记一句，且有误（详后）。

《旧唐书·宇文籍传》未载其籍贯，记籍于宪宗元和时"以咸阳尉直史馆，与韩愈同修《顺宗实录》，迁监察御史"；后于敬宗、文宗时为史馆修撰，"与韦处厚、韦表微、路随、沈传师同修《宪宗实录》"（《新唐书》卷五八《艺文志》二，著录之《顺宗实录》、《宪宗实录》，纂修者皆记有宇文籍）。《旧传》称"籍性简澹寡合，耽玩经史，精于著述，而风望峻整，为时辈推重"。则宇文临有较好之家学渊源。

《旧唐书·宇文籍传》末，记宇文临，仅一句，云："子临，大中初登进士第。"按据丁《记》，宇文临于大中元年闰三月七日，自礼部员外郎入充为翰林学士，即大中元年（847）闰三月，已入院，且此前已任为礼部员外郎。按唐制，进士及第，须经吏部铨试，且须有一定年限候选，则宇文临绝不可能于"大中初"即大中元年才进士及第。《旧传》此句显误。故清徐松《登科记考》即未列其名。孟二冬《登科记考补正》卷二〇，据胡可先《登科记考补》，疑"大中"为"大和"之误，即附于文宗大和元年（827）。陶敏《全唐诗人名考证》（页777），考述杜牧《寄珉笛与宇文舍人》诗，亦以为《旧传》之"大中"为"大和"之误。

宇文临于进士及第后，仕历皆未有记，后即为丁《记》记其为翰林学士。丁《记》记其入院，曾先后两次，为："大中元年闰三月七日，自礼部员外郎充。其年四月，守本官出院。""大中元年十二月八日，自礼部郎中充。其月二十八日，加知制诰。二年正月二日，思政殿召对赐绯。其年六月七日，特恩迁中书舍人，并依前充。三年九月十四日，责授复州刺史。"

清劳格《唐尚书省郎官石柱题名考》卷二〇礼部员外郎，卷一九礼部郎中，皆列有宇文临，与丁《记》合。

按宇文临在入院前已任礼部员外郎，可以《全唐文》卷七二六崔嘏《授宇文临礼部员外郎制》参证。制云："凡在南宫，必资望实，而仪曹之选，益难其人。"仪曹即指礼部员外郎。制中又云："佐云幕而郁有佳声，处霜台而介然独立。"则宇文临曾在方镇幕府中供职，后入朝曾任谏官。

《全唐文》同卷又载有崔嘏《授宇文临翰林学士制二首》，由此可证丁《记》记其两次入院之确切性。可以注意的是，崔嘏之《授萧邺翰林学士制》中曾评议翰林学士之职责与地位（参见前萧邺传），在授宇文临制文（其二）中，又有云："吾外有辅臣，以匡大化，中有股肱，以总枢机；而发挥丝纶，参侍顾问，司我耳目，广予腹心。"其授萧邺制文，是称"内有宰辅"、"外有侯伯"的，而此制，则添换为"中有股肱"，且谓"以总枢机"，即指任枢密使的宦者。这是当时朝中对宦官之中枢职能的看法。但不管如何，仍认为翰林学士，除"发挥丝纶"即草撰制诰外，主要还在于"参侍顾问"、"以参周旋"。

丁《记》中有一处，文字上似有误，即记大中二年，谓"其年六月七日，特恩迁中书舍人，并依前充"。按本年在院学士，如孙毂、刘瑑、裴谂、萧邺、沈询，均记于七月六日特恩迁转（见各人传，及书后"学士年表"），宇文临既亦记为"特恩迁"，则此"六月七日"，应与诸人同时，为"七月六日"。

其在院时另可注意者，杜牧曾有诗寄献：《寄珉笛与宇文舍人》（《樊川文集》卷四），有云："调高银字声还侧，物比柯亭韵较奇。寄与玉人天上去，桓将军见不教吹。"胡可先《杜牧诗文人名新考》，[1]陶敏《全唐诗人名考证》（页777），皆谓此宇文舍人为宇文临，是。按杜牧于大中二年（848）秋由睦州刺史内擢司勋员外郎，十二月抵京，四年（850）秋后又出为湖州刺史，此诗当为大中三年（849）九月前宇文临为中书舍人时所作。珉为似玉之美色，杜牧将此珉笛佳品寄赠"天上"之"玉人"，亦可见杜牧对身在翰苑之宇文临仰慕之情。杜牧与宇文临有何交往，不详。

丁《记》记宇文临出院，为大中三年（849）九月十四日，"责授复州刺史"，而同时在院的萧邺，也于同日责授衡州刺史（见前萧邺传）。复州属山南东道，治竟陵县（《元和郡县图志》卷二一，今湖北天门市）。宇文临此次与萧邺同时被责外出，不知何故。不过萧邺后复入朝，累有升迁，且擢任宰相，宇文临则限于史料，其后不详。其诗文、著作，皆未有载记。

注释

〔1〕载于胡可先《杜牧研究丛稿》，人民文学出版社，1993 年。

沈 询

沈询，两《唐书》有传，见《旧唐书》卷一四九、《新唐书》卷一三二，皆附于其父沈传师传后，所记甚简，且有误失（详后）。

沈传师为宪宗朝翰林学士，其本籍为吴兴，后移居于苏州，两《唐书》本传皆称为苏州吴人（详见前宪宗朝沈传师传）。

《旧传》未记沈询科举应试，《新传》记为"字诚之，亦能文辞，会昌初第进士，补渭南尉"。清徐松《登科记考》卷二二亦记于会昌元年（841），所据为《永乐大典》所辑之《苏州府志》："沈询，会昌元年登第。"据徐《考》，同年及第者有薛逢、杨收、王铎、李宾等，皆有据。唯《旧唐书》卷一九〇《文苑下·薛逢传》记此同年登第事，却有二误，云："既而沈询、杨收、王铎由学士相继为将相，皆逢同年进士。"按沈询未曾任相，王铎未曾为翰林学士，《旧·薛逢传》仅此二句，竟有如此显误，真使人惊异。

《新传》记沈询于会昌初进士及第后"补渭南尉"，则有佐证。《旧唐书》卷一七八《郑畋传》，记大中九年（855）刘瞻作相时曾荐郑畋为翰林学士，转户部郎中，后加知制诰（见后郑畋传）。郑畋曾上书自陈，有云："臣会昌二年进士及第，大中首岁书判别登科，其时替故昭义节度使沈询作渭南尉。"则郑畋于会昌二年（842）进士登第后，又于大中元年（847）登书判拔萃，即入仕，当于大中初为渭南尉，系接任沈询，则沈询于会昌元年进士及第后，即于会昌中后期任渭南尉。

但《新传》亦有疏漏，其记沈询"补渭南尉"后，即云"累迁中书舍人，出为浙东观察使"，缺记其任中书舍人前曾任翰林学士。《旧传》有记为翰林学士者，但记于中书舍人后，亦有误。幸有丁《记》，才能对两《唐书》传有所补正。

丁《记》记为："沈询：大中元年五月十二日，自右拾遗、集贤院学士充。二年正月二日，思政殿召对赐绯。其年七月七日，特恩迁起居郎，并依前充。十月二日，守本官，知制诰，出院。"按渭南县尉为正九品下，沈询当于会昌末、大中初迁为从八品上之右拾遗，并入朝兼充集贤院直学士，大中元年五月即以此入院为翰林学士。又按唐官制，凡在集贤院任学士者须为五品以上之官阶，六品以下只能称直学士。沈询既以从八品上之右拾遗兼充，只能为直学士。丁《记》此处当缺一"直"字。又《全唐文》卷七二六崔瑕《授沈询翰林学士制》，即称为"右拾遗、集贤殿直学士沈询"。

据丁《记》，沈询于大中二年（848）七月七日，又迁为起居郎。起居郎与尚书诸司员外郎同阶，为从六品上，较右拾遗（从八品上）高好几阶，故称为"特恩"。不过同年十二月，即又以起居郎出院，不过加知制诰，即出院后仍可草撰制诰。沈询在院仅一年半，其所撰制文，现所存者均在其出院后作，值得探索。

两《唐书》本传皆记沈询曾任中书舍人，但所记时序互异。《旧传》记为"中书舍人、翰林学士、礼部侍郎",即翰林学士前已为中书舍人。而据前所引述之丁《记》,沈询于大中元年五月十二日以右拾遗召入,右拾遗为从八品上,而中书舍人为正五品上,沈询不可能先为中书舍人,后降为右拾遗而入院。沈询在院时,虽有升迁,也仅为从六品上之起居郎。《新传》则未记翰林学士事,而云"累迁中书舍人,出为浙东观察使",即沈询出院后累迁为中书舍人,后由中书舍人出为浙东观察使,此也不确。现论证如下。

《通鉴》卷二四九大中九年记:"秋七月,浙东军乱,逐观察使李讷。……(讷)性卞急,遇将士不以礼,故乱作";"九月乙亥,贬李讷为朗州刺史。……以礼部侍郎沈询为浙东观察使。"又《会稽掇英总集·唐太守题名》亦记:"沈询:大中九年九月,自前礼部侍郎授。"可见沈询在任浙东观察使前,为礼部侍郎。且沈询确于大中九年初在礼部侍郎任,并以礼部侍郎知贡举试。徐松《登科记考》卷二二记大中九年知举,为沈询,所据为《南部新书》。又《唐摭言》卷一三《敏捷》条亦云"山北侍郎主文年",此"山北"即沈询(见后)。但晚唐赵璘所著《因话录》,其卷六羽部记:"大中九年,沈询侍郎以中书舍人知举。"含义不清。宋王谠《唐语林》卷八记开元二十四年后主贡举者,其中书舍人一类,亦有沈询(误记为珣)。此皆不确。

据上所述,沈询当于大中二年十月以起居郎、知制诰出院,不久即迁为中书舍人,连续好几年,于大中八年秋冬擢为礼部侍郎,遂于大中九年初以礼部侍郎知贡举;同年九月,由于工作需要,出任浙东观察使。沈询于大中中期任中书舍人,其主要职责即撰写制诏,现传存者有十余篇。

关于现存之沈询制文,《全唐文》有误载,应先加辨析。《全唐文》卷七六七载沈询制文六篇,其小传即大致本两《唐书》传。但卷七六三又于沈珣名下载制文十六篇，其小传云：
"宣宗朝官中书舍人，以礼部侍郎出为浙东观察使。"其仕历
实即为沈询。如此，《全唐文》卷七六三之沈珣实为沈询，却
误分为二人。又《全唐文》之所以如此，为承袭《文苑英
华》。中华书局影印本《文苑英华》卷四五〇"翰林制诏"，
载有沈询《授崔铉魏扶拜相制》、《魏暮拜相制》、《授裴休中
书门下平章事依前判盐铁制》，又卷三八四"中书制诏"有沈
询《授曹确充翰林学士制》，《全唐文》均列于卷七六七沈询
名下，而《文苑英华》卷四五六"翰林制诏"于沈珣名下载
十余篇授节度使制文，《全唐文》即于卷七六三沈珣名下载此
十余篇制。由此，则《文苑英华》已将"询"误刊为"珣"，
《全唐文》即沿袭《文苑英华》之误。我们现在应将《全唐
文》卷七六三、七六七所载，均作为沈询之文，不应误分为
二人。

　　《全唐文》卷七六七载《授曹确充翰林学士制》，当为大
中五年八月所撰，因曹确于大中五年八月十一日入院（据丁
《记》，又参后曹确传），又据《新唐书·宰相年表》，《崔铉
魏扶拜相制》当作于大中三年四月；《魏暮拜相制》当作于大
中五年十月；《授裴休中书门下平章事依前判盐铁制》当作于
大中六年八月。又《全唐文》卷七六三所载十余篇授节镇制
文，当亦作于大中中期，如《授白敏中邠宁节度使制》，《文
苑英华》于篇末署为"大中五年十月"；《授杜悰淮南节度使
制》，当为大中六年（参《唐刺史考全编》卷一二三淮南道扬
州）。其中应予辨析的，如《授李彦佐鄜坊节度使制》，岑氏
《注补》，据《吴表》一，列于大中二年，意为此篇乃沈询在
院中任职时作。今检《唐刺史考全编》卷七关内道州，谓李
彦佐任鄜坊节度使在大中六年。由此可见，《文苑英华》、《全
唐文》所载沈询制文，皆为沈询出院后，任起居郎、知制诰

及中书舍人时所作。不过《文苑英华》又有误载，如卷四五六所载沈询《授裴休汴州节度使制》，文末署"大中十年六月七日"。据《新唐书·宰相年表》，裴休罢相出为宣武（汴州）节度使，为大中十年十月戊子（《新唐书·宣宗纪》同），而大中十年，沈询在浙东观察使任，不可能作此制文。《全唐文》编纂时，亦未辨析，仍编于卷七六三。

就上所述，有一个现象值得注意，即一般认为，自建置翰林学士后，所撰制诰，翰林学士与中书舍人有明确分工，如李肇《翰林志》所云，"近朝大事，直出中禁，不由两省"，特别是授宰相之制文，一般均由翰林学士起草，有时还是皇帝事先与翰林学士面商。但实际上，玄、肃两朝，一些朝政大事，甚至皇帝禅位所下诏文，仍由中书舍人起草。沈询的这几篇授宰相制文，都是他出院后任中书舍人时所撰，这对晚唐时中书舍人职责与作用的探索，以及中书舍人与翰林学士的分工，极有研究参考价值。

沈询在中书舍人任时，还有值得注意的，是他与当时文人的交往。杜牧有《秋晚与沈十七舍人期游樊川不至》（《樊川文集》卷二）："邀侣以官解，泛然成独游。川光初媚日，山色正矜秋。野竹疏还密，岩泉咽复流。杜村连渍水，晚步见垂钩。"按杜牧于大中六年上半年由考功郎中、知制诰迁为中书舍人，缪钺《杜牧年谱》即系于大中六年。[1]《唐五代文学编年史·晚唐卷》亦据《杜牧年谱》系此诗于此年。[2]大中六年当为沈、杜二人同在中书舍人任，当时有交游。又《唐五代文学编年史·晚唐卷》大中六年，采据谭优学《唐诗人行年考·赵嘏行年考》，记赵嘏有《访沈舍人不遇》诗："溪翁强访紫微郎，晓鼓声中满鬓霜。知在禁闱人不见，好风飘下九天香。"按赵嘏亦为晚唐前期诗人名家，其"残星数点雁横塞，长笛一声人倚楼"，为人称道，杜牧因而称为"赵倚楼"。但赵嘏一生坎坷，屡次应试不第，后于会昌四年进士及第，大中时曾仕为渭南尉，"卑宦颇不如意"，可能即因此上诗于沈询，有求荐之望。[3]

沈询于大中九年知举，有久困名场、屡试不第之文士，因又失第而进诗于沈询者，如许棠有《东归留辞沈侍郎》（《全唐诗》卷六〇三）："一第久乖期，深心（原校：一作终身）已自疑。沧江归恨远，紫阁别愁迟。稽古成何事，龙钟负已知。依门非近日，不虑旧恩移。"许棠后于懿宗咸通十二年（871）才及第。[4]由许棠此诗，亦可见沈询当时之声望。

据前所述，沈询于大中九年初知举后，同年九月出任为浙东观察使，又据《会稽掇英总集》，大中十二年六月，迁户部侍郎返朝。《新传》亦记其于浙东观察使后，"除户部侍郎，判度支"，后于咸通四年（863）"为昭义节度使。"《旧传》亦记为："咸通中，检校户部尚书、潞州长史、昭义节度使。"此距大中九年知举已有八年，但曹唐作有《游仙诗》，仍称其为"沈侍郎"，诗云："玉诏新除沈侍郎，便分茅土镇东方。不知今夕游何处，侍从皆骑白凤凰。"（《全唐诗》卷六四一）《北梦琐言》卷五《沈蒋人物》条有云："沈询侍郎，清粹端美，神仙中人也。制除山北节旄，京城诵曹唐《游仙诗》云……即风姿可知也。"按曹唐为桂州人，长期游历北方，屡次应试不第，其举进士约在文宗大和间，但仕途不显，长期在方镇幕府供职。[5]此首"玉诏新除沈侍郎"，当为沈询出任潞州时曹唐奉献之作。

又李频亦有一诗，题为《送崔侍御书记赴山北座主尚书招辟》（《全唐诗》卷五八九）。陶敏《全唐诗人名考证》（页875）考谓诗题中所称之"座主"为沈询。山北，唐人习指为泽潞。李频作此诗，虽为送崔，实为赞誉沈询之赏拔人才，故诗中云："从来游幕意，此去并酬恩。"李频时亦以诗知名，

《新唐书》卷二〇三《文艺传》下有其传，称姚合赏识其诗才，"大加奖挹，以女妻之"。

但沈询此次出任不久，即遭惨祸。《通鉴》卷二五〇咸通四年（863）十二月记："昭义节度使沈询奴归秦，与询侍婢通，询欲杀之，未果。乙酉，归秦结牙将作乱，攻府第，杀询。"同卷咸通五年（864）载，"正月，以京兆尹李蠙为昭义节度使，取归秦心肝，以祭沈询"。两《唐书》本传同。[6]

《新唐书·艺文志》未著录其著述。《全唐文》所载其文，前已考。《全唐诗》卷八七九"酒令"，载其五言四句，谓在昭义节度使时，"尝宴府中，宴友改令歌此"。即聚宴时酒令，一般。

注释

〔1〕缪钺《杜牧年谱》，人民文学出版社，1980 年。

〔2〕《唐五代文学编年史》，傅璇琮主编，《晚唐卷》，吴在庆、傅璇琮著，辽海出版社，1998 年。

〔3〕关于赵嘏事迹，可参《唐才子传校笺》卷七《赵嘏传》谭优学笺，中华书局，1990 年。

〔4〕关于许裳事迹，可参《唐才子传校笺》卷九《许裳传》周祖譔、吴在庆笺，中华书局，1990 年。

〔5〕参《唐才子传校笺》卷八《曹唐传》梁超然笺，中华书局，1990 年。

〔6〕但《新传》所记有误，谓沈询死后，"刘潼代为节度，驰至，刳奴心，祭其灵坐"。据《旧唐书·懿宗纪》，刘潼为昭义节度使在咸通四年正月，后徙河东，沈询乃接其任者，《新传》所记显误。

令狐绹

令狐绹，两《唐书》有传，见《旧唐书》卷一七二、《新唐书》卷一六六，皆附于其父令狐楚传后。令狐楚为宪宗朝翰林学士，与文士多有交往，李商隐早期曾在其幕府，其撰写今体骈文，即受令狐楚之启导。

《旧传》："绹字子直，大和四年登进士第，释褐弘文馆校书郎。"《新传》未记年，仅云"举进士"。清徐松《登科记考》卷二一即据《旧传》系于文宗大和四年（830）。同年登第者魏扶，为武宗朝翰林学士（见前魏扶传）；知举者礼部侍郎郑澣，为文宗朝翰林学士（见前郑澣传）。

《旧传》于"释褐弘文馆校书郎"后，概述云："开成初为左拾遗。二年，丁父丧。服阕，授本官，寻改左补阙、史馆修撰，累迁库部、户部员外郎。"《新传》所记较略，仅云"擢累左补阙、右司郎中"，后即云"出为湖州刺史"。按令狐楚于开成二年（837）十一月卒于兴元尹、山南西道节度使任，则令狐绹服阕仍为左拾遗，[1]当在开成五年（840）上半年。又《旧传》后附记其子滈事，记令狐绹曾为其子滈应举事上疏（见后），其自序有云："会昌二年臣任户部员外郎时，已令应举。"则开成五年上半年至会昌二年（842），历任为左补阙、史馆修撰，库部、户部员外郎。

又《旧传》谓"会昌五年，出为湖州刺史"。据《吴兴志》，令狐绹之任在薛褒后，《吴兴志》记薛褒为"会昌六年八月十日自安州刺史拜，卒官"，而令狐绹为"大中元年三月二十一日自左司郎中授"。由此，则《旧传》记为会昌五年，误。又《新传》记令狐绹先为右司郎中，后出为湖州刺史，虽未记年，但由右司郎中出任，与《吴兴志》合；而《旧传》

却记先任为户部员外郎，后为湖州刺史，亦不确。此亦可以李商隐诗作证，李在湖州有诗，诗题即称令狐绹为郎中（详后）。

《旧传》后云："大中二年，召拜考功郎中，寻知制诰。其年，召入充翰林学士。"此与丁《记》所记"大中二年二月十日，自考功郎中、知制诰"合。令狐绹当于大中二年（848）正月由湖州返朝，二月即入院。而《旧唐书》卷一八下《宣宗纪》却记令狐绹入朝在大中元年（847）六月，云："以中散大夫、前湖州刺史、彭阳县开国男、食邑三百户令狐绹行尚书考功郎中、知制诰。"《通鉴》卷二四八于大中元年六月亦记宣宗向白敏中咨询人才，白敏中推荐令狐绹，于是"上即擢为考功郎中、知制诰"。按《两浙金石志》卷三《唐天宁寺经幢》，称："会昌三年十月九日树，至会昌五年六月十七日准敕废，至大中元年十一月廿八日重建。"后署名有"中大夫使持节湖州诸军事守湖州刺史上柱国彭阳县开国男食邑三百户令狐绹"。据此，则令狐绹于大中元年十一月末尚在湖州，有可能于大中元年十二月或大中二年正月召入朝。《旧纪》、《通鉴》记为大中元年六月，当误。

丁《记》记令狐绹入院，为："大中二年二月十日，自考功郎中、知制诰充。"关于令狐绹之召为翰林学士，《新传》有记，谓出于白敏中之举荐，云："大中初，宣宗谓宰相白敏中曰：'宪宗葬，道遇风雨，六宫百官皆避，独见顾而鬒者奉梓宫不去，果谁邪？'敏中言：'山陵使令狐楚。'帝曰：'有子乎？'对曰：'绪少风痹，不胜用。绹今守湖州。'因曰：'其为人，宰相器也。'即召为考功郎中、知制诰，入翰林为学士。"《新传》所叙之具体情节，即本于唐末昭宗时裴庭裕所著的《东观奏记》（卷上），裴庭裕所记更详。按宣宗（名忱）为宪宗子，宪宗于元和十五年（820）卒时，宣宗仅十一岁，会昌六年（846）三月即位为三十七岁，他想多用宪宗时旧臣子弟，以巩固自己权位，是合于情理的（参见前裴谂传）。

可能也正因令狐绹受白敏中之荐，史书就有记，认为李德裕于宣宗即位后受贬，乃白敏中与令狐绹共谋。如《旧唐书》卷一七四《李德裕传》记云："白敏中、令狐绹，在会昌中德裕不以朋党疑之，置之台阁，顾待甚优，及德裕失势，抵掌戟手，同谋斥逐。"《新唐书》卷一八〇《李德裕传》亦谓："白敏中、令狐绹、崔铉皆素仇，大中元年，使党人李咸斥德裕阴事。"撰于北宋初的钱易《南部新书》丁卷，更云："大中中，李太尉三贬至朱崖，时在两制者皆为拟制，用者乃令狐绹之词。李虞仲集中此制尤高，未知孰是，往往有俗传之词，云：'蛇用两头，狐摇九尾。鼻不正而身岂正，眼既斜而心亦斜。'此仇家谤也。"[2]实际上，令狐绹于会昌时历任拾遗、补阙、员外郎之职，官阶虽不高，但仕迹较稳定，时任宰相的李德裕对令狐绹，确"不以朋党疑之"。

又，白敏中出谋诬告李德裕之所谓吴湘狱事，乃为大中元年九月，李德裕后即由太子少保、分司东都贬为潮州司马，《唐大诏令集》卷五八所载《李德裕潮州司马制》，署为"大中元年十二月"。而此前，令狐绹已于大中元年三月出任湖州刺史（见前考述）。可见白敏中于宣宗即位后策划诬陷李德裕，令狐绹实未曾参与。至于大中二年九月李德裕再贬为崖州司户参军，《唐大诏令集》卷五八所载《李德裕崖州司户制》，文末署"大中二年九月"，时令狐绹已入为翰林学士，当然有可能撰制，这是翰林学士的职责，但《唐大诏令集》所载此制，未署令狐绹之名，《全唐文》卷七五九所载令狐绹文，亦未有此制。钱易《南部新书》所谓翰林、中书所拟之制，多出于令狐绹，亦仅揣测；且《南部新书》又谓当时李虞仲亦拟有此制，则更误。据《旧唐书》卷一六三《李虞仲传》，李虞仲乃卒于文宗开成元年（836）四月，敬宗、文宗时为中书舍人，《全唐文》卷六九三所载其所撰制文，如《授学士王源中户部侍郎制》、《授学士李让夷职方员外郎充职制》等，皆在文宗大和时（见前王源中、李让夷传）。宣宗大中二年（848），已为李虞仲卒后十余年，何以能再作制？由《南部新书》所记李虞仲此事，亦可佐证令狐绹撰《李德裕崖州司户制》，当亦非实。

关于令狐楚之党派问题，我于1982年所撰《李商隐研究中的一些问题》（《文学评论》1982年第2期），曾有辨释，谓：综观令狐楚的一生，他早期与李逢吉等人交结，与裴度等主张对藩镇用兵的意见相左，但后来与李德裕等人没有发生过政治分歧，与牛李党争无涉。大和九年甘露事变后，宦官气焰嚣张，令狐楚还与李（德裕）党郑覃共事，对宦官专权有所抵制，令狐楚卒于文宗开成二年，则与李德裕于会昌时执政更无关系；令狐绹为其子，就更无牛李党争之成见，令狐绹前期未有涉及牛李党争者。

又李德裕于大中三年十二月卒于崖州，六年，其子烨护其父母灵柩，归葬洛阳。[3] 此事，《新唐书·李德裕传》有记："德裕既没，见梦令狐绹曰：'公幸哀我，使得归葬。'绹语其子滈，滈曰：'执政皆其憾，可乎？'既夕，又梦，绹惧云：'卫公精爽可畏，不言，祸将及。'白于帝，得以丧还。"按此事，《东观奏记》（卷中）有载，所记更详，《新传》当本此。所谓"梦见"，当然为小说家之言，但由此可见，李德裕能以远贬之地返葬，与令狐绹有关。后懿宗时李潘为李德裕子李烨所作墓志，有记云："会先帝（琮按：指宣宗）与丞相论兵食制置西边事，时有以（卫）公前在相位事奏，上颇然之，因诏下许归葬。"（《唐故郴县尉赵郡李君墓志铭并序》，见傅璇琼著《李德裕年谱》大中六年引）大中六年，距李德裕之贬已好几年，宣宗当可允其归葬，而此乃与宰相论议而定，时任宰辅之首者即令狐绹。

以上之所以详引有关材料，并加辨析，是在纠正史书中的某些误载及当今某些研究论者中的有关歧说。应当说，令狐绹在前期，即入院前及翰林学士任期内，并无所谓牛李朋党之见，其为人行事也较允当。

丁《记》记令狐绹曾先后两次入院，云："大中二年二月十日，自考功郎中、知制诰充。三年二月二十一日，特恩拜中书舍人，依前充。其年五月一日，迁御史中丞，赐紫，出院。""大中三年九月十六日，自御史中丞充承旨。其月二十三日，权知兵部侍郎、知制诰，依前充。四年十一月三日，守本官、同中书门下平章事。"按宣宗朝前期，如萧邺、宇文临皆亦有两次入院、出院情况，且第二次在院时官衔迁转更快，令狐绹亦同。如令狐绹于大中三年（849）五月迁御史中丞，即出院，而仅数月，同年九月十六日，又入，且充承旨（当接替裴谂，裴谂于本年五月二十三日出院）。充承旨后之同月二十三日，又由正五品上之御史中丞迁为正四品下之兵部侍郎，第二年即入相。

按《旧传》云："大中二年，召拜考功郎中，寻知制诰，其年，召入充翰林学士。三年，拜中书舍人，袭封彭阳男，食邑三百户，寻拜御史中丞。"与丁《记》合，但未记后以御史中丞出院，而云："四年，转户部侍郎，判本司事。其年，改兵部侍郎、同中书门下平章事。"

关于令狐绹入相之时间，诸书所记亦有小异。丁《记》记为大中四年（850）十一月三日，《旧纪》记为十一月己亥，同。而《新唐书》卷八《宣宗纪》、卷六三《宰相年表》及《通鉴》卷二四九，皆记为大中四年十月辛未，以翰林学士承旨、兵部侍郎令狐绹守本官、同中书门下平章事。十月辛未，为十月二十七日。《通鉴》所记有《考异》，谓"《旧纪》在十一月，今从《实录》、《新纪》"。既提及《实录》，则当依《实录》，为十月辛未（二十七日）。令狐绹为宣宗时入院之翰林学士首位擢迁为相的。

关于宣宗提拔其为相，《新传》有具记，云："它夜，召与论人间疾苦，帝出《金镜》书曰：'太宗所著也，卿为我举其要。'绹摘语曰：'至治未尝任不肖，至乱未尝任贤。任贤，享天下之福；任不肖，罹天下之祸。'帝曰：'善，朕读此常三复乃已。'绹再拜曰：'陛下必欲兴王业，舍此孰先？《诗》曰：惟其有之，是以似之。'"此事，唐末昭宗时康骈所著《剧谈录》卷上《宣宗夜召翰林学士》条有详记，《新传》当亦本此。令狐绹在院，虽未有显著业绩，但此处所述向宣宗进言，"欲兴王业"，须以"任贤"为先，应该说还是有见识的。

令狐绹于大中四年（850）十月入相，时在相位者有白敏中、崔铉、崔龟从，而白敏中于第二年即大中五年（851）三月即出为邠宁庆等州节度使，终宣宗朝，再未入相；崔龟从亦于五年十一月出为宣武节度使，令狐绹则于大中十三年（859）十二月，懿宗即位后，才出为河中节度使，终宣宗一朝，前后十年，始终居于相位。但任相十年间，实无有作为，未有政绩。《全唐文》卷七九载宣宗《授令狐绹弘文馆大学士制》，称其居相位已"十载于兹"，而其政绩则虚称为"保合太和，从容中道；左右王化，清夷国风"。《通鉴》卷二四九，大中十二年十月，曾记："令狐绹谓人曰：'吾十年秉政，最承恩遇，然每延英奏事，未尝不汗沾衣也。'"令狐绹为维持自己地位，不敢有所措施，"从容中道"而已。

且令狐绹任相时，也有劣绩。《通鉴》卷二四九大中十三年十二月记其罢相时，有云："司空、门下侍郎、同平章事令狐绹执政岁久，忌胜己者，中外侧目，其子滈颇招权受贿。宣宗既崩，言事者竞攻其短，丁酉，以绹同平章事，充河中节度使。"其主要劣迹，为其子滈，"骄纵不法，日事游宴，货贿盈门，中外为侧目"（《旧传》）。《旧传》并载谏议大夫崔瑄上疏，谓："令狐滈昨以父居相位，权在一门，求请者诡党风趋，妄动者群邪云集。每岁贡闱登第，在朝清列除官，事望虽出于绹，取舍全由于滈。喧然如市，旁若无人，权动寰中，势倾天下。"这是晚唐时科举考试腐败的突出事例。令狐滈之所以能如此，即因"父在枢衡，独挠文柄"，其主要责任即在于令狐绹。正因如此，"及懿宗即位，讼者不一，故绹罢权轴"（《旧传》）。

令狐绹在院及任相时情况，已大致可清。现就其与当时文士交往，略加概述，并对史料中的某些记载，概予辨析。

李商隐因早期曾在令狐楚幕府，深得令狐楚的荐用，故与令狐绹也早有交往。如李商隐于开成二年（837）进士登第，令狐绹即有推荐之力，如《新唐书》卷二○三《李商隐传》："开成二年，高锴知贡举，令狐绹雅善锴，奖誉甚力，故擢进士第。"李商隐《与陶进士书》即直述其事："时独令狐补阙最相厚，岁岁为写出旧文纳贡院"（《全唐文》卷七七六）。但两《唐书·李商隐传》对李商隐与令狐绹的关系，仍有不切实际的记述。如李商隐后在河阳节度使王茂元幕，并为其婿，而王茂元为李德裕重用，时即以王茂元为李德裕党。《旧·李商隐传》即记为："商隐既为茂元从事，宗闵党大薄之。时令狐楚已卒，子绹为员外郎，以商隐背恩，尤恶其无行。"又谓令狐绹作相时，"商隐屡启陈情，绹不之省"。《新唐书》卷二○三《李商隐传》更记李商隐于大中初随郑亚至桂管幕，郑亚前曾与李德裕善，"绹以为忘家恩，放利偷合，谢不通"；"绹当国，商隐归穷自解，绹憾不置"。实则令狐绹于大中元年由左司郎中出为湖州刺史，在湖州任时，他还写有诗寄时在桂管郑亚幕府的李商隐，李商隐即有《酬令狐郎中见寄》，[4] 首二句即谓"望郎临古郡，佳句洒丹青"，即令狐绹抵达湖州，就有诗寄至桂管李商隐处。可见此时郑亚虽亦受李德裕之累而被迫外出，令狐绹却仍关注时在郑亚幕府之李商隐，特寄与诗，而《新传》却谓令狐绹因李商隐在郑亚幕，"以为忘家恩，放利偷合，谢不通"，完全不合实际。

令狐绹入为翰林学士后，李商隐又有几首诗寄呈。《寄令狐学士》，刘学锴、余恕诚《李商隐诗歌集解》，引前人笺注，以为大中二年二月郑亚受李德裕贬之影响，又由桂州改循州，李商隐只得离郑亚幕北归，北返途中即作此诗寄呈令狐绹，令狐绹时已入院。李诗首二句"秘殿崔嵬拂彩霓，曹司今在殿东西"，盛赞翰林内署之高宏，亦为喻学士"玉堂天上"之地位。此诗虽未明白表示请求荐引之意，但仍显示仰望之情。后又有《梦令狐学士》（同上页818），首句"山驿荒凉白竹扉"，即李商隐于大中二年秋冬之际将达长安，特以"梦"为题，亦显示心有所托。李商隐又有一诗《令狐舍人说昨夜西掖玩月因戏赠》（同上页898），此称舍人，则为令狐绹于大中三年二月二十一日至五月一日为中书舍人时，而李商隐此时已在京畿任盩厔县尉，后为京兆尹留参军事，即仍在京。就诗题，可见李商隐时与令狐绹会聚，令狐绹并向其闲叙宫中赏月之情景。

李商隐后于大中四年在徐州卢弘止幕，但第二年大中五年卢弘止卒，李商隐只得离徐州幕。《旧·李商隐传》有记："府罢入朝，复以文章干绹，乃补太学博士。"《新传》同。此时令狐绹已任相，则有实权，故举引其为正六品上之太学博士，较尚书诸司员外郎（从六品上）还要高二阶。

由上述材料可见，令狐绹于外任湖州刺史及内任翰林学士及居相位时，均与李商隐有交往，并有所举荐。李商隐则数有诗奉呈，屡表请举之意。二人并无所谓牛李党争之嫌。

李商隐外，另有关于举荐李群玉事。李群玉亦为晚唐时著名诗人，杜牧《送李群玉赴举》诗有"玉貌花红三百首"之句（《全唐诗》卷五二三），李频亦称其"逍遥蓬阁吏，才子复诗流"（《江上送从兄群玉校书东游》，《全唐诗》卷五八九）。但其出身清贫，屡应举不第。[5]"大中八年，以草泽臣来京，诣阙上表，自进诗三百篇"（《唐才子传》卷七），当本宋晁公武《郡斋读书志》卷一八著录《李群玉诗集》，一卷，有云："大中八年来京师，进诗三百篇。"[6]《全唐文》卷七九三载其《进诗表》，称献诗三百首，"谨诣光顺门昧死上进"，望有所举进。《全唐文》卷七五九载有令狐绹《荐处士李群玉状》："右，苦心歌篇，屏迹林壑，佳句流传于众口，芳声籍甚于一时。守道安贫，远绝名利。……臣绹等今日延英已面陈奏状，伏奉圣旨，令与一文学官者，臣等商量，望授弘文馆校书郎，未审可否。谨具奏闻，伏听敕旨。"传世之《李群玉诗集》，皆载有令狐绹此表。《四库全书总目》卷一五一集部别集类著录之《李群玉诗集》，提要有云："其集首载群玉进诗表及令狐绹荐状、郑处约所行制词。"即相传李群玉于大中八年进诗后得授弘文馆校书郎之职，即因令狐绹之荐。两《唐书》本传皆未载此事，现再加考辨。

按李群玉，两《唐书》无传，最早记李群玉得荐之事者，有两书，一为撰于五代末、北宋初之《北梦琐言》，其书卷六称李群玉"尝受知于相国河东裴公休，为其延誉，因进诗，授校书郎"。另一即《新唐书》卷六〇《艺文志》四，集部别集类所著录之《李群玉诗》三卷、《后集》五卷，云："字文山，澧州人。裴休观察湖南，厚延致之，及为相，以诗论荐，授校书郎。"后南宋两部书目，《郡斋读书志》卷一八亦具体记为："裴休廉察湖南，延郡中。大中八年来京师，进诗三百篇，休复论荐，授弘文馆校书郎。"《直斋书录解题》卷一九别集类著录《李群玉集》三卷，亦云"裴休以处士荐"。《唐诗纪事》卷五四亦有同记。即唐末五代至宋，均称为裴休举荐，未提及令狐绹。清修《全唐文》卷七九三亦载李群玉《进诗表》，《全唐文》于李群玉小传中亦谓"以裴休荐，徵拜校书郎"。按裴休，《旧唐书》卷一七七、《新唐书》卷一八二有传，《旧传》称其"善为文，长于书翰，自成笔法"，《新传》略同。《唐刺史考全编》卷一一六载其于会昌三年至大中元年（843—847）为湖南观察使。李群玉本澧州人，即今湖南省澧县。李群玉时当亦在长沙，有《长沙陪裴大夫登北楼》、《三月五日陪裴大夫泛长沙东湖》、《长沙陪裴大夫夜宴》等诗（皆载《全唐诗》卷五六九）。可见李群玉早已受裴休赏识，有交游。据《新唐书·宰相年表》，裴休于大中六年（852）为相，八年（854）十一月罢相，则李群玉于大中八年入京进诗，裴休正在相位。李群玉得到官职后，即撰有一诗，题为《始忝四座奏状闻荐蒙恩授官旋进歌诗延英宣赐言怀纪事呈同馆诸公二十四韵》（同上卷五六八），诗中云："昨忝丞相召，扬鞭指冥鸿。姓名挂丹诏，文句飞天聪。"据《新唐书·宰相年表》，大中八年上半年在相位者为令狐绹、崔铉、魏暮、裴休，故李群玉诗题中称"四座"。就上述材料，应为：李群玉因与裴休早有交识，时裴休正居相位，故特自湖南北上来京，献诗进表，经裴休推荐，就以令狐绹领衔，四位宰臣共上荐状，荐状中云"臣等商量"，即非令狐绹一人。故此荐状虽列令狐绹之名，实出裴休之荐，但令狐绹当时在宰臣中因居首位，当也具见其荐力。

又令狐绹任相时，又有诗人赵嘏进献诗：《上令狐相公》（《全唐诗》卷五四九）。赵嘏，两《唐书》无传，其行迹可参《唐才子传校笺》卷七《赵嘏传》谭优学笺。赵嘏亦有诗名，特别是"残星几点雁横塞，长笛一声人倚楼"，杜牧即特称为"赵倚楼"（《唐摭言》卷七《知己》条）。但赵嘏于会昌四年（844）登第后，仕迹仍不显，宣宗大中中，才仕为京郊之渭南尉，《唐才子传》即称其"卑宦颇不如意"。可能正因此，他就向令狐绹进诗，有云"前年风月满江湖"，即指绹前些年曾任湖州刺史。诗末二句云："不知机务时多暇，犹许诗家属和无。"表面上是叙友情，拟于机务之暇有所酬和，实含有求荐之意。按赵嘏另有《和令狐补阙春日独游西街》一诗（《全唐诗》卷五四九），云"左掖初辞近侍班，马嘶寻得过街闲"，末云"此时失意哀吟客，更觉风流不可攀"。令狐绹当于开成末、会昌初为右补阙（见前），时赵嘏以营求科举，滞留长安，与令狐绹有所交游，互有唱和。可能因早期已有交往，故大中时令狐绹为相，赵嘏又作诗进献。但未记载令狐绹对赵嘏进诗有何反响。

令狐绹于大中十三年（859）十二月罢相后，其仕迹亦甚繁，两《唐书》本传有具记，不复述，大致为历任河中晋绛节度使、宣武节度使、淮南节度使；懿宗咸通十二年（871）八月，以太子太保分司东都，十三年（872）为凤翔陇右节度使，不久即卒。

《新唐书·艺文志》未著录其著述。《全唐诗》卷五六三仅载其《登望京楼赋》一诗（七绝）。《全唐文》卷七五九载文三篇，即前所述之《请诏男滈就试表》（即《旧传》所载）、《荐处士李群玉状》，及《请申禁天门街左右置私庙并按品定庙室数奏》。

注释

〔1〕李商隐有《为令狐博士绪补阙绹谢宣祭表》，刘学

锴、余恕诚《李商隐文编年校注》（页 161），据前人笺注，谓令狐楚卒于开成二年十一月十二日，后朝廷命中使前往兴元宣祭，李商隐此表当作于十一月下旬。如此，则令狐绹于其父卒前已为左补阙，即已由左拾遗改为左补阙，非服阕后才授为左补阙。此似可订正《旧传》。

〔2〕《南部新书》，泰山出版社《中华野史》点校本，2000 年。

〔3〕此事详见傅璇琮著《李德裕年谱》，河北教育出版社，2001 年修订新版。

〔4〕见刘学锴、余恕诚《李商隐诗歌集解》，页 743；台北洪叶文化事业有限公司，1992 年。

〔5〕其生平事迹，可参《唐才子传校笺》卷七《李群玉传》羊春秋笺，中华书局，1990 年。

〔6〕《郡斋读书志》，孙猛校证，上海古籍出版社，1990 年。

郑 颢

郑颢，两《唐书》有传，见《旧唐书》卷一五九、《新唐书》卷一六五，附于其祖郑絪传后。郑絪，德宗、顺宗朝翰林学士，宪宗即位，擢迁为相（详见前传）。

两《唐书·郑絪传》皆记其子祗德，但仅提其名，未记事。今检吴钢主编《全唐文补遗》第六辑，[1]有卢辂所撰《唐故范阳卢氏荥阳郑夫人墓志铭》（页 174—175），此郑夫人即郑祗德女，撰者卢辂为其夫，故所记当可信。据《郑志》，此郑夫人卒于宣宗大中十二年（858）闰二月，其年五月葬。《郑志》具体记述祗德仕历，称其以门荫入仕，历任库部郎中、国子司业、河南少尹、汾州刺史、楚州团练，可补两《唐书》传之缺记。

两《唐书·郑絪传》传后记郑颢事甚简，均未记任翰林学士事，《新传》所记则仅十余字。《新唐书》卷七五上《宰相世系表》五上，记有郑颢，云字养正，两《唐书》传则未记其字号。

两《唐书》传皆载郑颢举进士及第，但未记年。清徐松《登科记考》卷二二武宗会昌二年（842），于进士及第郑诚名下引《淳熙三山志》所云"会昌二年郑颢榜进士郑诚"，即据此列郑颢为会昌二年进士科状元。

又前所引述之《荥阳郑夫人墓志》，有具体记叙郑颢者，称其"幼而爽晤，尝遇识者曰：'此儿神宇奥彻，必杰起其类，整志吾言。'长果博文强识，廿六首冠上第"。此为郑颢状元登科之最早第一手材料。按此云时年二十六，参据《淳熙三山志》，即会昌二年为二十六岁，则当生于宪宗元和十二年（817）。又据《郑志》，此郑夫人卒于大中十二年（858），年三十二，则生于文宗大和元年（827）。郑颢为其兄，故《郑志》所记合实。

《旧传》记其登进士第后，云："结绶弘文馆校书，迁右拾遗，内供奉，诏授银青光禄大夫，迁起居郎。尚宣宗女万寿公主，拜驸马都尉。"《新传》简记为："举进士，以起居郎尚万寿公主，拜驸马都尉。"《新唐书》卷八三《诸帝公主传》，宣宗女，亦记有万寿公主，云"下嫁郑颢"。皆未记年。《通鉴》卷二四八则明确记于大中二年（848），云："十一月庚午，万寿公主适起居郎郑颢。"《南部新书》壬卷亦记为："大中二年，以起居郎郑颢尚万寿公主。"以上皆记郑颢时为起居郎。但《旧唐书》卷一八下《宣宗纪》所记有异，记为大中四年，云："二月，皇女万寿公主出降右拾遗郑颢，以颢为银青光禄大夫、行起居郎、驸马都尉。"按据丁《记》，郑颢于大中三年二月二日，自起居郎充，即大中三年二月前为起居郎，与《通鉴》所记大中二年十一月万寿公主嫁于起居郎郑颢合。即大中二年十一月，郑颢已为从六品上之起居郎，又据丁《记》，郑颢于大中三年闰十一月又迁为右谏议大夫，右谏议大夫为正五品上。而《旧纪》记大中四年二月前郑颢仅为右拾遗（从八品上），尚万寿公主后才迁为起居郎，也仅从六品上，与丁《记》等所记官衔、时间均不合，《旧纪》此处所记当不确。

郑颢当于会昌二年进士登第后，历仕为弘文馆校书郎，右拾遗，于大中二年十一月任起居郎时尚万寿公主，旋即以起居郎召入为翰林学士。可见郑颢之所以能入为翰林学士，与其为驸马都尉有直接关系，这是唐时由驸马都尉入为翰林学士之又一例。此时郑颢已三十三岁，其时能尚公主，似亦不易。

据丁《记》，郑颢于大中三年二月二日入院，后于同年四月十日，以起居郎兼知制诰，又于闰十一月四日，"特恩迁右谏议大夫、知制诰"，即入院不到一年，就由从六品上之起居郎迁升为正五品上之右谏议大夫，故称"特恩"，当也与为驸马都尉有关。

又，据《新唐书》卷一一九《白敏中传》，郑颢之被选尚万寿公主，系出于白敏中的推荐："初，帝爱万寿公主，欲下嫁士人。时郑颢擢进士第，有阀阅，敏中以充选。颢与卢氏婚，将授室而罢，衔之。"《东观奏记》卷上、《唐语林》卷七亦皆有记，但未有《新唐书·白敏中传》所谓"时郑颢擢进士第"。据前所述，郑颢登进士第乃在会昌二年，即武宗朝，宣宗尚未立，何以能选驸马？可见《新唐书·白敏中传》此处所记亦不确。

丁《记》记郑颢于大中三年闰十一月四日迁右谏议大夫，

接云："四年十月七日，拜中书舍人，依前充。五年八月二日，授口庶子出院。""庶子"前空一字。今检前所引述之《郑夫人墓志》，记郑颢入院后，"自谏议大夫、知制诰转中书舍人，固辞出翰苑，守右庶子"。即可补丁《记》所缺之字。又此《志》所述郑颢在院时官阶迁转，即自谏议大夫、知制诰转中书舍人，亦与丁《记》合，由此亦可证此处所记，已为丁居晦出院之后，但仍就当时壁记实录，仍具史料性。

郑颢以右庶子出院，可能不久又改为中书舍人，并于大中九年（855）十一月改迁为礼部侍郎，以备翌年初知举。《旧唐书》卷一八下《宣宗纪》大中九年十一月记："以中书舍人郑颢为礼部侍郎。"

《旧传》亦记郑颢曾任礼部侍郎，并云"典贡士二年"，唯未记年。《新传》不仅未记郑颢任翰林学士事，于礼部侍郎知举亦一字未提，可见其甚有所缺。实则郑颢任礼部侍郎时，不仅有两年知举，且有登科记著作，为其一生之重要学术业绩。

徐松《登科记考》卷二二列郑颢于大中十年（856）知贡举，主要根据为：《唐才子传》记李郢于大中十年进士及第，《唐语林》称李郢为"郑尚书颢门生"。可以注意的是，郑颢不仅于大中十年初知举，并在此期间编撰《诸家科目记》一书，且于是年四月即上进于宣宗。《册府元龟》卷六四一《贡举部·条制》三，记云："（大中）十年四月，礼部侍郎郑颢进《诸家科目记》十三卷，敕付翰林，自今放榜后仰写及第人姓名及所试诗赋题目进入内，仍付所司逐年编次。"关于此事，宋王谠《唐语林》卷四稍有具体记述："宣宗尚文学，尤重科名。大中十年，郑颢知举，宣宗索登科记，颢表曰：'自武德以后，便有进士诸科，所传前代姓名，皆是私家记录。臣寻委当行祠部员外郎赵璘采访诸科目记，撰成十三卷，自武德元年至于圣朝。'敕翰林，自今放榜后，仰写及第人姓名及所试诗赋题目进入，仰所司逐年编次。"（《唐语林》此条据《东观奏记》卷上）

按郑颢所上表，谓此前所传之登科名录"皆是私家记录"，是。《新唐书·艺文志》三，记有三种：崔氏《唐显庆登科记》五卷，姚康《科第录》十六卷，李奕《唐登科记》二卷；又据《玉海》卷一一五《选举》引姚康《科第录叙》，在穆宗长庆前，就有十几种登科名录。此次郑颢主持、赵璘具体撰作之《诸家科目记》，当由官家有关机构编撰，汇集前此私家所编之好几种登科名录，故称"诸家"。且此次所编，历时极久，自唐初武德至大中年间，历二百余年，其所辑集除进士科外，当还有其他科目。这应当是唐人所编规模最大、历时最长，并较具规范性的登科记。由此亦可见，郑颢刚出翰林学士院，即有此学术见识，洵属不易。可惜此书后未存，《新唐书·艺文志》及宋时所编的几种书目如《崇文总目》、《郡斋读书志》、《直斋书录解题》，均未著录，当编就后存于宫中（或翰林学士院内），经唐几次战乱，被毁。[2] 郑颢后于大中十三年（859）又知贡举（徐松《登科记考》卷二二）。《旧传》称"典贡士二年，振拔滞才，至今称之"。当时应举及第者，确对其甚为钦仰。唐末五代初王定保《唐摭言》卷三有记："大中十年，郑颢都尉放榜，请假往东洛觐省，生徒饯于长乐驿。俄有记于屋壁曰：'三十骅骝一哄尘，来时不锁杏园春。杨花满地如飞雪，应有偷游曲水人。'"此诗未注著者姓名。按《全唐诗》卷五九〇李郢《春晚与诸同舍出城迎座主侍郎》，即此诗（第三句作"东风柳絮轻如雪"），唯《全唐诗》所载此诗，题作"迎"，据《唐摭言》，似应作"饯"。李郢，《郡斋读书志》（卷四）、《直斋书录解题》（卷一九）及《唐才子传》（卷八），皆记其为大中十年进士及第者，晚唐时有诗名，《金华子杂编》称其"诗调美丽"。由此，则郑颢于大中十年春知举后，赴洛阳省亲，及第诸生相聚饯送，还作诗刻写于驿站屋壁，确可观。

但关于郑颢知举情况，也有不同记载。孙棨《北里志》自序，有云："自大中皇帝好儒术，特重科第，故其爱婿郑詹事再掌春闱。"后又云："然率多膏粱子弟，平进岁不及三数人，由是仆马豪华，宴游崇侈。"《金华子》卷上："崔起居雍，甲族之子，少有令名，进士第，与郑颢齐名。士之游其门者多登第，时人语为崔雍、郑颢世界。"此亦为晚唐科试风习，可参前令狐绹传所叙其子滈事。不过《金华子》所记崔雍事，有可疑。崔雍，附见于《新唐书》卷一五九其父崔戎传后，未记其知举事，徐松《登科记考》亦未记其曾知举。故《金华子》所记崔雍、郑颢事，究属如何，待核。不过前所引述之《郑夫人墓志》，亦提及郑颢知举，云："上以公文学之领袖，乃命屈主文柄。其趋名者皆争出其下。既贡事毕，颇归人望。"此《志》为大中末所作，所谓"颇归人望"，则当时对郑颢知举是颇为肯定的。

《郑夫人墓志》记郑颢后由礼部侍郎改为户部侍郎、判户部事，"戚戚不乐"，不愿作此琐事，乃"亟拜诏，乞守闲职"，"上知公志不可夺，乃除秘书监"。郑颢以此闲职为"美迁"，"乃闭关自固，唯以艺植琴书为乐，人罕见其面"。《通鉴》卷二四九亦有记，而系于大中十年，云："户部侍郎、判户部、驸马都尉郑颢，营求作相甚切。其父祗德与书曰：'闻汝已判户部，是吾必死之年；又闻欲求宰相，是吾必死之日也。'颢惧，累表辞剧务。冬十月乙酉，以颢为秘书监。"据《通鉴·考异》，时其父祗德以太子宾客分司东都（与前所述郑颢知举后赴洛省亲合）。《通鉴》所记郑颢当时之心情与《郑夫人墓志》不同，可参。

《旧传》后记为："大中十三年，检校礼部尚书、河南尹。"据《旧唐书·懿宗纪》，在大中十三年（859）十月。按宣宗于此年八月卒，懿宗立，易代之际，郑颢为前朝驸马都尉，当然外出。《旧传》末云"未几，颢亦卒"，当在咸通初。

前已述，郑颢虽撰有《诸家登科记》，但《新唐书·艺文志》未有著录。《全唐文》卷七九一所载一文，《进科名记表》，即向宣宗上进《诸家科名记》者。

注释

〔1〕吴钢主编《全唐文补遗》，第六辑，三秦出版社，1999 年 5 月。

〔2〕关于郑颢编纂此书及唐登科记，详参傅璇琮著《唐代科举与文学》第一章《材料叙说；唐登科记考索》；陕西人民出版社，1986 年。

郑处诲

郑处诲，两《唐书》有传，见《旧唐书》卷一五八、《新唐书》卷一六五，皆附于其祖郑馀庆传后。郑馀庆，宪宗时曾为相；处诲父瀚，文宗时翰林侍讲学士（见前传）。

《旧传》记"处诲字延美"，《新唐书》卷七五上《宰相世系表》五上，亦作延美，而《新传》作廷美。杜牧有一诗，诗题颇长，首云：《道一大尹、存之学士、庭美学士简于圣明，自致霄汉……》（《樊川文集》卷二）。胡可先《杜牧诗文与唐史互证》一文对此有考，[1]谓此"庭美学士"即郑处诲，"庭"与"廷"通。杜牧此诗作于大中四年（850）初，时郑处诲在院为翰林学士（详后）。陶敏《全唐诗人名考证》

（页773）亦谓此庭美为郑处诲字。如此，则《旧传》、《新表》作"延美"，当为形讹。

《旧传》称郑处诲"于昆仲间文章拔秀，早为士友所推。大和八年登进士第，释褐秘府"。《新传》仅云"文辞秀拔"，未言应举事。清徐松《登科记考》卷二一即据《旧传》系于文宗大和八年（834）。

《旧传》记其登第后"释褐秘府"，亦可以杜牧诗佐证。杜牧有《东都送郑处诲校书归上都》诗（《樊川文集》卷三）："悠悠渠水清，雨霁洛阳城。槿堕初开艳，蝉闻第一声。故人容易去，白发等闲生。此别无多语，期君晦盛名。"据缪钺《杜牧年谱》，[2]此诗作于文宗开成元年（836），时杜牧为监察御史、分司东都。郑处诲当于大和八年进士及第后，经铨试，为秘书省校书郎（即《旧传》所云"释褐秘府"），开成元年曾有事至洛阳，与杜牧有交，归还长安时，杜牧特作诗饯送。秘书省校书郎为正九品上，官阶较低，故杜牧特以"此别无多语，期君晦盛名"慰勉之。由此亦可见郑处诲确为"文章拔秀，早为士友所推"，并与杜牧早有交往。

又据《旧唐书》卷一六八《韦温传》，郑处诲后于武宗会昌四、五年间（844—845）在韦温之宣歙观察使幕。[3]韦温后于会昌五年五月卒于任，郑处诲或即返朝。

《旧传》未提及郑处诲为外镇幕僚事，于"释褐秘府"后接云"转监察、拾遗、尚书郎、给事中"，未记翰林学士事。《新传》则更简略，应举及早期仕历，以及翰林学士，皆未记，仅云"仕历刑部侍郎、浙东观察、宣武节度使，卒"。晚唐时翰林学士，有时两《唐书》虽有传，但常缺记其入院之事者。

丁《记》记为："大中三年五月二十日，自监察御史里行充。七月十八日，迁屯田员外郎，依前充。闰十一月九日，三殿召对赐绯。四年八月五日，守本官出院。"岑氏《注补》已指出，拾遗为从八品上，监察御史为正八品下，而《旧传》记郑处诲之早期仕历，为"转监察、拾遗"，当不合官序，拾遗应在监察前。由此，郑处诲当于会昌五年五月后由宣歙幕入朝，受仕拾遗，后迁监察御史里行，旋即于大中三年（849）入为翰林学士。

郑处诲任职期间，杜牧即有诗上同在院中之郑处诲、毕諴及时任京兆尹郑涓，诗题为：《道一大尹、存之学士、庭美学士，简于圣明，自致霄汉，皆与舍弟昔年还往；牧支离穷悴，窃于一麾，书美歌诗，兼自言志，因成长句四韵呈上三君子》（《樊川文集》卷二）。据现有研究，[4]杜牧于大中四年（850）夏为吏部员外郎，因经济等各种原因，屡上书求任外州刺史（有《上宰相求湖州》三启），后即于是年秋出守湖州。杜牧此诗当作于大中四年夏秋间，即郑处诲于八月八日出院前。诗题中之"道一大尹"为京兆尹郑涓，"存之学士"为翰林学士毕諴，"庭美学士"即郑处诲。诗末云"若念西河旧交友，鱼符应许出函关"，表达出守的愿望。由此亦可见当时文士在仕途上多有期求翰林学士为其举荐者。

按郑处诲于大中三年五月入，四年八月即出院，在院仅一年余。杜牧后所作之《郑处诲守职方员外郎兼侍御史知杂事制》（《樊川文集》卷一七），曾有记："以尔处诲常（尝）居内庭，草具密命，自以疾去，于今惜之。"则郑处诲此次之出，乃以疾病告辞。此皆为两《唐书》本传未载，亦可见唐时制文之史料价值。

《旧唐书》卷一八下《宣宗纪》所记有一显误，其大中三年十一月记："以刑部侍郎韦有翼为御史中丞，以职方员外郎郑处诲兼御史知杂。"即以郑处诲仍仕为职方员外郎，但兼为侍御史知杂，隶于御史中丞韦有翼麾下。而据前所记述之丁

《记》，大中三年十一月，郑处海时仍在院中为翰林学士，他于大中三年五月二十日以监察御史入院，同年七月即改为屯田员外郎，并无职方员外郎衔。又杜牧有《郑处海守职方员外郎兼侍御史知杂事制》（《樊川文集》卷一七），中有引述御史中丞韦有翼上言："御史府其属三十人，例以中台郎官一人稽参其事，以重风宪。如曰处海族清胄贵，能文博学，人伦义理，无不讲求，朝廷典章，饱于闻见，乞为副贰，以佐纪纲。"宣宗遂接受韦有翼之建言，诏郑处海："有翼为尔之知己，余为有翼之德邻，上下交举，岂有私爱，勉修职业，所据非一。可守本官，兼御史知杂事，散官勋赐如故。"未提在院任翰林学士事，明确指出郑处海此前已在尚书省职方员外郎任。按大中三年杜牧确在京，但时任为司勋员外郎、史馆修撰，即在史馆任职，不可能撰写制文。大中五年秋，杜牧又由湖州刺史入为考功郎中、知制诰，六年改为中书舍人，在此期间即可撰制。今《樊川文集》卷一七至二〇，为制词，皆为大中五、六年间杜牧任考功郎中、知制诰及中书舍人时所作，卷一七即有《韦有翼除御史中丞制》。由此，则《旧纪》所记大中三年十一月韦有翼、郑处海授任事，当为大中五年十一月，《旧纪》以"五"讹为"三"。

由此，则郑处海于大中四年八月以屯田员外郎出院，后改为职方员外郎，五年十一月又应御史中丞韦有翼之辟，以职方员外郎兼侍御史知杂。

《旧传》又云："累迁工部、刑部侍郎，出为越州刺史、浙东观察使。"《新传》略同，但均未记年。《会稽掇英总集·唐太守题名》："郑处海：大中十二年七月自太子宾客授，十三年移工部尚书，充浙西观察使。"《嘉泰会稽志》记为："郑处海：大中十二年七月自刑部侍郎授，十二月移浙西观察使。"两书所记稍有异，但大致属实。两《唐书》本传记郑处海由刑部侍郎授浙东观察使，与《嘉泰会稽志》合，唯两《唐书》本传缺记由浙东改浙西事。按罗隐后于懿宗咸通年间在汴州作有《投宣武郑尚书二十韵》（《罗隐集·甲乙集》，页167），[5] 即记郑处海连续任浙东、浙西二镇："绛霄无系滞，浙水忽西东。庾监高楼月，袁郎满扇风。四年将故事，两地有全功。"罗隐本为钱塘人，生于文宗大和七年（参据《唐才子传校笺》卷九《罗隐传》周祖譔、吴在庆笺），大中十二年为二十七岁。

两《唐书》本传又记郑处海于浙东观察使后为汴州刺史、宣武节度使，不仅缺记浙西，又缺记于懿宗咸通三年（862）十一月以吏部侍郎试博学宏词选人事，此事见《旧唐书》卷一九上《懿宗纪》咸通三年十一月："以吏部侍郎郑处海、萧倣、吏部员外郎杨俨、户部员外郎崔彦昭等试宏词选人。"此时博学宏词已非制举，为吏部铨试，故以吏部主持。由此可知，郑处海当于咸通初又自浙西返朝，于咸通三年已为吏部侍郎。此后，约咸通五至八年间（864—867）为汴州刺史、宣武节度使（参《唐刺史考全编》卷五五河南道汴州）。

郑州海在汴州为宣武军节度使时，曾拟辟罗隐为其幕僚。按罗隐出身清贫，多年应举不第，其作于咸通十三、四年间之《投湖南王大夫启》即感慨云："一枝仙桂，尝欲觊觎；十年恸哭于秦庭，八举摧风于宋野。"（《罗隐集·杂著》）[6] 又据其《陈先生后集序》（《罗隐集·杂著》），他于咸通五年甲申（864）自长安至洛阳，即献诗于郑处海：《投宣武郑尚书二十韵》（《罗隐集·甲乙集》，页167），有对其在翰苑供职时之钦仰："翰苑论思外，纶闱啸傲中。健毫惊彩凤，高步出冥鸿。"后即望其举荐："骑儿逢郭伋，战士得文翁。人地应无比，箪瓢奈屡空。因思一枝桂，已作断根逢。往事应归捷，劳歌且责躬。"当时作为宣武节度使的郑处海拟辟其在幕府供职，罗隐又上进《辞宣武郑尚书启》（《罗隐集·杂著》，页301），一方面致谢，一方面表示另谋仕途。郑处诲卒后，罗隐又曾有诗缅怀，题为《故洛阳公镇大梁时，隐得游门下，今之经历，事往人非，聊抒所怀，以伤以谢》（《罗隐集·甲乙集》，页51），[7] 诗云："孤舟欲泊思何穷，曾忆西来值雪中。朱履少年初满座，白衣游子也从公。狂抛赋笔琉璃冷，醉倚歌筵玳瑁红。今日斯文向谁说，泪碑棠树两成空。"由此也可见郑处诲对晚唐清贫文士的眷顾。

两《唐书》本传皆谓其卒于宣武节度使任。《宝刻丛编》卷六怀州，有《唐太子太师裴休神道碑》，署"唐宣武节度副大使处诲撰，右散骑常侍韩琮书"。据《集古录目》，碑以咸通八年（867）立，此碑文，今不存。据两《唐书》裴休本传，其卒年不详，但由此可知，郑知诲作此碑文在咸通八年，仍在宣武节镇任。又据《旧唐书·懿宗纪》，咸通九年正月，以李蔚为汴州刺史、宣武节度使，则郑处诲当于咸通八年卒于任。

《全唐文》卷七六一载其文二篇。一为《授郑薰礼部侍郎制》，据徐松《登科记考》卷二二，郑薰于大中八年以礼部侍郎知贡举，则郑处诲作制文当在大中七年秋冬间。而据前所述，郑处诲于大中五年十一月任职方员外郎兼侍御史知杂，后迁工部侍郎，以其所任官职，似未能撰此制词，俟考。另一篇为《邠州节度使厅记》，末署"大中二年三月二十日记"。按文中云"廷议以我季父尚书公前为夏帅……迁镇是军"，据《旧唐书·宣宗纪》，大中十一年二月，"以夏绥银宥节度使……夏州刺史……郑助为……邠州刺史，充邠宁庆节度"。又据《新唐书》卷七五上《宰相世系表》五上，处诲父澣，澣弟渤，则《旧纪》之郑助当即郑渤，故《厅记》称其为季父。由此，则《全唐文》所载此文，其所署"大中二年"应为

"大中十二年"，于"二"字前缺"十"字。由此亦可对《全唐文》加以订正。

郑处诲值得一提的，是著有《明皇杂录》。《旧传》记谓："处诲方雅好古，且勤于著述，撰集至多。为校书郎时，撰次《明皇杂录》三篇，行于世。"《新传》亦有记："先是，李德裕《次柳氏旧闻》，处诲谓未详，更撰《明皇杂录》，为时盛传。"《新唐书》卷五八《艺文志》二，史部杂史类，著录郑处诲《明皇杂录》二卷。《旧传》谓郑处诲于校书郎时撰此书，则为早期之作。但宋陈振孙《直斋书录解题》卷五杂史类著录此书，虽亦云"唐校书郎郑处诲撰"，但又云"大中九年序"，即成稿于宣宗大中九年。但后所传各本，皆未有其序。关于此书，清《四库全书总目》卷一四〇子部小说家类著录，提要中对其所记失实，有所评议，但仍云："然小说所记，真伪相参，自古已然，不独处诲，在博考慎取之，固不能以一二事之失实，遂废此一书也。"此书不仅为史料笔记，也为传奇小说，就文学的角度，也值得探讨。中晚唐时翰林学士，多有传奇及笔记小说之作，也值得研究。关于此书之流传及版本情况，可参阅《四库全书总目提要》及中华书局1999年出版之《明皇杂录》点校者田建柱"点校本说明"，此处不再复述。

注释

〔1〕文载胡可先所著《杜牧研究丛稿》，人民文学出版社，1993年。

〔2〕缪钺《杜牧年谱》，人民文学出版社，1980年。

〔3〕韦温为宣歙观察使在会昌四、五年间，可参《唐刺史考全编》卷一五六江南西道宣州。又《旧唐书·韦温传》谓韦温于武宗时为吏部侍郎，后因替李汉说情，为李德裕不

满，"居无何，出温为宣歙观察使，辟郑处诲为观察判官，德裕愈不悦"。按所谓"德裕愈不悦"，不确。《新唐书》卷一六九《韦温传》及杜牧《韦公（温）墓志铭》（《樊川文集》卷八），皆未有记。

〔4〕参缪钺《杜牧年谱》，吴在庆《杜牧论稿》，胡可先《杜牧研究丛稿》，及傅璇琮主编《唐五代文学编年史·晚唐卷》。

〔5〕《罗隐集·甲乙集》页167；雍文华校辑本，中华书局，1983年。

〔6〕《罗隐集·杂著》，又参《唐才子传校笺》卷九《罗隐传》周祖譔、吴在庆笺，中华书局，1990年。

〔7〕陶敏《全唐诗人名考证》页904，谓此诗题之"洛"当为"荥"之误，郑处诲为馀庆孙，馀庆荥阳人，封荥阳郡公，故未能称其为洛阳公。

崔慎由

崔慎由，两《唐书》有传，见《旧唐书》卷一七七、《新唐书》卷一一四。《旧传》记其字敬止，《新传》与《新唐书》卷七二下《宰相世系表》二下，所记同。又《旧传》记其为"清河武城人"，《新传》云"齐州全节人"。据《元和郡县图志》，清河县属河北道贝州（卷一六），齐州全节属河南道（卷十），所记有异。

关于崔慎由生平事迹，有一出土墓志，值得注意。按《全唐文》未载有崔慎由文，三秦出版社于1998年5月出版之《全唐文补遗》第五辑（吴钢主编），页43著录有《唐太子太保分司东都赠太尉清河崔府君墓志》，云"墓主自撰"。

按此志全文不可能全由墓主自撰，即其所卒月日及卒后葬事，当由其家人所补（详见后）。此志当为崔慎由于重病时记述，其前文叙其生平事迹，则间可补正两《唐书》本传。如首云"慎由字敬止，代为清河武城人"，清河武城当为其郡籍，与《旧传》合，即可佐证《旧传》，并订正《新传》。

又其自撰志云："咸通九年六月廿九日，终于河南府洛阳县履道里，年六十五。"两《唐书》本传皆未记其卒年及年岁。由此推算，则其当生于德宗贞元二十年（804）。

《旧传》记其"大和初擢进士第，又登贤良方正制科"。《新传》则仅云"由进士第擢贤良方正异等"，未记年。清徐松《登科记考》卷二〇即据《旧传》系于文宗大和元年（827）。

据前所考述之生年，进士登第时为二十四岁。又《唐会要》卷七六《制科举》，记大和二年闰三月贤良方正能直言极谏科，有崔慎由，《登科记考》卷二〇即据此及《册府元龟》系崔慎由于本年登制科。又本年应贤良方正科者有刘蕡，《通鉴》卷二四三大和二年有记，称其对策极言宦官专横之弊，"考官左散骑常侍冯宿等见刘蕡策，皆叹服，而畏宦官，不敢取"。此为有唐一代制举对策之突出事件。

《通鉴》卷二四三大和二年又记："贤良方正裴休、李郃、李甘、杜牧、马植、崔玙、王式、崔慎由等二十二人中第，皆除官。"则崔慎由当于大和二年制举登科后授官入仕。唯《旧传》仅笼统叙为"释褐诸侯府"，即曾在方镇幕府任职，《新传》则具体记云"郑滑高铢辟府判官"。按据《旧唐书》卷一六八《高铢传》，高铢于文宗大和八年前均在朝，未出镇（《新唐书》卷一七七传同），大和九年五月才出为浙东观察使，后又历任他镇，于开成五年（840）才为滑州刺史、义成节度使（《唐刺史考全编》卷五七河南道滑州），已在崔慎由贤良方正登科后十二年，《新传》记其登科后，即由"郑滑高铢辟府判官"，当不确。

其自撰墓志，则于直言极谏制科后，历记其仕迹，云："历秘书省正字、试太常寺协律郎、剑南东川节度推官、浙江东道观察判官、试大理评事、山南东道观察推官，入台为监察御史、试秘书省校书郎、兼殿中侍御史、义成军节度判官，复入台为监察御史，转殿中侍御史、兼集贤殿直学士、尚书户部员外郎，学士如故，吏部员外郎、考功员外郎知制诰、职方郎中知制诰。"由此可知，其应辟为义成（郑滑）节度判官前，已历任中外不少职事。

丁《记》记为："大中三年六月八日，自职方郎中、知制诰充。"即前所引述之自撰墓志，曾任职方郎中、知制诰，而之前为考功员外郎。而两《唐书》本传皆记其先曾任右拾遗，后为员外郎、知制诰，自撰墓志未记其曾任右拾遗者。

丁《记》记其入院后，接云："（大中三年）九月六日，拜中书舍人，依前充。十二月九日，守本官出院。"即入院后，历三月，由从五品上之职方郎中迁为正五品上之中书舍人，而《旧传》则记其入院前已为中书舍人，以中书舍人召为翰林学士，则又为一误。

又《新唐书》记崔慎由在翰林学士任期内一事，亦有一明显错误，即卷二○七《宦者上·仇士良传》，记宦者仇士良与鱼弘志于大和九年十一月甘露事变后，"愤文宗与李训谋，屡欲废帝。崔慎由为翰林学士，直夜未半，有中使召入，至秘殿，见士良等坐堂上，帷帐周密，谓慎由曰：'上不豫已久，自即位，政令多荒阙，皇太后有制更立嗣君，学士当作诏。'慎由惊曰：'上高明之德在天下，安可轻议？慎由亲族中表千人，兄弟群从且三百，何可与覆族事？虽死不承命。'士良等默然，久乃启后户，引至小殿，帝在焉。士良等历阶数帝过失，帝俛首。既而士良指帝曰：'不为学士，不得更坐此。'

乃送慎由出，戒曰：'毋泄，祸及尔宗。'慎由记其事，藏箱枕间，时人莫知。将没，以授其子胤，故胤恶中官，终讨除之，盖祸原于士良、弘志云。"此事记叙得富有情节，甚为动人，实则基本事实完全错。据前述，崔慎由于宣宗大中三年始入为翰林学士，而文宗大和、开成年间，他不过历在方镇幕府供职，何能在宫中以翰林学士为宦者仇士良所胁，使其撰制诏文，废文宗帝位？

按《通鉴》卷二四五大和九年十一月，有《考异》，引皮光业《见闻录》，亦具叙此事，司马光指出"《新传》承皮《录》之误"。可见《新唐书》此处所记，完全抄袭唐末五代之稗志、小说。又《通鉴·考异》所引之皮光业《见闻录》，记崔慎由事，另有一误，即称"崔慎由以元和元年登第"，实则据前记述，崔慎由为文宗大和元年登第，且崔慎由生于贞元二十年（804），元和元年（806）时年仅三岁，可见《见闻录》所记甚为显误。[1]

按皮光业为晚唐诗人皮日休子，清吴任臣《十国春秋》卷八六有传，记其唐亡后仕于吴越，五代晋天福二年（937）曾任吴越国宰相，八年（943）去世。《传》称"所撰《皮氏见闻录》十三卷，行世"。《郡斋读书志》卷一三小说类，著录有《皮氏见闻录》五卷，云："右五代皮光业撰。唐末为余杭从事，记当时诡异见闻，自唐乾符四年，迄晋天福二年。"此书后未存。晁《志》评其书"诡异见闻"，则确多不可信者。

崔慎由在院仅半年，实未有业绩。后于大中十年（856）十二月为相时，《全唐文》卷七九宣宗《授崔慎由平章事制》，中称其在院任职："泪擢参内署，润色王猷，忠说尽规，诚明纳诲。"后大中十二年（858）二月出任剑南东川节度使，宣宗之诏，亦称其"自居名器，累历清华，禁林才擅于多能，纶阁词推于巨丽"（《旧传》），虽为赞词，实为一般。

　　据两《唐书》本传，崔慎由出院后，累历方镇，后入朝，于大中十年十二月为工部尚书、同中书门下平章事（《新唐书》卷六三《宰相年表》）。《旧传》记其任相时，又有一误，谓："初，慎由与萧邺同在翰林，情不相洽，及慎由作相，罢邺学士。"即任相时将萧邺排斥出院。按崔慎由于大中十年十二月至十二年二月在相位，而萧邺第二次入院在大中五年正月，于八年十二月出院（见前萧邺传），即崔慎由入相时，萧邺已于两年前出院，何以云崔慎由任相时即迫使萧邺出院。此亦为《旧传》显误，《新传》则未有记。

　　不过两《唐书》本传均记，崔慎由任相后，萧邺亦于大中十一年七月入相（《新唐书·宰相年表》），因与崔有隙，乃又引刘瑑入相（《新表》记为十二年正月），即谋使崔慎由罢相出镇。此与当时情事相合，或即与当初共在院中相处不洽有关。

　　此后，崔慎由又历任华州刺史、河中节度使，《旧传》末云："入为吏部尚书，移疾请老，拜太子太保、分司东都，卒。"按前所引之自撰墓志，确累叙其仕历，但未记年，末云："咸通九年六月廿九日，终于河南府洛阳县履道里，年六十五。"当为其家属补记。

　　《新唐书·艺文志》未著录其著述。除前所记述之自撰墓志，亦未有诗文载记。

注释

　　〔1〕按王谠《唐语林》卷三亦有一条记崔慎由此事，即据皮光业《见闻录》。《唐语林》此条又云："崔慎由以元和元年登第，至开成已入翰林。"即记其登第年及入院年，均误。《唐语林校证》（中华书局，1987年）未提及此误。

郑 薰

郑薰，《新唐书》有传，见卷一七七。《新传》："郑薰字子溥，亡乡里世系。"按《全唐文》卷七六一郑处诲《授郑薰礼部侍郎制》，有云："高阳茂族，通德盛门；秉庄氏之遗风，蕴名卿之品业。"则亦出名门，但亦未记其郡籍。

又《新传》仅言"擢进士第"，未记年，故清徐松《登科记考》卷二七列于已登第未记年者。岑仲勉对郑薰之及第年有考，其《唐史馀瀋》卷三《郑薰大和二年进士》条，[1]引赵璘《因话录》卷六所载："子溥又自说，应举时曾梦看及第榜，榜上但见大书'凤'字。大中元年冬，求解凤翔，偶看本府乡贡士纸之首，便是'凤'字。至东都，试《缑山月夜闻王子晋吹笙》诗，坐侧诸诗悉有'凤'字，明年果登第焉。子溥，郑公之子。"徐松《登科记考》卷二〇即因文宗大和二年（828）于洛阳试举，即以《因话录》此条所记"大中"字改正为"大和"，而系郑子溥为大和二年进士及第者。岑氏考谓"子溥，郑公之子"，"子"应为"字"，即据《新传》所记郑薰字子溥，因此据以考谓大和二年进士及第者非郑子溥，而为郑薰。黄震玉《〈登科记考〉甄补》（《文教资料》1996年第4期）及孟二冬《登科记考补正》即据岑说，谓郑薰于大和二年进士及第。

又，《因话录》记子溥于大和元年冬"求解凤翔，偶看本府乡贡士纸之首，便是'凤'字"。按唐科举制，举子一般应由本籍贯举，郑薰既然"求解凤翔"，且言及"本府乡贡"，则郑薰之郡籍或即为凤翔，此亦可补《新传》所谓"亡乡里"。

《新传》于"擢进士第"后，即云"历考功郎中、翰林学士"。按据丁《记》，郑薰"大中三年九月十八日，自考功郎中充"。自大和二年（828）进士及第，至大中三年（849）为翰林学士，其间有二十年，《新传》对此期间之仕历却一无所记。今据有关史料，略考如下。

明陶宗仪《古刻丛钞》著录有《张公洞壁记》，后有题名："前检校户部郎中兼兴元少尹摄御史中丞赐紫金鱼袋杨汉公。岭南观察推官试秘书省校书郎郑薰。"杨汉公，两《唐书》有传（《旧唐书》卷一七六、《新唐书》卷一七五），曾在兴元李绛幕府，"绛死，不与其祸，迁累户部郎中、史馆修撰"（《新传》）。据《旧唐书·文宗纪》，李绛任兴元尹、山南西道节度使在大和三年（829）正月，大和四年（830）二月，兴元军乱，李绛被害。杨汉公题名，于兴元少尹加"前"，当为李绛遇害，杨尚未改新职时，即大和四年二月之后。郑薰所题，当亦大致同时，即大和四、五年间，时已于岭南幕府任职（岭南观察判官）。清《四库全书总目》卷八六史部目录类著录《古刻丛钞》一卷，提要对此书颇为肯定，谓"是书摭拾佚文，首尾完具，非惟补金石家之缺漏，即读史谈艺，亦均有裨矣"。由此可知，郑薰于大和二年登第后，于大和四、五年间在岭南幕府。

约再过十余年，会昌六年（846），在台州刺史任，与诗人许浑有交往。《赤城志》："会昌六年，乔庶、郑薰。"《唐刺史考全编》卷一四四江南东道台州，据《唐文拾遗》卷三〇宋诚《苍山庙记》，记乔庶于会昌四年（844）冬就任台州刺史，则会昌六年（846）当为郑薰。许浑有《陪越中使院诸公镜波馆饯明台裴郑二使君》诗，罗时进《丁卯集笺证》卷三，[2] 及陶敏《全唐诗人名考证》，皆考定此郑使君为郑薰，许浑于会昌年间曾再游越中。

此五律诗前四句云："倾幕来华馆，淹留二使君。舞移清夜月，歌断碧空云。"极写宴饯之盛。许浑又有单独陪郑薰泛舟而游者，有《陪郑使君泛舟晚归》（《丁卯集笺证》卷五）。由此可见郑薰入院前即与文士有交往。

郑薰于大中初又任漳州刺史。《全唐文》卷七九一王讽《漳州三平大师碑铭并序》，记三平大师义中，"宝历初到漳州，州有三平山"，因建为寺；武宗时禁佛，"大师至于三平深岩。至宣宗皇帝稍复佛法，有巡礼僧常肇、惟建等二十人，刺史故太子郑少师薰俾葳其事"。则为宣宗即位初复佛时。《闽书》卷二九《漳州》，更具体记"大中三年本州刺史郑薰"。

据此，则郑薰于大中初在漳州刺史任，大中三年初入朝，改任考功郎中，三年九月十八日，即自考功郎中入为翰林学士。

丁《记》记郑薰于大中三年（849）九月十八日自考功郎中入院后，接云："（同年）闰十一月二十七日，特恩加知制诰。四年十月七日，拜中书舍人，并依前充。十三日，守本官出院。"于大中四年（850）十月七日由考功郎中（从五品上）迁升为中书舍人（正五品上），而仅数日，即出院，不知何故。在院亦仅一年，而后于七年（853）秋冬间任礼部侍郎（详后），郑处海草撰之《授郑薰礼部侍郎制》（《全唐文》卷七六一），先赞誉其文才："文谐骚雅，鼓吹前言，誉洽搢绅，领袖时辈"，后又称其入院时业绩："叠中词科，亟升清贯；持橐列金华之侍，挥毫擅紫闼之工。"

郑薰在院期间未传存草撰之制文，可以注意的是，他于出院后任中书舍人时，却应命撰有《内侍省监楚国公仇士良神道碑》（《全唐文》卷七九〇）。按仇士良卒于会昌三年（843）六月，四年正月葬。武宗时李德裕为相，对宦官有所抑制，《新唐书》卷二〇七《宦者上·仇士良传》称"李德裕得君，士良愈恐"，甚至"死之明年，有发其家藏兵数千物，诏削官爵，籍其家"。而宣宗却于大中五年（851）特命郑薰为撰神道碑文，文云："皇帝念功轸虑，录旧申恩。惟楚公永贞时祖宫有翼戴之劳，元和时宣徽有委遇之渥。今则已悲封树，未刻松铭，乃命举其殊庸，勒在贞石，用传不朽，昭示将来。特诏词臣，俾其撰述。臣薰恐惶直叙，不敢虚美，谨为铭曰。"虽云"不敢虚美"，实则文中叙其一生，过溢之极，特别是提及甘露事变，称诛灭所谓逆臣，"莫不习苞恢网，同抵国章，由是宗社乂宁，中外协睦"，完全与时论相背。按宣宗为宪宗子，仇士良于顺宗时极力反对王叔文新政，策划立宪宗为太子、接位，故郑薰所撰此碑文称其"永贞时祖宫有翼戴之劳"。又仇士良在武宗朝因受李德裕抑制，卒后且被削官籍，宣宗是一反前朝之政的，故亦特为仇士良立碑。郑薰时当仍在中书舍人任，故应命撰写，自称词臣，这也是中书舍人的职责，也是中晚唐时中书舍人职能备受重视的表现。

郑薰时当甚为宣宗宠信，故即由中书舍人（正五品上）擢迁为工部侍郎（正四品下），后又转任礼部侍郎，知贡举。

郑薰于大中八年（854）知举试，唐宋时皆未有记年。《唐才子传》卷八《刘沧传》记有"大中八年礼部侍郎郑薰下进士榜"。元辛文房作此书时，曾辑存有唐人登科记材料，故记唐时文士，多记有登科材料。[3]徐松《登科记考》卷二二即据此及《唐摭言》等所载，记郑薰于大中八年以礼部侍郎知举。郑处海《授郑薰礼部侍郎制》（《全唐文》卷七六一），先称其"中散大夫、尚书工部侍郎"，当于大中七年秋冬间先由工部侍郎转任礼部侍郎，后即于八年初知举。

不过《新传》后又称郑薰"再知礼部举"，即于大中八年后又曾知举，实则据现有史料，郑薰知举仅大中八年一次。不过《新传》谓郑薰大中八年知举时，"引寒俊，士类多之"，是合实的。如此年进士登第者刘沧，出身清寒，多年应举不第，《唐才子传》卷八《刘沧传》记刘沧于此年及第后，谒谢座主郑薰，郑薰答："初谓刘君锐志，一第不足取。故人别来三十载不相知闻，谁谓今白头纷纷矣。"刘沧及第后曾任华原县尉，后辞任时，曾上诗郑薰：《罢华原尉上座主尚书》（《全唐诗》卷五八六），又致对座主怀念之情，诗末云："白露黄花岁时晚，不堪霜鬓镜前愁。"则其及第时确已为中老年。刘沧于晚唐时亦有诗名，宋严羽《沧浪诗话》称"马戴在晚唐诸人之上，刘沧、吕温亦胜诸人"。明《艺苑卮言》卷四："权德舆、武元衡、马戴、刘沧五言，皆铁中铮铮者。"[4]由此亦可见郑薰知举时确能甄辨人才，这也是唐翰林学士出院后知科举试之一例。

《新传》记郑薰于翰林学士后，"出为宣歙观察使"，即郑薰出院后即出任宣歙观察使。实则据前考述，郑薰于大中四年十月出院，五年仍在中书舍人任，后迁为工部侍郎，大中七年秋冬间改为礼部侍郎，八年初知礼部贡举，而在宣歙观察使前又曾任河南尹。可见《新传》甚有缺记。《全唐文》卷七九〇载郑薰《祭梓华府君神文》，有云："薰以丙子岁自河南尹蒙恩擢授宣歙观察使。"丙子为大中十年（856）。由此则郑薰于大中八年初知举后，曾任河南尹（洛阳），大中十年改任宣歙观察使（宣州）。[5]在宣州时，郑薰又有一项文化建设工程，即将颜真卿于大历六年（771）经过宣州溧水县时所题一诗，因担心其字迹受损，移于另一处，以备观赏，作有《移颜鲁公诗记》（《全唐文》卷七九〇），具体记叙。文中记此事为"大中之丁丑岁"，即大中十一年（857）。但《全唐文》所载此文，文末署为"大中十二年十一月十九日宣歙池观察使检校右散骑常侍兼御史大夫郑薰记"。按大中十二年七月宣州兵

乱，郑薰出走（详后），不可能于十二年十一月仍在任。今检
《宝刻丛编》卷一五"宣州"，据《复斋碑录》，著录有："唐
郑薰记颜鲁公题蒲塘客旅：唐宣歙池观察使郑薰记，大中十一
年十一月十九日。"由此可确证《全唐文》所载此文，"十二
年"为"十一年"之误。又文中记云："颜鲁公既用贞鲠为元
载所忌，由刑部尚书贬夷陵郡别驾。大历六年，又以前秩转庐
陵郡，道出宣州之溧水县。县之南经古烈士左伯桃墓，节概交
感，即于墓下作诗一首，自题于蒲塘之客舍。词韵凄激，点画
崝壮，穷国艺之奇事。"可惜清编《全唐诗》及今人所编《全
唐诗补编》皆未有此诗。当后迭经战乱，被毁，后藉郑薰此
文，可见颜真卿于代宗大历时道经宣州溧水县作有诗，此亦为
书法家颜真卿研究之甚有参考价值之史料。

《新传》记郑薰任宣歙观察使，"前人不治，薰颇以清力
自将。牙将素骄，共谋逐出之，薰奔扬州"。《新唐书》卷八
《宣宗纪》大中十二年："八月，宣歙将康全泰逐其观察使郑
薰，淮南节度使崔铉兼宣歙池观察处置使以讨之……十月，康
全泰伏诛。"《通鉴》卷二四九所记同，唯记于十二年七月。
宣州之乱虽很快平定，但郑薰仍以此贬责，《新传》称"贬棣
王府长史，分司东都"。

《全唐诗》卷五四七载有郑薰《赠巩畴诗》，五言十二韵，
记"己卯冬十一月半"，仍"休居洛师，锁扉独静"。己卯为
大中十三年（859）。是年八月宣宗卒，懿宗立。则此年冬，
仍在洛阳任。《新传》记云："懿宗立，召为太常少卿，擢累
吏部侍郎。"但郑薰屡有辞，"后以太子少师致仕"。卒年不
详。杜宣猷《郑左丞祭梓华府君碑阴记》（《全唐文》卷七六
五）。文末署"咸通七年七月十一日宣歙观察使兼御史大夫杜
宣猷记"，文首称"今左丞郑公"，即懿宗咸通七年（866）七
月，郑薰仍仕为左丞，后以太子少师致仕，则其卒当在咸通后期。

值得注意的是，郑薰于咸通中虽年老退居，但仍有文士与之交往。如张乔有《隐岩陪郑少师夜坐》（《全唐诗》卷六三八），首二句云"幸喜陪驺驭，频来向此宵"，按《新传》记有"既老，号所居为隐岩"，则张乔乃常至郑薰居处拜谒。张乔亦为池州人（郑薰即曾为宣歙池观察使），多年应试不第，《唐诗纪事》卷七〇《张乔》条称其有诗名，咸通中与许棠、郑谷等，被称为"十哲"，即世所传之"咸通十哲"。《唐摭言》卷十称张乔"诗句清雅"，时无与伦者。[6]另李频有《奉和郑薰相公》（《全唐诗》卷五八七），题下校云"一本此下有'七松亭'三字"。《新传》即记郑薰晚年退居于隐岩时，特植松于庭，"号'七松处士'云"。《南部新书》戊卷亦有记："郑少师薰于里第植小松七本，自号七松处士，异代可代五柳先生。"则李频所叙亦为郑薰所居之隐岩者。诗题云"奉和"，则郑薰此前已有诗赠与李频。唯《全唐诗》所载此诗，诗题称"相公"，则误，因郑薰未曾任相（陶敏《全唐诗人名考证》页873亦已指出）。按李频于大中八年进士及第，此年郑薰知举，当为其座主，李频为其门生，故甚有交谊。[7]

更值得一提的是，郑薰所居之隐岩，经唐末多次战乱（如黄巢军攻占长安），毁坏，唐末知名诗人郑谷，曾游历其故居遗址，作有一诗，深致感怀之情：《故少师从翁隐岩别墅乱后榛芜感旧怆怀遂有追记》，[8]五言长句。诗称郑薰任翰林学士、中书舍人时，"密行称闺闱，明诚动搢绅。周旋居显重，内外掌丝纶"。又特称其知举时，"生徒得李频"。于"寄鹤眠云叟，骑驴入室宾"句下自注："（张）乔诗苦道贞，孤卿延于门下"。此可参前所引述之张乔《隐岩陪郑少师夜坐》诗，可见郑薰曾主动招张乔至其居，共商诗文。特别是诗中"僻与段卿亲"句，句下自注云："段少常成式奥学辛勤，章句入微，孤卿为前序"。段成式为文宗朝宰相段文昌之孙，与李商隐、温庭筠均工骈文，又著有《酉阳杂著》。就郑谷注，则郑薰将段成式之文学成就置于前列。

又据前所述，郑薰于大中八年以礼部侍郎知举后，出为河南尹，薛能时有《寄河南郑侍郎》诗（《全唐诗》卷五五九），陶敏《全唐诗人名考证》（页843）谓此郑侍郎即郑薰，是。按薛能亦以诗擅称，据《唐才子传》卷六，薛能于会昌六年（846）及进士第，后历仕方镇幕府，《郡斋读书志》卷一八著录《薛能集》十卷，注谓"李福镇滑，表署观察判官"（《唐诗纪事》卷六〇所记同）。据《唐方镇年表》，李福于大中八年至咸通二年为滑州刺史、义成节度使。则薛能于大中八、九年间去滑州义成节镇幕，与洛阳近，闻郑薰仕为河南尹，故特献寄一诗，中云："大雅何由接，微荣亦已逃。寒窗不可寐，风地叶萧骚。"既抒有郁郁不得志之感，也寓望其荐引之意。

由上所述，可见宣宗朝翰林学士中，与当时诗文名家有如此广交深情，如郑薰那样，是极为少见的。

《新唐书·艺文志》未著录其著述，《全唐诗》、《全唐文》所载，前已述及。

注释

〔1〕岑仲勉《唐史馀瀋》，上海古籍出版社，1960年。

〔2〕罗时进《丁卯集笺证》，江西人民出版社，1998年。

〔3〕此可参傅璇琮主编《唐才子传校笺》前言，载第一册，中华书局，1987年。

〔4〕参《唐才子传校笺》卷八《刘沧传》梁超然笺，中华书局，1990年。

〔5〕岑仲勉《郎官石柱题名新考订》（上海古籍出版社，1984年）页80，谓"郑薰出为宣歙观察在大中三年九月前"，

仅一句，未有论证，当误。

〔6〕关于张乔事，可参《唐才子传校笺》卷十《张乔传》周祖譔、贾晋华笺，中华书局，1990年。

〔7〕参《唐才子传校笺》卷七《李频传》梁超然笺，中华书局，1990年。

〔8〕《郑谷诗集笺注》卷二，严寿澂、黄明、赵昌平笺注，上海古籍出版社，1991年。

毕　诚

毕诚，两《唐书》有传，见《旧唐书》卷一七七、《新唐书》卷一八三。

《旧传》："毕诚者，字存之，郓州须昌人也。"据《元和郡县图志》卷十，郓州属河南道，有须昌县（今山东东平县）。《新传》未载其郡籍，有云："凌生匀，世失官为盐估。"据《旧传》及《新唐书》卷七五下《宰相世系表》五下，记毕凌为诚祖，匀为诚父，匀曾为协律郎。由此，则其父毕匀虽曾任正八品上之协律郎，但不久即失官，改为盐商。唐末昭宗时裴庭裕《东观奏记》卷下，即记"毕诚，本估客子"。五代末北宋初孙光宪《北梦琐言》卷四《毕寀知分》，称："唐毕相诚，家本寒微，其舅向为太湖县伍佰（下注：伍佰，即今号杂职行仗者）。"同书卷三《戏改毕诚相名》，即称其为"吴乡人"，又载毕诚进士登第后，"未遂其志"，乃因"朝士讥其为醝之子"。清徐松《登科记考》卷二一载其于文宗大和六年（832）登进士第，所据即《永乐大典》所辑之《苏州府志》。由此可见，毕诚先世郡籍为郓州须昌，后其父匀改官为商，至苏州做盐商，毕诚遂自幼即居于苏州，故其应科试即由苏州举拔。由此也可见唐代科举试对进士出身，其要求较为宽松，特别是晚唐，有好几位进士及第者为盐商之子，如唐欧迟枢《南楚新闻》载，咸通六年（865）进士及第者常修，为江陵某盐商子，"才学优博，超绝流辈"。又《唐诗纪事》卷六七记顾云为"池州醝贾之子"，咸通中登第。晚唐诗人曾特有诗寄常修：《广陵秋夜读进士常修三篇因题》（《全唐诗》卷六五七）、《东归别常修》（同上卷六六四），并不因其为盐商子而歧视。[1]而毕诚由盐商出身，进士及第，后又入为翰林学士，这在唐代文士中是唯一一位。

《旧传》记其年幼时，"少孤贫，燃薪读书，刻苦自励"；《新传》也称他"早孤"，则其父虽经营盐业，但于毕诚年幼时即卒，毕诚居于苏州，甚贫苦。但仍刻苦读书，"既长，博通经史，尤能歌诗"（《旧传》）。后遂于文宗大和六年（832）进士及第，即徐松《登科记考》卷二一所据《永乐大典》所辑《苏州府志》："毕诚，大和六年登第。"

又据《旧传》及《旧唐书·懿宗纪》，毕诚于咸通四年（863）十二月二十三日卒，年六十二（详后），则当生于德宗贞元十八年（802）。[2]如此，大和六年进士及第为三十一岁。

《旧传》记毕诚于进士及第、书判拔萃后，"尚书杜悰镇许昌，辟为从事。悰领度支，诚为巡官。悰镇扬州，又从之"。杜悰，《旧唐书》卷一四七、《新唐书》卷一六六有传，为杜佑孙，元和时尚宪宗女岐阳公主，为驸马都尉。文宗大和七年（833）任凤翔尹、凤翔陇右节度，后丁内艰，八年（834）起复为忠武军节度使、陈许蔡节度观察使，开成初入为工部尚书、判度支（《旧唐书·文宗纪》记于开成二年十二月），会昌初为淮南节度使（据《通鉴》为会昌二年二月）。由此，则自大和后期至会昌前期，毕诚皆随杜悰任职。当正因此，遂涉及当时朋党之争。

《旧传》记谓："（杜）悰入相，诚为监察，转侍御史。武宗朝，宰相李德裕专政，出悰为东蜀节度。悰之故吏，莫敢饯送问讯，唯诚无所顾虑，问遗不绝。德裕怒，出诚为磁州刺史。"《新传》所记略同，唯"磁"作"慈"。据《元和郡县图志》，磁州与慈州虽皆属河东道，但磁州属河东道泽潞节度（卷一五），慈州属河东道河中府（卷一二），纯为两地，疑《新传》沿袭《旧传》，误将"磁"作"慈"（中华书局点校本未有校）。

关于会昌时杜悰事，据《新唐书》卷六三《宰相年表》，杜悰于会昌四年（844）闰七月由淮南节度使入相，五年（845）五月罢相，乃与崔铉同时罢相者。《唐大诏令集》卷五六"宰相罢免"下，载《杜悰右仆射崔铉户部尚书制》，对二人颇有责语，中云："或趋尚之间，时闻于朋比；黠隙之际，每涉于依违。"新旧《崔铉传》，皆载铉"为德裕所嫉，罢相"，"与德裕不叶"。崔铉入相，本非李德裕之意，铉居相位时又奏崔珙罪状，使罢相，而珙与李德裕友善。又杜悰则素与牛党接近。崔、杜此次罢相，确含有党争的色彩。后宣宗时，崔铉即积极配合白敏中，加害于李德裕（详见前崔铉传，并参傅璇琮著《李德裕年谱》会昌五年条）。杜悰与毕诚于宣宗时则未有向李德裕报复，不过两《唐书·杜悰传》对杜悰评价并不高，《新传》更评其"虽出入将相，而厚自奉养，未尝荐进幽隐，（杜）佑之素风衰焉"。

《旧·毕诚传》接云："宣宗即位，德裕得罪，凡被谴者皆徵还。诚入为户部员外郎、分司东都，历驾部员外郎、仓部郎中。……改职方郎中，兼侍御史知杂。期年，召为翰林学士、中书舍人，迁刑部侍郎。"《新传》亦记为"以职方郎中兼侍御史知杂事，召入翰林为学士"。此与丁《记》所记"大中四年二月十三日，自职方郎中兼侍御史知杂事充"合。又，前已述，毕诫生于贞元十八年（802），则大中四年（850）入院，时年四十九。

按丁《记》记毕诫于大中四年二月入院，而《旧唐书》卷一八下《宣宗纪》却记毕诫于大中二年八月由翰林学士出院，云："八月戊子，朝散大夫、中书舍人、充翰林学士、上柱国、平阴县开国男、食实封三百户、赐紫金鱼袋毕诫为刑部侍郎。"有明显的时间差误。

丁《记》记毕诫于大中四年二月以职方郎中兼侍御史知杂事入院，接云："六年正月七日，三殿召对赐紫。其年七月七日，授权知刑部侍郎，出院。"即毕诫授刑部侍郎出院乃在大中六年（852）七月七日。杜牧有《毕诫除刑部侍郎制》（《樊川文集》卷一七）。按杜牧于大中二年尚在睦州刺史任，是年八月任为司勋员外郎、史馆修撰，十二月才抵长安。[3] 即大中二年八月不可能撰此制文，再可确证前所引述之《旧纪》记毕诫于大中二年八月出院任刑部侍郎之误。又杜牧后于大中五年秋由湖州刺史入为考功员外郎、知制诰，六年迁授中书舍人，杜牧撰此制，即在中书舍人任。

不过《旧纪》记毕诫出院时所带之官衔倒可补丁《记》之缺。按丁《记》记毕诫于大中四年二月自职方郎中兼侍御史知杂事入院，至大中六年七月迁刑部侍郎出院，在院两年余，一无迁转，为当时翰林学士任职所未有的。《旧纪》称为"中书舍人、充翰林学士"，则毕诫在院时已迁为中书舍人。杜牧《毕诫除刑部侍郎制》，即称其为"翰林学士、朝散大夫、守中书舍人、上柱国、平阴县开国男、食邑三百户、赐紫金鱼袋毕诫"。毕诫当以从五品上之职方郎中入，其间迁为正五品上之中书舍人，后又授以正四品下之刑部侍郎出院。丁《记》即缺记中书舍人，可能于大中六年正月七日三殿召对赐紫时授以中书舍人。

毕诚在院期间，有两事值得一提。一为李商隐有《为度支卢侍郎贺毕学士启》，为李商隐在徐州武宁镇幕，为节度使卢弘止起草祝贺毕诚任翰林学士。[4]据《旧唐书》卷一六三《卢弘止传》，卢弘止于大中三年任徐州刺史、武宁军节度使，历两年，至大中四年（参《唐刺史考全编》卷五五河南道汴州）。李商隐此文，一方面代卢弘止对毕诚入任翰林学士表示钦仰，"唯兹出入，不在寻常"，"击水抟风，一举千里"；一方面又请为荐引，望有所升迁："今则坎轲藩维，淹留气律。……抃贺之余，兼有倚望，伏冀必赐监（鉴）察。"

由此亦可见翰林学士当时之声望，方镇重臣亦望其举荐。又，就李商隐此文，益可证丁《记》记毕诚入院，确在大中四年，非如《旧纪》所记于大中二年八月即已出院。

另一为杜牧一诗，诗题颇长，为：《道一大尹、存之学士、庭美学士，简于圣明，自致霄汉，皆与舍弟昔年还往，牧支离穷悴，窃于一麾，书美歌诗，兼自言志，因成长句四韵，呈上三君子》（《樊川文集》卷二）。此道一大尹为京兆尹郑涓，存之学士即毕诚，庭美学士为郑处诲。[5]由此则毕诚、郑处诲为同时在院者，当在大中四年二月至八月间（参书后"学士年表"）。按杜牧于大中二年秋冬由睦州刺史入朝为司勋员外郎、史馆修撰，后因京官俸薄，未能赡养全家，曾上书宰相求出知外州，即于大中四年秋出为湖州刺史。杜牧此诗当作于大中四年春夏间，诗题自称"牧支离穷悴，窃于一麾"，故特"呈上三君子"，诗末云"若念西河旧交友，鱼符应许出函关"，寄以期望。这也为向翰林学士祈求，望在仕途上有所引进。

后毕诚于大中六年七月出院，杜牧所草撰的《毕诚除刑部侍郎制》（即前已引述者），中称其在院中任职之业绩："爰自郎署，擢居内庭，谋议有同于寿王，奇异辄委于严助。竭尽心力，裨补机要。"实际上，宣宗对毕诚之操政能力是有所认识的，毕诚之授为刑部侍郎，乃出于当时的实际需要。《通鉴》卷二四九大中六年载："党项复扰边，上欲择可为邠宁帅者，而难其人，从容与翰林学士、中书舍人须昌毕诚论边事，诚援古据今，具陈方略，上悦曰：'吾方择帅，不意颇、牧近在禁廷。卿其为朕行乎？'诚欣然奉命。上欲重其资履，六月壬申，先以诚为刑部侍郎，癸酉，乃除邠宁节度使。"由此可知，毕诚出院，乃因当时安定边境之需要。《旧传》亦记此事，唯云："自大中末，党项羌叛，屡扰河西。懿宗召学士对边事，诚即援引古今，论列破羌之状。"此处所记"懿宗"，显误，中华书局点校本有校，谓应据《新唐书》卷一八三《毕诚传》、《通鉴》卷二四九，改"懿宗"为"宣宗"，是；唯《旧传》此处所载又有一误，中华书局点校本未及，即云"自大中末"，按宣宗与毕诚论此事乃在大中六年，大中共十三年，何云"大中末"？此"大中末"，当为"大中中"。

又《通鉴》所记毕诚为刑部侍郎，在六月壬申，而丁《记》则记为七月七日。岑氏《注补》谓据陈垣《二十史朔闰表》，大中六年六月丙申朔，月内无壬申，壬申乃七月七日，则丁《记》所记确切，《通鉴》误系于六月。又《唐会要》卷五七《翰林院》，记"（大中）十年，党项屡扰河西，上召翰林学士问边事，学士毕诚即援引古今，论列破羌之计。"《唐会要》竟记为十年，更误。可见现存诸史，确须仔细校勘、辨析。

另《全唐文》卷七六三载有沈询《授毕诚邠宁节度使制》，中云："权知刑部侍郎毕诚，端悫知善，文学致身，气则沉详，思有高妙。早驰荣问，亟践清途，该洽宪章，抑扬台阁。聿来禁署，益茂芳猷。"对其在职时关心政事并积极参与，甚为肯定。按沈询也于大中元年入为翰林学士，二年十以起居舍人、知制诰出院（见前沈询传）。此制当作于大中六年，即仍任为起居舍人、知制诰。沈询现存制文，多出院后所撰，这也值得研究。

据两《唐书》本传，毕诚后历任外镇，并于懿宗咸通元年（860）十月为相，四年（863）正月罢为兵部尚书，同年十二月二十三日卒于河中节度使任，年六十二。

《全唐文》未载毕诚文，今考知其所撰有三篇碑志，存二佚一。在任翰林学士时作有《唐故朝请大夫尚书刑部郎中上柱国范阳卢府君墓志铭并序》，署"翰林学士、朝散大夫、守中书舍人、上柱国毕诚撰"。[6] 文中记卢就卒于大中五年四月六日，葬于六年二月。如此，则更可确证，大中六年二月，毕诚在院时具中书舍人衔。毕诚所撰另一篇为《唐工部尚书杜公长女墓志铭并序》，[7] 署"度支巡官大理评事毕诚撰"。此为杜惊长女卒后所作。据《志》，此女卒于开成五年（840）五月，八月葬，称杜惊"是时为工部尚书、判度支"，即据前述，毕诚于开成五年八月仍为杜惊属下之度支巡官，具大理评事官衔，亦可补其仕迹。

另欧阳修《集古录》卷九著录有《白敏中碑》，下注"咸通三年"，毕诚撰。按两《唐书·白敏中传》，皆未记白敏中之确切卒年，且互异（参见前武宗朝白敏中传）。据《集古录》所记，则白敏中于咸通三年（862）即卒，时毕诚尚居相位，当应命而作。惜此文已佚，故未能知其详情。欧阳修当见过此碑文，谓文中对白敏中甚为颂谀，极为不满。

《新唐书·艺文志》未著录其著述。《全唐诗》也未载其诗。实则毕诚曾撰有诗，与文士交往者。许浑有《和毕员外雪中见寄》（《全唐诗》卷五三〇）："仙署淹清景，雪华松桂阴。夜凌瑶席宴，春寄玉京吟。烛晃垂罗幕，香寒重绣衾。相思不相访，烟月剡溪深。"陶敏《全唐诗人名考证》页786，罗时进《丁卯集笺证》卷三，皆谓此毕员外为毕诚，是。据前考述，毕诚于武宗会昌后期出为磁州刺史，宣宗立，入为户部员外郎、驾部员外郎，在大中初期。许浑此诗谓毕诚时在"仙署"供职，即称其在尚书所属任事。诗末云"烟月剡溪深"，乃大中初期许浑曾游浙中（许浑有几首诗记叙在浙游者）。又许浑亦大和六年登第，由诗题，则毕诚时为京官，作诗远寄其同年好友。惜毕诚原诗未存，由许浑此诗，亦可见毕诚颇注意与士人之交往。

注释

〔1〕参见傅璇琮著《唐代科举与文学》第八章《进士出身与地区》，陕西人民出版社，1986 年，又 2003 年修订版。

〔2〕咸通四年为公元 863 年，但十二月二十三日，当已为 864 年，现仍按传统记年计算。

〔3〕参见缪钺《杜牧年谱》，人民文学出版社，1980 年。

〔4〕参刘学锴、余恕诚《李商隐文编年校注》，页 1840，中华书局，2002 年。

〔5〕参胡可先《杜牧诗文人名新考》（《杜牧研究丛稿》，人民文学出版社，1993 年），又前郑处诲传。

〔6〕见周绍良主编《唐代墓志汇编》，页 2299，上海古籍出版社，1992 年。

〔7〕见陈尚君编《全唐文补编》卷八一，页 1002，谓据《考古与文物》1988 年第 4 期刊拓本。中华书局，2005 年。

萧 寘

萧寘，两《唐书》无传，仅附见于《旧唐书》卷一七九

《萧遘传》，记遘祖湛"生真，咸通中宰相"，"真生遘"；又《新唐书》卷一〇一《萧瑀传》，记"湛子真，咸通中位宰相，无显功，史逸其传"。皆未记萧真曾为翰林学士。按据丁《记》，萧真于大中四年（850）至十年（856）任为翰林学士（详后），历时七年，在宣宗朝学士中是在院最长的，且后于懿宗时又曾任相，但两《唐书》皆未为其立传。如无丁《记》，则晚唐时翰林学士即失萧真之名。

史书未记萧真事迹，现仅据丁《记》及有关记载，概述如下。

《新唐书》卷一三二《沈传师传》记沈曾先后任江西、宣歙观察使，"传师性夷粹无竞，更二镇十年，无书贿入权家。……故其僚佐如李景让、萧真、杜牧，极当时选云"。据《唐刺史考全编》，沈传师于文宗大和二年（828）至四年（830）为江西观察使，四年九月至七年（833）四月为宣歙观察使。则萧真当于文宗大和二年至七年间先后在沈传师幕，并与杜牧同为幕僚。杜牧《唐故平庐军节度巡官陇西李府君（戡）墓志铭》（《樊川文集》卷九），记李戡于大和元年进士及第，后在沈传师江西、宣歙幕府，称"同舍生兰陵萧真、京兆韩乂、博陵崔寿"，又谓萧真、韩乂、崔寿等"皆得进士第"。李戡于大和元年及第后入沈传师幕，韩乂亦如此（《樊川文集》卷一六《荐韩乂后》有云"韩及第后，归越中，佐沈公江西、宣城"）。中晚唐士人，一般多为登第后应辟在方镇幕府任职，据杜牧文，李戡、韩乂均先后进士及第，后入沈传师幕，则萧真当亦于大和二年前数年间进士及第者（徐松《登科记考》卷二七仅列萧真名，未有注）。

又《剧谈录》卷上《龙待诏相笏》条，先记文宗开成中有龙复本者善相人，后李德裕执政时，有宋祁（按当从《唐语林校证》卷六，页606，作刊），官补阙，"时永乐萧相真亦居谏署"，则武宗会昌时萧寘曾任拾遗或补阙之职。

后即丁《记》所记："大中四年七月二十四日，自兵部员外郎充。十月七日，加知制诰。五年□月十四日，加驾部郎中。六年五月十九日，拜中书舍人。七年十月十二日，三殿召对赐紫。八年五月十九日，迁户部侍郎、知制诰，并依前充。九年二月十七日，加承旨。十年八月四日，检校工部尚书、浙西观察使。"萧寘在院，前后历七年，时间较长，且官阶升迁亦甚顺速，入院时兵部员外郎为从六品上，出院时工部尚书已为正三品。

又，岑氏《注补》谓大中五年□月十四日加驾部郎中，应仍有"知制诰"，是。另，萧寘于大中九年（853）二月十七日加承旨，乃因上一年大中八年（852）十二月十八日，萧邺以户部侍郎、知制诰、承旨出院，大中九年，萧寘为在院资历最深者，故依循例，接任为承旨。

萧寘入院时，有崔瑶草撰之《授萧寘充翰林学士制》（《全唐文》卷七五七），称"朝议郎、行尚书兵部员外郎萧寘"，与丁《记》合。又赞誉其文采与政能："文摛锦绣，学富缣缃。早命中于射宫，遂从知于壸奥。静无违心，动有余裕。"并提出在院供职之要求："是宜擢居密地，掌我命书。励夙夜之讲求，备朝夕之视听。"再次声明翰林学士院为"密地"，既掌公文诏书，又备君主咨询，参与政事。

萧寘在院期间，当时士人亦与其有交往。杜牧有《早春阁下寓直萧九舍人亦直内署因寄书怀四韵》（《樊川文集》卷二）："御水初销冻，宫花尚怯寒。千峰横紫翠，双阙凭栏干。玉漏轻风顺，金茎淡日残。王乔在何处，清汉正骖鸾。"按萧寘于大中六年五月十九日由驾部郎中、知制诰迁中书舍人，杜牧则于大中五年秋由湖州刺史入为考功郎中、知制诰，大中六年迁为中书舍人。诗中云"初销冻"、"尚怯寒"，与诗题之

"早春"时合，即为大中六年初，萧、杜二人皆为尚书郎中兼知制诰，尚未为中书舍人，但按唐习例，凡带有知制诰者亦可称舍人，故杜牧诗题云"萧九舍人亦直内署"。按萧寘与杜牧早为交友，大和、开成间曾同在沈传师之江西、宣歙幕（见前述），现在则一在学士院，一在中书省，同值班，故即有文字交往。

又李商隐有《为举人上翰林萧侍郎启》，刘学锴、余恕诚《李商隐文编年笺注》参据前人笺注，谓此文系李商隐为柳壁作。《旧唐书·柳公绰传》载柳壁于大中九年进士登第，而萧寘于大中八年五月至十年八月具户部侍郎衔，另有翰林学士萧邺亦于七年六月至八年十二月为户部侍郎。一般为举子求荐者乃在应试前一年秋冬间，故刘、余承前人笺注（包括岑氏《注补》），以为"萧邺、萧寘均有可能"，当是。不过李商隐此文称"侍郎又绸缪武帐，密勿皇闱。九天九地之兵，宁因旧学；七纵七擒之术，固已玄通。用视草之工，解按剑之怒"。据丁《记》及前所引述之崔瑶制文，萧寘乃先为兵部员外郎，后即以兵部员外郎入，李商隐文此数句乃喻以武入文，则与萧寘官衔合，似为萧寘。时李商隐尚在东川节度使柳仲郢梓州幕，虽在远地，但仍为应试之举子向翰林学士上书求荐，这也为唐代科举考试风气之研究提供值得参考之资料。

又，《全唐文》未载有萧寘文，《新唐书》卷七七《后妃传》下，载宣宗元昭皇后晁氏事，记萧寘在职时曾应命撰有铭文，谓晁氏"大中中薨，赠昭容，诏翰林学士萧寘铭其窆，具载生郓王、万寿公主。后夔、昭等五王居内院，而郓独出阁。及即位，是为懿宗。外颇疑非长，寘出铭辞以示外庭，乃解。"按《新传》此处所记，实本《东观奏记》，其书卷下记："晁美人薨，上震悼久之。美人在上藩邸时，承恩遇，实生郓王、万寿公主焉。及夔、昭已下五王居内院，而郓王独还藩邸。大中末副位之外，人间切有拟议者，真以此事言于公卿，方辨立长之顺。"按宣宗卒，郓王（懿宗）立，当时曾有兵变。《通鉴》卷二四九大中十三年（859）六月记："初，上长子郓王温，无宠，居十六宅，余子皆居禁中。夔王滋，第三子也，上爱之，欲以为嗣，为其非次，故久不建东宫。"是年八月，宣宗病甚，将卒，乃密以夔王托宦官枢密使王归长、马公儒及右军中尉王茂玄等，而左军中尉王宗实为另一派宦者，与王归长等不合，乃仓促之间迎郓王即位，并谋杀王归长等。由此，则郓王之立，当时既有兵争，外廷或亦有歧议，萧真乃出示宣宗时应命所作昭容后晁氏之铭文，文中当明记郓王乃昭容后所生之长子，"方辨立长之顺"。可见萧真在院任职所撰之文所起的现实政治作用，当亦有助于萧真于懿宗即位后迁居相位。

萧真之出院，《东观奏记》亦有记，卷中："上听政之暇，多赋诗，多令翰林学士属和。一日赋诗赐寓直学士萧真，令和，真手状谢曰：陛下此诗虽'挂水日千里，因之平生怀'，亦无以加也。明日召学士韦澳问此两句，澳奏曰：'宋太子家令沈约诗，真以睿藻清新，可方沈约尔。'上不悦，曰：'将人臣比我，得否？'恩遇渐薄，执政乘之出观察使。"按韦澳于大中五年七月入院，十年五月出院（详后韦澳传），则宣宗与韦澳议萧真事，当在大中十年五月前。就《东观奏记》所载，宣宗乃不满萧真以沈约之诗与其相比，乃"恩遇渐薄"，终使出院。这一记述，对于翰林学士之处境，也值得参考。

萧真于大中十年八月出为浙西观察使。《通鉴》卷二四九大中十二年记："秋七月丙寅，宣州都将康全泰作乱，逐观察使郑薰，薰奔扬州。"此事，见前郑薰传。《东观奏记》卷下又有记："大中十二年，宣州叛将康全泰噪逐观察使郑薰，朝廷用宋州刺史温璋问罪，时萧真为浙西观察使，地与宣州接连，遂擢用武臣李璩代真。"李璩代萧真事，两《唐书》皆未有记。

不过萧真离浙西任，即入朝。《剧谈录》卷上《龙待诏相笏》，记萧真"自浙西观察使入判户部，非久遂居廊庙"。所谓"居廊庙"，即任相。《新唐书》卷六三《宰相年表》，记懿宗咸通五年（864）"四月，兵部侍郎、判户部萧真本官同中书门下平章事"。《新唐书·懿宗纪》同。不过《新表》于六年三月记："（萧）真薨。"《新纪》、《通鉴》卷二五〇同，即居相位仅一年即卒。唯《旧唐书》卷一九上《懿宗纪》所记却有异，于咸通五年十一月记，"乙未，以兵部侍郎萧真本官同中书门下平章事"，即入相在咸通五年十一月，非该年三月；后于咸通六年四月记："兵部侍郎平章事徐商、萧真转中书侍郎、知政事。"《新表》、《新纪》与《通鉴》则皆记咸通六年六月庚戌，以御史大夫徐商为兵部侍郎、同中书门下平章事，徐商后于咸通七年为中书侍郎，而萧真则于咸通六年三月即卒于位。《旧纪》所记显误。

萧真著作、诗文，皆未有载录。《新唐书·后妃传》所记为昭容皇后作有铭文，也未存。

苏　滁

苏滁，两《唐书》无传。今据有关记载，概述如下，并订正两《唐书》数处之误。

《新唐书》卷五八《艺文志》二、史部实录类，著录《穆宗实录》，路随监修，参与撰修者有苏滁，记云："滁，字玄献，冕子也，荆南节度使、吏部尚书。"此记滁为冕子。冕，《旧唐书》卷一八九下《文苑·苏弁传》有记，冕为苏弁兄。

《旧唐书·苏弁传》记苏氏为京兆武功人，苏冕曾"撰国朝故事，撰《会要》四十卷，行于时"。则苏滌其家学有史学渊源，故后能参与撰修《穆宗实录》。

苏滌早年事迹不详，沈亚之《异梦录》有记其元和时与苏滌同在泾州相聚者。文中亦记其为武功人，据《元和郡县图志》卷二关内道，京兆府有武功县，谓"东至府一百四十里"，在渭水南，"今郿县地是也"。即今陕西眉县。《沈下贤集》卷四《异梦录》，有云："元和十年，亚之以记室从陇西公军泾州，而长安中贤客皆来客之。五月十八日，陇西公与客期宴于东池便馆，既坐，陇西公曰：'余少从邢凤游，得记其异，请语之。'客曰愿备听，陇西公⋯⋯是日，监军使与宾府郡佐及宴客陇西独孤铉、范阳卢简辞、常山张又新、武功苏滌皆叹息曰可记，故亚之退而著录。"沈亚之又有《泾原节度李常侍墓志铭》（《全唐文》卷七三八），此泾原节度使为李彙，李光弼少子，元和"十年春加左散骑常侍，拜节帅泾原"，但同年六月"公疾发，视政不能勤，七月十二日薨"，年五十九。《旧唐书·宪宗纪》亦记李彙于元和十年二月为泾原节度使，七月丙戌卒。据此，则苏滌于宪宗元和十年（794）曾客游泾州（非在其幕府供职），与沈亚之同宴聚于节度使府。沈亚之为中唐时文学名家，以作传奇著称。按据沈亚之所记，苏滌于元和十年即出游外镇，当已成人，若以该年为二十岁计，则至少生于代宗大历十年（775），后于宣宗大中四年（850）入为翰林学士，当已七十六岁，以如此高龄入院，甚罕。不过沈亚之当时记苏滌为武功人，与前所引述之《新唐书·艺文志》著录之苏滌"京兆武功人"同，当为同一人。不过，苏滌之仕迹，与其年岁，也有不当者（见后），似甚有可疑。

《旧唐书》卷一七下《文宗纪》，大和六年（832）七月记："甲午，以谏议大大王彦威、户部郎中杨汉公、祠部员外郎苏滁、右补阙裴休并充史馆修撰。故事，史官不过三员，或止两员，今四人并命，论者非之。"按据前所引述之《新唐书·艺文志》，此四人及苏景胤皆预修《穆宗实录》者。按《穆宗实录》为路随监修，路随于文宗大和二年（828）二月接韦处厚，由翰林学士为相，其在相位至大和九年；大和六年七月任命王彦威、苏滁等四人为史馆修撰，当为路随任相监修《穆宗实录》所特意安排的（路随监修实录事，参见前穆宗敬宗朝路随传）。由此可见，苏滁于大和六年前已任为祠部员外郎，六年七月兼为史馆修撰，预修《穆宗实录》。以前所计算之775年生，则此年苏滁已五十八岁。

《旧唐书·文宗纪》于大和九年（835）七月戊午记："贬工部侍郎、充皇太子侍读崔侑为洋州刺史，贬吏部郎中张讽夔州刺史，考功郎中、皇太子侍读苏滁忠州刺史，户部郎中杨敬之连州刺史。"按李宗闵因受李训、郑注之嫉，于大和九年六月被罢相，出贬，此后，与李宗闵亲党者如杨虞卿等也皆被贬。《新唐书》卷一七七《李景让传》，谓"所善苏滁、裴夷直皆为李宗闵、杨嗣复所擢"，则苏滁于大和九年七月之贬，亦受李宗闵之累。

按杨嗣复于文宗开成三年（838）正月复入相，至五年（840）五月，据前所引述之《新唐书·李景让传》，苏滁当于杨嗣复开成年间为相时亦由忠州刺史入朝，于开成中期任给事中。《唐会要》卷三三《雅乐下·太常乐章》条，有记："庄恪太子庙乐章六，给事中裴泰章、苏滁等共撰。"据《旧唐书》卷一七五《庄恪太子永传》，庄恪太子为文宗长子；又据《旧唐书·文宗纪》，开成三年十月，"庚子，皇太子薨于少阳院，谥曰庄恪"。则此"庄恪太子庙乐章"，乃其卒、赐谥号后所作。裴泰章，两《唐书》亦无传，《新唐书》卷七一上

《宰相世系表》一上，记裴泰章字敦藻，给事中。又清劳格《唐尚书省郎官石柱题名考》卷五司封郎中，于裴泰章名下引《淳熙秘阁续法帖》卷六，有《唐李绅拜相告》，后有署"给事中臣裴泰章等言"，为会昌二年（842）二月。则苏滁与裴泰章当于开成三年十月庄恪太子卒后共撰庙乐章，已为给事中。

另《严州图经》有记："苏滁，会昌三年九月十四日自给事中拜。"《唐刺史考全编》卷一四七江南东道睦州，即据此系苏滁于会昌三年（843）九月任睦州刺史，而此前在朝中任给事中。给事中为正五品上，则苏滁自开成时入朝累有升迁，至会昌前期已迁与中书舍人同阶之给事中。按会昌三年，苏滁当为六十九岁，如此高龄尚出为外州刺史，亦甚可疑。且据《唐刺史考全编》又引《严州图经》，韦有翼于会昌五年（845）三月自安州刺史为睦州刺史；又《旧唐书·武宗纪》记会昌六年（846）二月，"贬舒州刺史苏滁为连州刺史"，并云："滁，李宗闵党；前自给事中为德裕所斥，累年郡守，至是李绅言其无政故也。"则会昌三年九月自给事中出为睦州刺史，亦与李德裕有关；会昌五年三月前又由睦州改舒州，会昌六年二月又因李绅奏议，远贬为连州刺史（连州在今广东）。

会昌六年三月武宗卒，宣宗立，局势大变，连贬李德裕，并召还会昌时所贬之牛党成员。苏滁当于大中初即由连州入朝，大中四年十二月任翰林学士前已任为尚书右丞。尚书右丞，官阶为正四品下，与尚书诸司侍郎（如礼部侍郎、户部侍郎等）同阶，官品已相当高，这当与他已有长期仕宦有关。

丁《记》记为："大中四年十二月二十四日，自右丞入。五年六月五日，迁兵部侍郎、知制诰，并依前充。六年六月九日，上表病免。□年十一月，守本官出院。"按大中四年为公元850年，依前记述，其生年为775年或稍前，则大中四年为七十六岁。以如此高龄，尚召其入院，实亦可疑。现姑依前记，俟考。

岑氏《注补》谓据杜牧集卷一七之制词及《旧唐书》卷一八所载，均提及苏滌为翰林学士承旨，即以为苏滌于大中四年十二月入院时，已为承旨，丁《记》缺记。按岑氏所考，计时有误，今加考辨。

按杜牧有《崔璪除刑部尚书苏滌除左丞崔玙除兵部侍郎制》（《樊川文集》卷一七）。制中称崔璪由正议大夫、尚书左丞为刑部尚书，崔玙由正议大夫、前权知户部侍郎为兵部侍郎，皆为新授官职，则苏滌当亦如此，称其原任为"翰林学士承旨、银青光禄大夫、行尚书兵部侍郎、知制诰、武功县开国男、食邑三百户"，现改为"尚书左丞，散官封如故"。《旧唐书》卷一八下《宣宗纪》大中七年七月亦记此三人，其原任与新授官，与杜牧制文同。按崔璪、崔玙，皆为崔珙弟，《旧唐书》卷一七七《崔珙传》记崔璪、崔玙迁授上述官职，亦谓在大中七年。而据现有研究成果，杜牧乃卒于大中六年冬；胡可先《杜牧所撰部分制文〈旧唐书〉系年订误》，[1]据郭文镐《杜牧诗文系年小札》（《人文杂志》1984年第4期），考定此制词为大中六年撰，《旧纪》误。按现存杜牧制文，据现有研究，并无他人所作而杂入其集者，即前所引之杜牧制文确为其所作，而《旧唐书·宣宗纪》及《旧唐书·崔珙传》载苏滌三人改授官职在大中七年，则误。又杜牧制文言及苏滌，云："近以微恙，恳请自便，君子之道，进退可观。"丁《记》于大中六年六月九日已记苏滌"上表病免"，杜牧制文称其"近以微恙，恳请自便"，与丁《记》所记合。由此又可证，丁《记》云："□年十一月，守本官出院"，即当为同年。如此，则杜牧此制当作于大中六年十一月，后即病卒。《旧唐书·宣宗纪》于大中七年七月所记崔璪、苏滌、崔玙三人授官事，当原为六年七月，而误列于七年六月。岑氏《注补》则偏信《旧纪》，而未注意杜牧之卒年，故致误。

据此，则杜牧于大中六年十一月所撰制文，其记苏滁此时官衔，又可订正丁《记》所记"守本官出院"，亦不确。因丁《记》所谓"守本官"，据其此前所记，当为大中五年六月五日所授之兵部侍郎、知制诰，而据杜牧制文，则应为"以左丞出院"。至于杜牧制文称其为"翰林学士承旨"，当其入院时未能即为承旨，有可能于五年六月五日改授兵部侍郎、知制诰时，加任承旨。

《旧唐书·宣宗纪》另有一误，其于大中八年五月记："以户部侍郎、翰林学士承旨、上柱国、武功县开国子、食邑三百户苏滁检校兵部尚书、兼江陵尹、御史大夫，充荆南节度管内观察处置等使"。按据前述，苏滁已于大中六年七月以尚书左丞出院，何以于八年五月仍称其为"翰林学士承旨"；且此时萧邺在院，为承旨（见前萧邺传及书后"学士年表"）。《旧纪》竟有此显误，值得作进一步考订、研究。

《旧纪》后于大中十一年（857）二月，记苏滁由荆南节度使改为太常卿，当又入朝；同年八月，又谓"以太常卿苏滁为兵部尚书、权知吏部铨事"。按苏滁出镇荆南在大中八年（854），则为八十岁；十一年入朝，改授太常卿，后又为兵部尚书、权知吏部铨事，则为八十三岁。如此高龄，尚任内外要职。如此，则沈亚之《异梦录》所记元和十年事，确甚可疑，但现代对沈亚之此文，似未有提出疑义者，可作进一步考索。

苏滁所作，现存者仅《全唐文》卷七九〇《宣宗谥议》一文，末云"谨上尊谥曰圣武献文孝皇帝，庙号宣宗，谨议"。按《旧唐书·宣宗纪》记宣宗于大中十三年八月七日卒，"群臣上谥曰圣武献文孝皇帝，庙号宣宗。十四年二月，葬于贞陵"。其谥号与苏滁之文同。则大中十三年八、九月间苏滁尚在世，但未详其官职。

注释

〔1〕载胡可先著《杜牧研究丛稿》，人民文学出版社，
1993 年。

韦　澳

韦澳，两《唐书》有传，见《旧唐书》卷一五八、《新唐
书》卷一六九，皆附于其父韦贯之传后。据两《唐书》传，
贯之父肇，"官至吏部侍郎，有重名于时"（《旧传》）。韦贯
之于宪宗元和时曾任宰相；其兄绶，德宗贞元时翰林学士，
"密政多所参逮"（《新传》）。韦氏后世，亦有名士。故《旧
传》末"史臣"曰："韦氏三宗，世多才俊"，"澳之贞亮，
不替祖风"。

《旧传》记韦澳"字子斐，大和六年擢进士第，又以弘词
登科"。《新传》则仅称"第进士，复擢宏辞"，未记年。清徐
松《登科记考》卷二一即据《旧传》，系于大和六年（832），
又载同年登第者有许浑、毕诚、杜觊（杜牧弟）等。又，徐
《考》于韦澳名下引许浑《酬康州韦侍御同年》诗，徐松谓
"澳未为御史，俟考"。罗时进《丁卯集笺证》，[1]卷一一载许
浑此诗，亦据徐《考》以"韦侍御"为韦澳，但对徐松所云
"澳未为御史"，未有再考，孟二冬《登科记考补正》卷二一
亦仅引徐氏语，未有补。按两《唐书》本传确未记韦澳曾任
御史，但《全唐文》卷七二六载有崔嘏《授李稦韦澳裴达殿
中侍御史等制》，首称"右拾遗李稦等"，后叙李、韦、裴三
人仕绩，称"咸用词学器识，累参宾画，研朱益丹，莹玉无

玷，皆可以修明宪职，振凛霜标"，即同授三人为殿中侍御史。由此，则韦澳确曾任御史之职，徐松等当未阅及崔嘏制文，故有误断。

《旧传》记韦澳登科后，多年不仕，后"周墀镇郑滑，辟为从事"，《新传》略同。按《旧唐书》卷一七六《周墀传》，墀于宣宗大中初为义成节度、郑滑观察使。《旧唐书》卷一八下《宣宗纪》，记大中元年六月"以义成节度使周墀为兵部侍郎、判度支"。又前所引述崔嘏撰有韦澳等授以殿中侍御史制，按崔嘏于会昌后期、大中初期任知制诰及中书舍人（参傅璇琮《李德裕年谱》），即于此一时期撰写制文，则韦澳当于会昌后期已由右拾遗改任殿中侍御史，后又应辟在周墀义成节度使幕。

《旧传》后云："墀辅政，以澳为考功员外郎、史馆修撰。"周墀于宣宗大中二年正月任相（按周墀为相，有记此年五月、六月者，参见前周墀传），三年四月出任东川节度使，则韦澳当于大中二年因周墀举荐，由节镇幕僚入朝为考功员外郎。至于史馆修撰，则在大中四、五年间，因《新唐书》卷五八《艺文志》二，史部编年类，著录《续唐历》二十二卷，云："韦澳、蒋偕、李荀、张彦远、崔瑄撰，崔龟从监修。"据《新唐书·宰相年表》，崔龟从于大中四年六月至五年十一月为相。

《旧传》记韦澳入任翰林学士，有一误，即记韦澳入朝为考功员外郎、史馆修撰后，"不周岁，以本官知制诰，寻召充翰林学士"。丁《记》则记为："大中五年七月二十日，自库部郎中、知制诰充。"则韦澳当于预修《续唐历》后，就由考功员外郎迁库部郎中，并知制诰，后即以此入院，非以考功员外郎（本官）入。

丁《记》接云："六年五月十九日，迁中书舍人。八年五月十九日，迁工部侍郎、知制诰，并依前充。七月二日，三殿召对赐紫。十年五月二十五日，授京兆尹。"

《旧传》记韦澳入院后，云"累迁户部、兵部侍郎，学士承旨"。《新传》未记户部，云"累迁兵部侍郎，进学士承旨"。而据丁《记》，韦澳在院迁转，仅为工部侍郎，未有户部、兵部侍郎，两《唐书》本传所载无据。又两《唐书》本传皆谓韦澳于兵部侍郎后为学士承旨，参丁《记》，当为大中八年（854）五月以后，而据前所考，大中八年十二月前萧邺已在承旨任，该年十二月十八日萧邺出院，萧寘即于第二年即大中九年（855）二月十七日接为承旨，直至大中十年（856）八月四日出院（见前萧邺、萧寘传，及书后"学士年表"，岑氏《注补》亦于此有辨）。唐翰林学士承旨在同一时期只能一人，不能重复，于此可证两《唐书》本传记其曾为承旨，又误。

又《旧唐书·宣宗纪》另有一误，大中八年记："五月，以中书舍人、翰林学士韦澳为京兆尹。"实则大中八年五月，韦澳乃由中书舍人迁为工部侍郎并知制诰，仍在院，何以即由中书舍人出为京兆尹？《旧纪》同月又记苏滌由翰林学士承旨、户部侍郎出为江陵尹、荆南节度使，实则苏滌于此前两年即大中六年十一月即已出院（见前苏滌传）。《旧唐书·宣宗纪》于同一月记翰林学士事竟有两误。且此年所记，仅正月、二月、三月、五月、七月、八月，且正月、二月仅各一、二句，可见《旧唐书》本纪晚唐部分失误情况。

韦澳在院期间，颇受宣宗信重，《旧传》有记："与同僚萧寘深为宣宗所遇，每二人同直，无不召见，询访时事。每有邦国刑政大事，中使传宣草词，澳心欲论谏，即曰：'此一事，须降御札，方敢施行。'迟留至旦，必论其可否，上旨多从之。"可见其敢直言，无党见。另有一事，值得提出的，即唐末昭宗时裴庭裕所著《东观奏记》卷中，详记一事："上每孜孜求理，焦劳不倦。一日，密召学士韦澳，尽屏左右，谓澳曰：'朕每便殿与节度观察使、刺史语，要知所委州郡风俗物产，卿宜密参访，撰次一文书进来，虽家臣与老，不得漏泄。'澳奉宣旨，即以十道四蕃志更博采访，撰成一策，题曰《处分语》，自写面进，虽子弟不得闻也。后数日，薛弘宗除邓州刺史，澳有别业在南阳，召弘宗，饯之。弘宗曰：'昨日谢，圣上处分当州事，惊人。'澳访之，即《处分语》也。"此事，《旧传》未记，《新传》虽有记，但甚略，《通鉴》卷二四九则记于大中九年五月，所记较明晰："上密令翰林学士韦澳纂次诸州境土风物及诸利害为一书，自写而上之，虽子弟不知也，号曰《处分语》。它日，邓州刺史薛弘宗入谢，出谓澳曰：'上处分本州事，惊人。'澳询之，皆《处分语》中事也。"按《新唐书》卷五八《艺文志》二，史部地理类，著录有韦澳《诸道山河地名要略》九卷，云"一作《处分语》"。由此可知，此为广采各地州郡境土风物及民间习俗之书，当甚真切，连某州刺史也甚为叹服，这样的著作在唐翰林学士中也极少见。又，《通鉴》、《新传》等所记，当皆本《东观奏记》，于此也可见晚唐五代笔记稗史的史料价值。

据丁《记》，韦澳于大中十年（856）五月出院，由工部侍郎（正四品下）改任京兆尹（从三品），此次出院、改任，不仅是迁阶，主要还是宣宗想再次予以重用，《通鉴》卷二四九大中十年，有记，云："上以京兆久不理，夏五月丁卯，以翰林学士、工部侍郎韦澳为京兆尹。"关于韦澳此次授任京兆，后僖宗时中书舍人钱珝草撰的《为集贤崔相公论京兆除授表》又特为称述，[2]谓："伏以三辅之雄，京兆居首，王畿之理，专制甚难，历代重官，当今急务。比者任用，多是丞、郎、给、舍有才之人，或藩方善政之师，宣宗皇帝求理之切，尝辍翰林学士韦澳授以此官。"此文作于黄巢事平返京后，时僖宗任命郑某为京兆尹，征求崔相公之意，钱珝乃代为草书，不同意任郑某，另推荐一人，就于文中特举韦澳为例，由此也可见韦澳吏治能力在晚唐时甚为人看重。

《旧传》称韦澳"出为京兆尹，不避权豪，京师耆悍"。他出任京兆尹后，在科举试方面作有一项改革措施，即按唐科举制，礼部会试，由各地解送举子，京兆府也有举送。京兆府所送，对省试录取起较大作用，故一般对京兆府解送甚为重视；京兆府所送之举子，又设等第（分殊、次、平三等），权贵者就更关注。《东观奏记》卷中记，韦澳为京兆尹后，认为京兆府解送时分等第，有弊，谓"礼部格文，本无等第，京府解送，不当区分。今年所送省进士、明经等，并以纳策试前后为定，更不分等第之限"。《东观奏记》著者以为，"自文学道丧，朋党弊兴，纷竞既多"，韦澳乃"愤浇弊而革之"。五代王定保所著《唐摭言》卷二《废等第》条，亦详载其榜文。[3] 由此亦可见韦澳刚自翰林学士出院，就注意于科举试制的改革，这也是唐翰林学士与科举试研究值得参考的材料。又关于京兆府试情况，可参见傅璇琮著《唐代科举与文学》第三章《乡贡》。[4]

此后，韦澳历任节镇，晚年累表求辞，约懿宗咸通时卒，赠户部尚书，两《唐书》本传有记，不复述。

其著作，《新唐书·艺文志》著录其《处分语》，前已记述。《全唐诗》卷七九五载其《韦鉴》二句（七言），即《旧传》所载懿宗时罢邠宁节度使任，以秘书监分司东都，有所感慨，戏吟二句。《唐诗纪事》卷五〇亦据《旧传》载此二句。《全唐文》卷七五九载其一文：《解送进士明经不分等第榜文》，即前所述，乃据《唐摭言》辑录者。

注释

〔1〕罗时进《丁卯集笺证》，江西人民出版社，1998 年。

〔2〕载《全唐文》卷八三四。按岑氏《注补》亦引及钱珝此文，但误记为《全唐文》卷八三一。

〔3〕唯《唐摭言》所载，云"大中七年，韦澳为京兆尹"，"七年"误，应为十年。

〔4〕傅璇琮《唐代科举与文学》，陕西人民出版社，1986 年，又 2003 年修订新版。

曹 确

曹确，两《唐书》有传，见《旧唐书》卷一七七、《新唐书》卷一八一。

《旧传》："曹确字刚中，河南人。"《新传》同。《元和郡县图志》卷五河南道有河南府，即今河南洛阳。据《旧传》，其父景伯，德宗贞元十九年（803）进士及第，后又登制科，未记其他。《新唐书》卷七五下《宰相世系表》五下，亦记其父景伯，但未记其官职。

《旧传》记曹确"开成二年登进士第"，《新传》则仅云"擢进士第"。清徐松《登科记考》卷二一即据《旧传》系于文宗开成二年（837），同年登进士第者有李商隐、韩瞻（昭宗朝翰林学士韩偓父）。徐《考》于曹确名下云："按李商隐《寄四门同年诗》，曹疑即曹确。"按此诗，《全唐诗》卷五三九所载，题为《寄在朝郑曹独孤李四同年》，刘学锴、余恕诚《李商隐诗歌集解》（页 1416），[1]陶敏《全唐诗人名考证》（页 802），均确定曹为曹确。此诗之作年，详后。

《旧传》于擢进士第后，略云"历聘藩府"。后沈询所撰之《授曹确充翰林学士制》（《全唐文》卷七六七），记其入朝前，亦"爰自侯府，列于王庭"。此为中晚唐时士人之仕途常轨，即科试及第后，先在节镇幕府供职，后再入朝。

《旧传》记其返朝并入为翰林学士，云："入朝为侍御史，以工部员外郎知制诰，转郎中，入内署为学士，正拜中书舍人，赐金紫，权知河南尹事。入为兵部侍郎。"《新传》所记较简，仅云"历践中外官，累拜兵部侍郎"，未提及翰林学士事。按《旧传》虽较《新传》稍详，但有误（见后考）。

丁《记》记为："大中五年八月十一日，自起居郎充。十月十六日，三殿召对赐绯。六年五月十九日，加兵部员外郎。七年四月十一日，加知制诰。八年五月十九日，加库部郎中。九年闰四月六日，拜中书舍人，依前充。十年五月十三日，三殿召对赐紫。十一年八月二十一日，授河南尹，出院。"

按沈询《授曹确充翰林学士制》（《全唐文》卷七六七），即首称"起居郎曹确"，与丁《记》合。而《旧传》却谓"以工部员外郎知制诰，转郎中，入内署为学士"，即以工部郎中、知制诰入，与沈询制文及丁《记》均不合。曹确当由外镇入朝，先为侍御史（从六品下），后迁起居郎（从六品上），入为翰林学士。入院后，第二年（大中六年）五月九日加兵部员外郎（同为从六品上），后于八年五月十九日迁库部郎中（从五品上），九年闰四月六日，又迁为中书舍人（正五品上），即按官阶常例迁转。《旧传》将其员外郎、郎中官位列于入翰林学士前，则为显误。且据丁《记》，非工部，而应为兵部员外郎、库部郎中。当然，丁《记》也有缺记者，即大中七年四月十一日已由兵部员外郎加知制诰，则八年五月十九日加库部郎中，也应仍加知制诰（岑氏《注补》亦谓须补此三字）。

沈询所撰制文，叙及翰林学士之声望及职责，云："是用宠尔良吏，为予近臣，俾从琐闼之荣，更侍玉堂之奥。皇猷思畅，用宣秘密之文；清秩不易，尚受无私之旨。秉心勿替于正道，视草勉高乎训词，无忘懿图，伫答休命。"沈询时为中书舍人。

按曹确在院期间颇长，历时七年，但未有制诏传存，似也未记有业绩。现可述者，为当时一位诗家曹邺有与其文字交往。曹邺有一诗，题为《将赴天平职书怀寄翰林从兄》（《全唐诗》卷五九二）。按曹邺，两《唐书》无传，桂州阳朔人，连年累举不第，宣宗大中四年（850）登进士第，其应辟为天平军节度推官，当为大中六年（852）以后。[2]按曹邺为桂州人，曹确为河南人，可能因同姓，即视为同宗，故曹邺特称为从兄。曹邺多年应试，现总算及第，并出仕为方镇幕僚，故亦甚舒爽，诗中云"谁遣辟书至，作隶皆展眉"。但仍对曹确有所寄望，因曹确现居内署，境遇异常，"吾宗处清切，立在白玉墀；方得一侍座，单车又星飞"，故诗末云："愿将门底水，永托万顷波。"以门底水自比，以万顷波赞喻其从兄，望能得其引荐。其实曹邺于早期未及第时已有诗献曹确，有《寄监察从兄》（《全唐诗》卷五九三），梁超然、毛水清《曹邺诗注》，[3]及陶敏《全唐诗人名考证》（页878），皆谓此"监察从兄"为曹确。按据前考述，曹确于开成二年登进士第，曾历仕于藩府，后入朝为侍御史，当为会昌末、大中初。此诗当亦作于此一时期，时曹邺则尚未及第，故诗中极盼侍御史从兄能为其荐引："吾宗戴豸冠，忽然入西京。怜其羽翼单，恍若亲弟兄。松根已坚牢，松叶岂不荣。言罢眼无泪，心中如酒醒。"由此亦可见晚唐寒士切望举荐之勤苦心情。

曹确于大中十一年（857）八月二十一日出任河南尹，据《旧传》，后又"入为兵部侍郎"，但未记年。丁《记》记孔温裕于大中十二年（858）八月三十日出院为河南尹（见后孔温裕传），则为孔温裕接曹确之河南尹任，曹确即于大中十二年九月入朝为兵部侍郎。

前曾提及李商隐《寄在朝郑曹独孤李四同年》诗，刘学锴、余恕诚《李商隐诗歌集解》（页 1416）系于大中十二年，但未注依据。按李商隐于大中十一年任盐铁推官，十二年罢，还郑州，未几病卒，即卒于十二年。《唐五代文学编年史·晚唐卷》，[4]亦记本年李商隐卒前有此寄四同年诗，时在郑州。则李商隐此诗当为曹确于该年九月入朝后作。诗题之郑为郑茂休，独孤为独孤云，李为李定言，皆与李商隐、曹确同年进士及第者（参见徐松《登科记考》卷二一）。李诗七绝："昔岁陪游旧迹多，风光今日两蹉跎。不因醉本《兰亭》在，兼忘当年旧永和。"当为李商隐当时处境不好，身又有病，故缅怀故友，并深致感伤之情。

曹确则后于懿宗朝仕途顺利，擢居相位。《旧传》记其"入为兵部侍郎"后，云："咸通五年，以本官同平章事。"而《旧唐书》卷一九上《懿宗纪》则记于咸通四年（863）十一月。又《新唐书》卷九《懿宗纪》、卷六三《宰相年表》及《通鉴》卷二五〇，皆记为咸通四年闰六月，因此前，四月癸巳，时在相位的毕诚罢为兵部尚书，五月戊子，杜审权出为镇海军节度使，故擢曹确为相。《新唐书》之《纪》、《表》及《通鉴》纂修时，有北宋时辑集之唐实录，故所记较一致，有据，当可信，《旧唐书》记曹确入相年月，则不确。

《旧传》又云"在相位六年，九年罢相"，如以其所记于咸通五年任相，则九年罢相，也仅五年，何云六年？又所谓"九年罢相"，亦误。据《新唐书》之《懿宗纪》、《宰相年表》及《通鉴》卷二五二，均记于咸通十一年（870）三月，并载其出为镇海军节度使。《旧唐书》卷一九上《懿宗纪》于咸通十一年三月亦记曹确"以病求免"，乃出为润州刺史、充浙江西道（即镇海军）观察等使。

《新传》未具体记曹确任相、罢相年月，但亦称其"居位六年"，与《旧传》同。实则曹确于咸通四年闰六月任相，十一年三月罢相，当为历时八年，则《新传》与《旧传》同误。

《旧传》记曹确任相时，"精儒术，器识谨重，动循法度"，实则在位八年间，实无所作为。《南部新书》甲卷有记："曹确、杨收、徐商、路岩同秉政，外有嘲之曰：'确确无余事，钱财总被收。商人都不管，货路（同赂）几时休。'"后宋王谠《唐语林》卷七亦记，更明晰，云："咸通末，曹相确，杨相收，徐相商，路相岩，同为宰相。杨、路以弄权卖官，曹、徐但备员而已。长安谣曰：'确确无论事，钱财总被收。商人都不管，货赂几时休。'"杨收、路岩为懿宗时翰林学士（详见后传）。

据前《新纪》、《通鉴》等记，曹确于咸通十一年出为浙西镇海等节度使，又据《旧唐书》卷一九下《僖宗纪》，乾符元年（874）三月，以宰相赵隐出镇浙西。《新传》则记曹确任浙西后，云："徙河中，卒。"则当于乾符元年初又转为河中节度使，不久即卒，或即在乾符初，因《通鉴》于乾符四年（877）十月记："河中军乱，逐节度使刘侔。"即刘侔于乾符四年前已任河中。

《新唐书·艺文志》未著录其著述，《全唐诗》也未载其诗。《全唐文》卷七六一载其文二篇：《请令场监钱绢直纳延资库奏》、《谏用伶官李可及为威卫将军疏》，皆任相时作。

注释

〔1〕刘学锴、余恕诚《李商隐诗歌集解》，台北洪叶文化事业有限公司，1992 年。

〔2〕参《唐才子传校笺》卷七《曹邺传》梁超然笺，中

华书局，1990 年。

〔3〕梁超然、毛水清《曹邺诗注》，上海古籍出版社，1982 年。

〔4〕傅璇琮主编《唐五代文学编年史》，《晚唐卷》，吴在庆、傅璇琮撰，辽海出版社，1998 年。

庾道蔚

庾道蔚，两《唐书》无传。《元和姓纂》七，记："左拾遗庾敬休生道蔚，翰林学士。"庾敬休为穆宗朝翰林学士（见前传），《旧唐书》卷一八七、《新唐书》卷一六一有传，记为"先南阳新野人"。但两《唐书》本传皆未提及道蔚。

庾道蔚早年事迹不详，现可知者，为丁《记》所记，于宣宗大中六年（852）任翰林学士起。丁《记》记云："大中六年七月十五日，自起居舍人充。其年十二月二十九日，三殿召对赐绯。七年九月十九日，加司封员外郎。九年八月十三日，加驾部郎中、知制诰，并依前充。十年正月十四日，守本官出院，寻除连州刺史。"

杜牧有《庾道蔚守起居舍人李汶儒守礼部员外郎充翰林学士等制》（《樊川文集》卷一七）。按杜牧于大中六年任中书舍人，其年冬卒，此制称庾道蔚为起居舍人，与李汶儒同时入，皆与丁《记》合（李汶儒事，见后传）。但《旧唐书》卷一八下《宣宗纪》，于大中三年八月记为："以起居郎庾道蔚、礼部员外郎李文儒并充翰林学士。"按杜牧于大中三年虽在京，但时任司勋员外郎、史馆修撰，未能撰写制诰，故《旧纪》所记年月均误，又将李汶儒之"汶"误作"文"。

又杜牧此篇制文，对翰林学士职能，颇有概括性的评述，云："天下为公，选贤与能也。况乎拔出流辈，超侍帷幄，岂唯独以文学，止于代言，亦乃密参机要，得执所见。若非贤彦，岂膺选擢。"意谓翰林学士，不仅在于代君主起草制诏，还应当是"密参机要，得执所见"，即参与朝政中之机要，这是唐代翰林学士职能之时代特色，宋以后就未能如此。

又杜牧制文称庾道蔚在此前，"尝自侯府，升为谏官"，则曾为方镇幕僚，后入朝在御史府中供职。

庾道蔚在院期间，又有李商隐赠诗，李商隐《赠庾十二朱版》，刘学锴、余恕诚《李商隐诗歌集解》（页1341），[1]结合丁《记》，定李商隐于大中八、九年在东川节度（梓州）幕时，以朱笔书写之手板，远赠于庾，并进此诗："固膝投膠不可开，赠君珍重抵琼瑰。君王晓坐金銮殿，只待相如草诏来。"此七绝，仅四句，但特表言以此珍贵朱板书远赠，致念，后二句更誉庾之身份贵重，虽未明言，似仍含有望其荐引之意。李商隐为当时一大名家，尚能以诗进献，可见庾道蔚于当时尚有声望，惜两《唐书》未有为其立传。

丁《记》记庾道蔚于大中七年（853）九月十九日由起居舍人（从六品上）改为司封员外郎（亦从六品上），而《唐尚书省郎官石柱题名考》卷六司封员外郎，无庾道蔚名，卷八司勋员外郎则有其名，故清劳格疑丁《记》所记之"司封"应为"司勋"。但此仅为小异，俟考。

又，庾道蔚于大中十年（856）正月十四日出院，寻除连州刺史。连州远在广东（即今广东西北部连州市），唐时多为官员贬地，如宪宗时刘禹锡、敬宗时翰林学士蒋防，均曾贬于此地。关于庾道蔚出任连州刺史事，裴庭裕《东观奏记》（卷中）有记："翰林学士、驾部郎中、知制诰庾道蔚，勅曰：'以艺文擢居近密，乖检慎，难处禁林。宜守本官，续连州刺史。'郑朗为御史大夫，道蔚以事干之，乞庇罪人者，朗衔之。朗既大用，积前事，尽闻于上，故及此罪。"按郑朗，文宗时曾为翰林侍讲学士（见前传）。据《旧唐书》卷一七三《郑朗传》及《新唐书·宰相年表》，郑朗约于大中五年底、六年初为御史大夫，大中十年正月丁巳，由御史大夫为守工部尚书、同中书门下平章事，任相。庾道蔚于大中六年七月由起居舍人入院，此前曾为谏官（参前杜牧制文），则当为郑朗于大中六年初为御史大夫时，庾道蔚亦在谏任，曾有事干托郑朗，郑朗不满，并记存于心，故于大中十年正月任相时，即迫使庾道蔚出院，后又使其远贬。这是宣宗朝翰林学士因受宰相之迫而出贬的首例，也可由此见宰相对翰林学士所起的作用，既可引荐（如李德裕举荐白敏中），也可促其外出（此类事例甚多，不具述）。

庾道蔚贬连州后，何时召还，不详。按庾道蔚撰有《唐朝散大夫前行尚书司勋员外郎柱国苗绅妻故新野县君庾氏夫人墓志铭并序》，《全唐文》未载，著录于周绍良所编之《唐代墓志汇编》[2]咸通〇三四（页2404）。此志称庾夫人之祖讳何，即庾道蔚之祖（《旧传》），故志中庾道蔚自称"从父兄"。又志中称此庾夫人卒于咸通癸未即四年（863）冬季月，年四十八，翌年六月归葬于河南府洛阳县平阴乡陶村，庾道蔚自署其官衔为"朝议郎、守太子左庶子、分司东都、柱国、赐绯鱼袋"，即懿宗咸通五年（864）六月，尚为太子左庶子、分司东都，实为闲职。由此，则当为大中十年正月贬连州后，懿宗即位，召还，后授以太子左庶子、分司东都，居洛阳。此后或即卒于洛阳。

按庾道蔚，两《唐书》既无专传，两书也无所记（据前述，仅一处，尚有误），今据丁《记》、李商隐、杜牧等诗文，及出土墓志，尚能概述其一生主要事迹，亦属不易。

庾道蔚所著，除前述庾氏夫人墓志外，其他皆无载记。

注释

　〔1〕刘学锴、余恕诚《李商隐诗歌集解》，台北洪叶文化事业有限公司，1992年。

　〔2〕《唐代墓志汇编》，周绍良编，上海古籍出版社，1992年。

李汶儒

　李汶儒，两《唐书》无传。其事迹，以丁《记》所记最详（当然亦仅限于任翰林学士期间）。唯丁《记》记其名为"李淳儒"，他书所载者，淳皆作汶。岑氏《注补》谓："按宪宗后唐人讳淳，此作淳，当误。"按据《旧唐书》卷一四《宪宗纪》，宪宗名纯，则唐人有名淳者，亦有避讳而改者，丁《记》当据院内壁录，仍录记为"淳"。现据各书所载，作"汶"。

　《唐诗纪事》卷五三李汶儒条，云"登大和五年进士第"，清徐松《登科记考》卷二一即据此系于文宗大和五年（831）。及第后仕迹无考，此后即丁《记》所记于宣宗大中六年（852）任为翰林学士，其间已距有二十余年。

　丁《记》记为："大中六年七月十五日，自礼部员外郎充。其年十二月二十九日，三殿召对赐绯。七年十二月五日，加礼部郎中、知制诰。九年十月十二日，拜中书舍人，依前充。十年十月十六日，三殿召对赐紫。十一年正月五日，守本官出院。"

　杜牧有《庾道蔚守起居舍人李汶儒守礼部员外郎充翰林学士等制》（《樊川文集》卷一七）。据丁《记》，庾道蔚亦于

· 277 ·

大中六年七月十五日入（见前庾道蔚传）。杜牧所撰制文称李汶儒为"朝议郎、守尚书礼部员外郎"，并称其此前之仕绩："才行冠时，名声华众，扬历台阁，宣昭职业。无入而不得其道，守正而莫混其源。并为儒者之英，咸蕴贤人之操。"即叙其在尚书省任职，即入院前之礼部员外郎。清劳格《唐尚书省郎官石柱题名考》卷二〇礼部员外郎、卷一九礼部郎中皆列有其名。

李汶儒在院期间值得一提的，是他与其他文士，共同参与诗之唱和。《唐诗纪事》卷五三于兴宗条，称于兴宗"大中时以御史中丞守绵州"，"初在左绵作此诗，和者李朋、杨牢辈，皆朝中诸友也"。即载有于兴宗《夏杪登越王楼临涪江望雪山寄朝中诸友》诗，五律。《唐诗纪事》同卷载有许浑《酬绵州于中丞见寄》（七律），李朋《绵州中丞以江山小图远垂赐及兼寄诗》（五律），杨牢《奉酬于中丞见寄之什》（五言排律），和作者另有薛蒙、李邺、卢求等十余人，并有李汶儒《和绵州于中丞》（五律）。按于兴宗，两《唐书》无传，《新唐书》卷七二下《宰相世系表》二下，记有其名，谓"河南少尹"。又《唐诗纪事》载李朋和诗时，称李任尚书郎。按杜牧有《李朋除刑部员外郎李从诲除都官员外郎等制》（《樊川文集》卷一七），杜牧撰作制诰，当在大中五、六年间。又罗时进《丁卯集笺证》，[1]卷八载许浑此诗，谓许浑大中八年出任郢州刺史，此诗当作于大中七年在京期间。据此，则李汶儒作此和诗，当即在院时，诗云："珍重巴西守，殷勤寄远情。剑峰当户碧，诗韵满楼清。日照涪川阔，烟笼雪峤明。微黄看即及，莫叹滞江城。"颇有诗意。

绵州为今四川绵阳市，成都附近。按唐时，在朝中任官出任蜀中州县之职，常为贬出，间有诗作，请朝中友人和作者。如唐次于德宗贞元八年（792）夏出任开州（今重庆开县）刺史，在开州时作有诗，寄与朝臣及地方官员友人，和者甚多，有二十余人，后权德舆为撰《唐使君盛山唱和集序》（《全唐文》卷四九〇）。后韦处厚于宪宗元和十一年（816）因受朝中人事纠争之牵累，由考功员外郎亦出为开州刺史，在开州时作有《盛山十二诗》，记当地胜景。后返京，于穆宗时为翰林侍讲学士，将此诗转赠京中友人，和作者亦多人，韩愈即于长庆二年（822）特为和作之集撰写序文，题为《韦侍讲〈盛山十二诗〉序》，记当时和作者有白居易、元稹等（详见前穆宗朝韦处厚传）。由此亦可见唐时文士以诗唱和，亦为文人群体创作的一种风尚。李汶儒时为翰林学士，职居内廷，但外地文士仍有诗寄他，他亦有诗酬和，也可见他与文士之交往情况。

另有一事须加辨析，即清劳格《唐尚书省郎官石柱题名考》卷一九礼部郎中，于李淳（汶）儒名下，引《宝庆四明志》卷一，云："大和三年，明州刺史李文孺修得桥，见曾从龙所撰《浮桥记》。"劳格于"文孺"名下校云《通志》作"文儒"。《唐刺史考全编》卷一四三江南东道明州，于大和三年（829）亦列有李文孺，引《延祐志》所云"李文孺，大和三年刺史，修浮桥，见曾从龙所撰《浮桥记》"。按李汶儒于大和六年登进士第，不可能在此前三年即大和三年已任为明州刺史，此李文孺与李汶儒当为二人，劳格作为同一人而列于《唐郎官考》之礼部郎中，非是。又《宝庆四明志》提及之曾从龙《浮桥记》，《全唐文》未载；曾从龙，唐代史传材料中也未有。

李汶儒所作，除前所引述之和于兴宗诗外，其他皆未有载记。

注释

〔1〕罗时进《丁卯集笺证》，江西人民出版社，1998年。

孔温裕

孔温裕，附见于《旧唐书》卷一五四、《新唐书》卷一六三《孔巢父传》后，孔巢父为其伯祖。

《旧唐书·孔巢父传》记为冀州人，《新传》则称其为"孔子三十七世孙"。据两《唐书》传，孔巢父兄岑父，岑父之子戣，孔温裕即为戣子。孔戣，两《唐书》有传，即附于孔巢父传后。唯《新唐书·孔戣传》记温裕，仅一句，云："温裕，仕为天平节度使。"《旧唐书·孔戣传》亦简云："子遵孺、温裕，皆登进士第。大中已后，迭居显职。温裕位京兆尹、天平军节度使。"皆未提及翰林学士事，且《旧传》所记，虽仅数句，又有二误（详后）。由此，则孔温裕于两《唐书》实无专传，今检辑有关史料，概述其事迹如下。

按孔戣于宪宗时曾任谏议大夫、吏部侍郎、国子祭酒、岭南节度使，有政绩，与韩愈善交；孔戣于穆宗长庆四年（824）正月卒，韩愈即为孔戣撰写墓志：《唐正议大夫尚书左丞孔公墓志铭》。[1]韩《志》记戣"有四子，长曰温质，四门博士；遵孺、遵宪、温裕，皆明经"。据此，则孔温裕为明经出身，非进士，《旧传》则谓"遵孺、温裕，皆登进士第"，当误。

又《旧唐书》卷一七九《孔纬传》，记纬父遵孺，遵孺即温裕兄。《旧·孔纬传》云："纬少孤，依诸父温裕、温业，皆居方镇，与名公交，故纬声籍早达。大中十三年，进士擢第。"据此，则孔温裕当于明经及第后，曾历职于方镇幕府，唯具情不详。

《通鉴》卷二四九宣宗大中四年（850）八月，记："党项为边患，发诸道兵讨之，连年无功，戍馈不已。右补阙孔温裕上疏切谏，上怒，贬柳州司马。"此为孔温裕仕迹最早可知者，由此可知，孔温裕于大中前期曾任右补阙（从七品上），大中四年八月因上疏论用兵党项事，被贬为柳州司马。柳州远在广西，柳宗元于宪宗元和时亦曾贬为柳州刺史，则亦为唐时贬地。又，《通鉴》记此事时，有谓："温裕，戡之兄子也。"据前所述，温裕为戡子，非"兄子"，《通鉴》所记误。另，晚唐赵璘《因话录》卷六亦记有此事，唯云贬郴州司马，云："河南孔尹温裕任补阙日，谏讨党项事，贬郴州司马。"[2] 郴、柳字形近，当以《通鉴》所记为是。

《因话录》又继云："久之得堂兄尚书温业书，报云'宪府欲取尔作侍御史'，日望敕下。忽又得书云：'宰相以右史取之。'皆无音耗。一日，有鹊喜于庭，直若语状，孙稚拜且祝曰：'愿早得官。'鹊既飞去，坠下方寸纸，有'补阙'二字，极异之。无几，却除此官。"《因话录》所记，当然有小说情节，但由此亦可获有信息，即孔温裕后又以补阙召入朝，故后于大中九年（855）又以礼部员外郎入任翰林学士。

丁《记》记为："大中九年二月二十九日，自礼部员外郎、集贤院直学士充。其年三月三日，加司封员外郎、知制诰。十二年正月十八日，迁中书舍人。其年八月三十日，除河南尹，出院。"

关于迁中书舍人，《旧唐书》卷一八下《宣宗纪》大中十二年（858）正月亦有记："以翰林学士、朝议郎、守尚书司勋郎中、知制诰、赐绯鱼袋孔温裕为中书舍人，充职。"虽未记正月何日，但当与丁《记》所记"十二年正月十八日，迁中书舍人"合，不过《旧纪》此处所记，可对丁《记》作一补正，即《旧纪》记谓自司勋郎中、知制诰迁，而丁《记》则记先为司封员外郎、知制诰，后即迁中书舍人，缺记司勋郎中。关于此，清劳格于《唐尚书省郎官石柱题名考》卷七司勋郎中孔温裕名下，即引有《旧纪》此条，又引《东观奏记》所云"孔温裕自礼部员外郎改司封员外，入内廷二十五个月，改司勋郎中、知制诰"，谓"《壁记》失载"。按《东观奏记》卷中有云："皇甫珪自吏部员外召入内廷，改司勋员外，计吏员二十五个月限，转司封郎中、知制诰；孔温裕自礼部员外改司封员外，入内廷二十五个月，改司勋郎中、知制诰。动循官制，不以爵禄私近臣也。"即孔温裕自礼外、司封，经二十余月，改司封郎中、知制诰，则自大中九年二、三月起，于十一年四、五月乃迁为司勋郎中（仍知制诰）。又岑氏《注补》亦云按官制，员外郎不能超迁中书舍人。

另，《新唐书》卷一〇一《萧倣传》亦有提及孔温裕事，但有误，云："（倣）除累给事中。宣宗力治，喜直言，尝以李璲为岭南节度使，使者已赐节，而倣封还诏书。帝方作乐，不暇命使，遣优工趋出追之，未及璲所而还。后以封敕脱误，法当罚，侍讲学士孔温裕曰：'给事中驳奏，为朝廷论得失，与有司奏事不类，不应罚。'诏可。"《东观奏记》卷上及《通鉴》卷二四九大中十二年（858）五月亦皆记萧倣封还制书事，但均未述及孔温裕。《新唐书·萧倣传》此处记孔温裕，称为翰林侍讲学士，则误。唐翰林侍讲学士始置于穆宗，至武宗朝已未有（详见前《唐翰林学士传论》上编《唐翰林侍讲侍读学士考论》），宣宗朝所有翰林学士也未有侍讲者。

据丁《记》，孔温裕于大中十二年（858）八月三十日以中书舍人出院，为河南尹。河南尹为从三品，其官阶较中书舍人（正五品上）为高，故虽出院，亦可谓升迁。其任河南尹约一年余，因《旧唐书》卷一九上《懿宗纪》，大中十三年（859）十月，记"又以兵部侍郎郑颢为河南尹"，即以郑颢接其任。

又《旧唐书·懿宗纪》于咸通六年（865）正月有记："丁亥，制以河东节度使、检校刑部尚书孔温裕为郓州刺史、天平军节度、郓曹棣观察处置等使。"按此处所记，即有二误：一、据此所记，则孔温裕于咸通六年正月前曾任河东节度使，今检《唐刺史考全编》卷九〇河东道太原府，咸通四年至七年，任河东节度使者为刘潼，咸通元年至四年为卢简求，皆有《旧唐书·懿宗纪》、《通鉴》等记述，则孔温裕未能于此期间亦有任河东节度使。二、孔温裕任郓州刺史、天平军节度使，在咸通八年，非六年（见后）。

《全唐文》卷八三载懿宗《授孔温裕忠武军节度使制》，先称其为"朝散大夫、守尚书户部侍郎"，现任为"检校礼部尚书兼许州刺史、御史大夫、充忠武军节度、陈许蔡州观察处置等使"。参《唐刺史考全编》卷五九，当在懿宗咸通初期。

《旧唐书·孔戣传》记孔温裕之仕迹，仅云"位京兆尹、天平军节度使"，即天平军之任前曾仕为京兆尹。按丁《记》明确记孔温裕于大中十二年八月出院后任河南尹，其他史书皆未有记其为京兆尹者。《旧传》此处所述，疑"京兆"为"河南"之讹。

两《唐书·孔戣传》记孔温裕曾仕为天平军节度使，则属实。《全唐文》卷七九一孔温裕《请修孔庙状》，自称"郓曹濮等州观察使"，状中又自称为孔氏"远裔"，曲阜"咫尺家乡"，既领郓城"故藩"，故特请于兖州修复孔庙。按天平军治郓州（今山东郓城），位山东西南，与曲阜相接，孔温裕状中所叙，与地境合。至于其出任天平的时间，可以《唐故华州衙前兵马使魏公墓志铭》参证。此志，《全唐文》未载，见周绍良编《唐代墓志汇编》（页2437），[3] 署"留守衙前判官郝乘撰"。志记墓主魏潼（字遵令）曾为孔温裕天平节镇幕僚，有云："至丁亥岁，邹鲁尚书自东都留守节镇天平，遵令获事旄麾。"孔温裕自称孔子后裔，其为忠武节度使时曾检校礼部尚书，故此志称其为"邹鲁尚书"。丁亥岁为咸通八年（867）。由此即可定，孔温裕于咸通八年任天平军节度使、郓州刺史，而此前为东都留守。

又《全唐文》卷七八八贾防《新修曲阜县文宣王庙记》，有云："皇帝御寓之十年，岁在己丑，夫子三十九代孙鲁国公节镇汶阳之三载"，曾赴曲阜，"瞻故乡以徘徊"，于是建议重修孔庙，即前引孔温裕之《请修孔庙状》。己丑为咸通十年，亦即"皇帝御寓之十年"，则咸通十年孔温裕仍在天平任。按贾防，两《唐书》无传，《全唐文》卷七八八小传，称其"咸通中乡贡进士，摄郓曹濮等州馆驿巡官"，则曾在孔温裕天平节镇幕，故有此记。另，《全唐文》卷八一二有郑仁表《左拾遗鲁国孔府君墓志铭并序》，此孔府君为孔纾，即孔温裕子。志称"拾遗始及第，乞假拜庆……时仆射太常公节制天平军"。《登科记考》卷二三记孔纾为咸通九年进士第（郑仁表与其同年），由此亦佐证咸通九年孔温裕在天平节镇任。

孔温裕何时离天平任，史书未有明载。《通鉴》卷二五一咸通十年（869）十二月，记南诏进攻黎雅、邛等州，有《考异》，谓高骈"时为郓州节度使"。又《旧唐书·僖宗纪》记乾符元年（874）四月，高骈由天平节度使、郓州刺史改为成都尹、剑南西川节度副大使，则孔温裕当于咸通十年离天平，入朝。

《旧唐书·懿宗纪》咸通十三年（872）记："三月，以吏部尚书萧邺、吏部侍郎独孤云考官，职方郎中赵蒙、驾部员外郎李超考试宏词选人。试日，萧邺替差右丞孔温裕权判。"按《登科记考》卷二三记博学宏词科，有引《册府元龟》："三月，以礼部尚书萧邺、吏部侍郎独孤云考官，职方郎中赵蒙、驾部员外郎李超，考试宏词选人。试日，萧邺替差右丞孔温裕权判。"按博学宏词于晚唐已非制科，为吏部铨试，循例由吏部主持，《册府元龟》此处记萧邺为礼部尚书，当误。萧邺于咸通十一、十二年皆以吏部尚书主持博学宏词试（参见前萧邺传），故十三年亦当据《旧纪》为吏部尚书，则《登科记考》引《册府元龟》，"礼"字讹（孟二冬《登科记考补正》亦未有订正）。不过由此可知，孔温裕于咸通十年自天平军返朝，后任为尚书右丞，咸通十三年代替吏部尚书萧邺主持博学宏词试。

又郑仁表所作孔纾墓志（见前引），谓僖宗即位后，咸通十五年（乾符元年）三月，孔温裕在翰林侍讲任，于该年五月卒。岑氏《补僖昭哀三朝翰林学士记》即据此，系孔温裕为僖宗朝翰林侍讲学士。僖宗刚即位，不可能又任孔温裕为侍讲学士，且自武宗朝起，即未建置翰林侍讲学士。郑仁表所记当不实。

孙温裕著述，皆未有载记。

注释

〔1〕《韩昌黎文集校注》卷七，马其昶校注，上海古籍出版社，1986 年。

〔2〕此处所引之《因话录》，据上海古籍出版社"唐五代笔记小说大观"点校本，2003 年。经查，《太平广记》卷一三八《孔温裕》条，注据《因话录》，亦记此事，则谓"贬柳州司马"，则《因话录》原亦记为"柳州"。

〔3〕周绍良编《唐代墓志汇编》，上海古籍出版社，1992 年。

于德孙

于德孙，两《唐书》无传，仅《新唐书》卷七二下《宰相世系表》二下，于氏，记："德孙，字承休，吏部侍郎。"吏部侍郎当为其终官。又据《新表》，于氏郡籍为京兆。

于德孙早期仕迹不详，据丁《记》，自大中十年（856）始入为翰林学士。丁《记》记为："大中十年正月三十日，自职方员外郎、知制诰充。其年十一月二十八日，三殿召对赐紫。十一年四月十五日，加驾部郎中充。十二年闰二月，迁中书舍人，并依前充。其年十月十四日（以下缺七字）充。十三年四月二十九日，授御史中丞，出院。"其十一年四月十五日加驾部郎中，岑氏《注补》谓应加知制诰，因此前于十年正月入院时已为职方员外郎、知制诰，是。

又《旧唐书》卷一八下《宣宗纪》大中十二年（858）二月，记："以工部郎中、知制诰于德孙，库部郎中、知制诰苗恪，并可中书舍人，依前翰林学士。"即于德孙与苗恪同时迁为中书舍人。按丁《记》记于德孙于大中十二年闰二月由驾部郎中、知制诰迁中书舍人，未记日；丁《记》又记苗恪于大中十一年八月自库部郎中入，十二年闰二月十三日，由库部郎中迁中书舍人（详见后苗恪传）。参合《旧纪》，于德孙迁中书舍人，可补丁《记》，为十二年闰二月十三日，而《旧纪》所记之二月，当为闰二月。

丁《记》记大中十二年十月十四日后缺七字。按此前已任为中书舍人（正五品上），后十三年四月授御史中丞出院，御史中丞亦正五品上，则大中十二年十月十四日未有迁官，可能为"三殿召对赐紫"之类。[1]

于德孙出院后，约懿宗咸通前期曾任为鄂州刺史、鄂岳观察使。《唐刺史考全编》卷一六四江南西道鄂州，列于德孙约于咸通二年至五年（861—864）在鄂岳任，其所据为上海图书馆所藏拓片《唐故鄂岳团练判官将仕郎试大理评事太原王公（潭）墓志铭并序》，此《志》有云："泊于公德孙廉问江夏，首辟为观察判官、大理评事，诚佐四年……咸通五年十月二十日，终于鄂州官舍。"署为咸通五年十月二十日。由此，则于德孙出院后，于大中末、咸通初仍在朝任职，后出为鄂岳观察使，于咸通五年十月尚在任。

于德孙约咸通五年后返朝，据《旧唐书》卷一九下《懿宗纪》，其于咸通十年（869）在吏部侍郎任，《旧纪》咸通十年十二月记："以吏部侍郎杨知温、吏部侍郎于德孙、李玄考官，司封员外郎卢荛、刑部侍郎杨戴考试宏词选人"；又十一年正月记："以吏部尚书萧邺、吏部侍郎于德孙、吏部侍郎杨知温考官，司勋员外郎李耀、礼部员外郎崔澹等考试应宏词选人。"按此时博学宏词已非制科，乃吏部铨试，故以吏部尚书、吏部侍郎主持，参前孔温裕传。

此后事迹不详。其著述亦皆未有载记。

注释

〔1〕按丁《记》记大中十年十一月二十八日"三殿召对赐紫"，此时于之官衔为职方员外郎，按官制，尚未能赐紫，应为赐绯，后即补有赐紫。

皇甫珪

皇甫珪，两《唐书》无传，仅《新唐书》卷七五下《宰相世系表》五下有记，唯仅云"珪字德卿"，未记官职。不过

《新表》记珪为镈子，皇甫镈，则两《唐书》有传，见《旧唐书》卷一三五、《新唐书》卷一六七。按《旧传》记其为安定朝那人，《新传》记为泾州临泾人，似有异。《元和郡县图志》卷三关内道泾州有临泾县，云："本汉旧县，属安定郡。隋大业元年于今县理置湫谷县，取县内湫谷为名。十二年，复为临泾县，皇朝因而不改。"又同卷于泾州后，记有原州，原州所属有平高县，县内有朝那湫，引苏林云"在安定朝那县"。如此，则两《唐书·皇甫镈传》所记，安定朝那，泾州临泾，实为一地，今为甘肃镇原县。

按皇甫镈于宪宗中期任户部侍郎、判度支时，对当时朝廷征讨淮西，于财力筹集上有所贡献，后宪宗即用以为相，但受到裴度等大臣的反对。史称皇甫镈联结李逢吉、令狐楚，排挤裴度，后穆宗即位，就贬其为崖州司户参军，即卒于贬地。皇甫镈于穆宗朝，时论对其评议亦甚不佳，而珪为其子，于宣宗时却能召入为翰林学士，且在院时间亦甚长。这可能因宣宗为宪宗子，对宪宗朝得用大臣之后人颇为重视，皇甫镈既于宪宗后期颇受信重，故宣宗即召用其子任为翰林学士（又皇甫镈与令狐楚甚有交结，令狐绹为令狐楚子，在宣宗朝长期居相位，则皇甫珪之召入，也可能与时居相位的令狐绹有关）。

皇甫珪前期仕迹不详。丁《记》记为："大中十年六月五日，自吏部员外郎充。其月七日，改司封郎中。十一年正月十一日，三殿召对赐绯。其年十月二日，加司封郎中、知制诰。十二年八月十二日，拜中书舍人，依前充。十三年八月二十六日，赐紫。其年八月二十九日，加朝请大夫。其年十一月，迁工部侍郎、知制诰，依前充。十四年十月，改授同州刺史。"

丁《记》是记皇甫珪事迹最详具的材料，如无丁《记》，则唐翰林学士就无皇甫珪之名。但丁《记》此处所记也有问题，如记皇甫珪于大中十年（856）六月五日自吏部员外郎入院，其月七日，即同月（六月）七日，即迁为司封郎中，而又记十一年（857）十月二日，"加司封郎中"，前后相重。于此，唐末昭宗时裴庭裕《东观奏记》（卷中）有记："皇甫珪自吏部员外召入内廷，改司勋员外，计吏员二十五个月限，转司封郎中、知制诰。孔温裕自礼部员外改司封员外，入内廷二十五个月，改司勋郎中，知制诰。动循官制，不以爵禄私近臣也。"按《东观奏记》称皇甫珪自吏部员外郎入，后曾迁司封郎中、知制诰，均与丁《记》合，唯谓皇甫珪自吏外入，后改为司勋员外郎，则与丁《记》记入院仅三天即迁转司封郎中有异。清劳格《唐尚书省郎官石柱题名考》卷四吏部员外郎于皇甫珪名下，即引《东观奏记》此处所记，劳格加按语，谓"《壁记》前'司封郎中'当从《东观奏记》作'司勋员外郎'。"岑氏《注补》亦引及劳格按语，谓当从《东观奏记》，并据所谓"二十五个月"，推算皇甫珪当于大中九年九月已授吏部员外郎。今按据此，则丁《记》所记之"其月七日，改司封郎中"，当改"司封郎中"为"司勋员外郎"。《唐郎官考》卷八司勋员外郎亦即有皇甫珪名。唯岑氏《注补》以二十五个月迁转推算，谓皇甫珪当于大中九年九月已为吏部员外郎，则仅为揣测。唐代，特别是晚唐，官阶迁转，并不限于此年例，有少于二十五个月，也有多于二十五个月的。

又，丁《记》记皇甫珪于大中十四年十月授同州刺史出院。按宣宗于大中十三年（859）八月卒，懿宗立，第二年应为咸通元年（860），但据《旧唐书》卷一九上《懿宗纪》，咸通元年十一月丙午朔，"丁未，上有事于郊庙，礼毕，御丹凤门，大赦，改元"。即此年十一月二日才改元为咸通，此前亦可称为大中十四年。丁《记》所记，当据当时壁记实录，于此亦可见丁《记》史料之原始性。

又，唐翰林学士迁转有一情况，即前朝之学士，皇室改换时，常逐渐出院，另召新文士入院。如大中十四年（咸通元年），前朝学士，共五人，其中皇甫珪、苗恪、杨知温即于此年冬出院，仅留严祁、高璩，而严祁则于第二年（咸通二年）四月出院，高璩于三年八月出任东川节度使，即至咸通三年八月，宣宗朝之翰林学士皆不在院，而时在院者七人，均懿宗即位后陆续召入的（参见本书后"学士年表"）。

同州，据《元和郡县图志》卷二所记，属关内道，所辖相当今陕西大荔、合阳等县。

皇甫珪此后于咸通年间之仕历，可参《元和姓纂》所记。《元和姓纂》卷五，十一，皇甫，记有："镈，宰相，生焕，中书舍人、福建观察使。"文渊阁《四库全书》本《元和姓纂》，于"焕"下有校，云："镈子珪，字德卿，此作'生焕'，误。"岑氏《注补》亦引及此，同意四库本校语，谓"证诸本记（丁《记》），则中书舍人是珪所历官"。据此，则皇甫珪于同州刺史后，曾任福建观察使，唯未能确定其所任时间。

皇甫珪其他仕迹则不详，其著述亦未有载记。

蒋　伸

蒋伸，两《唐书》有传，见《旧唐书》卷一四九、《新唐书》卷一三二，皆附于其父蒋乂传后。《旧传》记蒋伸事甚简，仅五十余字，然仍有误，《新传》稍详，而误益多，故极须考辨、订正。

《旧唐书·蒋乂传》载其为常州义兴人。《新唐书·蒋乂传》亦云常州义兴人，但又谓"徙家河南"。义兴，今江苏宜兴。当其先世原在江南，后徙于中原。

两《唐书·蒋乂传》皆记蒋乂之父蒋将明曾为集贤殿学士、副知院事，"代为名儒"。蒋乂则于德宗时长期任史馆修撰，宪宗时曾与独孤郁、韦处厚同修《德宗实录》；家藏书一万五千卷，居史馆之任有二十年，所著有《大唐宰辅录》七十卷，及《凌烟阁功臣》、《秦府十八学士》等书。其长子蒋係，亦曾充职于史馆，曾与沈传师等应命纂修《宪宗实录》。世称蒋氏家世有典实史风。

蒋伸为蒋乂次子。《新传》及《新唐书》卷七五下《宰相世系表》五下，记其字大直（《旧传》未记）。新旧《传》皆谓其曾登进士，但未记年，故清徐松《登科记考》列于虽登科而未记年之卷二七。《旧传》后云"历佐使府"，即登第后先于外镇幕府供职。

《旧传》接云："大中初入朝，右补阙、史馆修撰。"《新传》则具体记为："大中二年，以右补阙为史馆修撰。"后云："转驾部郎中、知制诰。白敏中领邠宁节度，表伸自副，加右庶子。"按白敏中于宣宗大中五年（851）三月以相位出为邠宁节度使，《通鉴》卷二四九记其出行前，"请用裴度故事，择廷臣为将佐，许之"；"四月，以左谏议大夫孙景商为左庶子，充邠宁行军司马，知制诰蒋伸为右庶子，充节度副使"。《通鉴》所记蒋伸此时所带官衔，亦与《新传》合，而《旧传》未有记。

由此可见，蒋伸当于宣宗初入期，大中二年以右补阙充史馆修撰，后为驾部郎中、知制诰，至大中五年四月出为邠宁节度副使。由此，则大中三年至五年间为驾部郎中、知制诰，即已撰写制诰。《全唐文》卷七八八载蒋伸文九篇，其《封鄂王制》、《封盛唐公主制》，《文苑英华》分别载于卷四四五、卷四四六，均列于"翰林制诰"类，其他七篇为授节镇制文，

《文苑英华》分载于卷四五五、四五六，亦列于"翰林制诏"，实则此七篇节镇制文均作于大中三至五年间（参见岑氏《注补》所考），即在驾部郎中、知制诰任，非入院为翰林学士时，此亦可见《文苑英华》分类之不当。按蒋伸之《封鄂王制》、《封盛唐公主制》，岑氏《注补》未有考，今补述：《封鄂王制》，制文称"第六男润"，《文苑英华》卷四四五载，文末署为"大中五年六月"；《旧唐书》卷一七五《宣宗子传》，也谓"鄂王润，第六子也，大中五年封"。《封盛唐公主制》，制文中称"第七女祥开银汉"，《新唐书》卷八三《诸帝公主传》，记盛唐公主为宣宗第七女，虽未记何年封，当亦在大中三至五年间。由此可见，中晚唐时，中书舍人，或以他官加知制诰者，不仅有撰写授地方节镇制文，还可草撰封诸王、诸公主文（如《文苑英华》卷四四六载蒋伸《封盛唐公主制》前，载白居易《封大和长公主制》，文末署长庆元年三月，白居易时亦为主客郎中、知制诰）。

蒋伸随白敏中供职于邠宁幕府后，《新传》接云"入知户部侍郎"，未记年。按白敏中于大中六年（852）四月由邠宁改为西川节度使，蒋伸当亦于此时返朝，改任户部侍郎，再过数年即以户部侍郎入为翰林学士。

丁《记》记为："大中十一年八月二十六日，自权知户部侍郎入。九月二日，拜户部侍郎、知制诰。十月二日，加承旨。十一年十二月二十九日，转兵部侍郎、知制诰，依前充。十二年五月十三日，守本官、判户部出院。十二月二十九日，守本官、同中书门下平章事。"

丁《记》此处有一显误，即记蒋伸入院为大中十一年八月二十六日，后又记"大中十一年十二月二十九日，转兵部侍郎、知制诰"，记年相重。岑氏《注补》有说，谓前条皇甫珪于大中十年六月入院，后条苗恪于十一年正月入院，蒋伸既在苗恪前入院，则当在十一年正月前，不应在十一年八月人。如此，则蒋伸入院当为大中十年八月二十六日，后叙之九月二日、十月二日，亦均为十年，此后之"十一年十二月二十九日"，则不误。

如此，则其接任承旨，即为大中十年十月二日。《旧唐书》卷一八下《宣宗纪》，大中十一年十二月有记："以翰林学士承旨、通议大夫、守尚书户部侍郎、知制诰、上护军、赐紫金鱼袋蒋伸为兵部侍郎，充职"，即与丁《记》所记于大中十年十月二日为承旨合。按萧寘于大中九年十二月十七日为承旨，十年八月四日出院（见前萧寘传），此时在院共六人，蒋伸入院之时为最后，但其所具之官衔为户部侍郎，较他人为高（如曹确时为中书舍人，正五品上，也较户部侍郎为低），故可能即以官阶较高，即授为承旨。

关于记蒋伸任翰林学士，《新传》即有几处错误。其记蒋于"入知户部侍郎"后，云："九年，为翰林学士，进承旨。十年，改兵部侍郎，判户部。"据前考述，将伸乃于大中十年八月入，同年十月加承旨，《新传》却提前于九年，又将十一年十二月转兵部侍郎也移前一年，列于十年，且改兵部侍郎时加知制诰，非判户部。又《全唐文》卷七八八蒋伸小传，亦云"（大中）九年为翰林学士，十年改兵部侍郎、判户部"，当即沿袭《新传》之误。又《旧传》所记既简，亦有数误，如云："转中书舍人，召入翰林为学士，自员外、郎中至户部侍郎、学士承旨，转兵部侍郎。"即蒋伸入院前已为中书舍人，乃以中书舍人入，实则蒋伸乃以权知户部侍郎入，已较中书舍人官阶为高。《旧传》又谓自中书舍人入院后，又"自员外、郎中至户部侍郎"，按中书舍人为正五品上，尚书诸司员外郎为从六品上，郎中为从五品上，何以入院后反而由正五品上之中书舍人降至从六品上之员外郎？真不知《旧传》何以有此舛误。

关于蒋伸出院、拜相，《旧唐书·宣宗纪》所记又有误。据丁《记》，蒋伸于大中十二年五月十三日先以兵部侍郎、判度支出院，同年十二月二十九日，以守本官同中书门下平章事，任相。《新唐书》卷八《宣宗纪》、《新唐书》卷六三《宰相年表》，及《通鉴》卷二四九，虽皆未记蒋伸出院事，但均于大中十二年十二月甲寅记："兵部侍郎、判户部蒋伸同中书门下平章事。"而《旧·宣宗纪》却记于大中十三年四月，谓"以翰林学士承旨、兵部侍郎、知制诰蒋伸本官同平章事"。且《旧纪》此处记蒋伸乃由翰林学士直接提拔为相，实则蒋伸先于大中十二年五月出院，十二月任相，其间有半年。

蒋伸以高品阶之户部侍郎入院，在院前后三年，出院后又任为相，但在院时并无撰写制诰的记载，现传存之九篇制文，皆为入院前以他官知制诰时所撰，这种情况也值得研究。

据《新唐书·宰相年表》，蒋伸于大中十二年（858）十二月入相，后于懿宗咸通三年（862）正月己酉，以检校兵部尚书、同平章事出为河中节度使。《通鉴》卷二五〇同。而《旧唐书·懿宗纪》记蒋伸罢相，竟有两处：一为咸通二年（861）九月，记毕诚为工部尚书、同平章，"蒋伸罢知政事"；二为咸通十年（869）正月："中书侍郎、兼户部尚书、平章事蒋伸为太子太保，罢知政事，病免也。"实则据《新唐书·宰相年表》，毕诚以户部尚书、判度支为礼部尚书、同中书门下平章事，在咸通元年（860）十月，与此同时，夏侯孜罢相，出为西川节度使，非毕诚拜相而接替蒋伸。且蒋伸于咸通三年罢相后，未再入相，何以有咸通十年正月再次罢相事（《新纪》、《新表》及《通鉴》均未有记）。

《旧传》记蒋伸于"大中末，中书侍郎、平章事"后，未再有记。《新传》有记，却又有误，云"咸通二年，出为河中节度使、同中书门下平章事"，而据前述，《新纪》、《新表》、《通鉴》皆记为咸通三年，《新传》之"二"当为"三"之形讹。

《新传》记其出任河中后，云"徙宣武"，未记年。《全唐文》卷八三载有懿宗《授河中节度蒋伸宣武节度使、守兵部尚书毕諴河中节度使同制》，即蒋伸由河中节度改任宣武，而毕諴则同时出任河中，故可同制。据《旧唐书·懿宗纪》，咸通四年（863）十一月，"以中书侍郎、平章事毕諴检校吏部尚书、河中尹、晋绛慈隰观察使"。据《新唐书·宰相年表》，毕諴于咸通四年四月已罢为兵部尚书，同年十一月即出镇河中，接替蒋伸（所署官衔，《旧纪》与《新表》有异，不再考辨）。

按上述懿宗制文，对蒋伸、毕諴任职于翰林学士有所赞誉，今录之，供参："文飞藻丽之词，位蕴名卿之望，或互参禁署，咸称染翰之工；或继秉国钧，俱播和羹之美。"

《新传》于"徙宣武"后，接云"俄以太子少保分司东都"，此则《新唐书·宰相年表》也有记：咸通五年（864），"五月戊戌，伸为太子少保，分司东都"。

《新传》接云："七年，用为华州刺史。"按周绍良主编《唐代墓志汇编》，页2437，载郝乘《唐故华州衙前兵马使魏公墓志铭》，[1]记魏潼先于咸通八年丁亥（867）在孔温裕天平节度使幕（见前孔温裕传），后"至戊子年，华州蒋相国飞牒辟授华州衙前兵马使"。戊子为咸通九年（868）。据墓志，此魏潼于该年九月卒。《唐刺史考全编》卷三京畿道华州，即据《新表》及此墓志，系蒋伸于咸通七至九年为华州刺史。

蒋伸于此前尚未见有文士与其交往之资料，而在其任华州刺史时，诗人薛能有一诗：《蒙恩除侍御史行次华州寄蒋相》

（《全唐诗》卷五五九）："林下天书起遁逃，不堪移疾入尘劳。黄河近岸阴风急，仙掌临关旭日高。行野众喧闻雁发，宿亭孤寂有狼嗥。荀家位极兼禅理，应笑埋轮著所操。"薛能，两《唐书》无传。据《唐才子传校笺》卷七《薛能传》谭优学笺，[2]薛能于会昌六年（846）进士及第，大中末曾书判入等中选，为盩厔县尉，后历任节镇幕僚，又累仕侍御史、刑部员外郎。此诗当为由外镇幕府入京进华州，特进诗献于蒋伸。此诗似未有期望举荐之意，但抒发自己长期以来未能得有顺途之感慨，也可见较有真情，确也不易。

又晚唐诗僧贯休有一诗，曾称蒋伸虽仕历内外，仍"常事天王"者，即《全唐诗》卷八二八贯休《送卢舍人三首》，其第三首，有云："自古皇王与贤哲，顶敬心师刻金玉……君不见近代韦裴蒋与萧，文房书府师百僚。"自注云："韦处厚相国出入庙堂，礼佛如朝见君父。裴休相国师事空王，信敬无比，出将入相，偏重禅门。蒋口相国墙堑空门，为大檀越，中书藩镇，常事天王。萧做相国清德冠世，白业常修，为佛骨碑，见行于当世。"此处"蒋口相国"，即指蒋伸（参陶敏《全唐诗人名考证》页1031）。其所举四人，其他三人，均于"相国"二字前记叙其名，《全唐诗》所载此诗，"蒋"字后所缺字当为"伸"。由贯休此诗，似蒋伸亦信奉佛旨者，故前所引述之薛能进献蒋伸诗，亦多喻有禅理。

《新传》记其华州任后，云："再迁太子太傅，表乞骸骨，以本官致仕，卒，赠太尉。"或即卒于咸通末。

《新唐书·艺文志》及《全唐诗》对其所作均未有载记。如前所述，《全唐文》载其制文九篇，均为入院前以他官兼知制诰时所作，即于中书省所履之职责，这对于晚唐时中书省与翰林学士院职能之关系，也有研究参考意义。

注释

〔1〕《唐代墓志汇编》，周绍良编，上海古籍出版社，1992 年。

〔2〕《唐才子传校笺》，傅璇琮主编，卷七《薛能传》列于第三册，中华书局，1990 年。

苗　恪

苗恪，两《唐书》无传。《新唐书》卷七五上《宰相世系表》五上，有记其名及世系，记苗恪字无悔，唯未注官职。《新表》又记其祖蕃，蕃生著，著三子：愔字宜之，恽字甚鲁，恪字无悔。恪即著之季子。

按苗蕃，两《唐书》无传，韩愈则为其撰有墓志铭：《太原府参军苗君墓志铭》。[1]韩《志》称蕃字陈师，记其登进士第后曾历仕于江西、太原幕府，元和二年（807）卒，年仅四十二，并记有子三人：执规、执矩、必复，并云季子必复即生于卒年之三月。而《新唐书·宰相世系表》记苗蕃之子仅一人，即著，著三子：愔、恽、恪。韩愈集注本有引樊汝霖语，对《新表》所记有辨析，颇详，今具录如下："按《世系表》，苗袭夔生延嗣，延嗣生含液，含液生颖，颖生蕃，蕃生著，著生愔、恽、恪，愔生台符，恽生廷议。又按《登科记》，愔长庆二年，恽大和五年，恪八年，台符大中八年，廷议乾符三年，皆相踵登第。然有可疑者：《世系表》以愔、恽、恪为蕃之孙，《志》谓蕃卒于元和二年，男女皆幼。自元和二年至长庆二年甫十五年，岂遂有孙登第耶？然则《世系表》蕃之下所谓'著'者误矣。疑愔、恽、恪即蕃之子，而执规、执矩、必复者，蕃死时幼而未名，特其小字云尔，其后遂名愔、恽、恪也。"

樊汝霖所辨甚细，且合情理，故当世研究者多从其说，如岑氏《注补》，赵超《新唐书宰相世系表集校》。[2]又可参苗愔撰《唐故太原府参军赠尚书工部员外郎苗府君夫人河内县太君玄堂志铭并序》（周绍良编《唐代墓志汇编》会昌〇〇三）。[3]由此可正《新表》之误，并据韩《志》及樊注，可知苗恪生于宪宗元和二年（807），文宗大和八年登进士第（徐松《登科记考》卷二一即据此系于大和八年）。

又韩《志》记苗蕃官职甚低，"位卑而无年"，"四室之孤男女凡二十人，皆幼，遗资无十金，无田无宫以为归，无亲族朋友以为依也"。在宣宗朝翰林学士中，苗恪出身是最为贫寒的。

据前所述，苗恪于文宗大和八年（834）进士及第，当为二十八岁。此后仕迹不详。苗恪曾撰有《唐故朝议郎守殿中少监兼通事舍人知馆事上柱国赐紫金鱼袋苗公墓志铭》（载《唐代墓志汇编》大中〇九三），署为"侄朝议郎行尚书司勋员外郎充集贤殿直学士柱国恪撰"。志主为苗弘本，大中九年乙亥（855）三月六日卒，同年闰四月廿五日葬。由此，则苗恪于宣宗大中九年已任为司勋员外郎，充集贤殿直学士。清劳格《唐尚书省郎官石柱题名考》卷八司勋员外郎，即录有其名。

苗恪于司勋员外郎后，又出为洛阳令，见于裴庭裕《东观奏记》卷中："李藩自司勋郎中迁驾部郎中、知制诰，衣绿如故。郑裔绰自给事中以论驳杨汉公忤旨，出商州刺史，始赐绯衣、银鱼。沈询自礼部侍郎为浙东观察使，方赐金绶。苗恪自司勋员外除洛阳令，蓝衫赴任。裴处权自司封郎中出河南少尹，到任，本府奏荐赐绯，给事中崔罕驳还，上手诏褒奖曰：'有事不当，卿能驳还，职业既修，朕何所虑。'"此又见《唐语林》卷一。所记官阶与所赐衣制关系，颇值得研究。由此亦可知苗恪当于大中九年后曾任洛阳令。

此后即入为翰林学士。丁《记》记为："大中十一年正月十五日，自库部郎中充。四月十五日，加知制诰。十二年闰二月十三日，迁中书舍人，并依前充。十三年八月二十六日，赐紫。二十九日，加朝请大夫兼户部侍郎、知制诰。十二月十三日，加承旨。十四年十一月八日，以检校工部尚书、山南西道节度使兼御史大夫。"

据前述，苗恪生于元和二年（807），则大中十一年（857）入院，为五十一岁。

关于迁中书舍人，《旧唐书》卷一八下《宣宗纪》亦有记：大中十二年（858）二月，"以工部郎中、知制诰于德孙，库部郎中、知制诰苗恪，并可中书舍人，依前翰林学士"。此云大中十二年二月，丁《记》记为大中十二年闰二月，当以丁《记》为是，参前于德孙传。

关于大中十三年（859）十二月十三日加承旨，是。因此前任承旨者为杜审权，此年十二月三日杜审权由翰林学士直接擢迁为相，出院，时在院具有侍郎官阶之资历较长者，为苗恪，故依常例，加为承旨。

据丁《记》，苗恪于大中十四年（860）十一月八日出任山南西道节度使。按宣宗于大中十三年八月卒，懿宗立，第二年为咸通元年，但据《旧唐书·懿宗纪》，于此年十一月丁未才改元，丁《记》按壁录，则仍记为大中十四年。

又《旧唐书·懿宗纪》，咸通三年（862），"九月，以户部侍郎李从晦检校工部尚书，兼兴元尹、山南西道节度使"。则苗恪当于三年九月离此任，此后仕迹未知。

苗恪所作，除前所引《苗公（弘本）墓志铭》外，其他皆未有载记。

注释

〔1〕见《韩昌黎文集校注》卷六，马其昶校注，上海古籍出版社，1986 年。

〔2〕赵超《新唐书宰相世系表集校》，中华书局，1998 年。

〔3〕《唐代墓志汇编》，上海古籍出版社，1992 年。

杨知温

杨知温，《旧唐书》卷一七六、《新唐书》卷一七五附于其父杨汝士传后，甚简，《旧传》约五十余字，仅略记其所历官职，《新传》则更简，仅云"以进士第入官"，"终荆南节度使"，未记其任翰林学士事。

杨汝士为杨虞卿从兄，《旧唐书》同卷《杨虞卿传》记为虢州弘农（今陕西灵宝）人。

《新唐书》卷七一下《宰相世系表》一下，记杨知温"字德之，荆南节度使"。两《唐书》皆未记其字号。

两《唐书》传皆谓杨知温登进士第，但未记年。《唐摭言》卷三有记："杨汝士尚书镇东川，其子知温及第。汝士开家宴相贺，营妓咸集。汝士命人与红绫一匹。诗曰：'郎君得意及青春，蜀国将军又不贫。一曲高歌绫一匹，两头娘子谢夫人。'"则杨知温进士及第时，其父杨汝士正任为东川节度使。清徐松《登科记考》卷二二亦引及《旧传》、《唐摭言》及《旧唐书·杨虞卿传》，记杨汝士于开成元年（836）十二月镇东川，四年（839）九月入为吏部侍郎，而却定杨知温为武宗会昌四年（844）登进士第，未有说明，不知何故。岑仲勉

《唐史馀瀋》卷三《文宗朝·杨知温及第》条，对此有辨，认为徐松"殊为失检"，云："知温及第，亦得为二年或三年。"[1]按据《旧唐书·文宗纪》，杨汝士确于开成元年十二月至四年九月为东川节度使，既于东川任时得知其子知温进士及第，则杨知温及第当在开成二、三、四年，但未能确定在哪一年。孟二冬《登科记考补正》卷二一，据岑氏之说，未列于会昌四年，是，但列于开成四年，未有说明，也不确。

杨知温于文宗开成年间进士及第，此后仕迹不详，现可知者，即丁《记》所记于宣宗后期入为翰林学士，距登进士第已十七、八年。

丁《记》："大中十一年九月八日，自礼部郎中充。十二月十九日，加知制诰。十二年五月十二日，三殿召对赐绯。十月十一日，拜中书舍人，依前充。十三年九月十三日，召对赐紫。十四年十月，拜工部侍郎、知制诰，依前充。"

按清劳格《唐尚书省郎官石柱题名考》卷二左司员外郎有杨知温，则杨知温于入院前曾任左司员外郎，后迁礼部郎中，并于大中十一年（857）九月以礼部郎中入院。《旧唐书》卷一八下《宣宗纪》，大中十一年九月，"以礼部郎中杨知温充翰林学士"；十二月，"礼部郎中杨知温本官知制诰"，皆与丁《记》合，唯未如丁《记》有确记日期，此亦可见丁《记》之据壁记实录，有史料原始性。

又杨知温于大中十一年（857）九月入院时为礼部郎中（从五品上），至十四年（860）十月为工部侍郎（正四品下），历时实仅三年，即升迁五阶，仕迹较顺。唯丁《记》于十四年十月记其迁工部侍郎、知制诰后，云"依前充"，即仍在院，但后未记出院，似有缺。岑氏《注补》据《旧唐书》卷一九上《懿宗纪》，咸通六年（865）五月，以左丞杨知温为河南尹，未言翰林学士，谓或于转左丞时出院。按宣宗于大中十三年（859）八月卒，懿宗立，翌年十月改元咸通，丁《记》此云"十四年十月"，即此时尚未改元。按唐翰林院习俗，皇室交替，前朝之翰林学士亦逐步出院，新召入，至大中十四年（咸通元年），宣宗朝之学士，杜审权已于上年十二月三日出院拜相，皇甫珪、苗恪于十四年上半年出院，严祁于咸通二年出院，高璩于咸通三年出院，如此，则杨知温亦当于咸通二、三年出院，并据前引《旧唐书·懿宗纪》，由正四品下之工部侍郎，迁正四品上之尚书左丞，唯为闲职，后于咸通六年则出任从三品之河南尹实职，至咸通七年三月（丁《记》记侯备于咸通七年三月九日出院为河南尹，详见后懿宗朝侯备传）。

据此，可略补正《旧传》。《旧传》记杨知温"累官至礼部郎中、知制诰，入为翰林学士、户部侍郎，转左丞，出为河南尹"。此谓杨知温入院前已为礼部郎中、知制诰，与前所述之丁《记》、《旧唐书·宣宗纪》不合，杨知温实先以礼部郎中入院，后再加知制诰。又据丁《记》，杨知温于大中十四年十月为工部侍郎，非户部侍郎。

《旧唐书·懿宗纪》后于咸通十年（869）十二月记："以吏部侍郎杨知温、吏部侍郎于德孙、李玄考官，司封员外郎卢荛、刑部侍郎杨戴，考试宏词选人"。又十一年一月（疑为二、三月），"以吏部尚书萧邺、吏部侍郎于德孙、吏部侍郎杨知温考官……考试应宏词选人"。则杨知温于咸通六年五月出任河南尹，七年三月返朝，后又累任吏部侍郎。咸通十年、十一年即在吏部侍郎任，参与考试博学宏词选人（时博学宏词为吏部铨试，参见前萧邺、于德孙传）。

《旧传》未记其任吏部侍郎事，仅于河南尹后接云"陕虢观察使"，又云"迁检校兵部尚书、襄州刺史、山南东道节度使"，皆未记年。《新传》则于此皆未记。据前述，杨知温于咸通五年至七年为河南尹，十年、十一年在朝为吏部侍郎，吴氏《唐方镇年表》即据《旧传》所叙，系杨知温为陕虢观察使在咸通七年。《唐刺史考全编》卷五一都畿道陕州，亦据此记杨知温任陕虢观察使在咸通七至九年间。此亦为推测，无确据。《唐刺史考全编》卷一八九山南东道襄州，亦循吴氏《唐方镇年表》，系杨知温于咸通十三、十四年间为襄州刺史、山南东道节度使，不过云"姑从之"。

《旧传》载杨知温仕历，仅止于山南东道节度使，后未有记，《新传》则云"终荆南节度使"，《新唐书·宰相世系表》著录杨知温，亦记为荆南节度使，即为其终官，但均未记年。今按《旧唐书》卷一九下《僖宗纪》，乾符四年（877），"十一月，贼王仙芝率众渡汉，攻江陵，节度使杨知温婴城拒守。知温本非御侮之才，城无宿备，贼急攻之"。则此时确在荆南江陵任。又据《旧唐书·僖宗纪》，乾符三年（876）六月，"敕福建观察使李播、荆州刺史杨权古……黄州刺史计信卿等……并宜停任"。则杨权古于乾符三年六月停荆州任，当由杨知温接任。按此时正当王仙芝、黄巢战事频繁之际，江陵为交战要地，杨知温既非战才，当即为他人接替。《通鉴》卷二五三乾符四年十二月记："王仙芝寇荆南。节度使杨知温，知至之兄也，以文学进，不知兵，或告贼至，知温以为妄，不设备。"外城遂陷。《通鉴》并于乾符五年正月记："庚戌，以西川节度使高骈为荆南节度使兼盐铁转运使。"

由此，杨知温当于乾符五年正月离荆南任，此后不详，可能即返朝，卒于乾符中。

有一事可提，即杨知温卒后，唐末约昭宗时，诗人徐寅曾有诗怀念之，题为《经故翰林杨左丞池亭》（《全唐诗》卷七〇八）："八角红亭荫绿池，一朝青草盖遗基。蔷薇藤老开花浅，翡翠巢空落羽奇。春榜几深门下客，乐章多取集中诗。平生德义人间诵，身后何劳更立碑。"徐寅（原作夤），闽莆田人，昭宗乾宁元年（894）进士及第（徐松《登科记考》卷二四据《唐才子传》卷十《徐寅传》所载昭宗景福元年（892）登第，误，今据《唐才子传校笺》卷十《徐寅传》周祖课、贾晋华笺，中华书局，1990年）。徐寅进士及第后，曾为秘书正字，后约于昭宗光化三年（900）弃职离京，仕于闽。在京时曾与司空图交游，亦为唐末五代著名诗人。由徐寅此诗，杨知温当于晚年闲居长安，有故居，唐末时尚存，徐寅曾特为访游，并作诗寄以怀念之情。末二句"平生德义人间诵，身后何劳更立碑"，可见杨知温于唐末时仍有声誉。

又，《全唐诗》卷五五一载有卢肇《喜杨舍人入翰林》诗，当代研究者有以为此杨舍人为杨知温（如陶敏《全唐诗人名考证》，页833），即杨知温刚入院，即有人进诗祝贺者。唯此诗首句云"御笔亲批翰长衔"，"翰长"乃喻指翰林学士承旨，而杨知温则未有任承旨。经考，卢肇此诗乃献于杨收，杨收于懿宗咸通二年（861）四月入院，三年（862）二月迁中书舍人，同年九月加承旨，与诗题意合（详见后杨收传）。

杨知温著述，皆未有载记。

注释

〔1〕《唐史馀瀋》，上海古籍出版社，1979年。

严 祁

严祁，两《唐书》无传，除丁《记》外，其他史书亦未记其为翰林学士，如无丁《记》，则唐翰林学士即无严祁之名。

　　《新唐书》卷八三《诸帝公主传》,中有宣宗第三女齐国恭怀公主,云:"始封西华。下嫁严祁,祁为刑部侍郎。主薨大中时,追赠及谥。"《唐会要》卷六《公主》条,记宣宗女,有西华,云:"降严祁。赠齐国,谥恭怀。"按据《旧唐书》卷一八下《宣宗纪》,宣宗于会昌六年(846)三月继武宗,即帝位,时年三十七,西华公主为其第三女,则大中前期即已成年,下嫁严祁亦当为大中中期。严祁当由驸马都尉召入为翰林学士者。

　　其前期仕迹不详。丁《记》记为:"大中十二年五月二十一日,自左补阙内供奉充。九月十二日,加驾部员外郎。十三年七月八日,加知制诰。八月二十九日,加新野县开国男,食邑三百户。十四年六月十三日,改库部郎中,余如故。咸通二年四月,改中书舍人,出院。"

　　左补阙为从七品上,则其入院前虽已为驸马都尉,其官衔则不高。

　　丁《记》所记,未能有他书佐证。岑氏《注补》就丁《记》所记大中十三年八月二十九日加封新野县开国男,有志疑,云:"此特书封爵,与各条异,盖居晦重修而后,续入者各随己意书之,故体例并不画一。"按大中十三年八月二十九日,为懿宗即位后半月,可能因其姊(或妹)曾嫁严祁,虽已卒,但仍加慰勉,故特授严祁以封爵。懿宗后又累迁其官衔,由从六品上之驾部员外郎迁为从五品上之库部郎中,及正五品上之中书舍人。

　　严祁于咸通二年(861)四月以中书舍人出院后,仕迹不详,时隔十余年,至咸通十三年(872)始有记,《旧唐书》卷一九上《懿宗纪》,咸通十三年五月丙子,记襄州刺史、山南东道节度使于琮改为守普王傅、分司东都,后又记当月辛巳,"敕尚书左丞李当贬道州刺史",同时被贬者有十余人,其中有严祁："工部尚书严祁贬郴州刺史。"《旧纪》并云："自李当已下，皆于琮之亲党也，为韦保衡所逐。"

《通鉴》卷二五二咸通十三年亦记有此事，谓二月丁巳，于琮先罢相出为山南东道节度使，五月"丙子，贬山南东道节度使于琮为普王傅、分司，韦保衡谮之也"；后接叙诸人之贬，有工部尚书严祁，因诸人"坐与（于）琮厚善故也"。按于琮、韦保衡皆为懿宗朝翰林学士，两人极有争执（详见后于、韦传）。《旧唐书》卷一七七《韦保衡传》记韦保衡于咸通十年（869）尚懿宗女同昌公主，寻即召为翰林学士，不期年拜相。《旧传》云："保衡恃恩权，素所不悦者，必加排斥。"韦保衡为相时，被其排斥而出贬者多人。严祁于宣宗时虽亦为驸马，当咸通末距时已久，故亦受累被贬，但由此亦可见他于咸通后期已仕为工部尚书。

《旧唐书》卷一四九《于琮传》记于琮被贬后，僖宗即位，"保衡败，僖宗以太子少傅召，未几，复为山南节度使，入拜尚书右仆射"。严祁当亦于僖宗时免贬返朝，但具情未知。宣宗朝翰林学士中，其史料之缺，事迹所记之疏略，无如严祁者。其著作更未有载记。

杜审权

杜审权，两《唐书》有传，见《旧唐书》卷一七七、《新唐书》卷九六（附于其先世杜如晦传后）。杜审权为杜如晦六世孙，杜如晦于唐太宗时曾为相，颇得信重，与房玄龄齐名，"当世语良相，必曰房杜"（《旧传》）。杜审权之伯父元颖，宪宗朝翰林学士，穆宗时由学士擢迁为相（见前宪宗朝杜元颖传）。其父元绛，则仅太子宾客。

《旧唐书·杜如晦传》称其为京兆杜陵人，《新传》亦称杜审权为京兆人。

《新唐书》卷七二上《宰相世系表》二上，记杜审权之先世，有误。其记杜佐有二子，即元颖、元绛，而于元绛名下空一格，空格下为杜审权，如此，则杜审权为元绛孙。而《旧传》记杜审权"祖佐，位终大理正。佐生二子，元颖、元绛"，"绛生二子，审权、蔚"。《新传》同，亦明确记"元绛子审权"。钱大昕《廿二史考异》卷五〇即已指出《新表》之误，谓"审权即元绛子，中间不应空格"（此为明显排印之误，中华书局点校本亦已校正）。

两《唐书》本传皆言其登进士第，但未记年。《旧传》接曰"释褐江西观察判官，又以书判拔萃，拜右拾遗，转左补阙"，《新传》则云"第进士，辟浙西幕府，举拔萃中，为右拾遗"。一曰江西，一曰浙西，必有一误。

又《新传》于"为右拾遗"后，接云"宣宗时，入翰林为学士"，即意谓杜审权任右拾遗后，即于宣宗时入为翰林学士，其间未有仕迹，实则杜审权于宣宗前期任职频繁，甚至大中十年（856）还曾以中书舍人主持科举考试，《新传》此处简述实为缺失。

《旧传》记云："大中初，迁司勋员外郎，转郎中知杂。"清劳格《唐尚书省郎官石柱题名考》卷八司勋员外郎、卷七司勋郎中皆有杜审权名，又卷四吏部员外郎亦有其名。

《旧传》接云："又以本官知制诰，正拜中书舍人。"未记年。今检《全唐文》卷七九载有宣宗《授唐技虔州刺史、裴绅申州刺史制》，称："朝议郎、守尚书刑部郎中、柱国、赐绯鱼袋唐技，将仕郎、守尚书职方员外郎裴绅，早以科名，荐由台阁，声猷素履，亦有可嘉。昨者吏部以尔秉心精专，请委考核，而临事或乖于公当，物议遂至于沸腾。岂可尚列弥纶，是宜并分符竹,善绥凋瘵,以补悔尤。技可虔州刺史,散官勋封如故;绅可申州刺史,散官如故。"按此事,《旧唐书》卷一八下《宣宗纪》记于大中九年(855)三月,谓"试宏词举人,漏泄题目,为御史台所劾,侍郎裴谂改国子祭酒",又记"考试官刑部郎中唐技出为处州刺史"。《东观奏记》卷下亦有载,系此制文于大中九年正月十九日,其所录制文,即《全唐文》所载者,《全唐文》所载此制当即据《东观奏记》。堪可注意的是,《东观奏记》称此制文,"舍人杜德公之词也"。杜德公即杜审权(《旧传》记杜审权卒后谥德)。于此可知大中九年正月,杜审权已在中书舍人任,且撰有制文。又,《东观奏记》所载此制,亦为杜审权现存之唯一一文,清编《全唐文》即未载有杜审权文,于此亦可见唐五代笔记稗史的史料价值。

《旧传》又云:"十年,权知礼部贡举。十一年,选士三十人,后多至达官。"关于权知礼部贡举,《旧唐书》卷一八下《宣宗纪》大中十年有记,云:"九月,以中书舍人杜审权知礼部贡举。"即大中十年九月,任命杜审权于翌年以中书舍人权知礼部贡举。清徐松《登科记考》卷二二即据《旧纪》系杜审权于大中十一年知贡举。

《旧传》又载杜审权于大中十一年知举后,接云:"正拜礼部侍郎,其年冬,出为陕州大都督府长史、陕虢都团练观察使。"此与《旧唐书·宣宗纪》所记合,《旧纪》于大中十一年九月记:"以中散大夫、尚书礼部侍郎、上柱国、赐紫金鱼袋杜审权为陕州大都督府长史,兼御史大夫、陕虢都防御观察处置等使。"但《旧传》此后所叙则有误,云:"加检校户部尚书、河中尹、河中晋绛节度使。懿宗即位,召拜吏部尚书。"即杜审权于大中十一年冬出镇陕虢,后又改为河中节度使,懿宗即位,则又将其召回,为吏部尚书。《新传》未记其出任陕虢、河中事，而云："宣宗时，入翰林为学士，累迁兵部侍郎、学士承旨。懿宗立，进同中书门下平章事。"虽未记年，而所记事与时则较合于实际，因据丁《记》，杜审权乃于大中十二年自刑部侍郎召入为翰林学士，直至十三年十二月由翰林学士承旨，以兵部侍郎守本官同平章事入相，即大中十二、十三年间未有出任河中节度使者。又据《旧唐书·懿宗纪》，杜审权任河中节镇，乃在咸通十一年（870）正月。由此可见，《旧传》竟将咸通时出镇河中事误提前十余年，叙于大中时。又《唐刺史考全编》卷七九确亦未记杜审权于大中后期有任河中节镇，但仍记杜审权为陕虢观察使在大中十一年至十三年（卷五一都畿道陕州），未顾及杜于大中十二年已入为翰林学士，此亦为疏失。

丁《记》记杜审权入院，为："大中十二年，自刑部侍郎充。其月二十八日，转户部侍郎、知制诰、承旨。"此处记其入院，仅记年，无月日，而后又云"其月二十八日"，则原作记入院时当记有月日，故后接云"其月二十八日"，即同月。按据丁《记》所列次序，杜审权在严祁后，而严祁入院在大中十二年五月二十一日，又此年任承旨者原为蒋伸，蒋伸于五月十三日出院（见前蒋伸、严祁传，又书后"学士年表"），如此，则杜审权入院当在大中十二年五月下旬，即该月二十一日后，旋于同月二十八日接蒋伸任，为承旨，丁《记》原文于"大中十二年"后当有月日，当为传抄时缺记。按杜审权入院前，已累任为中书舍人、礼部侍郎、刑部侍郎，并主持过贡举省试，又曾为方镇节帅，其入院前官阶之高，职位之重，在宣宗朝翰林学士中是未有的，故其入院后仅数天，即接任承旨，合于例制。

丁《记》接云："（大中）十三年八月二十九日，加通议大夫、知制诰，依前充承旨。其年十二月三日，守本官同平章事。"由此,则杜审权于大中十二年五月入院,至十三年十二月由翰林学士直接提拔为相,这是宣宗朝翰林学士直擢入相之第三例(此前为令狐绹、蒋伸)。

又据丁《记》,则杜审权于此二年间均在院内供职,而《旧唐书·宣宗纪》于此又有一误,云:"(大中)十三年正月,以陕虢观察使杜审权为户部侍郎、判户部事。"即大中十三年正月前,即大中十二年内,杜审权在陕虢观察使任,十三年正月乃入朝为户部侍郎,完全与翰林学士无关,这就完全不合实际。

另《旧唐书》卷一九上《懿宗纪》又有误,于大中十三年十二月记:"以户部侍郎、翰林学士杜审权为检校礼部尚书、河中晋绛节度等使";又咸通元年二月,"以河中节度使杜审权为兵部侍郎、判度支,寻以本官同平章事",同时记令狐绹"执政岁久","中外侧目",懿宗对其有所顾忌,即于此年十二月使其罢相,出为河中节度使,遂拔擢翰林学士承旨杜审权为相。

《唐大诏令集》卷五〇载《杜审权平章事制》,文末即署为"大中十三年十二月",先称其"翰林学士承旨、通议大夫、守尚书兵部侍郎、知制诰、上柱国、赐紫金鱼袋",其官衔亦与丁《记》、《新纪》、《新表》、《通鉴》合。中云:"先皇帝藉其令誉,擢处禁令,振藻属词,发挥神化。道一贯于终始,器兼适于圆化。逮予嗣统,屡承密旨,每多弘益,弥见慎脩。既彰已试之能,宜懋殊常之宠,是用委兹大政,列在中枢。"赞誉其在院时之业绩,即云因此而"委兹大政",由此可证《旧纪》所记杜审权于大中十三年十二月先出任河中,第二年(咸通元年)二月又召回朝任相,显误。

又《旧传》记杜之任相时间,更有大误,其先叙为河中尹、晋绛节度使,接云:"懿宗即位,召拜吏部尚书。三年,以本官同平章事。"即杜审权任相在咸通三年,则较《新纪》、《新表》、《通鉴》及前所所述之《唐大诏令集》所载制词,竟晚两年,真使人诧异。

杜审权在院,前后历两年,实仅一年半,而《新传》称为"居翰林最久",亦不合实。按五代南唐刘崇远《金华子》卷上记杜审权事,亦有云"在翰苑最久",《新传》当本此。又宋王谠《唐语林》卷四亦谓杜审权"在翰林最久",皆为误断。

关于杜审权罢相之时间,《旧传》与《旧纪》又有误。《旧传》谓:"(咸通)九年罢相,检校司空,兼润州刺史、镇海军节度使、苏杭常等州观察使。"则杜审权任相有九年之久。而《旧唐书·懿宗纪》则记为咸通五年二月:"以门下侍郎、兵部尚书、平章事杜审权为润州刺史、浙江西道节度使。"而《新唐书》卷六三《宰相年表》则记为咸通四年五月:"戊子,审权检校吏部尚书、同平章事、镇海军节度使。"《新唐书·懿宗纪》、《通鉴》卷二五〇所记此事,年月日均与《新表》同。再可一提的是,此年五月,杨收已以翰林学士承旨、兵部侍郎入相(详见后杨收传),当按例制,有任有免,杜审权即于该年五月免相。《全唐文》卷八三载懿宗《授杜审权镇海军节度使制》,记其任相,"出入五载,初终一途",则由大中十三年(859)十二月入相,至咸通四年(863)五月免相,前后即为五载。由此可见,《旧传》所云咸通九年,《旧纪》所云五年二月,均误。如此舛误,亦使人费解。

杜审权出任镇海军(浙西)节度使后,《旧传》记云:"时徐州戍将庞勋自桂州擅还,据徐、泗,大扰淮南。审权与淮南节度使令狐绹、荆南节度使崔铉,奉诏出师,掎角讨贼,而浙西馈运不绝,继破徐戎。贼平,召拜尚书左仆射。"《新传》略同。按《通鉴》等所记,庞勋乱平在咸通十年(869),

杜审权则当于咸通四年至十年间在浙西节镇任。

咸通十年九月庞勋战乱平定后，杜审权当于此年秋冬入朝为尚书左仆射，并于翌年咸通十一年正月出任河中节度使。《旧唐书·懿宗纪》："（咸通）十一年春正月甲寅朔，制尚书右仆射杜审权为检校司徒、河中尹、绛慈隰节度观察处置等使。"又《旧唐书》卷一一三《裴遵卿传》附记裴枢事，谓枢"咸通十二年登进士第，宰相杜审权出镇河中，辟为从事"，则杜审权于咸通十二、三年尚在河中任。

《旧传》后云："数年以本官兼许州刺史、忠武军节度观察等使，入为太子太傅、分司东都，卒，赠太师，谥曰德。"《新传》亦简云"继领河中、忠武节度使，卒"，未记分司东都事。《全唐文》卷八一二载郑仁表《左拾遗鲁国孔府君墓志铭并序》，系为孔温裕子孔纾所作墓志者（见前孔温裕传），此志记孔纾于咸通十五年六、七月间卒，提及"今许昌太傅相国襄阳公"，即指杜审权。如此，则咸通十五年（874）仍在许州任。又据《通鉴》卷二五二，僖宗乾符三年（876）八月，崔安潜在许州任，则杜审权当于乾符元年、二年间已改为太子太傅、分司东都，不久即卒。

又，《旧唐书》卷一七六《郑肃传》，记郑仁表"擢第后，从杜审权、赵骘为华州、河中掌书记"。参前所述裴枢于咸通十二年登第后应辟在杜审权河中幕，可见杜审权于方镇任时是关注招聘文士入其幕府的。如郑谷有《梁烛处士辞金陵相国杜公归旧山因以寄赠》诗，赵昌平等《郑谷诗集笺注》卷一[1]，谓此杜公即杜审权，既云"金陵"，乃为杜审权于咸通中任镇江节度使时。据笺注，梁烛有声于咸通中，曾登第，不过诗题既称"处士"，当尚未登第，杜审权则聘其在镇海军幕府，后梁辞归旧山，郑谷作诗寄赠，但特提及"相国杜公"，可见当时杜审权招幕文士，是颇受人注意的。

又杜审权子让能，为僖宗朝翰林学士。杜审权前后三世，均为翰林学士，也为难得。

以上记述杜审权事迹，考索《旧唐书》之纪、传多有讹误，实为罕见，而《新唐书》所记，其纪、表（如《宰相年表》），多可加以补正，特别是晚唐史事，这也值得研究。

记杜审权事之误，不仅《旧唐书》，笔记亦有，应注意加以订正。如《北梦琐言》卷三《杜审权斥冯涓》条，有云："大中四年，进士冯涓登第，榜中文誉最高。是岁，新罗国起楼，厚赍金帛，奏请撰记，时人荣之。初除京兆府参军，恩地即杜相审权也。杜有江西之拜，制书未行，先召长乐公密话，垂延辟之命，欲以南昌笺奏任之，戒令勿泄。"此事，宋王谠《唐语林》卷七亦载。所谓长乐公，即冯涓。此处所记有二误：一、所谓"恩地"，即应举及第者对知举座主之尊称，此云冯涓于大中四年登进士第，又称恩地为杜审权，而实则杜审权知举在大中十一年。清徐松《登科记考》卷二二据《北梦琐言》所记，列冯涓于大中四年及第者，今人有加订正，列于大中十一年（参孟二冬《登科记考补正》）。二、所谓"杜有江西之拜"，即杜审权曾有江西观察使之任，行前并拟辟冯涓入其幕府，并允以后在南昌时笺奏即由冯涓撰写。实则据史书所载，杜审权未曾出镇江西，当以"浙西"讹为"江西"。

杜审权所著，除前述于大中九年任中书舍人时所撰制文外，其他皆未有载记。

注释

〔1〕《郑谷诗集笺注》，严寿澂、黄明、赵昌平笺注，上海古籍出版社，1991年。

高　璩

高璩，两《唐书》有传，见《旧唐书》卷一七一、《新唐书》卷一七七，皆附于其父高元裕传后，甚简，如《旧传》仅三十余字，且未记及翰林学士者。

高璩父元裕，文宗开成时为翰林侍讲学士，出院后其弟少逸又继为翰林侍讲学士，故《旧传》称"兄弟迭处禁密，时人荣之"。

《旧传》未载高璩字号，《新传》记谓字莹之。《新唐书》卷七一下《宰相世系表》一下，记有高璩，云"字莹之，相懿宗"。

两《唐书》本传皆言其登进士第，未记年。徐松《登科记考》卷二二系于宣宗大中三年（849），所据材料有二，一为张祜《孟才人歌》序，二为孙樵《故仓部郎中康公墓志铭并序》。今检《旧唐书》卷一七八《赵隐传》，载隐于大中三年登进士第，"咸通末，以本官同平章事"；同卷《崔彦昭传》亦明记崔为大中三年及第，云："僖宗即位，就加检校吏部尚书"，接云："时赵隐、高璩知政事，与彦昭同年进士。"赵隐、崔彦昭确为大中三年进士及第者，既云高璩与此二人"同年进士"，则亦为大中三年。《旧唐书》之赵隐、崔彦昭传，较张祜《孟才人歌》序及孙樵之《康公墓志铭》所记，更为明确，唯徐《考》未引及。[1]

《旧传》记高璩登第后，仅云"大中朝，由内外制历丞郎，判度支"，未叙有翰林学士事。《新传》谓"第进士，累佐使府"，后即云"以左拾遗为翰林学士"，入院前也未有具记。

今按《唐诗纪事》卷五三高璩条，有云："白敏中自剑南节度移荆南，经忠州，追寻乐天遗迹，有诗云：'南浦花临水，东楼月映风。'璩时为书记，有诗云：'公斋一到人非旧，诗板重寻墨尚新。'"此为记高璩诗作之最早材料，清编《全唐诗》卷五九七高璩名下即载此二句（非全篇），当辑自《唐诗纪事》；《全唐诗》卷五〇八亦载白敏中此二句，并注云采自《唐诗纪事》。《唐诗纪事》确有史料价值。按据《旧唐书》卷一六六《白敏中传》，白敏中于大中七年（853）为成都尹、剑南西川节度使，十一年（857）二月改任江陵尹、荆南节度使。由此则高璩当先后在白敏中之西川、荆南幕，当即《新传》所谓"累佐使府"者。

高璩后当自白敏中之荆南幕府返朝，任右拾遗内供奉，寻即入院。丁《记》记："大中十三年四月二十三日，自右拾遗内供奉充。其年九月三日，召对赐绯。十一月三日，特恩迁起居郎、知制诰，依前充。十四年十月六日，特恩拜右谏议大夫，依前充。二十六日，召对赐紫。咸通二年七月十九日，加承旨。八月七日，迁工部侍郎，依前充。三年二月二十日，特恩加朝散大夫、兵部侍郎，依前充。八月十九日，加检校礼部尚书、□川节度使。"

丁《记》记以右拾遗入，《新传》载谓左拾遗，仅为小异。又丁《记》十三年十一月三日由右拾遗迁起居郎，并加知制诰，则后历迁右谏议大夫、工部侍郎、兵部侍郎时，当皆应补"知制诰"三字。又，记于咸通二年（861）七月十九日加承旨，按此前任承旨者为苗恪，苗恪于咸通元年（860）十一月八日出院，高璩当于咸通二年七月接任，因此时在院者以高璩资历最深，即入院时间最早者（参见书后"学士年表"），且所具官阶也最高，故当依例接任。唯苗恪于咸通元年十一月出院，高璩于二年七月接任，其间有七、八个月未有承旨，也不知何故。

又丁《记》记咸通三年二月二十日"特恩加朝散大夫、兵部侍郎",而《全唐文》卷八三懿宗《授高璩剑南东川节度使制》,称为"翰林学士承旨、朝议大夫"。岑氏《注补》有云:"《记》称朝散大夫,《制》称朝议大夫,后者比前者高两阶,不详孰正";又云:"观下文杨收条,似'朝议'不误。"岑氏所谓杨收条,乃杨收于咸通四年五月七日由翰林学士承旨直接提升为相时,《全唐文》卷八三所载制文,有称为"翰林学士承旨、朝议大夫"者。据此,则丁《记》记高璩之"朝散大夫",或将"散"改为"议"。

关于高璩出院,丁《记》于"川"前空一字,当为"东"字。《新传》:"懿宗时,拜剑南东川节度使。"《全唐文》卷八三懿宗《授高璩剑南东川节度使制》,称授为"检校礼部尚书、兼梓州刺史、管内观察处置等使"。又制中记其在院时:"顷者名扬颉颃,早振词科,桐阁从容,长专奏记。乃升华贯,爰近赤墀。青琐闼中,封章不屈;紫微天上,诏令无上。"对其业绩甚为赞誉,不过据现有史料,其在院前后四年,未记有参预政事,也未记有撰制诏诰。

《新传》于剑南东川节度使后,接云:"召拜中书侍郎、同中书门下平章事。"即由东川节度使召入朝,任相,但未记年。《旧传》略叙为"咸通中,守中书侍郎、平章事"。《新唐书》卷九《懿宗纪》记于咸通六年(865),"四月,剑南东川节度使高璩为兵部侍郎、同中书门下平章事";《新唐书》卷六三《宰相年表》及《通鉴》卷二五〇皆同。而《旧唐书》卷一九上《懿宗纪》则记为咸通四年(863),谓此年十一月,"以兵部侍郎高璩本官同平章事",又于五年(864)五月记:"兵部侍郎平章事高璩为中书侍郎、知政事"。后于咸通六年(865)二月又记"高璩罢知政事"。实则据《新纪》、《新表》及《通鉴》,高璩于咸通六年四月任相,同年六月庚戌即卒;

《新传》亦谓其任相后，"阅月卒"。据《新纪》、《通鉴》等所载，高璩于咸通六年六月庚戌卒，徐商即由御史大夫迁为兵部侍郎、同中书门下平章事，接任为相。《旧唐书·懿宗纪》记高璩任相及所谓罢相，竟有数误。

又高璩自西川还朝途中，又与文士有诗作交往。《唐诗纪事》卷五三载："璩自梓州刺史入朝，经绵州，与刺史薛逢登越王楼，逢以诗赠别曰：'乘递初登剑外州，倾心喜事富人侯。方当游艺依仁日，便到攀猿卧彻秋。客听巴歌消子夜，许陪仙躅上危楼。欲知恨恋情深处，听取长江旦暮流。'璩和云：'剑外绵州第一州，樽前偏喜接君侯。歌声婉转添长恨，管色凄凉似到秋。但务欢娱思晓角，独耽云水上高楼。莫言此去难相见，怨别徵黄是顺流。'"高璩此诗，《全唐诗》卷五九七所载题为《和薛逢赠别》，第二句作"尊前偏喜接君留"。《全唐诗》卷五四八亦载薛逢此诗，题为《越王楼送高梓州入朝》。按薛逢，两《唐书》有传，见《旧唐书》卷一九〇《文苑传》下、《新唐书》卷二〇二《文艺传》下，为晚唐后期诗文名家（《旧传》称其"文词俊拔，论议激切"）。两《唐书》本传记与沈询、杨收、王铎同年（会昌元年）登第，杨收为相时，因与不和，乃使其出为蓬、绵二州刺史。按绵州巴西郡，属剑南道，今四川绵阳市。薛逢诗题中"越王楼"，据仇兆鳌之注杜诗《越王楼歌》，引《绵州图经》，在州城外西北，"有台高百尺，上有楼，下瞰州城，唐高宗显庆中太宗子越王贞为绵州刺史作"。[2]可见越王楼为当地胜景，高璩路经绵州，薛逢当特为陪游，二人乃互有诗唱和。

高璩于咸通六年（865）四月入相，六月即病卒。《新传》记其卒后，"太常博士曹邺建言：'璩，宰相，交游丑杂，取多蹊径，谥法不思妄爱曰剌，请谥为剌。'从之。"按《新唐书》卷一一九《白敏中传》，亦记白敏中卒后，"博士曹邺责其病不坚退，且逐谏臣，举怙威肆行，谥曰醜。"则曹邺任太常博士时，习于直抒己见。唯其讥讽高璩"交游醜杂"，史书未有具记，而其建议加谥为"刺"，懿宗竟"从之"，也不知何故。

《新唐书·艺文志》未著录其著述。《全唐诗》卷五九七即载前所述之和薛逢诗及和白敏中诗二句。《全唐文》未载其文。

注释

〔1〕不过《旧唐书·崔彦昭传》谓僖宗即位时崔彦昭为检校吏部尚书，"时赵隐、高璩知政事"，乃力荐崔彦昭。按据《新唐书·宰相年表》，赵隐确于懿宗咸通十三年（872）二月为相，僖宗乾符元年（874）二月出为镇海军节度使，而高璩，据后记述，于懿宗咸通六年四月为相，同年六月即病卒，不可能于僖宗即位时尚在相位。此为《旧唐书·崔彦昭传》之显误。

〔2〕参见《唐才子传校笺》卷七《薛逢传》谭优学笺，中华书局，1990年。

唐翰林学士传论

晚唐卷（下）

傅璇琮◎著

辽海出版社

懿宗朝翰林学士传

李 贶

李贶，附见于《旧唐书》卷一七一其父李汉传后，然仅一句，云："汉子贶，亦登进士第。"《新唐书》卷七八《宗室·李汉传》则未提及李贶。《新唐书》卷七〇上《宗室世系表》上，雍王房，记李汉子贶，亦未注字号、官名。由此，则李贶当为唐宗室。

李汉曾受韩愈赏识，《旧传》称其"少师愈为文，长于古学"，韩愈即以女嫁之。文宗大和时，李宗闵为相，用为驾部郎中、知制诰；大和九年（835），李宗闵为郑注、李训所陷，被贬，李汉亦受累出贬为汾州司马，后徙绛州长史；宣宗大中时，曾召为宗正少卿。

《旧唐书·李汉传》虽云李贶曾登进士第，但未记年。李贶后于大中十三年（859）入为翰林学士（详后），其前期仕历不详。现可知者，为李贶于武宗会昌三年（843），因公事至连州，因怀念其外祖韩愈，撰有《连山燕喜亭后记》一文

(《全唐文》卷七六一），颇值得一提。

按韩愈于德宗贞元十九年（803）任监察御史时，曾上奏直言当时天旱人饥事，受掌权者之忌，被贬为连州阳山县令。阳山在今广东省西北部。贞元二十一年（805）春夏间，时值顺宗时永贞新政，韩愈被召北还。任职期间，韩愈作有《燕喜亭记》，[1]记当地山水胜景。李羲文云："余自幼伏览外王父昌黎文公《燕喜亭记》，则知连州山水之殊，亭之称，因记为天下所嘉。连为郡，既远且秀，亦因亭而高，时谈山水可娱者较数连矣。中州人既以连逴远，不可得与游，皆依记以图，为馆宇饰，味山水者，莫不目登心到焉。"于此可见韩愈《燕喜亭记》的影响，北方中州人有因韩愈文而对连州山水景色颇为向往的。李羲文后云："三年冬，余侍行承诏于连，水陆南驰，幽无所摅，志无所用，乃纵业于山水，以资养志。"如此，则李羲当于会昌三年因公事"侍行承诏"来至连州，因仰慕韩愈文，就专心于寻找燕喜亭，旧址虽有，但亭却已毁无存。他就与当时连州刺史武兴宗商议，重建此亭。亭建就后，刺史就托李羲为作一记，并由刺史书写，文末即署为"会昌五年十一月五日，连州刺史武兴宗书"。这是李羲所作唯一传存的文章，也是唐时继韩愈后记叙连州阳山自然风貌之作，甚有地方史料价值。

丁《记》记云："李羲：大中十二年十二月二十四日，自权知右拾遗内供奉充。十四年五月十二日，召对赐紫，加右补阙。十月二十六日，召对赐紫。咸通二年三月十一日，加左补阙，依前充。三年二月二十日，加职方员外郎、知制诰充。九月十四日，守本官出院。"

丁《记》此处记李羲入院之年有误。其记李羲入院为大中十二年（858）十二月二十四日，其排列次序在高璩后，而高璩入院为大中十三年（859）四月十三日，丁《记》是按入院之时序排列的，李贶既在高璩之后，则其入院不能在高璩大中十三年四月十三日之前。且丁《记》记李贶于大中十二年十二月入，后即接为大中十四年五月，其间缺有一年，也不合常例。于此，则李贶入院，应为大中十三年十二月二十四日，即在高璩入院后，又可下接十四年。

按宣宗于大中十三年八月卒，懿宗继立，李贶当为懿宗即位后第一位召入为翰林学士的。唯其入院时官阶不高，右拾遗为从八品上，此后一年，大中十四年（即咸通元年）五月十二日，才迁为从七品上之右补阙。

李贶在院，前后四年，咸通三年（862）九月十四日，以职方员外郎、知制诰出院，其后仕迹则仅见于《旧唐书》卷一九上《懿宗纪》及《通鉴》卷二五二所记咸通十三年（872）五月事。此时，因韦保衡所陷，山南东道节度使于琮贬为普王傅、分司东都，受累而贬者多人，其中即有李贶，"给事中李贶蕲州刺史"，《旧纪》谓"皆于琮之亲党也"。于琮、韦保衡，亦皆为懿宗朝翰林学士，其事详后传。给事中为正五品上，与中书舍人、御史中丞同阶，则李贶以职方员外郎（从六品上）出院后，累有升迁。又据《元和郡县图志》卷二七江南道，蕲州属鄂岳观察使，其州治蕲春县（今属湖北省）。晚唐佚名《玉泉子》亦有记："及咸通中，韦保衡、路岩作相，除不附己者十司户"，即有李贶。懿宗后期，朝中人事纠纷极繁，详见后韦保衡等传。

《旧唐书》卷一九下《僖宗纪》，乾符二年（875）记："十月，以秘书监李贶为谏议大夫。"谏议大夫亦与给事中同阶，正五品上。李贶当于僖宗即位后，韦保衡贬责，原受贬者受召返朝，李贶当即由贬地入朝，又有升迁。

此后不详。其所著，除前所引述之《连山燕喜亭后记》，其他皆未有载记。

注释

〔1〕《韩昌黎文集校注》卷二，马其昶校注，上海古籍出版社，1986 年。

刘　邺

刘邺，两《唐书》有传，见《旧唐书》卷一七七、《新唐书》卷一八三。《旧传》："刘邺字汉藩，润州句容人也。"《新传》同。《元和郡县图志》卷二五江南道浙西观察使所属润州，有句容县（今属江苏省）。

两《唐书》本传皆详记其父刘三复事。《旧传》称"长庆中，李德裕拜浙西观察使，三复以德裕禁密大臣，以所业文诣郡干谒。德裕阅其文，倒屣迎之，乃辟为从事，管记室"；"德裕三为浙西，凡十年，三复皆从之"；"又从德裕历滑台、西蜀、扬州"。武宗会昌时，李德裕为相，即擢用刘三复为刑部侍郎、弘文馆学士判馆事。可见刘三复与李德裕之密切关系，刘邺后为李德裕申冤诉情即与此有关（详后）。

《旧传》又云："邺六七岁能赋诗，李德裕尤怜之，与诸子同砚席师学。"可见刘邺于稚童时亦受到李德裕赏识。

刘邺早期仕迹，两《唐书》所记有误。《旧传》云："高元裕廉察陕虢，署为团练推官，得秘书省校书郎。"《新传》云："陕虢高元裕表署推官，高少逸又辟镇国幕府。"即刘邺先应辟在高元裕陕虢幕府，后在高少逸镇国军幕府。高少逸、高元裕为兄弟。按《旧唐书》卷一七一、《新唐书》卷一七七《高元裕传》，皆未记高元裕有镇陕虢事，《新唐书》卷一七七《高少逸传》则记高少逸于宣宗大中时曾为陕虢观察使。《通鉴》卷二四九记高少逸为陕虢观察使在大中八年（854）九月；又《旧唐书》卷一八下《宣宗纪》，大中十年（856）四月癸丑，高少逸又任华州刺史、镇国军使。由此，则两《唐书》本传载刘邺曾在高元裕陕虢幕，误，刘邺当于大中后期先后在高少逸之陕虢、镇国节度幕府。高元裕、高少逸皆于宣宗时为翰林学士（见前传）。

丁《记》记刘邺入院："大中十四年十月十二日，自左拾遗充。"大中十四年即咸通元年（860），是年十一月才改元，故翰林学士院内壁录仍记为十四年。但《旧唐书》卷一九上《懿宗纪》，却记为：咸通元年二月，"以右拾遗刘邺充翰林学士"。另，《唐会要》卷五七《翰林院》，谓："（大中）十四年三月，左拾遗刘邺充翰林学士。"所记之左拾遗、右拾遗，为小异，而《旧纪》、《唐会要》所记二月、三月，与丁《记》所记差逾半年；但未能定，现仍据丁《记》。

关于刘邺入院，《旧传》所记又有误，云："咸通初，刘瞻、高璩居要职，以故人子荐为左拾遗，召充翰林学士。"按据《旧唐书》卷一七七《刘瞻传》，刘瞻于咸通前"历佐使府"，"咸通初升朝，累迁为太常博士"，后于咸通六年（865）自太常博士入为翰林学士（据丁《记》，并详后传）。由此，则刘瞻于咸通初才由外镇幕僚入朝，后才累迁为太常博士，太常博士官阶仅为从七品上，官品并不高，何以云"居要职"，荐刘邺入院；且刘瞻入院在咸通六年，又后于刘邺五年。故《旧传》记刘瞻于咸通初居要职，举荐刘邺，不当（岑氏《注补》亦谓《旧传》所载刘瞻荐邺，当误）。高璩则于大中十三年四月入院，十四年（即咸通元年）十月由起居郎（从六品上）迁右谏议大夫（正五品上），且为翰林学士，故可称为"居要职"。又高璩为高少裕子，据前述，刘邺曾有数年在高少裕幕中供职，故可谓"以故人子荐"。则刘邺此次入院，乃出于高璩荐,亦为翰林学士荐士人入院之一例。

丁《记》记刘邺于大中十四年(咸通元年)十月十二日自左拾遗入院,接云:"其月二十六日,召对赐绯。咸通二年九月二十七日,迁起居舍人,依前充。三年二月二十一日,加兵部员外郎、知制诰,依前充。七月二十九日,召对赐绯。十一月八日,迁中书舍人充。五年九月五日,迁户部侍郎,依前充知制诰。十一年十一月二十二日,加承旨。十二月二十三日,守本官出院,充诸道盐铁等使。"如此,则刘邺在院,前后共历十一年,任职期间之长,于晚唐翰林学士中似居首位。

刘邺在院期间,可记述者有二事,一为有两首诗直叙在院时情景,颇为人所称,二为为李德裕申冤,直接参预政事。

《全唐诗》卷六〇七载刘邺诗二首,一题为《翰林作》,一题为《待漏院吟》,皆在院时所作,颇有参考、研究价值,今具录于此。《翰林作》:"曾是江波垂钓人,自怜深厌九衢尘。浮生渐老年随水,往事曾闻泪满巾。已觉远天秋色动,不堪闲夜雨声频。多惭不是相如笔,虚直金銮接侍臣。"《待漏院吟》:"玉堂帘外独迟迟,明月初沉勘契时。闲听景阳钟尽后,两莺飞上万年枝。"宋《诗话总龟》卷十《雅什》门引卢璩《抒情》记刘邺入院后,"为同列所轻,因作诗曰",即作此二诗。所谓"为同列所轻",不知何意,且未有具体记述。不过《诗话总龟》仍称此二诗"才调清高"。此二诗自抒在院值班之情景及心态,颇真切,很有特色。

又,《旧传》于其入院后,记云:"邺以李德裕贬死珠崖,大中朝以令狐绹当权,累有赦宥,不蒙恩例。懿宗即位,绹在方镇,属郊天大赦,邺奏论之。"《旧传》载其奏状颇详,大致谓李吉甫、李德裕均为宏才,"险夷不易,劲正无群",后李德裕被"窜于遐荒","竟归冥寞"。奏中特请"俾还遗骨,兼赐赠官"。《新传》亦于其"迁承旨"后,为李德裕"申直其冤，复官爵，世高其义"。不过《通鉴》卷二五〇载此事于咸通元年九、十月间，并称刘邺此时为右拾遗，即入院前，云："右拾遗句容刘邺上言，李德裕父子为相，有声迹功效，窜逐以来，血属将尽，生涯已空，宜赐哀闵，赠以一官。'冬十月丁亥，敕复李德裕太子少保、卫国公，赠左仆射。"《通鉴》并有《考异》，引裴旦《李太尉南行录》有谓"咸通二年九月二十六日右拾遗内供奉刘邺表，略云"，即上述之奏议。而《考异》又引《实录》，谓当在咸通元年，非二年。按《通鉴·考异》所引裴旦《李太尉南行录》，记刘邺上此奏时为咸通二年九月二十六日，其官衔为右拾遗，此即与丁《记》合。丁《记》记刘邺于大中十四年（咸通元年）十月十二日以左拾遗入，咸通二年九月二十七日迁起居舍人，则九月二十六日尚具拾遗官衔，可能刘邺上此奏后，颇得懿宗所重，既从其奏，又即于翌日（九月二十七日）迁为起居舍人。故两《唐书》本传记此事在入院后，亦合情理。刘邺如尚为左拾遗，未为翰林学士，是不大可能敢于论此事的。刘邺在院时论及此事，亦为其参预政事。后《北梦琐言》卷一《刘三复记三生事》条，有谓刘邺"上表雪德裕"后，"士大夫美之"。

刘邺在院还有一事值得一提，即所谓"敕赐及第"。盖刘邺未曾应科试，故未有进士资历。唐末五代王定保所著《唐摭言》卷九有记，谓"永宁刘相邺，字汉藩，咸通中自长春宫判官召入内庭，特敕赐及第，中外贺缄极众"[1]。可见刘邺之"敕赐及第"，在当时颇有影响，这也是唐翰林学士唯一一例。

又丁《记》记刘邺于咸通十一年（870）十一月二十二日，以户部侍郎、知制诰加承旨，盖此前任承旨为韦保衡，韦保衡于此年四月二十五日拜相出院，刘邺即接其任。

据丁《记》，刘邺于咸通十一年十二月二十三日以户部侍郎出院，并充诸道盐铁转运使。《旧传》则谓："寻以本官领诸道盐铁转运使，其年同平章事，判度支。"即于出院后，同年，即擢迁为相。而《新唐书》卷九《懿宗纪》、卷六三《宰相年表》及《通鉴》卷二五二，均记咸通十二年（871）十月，"兵部侍郎、诸道盐铁转运使刘邺为礼部尚书、同中书门下平章事"。即出院将近一年，才任相，于此则《旧传》误。又《旧唐书·懿宗纪》记刘邺为相在咸通十三年正月甲戌，又后两月，也不当。

《旧传》接云："僖宗即位，萧做、崔彦昭秉政，素恶邺，乃罢邺知政事，检校尚书左仆射、同平章事、扬州大都督府长史、淮南节度使。"按据《新唐书·宰相年表》，萧做于咸通十四年（873）十月入相，崔彦昭于乾符元年（874）八月入相，即刘邺罢相前，萧、崔均已在相位。又据《新唐书》卷九《僖宗纪》、卷六三《宰相年表》、《通鉴》卷二五二，乾符元年十月刘邺罢相，出为淮南节度使，亦与《旧传》所载合。按《新传》有云："初，韦保衡、路岩与邺同秉政，为迹亲，俄而萧做、崔彦昭得相，罢邺为淮南节度使、同平章事。"按路岩于咸通五年十一月任相，十二年四月出为西川节度使，而刘邺则于十二年十月才任相，则未与路岩"同秉政"，《新传》此处所记亦不合实。但刘邺于咸通后期与韦保衡确有同在相位的，僖宗即位，韦保衡出贬，刘邺当亦受累，罢相外出。

《旧传》记刘邺出镇淮南后，云："黄巢渡淮而南，诏以浙西高骈代还。"《旧唐书·僖宗纪》，记高骈于乾符六年（879）十月为淮南节度使，当接刘邺。则刘邺任淮南节镇，前后六年，任期不短。在此期间，他对文士是颇为照顾、看重的。如《金华子杂编》卷上，记杜牧子晦辞，曾历仕于浙西、淮南幕，皆不如意，后隐居于阳羡别墅，"永宁刘相邺在淮南，辟为判官，方应召"。又《唐语林》卷七，亦记辟许棠"为淮南馆驿官"，并与之和诗。又《唐摭言》卷九《误掇恶名》条，记："杨篆员外，乾符中佐永宁刘丞相淮南幕，因游江失足坠水，待遣人归宅取衣，久之而不至。公闻之，命以衣授篆。"此虽为小事，亦见其对幕府文士之关怀。

另薛能有一诗《谢刘相寄天柱茶》（《全唐诗》卷五六○）："两串春团敌夜光，名题天柱印维扬。偷嫌曼倩桃无味，捣觉嫦娥药不香。惜恐被分缘利市，尽应难觅为供堂。粗官寄与真抛却，赖有诗情合得尝。"按薛能，两《唐书》无传，据《唐才子传校笺》卷七《薛能传》谭优学笺，薛能于武宗会昌六年（846）进士及第后历仕中外，咸通十四年（873）至乾符五年（878）任徐州刺史（参《唐刺史考全编》卷六四），后又于乾符五年（878）改任许州刺史（参其《柳枝词五首并序》，《全唐诗》卷五六一）。陶敏《全唐诗人名考证》（页845）据上述薛能此诗诗题"刘相"及次句"名题天柱印维扬"，定为时任淮南节度使刘邺，是。此诗当作于乾符中，时薛能为徐州刺史，刘邺特以名茶寄赠，薛能即作诗答谢。当然薛能与前述之刘邺幕僚不同，已为州节要臣，但薛能亦为晚唐著名诗人，由此也可见刘邺颇注意与当时文士之交往。

刘邺离淮南任后，《旧传》记云："寻除凤翔尹、凤翔陇右节度使，以疾辞，拜左仆射。巢贼犯长安，邺从驾不及，与崔沆、豆卢瑑匿于金吾将军张直方之家旬日。贼严切追捕，三人夜窜，为贼所得，迫以伪命，称病不应，俱为贼所害。"《新传》略同。《通鉴》卷二五四僖宗广明元年（880）十二月亦详记此事，当时被杀者于琮、豆卢瑑及刘邺，均曾为翰林学士。

《新唐书》卷六○《艺文志》四，集部别集类，著录有刘邺《甘棠集》三卷，当为其诗文集，唯后不存。[2]《全唐诗》

卷六〇七载诗二首，即前所引述之《翰林作》、《待漏院夜吟》。《全唐文》卷八〇二所载一篇，即前所述论李德裕事。

注释

〔1〕按徐松《登科记考》卷二三亦记刘邺敕赐及第事，附于咸通十年。岑氏《注补》以为徐《考》误，应为咸通初，孟二冬《登科记考补正》即据岑说，列于咸通元年。按据前所引述之《唐摭言》卷九所记，刘邺敕赐及第时，李稙有贺词，时李稙任郓州刺史，由其幕僚韦岫草撰。据《唐刺史考全编》卷六六河南道郓州，李稙于咸通三至四年（862—863）间任郓州刺史，此时进贺词，正为刘邺在院时。岑氏及孟二冬《登科记考补正》定于咸通元年，不确。徐《考》列于咸通十年，则更误。

〔2〕又《唐五代文学编年史·晚唐卷》（吴在庆、傅璇琮撰），广明元年十二月记刘邺卒，除著录《甘棠集》三卷，又谓："《秘书省续编到四库阙书目》记其《翰苑集》一卷。"此《翰苑集》，似为任翰林学士时所作之诗文。唯《秘书省续编到四库阙书目》于《翰苑集》如何著录，俟考。

张道符

张道符，两《唐书》无传；《新唐书》卷一七四《牛僧孺传》附其子牛丛传，有略提其名（唯其名有缺字，详后），两《唐书》其他处均未提及。记张道符事者，唯丁《记》最为具详，如无丁《记》，则唐翰林学士即未有张道符之名。

王定保《唐摭言》卷三载王起于武宗会昌三年（843）知贡举，时任华州刺史之周墀以诗寄贺，王起以诗答之，当时

"王起门生一榜二十二人和周墀诗"，其中第十四位为张道符（字梦锡），其和诗云："三开文镜继芳声，暗指云霄接去程。会压洪波先得路，早升清禁共垂名。莲峰对处朱轮贵，金榜传时玉韵成。更许下才听白雪，一枝今过郄诜荣。"为致谢座主王起。王起此前曾任翰林学士，其诗三、四句即叙此。周墀亦曾任翰林学士，见前传。

清徐松《登科记考》卷二二即据此系张道符于会昌三年进士及第者。此后仕历不详。清劳格《唐尚书省郎官石柱题名考》于卷五司封郎中、卷一一户部郎中、卷二六主客员外郎，皆记有张道符名。户中、司中，皆为任翰林学士时所带之官衔（见后丁《记》），主客员外郎则当为入院前所任。

又赵璘《因话录》卷一有云："大中七年冬，诏来年正月一日，御含元殿受朝贺。璘时为左补阙，请权御宣政殿。"后记宣宗与宰臣魏暮议此事，宣宗即从赵璘议，接叙云："其后宰相因奏对，以遗、补多缺，请更除八人。上曰：'谏官但要职业修举，亦岂在多。只如张道符、牛丛、赵璘数人足矣，使朕闻所未闻。'"赵璘此为记叙己事，当可信，后史书亦有采辑者，如《通鉴》卷二四九，大中七年（853），记："冬十二月，左补阙赵璘请罢来年元会，止御宣政。"又大中八年（854），"二月，中书门下奏，拾遗、补阙缺员，请更增补。上曰：'谏官要在举职，不必人多，如张道符、牛丛、赵璘辈数人，使朕日闻所不闻足矣。'"此事又见于《新唐书》卷一七四《牛僧孺传》所附其子牛丛传，云："第进士，由藩帅幕府任补阙，数言事。会宰相请广谏员，宣宗曰：'谏臣唯能举职为可，奚用众耶？今张符、赵璘、牛丛，使朕闻所未闻，三人足矣。'"《新传》此处将"张道符"之名缺一"道"字，讹为"张符"，惜中华书局点校本未有校及。

由此，则张道符于宣宗大中七、八年间在补阙任。左右补阙为从七品上，张道符后当累迁为主客员外郎（从六品上）、户部郎中（从五品上），懿宗咸通元年（860），即由户部郎中入为翰林学士。

丁《记》记为："咸通元年十一月二十五日，自户部郎中、赐绯充。二年二月六日，加司封郎中、知制诰，依前充。四月二十一日卒官，至五月二日，赠中书舍人，仍赐赠布绢及赐绢三百尺。"则张道符在院，实仅半年，故其在院情况，无有记载。

其所著，即前所述会昌三年登第时和座主王起诗，《全唐诗》卷五五二载，当即据《唐摭言》辑录者。其他皆未有载记。

杨　收

杨收，两《唐书》有传，见《旧唐书》卷一七七、《新唐书》卷一八四。《旧传》载："杨收字藏之，同州冯翊人。自言隋越公素之后。高祖悟虚，应贤良制科擢第，位终朔州司马。曾祖幼烈，位终宁州司马。祖藏器，邠州三水丞。父遗直，位终濠州录事参军。家世为儒。遗直客于苏州，讲学为事，因家于吴。"《新传》叙其家世较简，亦言其父遗直"客死姑苏"。即其父遗直，长期居于苏州，并"客死姑苏"。故清徐松《登科记考》卷二二记其于会昌元年（841）进士及第，即据《永乐大典》所辑之《苏州府志》，则苏州为其实籍，杨收应礼部省试，乃由苏州举荐。

《新唐书》卷七一下《宰相世系表》一下，亦载其先世为隋杨素，而如《旧传》所记，为杨收"自言"。实则杨收自其高祖悟虚以下，皆为地方小官，故《旧传》载杨收最终因被贬责赐死，所作上表，即云"臣出自寒门，旁无势援"。

又《旧传》记其高祖名悟虚，而《新唐书·宰相世系表》载为悟灵，即其祖之名，一作"虚"，一作"灵"，有异。中华书局点校本未校，赵超《新唐书宰相世系表集校》亦失校。[1]

两《唐书》本传皆记杨收自幼即居于苏州，通经义，善属文，吴人号为神童。

《旧传》记其兄杨假于文宗开成末登第，"是冬，收之长安，明年，一举登第，年才二十六"。按开成记年为五年（836—840），开成五年后为会昌元年（841）。徐松《登科记考》卷二二据《永乐大典》所辑之《苏州府志》，系杨收于会昌元年登进士第，亦与《旧传》所记"明年，一举登第"合。又，杨收于会昌元年登第时，年二十六，则当生于宪宗元和十一年（816）。

《旧传》接云："收得第东归，路由淮右，故相司徒杜悰镇扬州，延收署节度推官，奏授校书郎。悰领度支，以收为巡官。悰罢相镇东蜀，奏授掌书记，得协律郎。悰移镇西川，复管记室。"据两《唐书》有关纪、传、表等所记，杜悰于武宗会昌二年（842）为淮南节度使，四年（844）七月入朝为相，会昌五年（845）罢相出镇东川，宣宗大中二年（848）八月改西川节度使，至六年（852）四月。据此，则杨收自会昌二年至大中六年，历时十年，均在杜悰幕府供职。按杜悰，《旧唐书》卷一四七、《新唐书》卷一六六有传。元和时曾尚宪宗长女岐阳公主，为驸马都尉，文宗时历仕外州节镇，武宗会昌时曾为相，后又历仕方镇。史称其未有人才，但"常延接寒素"（《旧传》），能长期辟用杨收，确亦不易，后又荐引杨收为翰林学士（见后）。

《旧传》后云："裴休作相，以收深于礼学，用为太常博士。"据《新唐书》卷六三《宰相年表》，裴休于宣宗大中六年（852）八月为相，至十年（856）十月。据此，则杨收当于宣宗大中六年离杜悰西川幕府，应裴休之辟，入朝为太常博士。按太常博士为从七品上，"掌五礼之仪式"，"凡大祭祀及有大礼，则与（太常）卿导其仪"（《旧唐书》卷四四《职官志》三）。

《旧传》后所记，则有误，云："寻丁母丧，归苏州。既除，崔珙罢相，镇淮南，以收为观察支使。"此云崔珙，《新传》则记为崔铉："服除，从淮南崔铉府为支使。"据《新唐书·宰相年表》，崔铉于大中三年（849）四月为相，九年（855）七月出为淮南节度使（《通鉴》卷二四九同）。如此，则与杨收丁母丧、服除，时间相合。而崔珙，据两《唐书》本传（《旧唐书》卷一七七、《新唐书》卷一八二），宣宗即位后为凤翔节度使，素与崔铉不合，大中三年崔铉任相，崔珙即辞职归里，后为太子少傅、分司东都，未几卒。如此，则崔珙于宣宗朝，既未任相，又未为淮南节度使，《旧传》所记显误。武秀成《〈旧唐书〉辨证》[2]页335，亦注意及此，但云"疑误"，实则不必谓"疑"，据前所考，可确定《旧传》是以"铉"误写为"珙"的。

据两《唐书》本传，杨收后历任侍御史、职方员外郎分司东都、司勋员外郎、长安县令，后即于懿宗咸通二年（861）以吏部员外郎入为翰林学士。

关于杨收入为翰林学士，《旧传》所记又有显误，云："时故府杜悰、夏侯孜皆在洛，二公联荐收于执政，宰相令狐绹用收为翰林学士。"按丁居晦《重修承旨学士壁记》记杨收入院，为："咸通二年四月十八日，自吏部员外郎充。"而据《旧唐书》卷一七二《令狐绹传》，绹于大中十三年（859）罢相出镇河中；咸通二年（861）又改为汴州刺史、宣武节度使，三年（862）冬，又徙镇淮南。经检《新唐书·宰相年表》，终懿宗朝，令狐绹均未在朝任相。又据《新表》，杜悰确于咸通二年二月拜相，夏侯孜则早于大中十二年（858）为相，但于咸通元年（860）十月即出为剑南西川节度使，《新表》、《通鉴》记夏侯孜于咸通三年七月又由西川入相。据此，则杨收于咸通二年四月入院时，令狐绹根本未在相位，而《旧·杨收传》却云"宰相令狐绹用收为翰林学士"；又杜悰、夏侯孜也均未在洛阳，《旧·杨收传》却云此二人"皆在洛"。《旧传》竟有如此无据的误记，真使人费解。

又据前述，杨收早期曾在杜悰淮南、东西川幕府任职，深为杜悰所知，咸通二年杜悰正居相位，则当由杜悰荐其人为翰林学士，非令狐绹。这也是唐翰林学士由宰相举荐之一例。

丁《记》记杨收在院时官衔迁转，云："咸通二年四月十八日，自吏部员外郎充。其月二十一日，加库部郎中，依前充。七月八日，加知制诰。十月十六日，三殿召对，赐紫。三年二月二十日，特恩迁中书舍人充。九月二十三日，加承旨。其月二十六日，迁兵部侍郎充，兼知制诰。四年五月七日，以本官同中书门下平章事。"

据前所考，杨收生于宪宗元和十一年（816），则咸通二年入院时，为四十六岁，咸通四年出院任相，为四十八岁，皆为年富力强之时。

按丁《记》记杨收于咸通二年四月十八日自吏部员外郎充，而同月二十一日，即加为库部郎中，即入院仅三日，就迁职，不合官制，当其在入院前已有年任吏部员外郎。

关于杨收任翰林学士事，《旧传》有简记，但又有不确，云："以库部郎中、知制诰，正拜中书舍人，赐金紫，转兵部侍郎、学士承旨。"据丁《记》，杨收以库部郎中知制诰，及赐金紫，迁兵部侍郎，均在入院后，而《旧传》则记为任学士前。《新传》亦先叙"懿宗时擢累中书舍人",后记为"翰林学士、承旨",实则其擢迁为中书舍人,亦在入院之后。两《唐书》本传记翰林学士事,既简略,又不合实。

杨收在院,前后历时三年,实仅两年,其间由从六品上之吏部员外郎累迁为正四品下之兵部侍郎,且旋又任相,这在宣、懿两朝是少见的。《全唐文》卷八三所载懿宗《授杨收平章事制》,有评云:"文冠一时,而若非游艺;学该千古,而似不能言。自鸿飞名场,鹭振班列,宪署每闻其守法,曲台咸著于推公。所莅有声,历试皆可。……由是擢于禁苑,升以台阶,俾申匡辅之勤,用□燮和之重。"甚为称誉。但杨收在院期间,未见有制诏撰作,也未有制文传存,其参预政事,也未有记载。

关于杨收出院拜相之时间,《旧唐书·懿宗纪》有误,于咸通四年(863)三月记:"以兵部侍郎、判度支杨收本官同平章事。"实则《新唐书·懿宗纪》、《新唐书·宰相年表》皆记于咸通四年五月己巳,"翰林学士承旨、兵部侍郎杨收同中书门下平章事",与丁《记》同;《通鉴》卷二五○亦同。今检《旧唐书·懿宗纪》所记咸通四年事,五、六两月皆缺,无一字记,《旧唐书》纂修、传刻时,当原将五月所记杨收任相事,误提前于三月(且未如《新纪》、《新表》、《通鉴》均记有月日,可见当时史料之缺略)。

杨收在院时间并不长,但能直接由翰林学士升任宰相,有一事值得注意。《旧传》有云:"左军中尉杨玄价以收宗姓,深左右之,乃加银青光禄大夫、中书侍郎、同平章事。"《新传》则更记为:"收之相,玄价实左右之。"《通鉴》卷二五○记杨收于咸通四年五月任相,亦云:"与左军中尉杨玄价叙同宗相结,故得为相。"左军中尉为晚唐时宦者掌军权的紧要官职。大中十三年(859)八月宣宗临卒时,宦官枢密使王归长等本密谋立宣宗第三子夔王滋，后左军中尉王宗实获知信息，立即遣兵谋杀王归长等，立宣宗长子郓王温为帝，即懿宗。咸通后期，左军中尉田令孜，亦"专制中外"（《旧唐书》卷一八四《宦官·杨复恭传》）。咸通十四年（873）七月懿宗将没，亦由左军中尉刘行深等立普王俨为帝，即僖宗（参见《通鉴》卷二五二）。由此亦可见时为左军中尉之杨玄价，掌有实力，而他之所以与杨收交结，表面看来是为同姓同宗，实则亦借助与翰林学士联结，以增加其声望。杨收在院期间官阶升迁既快，且又直接提拔为相，当也与杨玄价有关。这也是晚唐时期翰林学士与宦官交结之一例。

不过杨收任相后，既与宦官交结，自身亦夸侈求利，为人所讥。《旧传》记云："收居位稍务华靡，颇为名辈所讥，而门吏僮奴，倚为奸利。"《新传》略同。后《南部新书》卷甲，即记有轶闻："咸通末，曹相确、杨相收、徐相商、路相岩同为宰相，杨、路以弄权卖官，曹、徐但备员而已。长安谣曰：'确确无余事，钱财总被收。商人都不管，货赂几时休。'"（此则，宋王谠《唐语林》卷七亦载）此云"长安谣"，即当时京都民间已广有传播。此四句，每句讥喻一人，于杨收则重在"钱财"。又此处所记曹确、杨收、徐商、路岩，皆为宣宗、懿宗朝翰林学士，又在懿宗朝任相，亦可见晚唐时翰林学士的另一种风气。

不过杨收就此也与杨玄价发生冲突，因此遭到贬责。两《唐书》本传皆有记，《新传》所记较明晰，云："既益贵，稍自盛满，为夸侈，门吏童客倚为奸。中尉杨玄价得君，而收与之厚，收之相，玄价实左右之，乃招四方赇饷，数干诿，收不能从，[3]玄价以负己，大恚，阴加毁短。知政凡五年，罢为宣歙观察使。"当是杨收毕竟是文人，不能完全实现杨玄价之委托，遂被斥贬。

关于杨收此次罢相、外出，《旧纪》及两《唐书》本传又有误。按《新唐书·懿宗纪》、《新唐书·宰相年表》皆记咸通七年（866）十月壬申，杨收罢相，出为宣歙池观察使，《通鉴》卷二五〇亦记于咸通七年十月，并谓："收性侈靡，门吏僮奴多倚为奸利。杨玄价兄弟受方镇之赂，屡有请托，收不能尽从；玄价怒，以为叛己，故出之。"由此可见，晚唐时宦官之权有时在宰相之上，可以操纵宰相之出入。由此，则《新传》所云杨收"知政凡五年"，不合。盖杨收于咸通四年五月任相，七年十月罢相，前后亦仅四年，何云"五年"？《旧唐书·懿宗纪》所记则更误，于咸通八年三月，记杨收"检校兵部尚书，充浙江西道观察使；以浙西观察使杜审权守尚书左仆射，以兵部侍郎于悰（琮）本官同平章事"。即以杨收接杜审权之浙西任，以于琮入相接杨收任，实则于琮任相在咸通八年七月，非三月（详见后于琮传）。又杜审权于咸通八年三月仍在浙西任，后庞勋战乱于咸通十年九月平，杜才入为尚书左仆射。咸通年间，未有杨收任浙西节镇者（参《唐刺史考全编》卷一三七江南东道润州）。《旧唐书·懿宗纪》乃以杨收此次之出为宣歙池观察使误记为浙西观察使，并以咸通七年十月误记为八年三月。《旧传》亦记谓："（咸通）八年十月，罢知政事，检校工部尚书，出为宣歙观察使。"又较《旧纪》晚半年，记时更误。由此可见，仅记杨收罢相，出镇事，《旧纪》及两《唐书》本传均各有误；晚唐史书记事类似之误者不少，确须注意。

由此可以确定，杨收于咸通七年（866）十月出为宣歙池观察使，《旧传》接云："韦保衡作相，又发收阴事，言前用严譔为江西节度，纳赂百万。明年八月，贬为端州司马，寻尽削官爵，长流驩州。"即韦保衡作相时又告发杨收，乃于其任相之"明年八月"，又贬杨收为端州司马。按韦保衡于咸通十一年（870）四月才由翰林学士入相（详见后韦保衡传），而据《通鉴》卷二五〇所记，杨收之复贬端州司马，乃在咸通八年八月，《旧传》此处所记又误。《通鉴》卷二五〇咸通八年，记云："宣歙观察使杨收过华岳庙（元胡三省注：华岳庙在华州华阴县），施衣物，使巫祈祷，县令诬以为收罪，右拾遗韦保衡复言收前为相，除严谟江西节度使，受钱百万，又置造船务，人讼其侵隐。八月庚寅，贬收端州司马。"《通鉴》并有《考异》，亦引及《旧传》所谓韦保衡作相云云，考云："按是时保衡未作相，《旧传》误，今从《实录》。"《通鉴》记杨收于咸通八年八月贬端州，乃据《实录》，当可信。《唐大诏令集》卷五八载有《杨收端州司马制》，[4] 文末即署"咸通八年八月"，更可佐证。《通鉴》所载，即杨收于咸通七年十月出为宣歙观察使，途经华阴，有祭华岳庙，后即被当地县令所告，第二年，咸通八年，时韦保衡仕为右拾遗，得所告，又以严谟事相联，上告，遂于此年八月再贬杨收为端州司马，与时相合。

《旧传》所记有误，《旧纪》竟另又有误，于咸通九年十月记："贬浙西观察使杨收为端州司马同正。"将咸通八年八月误系于九年十月，真未知所据，又仍将"宣歙观察使"误记为"浙西观察使"。

按严谟事，当属实，见《新唐书》卷一五八《严震传》后所附（谟为震之从孙）。《唐大诏令集》卷五八所载《杨收端州司马制》、《杨收长流驩州制》，皆记其"贪黩为业"，并特称"江西置节制之额，务在虚兵"，即指严谟事。

《旧传》记贬端州司马后，云："寻尽削官爵，长流驩州。又令内养郭全穆赍诏赐死"；并记咸通九年（868）三月十五日，郭全穆至驩州，宣诏，杨收即自服药卒。《旧传》此处所记年月，又有误。《唐大诏令集》卷五八所载《杨收长流驩州制》，文末署为"咸通十年二月"，即咸通十年二月才正式下诏，使杨收由端州司马再流放于驩州。《通鉴》卷二五一亦于咸通十年记："二月，端州司马杨收长流驩州，寻赐死，其僚属党友，坐长流岭表者十余人。"《新唐书·懿宗纪》亦谓："（咸通）十年二月，杀驩州流人杨收。"而《旧传》竟记宦者郭全穆于咸通九年三月十五日已至驩州，迫杨收自尽。杨收一人之事，两《唐书》，特别是《旧唐书》，所记之具体时、事，竟如此多误，确应对《旧唐书》之编纂、流传作进一步较全面地探索。

又，《旧唐书》记有杨收与当时二位文士之关系，亦有误。一为与温庭筠，《旧唐书》卷一九〇下《文苑下·温庭筠传》，记温庭筠在扬州时曾受淮南节度使令狐绹迫害，后还至长安，"属徐商知政事，颇为言之；无何，商罢相出镇，杨收怒之，贬为方城尉"。似温庭筠之贬方城尉，乃出于杨收之怒。按据《新唐书·宰相年表》，徐商任相在咸通六年（865）六月，罢相出镇在咸通十年（869）六月，而据前考述，杨收已于咸通七年（866）罢相出为宣歙观察使，十年（869）二月长流驩州，被赐死。如此，则何以徐商于咸通十年六月罢相后杨收仍居于相位，并迫使温庭筠出贬？

二为与薛逢，《旧唐书》卷一九〇下《文苑下·薛逢传》，记薛逢与杨收同年进士，后薛逢因与宰相刘瑑不合，出为巴州刺史，"既而沈询、杨收、王铎由学士相继为将相，皆逢同年进士，而逢文艺最优。杨收作相后，逢有诗云：'须知金印朝天客，同是沙堤避路人。威凤偶时皆瑞圣，潜龙无水谩通神。'收闻，大衔之，又出为蓬州刺史。"按沈询、杨收确曾为翰林学士，而王铎则未为翰林学士，此处将王铎与沈询、杨收并提，谓"由学士相继为将相"，则误。另有更误，《唐才子传校笺》卷七《薛逢传》谭优学笺，[5]有所辩析，谓据《新唐书·宰相年表》，刘瑑以宣宗大中十二年（858）正月入相，五月卒，此时薛逢在朝任尚书郎之职，后改为某县令，又谓今存薛逢诗，仅有记其出任蓬州刺史之作，未有记出任巴州者。谭说可从。另，《旧传》所载薛逢此诗，《全唐诗》卷五四八有载，题为《贺杨收作相》，乃杨收由翰林学士直接提拔为相，薛逢特献诗致贺，皆为赞誉之辞，何以使杨收"大衔之"，《旧唐书·薛逢传》所记亦不合。

应当说，当时文士与杨收亦有文字交往者，如上述薛逢《贺杨收作相》，也有文士献诗致贺其在翰林学士院供职者。但当代研究者对有些诗作尚有歧见，也应辨析。如卢肇有《喜杨舍人入翰林》（《全唐诗》卷五五一），云："御笔亲批翰长衔，夜开金殿送瑶缄。平明玉案临宣室，已见龙光出傅岩。"陶敏《全唐诗人名考证》（页833），以为此"杨舍人"为杨知温，据丁《记》，杨知温于宣宗大中十一年九月八日自礼部郎中入，十二月十九日加知制诰，十二年十月十一日迁为中书舍人。陶《考》以为杨知温于大中十一年十二月十九日已以礼部郎中加制诰，故入院时仍可称为"舍人"。按杨知温入院年月及官衔，陶《考》所述是，但问题是，卢肇此诗首句称"翰长衔"，按唐翰林学士建制，承旨为在院学士班首，仅一人，故称"翰长"；且承旨一般为帝君亲自任命者，故卢肇此句云"御笔亲批"。而杨知温在院时未曾任承旨，而杨收则于咸通二年四月入，三年二月二十日迁中书舍人，同年九月二十三日即加承旨，则与卢肇诗题与诗句，皆意合。卢肇当于咸通二年九月下旬闻讯后特作诗致贺。末二句乃更喻现已为承旨，在宫中值班，以后当如殷商时傅说，为殷高宗举以为相。卢肇，两《唐书》无传，袁州宜春（今属江西）人，文宗时曾受李德裕赏识、举荐，于武宗会昌三年进士及第。及第后曾历仕于方镇幕府，后在朝任仓部员外郎、集贤院直学士，咸通时曾任歙、宣等州刺史。卢肇作此诗，亦寓有望请举荐之意，可见杨收在任翰林学士时，亦与文士有交往。

《新唐书·艺文志》未有著录其著述。《全唐诗》卷五一七载其《咏蛙》等三诗。《全唐文》卷七六五载其两文：《与安况论乐意》、《乞贷弟严死罪疏》，皆为两《唐书》本传所载者。

注释

〔1〕赵超《新唐书宰相世系表集校》，中华书局，1998年。

〔2〕武秀成《〈旧唐书〉辨证》，上海古籍出版社，2003年。

〔3〕"数干诿"之"干"，原作"千"，中华书局点校本有校，谓此句文义欠明，"千"当为"干"之讹。今据改。

〔4〕宋宋敏求编《唐大诏令集》，商务印书馆点校本，1959年。

〔5〕《唐才子传校笺》，傅璇琮主编；卷七《薛逢传》，第三册，中华书局，1990年。

路　岩

路岩，两《唐书》有传，见《旧唐书》卷一七七、《新唐书》卷一八四。《旧传》："路岩者，字鲁瞻，阳平冠氏人也。"《新传》记为"魏州冠氏人"。《元和郡县图志》卷一六河北道，有魏州冠氏县（今河北馆陶）。

路岩父路群，文宗时人为翰林侍讲学士，后为翰林学士、承旨，"历践台阁，受时君异宠，未尝以势位自矜"（《旧传》），颇有声誉（见前文宗朝路群传）。

又路岩于懿宗咸通五年（864）为相，时年三十六（见后），则生于文宗大和三年（829）。

两《唐书》本传皆谓其登进士第，但未记年。《旧传》云"父友践方镇，书币交辟，久之方就"，《新传》略同，则其及第后曾历仕于方镇幕府。唐末阙名所著《玉泉子》，曾记："始（路）岩在淮南，与崔铉作度支使，除监察。"[1]按崔铉于宣宗大中九年（855）七月为淮南节度使（《通鉴》卷二四九），至懿宗咸通三年（862），则路岩当于进士及第后，于大中后期在崔铉淮南幕府供职。唐末五代之笔记稗史亦可有补于正史。

《旧传》叙其前期仕历甚简，记其于方镇就职后，即云"数年之间，出入禁署，累迁中书舍人、户部侍郎"，未提及翰林学士。《新传》记有翰林学士，但亦甚简略，云"懿宗咸通初，自屯田员外郎入翰林为学士"，后即谓"以兵部侍郎同中书门下平章事"，入相。

丁《记》有具记，云："咸通二年五月二十八日，自屯田员外郎入。十一月二十八日，三殿召对赐绯。三年二月二十一日，加屯田郎中、知制诰充。四年正月九日，迁中书舍人。五月九日，赐紫。十六日，加承旨。九月十八日，迁户部侍郎、知制诰充。五年九月二十六日，迁兵部侍郎、知制诰充。十一月十九日，以本官同中书门下平章事。"

按杨收于咸通二年（861）四月十八日入，路岩则于此后仅月余，亦入；咸通四年（863）五月七日，杨收出院任相，时杨收任为承旨，路岩于四年五月十六日加承旨，当接杨收之任。路岩入院时，年仅三十三，当是懿宗朝翰林学士最为年轻的。

《新传》亦云"自屯田员外郎入"，与丁《记》合。又前所引述之《玉泉子》，谓"自监察入翰林"，不确。

丁《记》记路岩于咸通五年（864）十一月十九日出院任相，《新唐书》卷九《懿宗纪》，记咸通五年十一月，"壬寅，翰林学士承旨、兵部侍郎路岩同中书门下平章事"。《新唐书》卷六三《宰相年表》及《通鉴》卷二五〇所记同。此年十一月壬寅，即十九日，亦与丁《记》合。《通鉴》并云"时年三十六"。《新传》谓"以兵部侍郎同中书门下平章事，年三十六"，但未记年。而《旧传》、《旧纪》却各有异。《旧传》记于咸通三年，非五年，云"咸通三年，以本官同平章事，年始三十六"。（《全唐文》卷七九二路岩小传，亦云"咸通三年以本官同平章事"，当即沿袭《旧传》）。《旧纪》却系于咸通七年十一月："以翰林学士承旨、户部侍郎路岩为兵部侍郎、同平章事。"按《旧传》前谓"累迁中书舍人、户部侍郎"，后云"咸通三年，以本官同平章事"，而据丁《记》，路岩于咸通四年九月十八日才由中书舍人迁户部侍郎，何以于此前一年即已出院任相？可见《旧传》、《旧纪》又误。

路岩在院，前后四年。《全唐文》卷七九二载其文一篇《义昌军节度使浑公神道碑》，记浑侣于咸通二年为义昌军（沧州）节度使，六年三月卒，十二月葬，则作文时路岩已出院，在相位。唐翰林学士在院任职期间，有应皇帝之命，为外地节镇撰写碑志者，路岩此文，则受浑侣从父弟右威卫上将军浑佶所托而作（文末云"他日持故吏行状托余斯文"）。

路岩此次亦继杨收，由翰林学士直接擢迁为相，且亦与杨收相类，执政时"稍务奢靡，颇通赂遗"（《旧传》）。《新传》更评为"乃通赂遗，奢肆不法"。据《新唐书·宰相年表》，咸通六年六月后，杨收、曹确、路岩、徐商皆在相位，《南部新书》卷甲有记云："咸通末，曹相确、杨相收、徐相商、路相岩同为宰相，杨、路以弄权卖官，曹、徐但备员而已。长安谣曰：'确确无馀事，钱财总被收。商人都不管，货赂几时休。'"即以"货赂"喻指路岩。由此可见懿宗咸通时之政治腐败情况。此四人于任相前均曾为翰林学士，入相后有如此表现，由此可见晚唐时翰林学士也有一种不良风尚。

路岩与杨收同样，后亦受韦保衡之陷斥，罢相外出。《新传》云："俄与韦保衡同当国，二人势动天下，时目其党为'牛头阿旁'，言如鬼阴恶可畏也。既权侔则争，故与保衡还相恶。俄罢岩为剑南西川节度使。"《旧传》更明确记为"保衡作相，罢岩知政事"。按韦保衡于咸通十一年（870）四月由翰林学士承旨入相，路岩则于第二年四月罢相外出。《通鉴》卷二五二有具体记叙：咸通十二年（871），"门下侍郎同平章事路岩与韦保衡素相表里，势倾天下，既而争权，浸有隙，保衡遂短岩于上。夏四月癸卯，以岩同平章事充西川节度使。岩出城，路人以瓦砾掷之。权京兆尹薛能，岩所擢也，岩谓能曰：'临行，烦以瓦砾相饯。'能徐举笏对曰：'恖来宰相出，府司无例发人防卫。'岩甚惭。"联系上述《南部新书》所载"长安谣曰"，可见当时民间对路岩甚为不满。

但路岩被罢相外出，在四川成都，仍"喜声色游宴"（《通鉴》卷二五二咸通十四年十月）。《北梦琐言》卷三《路侍中裹巾》条又有记云："（路岩）镇成都日，委执政于孔目吏边咸，日以妓乐自随，宴于江津。"边咸为其任相时亲吏，随其赴镇，在蜀时则与人"相依倚为奸"（《新传》）。当地即以事上闻，据《通鉴》卷二五二，遂于咸通十四年（873）十一月戊辰，改徙为荆南（江陵）节度使。《通鉴》又记：乾符元年（874）正月，"路岩行至江陵，敕削官爵，长流儋州。岩美姿仪，囚于江陵狱再宿，须发皆白，寻赐自尽，籍没其家。岩之为相也，密奏三品以上赐死，皆令使者剔取结喉三寸以进，验其必死，至是自罹其祸。所死之处，乃杨收赐死之榻也。"据《通鉴》此处所记，可见路岩为相执政时亦甚刻薄。

按路岩由西川改江陵，在咸通十四年十一月。而是年七月，僖宗即位，十月，贬韦保衡，寻赐自尽（见后韦保衡传），如此，则路岩此次之再贬、赐死，非再出于韦保衡。可能僖宗即位后，朝中对路岩又有所议，故如韦保衡作同样的处理。

路岩未有所著。《全唐文》卷七九二载其文一篇，即前所引述之浑侃墓志铭。

注释

〔1〕《玉泉子》，上海古籍出版社所编"唐五代笔记小说大观"点校本，2000 年。

赵 骘

赵骘，附见于《旧唐书》卷一七八《赵隐传》，赵隐为其兄。《新唐书》卷一八二《赵隐传》仅记赵骘一句，谓"骘终宣歙观察使"，且有误（见后）。《新唐书》卷七三下《宰相世系表》三下，记赵骘"字玄锡"；两《唐书》传皆未记其字号。

两《唐书·赵隐传》皆记为京兆奉天人。《新唐书·宰相世系表》谓："新安赵氏，后徙京兆奉天。"京兆奉天，即今陕西乾县。赵骘父存约，曾在李绛兴元幕府（山南西道节度判官），文宗大和三年（829）军乱，与李绛同时遇害。正因如此，赵隐兄弟"少孤贫，弟兄力耕稼以奉亲，造次不干亲戚"（《旧传》）。按，《旧传》称隐为兄，骘为弟，"与弟骘尤称友悌"；《新唐书·宰相世系表》亦记赵存约二子：隐、骘。

而《新唐书·赵隐传》则谓："隐以父死难，与兄骘庐墓几十年。"称骘为兄，《新传》当误。

赵隐于宣宗大中三年（849）登进士第，历仕内外，后于懿宗咸通十三年（872）二月任相，《旧传》称其"既居宰辅，不以权位自高"。《旧传》谓赵骘"亦以进士登第"，但未记年。清徐松《登科记考》卷二二，据《广卓异记》所载"大中六年，崔玙知举，放赵骘及第"，即系于宣宗大中六年（852）进士及第，后于其兄赵隐三年。

《旧传》接云："大中末，与兄隐并践省阁。咸通初，以兵部员外郎、知制诰，转郎中，正拜中书舍人。"未记任翰林学士事。

丁《记》记为："咸通二年八月六日，自右拾遗充。十一月二十六日，三殿召对赐绯。三年二月二十日，迁起居舍人充。四年八月七日，改兵部员外郎，特恩知制诰。五年正月十七日，三殿召对赐紫。七月八日，加驾部郎中、知制诰，依前充。九月十七日，加朝散大夫、户部□□，依前充。其月三十日，改礼部侍郎，出院。"则《旧传》所谓"以兵部员外郎知制诰，转郎中"，即在学士任期内迁转之官衔，至于《旧传》所云"正拜中书舍人"，尚待议（见后）。

丁《记》中记"九月十七日，加朝散大夫、户部□□，依前充"，接云"其月三十日，改礼部侍郎，出院"，此"九月十七日"前，应有"六年"二字，因《旧唐书》卷一九上《懿宗纪》，记咸通六年（865），"九月，以中书舍人赵骘权知礼部贡举"。按唐科举制惯例，知贡举前一年，先任礼部侍郎或其他有关官职，以备次年年初主试。徐松《登科记考》卷二三咸通七年，即据《唐摭言》所记"韩衮，咸通七年赵骘下状元及第"，及《唐才子传》载沈光"咸通七年，礼部侍郎赵骘下进士"，列赵骘于咸通七年知举，是。由此，即可确定丁《记》之"九月十七日"前应加"六年"二字。至于"户部□□"之两个缺字，检核后云"其月三十日，改礼部侍郎"，则当为"侍郎"，即由驾部郎中迁为户部侍郎。不过岑氏《注补》谓由驾部郎中迁户部侍郎，升迁过速，不合制例，乃参据《旧传》所谓"正拜中书舍人"，云应将"户部□□"改为"中书舍人"。实则徐松于《登科记考》卷二三咸通七年记"知贡举，礼部侍郎赵骘"，已有考，即引《唐摭言》、《广卓异记》，皆称其为礼部侍郎知举。徐松所考当是。

又，《唐摭言》卷九《芳林十哲》条，谓"咸通十三年，赵骘主文"，则误，参后于琮传。

《旧传》称赵骘于咸通七年"选士，多得名流"，确是如此。如此年登第者，首列韩衮，为韩愈子昶之次子。另如沈光，《唐才子传》卷八《沈光传》，谓"咸通七年礼部侍郎赵骘下进士"。沈光及第后，罗隐特作诗赠之：《送沈光及第后东归》（《全唐诗》卷六五五）。又同年登第者汪遵，宋《诗话总龟》卷一五引《诗史》，谓汪遵《咏史》诗，"何光远称此诗卓绝千古"。赵骘于咸通七年知举，是懿宗朝翰林学士出院后即知贡举试之首例，且为当时所称，也是懿宗朝翰林学士品行称誉之较好者。

不过赵骘因此年知举，却受累而外出。《唐摭言》卷一三《无名子谤议》条，有云："赵骘试《被衮以象天赋》，更放韩衮为状元。或为中贵语之曰：'侍郎既试《王者被衮以象天赋》，更放韩衮状元，得无意乎？'骘由是求出华州。"即赵骘于咸通七年知举时，其赋诗之题，后为人向宦者（"中贵"）所告，宦者当又向皇上诬告。赵骘不愿因此受累更深，即求外出，乃任为华州刺史。按《唐刺史考全编》卷三京畿道华州，蒋伸于咸通七年至九年为华州刺史，有据；又据《千唐志斋藏志》之《唐故河南府洛阳县尉孙府君（备）墓志铭并序》

所记，咸通十年赵骘在华州刺史任，由此定赵骘任华州刺史在咸通十年至十二年，是。

又刘允章于咸通九年知举，郑仁表于此年进士及第（参见《登科记考》卷二三）。《唐语林》卷三有记："仁表后为华州赵骘幕，尝饮酒，骘命欧阳琳作录事，酒不中者罚之。仁表酒不能满饮，琳罚之。"按欧阳琳亦为咸通七年赵骘知举时进士及第者（见徐《考》）。由此，则郑仁表当于咸通九年及第后应辟在赵骘华州幕（《旧唐书》卷一七六《郑肃传》，亦有记郑仁表及第后，"从杜审权、赵骘为华州、河中掌书记"）。此亦可佐证赵骘于咸通十年至十二年为华州刺史。

又《旧传》先记赵骘为中书舍人，后知举，接云"拜礼部侍郎、御史中丞，累迁华州刺史、潼关防御、镇国军等使，卒"。此处记先任中书舍人，知举后才任礼部侍郎，误，见前考述。不过据《旧传》此处所记，赵骘似即卒于华州刺史任，《新唐书·宰相世系表》，记赵骘，亦为"华州刺史"。《新表》所记官名，一般皆为终官，此云华州刺史，亦与《旧传》合。唯《新唐书·赵隐传》记赵骘，仅一句，云"终宣歙观察使"，未记年，亦未有所据，参《旧传》、《新表》，当误。《唐刺史考全编》卷一五六江南西道宣州，列赵骘于咸通十一年，亦仅据《新传》，并云："按《旧书》本传未及宣歙。吴氏《方镇年表》列咸通十一年，姑从之。"实则吴氏《方镇年表》仅揣测，不足据。

赵骘未有著作载录。

刘允章

刘允章，两《唐书》有传，附于《旧唐书》卷一五三

《刘迺传》、《新唐书》卷一六〇《刘伯刍传》。刘迺为其曾祖，刘伯刍为其祖。刘允章父宽夫，敬宗时为监察御史、左补阙。《新唐书》卷七一上《宰相世系表》一上，记为"广平刘氏"，《旧唐书·刘迺传》亦称为洛州广平人。广平为今河北永年。

《新传》记刘允章字蕴中，《新表》作韫中，当互通。《旧传》未记其字号。

《旧传》谓其登进士第，但未记年，后即云"累官至翰林学士、承旨、礼部侍郎"。《新传》亦于记其字蕴中后，云"咸通中为礼部侍郎"，早期事迹皆未有记。今按李商隐《樊南乙集序》，作于宣宗大中七年（853）十一月在东川节度（梓州）幕府时，[1]文中自谓大中二年自桂林北返，选为盩厔县尉，后参见京兆尹，乃留于府中代草奏章，大中三年亦在任，即云："时同寮有京兆韦观文、河南房鲁、乐安孙朴、京兆韦峤、天水赵璜、长乐冯颙、彭城刘允章。是数辈者，皆能文字，每著一篇，则取本去。"由此可知，刘允章在大中初期亦在京兆府任职，并与李商隐有所交往。唯具体官衔不知。此为记叙刘允章前期仕迹之第一手材料。其登第年或亦在会昌末、大中初。

此后即丁《记》所记，于懿宗咸通时曾两次入院，记为："咸通三年九月二十七日，自起居郎入。其年十一月二十七日，三殿召对赐绯。四年三月二十四日，授歙州刺史。""咸通五年十一月二十七日，自仓部员外郎守本官再入。六年正月九日，加户部郎中、知制诰。五月九日，三殿召对赐紫。八年十一月四日，迁工部侍郎、知制诰，依前充。其年十一月十六日，改礼部侍郎，出院。"

按刘允章第一次入院时，已任为起居郎（从六品上），与尚书诸司员外郎同阶，但在院仅半年，未有迁转，即出为歙州刺史，未知何故。时在院者有刘邺、杨收、路岩、赵骘（参见书后"学士年表"），人数也并不多。

刘允章在歙州任时间并不长，约不到一年即又返朝，先为仓部员外郎（从六品上），后即于咸通五年（864）十一月二十七日入院。第二次在院期间，迁转较快，入院仅月余，即迁为从五品上之户部郎中，并加知制诰。又历二年，即咸通八年（867）十一月四日，迁正四品下之工部侍郎，又于同月十六日改为礼部侍郎，以备翌年主持贡举考试。

《旧传》记有"累官至翰林学士、承旨、礼部侍郎"。按丁《记》未记刘允章加任承旨，且咸通五年十二月至七年三月，侯备为承旨，七年三月，独孤霖接为承旨（见后侯备、独孤霖传，及书后"学士年表"），则《旧传》所记之承旨，误。《新传》叙刘允章仕迹，则未提及翰林学士，当为缺记。

又《旧唐书》卷一九上《懿宗纪》，咸通八年（867）十月，"以中书舍人刘允章权知礼部贡举"。按据丁《记》，咸通八年十月，刘允章尚在院，为户部郎中、知制诰，至十一月四日，迁工部侍郎，同月十六日又改为礼部侍郎，则《旧纪》所记，时、事皆不合，且谓以中书舍人知举，据丁《记》，刘允章在院期间未有迁转中书舍人者。唯岑氏《注补》据《旧纪》，有云："于制，郎中、知制正除舍人而后迁侍郎"，未能如丁《记》所记由户中超迁工侍，又谓"咸通中以舍人出知举者居多数，改礼侍者犹欲权知礼侍也"。按岑氏此说仅为揣测，翰林学士在院中超阶迁升者甚有，至于刘允章于咸通九年以礼部侍郎知贡举，史书及有关材料记载者甚多。《唐语林》卷八详记唐时以中书舍人知举者名单，即未有刘允章。徐松《登科记考》卷二三咸通九年，即记刘允章以礼部侍郎知举，其所列此年进士及第者羊昭业，引《永乐大典》所辑之《苏州府志》，亦记为"侍郎刘允章知举，羊昭业登第"。

关于刘允章知举，《旧传》仅云"咸通九年知贡举"，《新传》稍述数句，云："请诸生及进士第并谒先师，衣青衿，介帻，以还古制。"值得一提的另有一事，《唐摭言》卷九《芳林十哲》条，叙及当时沈云翔、郭薰等，"咸通中自云翔辈凡十人，今所记者有八，皆交通中贵，号芳林十哲。芳林，门名，由此入内故也"。即此所谓"芳林十哲"，多与宦官（"中贵"）交结，并以此串通，谋取通过科试。《唐语林》卷三又特为记述："允章少孤自立，以臧否为己任。及掌贡举，尤恶朋党。初，进士有'十哲'之号，皆通连中官，郭缫、罗虬，皆其徒也。每岁，有司无不为其干挠，根蒂牢固，坚不可破。都尉于琮方以恩泽主盐铁，为缫极力，允章不应，缫竟不就试。"后又记罗虬亦应试，其所试诗，也不为刘允章所取，落第。由此可见，刘允章此次知举，确能持正不阿，不受人请托，力排串通"中贵"之所谓"十哲"，这有助于对晚唐科举考试风气之研究。

按咸通七年知举者赵骘，九年知举者刘允章，皆为由翰林学士出院即就此任者。赵骘知举时，也被誉为"进士多得名流"，但不久即为宦官（"中贵"）所告，出为华州刺史。刘允章亦如是，《旧传》记其知举后，即"出为鄂州观察使"。据《旧唐书·懿宗纪》，刘允章于咸通九年冬，已在鄂岳任，即咸通九年十二月记："是岁，江、淮蝗食稼，大旱。庞勋奏：'当道先发戍岭南兵士三千人春冬衣，今欲差人送赴邕管。'鄂岳观察使刘允章上书言：'庞勋聚徒十万，今若遣人达岭表，如戍卒与勋合势，则祸难非细。'"按庞勋本于此年七月率徐州戍卒赴桂林，后叛乱，攻江淮，时为淮南节度使令狐绹"畏其侵轶，遣使诣勋说谕，许为之奏请节钺，勋乃息兵俟命"（《通鉴》卷二五一咸通九年闰十二月）。由此，则《旧纪》所记刘允章于此年十二月上奏，合实。

由此可确证，刘允章于咸通九年春知举后，旋即外出。何以如此，史书皆未有记。《唐摭言》卷一三《无名子谤议》条，既有记赵骘知举时所出试题为人所告（见前赵骘传），又有记云："刘允章试《天下为家赋》，为拾遗杜裔休驳奏，允章辞穷，乃谓与裔休对。时允章出江夏，裔休寻亦改官。"杜裔休于咸通时亦为翰林学士（见后传）。则时任谏官（拾遗）者，可对科试题上奏，加以驳议。不过刘允章是否因杜裔休之奏议而外出，限于史料，亦未能定。

《旧传》记刘允章任鄂岳观察使后，接云"后迁东都留守"。《唐语林》卷三亦谓"允章自鄂渚分司东都"。实则所谓自鄂岳改任东都留守，非。据史书所记，黄巢于僖宗时起兵，后于广明元年（880）十一月攻陷洛阳，时刘允章为东都留守，迎之。广明元年距咸通九年（868）有十余年，刘允章不可能长期在留守任（《唐刺史考全编》卷四八都畿道东都，记咸通八年至乾符六年，皆有他人任东都留守）。《旧唐书·僖宗纪》乾符三年（876）六月记，"抚王府长史刘允章凉王府"。按《旧唐书》卷一五〇记抚王纮，为顺宗第十七子，"咸通四年，特册拜司空，五年，册司徒。乾符三年，册太尉，其年薨"。又卷一七五，记凉王健，懿宗子，"咸通三年封，乾符六年薨"。据此，刘允章当于乾符三年前已在京为抚王府长史，其年抚王卒，又转为凉王府长史。又《唐大诏令集》卷一一七《宣抚东都官吏敕》，文末署"乾符三年九月"，首云"敕东都留守王讽、河南尹刘允章"，则此时刘允章又在河南尹任，即乾符三年六月由抚王府长史改为凉王府，旋又改任河南尹。敕文述及"昨者草寇凭陵"，"王仙芝等纵助生灵，联攻县邑"，洛阳又"工商失业以无依，黎庶舍家而竟去"，故"今差左谏议大夫杨授、工部员外郎李巢专往慰抚"。乾符三年为公元 876 年，此后数年间刘允章当又改任东都留守。由此可证前所引述之《旧传》、《唐语林》等所云由鄂岳观察使转为东都留守，实误。

值得一提的是，《全唐文》卷八〇四载有刘允章《直谏书》一文，开篇自称"救国贱臣前翰林院学士刘允章"，此云"救国贱臣"，参前《宣抚东都官吏敕》所述当时家破人亡之动乱情势，很可能即作于乾符中任河南尹、东都分司期间。文中称"陛下初登九五"，亦即僖宗即位不久。文中特为提出："今国家狼戾如此，天下知之，陛下独不知之。"应该说，陆贽敕文，刘蕡对策，尚未能如此直言的。文中又详言国之弊政，云有"九破"，即：终年聚兵；蛮夷炽兴；权豪奢僭；大将不朝；广造佛寺；赂贿公行；长吏残暴；赋役不等；食禄人多，输税人少。又谓"天下苍生，凡有八苦"：官吏苛刻；私债征夺；赋税繁多；所由乞敛；替逃人差科；冤不得理，屈不得伸；冻无衣，饥无食；病不得医，死不得葬。刘允章此时距翰林学士任已二十余年，但仍称"前翰林院学士"，由此可见他如此直抒己见，抨击弊政，乃认为仍执行翰林学士之职责。晚唐时曾任翰林学士，能如此直斥朝政，可谓尚无第二人者。此文值得注意，故特提出，以供研索。

可能刘允章有如此心情，当黄巢于广明元年（880）十一月攻破洛阳时，"留守刘允章率分司官迎之"（《旧唐书》卷二〇〇下《黄巢传》）。又《通鉴》卷二五四广明元年十一月亦有记："丁卯，黄巢陷东都，留守刘允章帅百官迎谒。"这在当时唐朝官员中也是未有的。

《旧传》记为："黄巢犯洛阳，允章不能拒，贼不之害，坐是废于家，以疾卒。"则刘允章虽对黄巢军有所迎谒，但未有作为，退居于家，后病卒。

刘允章文，除前所引述载于《全唐文》卷八〇四《直谏书》外，近世尚有出土墓志一篇，即周绍良主编之《唐代墓志汇编》所辑之《故楚国夫人赠贵妃杨氏墓志铭并序》，署为"翰林学士、朝议郎、守尚书户部郎中、知制诰、赐紫金鱼袋臣刘允章奉敕撰"。[2]文中称楚国夫人杨氏卒于咸通六年四月十九日，七月廿三日葬。如此，正与丁《记》所记咸通六年正月九日加户部郎中、知制诰合，由此亦可见丁《记》有壁记实录之史料价值。文中称皇上震悼，"遂诏侍从之臣，受以彤管之史，臣实当御，承命直书"。翰林学士在院期间，应命为贵妃、宫主等撰作碑志，也是职责之一。另可注意的是，此志又署有："翰林待诏、将仕郎、守泗州司马臣张宗厚奉敕书"，"翰林待诏、承奉郎、守建州长史臣董咸奉敕篆"。即志文为翰林学士撰，书写与题篆，可由翰林待诏担任，可见晚唐时翰林院中仍有翰林待诏。又，这两位待诏，所具官衔，皆为外地官名，一为泗州司马，一为建州长史，这也是有唐一代翰林待诏之特点（可参前顺宗朝王叔文传），可能由此可获较高之俸薪，也值得研究。

注释

〔1〕参见刘学锴、余恕诚《李商隐文编年校注》，页2177；中华书局，2002年。

〔2〕见周绍良主编《唐代墓志汇编》，咸通〇四一，页2410；上海古籍出版社，1992年。

独孤霖

独孤霖，两《唐书》无传。《新唐书》卷七五下《宰相世系表》五下，独孤氏，记有独孤霖，云"秘书监"；又记其父密，云州刺史；其兄云，字公远，吏部侍郎。独孤云，清徐松

《登科记考》卷二一，据李商隐《妓席暗记送同年独孤云之武昌》诗，系于文宗开成二年（837）与李商隐同年进士及第。又《太平广记》卷二七三引《玉泉子》，有云："（韦）保衡既登第，独孤云除东川，辟在幕下。"韦保衡于懿宗咸通五年（864）登第（见后韦保衡传），则独孤云于咸通中曾为剑南东川节度使，后曾历任吏部侍郎、江西观察使（参见《唐尚书省郎官石柱题名考》卷四吏部员外郎）。独孤云子独孤损，于昭宗时曾任相，《新唐书·宰相世系表》即谓独孤氏任相者唯独孤损。

独孤霖前期仕迹不详，现所知者为丁《记》所记自人为翰林学士始，云："咸通三年九月二十七日，自右补阙赐绯入。四年闰六月十九日，加司勋员外郎充。十二月二十一日，加知制诰。五年五月九日，三殿召对赐紫。七月八日，加库部郎中、知制诰，依前充。六年六月五日，迁中书舍人，依前充。九月十七日，加朝散大夫、工部侍郎，依前充。七年三月十七日，三殿召对，面宣充承旨。八年正月二十七日，改户部侍郎、知制诰，依前充。十一月四日，迁兵部侍郎、知制诰，依前充。十年九月八日，守本官、判户部，出院。"此为记独孤霖仕迹最详实的资料，如无此记，则唐翰林学士即缺独孤霖之名。

丁《记》记独孤霖于咸通七年（866）三月十七日加任承旨，因此前任承旨者为侯备，侯备于此年三月九日出院（见后侯备传），故即于数日后接任。又，咸通六年（865）九月十七日由中书舍人迁工部侍郎，按此前记有库部郎中、知制诰，后改任户部侍郎、兵部侍郎时亦皆兼知制诰，则由中书舍人迁工部侍郎时，亦应加有"知制诰"三字。

独孤霖在院，前后历有七年，不短。《全唐文》卷八〇二载有其所作《抚王纮开府仪同三司守司空制》。据《旧唐书》

卷一五〇《顺宗诸子传》，抚王李纮为顺宗第十七子，"贞元二十一年封，咸通四年，特册拜司空。五年，册司徒。乾符三年，册太尉，其年薨。"独孤霖草撰之制，为册封司空，即于咸通四年，则正在任职。另又有数篇，乃为玉晨观修功德、祈雨所作，如《七月十一日玉晨观别修功德叹道文》、《九月一日玉晨观别修功德叹道文》、《玉晨观祈雨叹道文》。可以注意的是，至玉晨观祈道，多称"女道士某等奉为皇帝虔修法事"，可能即在宫中所设。撰此类修道祈雨之文，则亦为翰林学士职责之一。按《新唐书》卷六〇《艺文志》四，集部别集类，著录有独孤霖《玉棠集》二十卷，未有注。按此书前后，著录者均为制诰集，如《李虞仲制集》四卷，封敖《翰稿》八卷，崔嘏《制诰集》十卷，刘崇望《中和制集》十卷，李磎《制集》四卷等。其撰者，既有翰林学士，也有知制诰、中书舍人。则独孤霖之《玉棠集》，当亦为任翰林学士期内所撰之制文，既为二十卷，则所撰制文甚多，这当也与其在院时间历有七年有关。由此可见，唐时文臣于任职时所撰制诰等官方文书，可自编成集，不必避讳者，与宋以后不同。这也是唐时文士参预政事的一个特点。

据丁《记》，独孤霖于咸通十年（869）九月出院，为兵部侍郎、判户部。《全唐文》卷八〇二又载其《书宣州叠嶂楼》，文末署"咸通十二年十二月辛亥，宣州刺史独孤霖书"，文中有云："予春至逮秋，偶步池北，得小亭之直上，居然最胜，因命植栋闳梁，出城屋之脊"，即建此叠嶂楼。则独孤霖当于咸通十二年（871）春即在宣州任，很可能于咸通十年九月出院后，在朝中任职不久，于咸通十一年又出为宣州刺史。此文对宣州城景颇为欣赏。又，《宝刻丛编》卷一五宣州，著录有："唐《叠嶂楼记》，刺史独孤霖书，咸通十二年十二月辛亥。"注云"据《复斋碑录》"。则宋时此记文尚存于宣州。

此后仕迹不详。据《旧唐书·懿宗纪》，其兄独孤云于咸通十三年（872）三月，尚以吏部侍郎参与考试博学宏词举人；又《旧唐书·僖宗纪》，乾符三年（876），记以江西观察使独孤云为太子少傅。则独孤云颇有显迹，独孤霖于咸通末、乾符初或亦在仕。

据前述，《全唐文》载其文数篇，《全唐诗》未载其诗。

李　瓒

李瓒，两《唐书》皆附于其父李宗闵传后，见《旧唐书》卷一七六、《新唐书》卷一七四，所记皆甚简，仅数十余字，且多有误（见后）。

两《唐书》传皆未记其字号，《新唐书》卷七〇下《宰相世系表》记云"桂管观察使瓒，字公锡"。

《旧唐书·李宗闵传》谓："子琨、瓒，大中朝皆进士擢第。"未记年。前人及当今研究者有考，定于宣宗大中八年（854）。如清劳格《读书杂识》（清光绪戊寅吴兴丁氏刊本）卷七《李瓒》条，引《唐语林》卷六所载"郑舍人之父，瓒座主也"，谓"瓒称（郑）薰为座主，知是八年进士"。又《全唐诗》卷五八七载有李频《贺同年翰林从叔舍人知制诰》诗，陶敏《全唐诗人名考证》（页873），考此"翰林从叔舍人"为李瓒，李频即大中八年进士及第者（《登科记考》卷二二据《唐才子传》）。陈尚君《登科记考补》亦谓李频此诗所贺即李瓒。故孟二冬《登科记考补正》卷二二即据陈、陶等说，补李瓒于大中八年进士及第者。

两《唐书》传皆于进士及第后即记其入任翰林学士，亦未记年，且有误。现先引丁《记》所记："咸通四年四月七日，自荆南节度判官、检校礼部员外郎、赐绯充。其月十日，迁右补阙内供奉充。九月十八日，加驾部员外郎充。十二月二十八日，加知制诰。五年六月一日，改权知中书舍人，出院。"

据此，则懿宗咸通四年（863）四月前，李瓒曾在荆南幕府，为节度判官，其官衔为检校礼部员外郎（如杜甫在四川幕府，其官衔为检校工部员外郎）。时裴休为荆南节度使（参见《唐刺史考全编》卷一九五山南东道荆州）。

据丁《记》，李瓒初入院时，为检校礼部员外郎，后"迁右补阙内供奉"，按尚书诸司员外郎为从六品上，左右补阙为从七品上，按例未能云迁。不过此检校礼部员外郎乃其在荆南幕府时所带之空衔，故于入院后仅数日，即加为右补阙，故即云迁；且再过五月，于同年（咸通四年）九月十八日，又加迁为驾部员外郎。而《旧传》所记，却为"瓒自员外郎知制诰，历中书舍人、翰林学士"，即李瓒于入院前，已为员外郎并加知制诰，即已为实职，后又迁中书舍人，再入为翰林学士，实则李瓒出院后才加为中书舍人。《旧传》所记官序，皆不合实。

李瓒在院时，李频有《贺同年翰林从叔舍人知制诰》诗（《全唐诗》卷五八七）："仙禁何人蹑近踪，孔门先选得真龙。别居云路抛三省，专掌天书在九重。五色毫挥成涣汗，百寮班下独从容。芳年贵盛谁为比，郁郁青青岳顶松。"按李频亦为大中八年进士第者（《登科记考》卷二二）。据《唐才子传校笺》卷七《李频传》梁超然笺，[1] 李频进士登第后，累于黔中、鄂岳、鄜坊等节镇幕府任职，后约于咸通八年（867）前后任南陵县主簿。可见其虽进士及第，但宦途不顺，故当李瓒入院后，特进献一诗，有望荐之意。诗题称"舍人知制诰"，按李瓒在院期间未曾任中书舍人，且中书舍人也不必加知制诰之称，此所谓"舍人知制诰"，当指咸通四年十二月二十八日由驾部员外郎再加知制诰。此诗第三、四句极夸翰林学士之声望，甚至可以抛中书、门下、尚书"三省"者。又云"芳年贵盛谁为比"，则李瓒入院时正当壮龄，有再迁高位之望（"郁郁青青岳成松"）。按李频当时亦以诗见称，姚合赏识其才，"大加奖挹，以女妻之"（《新唐书》卷二〇三《文艺下·李频传》）。此为李瓒在院时与文士交往之唯一材料，他在院实仅一年两月，未有业绩。

按两《唐书》本传记李瓒翰林学士事，又有显误。《旧传》云："令狐绹作相，特加奖拔，瓒自员外郎知制诰，历中书舍人、翰林学士。绹罢相，出为桂管观察使。"《新传》亦记为："令狐绹作相，而瓒以知制诰历翰林学士；绹罢，亦为桂管观察使。"即李瓒之入院、出院，均与令狐绹任相、罢相有关。今按令狐绹于宣宗大中四年（850）十月任相，十三年（859）十二月罢相，出为河中节度使，终懿宗朝，令狐绹未曾返朝者（见前宣宗朝令狐绹传）。据前记述，李瓒任免翰林学士，则均在懿宗朝，李瓒于咸通五年（864）出院，距令狐绹罢相，已有五、六年，何以谓令狐绹罢相，李瓒也受累外出？且李瓒于咸通五年六月出院，也未如两《唐书》本传所云，即出为桂管观观察使。据丁《记》，李瓒出院，仍任为中书舍人。另据《通鉴》卷二五二，僖宗乾符三年（876）十二月，李瓒在桂州观察使任，其时距出院已有十二、三年，唐时刺史在任者不可能有如此之久的。又《唐刺史考全编》卷二七五岭南道桂州，在此期间任桂管观察使者有严谟、李丛、鱼孟威等，并未有李瓒。两《唐书》本传之所以有此误记，可能以李瓒为李宗闵子，令狐绹为牛僧孺、李宗闵党，即以朋党之交记述李瓒与令狐绹的关系。

李瓒是曾任桂管观察使的，约在僖宗乾符初。《通鉴》卷二五二乾符三年（876）十二月有具体记述："青、沧军士戍安南，还，至桂州，逐观察使李瓒。"《旧传》记李瓒在桂管任，"御军无政，为卒所逐"，《新传》略同。乾符三年十二月为士卒所逐，则当于乾符初任桂管观察使。

又，两《唐书》传记其为戍军所逐，即云"贬死"，未有具记。宋王谠《唐语林》卷六，则有补记，云："李瓒，故相宗闵之子，自桂州失守，贬昭州司户，后量移卫州刺史。[2]给事中柳韬疏之，复贬。韬始与瓒相善，瓒先达而弃韬。瓒既重为所贬，性强躁，愤且死。"按，昭州，据《元和郡县图志》卷三七，属岭南西道，约今广西平乐、恭城等地。卫州则属河北道，其辖境相当今河南新乡、卫辉等地，衡州在今湖南，故可云量移。但又为给事中柳韬所奏，复贬，寻即卒，但未记其复贬于何地。

李瓒未有著作载记。

注释

〔1〕《唐才子传校笺》卷七《李频传》，第三册，中华书局，1990年。

〔2〕周勋初《唐语林校证》卷六，谓《永乐大典》卷一〇三一〇《为贬愤死》条所引《玉泉子闻见录》，此"卫州"作"衡州"。《唐语林校证》，中华书局，1987年。

于　琮

于琮，两《唐书》有传，《旧唐书》卷一四九附于其曾祖于休烈传后，《新唐书》卷一〇四附于其先世于志宁传后。《旧传》称"河南人"。于志宁，唐太宗时曾召为十八学士，后入相。于休烈，有文名，与会稽贺朝、万齐融、延陵包融，齐名一时，后于肃宗、代宗时历任工部侍郎、国子祭酒，长时期参预纂修国史。休烈子益、肃，则均为代宗朝翰林学士（见前传）。于肃子敖，宪宗元和时任监察御史，穆宗长庆时为给事中，为迎合李逢吉，上疏论李绅友庞严之贬过轻，"众皆嗤"（见前穆宗朝庞严传），但仍为李逢吉拔奖，迁户部侍郎。

于琮即敖之子，可见其家世门第甚高。唯《旧传》称其"虽以门资为吏，久不见用"。后于宣宗大中十二年（858）登进士第，又为驸马都尉。《旧传》有详记："大中朝，驸马都尉郑颢，以琮世故，独以器度奇之。会有诏于士族中选人才尚公主，衣冠多避之。颢谓琮曰：'子人才甚佳，但不护细行，为世誉所抑，久而不调，能应此命乎？'琮然之。会李藩知贡举，颢托之登第，其年遂升谏列，尚广德公主，拜驸马都尉。"《新传》亦载此，唯记知举者为李潘。孟二冬《登科记考补正》卷二二，据严耕望《唐仆尚丞郎表》（卷一六《辑考五下·礼侍》）、陈尚君《登科记考补》等，谓应作"潘"，是。

由此，于琮于大中十二年（858）登进士第。《旧唐书》卷一八下《宣宗纪》，大中十二年正月，"以前乡贡进士于琮为秘书省校书郎，寻尚皇女广德公主，改银青光禄大夫，守右拾遗，驸马都尉"。即于琮于大中十二年初登第后，即授以秘书省校书郎（正九品上），旋即尚广德公主，迁右拾遗（从八品上）。

《旧传》记其"拜驸马都尉"后，仅概称"累践台阁，扬历藩府"，缺记任翰林学士事，且有误记，云"乾符中同平章事"，实则于琮任相在懿宗咸通后期，僖宗乾符时从未任相（详后）。《新传》有记于琮"咸通中以水部郎中为翰林学士，迁中书舍人"，与丁《记》合。

丁《记》记为："咸通四年六月七日，自水部郎中、赐绯入。八月七日，加库部郎中、知制诰充。五年七月八日，迁中书舍人充。九月二十七日，改刑部侍郎，出院。"据丁《记》，《新传》所记稍有误，即记于琼"迁中书舍人"后，云"阅五月，转兵部侍郎、判户部"，实则于琼于咸通五年七月八日迁中书舍人，九月二十七日改刑部侍郎并出院，其间仅两月余。

于琼在院，前后两年，实仅一年余，其任职之业绩未有所记。

至于于琼由兵部侍郎擢迁为相，两《唐书》所记又互有异。《旧·懿宗纪》于咸通八年（867）三月记为："以兵部侍郎于悰（琼）本官同平章事。"《新·懿宗纪》、《新·宰相年表》则记为咸通八年七月，甲子，"兵部侍郎、诸道盐铁转运使、驸马都尉于琼同中书门下平章事"；《通鉴》卷二五〇同。按《旧·懿宗纪》咸通八年，于三月记若干事，三月末最后一事为"以兵部员外郎于琼本官同平章事"，而三月后则缺四、五、六、七、八月，皆未有记，于琼任相当原即记于七月，因《旧唐书》本纪于晚唐时多有缺失，记于琼任相即误列于三月。

又《旧·懿宗纪》于此年（八年）三月又有两误，今一并考之：即此年三月记杨收罢相，"充浙江西道观察使"，未记日。实则杨收于咸通七年十月甲申罢相，出为宣歙观察使，见前杨收传。又《旧纪》记杨收为浙西观察使后，接云"以浙西观察使杜审权守尚书左仆射"，即意为杨收出任浙西，杜审权即离任。实则《新唐书·杜审权传》载，咸通十年庞勋于徐州兵乱，时任浙西节镇之杜审权与令狐绚、崔铉等联合供应唐军粮食，咸通十年九月，庞勋被破，杜审权则进封检校司空，入为尚书左仆射、襄阳郡公。《旧纪》此处则又将杜审权咸通十年事误移于八年。《旧纪》于咸通八年三月，一月之内即有三误，则研究晚唐史事，于《旧唐书》晚唐本纪，确应审慎检核。

于琮于咸通八年（867）七月入相，十一年（870）四月韦保衡由翰林学士承旨、兵部侍郎、驸马都尉入相（详见后韦保衡传），同在相位，即有利害冲突。《新传》记云："为韦保衡所构，检校司空、山南东道节度使，三贬韶州刺史。"诸史皆记于琮于咸通十三年（872）二月罢相，出为山南东道节度使，同年五月，又再贬为普王（懿宗子，后为僖宗）傅、分司东都，同时被贬者甚多，亦有其亲属者。《通鉴》卷二五二有详记，即；咸通十三年"二月丁巳，以兵部侍郎、同平章事于琮为山南东道节度使"；五月"丙子，贬山南东道节度使于琮为普王傅、分司。韦保衡谮之也"。以下具记被贬者十六人姓名，皆远贬于湖、岭之地。所贬人数之多，是宣、懿两朝所未有的，由此亦可见懿宗朝后期政局之混乱。所贬者，有现任翰林学士张裼，有曾任翰林学士严祁、李贶。

《通鉴》于咸通十三年五月记诸人被贬后，又于同月记："寻再贬琮韶州刺史"。《新传》记于琮贬韶州后，接云："保衡败，僖宗以太子少傅召，未几，复为山南节度使。"按懿宗于咸通十四年（873）七月卒，僖宗立，当时有多人告发韦保衡，遂于是年九月，使其罢相，贬贺州刺史；十一月，再贬崖州澄迈令，并令其自尽（详后韦保衡传）。《旧唐书》卷一九下《僖宗纪》咸通十四年九月，记韦保衡贬贺州刺史后，接云"以岳州刺史于琮为太子少傅"。此处记于琮曾为岳州刺史，当又误，因据前记述，于琮于咸通十三年五月贬韶州刺史，此后至咸通十四年九月，韦保衡居于相位，不可能使其量移为岳州刺史，且两《唐书》本传及《通鉴》亦皆未记其曾移于岳州者，《旧纪》此处当以"韶"讹为"岳"，又为一误。

《通鉴》卷二五二于乾符元年（874）正月记："以太子少傅于琮同平章事，充山南东道节度使。"《旧唐书·僖宗纪》记为咸通十四年十一月，亦有异。

《新传》后云："人拜尚书右仆射。"据两《唐书》本传及《通鉴》卷二五四，黄巢军于广明元年（880）十二月攻入长安，时于琮以病卧家，未及出奔，为所害。

于琮未有著作载记。

侯　备

侯备，两《唐书》无传，亦无一字提及者，其他史书及唐宋笔记等亦未有记，现所见者仅丁《记》及清劳格纂编《唐尚书省郎官石柱题名考》。《唐郎官考》卷四吏部员外郎、卷七司勋郎中，皆记有侯备，唯此二者，丁《记》亦皆有记，即侯备在院期间所具之官衔。

丁《记》为记述侯备事迹之唯一材料，如无丁《记》，则唐翰林学士即无侯备之名。丁《记》记为："咸通五年六月五日，自吏部员外郎赐绯充。其月八日，加司勋郎中充。九月五日，加知制诰。十二月二十六日，加承旨。六年二月二十三日，迁中书舍人，依前充。五月二十囗日，迁户部侍郎，依前知制诰充。九月十七日，加朝散大夫、兵部侍郎、知制诰充。七年三月九日，授河南尹，出院。"

按侯备于咸通五年（864）六月五日以吏部员外郎人，仅过三天，六月八日，即迁司勋郎中，则其任吏部员外郎当在人院前已累有年。又，侯备于咸通五年六月人，同年十二月二十六日，即以司勋郎中、知制诰加任承旨，入院后仅半年；按此前承旨者为路岩，路岩于该年十一月十九日拜相出院（见前路岩传，又书后"学士年表"）。此时在院中尚有三人，均早于侯备入院，且资历皆深，又如赵骘为驾部郎中、知制诰，独孤霖为库部郎中、知制诰，与侯备同阶，何以偏选侯备接任，未可知。

据丁《记》，侯备于咸通七年（866）三月九日，授河南尹出院。《唐刺史考全编》卷五〇都畿道河南府，即据丁《记》，系侯备于咸通七年为河南尹，别无其他史料。

侯备此后仕迹不详。

裴　璩

裴璩，两《唐书》无传。《新唐书》卷七一上《宰相世系表》一上，南来吴裴氏，有裴璩，记为："璩字挺秀，检校司空。"据《新表》，其兄珏，杭州刺史；弟瓒，字公器，刑部尚书、给事中；父克，河南府司录参军。此诸人，两《唐书》亦皆无传。

裴璩早期仕迹不详，所知者即自丁《记》起，丁《记》记为："咸通五年六月六日，自兵部员外郎入。六年正月九日，加户部郎中、知制诰充。五月九日，三殿召对赐紫。九月十七日，加朝散大夫、中书舍人充。八年正月二十七日，迁水部侍郎、知制诰，依前充。其年九月二十三日，除同州刺史。"

清劳格《唐尚书省郎官石柱题名考》卷一一户部郎中列有其名，即丁《记》于咸通六年（865）正月九日由兵部员外郎所迁，并加知制诰。又丁《记》记咸通八年（867）正月二十七日迁水部侍郎，据《旧唐书》卷四三《职官志》二，工部尚书，其属有四，即工部、屯田、虞部、水部，则此所谓水部侍郎，当即指工部侍郎。

裴璩在院，前后历四年。出院授同州刺史后，于懿宗朝仕迹，亦不详。现可知者，僖宗乾符前期，曾任镇海军节度使。《新唐书》卷九《僖宗纪》，乾符三年（876）七月，记"镇海军节度使裴璩及王郢战，败之"。《旧唐书》卷一九下《僖宗纪》未记。《通鉴》卷二五三则系此事于乾符四年（877）闰二月，谓："王郢横行浙西，镇海节度使裴璩严兵设备，不与之战，密招其党朱实降之。"后王郢"东至明州，甬桥镇遏使刘巨容以筒箭射杀之，余党皆平"。此前王郢主要作乱于浙东、闽北，乾符三年十一月尚在温州，请温州刺史鲁寔代为上奏求降，而乾符四年复"横行浙西"。由此，则当据《通鉴》，裴璩在镇海（浙西）战胜王郢，又使之退回浙东，当在乾符四年闰二月；《新唐书·僖宗纪》记于乾符三年七月，则当不确。

《通鉴》乾符五年（878）四月又记："曹师雄寇湖州，镇海节度使裴璩遣兵击破之。"[1]同年六月，"王仙芝余党剽掠浙西，朝廷以荆南节度使高骈先在天平有威名，仙芝党多郓人，乃徙骈为镇海节度使"。即于乾符五年六月，高骈接裴璩浙西（镇海军）任。

据此，裴璩当于乾符五年六月离浙西节镇任，返朝，后为尚书左仆射。广明元年（880）十二月，黄巢军攻占长安，僖宗出奔于川西成都；后中和三年（883）四月唐军收复长安，僖宗于光启元年（885）正月离成都返京。宋《益州名画录》卷上曾记，僖宗将离蜀时，命常重胤于成都中和院记叙随僖宗至蜀之文武臣僚，其中即记有尚书左仆射裴璩。又《新唐书》卷二二五下《黄巢传》，记僖宗返京后，"诏尚书右仆射裴璩修复宫省"。

裴璩后于昭宗时仍在仕。《旧唐书》卷二〇上《昭宗纪》，大顺元年（890），"三月丁亥朔，朱全忠上表：'关东藩镇，请除用朝廷名德为节度观察使。如藩臣固位不受代，臣请以兵诛之。如王徽、裴璩、孔晦、崔安潜等皆缙绅名族，践历素高，宜用为徐、郓、青、兖等道节度使。'从之。"则裴璩于此时尚有官位，且为朱全忠称为"朝廷名德"。但裴璩此后并未出任徐、郓等道节度使，经检核《唐刺史考全编》，此诸州，于昭宗朝皆未有裴璩之名。《旧纪》所云"从之"，当不确。

裴璩此后不详。

又，《北梦琐言》卷五《裴氏再行》条，记裴璩事，亦有误者，中云："唐裴司徒璩，性靳啬，廉问江西日，凡什器图障，皆新其制，闭屋缄贮，未尝施用，每有宴会，即于朝士家借之。"此云"廉问江西"，"江西"当为"浙西"之讹，因裴璩从未任江西观察使。《北梦琐言》又接云："在番禺时，钟爱一女，选荥阳郑进士以婿之。"则似裴璩于浙西任后又为广州刺史、岭南东道节度使，亦不合实。

裴璩未有著述载记。

注释

〔1〕《唐刺史考全编》卷一三七江南东道润州，亦引此，但记为五月，误。

郑　言

郑言，两《唐书》无传。《新唐书》卷七五上《宰相世系表》五上，记有郑言，但仅列其名，未记字号、官名。《新唐书》卷五八《艺文志》二，史部杂史类，著录郑言《平剡录》，记其字垂之。

清徐松《登科记考》卷二二系郑言于武宗会昌四年（844）进士及第，且为状元，所据为《唐才子传》之《赵嘏传》。《唐才子传校笺》卷七《赵嘏传》谭优学笺，[1]有考，可参。又，明徐应秋《玉芝堂谈荟》卷二《历代状元》，亦记会昌四年"进士二十五人，状元郑言"，可为佐证（按《玉芝堂谈荟》此处所记，孟二冬《登科记考补正》未引）。

如此，则郑言于会昌四年进士及第，后即于方镇节度幕府供职。昭宗时裴庭裕所著《东观奏记》，卷中有记："（郑）朗先为浙西观察使，（郑）言实居幕中。"据《唐刺史考全编》卷一三七江南东道润州，郑朗于宣宗大中元年至五年（847—851）为浙西观察使。据此，则郑言当于进士及第后，即于大中前期在浙西幕府。

按郑朗于大中元年任浙西观察使，大中五年转宣武（汴州）节度使，郑言当于郑朗离浙西任后，即入朝，在史馆任职。《旧唐书》卷一八下《宣宗纪》，大中七年（853），"十二月，尚书左仆射、门下侍郎、平章事、太清宫使、弘文馆大学士崔铉进《续会要》四十卷，修撰官杨绍复、崔瑑、薛逢、郑言等，赐物有差"。又《新唐书》卷五九《艺文志》三，子部类书类，著录《续会要》四十卷，亦云"崔铉监修"，撰者有杨绍复等九人，其中亦有郑言。由此，则郑言当于大中五年入朝，即在史馆供职，参预撰修《续会要》。

又郑言另有一部史书类著作，为懿宗咸通初作，名《平剡录》。《新唐书》卷五八《艺文志》二，史部杂史类，著录郑言《平剡录》一卷，云："裘甫事。言，字垂之，浙西观察使王式从事，咸通翰林学士、户部侍郎。"按裘甫于大中十三年（859）十二月起兵，攻占浙东。《通鉴》卷二五〇，咸通元年（860）二月，唐廷任王式为浙东观察使；四月，王式至浙东与裘甫战，六月，事平。《通鉴》记六月擒获裘甫并械送京师时，有《考异》，引及《平剡录》、《玉泉子闻见录》两书，皆详记王式率军平裘甫事。由此可知，郑言原在史馆，王式被任为浙东（按前所引述之《新唐书·艺文志》误记为浙西）观察使时，郑言受任为其从事，随赴浙东，事平后即作此《平剡录》。《通鉴·考异》所引，记事甚详，可见北宋尚存，但《郡斋读书志》、《直斋书录解题》未有著录，则南宋前期已不存，甚惜。

王式于咸通元年二月任浙东观察使，三年七月，改为徐州节度使（《通鉴》卷二五〇），郑言当于裘甫事平，撰《平剡录》，后即返朝。再过数年，即以驾部员外郎入为翰林学士。丁《记》记云：“咸通六年正月十日，自驾部员外郎入。四月十日，加礼部郎中、知制诰，依前充。其月十九日，中谢赐紫。八年十一月四日，迁工部侍郎、知制诰，并依前充。九年六月十八日，守户部侍郎，出院。”

由此，则入院前任驾部员外郎当已有数年，故入院后仅三月，即迁为礼部郎中，并兼知制诰。郑言入院前，已参预纂修官方史书（《续会要》），又以个人身份撰写当代史事（《平剡录》），这在懿宗朝翰林学士中是较为突出的。但在院前后历四年，无有所记。此后仕历不详。前所述《通鉴·考异》所引之《玉泉子闻见录》，曾谓郑言“虽骤历清显，而卒以丧明不复起”。[2]按《玉泉子》著者，无姓名可考，但当作于晚唐时，或稍后于郑言，对郑言有所见闻。此称郑言“卒以丧明不复起”，当为郑言出院后，阅书撰文过勤，丧明，即未有仕。

郑言未另有诗文传世。

注释

〔1〕《唐才子传校笺》卷七《赵嘏传》，第三册，中华书局，1990年。

〔2〕按上海古籍出版社编印之"唐五代笔记小说大观"（2000年），有《玉泉子》点校本（阳羡生点校），《通鉴·考异》所引者，未有辑录。

刘 瞻

刘瞻，两《唐书》有传，见《旧唐书》卷一七七、《新唐书》卷一八一。

《旧传》："刘瞻字几之，彭城人。"《新传》亦云字几之，并云："其先出彭城，后徙桂阳。"《通鉴》卷二五一咸通十年（869）六月记刘瞻以翰林学士承旨、户部侍郎入相时，亦云"瞻，桂州人也"。则其郡籍为彭城（今江苏徐州），后其先世徙桂州（今广西桂林）。

《旧传》云："祖升，父景。"《新唐书》卷七一上《宰相世系表》一上，彭城刘氏，亦记其祖名升，未注官职；父景，字司光，鄜坊从事。可见其家世微薄。关于刘景，两《唐书》未另有记，唐末佚名《玉泉子》则有一条详记，首云"刘瞻之先，寒士也"，后谓刘景十余岁时即在郑绹左右，"主笔砚"，郑绹为御史时，有一次"西巡荆部商山"，刘景随往，并于山水驿亭间题诗，郑绹甚赏之。按郑绹为德宗时翰林学士，后于宪宗时擢迁为相（见前德宗朝郑绹传）。又《北梦琐言》卷三亦称刘景曾为郑绹"掌笺札，因题商山驿侧泉石，荥阳奇之，勉以进修"；后郑绹任相时，乃举荐其"擢进士第，历台省"。可见刘景甚有文采，惜两《唐书》未有记叙。

《旧传》谓刘瞻"大中初进士擢第；四年，又登博学宏词科"。清徐松《登科记考》卷二二即据此系刘瞻于宣宗大中元年（847）进士及第。

《旧传》记其登博学宏词后，接云"历佐使府"，未具述。《新传》记为："徐商辟署盐铁府，累迁太常博士。"据《旧唐书》卷一七九《徐彦若传》，徐彦若父徐商，"咸通初加刑部尚书，充诸道盐铁转运使"，《新唐书》卷一一三《徐商传》略同。由此，则刘瞻当于咸通初在盐铁府署供职，后迁为与左右补阙、殿中侍御史同阶（从七品上）之太常博士，并即以太常博士入为翰林学士。

丁《记》记刘瞻于咸通年间曾先后两次入院，云："咸通六年十月八日，自太常博士入。其月二十六日，加工部员外郎，依前充。七年三月九日，授太原少尹，出院。""咸通八年十一月二十二日，自颍州刺史不赴任，再入，召对。二十六日，三殿召对赐紫。九年五月二十六日，拜中书舍人，依前充。九月十二日，迁户部侍郎、知制诰、承旨。十月十七日，以本官同中书门下平章事。"

关于刘瞻此次之入为翰林学士，《旧传》云："刘瑑作相，以宗人遇之，荐为翰林学士。"《新传》亦云："刘瑑执政，荐为翰林学士。"即刘瞻之入，乃出于时为宰相刘瑑之举荐。于此，岑氏《注补》据《新唐书·宣宗纪》及《宰相年表》，并引钱大昕《纠谬案语》，谓两《唐书·刘瞻传》所记有误。按据《新唐书·宰相年表》，大中十二年（858）正月戊戌，刘瑑任相，而于同年五月即病卒。《新唐书》卷八《宣宗纪》同。而刘瞻入为翰林学士乃在咸通六年（865），已在刘瑑任相及卒之后七、八年，两《唐书》本传竟有如此显误，真使人诧异。又岑氏《注补》未及者，尚有《通鉴》卷二五一咸通十年六月记刘瞻任相，有《考异》，引《玉泉子闻见录》，谓刘瞻以宦官杨玄翼权重，"可倚以图事"，遂予以交结，"每玄翼归第，瞻辄候之，由是日加亲热，遂许以内廷之拜"，即刘瞻之入为翰林学士，乃出于宦者之力。《通鉴·考异》则以为"瞻素有清节，必不至如《玉泉子》所云"。可见稗史小说亦间有揣测，司马光于《通鉴·考异》多有辨析者。

《新传》记刘瞻在院官阶迁转，极简，仅云"拜中书舍人，进承旨"，未记两次入院事。《旧传》所记，则又有误，其记第一次在院事，谓："转员外、郎中，正拜中书舍人、户部侍郎、承旨，出为太原尹、河东节度使。"而据丁《记》，其由太常博士转为工部员外郎，确在第一次在院期间（咸通六年十月二十六日），而转郎中、中书舍人、户部侍郎、承旨，均在第二次，即咸通九年，至于所谓出为太原尹，更误（详后）。

关于刘瞻第一次出院，丁《记》记为："（咸通）七年三月九日，授太原少尹，出院。"《旧传》却云"出为太原尹、河东节度使"。关于此，岑氏《注补》曾引《通鉴·考异》、钱大昕《纠谬案语》、劳格《读书杂识》，有辨，但文意似不清，今再考述之。按据《旧唐书·懿宗纪》，郑从谠于咸通七年三月以吏部侍郎出为太原尹、河东节度使，正与丁《记》记刘瞻于咸通七年三月九日出院为太原少尹，时合，可见此时郑从谠出任太原尹、河东节度使，刘瞻为太原少尹（副职）。按郑从谠于咸通七年三月出任太原尹，十年十二月召还朝，又见《旧唐书》卷一五八、《新唐书》卷一六五《郑从谠传》。

又《北梦琐言》亦有记，卷三《河中饯刘相瞻》条，有云："尔后授河中少尹，幕僚有贵族浮薄者蔑视之。一旦有命徵入，蒲尹张筵而祖之。"清劳格《读书杂识》卷一亦曾引及，谓"与《壁记》大致略同"，以证刘瞻确为少尹，岑氏《注补》即谓"劳说最为得之"。但《北梦琐言》此处所记，为河中少尹，非河东，并言刘瞻返朝时，蒲州之尹特设筵饯送。按蒲州于天宝元年曾改为河东郡，乾元三年又改为河中府，蒲州即河中府治，此后均将蒲州河中府与太原河东府分记，《北梦琐言》此处谓刘瞻出为河中少尹，亦误。

关于刘瞻第二次入院，两《唐书》所记又有误。《旧传》云："入拜京兆尹，复为户部侍郎、翰林学士。"按据丁《记》，刘瞻于咸通七年三月出任太原少尹后，又于咸通八年十一月，本已转任颍州刺史，但未赴任，又再召为翰林学士。《旧传》此处则谓先召为京兆尹，后再入任翰林学士，实则此时在京兆尹任者正有人，为温璋（据《唐刺史考全编》卷二京畿道京兆府，为咸通七年至十一年）。此为《旧传》一误。其二误，有云"复为户部侍郎、翰林学士"，即谓任京兆尹后，又改为户部侍郎，并以户部侍郎入院。实则据丁《记》，刘瞻第二次入院，为咸通八年十一月二十二日，至九年五月二十六日，为中书舍人，又于同年九月十二日，再迁为户部侍郎，并加知制诰，承旨。《旧传》记刘瞻入任翰林学士，竟有好几处显误，极为少见，也是当今重新整理、校订两《唐书》所必须认真关注的。

不过丁《记》记刘瞻第二次入院，亦有缺失。一、记其入院，仅云"自颍州刺史不赴任，再入，召对"，未记所具之官衔。按例，应记为"自……入"，不能以颍州刺史为官衔，此当为缺记。二、记其出院，云"十月十七日，以本官同中书门下平章事"，而此前为咸通九年九月十二日迁户部侍郎、知制诰、承旨，则此"十月十七日"即亦为咸通九年。而据《新唐书·宰相年表》，咸通十年六月癸卯，徐商罢相出为荆南节度使，同日，"翰林学士承旨、户部侍郎刘瞻本官同中书门下平章事"。《新唐书·懿宗纪》、《通鉴》卷二五九均同。清劳格《读书杂识》已注意于此，并谓咸通十年六月癸卯，为十七日。如此，则丁《记》之"十月十七日"，"十七日"未误，而"十月"当为"十年六月"，当于传抄时，"十"字下缺"年六"二字，原壁记著录时并不误。

又《旧唐书·懿宗纪》记刘瞻出院、任相之时亦又有误，其于咸通十年正月，记为"以翰林学士、户部侍郎刘瞻守本官同平章事"，同月又记徐商罢相出为荆南节度使。则以六月之事误记于正月，又为显误。

以上是考索两《唐书》纪、传等记事之误，现再另述他事。刘瞻在院期间撰有一文，值得一提，即《全唐文》卷七四七所载之《唐故内庄宅使银青光禄大夫行内侍省内侍员外置同正员上柱国彭城县开国子食邑五百户赐紫金鱼袋赠左监门卫大将军刘公墓志铭并序》。《金石萃编》卷一一七亦著录此文，署为"翰林承旨学士将仕郎守尚书户部侍郎知制诰赐紫金鱼袋刘瞻撰"。志中记此刘公（遵礼）于咸通九年六月十四日卒，十一月八日葬。此时刘瞻确在院，为户部侍郎、承旨，与丁《记》合，由此亦可见丁《记》之史料原始性。又此刘遵礼为宦官，多次为外州监军使，在宫中为内庄宅使。文中云："瞻叨职内廷，特承宗顾，刊刻期于不朽，叙述固以无私。"当亦为应命而作，唐翰林学士在职期间有应皇上之命而为宦官撰作碑志者。不过刘瞻此数句云，虽墓志之主与其同姓，"特承宗顾"，即选其与同姓作志，但记述是着意于"无私"的。

刘瞻于咸通十年六月入相，仅年余，即被贬。《旧传》记云："（咸通）十一年八月，同昌公主薨，懿宗尤嗟惜之。以翰林医官韩宗召、康仲殷等用药无效，收之下狱。两家宗族，枝蔓尽捕三百余人，狴牢皆满。瞻召谏官令上疏，无敢极言，瞻自上疏曰……帝阅疏大怒，即日罢瞻相位，检校刑部尚书、同平章事、江陵尹、充荆南节度等使。再贬康州刺史，量移虢州刺史。"《新传》亦记此，唯加云"路岩、韦保衡从为恶言闻帝"。按同昌公主为懿宗之女，咸通十年正月，懿宗以同昌公主嫁与韦保衡，韦保衡后即以驸马都尉入为翰林学士，并于十一年四月擢迁为相。则同昌公主于是年八月卒，懿宗固因之重罚翰林医官，但刘瞻及其他朝臣之贬，当出于韦保衡之谋。《通鉴》卷二五二有详记，记刘瞻上疏谏议，时京兆尹温璋也"力谏于上前"，温璋也贬为振州司马。《通鉴》同月记又贬右谏议大夫高湘等，"为韦保衡所逐也"。韦保衡又与同在相位的路岩共谋，《通鉴》记："路岩素与刘瞻论议多不叶，瞻既贬康州，岩犹不快，阅《十道图》，以骧州去长安万里，再贬骧州司户。"由此亦可见路岩之为人，路岩为相时，亦多为人所讥者（见前路岩传）。懿宗后期，政局确甚混乱，朝中任职者多因人事纠纷而受累贬责者。

刘瞻此次罢相外出，《剧谈录》卷下有记云："及出镇荆南，朝野无不婉惜，都城士庶以少及长，闻之俱为涕泣。"可见当时长安民间对刘瞻之不幸遭遇深为伤感。

关于刘瞻此次之贬地，两《唐书》本传所记互异。《旧传》记罢相出任江陵尹、荆南节度使后，"再贬康州刺史，量移虢州刺史"。《新传》记先出为荆南节度使，后路岩、韦保衡再"为恶言闻帝"，即"俄斥廉州刺史"，而路岩又按图视察地理，以骧州更远，即再贬为骧州司户参军；至僖宗即位，才量移，徙为康、虢二州刺史。即康、虢二州之任，非懿宗朝所贬，乃僖宗之后量移，而刘瞻实际所贬，则为骧州司户参军，此为《旧传》未记。似以《新传》所记为切。

《旧传》记刘瞻"量移虢州刺史"后，即云"入朝为太子宾客、分司"，后未记。《新传》："僖宗立，徙康、虢二州刺史，以刑部尚书召，复以中书侍郎平章事，居位三月卒。"则召还后又迁为相。《通鉴》卷二五二有具记，僖宗乾符元年

(874) 二月，"以虢州刺史刘瞻为刑部尚书。瞻之贬也，人无贤愚，莫不痛惜。及其还也，长安两市人率钱雇百戏迎之。瞻闻之，改期，由他道而入"。后于五月，时居相位的裴坦卒，即"以刘瞻为中书侍郎、同平章事"。

《新唐书·宰相年表》亦记，乾符元年五月乙未，裴坦卒，刘瞻以刑部尚书为相，但同年八月辛未，刘瞻又卒。《新唐书·僖宗纪》同。《通鉴》对刘瞻此次之卒，有一新说，记为："初，瞻南迁，刘邺附于韦、路，共短之，及瞻还为相，邺内惧。秋八月丁巳朔，邺延瞻置酒于盐铁院（元胡三省注：刘邺以盐铁转运使为相，故延刘瞻宴于盐铁院）。瞻归而遇疾，辛未薨，时人皆以为邺鸩之也。"则刘瞻之卒，乃刘邺为之毒害，实无据。刘邺为人亦正直，咸通十一年刘瞻被贬，刘邺并未参与（参见前刘邺传）。

刘瞻所作，仅见于《全唐文》卷七四七所载文两篇（前已述），其他皆无。

李 骘

李骘，两《唐书》无传。清劳格《唐尚书省郎官石柱题名考》卷二二祠部员外郎李骘，所辑资料，有《新唐书·宰相世系表》所记吏部员外郎李华子骘，又有崔嘏《授李骘祠部员外郎制》、丁《记》，及李骘所作《题惠山寺诗序》，即以《新表》之李骘与丁《记》之咸通时翰林学士李骘为同一人。岑氏《注补》有考，谓时代不合，非同一人，是。按《新唐书》卷七二上《宰相世系表》二上，赵郡李氏东祖房，记李骘之父李华（字遐叔），弟肇（大理评事）。《旧唐书》卷一九〇下、《新唐书》卷二〇三皆有《李华传》，字遐叔，即与

《新表》之李华为同一人。据两《唐书》本传，李华为玄宗、肃宗时古文名家，《新传》称其"大历初卒"。按大历元年为公元766年，而据丁《记》，李骘于咸通七年入为翰林学士，咸通七年为866年，即距李华卒已百周岁。又《新表》记李骘为李肇兄，李肇为宪宗时翰林学士（见前宪宗朝李肇传），而此李骘则为晚唐懿宗时翰林学士。由此可以确定，咸通时翰林学士李骘，与《新表》所记李华子、李肇兄之李骘，非同一人。劳格《唐郎官考》仅汇辑材料，但未有辨。[1]

今按周绍良纂编《唐代墓志汇编》乾符〇二〇（页2487），[2]有崔晔所撰《亡室姑臧李氏墓志铭并序》，记其亡室（亡妻）李氏卒于乾符三年（876）七月九日，中云："显考骘，自中书舍人、翰林学士出拜江西观察使，薨于位，赠工部尚书。"则此李氏确与李骘同时，其父李骘即咸通年间之翰林学士。此出土墓志为研究李骘提供极有价值之资料，既可辨正《新表》之李骘，又可纠正丁《记》所记李骘后出院为浙西观察使之讹（详后）。

《李氏志》称其先世为陇西成纪人。《元和郡县图志》卷三九陇右道秦州，有成纪县（今甘肃静宁县）。由此亦可证与《新纪》所记赵郡李氏之李华，非同一宗族。《李氏志》又记李骘祖名侨，官终相州成安令；父名应，官终岳州巴陵令，更可确证与《新表》所记李华子李骘非同一人。

李骘于懿宗咸通七年（866）三月入为翰林学士，今辑有关史料，考察其前期事迹。

《全唐文》卷七二四李骘《题惠山寺诗序》，有云："大和五年四月，予自江东将西归涔阳，路出锡邑，因肄业于惠山寺。居三岁，其所讽念《左氏春秋》、《诗》、《易》及司马迁、班固《史》，屈原《离骚》，庄周、韩非书记，及著歌诗数百篇，其诗凡言山中事者，悉记之于屋壁，文则不载。"涔阳，在今湖北公安县南，锡邑当为当时之无锡县（即今江苏无锡）。由此可知，文宗大和五年（831）四月，李骘自江东西归浔阳。按据前《李氏志》，其父官终岳州巴陵令，巴陵在今湖南岳阳，与湖北公安相近，可能其家后即移居浔阳，故李骘称"归浔阳"。由此文则可知，李骘于大和五年四月由江东西归浔阳，途经无锡，又居于惠山寺，读书作文，历三年，除广读经史诸子等书，还着意于撰作诗文，其诗竟有三百篇，凡述及山中诸事者，即书之于屋壁。《全唐诗》卷六〇七即载有李骘《慧（惠）山寺肄业送怀坦上人》、《读惠山若冰师集因题故院三首》、《自惠山至吴下寄酬南徐从事》，甚有诗意，亦可见其早年之文采。此亦提供唐人有关文学与交通颇有参研价值的材料（可参李德辉《唐代交通与文学》）。[3]由此可知，文宗大和时，李骘尚年轻，肄业读书，未入仕。

《全唐文》卷七二四又载李骘《为江陵镇李石贺崔铉笺》。据《旧唐书·文宗纪》，李石于文宗开成三年（838）正月为荆南节度使；又《旧唐书·武宗纪》，会昌三年（843）十月，李石由荆南改为太原尹、河东节度使。则此一时期李骘在李石荆南（江陵）节度幕府。关于贺崔铉笺，宋王谠《唐语林》卷四有记，云："崔魏公铉与江西李侍郎骘同在李相石襄阳幕中。铉自下追入，不二年拜丞相，骘时在幕，为李相草贺书曰：'宾筵初启，曾陪樽俎之欢；将幕未移，已在陶钧之下。'""宾筵初启"四句，即见于《全唐文》所载之贺笺中。[4]《新唐书》卷一六〇《崔铉传》亦记崔铉进士及第后，"从李石荆南为宾佐"。又《新唐书·宰相年表》，记会昌三年五月，崔铉由翰林承旨入相；又李石于会昌三年十月由荆南改河东，则李骘此启当即作于会昌三年五、六月间。

由此，李石于会昌三年十月改任，李骘当亦于此时离荆南幕府，入朝。《全唐文》卷七二六载有崔嘏《授李骘祠部员外郎等制》。按崔龈于会昌后期至大中初任考功郎中、知制诰及中书舍人，[5]此制当作于会昌后期。制中云"自藩方而升粉署"，即称李骘乃由节镇幕府而入尚书郎署供职。李骘当由荆南节镇返朝，于会昌后期仕为祠部员外郎。《唐尚书省郎官石柱题名考》卷二二祠部员外郎即有李骘，在封敖等后，杜宣猷、张彦远前（张彦远于大中初为祠外，见《旧唐书·张彦远传》），亦可参证其任祠部员外郎在会昌后期。

《全唐文》卷七二四又载李骘《徐襄州碑》。徐襄州为徐商，徐商为武宗朝翰林学士，宣宗大中十年（856）为襄州刺史、山南东道节度使，十四年（亦咸通元年，860），入为御史大夫、刑部尚书，充诸道盐铁转运使（见前武宗朝徐商传）。《徐襄州碑》记徐商于大中十四年自襄州返朝，咸通五年（864）为御史大夫时，襄州军民向朝廷上言，请记述徐商在襄之政绩，刻于碑石，《碑》云："于是天子嘉公之勤，诏可其奏。明年二月，襄之父老请词于公之旧军副使、太常少卿、弘文馆学士李骘"，李骘即为作此《徐襄州碑》。由此可见，李骘于宣宗大中后期又在徐商幕，为节度副使，咸通初返朝，咸通五、六年间已为太常少卿、弘文馆学士。徐商在山南东道节度使任时，召聘不少文士，互相唱和，形成当时颇有特色的地方作家文学群体（见前徐商传）。《徐襄州碑》详记徐商在襄州的政绩，又详记山南东道水利、驿站之设施，对唐代交通研究颇有参考价值。

李骘作此碑文后，第二年，即入为翰林学士。丁《记》记云："咸通七年三月二十四日，自太常少卿、弘文馆直学士入。二十七日，加知制诰。七月，迁中书舍人。十月二十五日，三殿召对赐绯。九年五月十六日，除浙西观察使。"丁《记》记其入院时，称"弘文馆直学士"，而前所引述之《徐襄州碑》，李骘自述，为"太常少卿、弘文馆学士"。岑氏

《注补》即谓："常少，正四品上，依《（唐）会要》六四，长庆三年七月，弘文馆奏请准集贤、史馆元和中定例，其登朝五品以上充学士，六品以下充直学士，是骘之结衔，应如称学士，本记'直学士'之'直'衍。"岑说是。

丁《记》另一处须改正者，为记出院"除浙西观察使"。实则杜审权于咸通四年至十年皆在浙西观察使任（参见《唐刺史考全编》卷一三七江南东道润州）。前所引述之李骘《题惠山寺诗序》，文后自署："咸通十年二月一日，江南西道都团练观察处置等使、中散大夫、检校左散骑常侍使持节都督洪州诸军事兼洪州刺史、御史中丞、上柱国、赐紫金鱼袋李骘题记"。又《全唐文》卷八一七黄璞《王郎中传》云："李公骘时擅重名，自内翰林出为江西观察使，辟为团练判官。"可见丁《记》之"浙西"，应为"江西"，可能原壁录所记未有误，后传抄时笔误。

又前所引述之《李氏志》，称："显考骘，自中书舍人、翰林学士出拜江西观察使，薨于位，赠工部尚书。"则李骘于咸通九年五月出为江西观察使（治洪州），后即卒于任。

李骘在江西任时，值得一提的，是晚唐诗人许棠有诗进献：《陈情献江西李常侍五首》（《全唐诗》卷六〇三）。诗题称"李常侍"，即李骘《题惠山寺诗序》中自署之"检校左散骑常侍"。左散骑常侍虽为文散官，但为正三品，官阶高于州刺史，故许棠特称其为"常侍"。按许棠于咸通时已以诗著称，为"咸通十哲"之一（见《唐摭言》卷十《海叙不遇》条），与当时诗人多有交往，但久困科场，于咸通十二年进士及第（《登科记考》卷二三），年已五十（《唐才子传》卷九）。其《陈情献江西李常侍五首》之四，有云："春闱久已滞，秋赋又逢停。选士疑长阻，伤时自不宁。"按《旧唐书》卷一九上《懿宗纪》，咸通十年十二月，"诏以兵戈才罢，且务抚宁，其礼部贡举，宜权停一年。"即此时下诏，明年（咸通十一年）停试。故许棠谓，年初春试久已困落，此次因第二年停试，则秋季报到、行卷等亦停，甚感"伤时自不宁"。许棠此诗当即作于咸通十一年春（诗中有"始见红叶落，又闻黄鸟啼"之句），望明年举试，能有名人推荐，故特献诗五首。由此可见李骘当时也为文士仰望，并可佐证他于咸通十一年春尚在江西任。当不久即卒。

李骘诗文，载于《全唐诗》卷六〇七，《全唐文》卷七二四者，已见前述。《新唐书·艺文志》未有著录。

注释

〔1〕赵超《新唐书宰相世系表集校》（中华书局，1998年），于此未有校考。

〔2〕周绍良编纂《唐代墓志汇编》，上海古籍出版社，1992年。

〔3〕李德辉《唐代交通与文学》，上海古籍出版社，2001年。

〔4〕周勋初《唐语林校证》（中华书局，1987），谓此条不知原出何书。按《唐摭言》卷一五《杂记》，有云："李石相公镇荆，崔魏公在宾席；未几公擢拜翰林，明年登相位，时石犹在镇，故贺书云：'宾筵初起，曾陪罇俎之欢；将幕未移，已在陶钧之下。'此李骘之词也，时为节度巡官。"《唐语林》或即以此为参据。又，《唐语林》有谓崔铉、李骘"同在李相石襄阳幕中"，误。襄阳为山南东道节度治所，非在荆南，荆南治所在江陵。

〔5〕关于崔龟任考功郎中、知制诰及中书舍人年期，可参傅璇琮《李德裕年谱》，河北教育出版社，2001年修订新版。

卢 深

卢深，两《唐书》无传，书中无一字提及。清劳格《唐尚书省郎官石柱题名考》卷一一户部郎中，列有卢深，其所辑引材料，亦即丁《记》，卢深在院期间，即曾具户部郎中衔。

卢深事迹记载，除丁《记》外，可知者为明徐应秋《玉芝堂谈荟》卷二《历代状元》所记："宣宗大中元年进士二十二人，状元卢深。"而清徐松《登科记考》卷二二却系于大中二年。孟二冬《登科记考补正》卷二二，即据《玉芝堂谈荟》及陈尚君《登科记考补》，系于大中元年（847）。同年登第者刘瞻，亦较卢深早一年（咸通六年）入为翰林学士者。

丁《记》记卢深入院事，为："咸通七年三月三十日，自起居郎入。七月一日，加兵部员外郎充。十月二十五日，三殿召对赐绯。八年正月二十四日，加知制诰。其年八月八日，召对赐紫。十月十一日，加户部郎中、知制诰，依前充。九年十月二十六日，拜中书舍人，依前充。十年十一月十一日，迁户部侍郎，依前知制诰。其年十二月卒官，赠户部尚书。"

在院前后历有四年，无有他记，限于史料，也未能对丁《记》所记有所参辨。如无丁《记》，唐翰林学士也未有卢深之名。

崔 珮

崔珮，两《唐书》无专传，仅附见于《旧唐书》卷一五五、《新唐书》卷一六三《崔邠传》。《旧传》记崔邠有弟都、郾、郸等六人，并记郾"子瑶、璩、瑾、珮、璆"，又云"璩、珮、璆官至郎署给谏"，仅此一句，即崔珮为崔郾子。按崔郾为敬宗朝翰林侍讲学士，见前传。《新传》亦记崔珮为郾子。

另《新唐书》卷七二下《宰相世系表》二下，所记稍有异。《新表》记崔珮，云："字声谏。"两《唐书》传则未记其字号者。又《新表》记崔郾之子为瑀、瑶、瑾、璆，郜之子为琢、瑄、琛、珮、琪，则崔珮为崔郜子，非崔郾子，与两《唐书》传异。因无其他佐证，故未能定。

清劳格《唐尚书省郎官石柱题名考》卷九考功郎中列有崔珮，考功郎中亦为崔珮在院时所带之官衔。

崔珮事迹，主要即为丁《记》所记，为："咸通八年十月二十三日，自监察御史入。二十五日，守本官充。九年正月二十一日，赐绯。七月二十一日，加工部员外郎，依前充。十二月七日，赐紫。十年三月十三日，改考功郎中，出院。"

按丁《记》记其自监察御史入，而仅二日（二十五日），又谓"守本官充"，文意不明。岑氏《注补》有释，云："岂珮本检校监察，既入内署，乃改真除，故曰'守本官充'欤？"岑氏仅为揣测，可备参。但也可有另一解释，即崔珮先已任监察御史，咸通八年（867）十月二十三日，先召其入，可能按制例，先进行考试；后经测试通过，历二天，于此月二十五日，即正式任为翰林学士，唯仍具监察御史官衔，故云"守本官充"。"充"，有正式任命之意。这样解释，似较合情理。

崔珮在院，前后经历三年，无有所记。出院后仕迹亦不详，甚惜。

郑 畋

郑畋，两《唐书》有传，见《旧唐书》卷一七八、《新唐书》卷一八五。

两《唐书》记其事颇详，文亦甚繁，但多叙其于僖宗朝任相时政迹，唯其间有误，前人已有指正者。当代研究者于郑畋事迹亦有考，如《唐研究》第三卷（北京大学出版社，1997 年 12 月出版，荣新江主编），刊有陈明光《郑畋宦绩考论》，主要考辨郑畋后期即僖宗朝之仕迹，对其任翰林学士及有关活动，则未有论及。为避免重复，并依据本书体例，本传主要为记述、考论其任翰林学士之先后及业绩。

《旧传》："郑畋字台文，荥阳人也。"《新唐书》卷七五上《宰相世系表》五上，亦称荥阳郑氏。荥阳，即今河南荥阳。其父郑亚，曾在李德裕浙西幕府，李德裕于武宗会昌时为相，郑亚也在朝，累迁为谏议大夫、给事中；宣宗立，李德裕贬责，郑亚也受累外出，终贬循州刺史，卒于任（郑亚事，及与李德裕关系，可参傅璇琮《李德裕年谱》）。郑畋早期也受此影响，长期不得顺仕。

《旧传》载其在翰林学士任期以户部郎中加知制诰时，曾上奏自陈，有云："臣会昌二年进士及第。"清徐松《登科记考》卷二二即据此系郑畋于武宗会昌二年（842）进士及第；《旧传》又载其授官自陈（即《全唐文》卷七六七郑畋《擢官自陈表》），有云"臣年十八登进士及第"。据此推测，则当生于敬宗宝历元年（842）。晚唐时能以未冠及第，确极少见，亦可见其早有文采。

据两《唐书》本传，郑畋进士及第后，释褐后供职于汴宋幕府，为节度推官，检校秘书省校书郎。会昌六年（846），年二十二岁时，书判拔萃登科，授渭南县尉。《新传》云："以书判拔萃擢渭南尉，父丧免。"按郑亚于大中二年二月贬循州刺史，旋卒，故郑畋守丧，免渭南尉任。此后，即长期不得仕。《旧传》有云："大中朝，白敏中、令狐绹相继秉政十余年，素与德裕相恶，凡德裕亲旧多废斥之，畋久不偕于士伍。"后懿宗即位，郑畋仕迹则有所变化。《旧传》接云："咸通中，令狐绹出镇，刘瞻镇北门，辟为从事。入朝为虞部员外郎。右丞郑薰，令狐之党也，摭畋旧事覆奏，不放入省，畋复出为从事。五年，人为刑部员外郎，转万年令。"按懿宗于大中十三年（872）八月立，同年十二月，即出令狐绹为河中节度使，《旧传》此处称令狐绹于"咸通中"出镇，不确。不过此为小异，其显误者为所谓"刘瞻镇北门，辟为从事"。按刘瞻于咸通六年（865）入为翰林学士，七年（866）三月出为太原少尹（见前刘瞻传），而《旧传》却叙郑畋于咸通五年为刑部员外郎前曾应刘瞻之辟，为河东府（太原）从事，于时不合。今检《旧唐书·懿宗纪》，《旧传》此处所记之"刘瞻"，当为"刘潼"之误。

《旧唐书·懿宗纪》咸通四年（863）正月记，刘潼由昭义节度使转为太原尹、河东节度使。刘潼，《新唐书》卷一四九附见于《刘晏传》，亦记有"拜昭义节度使，徙河东"。据《新·刘晏传》，刘潼为刘暹孙，暹为刘晏兄；刘晏有子宗经，宗经子濛，会昌初任给事中，"以材为宰相李德裕所知"，而"宣宗立，德裕得罪，濛贬朗州刺史"。据此，则刘潼与刘濛为同祖兄弟，刘濛既原为李德裕所知，后又受累出贬，郑畋之父郑亚也受累贬官，郑畋本人也长期为人所抑，则刘潼出镇河东，即辟郑畋入其幕府。则《旧传》所云"刘瞻镇北门"，此"刘瞻"当为"刘潼"之误。刘潼既于咸通四年正月为太原尹、河东节度使，郑畋在其幕府供职，后入朝，咸通五年为刑部员外郎，亦与时合。且刘瞻之在河东，为太原少尹，为副职（参见前刘瞻传），亦未能称"镇北门"，刘潼则可云"镇北门"。又关于此事，前所提及的《郑畋宦迹考》未有论及。

据《旧传》，郑畋于咸通五年（864）入为刑部员外郎，转万年县令，后即以万年令入为翰林学士。但《旧传》谓郑畋此次入院，又因刘瞻之荐，则又为一显误。

《旧传》云："九年，刘瞻作相，荐为翰林学士。"按据丁《记》，郑畋确于咸通九年（868）五月入，而此时刘瞻亦为翰林学士，在院，至十年（869）六月才由翰林学士擢迁为相。[1]即刘瞻入相前一年，郑畋已入为翰林学士。《旧传》此处，既误记刘瞻作相之时间，又误以刘瞻为相才举荐其入院。

丁《记》记云："咸通九年五月二十日，自万年令入。二十四日，改户部郎中充。八月十一日，守本官、知制诰，依前充。"可以注意的是，郑畋刚入院，还未加知制诰，即已撰制文。《文苑英华》卷四五七"翰林制诏"，载有郑畋二文：《授武臣邠宁节度使制》、《授李师望定边军节度使制》（又载于《全唐文》卷七六七）。按《通鉴》卷二五一咸通九年六月，记凤翔少尹李师望曾上言议边事，"朝廷以为信然"，即授李师望为定边军节度使（又见《新唐书》卷二二二中《南蛮中·南诏传》下）。郑畋《授李师望定边军节度使制》，即先称其为凤翔少尹，与《通鉴》所记合。由此，则此制为咸通九年六月作，郑畋入院刚一月，尚未加知制诰。可见晚唐时翰林学士入院后虽未加知制诰，仍可草撰制诰，此类情况值得探索。又，郑畋生于敬宗宝历元年（842），则咸通九年（868）入院，仅二十七岁，恐亦为有唐一代入院翰林学士年龄最轻者。

丁《记》记其于咸通九年八月以兵部郎中知制诰后，接云："十年六月四日，迁中书舍人，依前充。其年十一月十一日，迁户部侍郎。十一年四月二十六日，加承旨。"按，咸通九年起，徐州及江淮一带即发生庞勋兵乱，对当时政治、经济影响极大，这也使翰林学士撰制职责加重。《旧传》记云："俄迁中书舍人。十年，王师讨徐方，禁庭书诏旁午，敏洒翰泉涌，动无滞思，言皆破的，同僚阁笔推之。寻迁户部侍郎。庞勋平，以本官充承旨。"《新传》亦记云："会讨徐州贼庞勋，书诏纷委，敏思不淹晷，成文粲然，无不切机要，当时推之。"按咸通十年（869），在院之学士，前后有十人（参书后"学士年表"），人数之多，在晚唐时也较为突出，而郑畋在此期间，则以撰写制文"洒翰泉涌"，"成文粲然"，为"当时推之"，堪可注意。咸通十年，郑畋亦仅二十八岁，未至三十，当亦与年富力强有关。如前所引述之《授李师望定边军节度使制》，近五百字，其篇幅于晚唐时也极少见（一般类似之授节镇制文，仅二、三百字）。不过郑畋于此期间所撰制文虽繁多，但后所传存者仅数篇（见《全唐文》卷七六七）。唯《新唐书》卷六〇《艺文志》四，集部别集类，著录郑畋所作，有：《玉堂集》五卷，《凤池藁草》三十卷，《续凤池藁草》三十卷。就书名而言，当为在院时所草制诏后编成集的，其《藁草》前后共六十卷，也是晚唐时极少见的。

又，郑畋另有十二篇诗，抒写在院值班时情景，也是懿宗朝翰林学士所未有的。现录其诗题（《全唐诗》卷五五七），供参研：《中秋月值禁苑》，《五月一日紫宸候对时属禁直穿内而行因书六韵》（有云："朱夏五更后，步廊三里余。有人从翰苑，穿入内中书。"），《初秋寓直三首》，《夜禁又作》，《杪秋夜直》，《禁直寄崔员外》，《闻号》，《禁直和人饮酒》，《下直早出》，《金銮坡上南望》（有云："极眼向南无限地，绿烟深处认中书。"）。这对了解、研究当时翰林学士处境、心情，很有参考价值。

郑畋还与在院同僚有文字交往，如《酬隐珪舍人寄红烛》："蜜炬殷红画不如，且将归去照吾庐。今来併得三般事，灵运诗篇逸少书。"此隐珪为韦蟾，《唐诗纪事》卷五八韦蟾条，称其字隐珪。韦蟾于咸通十年六月入院，同年十一月十一日，由户部郎中、知制诰迁中书舍人，十二年正月二十六日，迁工部侍郎、知制诰（见丁《记》）。郑畋诗题称其舍人，当作于咸通十年、十一年间（知制诰亦可称舍人）。诗中所云"三般事"，即韦蟾赠以红烛并诗，及郑畋所作答诗。这也是当时翰林学士交友之情谊，在懿宗朝也非常见。惜韦蟾原诗未见（韦蟾有诗载《全唐诗》卷五六六）。

丁《记》记郑畋出院，为："（十一年）九月二十七日，授梧州刺史。"此事，两《唐书》本传有记，《旧传》："其年八月，刘瞻以谏囚医工宗族罢相，出为荆南节度使，畋草制过为美词，懿宗省之甚怒"，遂贬为梧州刺史。《新传》亦记为"畋草制书多褒言"，但云"韦保衡等怨之，以为附下罔上，贬梧州刺史"。关于刘瞻被贬事，详见前刘瞻传。据《通鉴》（卷二五二）及两《唐书·刘瞻传》，咸通十一年（870）八月，同昌公主卒，懿宗乃将翰林医官韩宗召等二十余人杀死，并收捕其亲族三百余人，时为宰相的刘瞻直言上奏，认为此乃"肆暴不明"，使"物议沸腾，道路嗟叹"。这就使懿宗更为大怒，并由韦保衡谋划，使刘瞻出贬为荆南节度使。当时郑畋作为翰林学士承旨，乃受命草撰刘瞻罢相之制，其制中却有"安数亩之居，仍非己有；却四方之赂，惟畏人知"，确为褒辞，表达独立之见，以示翰林学士之职责，但却因此被诬为"乃表荐刘相"，立即使其出院，外贬。郑畋虽因此受贬，但此次所撰之制，却广为人所知，"是时都下传写，为之纸贵"（《剧谈录》卷下）。

郑畋于咸通十一年（870）九月被贬于梧州，历经数年，

僖宗即位后，韦保衡等被贬，郑畋召还，并于乾符元年
（874）十月任命为相。此后又值战乱，两《唐书》本传及
《通鉴》等记其事甚繁，间有误，《郑畋宦迹考论》于此有所
辨析，这里就不再复述。又，郑畋卒年，《旧传》记为僖宗中
和二年（882）冬，年五十九，《新传》、《通鉴》记于中和三
年（883），谓年六十三，当以《新传》、《通鉴》所记为是。
另《中国史研究》2005 年第 1 期刊有《郑畋卒年考》一文
（旷天全著），据四川省通江县文物管理所保存有郑畋所撰
《壁州新建山寺记》，谓据文中所记，中和四年七月，郑畋尚
在世。此备考。

郑畋之著，前所引《新唐书·艺文志》已著录。其诗文，
载于《全唐诗》卷五五七，《全唐文》卷七六七，前亦已述
及，其余大部分则为出院后任相及外任节镇时所作。

注释

〔1〕《郑畋宦迹考论》据《旧唐书·懿宗纪》，定于咸通
十年正月刘瞻入相，误；本书前刘瞻传已有考，据《新唐
书·懿宗纪》、《新唐书·宰相年表》及《通鉴》，应为咸通十
年六月。

张　祎

张祎，《旧唐书》卷一七八有传，《新唐书》无传。《旧
传》："张祎，字公表，河间人。"《新唐书》卷七二下《宰相
世系表》二下，河间张氏，亦记有张祎。河间，当为其郡籍。

《旧传》记其父君卿，"元和中举进士，词学知名，累历
郡守"。《新唐书·宰相世系表》记其祖绸，兰溪令；父君卿，正

字。此正字或为太子正字，从九品上。可见其家世官秩不高。

又张祎卒年，所记有异（详后），据《通鉴》卷二五三，当卒于僖宗乾符六年（879），又据《旧传》，卒年六十四，则当生于宪宗元和十一年（816）。

《旧传》载其"会昌四年进士擢第"，清徐松《登科记考》卷二二即据此系于武宗会昌四年（844）。时当为二十九岁。

《旧传》记张祎及第、释褐后仕于寿州，为防御判官，当类似于在节镇幕府供职。寿州，唐时属淮南道，辖境相当于今安徽淮南、寿县等地。《旧传》并记张祎在寿州时，于琮尚为布衣，"客游寿春，郡守待之不厚"，而张祎则"异礼遇之"，尽以自己俸薪所得绢五十匹赠之。按于琮于宣宗大中十二年（858）才登进士第，即在张祎寿州任后十余年，故当时确尚为布衣。张祎如此厚礼待之，故《旧传》记于琮后任宰相时，即举荐张祎入朝，先为司勋员外郎，后即召为翰林学士。但《旧传》所记年时，却有显误。

《旧传》谓张祎后曾在太原河东节镇幕府任职（掌书记），接云："大中朝，琮为翰林学士，俄登宰辅，判度支。琮召祎为司勋员外郎、判度支，寻用为翰林学士。"按据前所述，于琮于大中十二年才登进士第，而宣宗于大中十三年八月即卒，于琮怎能于进士及第后一年间，即于宣宗朝任为宰相？据丁《记》，于琮乃于懿宗咸通四年（863）六月才入为翰林学士，又据《新唐书·宰相年表》，于琮于咸通八年（867）七月任相。《旧唐书·张祎传》竟叙于琮入院、任相，有如此显误，其所记之"大中朝"，当为"咸通朝"之误，而当前点校本则未涉及。

丁《记》记张祎，"咸通九年六月十三日，自刑部员外郎入"。时于琮确在相位，当由于琮推荐，此亦为翰林学士受宰相举荐之一例。

按《旧传》称"（于）琼召禔为司勋员外郎、判度支，寻用为翰林学士"，而丁《记》则记为自刑部员外郎入。清劳格《唐尚书省郎官石柱题名考》对此有所考，卷八司勋员外郎原未载有张禔，而于卷末"附存"列有张禔，引丁《记》，即谓"不云勋外，疑《传》误"。岑氏《注补》云"劳氏所疑近是"，则《旧传》所谓于琼召为司勋员外郎，当不确，应为刑部员外郎。

丁《记》记张禔于咸通九年六月十三日自刑部员外郎（从六品上）入，仅两日，同月十五日，即迁祠部郎中（从五品上），则张禔任刑部员外郎至少已有一、二年，当为于琼于咸通八年七月任相后即召张禔入朝任此职。

丁《记》接云："（咸通九年）九月十七日，知制诰，依前充。十月十六日，召对赐紫。十年七月十日，迁中书舍人，依前充。其年十一月，迁工部侍郎，依前充。十一月二日，加承旨。十二年正月二十六日，迁户部侍郎、知制诰，依前充。十一月十八日，迁兵部侍郎、知制诰，依前充。十三年五月十二日，贬封州司马。"

此处记咸通十年十一月迁工部侍郎，应加"知制诰"，因前已为中书舍人（正五品上），现既迁为正四品下之工部侍郎，当兼知制诰，此为唐翰林学士在职期间之惯例，如后记户部侍郎、兵部侍郎，均加有"知制诰"三字。又丁《记》记咸通十年十一月迁工部侍郎，后接云："十一月二日，加承旨"，则其为承旨亦为咸通十年，后又记咸通十二年正月二十六日迁工部侍郎，其间未有记十一年事。而韦保衡于咸通十年三月十三日入院，即加承旨，直至十一年四月二十五日拜相出院（见后韦保衡传），则张禔如于咸通十年十一月二日加承旨，则与韦保衡所任有冲突。岑氏《补文宗至哀帝七朝翰林承旨学士记》亦有说，乃谓应将"十一月二日"改为"十一年十二月"，虽为推测，但可信，因韦保衡于咸通十一年四月出院拜相后，刘邺于十一年十一月二十二日为承旨，但旋于同年十二月二十三日出院（参据丁《记》），张裼当接刘邺任，于十一年十二月二十三日后加为承旨。

张裼在院，前后历时五年，并不短，但未有撰制、议政等记载。可以提及的，为有士人向其献诗以求举荐者，如张蠙有《投翰林张侍郎》（《全唐诗》卷七○二）："举家贫拾海边樵，来认仙宗在碧霄。丹穴虽无凡羽翼，灵椿还向细枝条。九衢马识他门少，十载身辞故国遥。愿与吾君作霖雨，且应平地活枯苗。"按诗题称"翰林张侍郎"，当为咸通十年（869）十一月张裼迁工部侍郎后。张蠙于昭宗乾宁二年（895）才登进士第，距咸通十年有二十余年，可见多年不第。据《唐摭言》卷十《海叙不遇》条，张蠙亦为"咸通十哲"之一，即虽有文才，但多为家贫累试不第者。张蠙于咸通十一年京兆府试，曾名列第七，但翌年仍未及第，故张蠙屡有诗抒怀："十载长安迹未安，杏花还是看人看"（《下第述怀》）、"十五年看帝里春，一枝头白未酬身"（《投所知》，均《全唐诗》卷七○二）。由此，则张蠙《投翰林张侍郎》诗，咸通十一、二年间，自称"举家贫拾海边樵"（张为池州人，即今安徽贵池县），但为应举，故特"来认仙宗在碧霄"。其末二句，喻身在天上的翰林，能"作霖雨"以活"枯苗"。[1]按《全唐诗》于此诗后又载其《投翰林萧侍郎》，为投献萧遘，萧遘于僖宗乾符初为翰林学士（见后传），当亦为张裼于应试前向时为翰林学士萧遘求荐者。

关于张裼出院，丁《记》记为："十三年五月十二日，贬封州司马。"此事，《旧唐书·懿宗纪》亦有记，咸通十三年（872）五月辛巳，云"翰林学士承旨、兵部侍郎、知制诰张褐贬封州司马"，与丁《记》合。《旧传》则述及出贬之原因：
"咸通末，（于）琮为韦保衡所构谴逐，褐坐贬封州司马。"
《通鉴》卷二五二更有详记，咸通十三年二月，于琮即已罢
相，出为山南东道节度使，同年五月，又因韦保衡之谮，再贬
为普王傅、分司（详见前于琮传），同时韦保衡又谋议贬朝臣
十四人，"坐与琮厚善故也"，其中即有张褐。这是懿宗朝人
事纷争最突出事件，也是翰林学士出于宰相之谋而被贬之一
例。

　　《旧传》接云："（韦）保衡诛，（于）琮得雪，褐量移入
朝，为太子宾客，迁吏部侍郎、京兆尹。"《旧唐书》卷一九
下《僖宗纪》，于咸通十四年（873）九月记韦保衡贬贺州刺
史，"以岳州刺史于琮为太子少傅，缘琮贬逐者并放还"，"前
兵部侍郎、知制诰、翰林学士张褐为太子宾客"；后于乾符二
年（875）四月记："新除吏部侍郎张褐为京兆尹。"

　　关于张褐晚年仕迹及卒年，《旧唐书》之纪、传均有误。
《旧传》云："乾符三年，出为华州刺史。其年冬，检校吏部
尚书、郓州刺史、天平军节度观察等使。四年，卒于镇，时年
六十四。"即乾符三年由京兆尹出为华州刺史，其年冬，改为
郓州刺史、天平军节度使，乾符四年卒于任。而《旧唐书·
僖宗纪》，乾符二年七月载："以京兆尹张褐检校户部尚书，
兼郓州刺史、御史大夫，充天平军节度、郓曹濮观察等使。"
后则未记。据《旧纪》，张褐乃由京兆尹出为郓州刺史、天平
军节度使，未曾任华州刺史，与《旧传》异。而《新唐书》
卷九《僖宗纪》则于乾符五年（878）记："是岁，天平军节
度使张褐卒，裨将崔君裕自知州事。"云乾符五年卒，亦异于
《旧传》所云四年卒。两《唐书》纪、传竟有如此互异，而当
前点校本均未有校。

　　按《全唐文》卷八四二载许鼎《唐通和先生祖君墓志

铭》，记此通和先生祖贯，本为道家，以治丹著称，"喧动公卿耳目，求见就谒，凡累十人"，于是，"丁酉年，鄂侯杨公为华牧张公乞丹于先生"。丁酉，即乾符四年。于此可证，张裼确曾任华州刺史，乾符四年尚在任，则《旧唐书·僖宗纪》记乾符二年由京兆尹出为郓州刺史，未有任华州刺史，误。

关于卒年，《通鉴》则有详切的记载，卷二五三乾符五年（878）二月记："（黄）巢袭陷沂州、濮州，既而屡为官军所败，乃遗天平节度使张裼书，请奏之，诏以巢为右卫将军，令就郓州解甲，巢竟不至。"《通鉴》于此有《考异》，谓据《实录》，当可信。由此，则《旧传》所云乾符四年卒，《新唐书·僖宗纪》谓五年卒，均非。《通鉴》后即于乾符六年（879）记："三月，天平军节度使张裼薨，牙将崔君裕自知州事，淄州刺史曹全晸讨诛之。"则张裼确于乾符六年三月卒于郓州任。

另，笔记中亦有误记者，如北宋初钱易《南部新书》丁卷记云："张裼尚书牧晋州，外贮营妓，生子曰仁龟。"《唐刺史考全编》卷八一河东道晋州即据此系张裼于咸通中为晋州刺史，但未记年。按据前所述，张裼于咸通九年入任翰林学士前，历任司勋员外郎、刑部员外郎，未有记出任晋州刺史者；咸通九年六月入院，十三年五月出贬封州司马，直至咸通末均在封州；僖宗时返朝，又居相位、历节镇，更不可降任晋州刺史。《南部新书》所记当本于五代末《北梦琐言》，见其书卷八《张仁龟阴责》条。又《北梦琐言》卷八《三朝士以名取戏》条，更称张裼"与韦相保衡有分"，甚有交情，后韦保衡贬，张裼遂"竟不大拜"，完全不合事实，实际上张裼是受韦保衡之陷害而被贬。

张裼著述，未有载记，《全唐诗》、《全唐文》也未载其诗文。

注释

〔1〕按陶敏《全唐诗人名考证》（页915）引及郑谷《寄司勋张员外学士》诗，即据《旧传》所云张祎因于琮之荐，为司勋员外郎，寻为翰林学士，故疑此张员外为张祎。按据前考，张祎未曾任司勋员外郎，且据丁《记》，张祎乃以刑部员外郎入，在职期间也未有任司勋员外郎。赵昌平等《郑谷诗集笺注》（上海古籍出版社，1991年）卷一为此诗所作注，也未提及张祎，引岑仲勉《补唐代翰林两记·昭宗朝》疑为张文蔚（张祎子），赵昌平等注认为张文蔚仕迹亦与诗题不合，谓此张员外当为张茂枢，备参。由此可确定郑谷此诗非寄张祎。

崔　充

崔充，附见于《旧唐书》卷一五九《崔群传》后，仅数句，云："子充，亦以文学进，历三署，终东都留守。"未记翰林学士事。崔群为其父。群系宪宗朝翰林学士，后曾为相，文宗大和六年（832）卒（见前传）。此亦为唐时父子连任翰林学士之一例。

《旧唐书·崔群传》记为清河武城人。武城即今河北省武成县。《新唐书》卷七二下《宰相世系表》二下，崔氏清河小房，记有崔充，云"字茂用，东都留守"。《旧传》未记其字号。

崔充，入院前仕迹不详。丁《记》记为："咸通九年□月十七日，自考功员外郎入，守本官充。十月十六日，召对赐绯。闰十二月二日，三殿召对赐紫。十年五月二十五日，加库部郎中、知制诰，依前充。十二年正月二十六日，迁户部侍郎、知制诰，依前充。十三年六月十日，宣充承旨。九月二十八日，加检校工部尚书、东川节度使。"

按丁《记》记其入院，于咸通九年（868），月份缺字。按同年入院，在崔充之前者张祎，为六月十三日，丁《记》又记崔充入院后"十月十六日召对赐绯"，则其入院当在七至十月之间（岑氏《注补》亦有此说，谓所缺之字当为六、七、八、九）。又清劳格《唐尚书省郎官石柱题名考》卷十考功员外郎记有崔充，则崔充于入院前即已任考功员外郎。

又丁《记》记崔充于咸通十三年（872）六月十日充承旨，按此前任承旨者为张祎，张祎于此年五月十二日因受于琮之累，为韦保衡所谮，出贬封州司马（见前张祎传），此时崔充为在院资历最深者（参见书后"学士年表"），故于六月十日接任承旨。

崔充于咸通十三年九月二十八日出院，授为检校工部尚书、东川节度使。临行前，薛能有诗送之：《送崔学士赴东川》（《全唐诗》卷五六〇）："羽人仙籍冠浮丘，欲作郑侯且蜀侯。导骑已多行剑阁，亲军全到近绵州。文翁劝学人应恋，魏绛和戎戍自休。唯有夜樽欢莫厌，庙堂他日少闲游。"按薛能于会昌六年（846）登进士第，后仕历颇顺，咸通十一年（870）八月，时居相位之刘瞻因谏被韦保衡所谮，罢相被贬（见前刘瞻传），时京兆尹温璋亦与刘瞻同谏，被斥责而死（《通鉴》卷二五二），薛能遂接其任为京兆尹。薛能亦"耽癖于诗"，"尝以第一流自居"（《唐才子传》卷七）。[1]薛能此送行诗，首句"羽人仙籍"，喻翰林学士地位不同凡俗。次句"欲作郑侯且蜀侯"，郑侯，以西汉萧何为喻，萧何曾封为郑侯，后为相。此句即谓本可由学士擢拔入相，现在只好暂任蜀镇。第五句之"文翁"，据《汉书·循吏·文翁传》，文翁于汉景帝末为蜀郡守，仁爱好教化，修学馆于成都，招子弟入学，后武帝令天下郡国皆立学校官，当自文翁为之始。句六之魏绛，见《左传·襄公十一年》，春秋时晋大夫，以和戎为主。此二句当望其节镇东川，修学、和戎，即能为朝廷所重。薛能时为京兆尹重任，故特以修政之事慰勉，与一般文士不同。

崔充于咸通十三年九月出任东川节度使，至僖宗乾符二年（875）四月，改任河南尹。《旧唐书》卷一九下《僖宗纪》，乾符二年四月，"以东川节度使、检校户部尚书崔充为河南尹"。按丁《记》记崔充出为东川节度使时，为检校工部尚书，而此处云检校户部尚书，疑当据丁《记》，仍为检校工部尚书。

《新唐书·宰相世系表》及《旧唐书·崔群传》，皆记崔充官终东都留守，未记年。按《唐大诏令集》卷一一七《宣抚东都官吏敕》，为乾符三年（876），云："敕东都留守王讽、河南尹刘允章。"则于乾符三年，河南尹、东都留守皆未有崔充，可能崔充于乾符二年四月为河南尹后，不久即卒。

崔充诗文等著作皆未有载记。

注释

〔1〕薛能事，可参《唐才子传校笺》卷七《薛能传》谭优学笺，中华书局，1990年。

韦保衡

韦保衡，两《唐书》有传，见《旧唐书》卷一七七、《新唐书》卷一八四。

《旧传》："韦保衡者，字蕴用，京兆人。祖元贞，父悫，皆进士登第。"《旧传》并谓韦悫于宣宗大中四年（850）为礼部侍郎，五年（851）知贡举，"颇得名人"。《新传》谓韦悫，宣宗时终武昌军节度使，《全唐文》卷七六三沈珣（当作询，见前沈询传）《授韦悫鄂岳节度使制》，即武昌军节度使。沈询此制，对韦悫评议甚佳，称其"自驰声词苑，耀价儒林，雅范兰馨，词雄绮丽"，特举其以礼部侍郎知贡举事："洎职司诰命，参贰春官，业弥振于训词，道愈光于得士。"则韦悫于礼部侍郎前，当曾任中书舍人（"职司诰命"）。又，就沈询此制所称，则其时甚有声望，当对韦保衡能尚公主，较有影响，因韦保衡本人是无甚才艺的。如韦保衡于懿宗咸通五年（865）登进士第，《旧唐书》卷一七九《萧遘传》有云："与韦保衡同年登进士第，保衡以幸进无艺，同年门生皆薄之。"

又，韦悫之名，《新唐书》卷七四上《宰相世系表》四上，所记有异，记为韦悫，"字端士"。前所引述之沈询制文，其名作悫，与两《唐书》本传同，当以作"悫"为是。

《旧传》记其登第后，云"累拜起居郎"，而据晚唐佚名《玉泉子》所记，韦保衡于进士登第后，曾在东川节度使幕府供职。《玉泉子》有云："又保衡初既登第，独孤云除西川，辟在幕中。……无何，堂牒追保衡赴阙下，乃尚同昌公主也。"[1]按咸通五至九年间（864—868），剑南西川节度使为李福、刘潼，《通鉴》皆有记。而《太平广记》卷二七三《韦保衡》条，亦据《玉泉子》，但谓"独孤云除东川"。如此，则韦保衡当于咸通五年后曾在东川节镇幕府，后又入朝，累为起居郎（从六品上，与尚书诸司员外郎同阶）。但未如《玉泉子》所云在东川幕府时即下诏召回，尚同昌公主。

《旧唐书》卷一九上《懿宗纪》，咸通十年（869）正月，"癸亥，以右拾遗韦保衡为银青光禄大夫、守起居郎、驸马都尉，尚皇女同昌公主。"《通鉴》卷二五一咸通十年正月丁卯，亦记为："同昌公主适右拾遗韦保衡，以保衡为起居郎、驸马都尉。"右拾遗为从八品上，韦保衡当由东川幕府返朝后，先为右拾遗，后选其尚同昌公主，乃擢迁为起居郎（从六品上）、驸马都尉。按韦保衡当时并无文名，何以被选为尚同昌公主，并加重礼，不知何故，史书亦无有记。据前所述，其父曾任礼部侍郎，知举，"颇得名人"，可能与其父之声望有关。

又，《通鉴》卷二五〇咸通八年（867）七月记："宣歙观察使杨收过华岳庙，施衣物，使巫祈祷；县令诬以为收罪。右拾遗韦保衡复言，（杨）收前为相，除严譔江西节度使，受钱百万，又置造船务，人讼其侵隐。八月庚寅，贬收端州司马。"杨收事，见前传，由此，则韦保衡于咸通八年已任为右拾遗。

同昌公主，为懿宗妃郭淑妃女，《旧传》称："妃有宠，出降之日，倾宫中珍玩以为赠送之资。"《通鉴》更有具体描述，云"赐第于广化里，窗户皆饰以杂宝"，"赐钱五百万缗，他物称是"。这实是懿宗朝后期朝政不正常现象，尤其是表现在韦保衡自翰林学士擢迁为宰相后，政局更加混乱。

《旧传》记韦保衡尚同昌公主，为驸马都尉后，接云："寻以保衡为翰林学士，转郎中，正拜中书舍人，兵部侍郎、承旨。"《新传》则仅一句："俄历翰林学士、承旨。"丁《记》具记为："咸通十年三月十三日，自起居郎、驸马都尉入守左谏议大夫、知制诰，充承旨。其年十一月十日，迁兵部侍郎，依前充。十一年四月二十五日，以本官同中书门下平章事。"即尚公主、为驸马都尉后，不到三个月，即入为翰林学士，这也是唐翰林学士之特例。另有一特例，即据丁《记》，入院时即加承旨，而此时在院者刘瞻尚任承旨，于该年六月十七日出院任相，则韦保衡于是年三月入，同时即加承旨，则与刘瞻相重。岑氏《注补》及《补文宗至哀帝七朝翰林承旨学士记》于此有说，谓"唐制无两人同承旨"，丁《记》有脱文。按岑说有一定道理，但此有两种可能，一为懿宗特予破例，以显示其对韦保衡之宠信；另一为韦保衡接刘瞻之任，即刘瞻于六月十七日出院，韦保衡即于此后接为承旨，或于十一月十日迁兵部侍郎时，又加承旨。《旧传》也提为翰林学士、承旨。《通鉴》卷二五一记韦保衡于咸通十年三月入院，仅云"充翰林学士"，未提承旨。则当参据前说，以第二种可能性较合实际。但《旧传》记韦保衡入院后，谓"转郎中，正拜中书舍人"，后为"兵部侍郎、承旨"，而丁《记》未记韦保衡在院时曾有迁转郎中、中书舍人者，《旧传》此处所记则不合实。

丁《记》记咸通十一年（870）四月二十五日，拜相出院，《新唐书·懿宗纪》、《新唐书·宰相年表》及《通鉴》卷二五二皆同。但《旧唐书·懿宗纪》却系于咸通十一年正月："以兵部侍郎、翰林学士承旨、扶风县开国子、食邑五百户、驸马都尉韦保衡本官同平章事。"按《旧纪》记此年事，正月所记多未记日，后缺二、三月，未有记，后接四月。则韦保衡入相，原当亦列于四月，因实录佚失甚多，遂误移于正月。

韦保衡在院，实仅一年，无有业绩。任相后，《旧传》记云："保衡恃恩权，素所不悦者，必加排斥。王铎贡举之师，萧遘同门生，以素薄其为人，皆摈斥之。以杨收、路岩在中书不加礼接，媒孽逐之。"据《通鉴》所载，咸通十二年（871）四月，路岩罢相出为西川节度使；十三年（872）五月，山南东道节度使于琮贬为普王傅、分司；十四年（873）六月，王铎亦罢相，出为宣武节度使；《通鉴》皆记为"保衡皆摈斥之"。而最为突出的是，咸通十一年八月，因同昌公主病卒，懿宗杀翰林医官韩宗召等二十余人，并收捕其亲族三百余人，时居相位的刘瞻上奏直谏，即被免相出贬，并由韦保衡所谋，此次被贬者更多，详见前刘瞻传。

可能正因此，咸通十四年（873）七月，懿宗卒，僖宗立，韦保衡即为人所告，于是年九月，免相，出贬贺州刺史。《通鉴》卷二五二于十月又记："韦保衡再贬崖州澄迈令，寻赐自尽。又贬其弟翰林学士、兵部侍郎保乂为宾州司户，所亲翰林学士刘承雍为涪州司马。"韦保乂、刘承雍，见后传。这也是翰林学士因朝事纠纷而受牵累，晚唐时这类事例不少。

关于韦保衡被贬外出，《南部新书》辛卷有具体、形象记述："驸马韦保衡之为相，以厚承恩泽，大张权势。及败，长安市儿忽竞彩戏，谓之'打围'。不旬馀，韦祸及。""围"，谐音"韦"，可见当时民间对其忿恨之情。

《新唐书》卷五八《艺文志》二，史部，著录有："《武宗实录》三十卷，韦保衡监修。"则为其任相时监修。《直斋书录解题》卷四起居类，亦著录为三十卷，但云："《唐志》惟有《武宗实录》三十卷，其后皆未尝修纂。更五代，《武录》亦不存，《邯郸书目》惟存一卷而已。"即宋时已未存。

注释

〔1〕此见上海古籍出版社编印之"唐五代笔记小说大观"点校本，页 1430，2000 年。

韦 蟾

韦蟾，附见于《旧唐书》卷一八九下《儒学下·韦表微传》，京兆万年人。韦表微为其父，穆宗朝翰林学士。

《旧唐书·韦表微传》后附记韦蟾事，甚简，仅数句，云："子蟾，进士登第，咸通末为尚书左丞。"未提及翰林学士事。

《唐诗纪事》卷五八韦蟾，记其字隐珪，大中七年（853）进士及第。清徐松《登科记考》卷二二即据《唐诗纪事》系于宣宗大中七年。

《唐诗纪事》又记其"初为徐商掌书记，终尚书左丞。"按徐商于宣宗大中十年（856）春至十四年（860）十一月任山南东道（襄州）节度使，曾辟有不少文人在其幕府，多有诗酬和，后编有《汉上题襟集》（参见前武宗朝徐商传、懿宗朝李骘传）。《直斋书录解题》卷一五总集类，著录《汉上题襟集》三卷，云："唐段成式、温庭筠、逢皓、余知古、韦蟾、徐商等倡和诗什，往来简牍，盖在襄阳时也。"[1] 又《唐诗纪事》卷五八："尚书东苑公镇襄阳，（段）成式、（温）庭筠、韦蟾皆从其事，上元唱和诗各三篇。"此"上元唱和诗"，即段成式《观山灯献徐尚书》三首并序，温庭筠与韦蟾亦各有和作（《唐诗纪事》卷五八）。韦蟾之作又载于《全唐诗》卷五六六，题《上元（一作奉和山灯）三首》。《唐诗纪事》同卷又记韦蟾《题僧壁》诗，段成式有和作。韦蟾另有《和柯古穷居苦日喜雨》（《全唐诗》卷五六六），柯古即段成式字。由此可见，韦蟾于大中七年进士登第后，于大中后期在徐商山南东道节度幕府（任掌书记），与段成式、温庭筠等多有诗唱和，可见其早期即与文士甚有文学交往。

离徐商幕后，历武宗、宣宗及懿宗朝前期，共二十余年，未有载其仕迹。后即丁《记》所记："咸通十年六月□日，自职方郎中充。九月七日，加户部郎中、知制诰。十一月十一日，迁中书舍人，依前充。十二月二十八日，三殿召对赐紫。十二年正月二十六日，迁工部侍郎、知制诰，依前充。十三年十月十五日，加承旨。十一月十五日，改御史中丞兼刑部侍郎出院。"

丁《记》记其入院，"六月□日"，"日"前缺字。在院期间，官衔迁升甚速，如刚入院不到半年，即由从五品上之职方郎中、户部郎中迁为正五品上之中书舍人，又仅历时一年，迁为正四品下之工部侍郎。懿宗朝翰林学士之官阶迁转，较前朝甚快，可以注意。

又，丁《记》记韦蟾于咸通十三年（872）十月十五日加承旨，按此前任承旨者先后有张裼、崔充，张裼于咸通十三年五月十二日出贬，崔充于六月十日接任，后于九月二十八日出为东川节度使，则此时在院，资历最深者即为韦蟾，故于十月十五日接任承旨。唯丁《记》记郑延休于咸通十三年正月四日宣充承旨，当不确（详见后郑延休传）。

丁《记》记韦蟾于咸通十三年十一月十五日，由工部侍郎、知制诰改御史中丞兼刑部侍郎出院。按御史中丞为正五品上，较工部侍郎（正四品下）低二阶，故仍兼刑部侍郎，其实职则为御史中丞。

《旧唐书·懿宗纪》咸通十四年（873）正月载："御史中丞韦蟾奏……"即《全唐文》卷八〇五韦蟾《请禁托故请假奏》。由此，则此时韦蟾仍任为御史中丞。此年七月懿宗即卒，则《旧唐书·韦表微传》记韦蟾"咸通末为尚书左丞"，误，其为尚书左丞，已在僖宗乾符时（见后）。

又韦蟾在院，前后历时四年，并不短，但并未有草撰制诰等记载，也未有制文传存。不过与同院学士有交往，郑畋有《酬隐珪舍人寄红烛》诗，见前郑畋传。出院后，则与文士交往更多。

《全唐诗》卷五八九载有李频《送鄂渚韦尚书赴镇》。[2] 又《太平广记》卷二七三《武昌妓》，引自《抒情诗》，有云："韦蟾廉问鄂州，及罢任，宾僚盛陈祖席。"即韦蟾曾出任鄂州刺史，但均未记年。《唐代墓志汇编》（周绍良编纂，上海古籍出版社，1992年）载有韦厚所撰《唐故陇西李氏墓志铭并序》（乾符〇九一，页2471），记此李氏嫁于河南府洛阳县丞韦府君，生有子秉谊，此韦秉谊长大后"不专宦途，志在进取，亲友咸称其德"，于是"新授鄂州观察使韦蟾早以才气知重，累于名府推荐"。按此墓主李氏卒于咸通十四年（873）十一月，葬于乾符元年（874）甲午二月，志中称韦蟾为"新授鄂州观察使"，则其出任鄂州当在咸通十四年秋冬，李频此诗当作于此时。

李频《送鄂渚韦尚书赴镇》诗："夏口本吴头，重城据上游。戈船转江汉，风月宿汀州。执宪倾民望，衔恩赴主忧。谁知旧寮属，攀栈泪仍流。"按李频于宣宗大中八年（854）进士及第，后历任秘书郎、南陵主簿、武功令等，据《新唐书》卷二〇三《文艺下》本传，"懿宗嘉之，赐绯衣、银鱼，俄擢侍御史，守法不阿徇，累迁都官员外郎"。据《唐才子传校笺》卷七《李频传》梁超然笺（中华书局，1990年），其任侍御史约在咸通十三年前后。李频此诗自称"旧寮属"，当韦蟾于咸通十三年十一月出院为御史中丞，李频曾为其寮属，故此次韦蟾由御史中丞出为鄂州观察使，李频即作诗相送，并特云"攀栈泪仍流"。按李频当时亦有诗名，《新唐书·李频传》称姚合极为赞颂其诗，"大加奖挹，以女妻之"。

李频为韦蟾赴鄂州送行，而韦蟾在鄂州时，罗隐又频有诗文进献。罗隐《上鄂州韦尚书》（《全唐诗》卷六五六）："往岁先皇驭九州，侍臣才业最风流。文穷典诰虽馀力，俗致雍熙尽密谋。兰省换班青作绶，柏台前引绛为幬。都缘未负江山兴，开济生灵校一秋。"前四句即称誉韦蟾在前朝（懿宗朝）任翰林学士，"才业最风流"，撰制诏诰，参预密谋，都甚出色；五、六两句又称其在御史台时之政绩；末二句期望其在鄂州必当"开济生灵"。按罗隐长期应举不第，《唐摭言》卷二《等第罢举》，记罗隐于乾符三年（876）虽州府荐送，礼部省试仍落第。黄滔《司直陈公墓志铭》称咸通、乾符之际，富有才名者温歧、韩铢、罗隐，"皆退黜不已"（《全唐文》卷八二六）。由此，则罗隐当于乾符前几年在鄂州，献诗于韦蟾，当求其举荐。后韦蟾返朝，为尚书左丞，罗隐又有《投寄韦左丞》（《全唐诗》卷六五九）。

《旧唐书》卷一七七《豆卢瑑传》："（乾符）六年，与吏部侍郎崔沆同日拜平章事。宣制日，大风雷雨拔树，左丞韦蟾与瑑善，往贺之。瑑言及雷雨之异，蟾曰：'此应相公为霖作解之祥也。'瑑笑答曰：'霖何甚耶?'"按据《新唐书》卷六三《宰相年表》，豆卢瑑、崔沆并同中书门下平章事，在乾符五年（878）五月丁酉，《新唐书》卷九《僖宗纪》、《通鉴》卷二五三同。因此时郑畋、卢携议南诏事争论激怒，同日罢相，遂以翰林学士承旨、户部侍郎豆卢瑑为兵部侍郎，吏部侍郎崔沆为户部侍郎，并同平章事，入相。而前所引述之《旧唐书·豆卢瑑传》记于乾符六年，《旧唐书》卷一九下《僖宗纪》更具记于乾符六年五月，则又为显误。由此亦可定，韦蟾于乾符五年五月已在尚书左丞任，其由鄂州入朝，当在乾符四、五年间。由此并可订正《旧唐书·韦表微传》称韦蟾"咸通末为尚书左丞"之误。

韦蟾此后事迹不详，尚书左丞当为其终官。

《全唐诗》卷五六六载其诗十首，颇有文采，主要即为在徐商幕府时唱和之作。《全唐文》卷八〇五载《请禁托故请假奏》，即《旧唐书·懿宗纪》所载者，前已述。

又有一事须辨正者，《全唐诗》卷五三九载有李商隐《和孙朴韦蟾孔雀咏》诗，陶敏《全唐诗人名考证》（页798）谓此韦蟾即懿宗朝翰林学士韦蟾。刘学锴、余恕诚《李商隐诗歌集解》,[3] 亦载有此诗（页 853），及此诗之后的《寄怀韦蟾》，题中皆作"蟾"，并引《旧唐书·韦表微传》所记韦蟾事，则当亦谓此韦蟾即懿宗朝翰林学士韦蟾，与陶《考》同。刘、余《集解》辑引前注，有云："此篇大中三年从桂管还京，选为盩厔尉，京尹初留假参军、管章奏时所作，全以孔雀自喻"（"张曰"）。于《寄怀韦蟾》诗后，又引"张曰"："大中三年，义山自桂返京，曾和韦蟾《孔雀咏》。"按李商隐《樊南乙集序》，自叙于大中二年（848）自桂林幕府归，"选为盩厔尉"，并云："是同寮有京兆韦观文、河南房鲁、乐安孙朴，京兆韦峤。……是数辈者，皆能文字。"此处将孙朴、韦峤并提，而前所引述之《和孙朴韦蟾孔雀咏》诗，亦以孙朴、韦蟾并提，当为同时所作，但其中一为韦峤，一为韦蟾。《樊南乙集序》谓此数人皆为京兆任职时之"同寮"，则此韦姓者已入仕。而据前考述，韦蟾于大中七年才登进士第，则大中二年绝未能入仕；且大中三年为其登第前四、五年，不可能称之为"皆能文字"。故李商隐《和孙朴韦蟾孔雀咏》诗之韦蟾，不可能为本传记述之懿宗朝翰林学士韦蟾，此诗中之韦蟾当与《樊南乙集序》中韦峤为同一人，唯"蟾"、"峤"，何者为是，则俟考。关于此事，当今研究者似未有注意者，故特提出，以供参研。

注释

〔1〕《直斋书录解题》，上海古籍出版社，点校本，1987年。

〔2〕《唐刺史考全编》卷一六四江南西道鄂州韦蟾名下亦引有此诗，但所记《全唐诗》卷次误作卷五八八。

〔3〕刘学锴、余恕诚《李商隐诗歌集解》，台北洪叶文化事业有限公司，1992年。

杜裔休

杜裔休，两《唐书》无专传，仅附于《新唐书》卷一六六《杜悰传》后。杜悰为其父，武宗、宣宗时曾居相位，又历任方镇。

《新唐书》卷七二上《宰相世系表》二上，京兆杜氏，记有杜裔休，云字徽之，未记官名。《新唐书·杜悰传》附记杜裔休，甚简，仅云："懿宗时历翰林学士、给事中，坐事贬端州司马。"今据有关史料，略考如下。

《唐语林》卷六记欧阳琳尝拜谒杜悰，乃因杜悰子裔休与其同年（"杜邠公在岐下，以子裔休同年，谒之"）。清徐松《登科记考》卷二三，据《永乐大典》所辑之《闽中记》，载欧阳琳为咸通七年（866）及第，乃《唐语林》所记与欧阳琳同年，亦以杜裔休为咸通七年进士及第。

杜裔休于咸通七年及第，咸通九年（868）初已在拾遗任。唐末五代初王定保《唐摭言》卷一三《无名子谤议》条，有记云："刘允章试《天下为家赋》，为拾遗杜裔休驳奏，允章辞穷，乃谓与裔休对。时允章出江夏，裔休寻亦改官。"关于此事，《太平广记》卷一八三《刘允章》，据《卢氏杂记》，亦有记，云："杜裔休进疏论事，虽不行，时以为当。"按《唐摭言》所记杜裔休奏议刘允章赋试题事，文意不清。徐松《登科记考》卷二三，即据《唐摭言》，载咸通九年刘允章知举之赋试题即为《天下为家赋》，但未有诗试题。徐《考》也未考述杜裔休所奏何意，此赋试之题究有何缺，刘、杜二人如何辨议；又"裔休寻亦改官"，也未有具体记述。实则刘允章此年知举，甚为公正，其"通连中官"即勾通宦官之"十哲"，刘允章也坚予拒绝（详见前刘允章传）。

不过据《唐摭言》所记，杜裔休于咸通九年已任为拾遗，拾遗为从八品上，并不低，其进士及第后仅两年已有此官阶，甚不易。且后又仅历两年，又改迁为从六品上之起居郎，并入为翰林学士。

丁《记》记为："咸通十一年正月十一日，自起居郎入守本官充。五月二十七日，三殿召对赐紫。九月十一日，加司勋员外郎、知制诰，依前充。十三年二月九日，守本官出院。"

司勋员外郎，清劳格《唐尚书省郎官石柱题名考》卷八司勋员外郎，列有其名。

丁《记》记杜裔休于咸通十三年（872）二月九日以司勋员外郎（从六品上）、知制诰出院，当旋又升迁为给事中（正五品上），即《旧唐书》卷一九上《懿宗纪》咸通十三年五月记："给事中杜裔休贬端州司马。"即此年出贬时，已为给事中。关于此次出贬，《通鉴》卷二五二有具记：咸通十三年，"五月，国子司业韦殷裕诣阁门，告郭淑妃弟内作坊使敬述阴事，上大怒，杖杀殷裕，籍没其家。乙亥，阁门使田献铦夺紫，改桥陵使，以其受殷裕状故也。殷裕妻父太府少卿崔元应、妻从兄中书舍人崔沆、季父君卿皆贬岭南官。给事中杜裔休坐与殷裕善，亦贬端州司户。"按同月又贬山南东道节度使于琮，翰林学士承旨、兵部侍郎张裼等十余人，《通鉴》载谓"韦保衡谮之也"（详见前张裼等传）。韦保衡即尚郭淑妃女同昌公主。应该说，国子司业韦殷裕告郭淑妃弟内作坊使敬述阴事，是正当行为，杜裔休乃因与之善，即受累出贬，这也是晚唐时翰林学士不幸遭遇之一例。

杜裔休此后事迹不详。北宋初钱易《南部新书》癸卷，记韦保衡、路岩作相时，因不附己而被贬者，列有十位，其中有杜裔休贬端州；又记崔彦融贬恩州，云"唯恩州不回"。即僖宗于咸通十四年（873）七月即位后，除贬于恩州之崔彦融未回，其他皆返朝，[1]则杜裔休当亦返回，但具体事迹不详。

杜裔休著作也未有载记。

注释

〔1〕《太平广记》卷一八八《高湘》条，据《玉泉子》，亦载此，唯云"内绣州、播州、雷州（崔彦融）三人不回"，稍有异。据《南部新书》，贬绣州为李渎，贬播州为萧遘。

郑延休

郑延休，两《唐书》无传，仅《新唐书》卷七五上《宰相世系表》五上，郑氏北祖房，记有郑延休，"山南西道节度使"；《新表》又记其父涯，为检校右仆射、同中书门下平章事。郑涯为文宗大和时翰林学士（见前传）。则郑涯、郑延休亦为有唐一代父子连任翰林学士之一例。但郑涯父子，两《唐书》皆无传，故事迹亦不详。

《旧唐书》卷一八下《宣宗纪》，大中元年（847）二月，"丁酉，礼部侍郎魏扶奏：'臣今年所放进士三十三人，其封彦卿、崔琢、郑延休等三人，实有词艺，为时所称，皆以父兄见居重位，不得令中选。'诏令翰林学士承旨、户部侍郎韦琮重考覆，敕曰：'彦卿等所试文字，并合度程，可放及第。有司考试，祗在至公，如涉请托，自有朝典。今后但依常例放榜，不得别有奏闻。'"清徐松《登科记考》卷二二即据以列郑延休等三人为大中元年续放进士及第者。魏扶知举时，是着意于不宜使举试者以名门家世列为优选者，故特提出郑延休等三人（郑延休当因其父郑涯曾为相），以见其公正。魏扶为武宗朝翰林学士（见前传）。

郑延休于进士及第后，仕历不详，至懿宗咸通十一年（870），入为翰林学士，其间历有二十三年。

丁《记》记为："咸通十一年五月十八日，自司封郎中、知制诰迁中书舍人充。十二年正月二十八日，三殿召对赐紫。十一月十八日，迁工部侍郎、知制诰，依前充。十三年正月四日，宣充承旨。七日，迁工部侍郎，依前充。十四年八月二十二日，加金紫光禄大夫、尚书左丞、知制诰，依前充。十五年正月十三日，除检校吏部尚书、充河阳三城节度使。"

据丁《记》，郑延休于咸通十一年（870）五月十八日入院时，即由司封郎中、知制诰迁中书舍人，则入院前，至少已有年余任为司封郎中、知制诰，故入院时即迁为中书舍人。又十二年十一月十八日，即入院仅一年半，又自正五品上之中书舍人迁为正四品下之工部侍郎，可见懿宗朝翰林学士官阶迁转之速。不过岑氏《注补》对此有疑，云："按工部侍郎只一员，今前文韦蟾条于十二年正月迁工侍、知制诰，至十三年十一月十五始改中丞出院，同时焉得有两工侍？唐制虽常设同正或员外置之官，然不过位置闲员，非所以待禁林要职也，故知两条中必任一有误。"岑说有一定道理，但工部侍郎等，于翰林学士仅为所带之官衔，并非实际行职，如白居易于元和时在翰林学士任期内曾为京曹参军，但实际未去京兆任职，故不必严限。如以咸通十二年为例，郑畋于正月至九月为户部侍郎、知制诰，张裼于正月二十六日至十一月十八日为户部侍郎、知制诰，崔充于正月二十六日亦迁为户部侍郎、知制诰，即同一时期，户部侍郎有三员，因户部侍郎于此三位翰林学士仅为挂衔。故不能说韦蟾与郑延休之工部侍郎必有一误。

又丁《记》记咸通十三年（872）正月四日宣充承旨，则确与张裼于五月十二日前已任承旨相重，且此后张裼于五月十二日出贬，崔充又于六月十日接任承旨，后崔充于九月二十八日出为东川节度使，韦蟾于十月十五日接任。后韦蟾于同年十一月十五日出院，则郑延休当可能于十一月二十四日或十二月四日接为承旨。总之，丁《记》记为"正月四日"，误，当为后传抄时讹写。如此，则丁《记》于宣充承旨后，记"七日，迁工部侍郎"，当亦应为十一月二十七日或十二月七日，并于工部侍郎后补"知制诰"三字。

至于其出任河阳节度使后，《新唐书》卷二二五下《黄巢传》有记："巢寇叶、阳翟，欲窥东都。会左神武大将军刘景仁以兵五千援东都，河阳节度使郑延休兵三千壁河阴。"《通鉴》卷二五三则记此事于僖宗乾符五年（878）三月："黄巢攻卫南，遂攻叶、阳翟，诏发河阳兵千人赴东都与宣武、昭义兵二千人，共卫官阙，以左神武大将军刘景仁充东都应援防遏使。"此处虽未提及郑延体之名，但所叙之事与《新唐书·黄巢传》同，由此亦可确定郑延休于乾符五年三月在河阳节度使任。

后黄巢军于广明元年（880）十二月攻占长安，僖宗奔蜀，郑延休当于乾符五、六年间离河阳任返朝，亦随僖宗至蜀。《益州名画录》卷上，记常重胤于中和时录记僖宗幸蜀随驾文武臣僚画像，即记有检校司徒郑延休。此后仕迹不详。《新唐书·宰相世系表》记郑延休为"山南西道节度使"，似为其终官，但未有史料确定其时间。《唐刺史考全编》卷二〇五山南西道梁州，列郑延休于乾符六年至广明元年，其所引材料，亦仅《新表》，未有说明，不过于乾符元年、广明元年后各打问号（?），可能即表示存疑。

郑延休，无著述载记。

薛 调

薛调，两《唐书》无传。《新唐书》卷七三下《宰相世系表》三下，薛氏西祖房，记有薛调，未注字号、官名；又记其祖苹，浙西观察使，父膺，婺州刺史。《旧唐书》卷一八五《良吏下·薛苹传》，记为河东宝鼎人。据《元和郡县图志》卷一二河东道河中府，有宝鼎县，本汾阳县，今山西万荣县西南。薛苹，宪宗时历任湖南、浙东、浙西观察使。两《唐书·薛苹传》则皆未记薛调。

《唐语林》卷四："薛调、季瓒，同年进士。"清劳格《读书杂识》卷七《李瓒》条引《唐语林》此文，谓季当作李，并考为大中八年进士及第。按李瓒为李宗闵子，亦为懿宗时翰林学士（见前传）。由此，则薛调为宣宗大中八年（854）登进士第。孟二冬《登科记考补正》卷二二即据《唐语林》及陈尚君《登科记考补》，亦补薛调于大中八年进士及第。

又前所引《唐语林》同条又记："刘元章罢江夏入朝，以风标自任。一日，（薛）调谒之，倒屣出迎，爱其风韵，去而复留者数四。"此处提及之"刘元章"，清劳格《唐尚书省郎官石柱题名考》卷一二户部员外郎，薛调名下亦引有《唐语林》此文，谓"元"当作"允"，是。[1]按刘允章亦为懿宗时翰林学士，咸通九年（868）知礼部贡举，后出为鄂州观察使，又改任东都留守（见前传）。《唐语林》云"罢江夏入朝"，当在咸通十年间。时薛调亦已在朝任职（见后）。

丁《记》记为："咸通十一年十月十七日，自□部员外郎加驾部郎中充。十二年正月二十六日，加知制诰，依前充。十三年二月二十六日，卒官；三月十一日，赠户部侍郎。"丁《记》记薛调入院时"自□部员外郎"，清劳格《唐尚书省郎官石柱题名考》卷一二户部员外郎薛调名下亦引丁《记》此记，谓所缺"疑即'户'字"。因卷一二为户部员外郎，既有薛调，则薛调曾任户部员外郎，劳格说是，可补。又丁《记》记其入院时即由原户部员外郎加改为驾部郎中，则其入院前任户部员外郎当已有数年。刘允章自鄂州返朝时，薛调前往谒见，当已为户部员外郎。

前所引《唐语林》，同条又云："（薛）调为翰林学士，郭妃悦其貌，谓懿宗曰：'驸马盍若薛调乎？'顷之暴卒，时以为中鸩。卒年四十三。"按薛调于咸通十一年十月入院，郭妃于其入院后见到他，悦其貌，欲以其为驸马，而实则其女同昌公主已于咸通十年正月嫁于韦保衡，韦保衡后即以驸马都尉入为翰林学士（见前韦保衡传）。如此，则郭妃何以又能向懿宗进言："驸马盍若薛调乎？"且据其所记，薛调卒时已四十三岁，则其入院为四十一岁，唐时年龄过大，不能再尚公主。由此，则《唐语林》此处所记亦不合实。

又，《唐语林》记其卒时为四十三岁，可备一说，则当生于文宗大和四年（830），大和八年（854）进士及第时为二十五岁，咸通十一年（870）入院为四十一岁。

其著作未有载记。

注释

〔1〕周勋初《唐语林校证》（中华书局，1987年）未提及劳格订正事。

韦保义

韦保义，附于两《唐书》其兄韦保衡传后，即《旧唐书》

卷一七七、《新唐书》卷一八四，所记甚简。《旧传》："弟保义，进士登第，尚书郎、知制诰，召充翰林学士，历礼、户、兵部三侍郎，学士承旨。坐保衡免官。"《新传》更简略，仅谓"自兵部三侍郎贬宾州司户参军"，未记任翰林学士事。

《旧传》云"进士登第"，未记年。《唐摭言》卷九《敕赐及第》条有云："韦保义，咸通中以兄在相位，应举不得，特敕赐及第，擢入内庭。"清徐松《登科记考》卷二三即据此系于咸通十二年（871），谓："按韦保衡于咸通十一年四月同平章事，十三年十一月拜司空，应附此年。"谓韦保衡于咸通十一年（870）四月拜相，此年二月科试时尚未能敕赐及第，当于十二年初特赐及第，后即于同年十二月召入为翰林学士。岑氏《注补》有不同意见，谓："今按记（丁《记》）十二年二月前，保义已官尚书郎，安复应举，《摭言》所闻，殆不实不尽，大抵保义以兄有宠而赐第，非以应举不得而赐第也。"按韦保义于咸通十二年二月，以户部员外郎入院，户部员外郎为从六品上，当此前已累历官，即虽未科试及第，但当以其他途径入仕。后其兄韦保衡入相，即因此而敕赐及第，亦为唐科举常例，如前刘邺亦然（见前刘邺传）。

其入院，丁《记》记为："咸通十二年二月十三日，自户部员外郎入守本官。三月十六日，特恩赐紫。五月十日，加户部郎中、知制诰，依前充。十四年十月，贬宾州司户。"

按丁《记》所记韦保义在院所具官衔，如户部员外郎、户部郎中，清劳格《唐尚书省郎官石柱题名考》卷一二户外、卷一一户中，确有其名。唯丁《记》未有记咸通十三年，则咸通十四年十月出院外贬前仍为十二年五月所授之户部郎中，而《通鉴》卷二五二咸通十四年十月记为："翰林学士、兵部侍郎保义为宾州司户。"《新传》亦谓"自兵部侍郎贬宾州司户参军"。则当于咸通十三年某月，由户部郎中、知制诰迁为兵部侍郎，仍知制诰。唯《旧传》云："历礼、户、兵部三侍郎，学士承旨。"即兵部侍郎前又曾迁礼部侍郎、户部侍郎，一年之内，不可能如此重迁。《旧传》又记迁三侍郎时，加任承旨，按咸通十三年，任承旨者历为张褐、崔充、韦蟾、郑延休，时间皆相接（见前张褐等传，及书后"学士年表"），咸通十四年郑延休仍在承旨任，韦保乂于此期间当未能任承旨，《通鉴》于咸通十四年十月记其出贬时，亦称其为翰林学士，未加称承旨。此又为《旧传》之误。

宾州，《元和郡县图志》卷三八岭南道，有宾州，谓"古越地"，其州治为领方县，今广西宾阳县东南。按韦保衡于咸通十四年十月贬崖州澄迈县，后令其自尽，韦保乂被贬后，不详。

韦保乂任翰林学士实为两年半，乃因韦保衡之弟，在韦保衡任相时举荐而入者，时朝政甚混乱，韦保乂在院当亦无甚业绩，亦无著述。

刘承雍

刘承雍，附见于《旧唐书》卷一六〇《刘禹锡传》后，为刘禹锡子，所记甚简，仅云"登进士第，亦有才藻"。

《旧唐书·刘禹锡传》记为彭城人，而据刘禹锡《子刘子自传》（陶敏、陶红雨《刘禹锡全集编年校注》卷一九），[1]实为洛阳人。又，刘禹锡《名子说》（同上，卷二〇），有云："今余名尔长子曰咸允，字信臣；次曰同，字敬臣。"陶敏、陶红雨注，据《云溪友议》卷中《中山海》条所记刘禹锡诫"子弟咸元、承雍"，谓承雍似即同所改名。按此文所作，确切年代无考，当作于元和、长庆间。又柳宗元有《殷贤戏批书后寄刘连州并示孟崙二童》（《柳宗元集》卷四二），[2]此孟、崙二童，当即指刘禹锡之咸允、同（承雍）二子。此云"刘连州"，则时为刘禹锡在连州刺史任，时柳宗元为永州刺史，柳宗元此文当作于元和十年至十四年间（815—819）。据此，则刘承雍时为孩童，随其父在连州（今广东北部连州市）。

《旧传》谓刘承雍"登进士第"，未记年，故清徐松《登科记考》列于已登科但未记年之卷二七。登第后仕迹皆不详。

丁《记》亦仅记为："咸通十四年十月，贬涪州司户。"未记入院及在院迁转情况。按丁《记》将其列于韦保义后，韦保义入院为咸通十二年（871）二月十三日；刘承雍既与韦保衡、韦保义同时出贬，则其入院当亦受韦保衡之举荐，与韦保义大致同时入院，当亦为咸通十二年二月或稍后。又清劳格《唐尚书省郎官石柱题名考》卷二左司员外郎列有刘承雍，则刘承雍可能即以左司员外郎入院。

又丁《记》记其于咸通十四年（873）十月出贬涪州司户，亦未载其出院前之官衔。按咸通十四年七月，懿宗卒，僖宗立，是年九月，即罢免韦保衡相位，贬贺州刺史。《通鉴》卷二五二咸通十四年十月接记云："韦保衡再贬崖州澄迈令，寻赐自尽。又贬其弟翰林学士、兵部侍郎保义为宾州司户，所亲翰林学士、户部侍郎刘承雍为涪州司马。"则刘承雍出贬前，在院时任为户部侍郎（当兼知制诰）。两《唐书·僖宗纪》未记刘承雍被贬事。又，丁《记》记为涪州司户，《通鉴》记为涪州司马，此为小异。涪州，治涪陵县（今重庆涪陵市）。

刘承雍后数年当返朝。《旧唐书》卷一九下《僖宗纪》，乾符三年（876）记："七月，草贼王仙芝寇掠河南十五州，其众数万。是月，贼逼颍、许，攻汝州，下之，虏刺史王镣。

刑部侍郎刘承雍在郡，为贼所害。"《通鉴》卷二五二乾符三年，记王仙芝陷汝州，执刺史王镣，在九月（《旧纪》作七月，当非），但未记刘承雍。由此，刘承雍于咸通十四年十月被贬后，乾符初又入朝，至乾符三年七月前已任为刑部侍郎，而于乾符三年九月，因事至汝州，为王仙芝军所害。

又，《唐文拾遗》卷三二杨检《唐故岭南节度使右常侍杨公女子书墓志》，记此女名芸，字子书，为杨发女，卒于乾符五年六月七日，葬于十月廿八日。文中云："子书之诸姊皆托华胄，如户部侍郎、翰林学士刘公承雍，五朝达。"由此，则刘承雍为杨发婿，在院时确具户部侍郎衔。杨发，《旧唐书》卷一七七、《新唐书》卷一八四有传，为懿宗朝翰林学士杨收兄，宣宗时曾任福建观察使、岭南节度使，后以事贬婺州刺史。

刘承雍亦未有著述著录。

注释

〔1〕陶敏、陶红雨《刘禹锡全集编年校注》，岳麓书社，2003 年。

〔2〕《柳宗元集》，中华书局点校本，1979 年。

崔 璆

崔璆，两《唐书》无传，仅附见于《旧唐书》卷一五五、《新唐书》卷一六三《崔郾传》。《旧传》记崔郾有子五人，为：瑶、瓘、瑾、瑰、璆，并云"瓘、瑰、璆，官至郎署给谏"。《新传》亦仅记其五子名，未记事。按崔郾为敬宗时翰林侍讲学士，有令誉；郾弟郸，文宗大和时翰林学士；崔郾子珮，懿宗咸通八年至十年亦为翰林学士（见前传）。则崔璆之父、叔、兄，皆曾在院供职，可见崔氏确为当时名族，于晚唐时亦为少见。

《新唐书》卷七二下《宰相世系表》二下，记有崔璆，云：“璆字致美，相黄巢。”可能正因此，丁《记》即仅列其名，而未记其事。

按丁《记》记懿宗朝晚期翰林学士，自前刘承雍起，记事即残缺，有仅记出院而未记入院者（刘承雍），有仅记入院而未记出院者（崔湜），有虽记有入、出，但未记月日及其间迁转者（卢携），而崔璆、李溥、豆卢瑑三人则仅列名而未记事。

据前刘承雍传所考，刘之入院，当在咸通十二年（871）二月以后，而后崔湜，于咸通十四年（873）十一月二十三日入（见后传），已为僖宗即位后，则崔璆、李溥、豆卢瑑或即于咸通十二年至十四年间入者。崔璆之入，以在咸通十二年下半年或十三年为是。何时出院，则不详。丁《记》记崔璆，虽仅列名，但总提供其为翰林学士之信息，如无丁《记》记名，则唐翰林学士即未有崔璆。

《会稽掇英总集》有崔璆任越州刺史、浙东观察使，云：“崔璆：乾符四年闰二月自右谏议大夫知匦使授，五年六月加正议大夫。”则有可能崔璆于僖宗乾符四年（877）前即已出院，于此年闰二月出任为浙东观察使、越州刺史。

《旧唐书》卷一九下《僖宗纪》，乾符六年（879），“五月，贼（指黄巢军）围广州，仍与广南节度使李岩、浙东观察使崔璆书，求保荐，乞天平节钺。璆、岩上表论之，诏公卿议其可否。宰相郑畋、卢携争论于中书，词语不逊。”由此，则崔璆于乾符六年五月仍在浙东任。

《通鉴》卷二五三于乾符六年五月后，记黄巢率兵由岭南北上，先攻江陵，后沿江东下，十一月，"转掠饶、信、宣、歙、杭十五州，众至二十万"。《新唐书》卷二二五下《黄巢传》，则记黄巢军北上，"转寇浙东，执观察使崔璆"。即崔璆于乾符六年十一、二月间在浙东任时为黄巢军所掳。

第二年，广明元年（880）十二月，黄巢攻占长安，自立帝位。《旧唐书·僖宗纪》广明元年十二月，记黄巢"以赵章为中书令，尚让为太尉，崔璆为中书侍郎、平章事"。《旧唐书》卷二〇〇下《黄巢传》亦载："贼搜访旧宰相不获，以前浙东观察使崔璆、杨希古、尚让、赵章为四相。"《通鉴》卷二五四广明元年十二月亦载此事，但记崔璆，云"时罢浙东观察使，在长安，巢得而相之"，则与《新唐书·黄巢传》所载黄巢攻占浙东时又掳崔璆不同，即黄巢攻占浙东，崔璆即离任返朝。不过黄巢于广明元年十二月占长安，自立为帝，迫使崔璆为相，则可确定。

黄巢后败，离长安，崔璆事，未有记载，可能即被处死。

李　溥

李溥，两《唐书》无传，丁《记》亦仅列其名，未有记，在崔璆后。据前崔璆传所述，李溥当亦于咸通十三、四年（872、873）间入院，但何时出院，任何官职，未见记载。现仅可知者，为僖宗广明元年（880）十二月黄巢军攻入长安后，李溥被杀，时为刑部侍郎。

《旧唐书》卷一九下《僖宗纪》，广明元年十二月，"时宰相豆卢瑑、崔沆，故相左仆射刘邺，太子少师裴谂，御史中丞赵蒙，刑部侍郎李溥，故相于琮，皆从驾不及，匿于闾里，为贼所捕，皆遇害"。《新唐书》卷九《僖宗纪》、卷二二五下

《黄巢传》，及《通鉴》卷二五四，所载皆同，并记李溥时为刑部侍郎。

李溥事，唐五代笔记稗史亦皆无记。

豆卢瑑

豆卢瑑，两《唐书》有传，见《旧唐书》卷一七七、《新唐书》卷一八三。《旧传》："豆卢瑑者，河东人。"《新传》："豆卢瑑者，字希真，河南人。"一云河东，一云河南，有异，未能定。

《旧传》记其父名籍。《新唐书》卷七四下《宰相世系表》四下，记豆卢籍，为左司郎中兼侍御史、知杂事。

《旧传》载豆卢瑑"大中十三年亦登进士科"。清徐松《登科记考》卷二二即据此系于宣宗十三年（859）。

豆卢瑑进士登第后，约十余年未详其仕迹。《旧传》记其进士登第后，接云："咸通末，累迁兵部员外郎，转户部郎中、知制诰，召充翰林学士，正拜中书舍人。乾符中，累迁户部侍郎、学士承旨。六年，与吏部侍郎崔沆同日拜平章事。"《新传》亦略云："仕历翰林学士、户部侍郎，与崔沆皆拜同中书门下平章事。"按丁《记》所记，于崔瑑、李溥后有豆卢瑑，但亦仅列其名，未记事。豆卢瑑后为崔澹，崔澹于咸通十四年（873）十一月二十三日入院（见后崔澹传），已为僖宗即位后，豆卢瑑之入或仍在懿宗时，即咸通十三、十四年间，但其在院任职，主要在僖宗时，现姑仍列于懿宗朝，为懿宗朝最后一位翰林学士。

因丁《记》全未有记，故岑氏《注补》即据《旧传》仿丁《记》例，略记其迁转官衔。今亦略考述如下。

《旧传》云："咸通末，累迁兵部员外郎，转户部郎中、知制诰，召充翰林学士。"则当咸通十一、二年间为兵部员外郎，咸通十四年上半年以兵部员外郎入为翰林学士，又转迁为户部郎中、知制诰。清劳格《唐尚书省郎官石柱题名考》卷一一户部郎中有豆卢瑑，在韦保义后，韦保义则于咸通十二年二月十三日自户部员外郎入，五月十日加户部郎中、知制诰，则豆卢瑑亦当先由兵部员外郎入，后改迁户部郎中、知制诰。

《旧传》接云"正拜中书舍人"，当在乾符初。后云："乾符中，累迁户部侍郎、学士承旨。"按郑延休约于咸通十三年（872）十二月为学士承旨，咸通十五年（乾符元年，874）正月出院（见前郑延休传），当由卢携接任，而卢携又于同年五月拜相（见后卢携传），则豆卢瑑当于乾符元年五月后，或秋冬间，接为承旨，因乾符元年、二年未另有学士为承旨之记载。至乾符五年（878）五月，豆卢瑑迁为宰相（见后），即由王徽继任（见后僖宗朝王徽传）。《旧传》谓豆卢瑑于乾符中为学士承旨，不确。

《旧传》后云："（乾符）六年，与吏部侍郎崔沆同日拜平章事。"《新传》未记年，但亦谓"与崔沆皆拜同中书门下平章事"。《旧唐书》卷一九下《僖宗纪》亦记于乾符六年，其五月记黄巢围广州，求天平节度，浙东观察使崔璆等上疏为之请，时宰相郑畋、卢携争议不合，乃俱罢相，接云："以吏部侍郎崔沆为户部侍郎，户部侍郎、翰林学士豆卢瑑为兵部侍郎，并本官同平章事。"即豆卢瑑、崔沆乃接郑畋、卢携为相者。而《新唐书》卷九《僖宗纪》则记此免相、任相事，在乾符五年，云："五月丁酉，郑畋、卢携罢。翰林学士承旨、户部侍郎豆卢瑑为兵部侍郎，吏部侍郎崔沆为户部侍郎，同中书门下平章事。"《新唐书》卷六三《宰相年表》所记同，亦具体系于五月丁酉。

《通鉴》卷二五三所记年月亦与《新纪》、《新表》同，可以注意的是，《通鉴》所记郑、卢所以罢相之事，与《旧纪》异，非黄巢事，而为南诏事。《通鉴》于乾符五年记云："五月丙申朔，郑畋、卢携议蛮事，（卢）携欲与之和亲，（郑）畋固争以为不可。携怒，拂衣起，袂胃砚堕地，破之。上问之，曰：'大臣相诟，何以仪刑四海！'丁酉，畋、携皆罢为太子宾客、分司。以翰林学士承旨、户部侍郎豆卢瑑为兵部侍郎，吏部侍郎崔沆为户部侍郎，并同平章事。"《通鉴》于此处并有《考异》，详为辨析，并引《实录》亦记乾符五年五月丙申朔宰臣郑畋、卢携议南蛮事，谓卢携请降公主通和，郑畋固争以为不可；《考异》并引郑延昌所撰郑畋行状，亦云"议蛮事"，故定以《新纪》、《新表》为是。按《通鉴》于此年四月即记有"南诏遣其酋望赵宗政来请和亲"，可见五月丙申朔郑畋、卢携所议确为南诏和亲事。又《新唐书》卷二二二中《南蛮中·南诏传》，亦记南诏遣使者"再入朝议和亲"，"宰相郑畋、卢携争不决，皆赐罢"。且黄巢攻占广州乃在乾符六年九月，而《旧纪》却记郑畋、卢携议黄巢事在五月，与时不合。由此可定，《旧纪》所记郑、卢罢相，豆卢、崔接任，在乾符六年五月，且为争议黄巢事，时、事皆误。而岑氏《注补》则谓仍当据《旧纪》，不确。

《旧传》后云："及（黄）巢贼犯京师，从僖宗出开远门，为盗所制，乃匿于张直方之家，遇害。"时为广明元年（880）十二月。《通鉴》卷二五四即记："豆卢瑑、崔沆及左仆射于琮、右仆射刘邺、太子少师裴谂、御史中丞赵濛、刑部侍郎李溥、京兆尹李汤扈从不及，匿民间，巢搜获，皆杀之。"此处豆卢瑑、于琮、刘邺、李溥，皆为懿宗时翰林学士，另卢携亦被杀，为僖宗朝翰林学士。

僖宗朝翰林学士传

崔 湜

崔湜，两《唐书》无传，两《唐书》全书亦无一字提及者，唐五代其他史料亦未有叙及。记其事者，仅丁《记》，但丁《记》所记，仅记其入院，后皆未记，云："咸通十四年十一月二十三日，自殿中侍御史改司封员外郎充。"按咸通十四年（873）七月辛巳，懿宗卒，僖宗即位，崔湜既于咸通十四年十一月入院，则当为僖宗朝首次召入的翰林学士。丁《记》原记有"咸通后三十二人"，即此三十二人均为懿宗朝咸通时翰林学士，实则最后两位，即崔湜、卢携，崔湜于咸通十四年十一月入，卢携于咸通十四年十二月入（据丁《记》），皆为僖宗即位以后，故应列于僖宗朝。

按僖宗即位后，受众议，罢韦保衡相位，又出贬，赐死；另两位翰林学士，即韦保衡之弟保乂，其亲善者刘承雍，亦于此年十月贬出（见前懿宗朝此三人传）。此时在院者为郑延休、豆卢琢，另如崔璆、李溥，是否仍在院，未能定，即此时在院者甚少，可能即于十一月、十二月召崔沆、卢携入。

丁《记》记崔沆，仅此一句，入院后仕迹如何，何时出院，皆不详，唯丁《记》虽仅一句，亦提供僖宗朝翰林学士之材料，如未有丁《记》所记，唐翰林学士即未有崔沆。

卢　携

卢携，两《唐书》有传，见《旧唐书》卷一七八、《新唐书》卷一八四。《旧传》："卢携字子升，范阳人。"《新传》则云："其先本范阳，世居郑。"《新唐书》卷七三上《宰相世系表》三上，即记其为范阳卢氏。范阳当为其郡望，其实籍当如《新传》所载为郑州。

《旧传》记其"大中九年进士擢第"，《新传》未记。清徐松《登科记考》卷二二即据《旧传》，系于宣宗大中九年（855）。

《北梦琐言》卷五《韦尚书鉴卢相》条曾记卢携早年即为人所知，而卢携执政后亦着意于提拔人才，云："唐大中初，卢携举进士，风貌不扬，语亦不正，呼'携'为'彗'（平声），盖短舌也。韦氏昆弟皆轻侮之，独韦岫尚书加钦，谓其昆弟曰：'卢虽人物甚陋，观其文章有首尾，斯人也，以是卜之，他日必为大用乎！'尔后卢果策名，竟登廊庙，奖拔京兆，至福建观察使。"按韦岫为韦丹子，韦丹见于《新唐书》卷一九七《循吏传》，曾历任河东、江西等节镇，有治迹，文宗大和时江西特为其"刻功于碑"。韦岫为其次子，《新唐书·韦丹传》称其"亦有名"，并记云："卢携举进士，陋甚，岫独谓携必大用。携执政，岫自泗州刺史擢福建观察史。"《北梦琐言》所谓卢携"奖拔京兆"，即指韦岫，因《新唐书

·韦丹传》记为京兆万年人。

《旧传》记卢携进士登第后，接云："授集贤校理，出佐使府。咸通中，入朝为右拾遗、殿中侍御史，累转员外、郎中、长安县令、郑州刺史。召拜谏议大夫。"《新传》所叙较简，云："擢进士第，被辟浙东府。入朝为右拾遗，历台省。"

此后即入为翰林学士。《旧传》记云："乾符初，以本官召充翰林学士，拜中书舍人。乾符末，加户部侍郎、学士承旨。四年，以本官同中书门下平章事。"《新传》云："累进户部侍郎、翰林学士承旨。乾符五年，进同中书门下平章事。"新旧《传》所记有异，且有误，详后辨。

按丁《记》有记，为："咸通十四年十二月，自左谏议大夫充承旨学士。十五年，拜相。"丁《记》于卢携前列为崔湜，记崔湜于咸通十四年（873）十一月二十三日入，卢携在其后，于同年十二月入，虽未记日，当合于事理；且记其以左谏议大夫入，亦与《旧传》所叙先为谏议大夫，后"以本官召充翰林学士"合。唯《旧传》谓"乾符初"入，稍不确，当云："咸通末。"

唯丁《记》所记亦有错失，记卢携初入院，即为承旨学士："自左谏议大夫充承旨学士。"实则咸通十四年任承旨者为郑延休，郑延休于第二年即咸通十五年（乾符元年）正月十三日出院（见前郑延休传）。则卢携于咸通十四年十二月入院时未能即为承旨，《旧传》记其入院，亦谓"以本官召充翰林学士"，未提及承旨。或可能于咸通十五年正月十三日郑延休出院后卢携接任承旨。《新唐书·僖宗纪》、《通鉴》卷二五二记卢携于乾符元年十月出院任相，皆记其为翰林学士承旨（详后）。又《旧传》叙其在院时累迁中书舍人、户部侍郎，《新传》亦提及户部侍郎，丁《记》则记其入院后，即谓"十五年，拜相"，缺记在院时之官阶迁转。

不过卢携出院拜相之时间，新旧《传》所记互异，《旧传》谓乾符四年，《新传》谓乾符五年，实则均误。按《旧唐书》卷一九下《僖宗纪》，乾符元年，"五月，以吏部侍郎郑畋为兵部侍郎、同平章事，户部侍郎、知制诰、翰林学士、赐紫金鱼袋卢携本官同平章事"，即卢携与郑畋同时入相，时间为乾符元年（874）五月。而《新唐书》卷九《僖宗纪》，记于乾符元年十月："十月，刘邺罢。吏部侍郎郑畋为兵部侍郎，翰林学士承旨、户部侍郎卢携，同中书门下平章事。"《新唐书》卷六三《宰相年表》同。《通鉴》卷二五二亦于乾符元年记："冬十月，以门下侍郎、同平章事刘邺同平章事，充淮南节度使；以吏部侍郎郑畋为兵部侍郎，翰林学士承旨、户部侍郎卢携守本官，并同平章事。"《通鉴》并有《考异》，提及《旧唐书·郑畋传》亦记郑畋于乾符四年以吏部侍郎同平章事，谓"今从《实录》此年为相"。当为北宋修《唐书》时，曾搜辑唐遗存之《实录》，司马光撰《通鉴》时亦获见，曾多次提及《实录》。

由此可以确定，卢携于咸通十四年十二月自左谏议大夫入为翰林学士，旋迁为中书舍人，并于十二月二十三日后或咸通十五年（乾符元年）初加为承旨，此后又迁为兵部侍郎、知制诰，同年十月，拜相出院。卢携是僖宗朝由翰林学士直接擢拔为宰相之首例，他入院不到一年，即提升为相，也极少见。

关于卢携与郑畋罢相年月，《旧唐书·僖宗纪》所记又有误，其于乾符六年（879）记云："五月，（黄巢）贼围广州，仍与广南节度使李岩、浙东观察使崔璆书，求保荐，乞天平节钺。璆、岩上表论之，诏公卿议其可否。宰相郑畋、卢携争论于中书，词语不逊，俱罢为太子宾客，分司东都。以吏部侍郎崔沆为户部侍郎，户部侍郎、翰林学士豆卢瑑为兵部侍郎，并本官同平章事。"实则郑畋、卢携罢相，豆卢瑑、崔沆接相，为乾符五年（878）五月，且郑、卢之争议非黄巢事，为南诏请和亲事，详见前豆卢瑑传，此不赘。《旧·卢携传》亦记其罢相为乾符五年，是；但仍谓与郑畋争议黄巢请降事，与《旧纪》同误。《新·卢携传》所载与郑畋争议，涉及"南诏和亲"，与《新纪》、《通鉴》同，较确切。

据两《唐书》纪、表等所载，卢携后于乾符六年（879）十二月复为相，而又于广明元年（880）十二月贬为太子宾客、分司东都。关于卢携此次贬责事，《旧·僖宗纪》广明元年十二月记为："辛巳，贼据潼关，时左军中尉田令孜专政，宰相卢携曲事之，相与误谋，以至倾败。令孜恐众罪加己，请贬携官，命学士王徽、裴澈为相。甲申……贬右仆射、门下侍郎、平章事卢携为太子宾客。携闻贼至，仰药而死。"《通鉴》卷二五四则未记卢携曲事宦官田令孜事，直言卢携之贬即受田令孜之诬谄，云："（广明元年十二月甲申）以卢携为太子宾客、分司。田令孜闻黄巢已入关，恐天子责己，乃归罪于携而贬之，荐（王）徽、（裴）澈为相。是夕，携饮药死。"当时之所以归罪卢携，乃在于黄巢攻广州时，曾请降并授以天平军节度使，卢携与淮南节度使高骈善，使其讨伐黄巢以立功，故不从黄巢之请，后黄巢乃北上，攻陷洛阳、潼关，田令孜即以此归罪于卢携。当然，这可能使黄巢对卢携也甚愤恨，故《新传》记："巢入京师，辟棺磔尸于长安市。"

两《唐书》本传记卢携事均有所偏见，实则卢携对朝政，敢直言，颇有见识，如其《乞蠲租赈给疏》（《全唐文》卷七九二），首云"陛下初临大宝"，当为僖宗初立，卢携正任翰林学士时。《通鉴》卷二五二即记卢携上此疏于乾符元年正月丁亥，云"翰林学士卢携上言"。卢携于此疏中特提出："国家之有百姓，如草木之有根柢，若秋冬培溉，则春夏滋荣。"这就是"以民为本"，古人有此见识，实不易。正因此，文中指出，"关东去年旱灾，自虢至海，麦才半收，秋稼几无，冬菜至少"，可见卢携作为翰林学士，身居宫中，但仍关心民生疾苦，故特提出停止征税，还应加赈给。这在当时翰林学士中也是少见的。可能正因此，晚唐时舆论对卢携甚为称誉，如《唐阙史》卷下《卢相国指挥镇州事》条，称其"清苦律身，刬断无滞"，"以是四方之誉，翕然归之"。[1]

卢携对文士亦甚关切。如《旧唐书》卷一九○下《文苑下·司空图传》记司空图于乾符中为殿中侍御史，因人事纠纷，为御史台所劾，降为光禄寺主簿，分司东都，接云："乾符六年，宰相卢携罢免，以宾客分司，图与之游，携嘉其高节，厚礼之。……明年携复入朝，路由陕虢，谓陕帅卢渥曰：'司空御史，高士也，公其厚之。'渥即日奏为宾佐。"此事后亦为《北梦琐言》（卷三）、《唐才子传》（卷八）所载，可见后人对卢携关注司空图事之看重。[2]不过《旧唐书·司空图传》谓"乾符六年，宰相卢携罢免"，误，据前考述，卢携于乾符五年五月免相，为太子宾客、分司东都，六年十二月又召入朝。

又陆龟蒙晚年长期隐居于苏州松江甫里，虽有田屋，但仍自称"苦饥"（陆龟蒙自作之《甫里先生传》，《全唐文》卷八○一）。《新唐书》卷一九六《隐逸·陆龟蒙传》，有云："李蔚、卢携素与善，及当国，召拜左拾遗；诏方下，龟蒙卒。"此处谓"诏方下，龟蒙卒"，误，因据前考述，卢携曾两度为相，先为乾符元年十月至五年五月，后为乾符六年十二月至广明元年十二月；李蔚任相在乾符二年六月至五年九月。而陆龟蒙至中和（881—885）初才卒（参《唐五代文学编年史·晚唐卷》中和元年）。则卢携、李蔚为相时下诏召其为左拾遗，陆龟蒙实未卒。陆龟蒙当未应诏。不过由此亦可见卢携对清贫文士之关切。《北梦琐言》卷六《陆龟蒙追赠》条亦记云："丞相李公蔚、卢公携景重之。"

《全唐诗》卷六六七载其诗一首，即《旧唐书·司空图传》所载卢携分司东都时对司空图"厚礼之"，"尝过图舍，手题于壁曰：'姓氏司空贵，官班御史卑。老夫如且在，不用叹屯奇。'"可见其对司空图清贫境遇之关切。《全唐文》卷七九二载文二篇，一为前所记述之《乞蠲租赈给疏》，另一为《临池诀》，具述写字之法，可见其对书法亦有研究。

注释

〔1〕《唐阙史》，上海古籍出版社"唐五代笔记小说大观"点校本，2000 年。

〔2〕按《北梦琐言》记卢携题诗，作"官班御史雄"，"雄"字误，应作"卑"。又《唐才子传》卷八《司空图传》所载，谓"卢相携还朝，过陕虢，访图"，亦误。

孔 纬

以丁居晦署名之《重修承旨学士壁记》，止于懿宗朝，即至咸通末，前崔澹、卢携因皆于咸通十四年十一、十二月入，故仍列于丁《记》，卢携后即无（关于丁《记》，可参前《唐翰林学士传论》上编《唐翰林学士史料研究劄记》）。丁《记》所记，有记入院、出院年月日及在院期间官阶迁转者，现则仅据两《唐书》、《通鉴》及其他有关史料，并参考岑仲勉《补僖昭哀三朝翰林学士记》，加以考述。

岑氏《补记》于僖宗朝，列首位者为孔温裕，谓僖宗即位后授以翰林侍讲学士。岑说不确，不应列，详见前宣宗朝孔温裕传。现大致按岑氏《补记》所列次序，于卢携后，记叙孔纬。

孔纬，两《唐书》有传，见《旧唐书》卷一七九、《新唐书》卷一六三。《旧传》："孔纬字化文，鲁曲阜人，宣尼之裔。"即山东曲阜人，孔子后世。

《旧传》又云："曾祖岑父，位终秘书省著作佐郎，谏议大夫巢父兄也。祖戡，位终礼部尚书，自有传。父遵孺，终华阴县丞。"《新传》亦记其父为遵孺。唯《新唐书》卷七五下《宰相世系表》五下，载戡四子，为温质、温孺、温宪、温裕，温孺之子即纬（云字化文）。则两《唐书》本传记孔纬之父，名遵孺，《新表》作温孺，有异，中华书局点校本未有校。按韩愈《唐正议大夫尚书左丞孔公墓志铭》（《韩昌黎文集校注》卷七），[1]志主即孔戡，记云："有四子：长曰温质，四门博士；遵孺、遵宪、温裕，皆明经。"据校注，韩愈此志作于长庆四年（824），则此时名为遵孺，而《新表》所记四子，其名皆以"温"相领，则有可能遵孺、遵宪后统一改为温孺、温宪，当然也有可能如马其昶所云，"以嫡庶为异"。总之，遵孺、温孺为同一人。

孔戡，宪宗时曾任岭南节度使，穆宗时为吏部侍郎、右散骑常侍，韩愈于长庆任吏部侍郎时曾上疏请留其用（即前所引韩愈所作墓志，及《新唐书》卷一六三《孔戡传》）。孔纬叔父孔温裕，宣宗大中时翰林学士（见前传）。孔纬父遵孺（温孺），《新传》、《新表》仅载其名，未记其事及官名，《旧传》云"终华阴县丞"，则官位甚卑。

《旧传》记孔纬"大中十三年进士擢第，释褐秘书省校书郎"。清徐松《登科记考》卷二二引《广卓异记》所载之《登科记》所云"孔纬，大中二年状元"，谓当从本传，即系于宣宗大中十三年（859），但仍标孔纬为该年状元。又，此年进士及第者有李磎、豆卢瑑、崔澹，皆为僖宗朝翰林学士。

《旧传》接云："崔慎由镇梓州，辟为从事。又从崔铉为扬州支使，得协律郎。崔慎由镇华州、河中，纬皆从之，历观察判官。"据《唐刺史考全编》卷二二九，崔慎由于大中十二年至咸通初为梓州刺史；又卷一二三，崔铉于大中九年至咸通三年为淮南节度使。则孔纬于大中十三年初进士及第后，释褐为秘书省校书郎，当旋于大中末、咸通初至崔慎由梓州东川节度使幕，后又至扬州在崔铉淮南幕。崔慎由于咸通四至五年为华州刺史，五年为河中节度使（参据《唐刺史考全编》），则孔纬当于咸通前期又在崔慎由幕。长期在节镇幕中供职，是中晚唐士人举试及第后求仕的一大特色。

又据《旧传》，孔纬当于咸通中因宰相杨收、徐商等之荐，入朝累仕为长安尉（直弘文馆）、监察御史、礼部员外郎、考功员外郎。清劳格《唐尚书省郎官石柱题名考》卷十考功员外郎、卷二〇礼部员外郎，皆列有孔纬。

《旧传》后云："丁内忧免，服阕，以右司员外郎入朝。宰臣赵隐嘉其能文，荐为翰林学士。"据《新唐书》卷六三《宰相年表》，赵隐于懿宗咸通十三年（872）二月丁巳，以刑部侍郎、判户部改为户部侍郎、同中书门下平章事，入相，僖宗乾符元年（874）二月癸丑出为镇海军（浙西）节度使。《旧唐书》卷一九上《懿宗纪》亦记赵隐任相为咸通十三年二月丁巳。唯岑仲勉《补僖昭哀三朝翰林学士记》（后皆简称为岑氏《补记》），谓"《新唐书》卷六三作三月丁巳，误"，实则《新表》所记为"二月丁巳"，非"三月"，当为岑氏误读。又《旧唐书》卷一九下《僖宗纪》，记赵隐罢相，出为润州刺史、浙西观察使在乾符元年三月，而《新唐书》卷九《僖宗纪》、《通鉴》卷二五二，皆记为乾符元年二月，与《新表》同，则《旧纪》作三月，当误以"二"作"三"。

按据丁《记》，此前卢携入院为咸通十四年（873）十二月，赵隐既于乾符元年（874）二月罢相，则孔纬因赵隐任相时之荐入为翰林学士，当在乾符元年元月。按僖宗于咸通十四年七月即帝位，年仅十二，其立位，宦者左军中尉刘行深、右军中尉韩文约起主要作用，故于是年八月，刘、韩二人"皆封国公"（见《旧·僖宗纪》、《通鉴》卷二五二）。后另一宦者田令孜又得宠，接韩文约为右军中尉，"政事一委令孜，呼为'阿父'"（《通鉴》卷二五二乾符二年）。故僖宗初立时，翰林学士之入，均未出于僖宗，当受宰相或宦者之举荐，特别是宦者所起的作用，是僖、昭二朝的特色（详见有关之学士传）。

孔纬入院后，《旧传》记云："转考功郎中、知制诰，赐绯。正拜中书舍人，累迁户部侍郎。谢日，面赐金紫之服。乾符中，罢学士，出为御史中丞。"《新传》则甚简，仅云"拜翰林学士，俄知制诰，频迁户部侍郎，擢御史中丞"，皆未记时，也未记曾迁中书舍人。按《旧传》有云："宰臣萧遘在翰林时，与纬情旨不协。"据后萧遘传考述，萧遘于乾符二年（875）十月尚未入院，三年（876）九月已为翰林学士，则孔、萧二人有同时在院者，当在乾符三年。《旧传》既云："乾符中"出院，乾符共六年（874—879）则孔纬出院当在乾符三、四年间。

由此，可大致确定，孔纬于乾符元年（874）正月以右司员外郎入，本年即改为考功郎中（《唐尚书省郎官石柱题名考》卷九考功郎中即列有孔纬），并知制诰，后迁中书舍人。乾符三年（876），又迁户部侍郎，复加知制诰。乾符三、四年间，出为御史中丞。[2]孔纬在院，当为三年余。在院时任职情况，无有载记。《旧传》记其"出为御史中丞"后，云："纬器志方雅，嫉恶如仇。既总宪纲，中外不绳而自肃。""宪纲"乃指御史中丞，其在院时，当亦能"器志方雅，嫉恶如仇"。

孔纬此后仕历颇繁，据两《唐书》本传，及纪、表等，略述如下：乾符中出院为御史中丞，又历户部、兵部、吏部侍郎。广明元年（880）十二月黄巢军入长安，僖宗出奔西川，孔纬亦随从至蜀，改为刑部尚书，判户部事。在蜀期间，萧遘居相位，因在院时与孔纬不协，即使其改为太子少保之散衔。光启元年（885）三月，孔纬又随僖宗，自蜀返京。同年十二月，李克用等犯京师，僖宗又受田令孜之挟，出奔凤翔、兴元，孔纬亦随行，改授御史大夫。光启二年（886）二月，孔纬与翰林学士承旨、兵部侍郎杜让能并为兵部侍郎，同中书门下平章事，任相。据《新唐书·宰相世系表》，孔纬是唐时曲阜孔氏唯一任宰相者。后随僖宗返京，僖宗于文德元年（888）三月卒，昭宗立，孔纬仍居相位。大顺二年（891），另一宰相张濬因出兵征讨太原，败，罢相贬官，孔纬亦受累于是年正月出为荆南节度使，旋再贬均州刺史，后因朱全忠之援，未就贬，寓居华州。乾宁二年（895）六月，又复为相，但因疾求罢，九月卒。

可以注意的是，孔纬在昭宗朝任相时，对宦官、藩镇是力主加以抑制的。僖宗于文德元年（888）三月将卒时，宦者十军观军容使杨复恭即谋立寿王（李）傑为帝，是为昭宗。据《通鉴》卷二五八龙纪元年（889）十一月记，昭宗即位后，"杨复恭恃援立功，所为多不法"，昭宗有所不平，乃与时居相位的孔纬、张濬谋商，"孔纬、张濬劝上举大中故事抑宦者权。复恭常乘肩舆至太极殿。他日，上与宰相言及四方反者，孔纬曰：'陛下左右有将反者，况四方乎！'上矍然问之，纬指复恭曰：'复恭陛下家奴，乃肩舆造前殿，多养壮士为假子，使典禁兵，或为方镇，非反而何！'"对掌有军权的宦者，敢于面斥，在当时朝臣是极为少见的。《通鉴》同卷又载时已封为东平郡王、兼中书令的汴州节度使朱全忠，"求领盐铁"，"孔纬独执以为不可，谓进奏吏曰：'朱公须此职，非兴兵不可！'全忠乃止。"元胡三省于此处评云："史言孔纬相唐，欲振纪纲，惜制于时，不得行其志耳。"应当说，孔纬任相时敢于直言，当与其任翰林学士时，有所相通。

《全唐文》卷八〇四载其《请助修孔子庙奏》，文甚短，云："文宣王祠庙，经兵火焚毁，有司释奠无所，请内外文臣各于本官料钱上，每一缗抽十文，助修国学。"此实本《唐会要》卷三五《褒崇先圣》条，记为"大顺元年二月，宰臣兼国子祭酒孔纬奏"。亦即《旧传》所载，"以国学盗火所焚，令纬完葺，仍兼领国子祭酒"。亦可见孔纬对儒学的重视。

注释

〔1〕《韩昌黎文集校注》，马其昶校注，上海古籍出版社，1986 年。

〔2〕严耕望《唐仆尚丞郎表》卷一二《辑考四下·户侍》，谓其出院在乾符二、三年，不确。《唐仆尚丞郎表》，中华书局重印本，1986 年。

崔　澹

崔澹，两《唐书》皆附记于《崔珙传》，见《旧唐书》卷一七七、《新唐书》卷一八二。按崔珙有弟玙，玙子澹，则崔珙为澹之伯父。

《旧唐书·崔珙传》记为"博陵安平人"，《新唐书·崔珙传》亦称为"其先博陵人"；《新唐书》卷七二下《宰相世系表》二下，亦标为"博陵安平崔氏"。博陵当为崔氏郡籍。

《元和郡县图志》卷一七河北道深州，有安平县，云："后魏属博陵郡。后魏以来，博陵诸崔，即此邑人也。"安平即今河北省安平县。

据两《唐书》本传，崔珙，武宗会昌时因与李德裕相善，曾入相，后因与崔铉不协，被贬出；宣宗立，召还，又出为凤翔节度使，后分司东都。其弟崔珦，即崔澹父，宣宗大中六年（852）曾以礼部侍郎知贡举。

两《唐书·崔珙传》附记崔澹事，甚简，《旧传》云："大中十三年登进士第，累迁礼部员外郎，位终吏部侍郎。"《新传》则记有轶闻，而其仕迹，则仅云"擢进士第，累进礼部员外郎"，又云"终吏部侍郎"，与《旧传》同，皆未叙及翰林学士事。

清徐松《登科记考》卷二二即据《旧传》，列崔澹于宣宗大中十三年（859）进士及第者，同年及第者有孔纬、李磎、豆卢瑑等，皆为僖宗朝翰林学士。

崔澹进士及第后之仕迹，《唐诗纪事》卷六〇崔澹条有所记，先记崔澹《赠美人》诗（七绝），后云："大中末，崔铉自平章事镇淮海，杨收为支使，收状云：'前时里巷，初迎避马之威；今日藩垣，便仰问牛之代。'澹之词也。"关于所谓《赠美人》诗，其写作背景与时间，详后论述。据《旧唐书》卷一六三《崔铉传》，崔铉于宣宗大中九年（855）为淮南节度使，"咸通初，移镇襄州"，即咸通三年（862）冬令狐绹接任（《旧唐书·懿宗纪》）。由此，则崔澹当于大中十三年进士及第后，于咸通初在崔铉淮南幕府供职，时杨收亦在淮南，任节度支使，崔澹则为其起草状词。按崔铉于会昌前期亦为翰林学士（见前传），后任相，与崔澹伯父崔珙不协而罢相，而此时节镇淮南，尚能不念前嫌，辟崔澹在其幕府。

此后，崔澹当入朝，咸通十一年（870）初已在礼部员外郎任。《旧唐书》卷一九上《懿宗纪》，咸通十一年正月，"以吏部尚书萧邺、吏部侍郎于德孙、吏部侍郎杨知温考官，司勋员外郎李耀、礼部员外郎崔澹等考试应宏词选人"。徐松《登科记考》卷二三咸通十一年亦据此载于正月博学宏词科试。按，晚唐时博学宏词已非制举科，为吏部铨试，进士、明经等贡举试一般在正月，吏部铨试不可能亦在正月。《旧纪》咸通十一年，正月有记，无二月、三月，后接四月，此次考试应宏词选人，当在三月，因咸通十二年博学宏词试即在三月（《旧纪》），十三年亦在三月（《登科记考》引《册府元龟》）。

由此，则崔澹于咸通十一年三月前已任为礼部员外郎。《唐尚书省郎官石柱题名考》卷二〇礼部员外郎亦列有崔澹。

此后，《旧唐书·僖宗纪》于乾符二年（875）二月记："以翰林学士崔澹为中书舍人，翰林学士徐仁嗣为司封郎中，学士如故。"即乾符二年二月，崔澹已在院，且升迁为中书舍人，则当于乾符元年入院，因入院迁转尚需一定时间。又《唐尚书省郎官石柱题名考》卷五司封郎中有崔澹，据前所述，崔澹于咸通十一年三月在礼部员外郎任，至乾符二年已有五年，当于咸通末由礼部员外郎迁为司封郎中，乾符元年即以司封郎中入为翰林学士，逾一年，乾符二年二月，又迁为中书舍人，仍在院。

《旧唐书·僖宗纪》，乾符四年（877），"九月，以中书舍人崔澹权知贡举"。《登科记考》卷二三即载崔澹于乾符五年初知贡举。按唐制，知贡举者，一般均在前一年秋冬任命，故崔澹当于乾符四年九月出院，仍为中书舍人，并于翌年知举。这是唐时翰林学士参预科举考试之一例。

关于崔澹此次知举，晚唐笔记记有一轶事，《唐摭言》卷一三《无名子谤议》条，有云："崔澹试以《至仁伐至不仁赋》，时黄巢方炽，因为无名子嘲曰：'主司何事厌吾皇，解把黄巢比武王！'"又《太平广记》卷一八三《刘允章》条，中亦云："崔澹《至仁伐至不仁赋》，亦颇招时议。"时王仙芝、黄巢确已起兵，不过仍在山东一带，还未入中原、淮南等地，影响不大，恐未能就此题引起讥议。《唐摭言》、《太平广记》所记，仅为轶闻，恐不合实。

且此所谓谤议、流言，实际上也并未影响崔澹仕途。据《通鉴》卷二五三，乾符五年（878）四月，南诏曾遣使向唐廷谋请和议，"诏百僚议之，礼部侍郎崔澹等议"。即崔澹于此年初知举，四月，尚参预军政诸事。此后《旧唐书·僖宗纪》，乾符六年（879），"三月，以吏部侍郎崔沆、崔澹试宏词选人，驾部郎中卢蕴、刑部郎中郑顼为考官"。此为吏部铨试，崔澹与崔沆为主试者，且已改转为吏部侍郎。

此后事迹不详，两《唐书》本传皆谓"位终吏部侍郎"，《新唐书·宰相世系表》亦记其为吏部侍郎，当其于乾符六年初由礼部侍郎转任吏部侍郎后，不久即卒。

《全唐诗》卷五六六载其诗一首，题《赠王福娘》，下校云"一作《赠美人》"，诗云："怪得清风送异香，娉婷仙子曳霓裳。惟应错认偷桃客，曼倩曾为汉侍郎。"前所引述之《唐诗纪事》卷六〇崔澹条，即先载此诗（题《赠美人》），后云大中末崔铉在淮南节度使任，杨收时为节度支使，崔澹曾为起草状文（前已述）。依文意顺序，则此诗为崔澹早期在淮南幕府时作。惟王仲镛《唐诗纪事校笺》，[1] 未注此诗出处。今检晚唐孙棨《北里志》之《王团儿》条，记北里志"前曲自西第一家"家主，雇有女数人，"次曰福娘，字宜之，甚明白，丰约合度，谈论风雅，且有天裁，故天官崔知之侍郎尝于筵上与诗曰……"即《全唐诗》所载之《王福娘》诗，其诗题当即据《北里志》。又《北里志》于"崔知之"句下注："名澹，赠诗方在内庭。"内庭，一般乃指为翰林学士院。而于诗末又注云："时为内庭月部侍郎"。月部系喻指礼部，天部喻指吏部。据《北里志》所记，则此诗为崔澹任礼部侍郎时，在北里妓院，与妓女宴饮时所作。此甚可疑。孙棨于此书序中曾谓，当时来京应试之举子常至北里诸院玩游，中云："诸妓皆居平康里，举子、新及第进士、三司幕府但未通朝籍未直馆殿者，咸可就诣。"即应试举子，新及第而尚未入仕之进士，才可至平康里妓院游宴，以礼部侍郎之高位，及曾居于禁署之翰林学士，如何能公然在妓院欢宴作诗？故《北里志》所载崔澹任礼部侍郎于北里妓院作此诗，当不确。很可能就《唐诗纪事》所记，为崔澹早期在淮南幕府，于扬州与当地歌伎宴饮时所作。

笔记稗史所载，确有错失不合实际的。如前所引述，《新唐书·宰相世系表》记崔珙子涓、潼，崔珙弟玙，玙子澹，即崔涓与崔澹为堂兄弟。《旧唐书·崔珙传》同，亦记"子涓，大中四年进士擢第"，又记其弟玙，玙子澹；《新唐书·崔珙传》亦同。而五代南唐刘崇远《金华子杂编》卷上有云："崔涓，大夫玙之子，小宗伯澹之兄"，又云"崔涓弟澹"。[2]《唐语林》卷三亦谓："崔大夫涓，玙之子，礼部侍郎澹之兄。"当承袭《金华子杂编》，皆误以崔涓为崔玙子，与崔澹为亲兄弟。

崔澹之作，除《全唐诗》所载《赠美人》外，其他皆无诗文载记。

注释

〔1〕王仲镛《唐诗纪事校笺》，巴蜀书社，1989年。

〔2〕孟二冬《登科记考补正》卷二二，大中十三年，崔澹名下亦引及此，未注其误。

徐仁嗣

徐仁嗣，两《唐书》无传。《新唐书》卷七五下《宰相世系表》五下，记有徐仁嗣，唯未注字号、官名。

《唐尚书省郎官石柱题名考》卷五司封郎中，列有徐仁嗣，清劳格即引《新唐书·宰相世系表》，谓徐仁嗣为徐商子，徐彦若弟。按《新表》于徐商下格为徐彦若，即彦若确为徐商子，又见《旧唐书》卷一七九《徐彦若传》；而《新表》于徐彦若平列，依次横排者为仁嗣、仁矩、仁范、仁勗，而仁嗣等四人上格未有名，劳格即定仁嗣为徐商子。赵超《新唐书宰相世系表集校》（页905）对此有考，谓："《旧唐书》卷一七九《徐彦若传》云：'弟彦枢，位至太常少卿。'今《新表》彦若有弟仁嗣、仁矩、仁范、仁勗，皆以仁字排名，《新表》不载彦枢，颇疑此仁嗣等人非彦若弟。"[1]赵说有一定道理。《新表》似于徐仁嗣上格缺载其父之名；其非徐商子，可以肯定，劳格说非。

不过劳格于徐仁嗣之进士及第，提供确切材料，云："《文苑英华》百八十五有徐仁嗣省试《天骥呈材诗》。黄璞《王郎中传》：咸通三年，郑侍郎从谠试《倒载干戈赋》、《天骥呈材诗》。仁嗣当是三年进士。"清徐松《登科记考》卷二三即据《文苑英华》所载徐仁嗣此诗，系于懿宗咸通三年（862），是年知举者郑从谠。

此后，即《旧唐书》卷一九下《僖宗纪》乾符二年（875）二月所记："以翰林学士崔澹为中书舍人，翰林学士徐仁嗣为司封郎中，学士如故。"即僖宗乾符二年二月前，徐仁嗣已为翰林学士，此时则进迁司封郎中。崔澹，前已考述，当为乾符元年人，此时与徐仁嗣同时迁，则徐仁嗣或亦为乾符元年同时入院者。又《唐尚书省郎官石柱题名考》卷五司封郎中、卷六司封员外郎皆有徐仁嗣，司封郎中即据《旧纪》，乃在院时改迁者，则司封员外郎当为徐仁嗣于乾符元年入院前所任之官职，并以此充。又《唐郎官考》卷六司封员外郎，徐仁嗣在卢胤徵前，劳格考引《旧唐书·僖宗纪》，卢胤徵于乾符四年以侍御史为司封员外郎，判户部案。则徐仁嗣确当于乾符元年四月前已为司封员外郎。

此后，就未有徐仁嗣记载，何时出院也未可知。

《全唐诗》卷七八二载其诗一首，即《天骥呈材》，咸通三年应试时所作，当据《文苑英华》辑载。《全唐文》未载其文。

注释

〔1〕赵超《新唐书宰相世系表集校》，中华书局，1998年。

王　徽

王徽，两《唐书》有传，见《旧唐书》卷一七八、《新唐书》卷一八五。

《旧传》："王徽字昭文，京兆杜陵人。"《新传》同。《旧传》又载其曾祖择从，择从兄易从，曾于武周时登进士第，"王氏自易从已降，至大中朝登进士科者一十八人，登台省，历牧守、宾佐者三十余人"，可谓当时名族。

《旧传》记王徽"大中十一年进士擢第，释褐秘书省校书郎"；《新传》则仅云"第进士"，未记年。按据传，王徽卒于昭宗大顺元年（890），未记年岁，但《旧传》有云："徽登第时，年踰四十。"以大中十一年（857）为四十岁计算，则约生于宪宗元和十二年（817），或稍前。

《旧传》后又云："时宣宗诏宰相于进士中选子弟尚主，或以徽籍上闻。徽性冲澹，远势利，闻之忧形于色。徽登第时，年踰四十，见宰相刘瑑哀祈，具陈年已高矣，居常多病。"于是刘瑑"于上前言之，方免"。按据《新唐书》卷六三《宰相年表》，刘瑑于宣宗大中十二年（858）正月入相，同年五月卒于位。则王徽辞尚公主，请宰相刘瑑为言，当在大中十二年上半年，即其登进士第之第二年。可见王徽当时已有名声，也可见其"性冲澹，远势利"。

据两《唐书》本传，王徽后历仕于令狐绹宣武、淮南幕府，徐商江陵幕府，当在懿宗咸通二年至十余年间（参《唐刺史考全编》）。后入朝，为侍御史知杂，兼职方员外郎，转考功员外郎，为宰相萧倣所重。《旧传》接云："乾符初，[1]迁司封郎中、长安县令。学士缺人，倣用徽为翰林学士。"据此，则王徽任考功员外郎时，已为宰相萧倣所重，后遂由萧倣之荐，入为翰林学士。据《新唐书·宰相年表》，萧倣于咸通十四年（873）十月为中书侍郎兼兵部尚书、同中书门下平章事，乾符二年（875）五月卒，则王徽入院，当在乾符元年秋冬间。又《太平广记》卷七〇《王氏女》，有云："王氏女者，徽之姪也。父随兄入关。徽之时在翰林。"后叙王氏女善赋诗，旋卒，末云"即乾符元年也"。[2]如此，则王徽于乾符元年已为翰林学士。此时王徽当已为五十七、八岁。

王徽入院后，《旧传》记为："改职方郎中、知制诰，正拜中书舍人。延英中谢，面赐金紫，迁户部侍郎、学士承旨。改兵部侍郎、尚书左丞，学士承旨如故。"至广明元年（880）十二月三日，出院拜相。《新传》则仅简云："擢翰林学士。广明元年，卢携罢宰相，以徽为户部侍郎、同中书门下平章事。"未记在院时官阶迁转情况。

据《旧传》，王徽当于乾符元年先为司封郎中，后为长安县令，入院，即改为职方郎中、知制诰。唯《旧传》谓时"学士缺人"，故萧做荐其为翰林学士，实则乾符元年下半年，在院者有崔璆、豆卢瑑、孔纬、崔澹、徐仁嗣，已有五位（见"学士年表"），未能谓缺人。《旧传》所云不确。

《旧唐书》卷一九下《僖宗纪》，乾符三年（876）九月，"户部郎中、知制诰、翰林学士王徽为中书舍人，户部员外郎、翰林学士萧遘为户部郎中，学士并如故"。即其为中书舍人在乾符三年九月。唯《旧传》记其入院后"改职方郎中、知制诰"，后即云"正拜中书舍人"，未叙及户部郎中。岑氏《补记》谓《唐郎官石柱题名考》户中题名，"乾符中部分尚完好，并无王徽"，因而疑《旧唐书·僖宗纪》所载之"户部郎中"误，《旧传》仅记职方郎中，可信。今检中华书局点校本（1992年）卷一一户部郎中，有王徽（页593），岑氏当漏记。如此，则王徽当于乾符元年秋冬入院时，改为职方郎中、知制诰，乾符二年又改为户部郎中，仍知制诰，三年九月，"正拜中书舍人"。

《旧传》记其为中书舍人后，云"迁户部侍郎、学士承旨"。按豆卢瑑于乾符二年前后为承旨，五年五月丁酉任相出院（参见前传），如此，则王徽迁户部侍郎并任承旨，当在乾符五年五月后，当即在乾符五年下半年。按严耕望《唐仆尚丞郎表》，[3] 卷一二《辑考四下·户侍》，以豆卢瑑由承旨入相在乾符六年五月，乃误从《旧唐书·僖宗纪》，谓"徽以户侍充承旨不能早过六年五、六月"，严氏此说误（豆卢瑑事，详见前豆卢瑑传考述）。

又《全唐文》卷七九三载王徽《创筑罗城记》，有云："皇帝改元之六年，诸道盐铁转运兼镇海军节度等使、开府仪同三司、检校司徒中书门下平章事、燕国公高骈奏：'臣前理成都，筑大城，请纪其事。'上命翰林学士承旨臣王徽授其功状，臣徽承诏，再拜上言。"按据《旧唐书·僖宗纪》，高骈于乾符四年六月由宣歙观察使改镇海军（浙西）节度使，六年十月改淮南（扬州）节度使。此云"皇帝改元之六年"，则据王徽此记，当为乾符六年上半年，即此时确已任为承旨。

《旧传》后云："改兵部侍郎、尚书左丞，学士承旨如故。"未记年，当为乾符六年。翌年即广明元年（880）十二月，即出院拜相。《旧传》记为广明元年十二月三日。两《唐书·僖宗纪》及《新唐书·宰相年表》等皆记于十二月甲申。按是月庚辰朔，甲申为初五日，《旧传》之"三日"，"三"当为"五"之形讹。此为小事，问题在于王徽此次任相之政治背景，《通鉴》卷二五四广明元年十二月有记，云："甲申，以翰林学士承旨、尚书左丞王徽为户部侍郎，翰林学士、户部侍郎裴澈为工部侍郎，并同平章事。以卢携为太子宾客、分司。田令孜闻黄巢已入关，恐天子责己，乃归罪于携而贬之，荐徽、澈为相。"按僖宗时虽已十九岁，但仍由宦者田令孜掌权，可见当时使宰臣罢相，另提拔两位翰林学士任相，竟由宦官操纵，可见僖宗朝政之荒败，这也是唐末僖、昭两朝翰林学士政治境遇的一大特色。

据两《唐书》本传，王徽任相当日，黄巢兵入潼关，僖宗当夜即出奔，王徽于第二日晨才知，亦仓黄而出，奔赴行在，但为黄巢军所得，迫还京师，王徽未受任命，后又奔窜至蜀，僖宗嘉之，授以光禄大夫、守兵部尚书。故后钱易《南部新书》乙卷，称"王徽为相只一日"，并引王徽后于中和五年（885）请免昭义节度使之表奏，有云："六年内署，虽叨捧日之荣；一日台司，未展致君之恩。"此即《全唐文》卷七九三所载王徽《辞泽州节度表》所云"六年内值，虽叨侍从之荣；一日台司，未展匡扶之志"，文字有小异。又此云"六年内署"，亦可证王徽确于乾符元年入院。

王徽后历仕中外，两《唐书》本传皆有具述，此不赘。后于昭宗大顺元年（890）十二月卒，时为检校司空、守尚书右仆射，赠太尉，谥曰贞。据前记述，约为七十三、四岁。

《全唐文》卷七九三载其文三篇，即前所引述之《创筑罗城记》、《辞泽州节度表》及《请车驾还京表》，亦《旧传》所载者。

注释

〔1〕此处"乾符"原作"乾封"，中华书局点校本有校记，谓乾封为高宗年号，王徽为大中、大顺间人，不应作乾封，"疑此'乾封'为'乾符'之误"。按此不必云疑，故此处改。

〔2〕此条末注云"出《墉城集仙录》"，此书后未存。岑氏《补记》亦引此，谓"徽之"之"之"字衍，是。方积六、吴冬秀编撰《唐五代五十二种笔记小说人名索引》页61，亦云"据两《唐书·王徽传》及《类说》，其'之'字衍"。《唐五代五十二种笔记小说人名索引》，中华书局，1992年。

〔3〕严耕望《唐仆尚丞郎表》，中华书局重印本，1986年。

裴　澈

裴澈，两《唐书》无传。《新唐书》卷七一上《宰相世系表》一上，东眷裴氏，有裴澈，云"字深源，相僖宗"。此所谓"相僖宗"，即《旧唐书》卷一九下《僖宗纪》，广明元年

（880）十二月所记："辛巳，贼据潼关。时左军中尉田令孜专政，宰相卢携曲事之，相与误谋，以至倾败。令孜恐众罪加己，请贬携官，命学士王徽、裴澈为相。甲申，宣制以户部侍郎、翰林学士王徽、裴澈本官同平章事。"此为《旧唐书》首记裴澈之事者。《旧纪》此处所谓"宰相卢携曲事之"，不合实，参见前卢携传。

按《旧唐书·僖宗纪》此处所记裴澈之名，原作"徹"，而前已引述之《新唐书·宰相世系表》，及《新唐书》卷九《僖宗纪》、卷六三《宰相年表》、《通鉴》卷二五四所记，则皆作"澈"。又《旧唐书》卷一七五《嗣襄王煴传》，卷一七九《孔纬传》、《萧遘传》，提及裴澈事，亦作"澈"。《新唐书·宰相世系表》记裴俅有子二人，为渥、澈，兄弟二人之名皆为水字旁，且裴澈字深源，名与字，文意相合。如此，则《旧唐书·僖宗纪》所记广明元年十二月事，作"徹"，误。又岑氏《补记》虽亦引及《新纪》、《新表》、《通鉴》作"澈"，但未有考述，仍据《旧纪》作"徹"，当不确。

关于裴澈为相事，详后。

另，《唐尚书省郎官石柱题名考》卷一二户部员外郎，有裴澈，在韦宗卿前，清劳格于韦宗卿名下有引柳宗元《为韦京兆祭杜河中文》，即柳宗元与韦宗卿同时，则此裴澈任户部员外郎既在韦宗卿前，当与僖宗时之裴澈非同一人。又同书卷一一户部郎中亦有裴澈，接大历时卢纶之后，当亦为另一人。卷一三度支郎中，有裴澈，在李羽、归仁绍前。据劳格所引材料，李羽，咸通十年（869）正月，因被指控为杨收党而被流放；归仁绍，咸通十年进士及第，则与裴澈同时，当为此裴澈。据此，裴澈于入院前曾任度支郎中。

又，裴澈既于广明元年十二月与王徽同时由翰林学士入相，裴澈时为户部侍郎，而王徽于乾符元年（874）秋冬以司封郎中入（见前传），则裴澈入院，或稍后于王徽，可能即于乾符二年（875），以度支郎中入。

如此，则其在院期间，当有所迁转，至乾符六年（879）下半年，当已为户部侍郎。广明元年（880）十二月，黄巢军攻占潼关，入华州，将攻长安，僖宗即西出，出前，时为左军中尉的宦官田令孜乃使卢携罢相，提拔两位翰林学士王徽、裴澈入相。按僖宗即位前为普王时，田令孜曾在其府供职，僖宗即位后，乃擢任其为神策中尉，掌有军权。《通鉴》卷二五二乾符二年（875）正月记："上时年十四，专事游戏，政事一委令孜，呼为'阿父'"；田令孜由是掌有实权，"除官及赐绯紫皆不关白于上"，"宰相以下，钳口莫敢言"。《新唐书》卷二〇八《宦者下·田令孜传》所载略同。由宦官将两位翰林学士提拔为相，有唐一代，似也未有。

僖宗避黄巢兵，出奔居蜀，至光启元年（885）三月才由成都返回长安，在蜀有四年余。裴澈自广明元年（880）十二月甲申自户部侍郎改为工部侍郎入相，光启元年随僖宗返京，仍在相位。

后田令孜与河东节度使李克用、邠宁节度使朱玫利害冲突，交战，田令孜兵败，李克用等于光启元年十二月至京师，田令孜挟僖宗出奔凤翔；光启二年四月，朱玫奉嗣襄王熅（肃宗玄孙）为帝。时裴澈未能随僖宗出奔，被迫留于长安，朱玫乃使其仍居相位，并加判度支（《通鉴》卷二五六光启二年五月）。而同年十二月，朱玫为河中节度使王重荣军所败，被杀，光启三年三月，唐朝廷下令，"诏伪宰相萧遘、郑昌图、裴澈，于所在集众杀之，皆死于岐山"（《通鉴》同上卷）。裴澈、萧遘等被杀，实受当时朝政紊乱之累。

裴澈无著作载录。

萧 遘

萧遘，两《唐书》有传，见《旧唐书》卷一七九、《新唐书》卷一〇一。两《唐书》本传，皆称为南朝梁皇室后裔，《新唐书》卷七一下《宰相世系表》一下，即列于"梁高祖武皇帝"房。萧遘五世祖萧嵩，曾为玄宗时宰相；高祖华，为肃宗时宰相；其曾祖复，相德宗，父真，相懿宗，而萧遘在僖宗时亦曾任相，故《新唐书》卷一〇一，传末"赞曰"："自瑀逮遘，凡八叶宰相，名德相望，与唐盛衰。世家之盛，古未有也。"可见晚唐时，士族之风仍为人所重。

《新传》、《新·宰相世系表》皆记萧遘字得圣，《旧传》未记。《旧传》又记萧遘于懿宗咸通五年（864）登进士第，后云"释褐秘书省校书郎、太原从事；入朝为右拾遗，再迁起居舍人"，皆未记年，当在咸通五年至十一年间（864—870），因咸通十一年四月韦保衡任相后，萧遘即被贬出。《旧传》记云："与韦保衡同年登进士第，保衡以幸进无艺，同年门生皆薄之。遘形神秀伟，志操不群，自比李德裕，同年皆戏呼'太尉'，保衡心衔之。及保衡作相，掎遘之失，贬为播州司马。"《新传》略同。按韦保衡于咸通十一年（870）四月为相，十四年（873）九月贬出（见前懿宗朝韦保衡传），则萧遘之贬当在咸通十一、二年间。

按播州，据《元和郡县图志》卷六江南道，其治即遵义县（今贵州遵义），可见萧遘此次被贬之僻远。《旧传》有记其贬途情景："途经三峡，维舟月夜赋诗自悼，虑保衡见害，遽有神人谓之曰：'相公勿忧，予当御侮奉卫。'遘心异之。过峡州，经白帝祠，即所睹之神人也。"《新传》所载略同。即途经三峡，顾虑韦保衡于途中见害。此所记恐非实。今检

《全唐文》卷八一六有袁循《修黄魔神庙记》，亦记萧遘于"咸通末岁"，"自右史窜黔南"，途经三峡，时值大雨，蜀水方涨，乃畏惧，于夜间梦神人，谓"险不足惧"，后即于僖宗乾符间萧遘命人维修秭归庙祠。两《唐书》本传所记当本稗史杂闻。

萧遘被贬后，《旧传》接云："（韦）保衡诛，以礼部员外郎徵还，转考功员外郎、知制诰。乾符初，召充翰林学士。"《新传》仅云："未几，保衡死，召为礼部员外郎。乾符中，累擢户部侍郎、翰林学士承旨。"则初入院时已为户部侍郎，且为翰林承旨，《新传》所记极不当（详后）。按韦保衡于僖宗即位后，于咸通十四年（873）十月被贬赐死，同月，因韦保衡所陷而被贬者亦陆续放还，萧遘亦当于咸通十四年冬入为礼部员外郎（清劳格《唐尚书省郎官石柱题名考》卷二〇礼部员外郎，亦列有其名）。

《旧传》后记萧遘由礼部员外郎转考功员外郎、知制诰。按《旧唐书》卷一九下《僖宗纪》，乾符二年（875）十月有记："以考功员外郎赵蕴为吏部员外郎，户部员外郎卢庄为起居员外郎，礼部员外郎萧遘为考功员外郎。"赵蕴、卢庄皆非翰林学士，萧遘与此二人并改授官，当亦未为翰林学士；其于考功员外郎加知制诰，当稍后。

《旧唐书·僖宗纪》后于乾符三年（876）九月记："户部郎中、知制诰、翰林学士王徽为中书舍人，户部员外郎、翰林学士萧遘为户部郎中，学士并如故。"即乾符三年九月，萧遘已在院，并由户部员外郎迁户部郎中。按据前述，乾符二年十月萧遘由礼部员外郎为考功员外郎，尚未入院，此后当又改为户部员外郎，并以户部员外郎入院，则当在乾符二年冬或三年初。岑氏《补记》谓《唐郎官考》户外题名未见萧遘，故萧遘究以何官入，殊难确定。今按中华书局点校本（1992年）

《唐尚书省郎官石柱题名考》卷一一户部郎中，卷一二户部员外郎，均有萧遘，其以户部员外郎入，当可定，后即又改迁户部郎中，加知制诰。又《旧传》云萧遘于乾符初召充翰林学士，按乾符共六年，萧遘于乾符二年冬或三年初入，不当云乾符初。

《旧传》记萧遘"召充翰林学士"，接云"正拜中书舍人，累迁户部侍郎、翰林承旨"，缺记入院后由户部员外郎迁户部郎中事。前所引述之袁循《修黄魔神庙记》（《全唐文》卷八一六），作于乾符四年（877）二月九日，文中称"今翰林、舍人兰陵公"。据此，则萧遘当于乾符四年二月九日前已由户部郎中升迁为中书舍人，其时或在乾符三年末、四年初。

《旧唐书·僖宗纪》后于中和元年（881）记："正月庚戌朔，车驾在兴元，以翰林学士承旨、尚书户部侍郎、知制诰萧遘为兵部侍郎、充诸道盐铁转运等使。"即中和元年正月前，萧遘已为户部侍郎、翰林学士承旨。按王徽于乾符五年（878）五月继豆卢瑑为承旨，广明元年（880）十二月五日拜相，时黄巢军入长安，僖宗出奔，朝政紊乱，萧遘亦随僖宗出幸，当即于十二月继王徽为承旨，而此前约于乾符六年已为户部侍郎。广明元年十二月，在院者以萧遘资历最深，故当以其接王徽。

至于萧遘出院为相，两《唐书》所记有异。《旧传》云："中和元年三月，自褒中幸成都，次绵州。以本官同平章事，加中书侍郎。"《通鉴》卷二五四，中和元年正月，记僖宗自兴元出发赴蜀，辛未至绵州，"壬申，以兵部侍郎、判度支萧遘同平章事"。《新唐书·僖宗纪》、《新唐书·宰相年表》亦记于中和元年正月壬申，谓以兵部侍郎、判度支萧遘为工部侍郎、同中书门下平章事。《旧唐书·僖宗纪》于中和元年正月记："以翰林学士承旨、尚书户部侍郎、知制诰萧遘为兵部侍郎，充诸道盐铁转运等使，寻以本官同平章事，领使如故。"则《旧传》记于中和元年三月入相，"三"字误。

又，《旧纪》及两《唐书》本传皆记萧遘以兵部侍郎本官入相，而《新纪》、《新表》则记以兵部侍郎改工部侍郎入相，《通鉴》亦记为以工部侍郎、判度支同平章事。《全唐文》卷八六所载僖宗《授王铎萧遘平章事制》，先称萧遘为朝散大夫、守尚书兵部侍郎、判度支，授以银青光禄大夫、守工部侍郎、门下平章事，即与《新纪》、《新表》、《通鉴》同。如此，则《旧纪》及两《唐书》本传记其以兵部侍郎本官入相，误。[1]

据此，则萧遘当于中和元年（881）正月初出院，改为兵部侍郎，充诸道盐铁转运等使，后又于同月壬申（二十三日），以工部侍郎入相。

萧遘在院，前后约四年。《全唐文》卷八六僖宗《授王择萧遘平章事制》中曾概誉为："自精通艺行，履历清崇，逸翰摩云，高踪绝地。"同卷《萧遘罢判度支制》亦称其："负严乐之才华，既司天语；将徐庾之事业，尤润帝谟。"又乐朋龟草撰的《萧遘判度支制》（《全唐文》卷八一四），先称其才华："众谓国华，雅得韦平之称；时推人瑞，谅齐管乐之名"，后叙其在院时之业绩："由右司以践南宫，自中戎而升内署。久传密命，縠组绣于笔端；旋总宪台，定准绳于朝右。"不过萧遘任职期间，未撰有制诏传存，对当时政事也未有所参与。值得一提的是，有一位文士向其进献诗作。

《全唐诗》卷七○二载张蠙《投翰林张侍郎》、《投翰林萧侍郎》二诗，前诗之张侍郎为张褐，见前懿宗朝张褐传。张蠙为晚唐寒士群体"咸通十哲"之一，多年应试不第，在献张侍郎诗中自叹"举家贫拾海边樵"，至此已"十载身辞故国遥"。按张褐于咸通九年（868）六月至十三年（872）五月在翰林学士任，张蠙乃求其举荐，"愿与吾君作霖雨，且应平地活枯苗"。但咸通年间他仍未及第，故于僖宗乾符时又向翰林学士萧遘献诗，即此《投翰林萧侍郎》，诗云："九仞墙边绝路岐，野才非合自求知。灵湫岂要鱼栖浪，仙桂那容鸟寄枝？纤草不销春气力，微尘还助岳形仪。从来为学投文镜，文镜如今更有谁？"诗题称萧侍郎，当作于乾符六年（879）萧遘由中书舍人迁户部侍郎时。时黄巢已率军由广东北上，后又攻陷洛阳，形势迫急，张蠙为自己仕途，仍不忘向享有高誉之翰林学士求荐，特别是末二句，以"文镜"喻萧遘，誉其为能鉴别诗文优劣之高才。由此亦可见当时士子之心情。

萧遘随僖宗，避乱在成都，后于光启元年（885）返京师。任相期间，他对宦者田令孜专政极为不满，屡有抵制。后田令孜与河东节度使李克用、邠宁节度使朱玫矛盾，李克用、朱玫率兵攻长安，田令孜乃挟僖宗出奔凤翔。光启二年（886），朱玫奉嗣襄王煴（肃宗玄孙）为帝。时萧遘未随僖宗西出，仍在京，朱玫乃迫使萧遘撰写襄王即位册文，萧遘辞，而朱玫仍任其为相，萧遘乃以疾退居于汉中之永乐县（时其弟遭为永乐县令）。后朱玫兵败，僖宗返京。《旧传》记云："僖宗再返京，宰相孔纬与遘不协，以其受伪命，奏贬官，寻赐死于永乐。"《旧唐书·僖宗纪》，光启三年（887）三月，亦记"太子少师致仕萧遘赐死于永乐县"。萧遘之所以赐死，表面上虽为宰相孔纬提出，实际上恐还是宦官田令孜之意。《新传》曾记，萧遘任相时，"（田）令孜持禁军，权宠可炙，公卿无不附顺，唯遘未尝少下"。《旧传》末云："遘为大臣，士行无缺。逢时不幸，为伪煴所污，不以令终，人士惜之。"

《全唐诗》卷六〇〇载其诗三首：《春诗》、《和王侍中谒张恶子庙》、《成都》，当皆随僖宗在蜀时所作，有诗意。又宋《宣和书谱》卷四"正书"，记有萧遘，云："遘之字画，虽罕传于世，观其景公、幽公二帖笔迹，有廊庙之气，而足规矩，学者未易到也。今御府所藏之：正书·景公帖，行书·幽公帖。"则其书迹，北宋时尚有存，也可见萧遘确颇有才艺。

注释

〔1〕按岑氏《补记》，仍谓以兵部侍郎本官同平章事，并有考，而严耕望《唐仆尚丞郎表》卷一二《辑考四下·户侍》，则谓岑说"迂回解析，以明兵侍本官入相之为正，以未见此制耳"，即谓岑氏未见及《全唐文》所载之僖宗《授王铎萧遘平章事制》。严说是。《唐仆尚丞郎表》，中华书局重印本，1986 年。

张　祎

张祎，《旧唐书》有传，附于卷一六二其祖张正甫传后；《新唐书》无传。

《旧唐书·张正甫传》称为南阳人，文宗时曾为工部尚书、集贤殿学士，大和八年（834）卒，年八十三，"仁而端亮，涖官清强"。张正甫子毅夫，即纬父，官至户部侍郎、弘文馆学士判院事；其从兄弟登第者甚多，"相次登科"，"大和中，文章之盛，世共称之"，又云"诸群从登第者数人，而毅夫子祎最知名"。可见其家世之文化背景。

《旧·张祎传》："祎字冠章，释褐汴州从事、户部判官。"当亦科试登第，但未详其年。《旧传》接云："入为蓝田尉、集贤校理。赵隐镇浙西，刘邺镇淮南，皆辟为宾佐，入为监察御史，迁左补阙。"按据《旧唐书》卷一九下《僖宗纪》，赵隐于乾符元年（874）三月罢相，出为润州刺史、浙西观察使，后约乾符二年（875）四月后因部将王郢作乱，赵隐改除太常卿（见《通鉴》、《新唐书·赵隐传》）。又《新唐书》卷六三《宰相年表》，刘邺于乾符元年十月罢相，出为淮南节度使，后因黄巢军进攻，于乾符六年（879）由高骈代其任（《通鉴》，并参《唐刺史考全编》）。由此，则张祎当于乾符元年三月后在浙西赵隐幕，乾符二年四月后改至淮南（扬州）刘邺幕，当于乾符三年入朝，为监察御史（正八品上）、左补阙（从七品上）。

《旧传》接云："乾符中，诏入翰林为学士。"据前考述，张祎于乾符二、三年间在淮南幕，后入朝累任监察御史、左补阙，当有一定时间，《旧传》既云乾符中，则当于乾符四年以左补阙入为翰林学士。

《旧传》又接云"累官至中书舍人"。由从七品上之左补阙，至正五品上之中书舍人，其间当有其他官衔历迁的，如尚书员外郎（从六品上）、郎中（从五品上），并需有一定时间，惜限于史料，未能具知。唯其为中书舍人，或为乾符六年（879）。

此后，《旧传》云："黄巢犯京师，从僖宗幸蜀，拜工部侍郎、判户部事。"未记年。按《唐文拾遗》卷三三据《金石苑》载有张祎《南龛题名记》，多有缺文，前半篇云："圣上西巡之辰，余自金门飞骑追扈大驾，中途隔烟尘遁迹。及中秋方达行在，由青琐判吏，视事未浃旬，复归内署。明年自贰□授是官，又明年出绾是职。"按僖宗因黄巢攻长安，于广明元年（880）十二月西奔，中和元年（881）正月至成都。即僖宗出奔时，张祎未能及时随行，后才坎坷跋涉，至中和元年中秋才到达成都。抵达成都后，朝中使其"青琐判吏"。岑氏《补记》谓未实指何官。可能当时因政事繁忙，临时安排某种职事，不过"未浃旬，复归内署"，即仍任为翰林学士，归院中。又云"明年自贰□授是官",有缺字。但当与《旧传》所谓"拜工部侍郎、判户部事"合,即中和二年(882),时仍在院。

张祎《南衙题名记》接云"又明年出绾是职",所谓"又明年",当为中和三年(883)。按此文署为"中和四年甲辰三月八日尚书右丞判户部张祎记",则"是职"即为"尚书右丞判户部",亦即张祎于中和三年出院,任尚书右丞判户部。此为《旧传》未载,《旧传》仅记为"从僖宗幸蜀,拜工部侍郎,判户部事",后未记,此亦为《旧传》所缺。

按唐军于中和三年四月收复长安,但僖宗于中和三、四年仍在成都,未还。则张祎于中和三年出院后,亦仍在成都。宋黄休复《益州名画录》卷上《常重胤》条,记"僖宗幸蜀,回銮之日",蜀民奏请留写御容于成都大圣慈寺,乃令画师常重胤画写御容及从驾臣寮于中和院,其中即记有"尚书右丞判户部张祎",与《南衙题名记》所具衔合。严耕望《唐仆尚丞郎表》表六《辑考一下·右仆》裴璩条,对常重胤作画及记之时间有考,谓作于中和四年九、十月间。[1]严氏所考是。由此,则张祎后于光启元年(885)三月随僖宗返朝,仍任尚书右丞判户部之职。

张祎返京后,《旧传》有记云:"奉使江淮,还,为当途者不协,改太子宾客、左散骑常侍。"后转吏部侍郎。据严耕望《唐仆尚丞郎表》卷十《辑考三下·吏侍》,张祎由左散骑常侍转为吏部侍郎,约在昭宗初大顺、景福(890、892)。如此,则张祎奉使江淮,当为随僖宗返京不久,为当时征赋税需要,因判户部事,遂出使江淮,当在光启元年、二年间(885—886)。

值得一提的是,张祎出使江淮,杜荀鹤有诗上之:《投宣谕张侍郎乱后遇毗陵》(《全唐诗》卷六九二)。陶敏《全唐诗人名考证》（页934），谓此张侍郎为张祎，即引《旧传》为证，当是。诗题所谓"乱后"，即黄巢之事平后不久，张侍郎因判户部事，即至江南"宣谕"。诗云："此生今日似前生，重著麻衣特地行。经乱后囊新卷轴，出山来见旧公卿。雨笼蛮壁吟灯影，风触蝉枝噪浪声。闻道中兴重人（原校：一作文）物，不妨西去马蹄轻。"诗中有对张祎前在翰林任职的赞誉（"重著麻衣特地行"），亦有对现时乱后"中兴"重展其文才之期望。按杜荀鹤虽早有诗名，但亦如晚唐时一般贫寒士人，屡试不第，宋葛立方《韵语阳秋》卷一八即云："杜荀鹤老而未第，求知己甚切。"杜荀鹤于昭宗大顺二年（891）才进士及第，则张祎出使江淮时，杜仍未及第，时在江南（毗陵在今江苏常州），可能即因此向张祎献诗，以求举荐。

张祎自江淮出使还，累迁为礼部尚书、兵部尚书。《旧传》云："从昭宗在华，为韩建所构，贬衡州司马。昭宗还京，徵拜礼部尚书、太常卿，充礼仪使，迁兵部尚书。""昭宗在华"，为乾宁三年（896）七月，西北节镇李茂贞逼京师，昭宗应华州刺史韩建之请出驻华州。张祎何以为韩建所挤而受贬，未可知。昭宗后于光化元年（898）八月还朝，张祎则亦被召入朝，并有升迁，累迁为兵部尚书。卒年不详，或即在光化中（898—901）。

《全唐诗》卷六六七载其诗二首，一为《巴州寒食晚眺》，一为《题击瓯楼》，皆七绝，在蜀时作。其文，即前已引述之《南兖题名记》（《唐文拾遗》卷三三）。

注释

〔1〕严耕望《唐仆尚丞郎表》，中华书局重印本，1986年。

韦昭度

　　韦昭度，两《唐书》有传，见《旧唐书》卷一七九、《新唐书》卷一八五。《旧传》："韦昭度字正纪，京兆人。祖绪，父逢。"《新传》同，但未记其祖、父名。《新唐书》卷七四上《宰相世系表》四上，京兆韦氏，亦记有韦昭度，"字正纪，相僖宗、昭宗"，并记其祖名绶，父名逢，字形与《旧传》异。中华书局点校本未有校，赵超《新唐书宰相世系表集校》（页679）有校及《新表》与《旧传》有异，但未有考。[1]

　　《唐摭言》卷七《起自寒苦》条，有记叙韦昭度年少时贫寒，"常依左街僧录净光大师，随僧斋粥。净光有人伦之鉴，常器重之"。其少年贫苦事，两《唐书》本传皆未载，可见唐五代笔记对正史亦可有补。

　　《旧传》记其"咸通八年进士擢第"，《新传》则简云"擢进士第"，未记年。清徐松《登科记考》卷二三即据《旧传》系于懿宗咸通八年（867），同年登第者有皮日休、韦承贻等。

　　《旧传》于其及第后，接云："乾符中，累迁尚书郎、知制诰，正拜中书舍人。从僖宗幸蜀，拜户部侍郎。"此处所述仕迹，实为韦昭度任翰林学士期间所历之官阶，而《旧传》却未提及其任翰林学士事。《新传》有记，云："擢进士第，践历华近，累迁中书舍人。僖宗西狩，以兵部侍郎、翰林学士承旨从。"所谓"践历华近"，即喻指翰林学士；后又提及翰林学士承旨，虽未记有年月，但较《旧传》确切。

　　岑氏《补记》谓韦昭度约乾符末入，未有考述，亦未叙及以何官入院。按《唐尚书省郎官石柱题名考》卷一二户部员外郎，有韦昭度，在孔纶后。劳格有引《旧唐书·僖宗纪》，记孔纬于乾符二年（875）十一月由殿中侍御史改任户部员外郎，韦昭度既列于孔纬后，则其为户部员外郎当在乾符三、四年间。《旧传》提及"累迁尚书郎、知制诰，正拜中书舍人"，很可能即于乾符三、四年间以户部员外郎入院，后又迁尚书郎、知制诰，随后又正拜中书舍人，当在乾符五、六年及广明元年间（878—880）。

《旧传》于"正拜中书舍人"后，云："从僖宗幸蜀，拜户部侍郎。中和元年，权知礼部贡举。"《新传》则云："迁中书舍人。僖宗西狩，以兵部侍郎、翰林学士承旨从。"《新传》此处未记中和元年权知礼部贡举事，而云"未几，进同中书门下平章事"，即在蜀时旋又拜相。按广明元年（880）十二月，黄巢攻陷潼关，僖宗西出，两《唐书》本传皆记僖宗出奔前韦昭度已为中书舍人。又据前考述，广明元年十二月僖宗即将离京时，王徽、裴澈二人由翰林学士为相，此前王徽为承旨，其任相出院，即由萧遘接为承旨，亦当于广明元年十二月。而萧遘旋于广明元年十二月底或中和元年元月出院，为兵部侍郎、判度支，则韦昭度当于中和元年元月接为翰林学士承旨。由此可见，《新传》记僖宗西狩，韦昭度以翰林学士承旨随行，则合于实际，《旧传》缺记。但《新传》记韦昭度接任承旨时任为兵部侍郎，《旧传》则谓户部侍郎，有异。此当有时间先后，即广明元年十二月僖宗西出，韦昭度随从，由中书舍人迁为户部侍郎，后于中和元年元月萧遘由户部侍郎、承旨改为兵部侍郎、判度支出院，韦昭度乃接任承旨，又改为兵部侍郎（萧遘事，见前萧遘传）。

《旧传》后云："中和元年，权知礼部贡举。"清徐松《登科记考》卷二三即据此载韦昭度于广明二年（即中和元年，881）知贡举。《唐摭言》卷九《敕赐及第》条，记僖宗"驾幸西蜀"时，"韦中令自翰长拜中文"，即韦昭度知举时，仍为学士承旨。按僖宗于中和元年元月中下旬才达成都，此年科试，就不可能如往常那样在年初元月，当因战乱，虽仍举试，但在二、三月间举行。

又，唐时翰林学士按例是不知举的，一般是前一年秋冬出院，任礼部侍郎或中书舍人，于第二年初主试。中和元年当因战事匆乱，故临时安排，命韦昭度知举，这也为有唐一代之特例。北宋初钱易《南部新书》己卷曾记："卢携在中书，深耻之。广明元年，乃追陕州卢渥入典贡帖经。后巢贼犯阙，天子幸蜀，韦昭度于蜀代之矣。"五代末之《北梦琐言》卷九亦言："乾符中卢携在中书，歉宗人无掌文柄，乃擢群从陕虢观察使卢渥知礼闱。是岁十二月，黄巢犯阙。"按卢渥，两《唐书》无传，司空图则为其作有神道碑：《故太子太师致仕卢公神道碑》（《全唐文》卷八〇九），记卢渥任陕虢观察使时，"（广明元年）冬十月，拜礼部侍郎。……洎入贡署，才引明经，则美称已哗于外议。遇大驾南幸，乃中辍，人至今惜之。明年春，自都潜出，二月至中条，舍于幕吏司空图"。司空图曾为卢渥幕僚，故此处所记，确切可信。

由此，可见中和元年知举者本已定，但因战乱，君主出奔外地，临时安排翰林学士韦昭度代掌举试，且此次科试也只能在成都举办。可能正因此，录取者亦甚少。《唐语林》卷四有记，谓"韦昭度侍郎于蜀代之，放十二人"。徐松《登科记考》卷二三亦即据《唐语林》，记此年进士及第者十二人。

此次举试，另可注意者，是《唐摭言》卷九《恶得及第》条所载："黄郁，三衢人，早游田令孜门，擢进士第，历正郎金紫。李瑞，曲江人，亦受知于令孜，擢进士第，又为令孜宾佐。"徐松《登科记考》卷二三即据《唐摭言》此处所载，系此二人于中和元年进士及第者。由此，则黄郁、李瑞乃先曲附田令孜，后即由田令孜出力，使此二人登第。宦官还能操纵登第之人选，这也表现晚唐时科举考试的不良风习。韦昭度当也迫于客观环境，只能曲意为之。

《新传》接云"未几，同中书门下平章事"，即意为，知举后，同年，即中和元年就任相。而《旧传》则谓："中和元年，权知礼部贡举。明年，以本官同平章事，兼吏部尚书。"即于中和二年入相。而《旧唐书·僖宗纪》则仍记于中和元年，此年七月记："以兵部侍郎、判度支韦昭度本官同平章事。"同一书，纪、传竟如此互异，当代点校本未有校。按《新唐书》卷九《僖宗纪》中和元年七月具记为："庚申，翰林学士承旨、兵部侍郎韦昭度同中书门下平章事。"《新唐书》卷六三《宰相年表》、《通鉴》卷二五四，所记皆同。又《唐大诏令集》卷五〇《韦昭度平章事制》，文末署"中和元年七月"，文中先称其"翰林学士承旨、银青光禄大夫、行尚书兵部侍郎、知制诰、上柱国"，后云"又守本官同中书门下平章事"（《全唐文》卷八六亦载僖宗此制）。由此可证《旧传》所谓"明年"，误。

按上述《韦昭度平章事制》，有称其任翰林学士业绩者，云："旋召宥密，备著声猷，使我语言追三代之风，使我典则符百王之法。当风雨之如晦，励节敬恭；念艰难之在途，夙勤晨夜。临难得近臣之体，效忠彰明哲之心。"甚为赞誉。值得注意的是，制文云"使我语言追三代之风"，可以参照元稹于穆宗长庆时任中书舍人、翰林学士，白居易称其制文文体之改革，亦提及制文文体创新应有三代语言之风（见前元稹传）。由此可见，元稹对制文文体革新的主张，在晚唐也甚有影响。晚唐制诰文休，很值得作综合研究。

据两《唐书》载，僖宗后于光启元年（885）三月返京，韦昭度仍在相位。文德元年（888）三月，僖宗卒，昭宗即位。时田令孜之弟陈敬瑄长期任两川节度使，多专政，不缴赋税，昭宗乃使韦昭度以太尉检校中书令，出任剑南西川节度使兼两川招抚处置等使，以代替陈敬瑄。陈敬瑄不受代，乃与韦昭度所率兵交战。《通鉴》卷二五七，昭宗大顺二年（891）二月记，"韦昭度将诸道兵十余万讨陈敬瑄，三年不能克，馈运不继"，即召还。

韦昭度讨蜀期间，后于昭宗朝任翰林学士之吴融，曾在其幕中供职。《新唐书》卷二○三《吴融传》记云："韦昭度讨蜀，表掌书记。"《北梦琐言》卷四亦有载："唐吴融侍郎策名后，曾依相国太尉韦公昭度，以文笔求知。"吴融本人也有诗叙及，如其《灵池县见早梅》（《全唐诗》卷六八四），题下自注："时太尉中书令京兆公奉诏讨蜀，余在幕中。"诗中有"小园晴日见寒梅"、"春日暖时抛竺泽"句，或即作于龙纪元年（889）、大顺元年（890）春。据《元和郡县图志》卷三一剑南道成都府，所属有灵池县，"西至府六十里"，则已靠近成都。又有《简州归降贺京兆公》（《全唐诗》卷六八六）。《通鉴》卷二五八大顺元年（890）正月，记简州将杜有迁执刺史员虔嵩，求降。简州亦属成都府，辖境相当今四川简阳、资阳二县。可见吴融本人当时在韦昭度幕府，甚自重，由此亦可见韦昭度与文士之交往。

韦昭度后返朝，除东都留守；景福二年（893）九月，又由东都留守为司徒兼门下侍郎、同中书门下平章事，复相（据《新唐书·宰相年表》）。但旋又以太保致仕。后乾宁二年（895）五月，静难军节度使王行瑜、镇国军节度使韩建及凤翔陇右节度使李茂贞，与当时宰相崔昭纬联谋，率军攻京师，杀朝臣多人，其中有韦昭度、李磎，即亦曾任宰相者。昭宗时，地方节镇一方面以兵胁迫君主，另一方面又谋杀朝士，其中有不少曾为翰林学士者。唐末昭宗朝，翰林学士多有不幸遭遇，详见后昭宗朝翰林学士传。

韦昭度著作，《新唐书》卷五八《艺文志》二，史部杂史类，著录有《续皇王宝运录》十卷，下注："韦昭度、杨涉撰。"杨涉，《旧唐书》卷一七七、《新唐书》卷一八四附于其伯父杨收传后。据传，杨涉于僖宗乾符二年登进士第，昭宗时历任礼、刑二侍郎，后从昭宗徙洛阳，改吏部尚书，哀帝时为相，未记与韦昭度合撰此书。《新唐书·艺文志》所载，同类，有杨岑《皇王宝运录》，注云"卷亡。岑，宪宗时人。"杨岑，两《唐书》无传。据《新唐书·艺文志》，同类著录者有刘肃《大唐新语》、李肇《国史补》等，确为杂史类，但《续皇王宝运录》后未传存，具体内容不详，书名含义也不清。此书或为韦昭度在翰林学士任期内与杨涉合著，杨涉当于乾符二年进士及第后，在史馆任职。

又，《全唐文》卷八○五载其文三篇：《元中观瑞石贺表》、《又贺瑞石表》、《请复李克用官爵表》。《全唐诗》未载其诗。

注释

〔1〕赵超《新唐书宰相世系表集校》，中华书局，1998年。

徐彦若

徐彦若，两《唐书》有传，见《旧唐书》卷一七九、《新唐书》卷一一三。其父徐商，为武宗朝翰林学士，懿宗时曾为相（见前徐商传）。

《新唐书》卷七五下《宰相世系表》五下，记有徐彦若，云字俞之；两《唐书》本传皆未载其字号。

《旧传》载其"咸通十二年进士擢第",《新传》未有记。按清徐松《登科记考》卷二二系徐彦若于宣宗大中十二年(858),引《广卓异记》:"大中十二年,徐商为襄州节度使,长子彦若与于琮同年及第。"于琮,据《旧唐书·宣宗纪》,为大中十二年进士及第者。徐松即据此谓《旧传》所记之"咸通"为"大中"之讹。按《旧唐书》此卷(卷一七九)又载徐商"大中十三年及第",实则徐商于大中十二年已为襄州刺史、山南东道节度使,何以第二年又应科试并及第?徐商实为文宗大和五年(831)登进士第(见前徐商传)。《旧唐书》同一卷内记徐商父子登第之年皆误,此亦为《旧唐书》记晚唐史事有明显错误之突出事例。

《旧传》接云:"乾符末,以尚书郎知制诰,正拜中书舍人。"《新传》又略云"事僖宗为中书舍人",皆未记其任翰林学士事。岑氏《补记》引及《金华子杂编》文,指出徐彦若曾为翰林学士,当是。但岑氏所引较简,亦未有考述,且有志疑。今据上海古籍出版社2000年出版之点校本《金华子杂编》("唐五代笔记小说大观"本)卷上,全录于下:

"故事,南曹郎既闻除目,如偶然忽变改授他人,纵未领命,亦不复还省矣。南海端揆为主客员外时,有除翰林学士之命。既还省,吏忽报除目下,员外徐彦若除翰林学士。端揆以己未承旨,乃驾而将复治故厅。至省,省门子前曰:'员外已受报出省,不可更入南曹。'例举不敢避,遂退。彦若,公相之子,能驰誉清显,中尉杨复恭善之,故能变致中授耳。"

按据《旧传》,徐彦若于昭宗时曾罢相出任岭南节度使(其出镇年月,《旧传》、《新纪》有异,详后),故称为"南海端揆"。由此,则其任主客员外郎时,即授为翰林学士。

岑氏《补记》引及《金华子杂编》时,云:"所疑者今《郎官柱》主外题名完全无缺,并不见彦若,《金华子杂编》

所载，未必全信耳。"但岑氏后于所著《郎官柱题名新考订》（上海古籍出版社，1984年），对此说有纠正，谓此段"应行抹去"，因《郎官考》题名，不一定包括全唐，有些仅至乾符而止，故《郎官考》之主客员外郎虽未有徐彦若名，但不能谓徐彦若未曾任此职。

又《旧唐书》卷一九下《僖宗纪》，乾符元年（874）十一月，"以吏部员外郎徐彦若为长安令"。按《唐郎官石柱题名考》卷四吏部员外郎即有徐彦若，在杨堪前（《旧唐书·僖宗纪》，乾符二年二月，杨堪以库部员外郎为吏部员外郎）。

据前所述，徐彦若于乾符元年十一月前已为吏部员外郎，十一月改为长安县令，后当又改为主客员外郎，入为翰林学士，则如《旧传》所云，在乾符末（五、六年间）。后迁为尚书郎中、知制诰，又正拜中书舍人，当随僖宗在成都任职。《益州名画录》卷上《常重胤》条，记僖宗返朝，于中和四年（884）秋令常重胤于成都中和院壁上写录随驾文武臣寮名，其翰林学士无徐彦若，则当于中和四年秋前已出院，但未详其以何官出院。

另，可以注意的是，前所引述之《金华子杂编》，载徐彦若"驰誉清显，中尉杨复恭善之，故能变致中授耳"，即徐彦若之所以能授为翰林学士，中尉杨复恭起实际作用，使授命落实。按杨复恭为宦官，《旧唐书》卷一八四有传，记其于懿宗咸通十年（869）为枢密使，后僖宗时田令孜掌军权，"专制中外"，与杨复恭有矛盾，杨则仍具虚衔，称疾退于蓝田。昭宗时杨复恭又受重用（昭宗之立，即由杨复恭操持），即代田令孜为右军中尉。《金华子杂编》称其为中尉，实为昭宗时，僖宗时尚未任中尉。不过徐彦若于乾符后期入院时，杨复恭当在宫中仍有权。晚唐时，特别是僖、昭两朝，翰林学士之入、出，宦官甚起作用，这也是晚唐政治之一时代特色。

《旧传》于"正拜中书舍人"后，接云："昭宗即位，迁御史中丞，转吏部侍郎，检校户部尚书，代李茂贞为凤翔陇节度使。茂贞不受代，复拜中丞，改兵部侍郎、同平章事"。按《新唐书》卷十《昭宗纪》，卷六三《宰相年表》，及《通鉴》卷二五八，皆记昭宗大顺二年（891）正月，孔纬、张濬罢相，"翰林学士承旨、兵部侍郎崔昭纬，御史中丞徐彦若为户部侍郎，同中书门下平章事"。但《旧唐书》卷二〇上《昭宗纪》则记于上一年大顺元年（890）十二月，当误。

《旧传》另又有误，其云："昭宗自华还宫，进位太保、门下侍郎。时崔胤专权，以彦若在己上，欲事权萃于其门。二年九月，以彦若检校太尉、同平章事、广州刺史、清海军节度、岭南东道节度等使。"按昭宗自华州还京，在光化元年（898）八月，而据《新唐书·宰相年表》，徐彦若于光化二年正月兼门下侍郎，十一月为太保，即光化二年仍在相位；三年九月乙巳，则以检校太尉、同平章事，出为清海军节度使。《旧唐书·昭宗纪》、《通鉴》卷二六二皆同，《新唐书·昭宗纪》亦于光化三年九月乙巳记"徐彦若罢"。由此，则《旧传》所云"二年九月"，"二"当为"三"之形讹。惜中华书局点校本未有校。

两《唐书》本传记其出镇岭南后，云"卒于镇"，未记年。《新唐书·昭宗纪》、《通鉴》卷二六二则于天复元年（901）末，记是岁"清海军节度使徐彦若卒"。

吴融《海棠二首》（《全唐诗》卷六八六）有提及徐彦若在长安之故居，诗云："太尉园林两树春（句下自注：今番禺太尉徐公兴化亭子有海棠二株。），年年奔走探花人。今来独倚荆山看，回首长安落战尘。""云绽霞铺锦水头，占春颜色最风流。若教更近天街种，马上多逢醉五侯。"陶敏《全唐诗人名考证》（页928），谓诗中注之"徐公"为徐彦若，并有考述，云："诗云'今来独倚荆山看，回首长安是（按当为落）战尘'，当天复二年春作，时朱全忠犯阙，昭宗幸岐下，吴融奔阌乡。然时徐彦若已卒，疑注中'今'字误。或者乱中未得彦若死讯焉。"陶说是。按朱全忠于天复元年（901）十月即已出兵，《通鉴》卷二六二载是年十月戊申，"朱全忠至河中，表请车驾幸东都，京城大骇，士民亡窜山谷"。十一月，昭宗即西出，由李茂贞迎至凤翔，朱全忠即占长安，后又西往凤翔，与李茂贞战，天复二年二月乃还军河中。时吴融在翰林学士任，但昭宗西奔凤翔，吴融来不及随从，暂时客居于阌乡（详见后昭宗朝吴融传）。吴融作此诗时，当正南北战乱，未得徐彦若死讯，故仍云"今番禺太尉徐公"。由吴融此诗，可见徐彦若在长安住地园林，颇受人欣赏，竟"年年奔走探花人"，也可见吴融对徐彦若缅怀之情。又，李浩《唐代园林别业考录》，[1] 关内道京兆府，记有"兴化池亭"（页15），谓兴化池亭在长安兴化坊裴度宅，并引有白居易《宿裴相公兴化池亭兼蒙借船舫游泛》诗，又引《唐两京城坊考》卷四记有西京外郭兴化坊，即此池亭在长安外郭城兴化坊内。徐彦若当任相时，曾在兴化池附近亦建有住宅，但此事及吴融诗，李浩书中未有记。

《全唐诗》、《全唐文》未载其完整诗文。《全唐诗》卷八七〇"谐谑"，载其《戏答成汭》二句（页9866），当本于笔记稗史，不一定可靠。

注释

〔1〕李浩《唐代园林别业考录》，上海古籍出版社，2005年。

乐朋龟

乐朋龟，两《唐书》无传，仅《新唐书》卷六○《艺文志》四，集部别集类，载："乐朋龟《纶阁集》十卷，又《德门集》五卷，《赋》一卷。"下注云："字兆吉，僖宗翰林学士，太子少保致仕。"又宋《太平寰宇记》卷一四单州成武县，有云："唐乐朋龟墓在县西二十里，路南一百步。"未另有记叙。岑氏《补记》亦引此，谓可能乐朋龟即为成武县人。按《元和郡县图志》卷一一河南道曹州，所属有成武县（今山东省成武县）。

《北梦琐言》卷五《张濬乐朋龟与田军容中外事》条，有云："乐公举进士，初陈启事谒李昭侍郎自媒云：'别于九经、书史，及《老》、《庄》泊八都赋外，著八百卷书。请垂比试。'诚有学问也。"但未记是否登第。清徐松《登科记考》卷二三，据《唐语林》、《唐才子传》（载《高蟾传》），及《北梦琐言》此条，疑李昭为懿宗咸通十四年（873）知贡举，但此年进士及第者未记有乐朋龟。孟二冬《登科记考补正》卷二三引述胡可先、陈尚君等补考，谓李昭知举误。李昭，两《唐书》无传，史书中亦未记其知举事。但据《北梦琐言》所记，乐朋龟曾应举试，有行卷，自炫所作有八百卷，其事或亦在咸通中。

乐朋龟是否及第，及第后仕迹，均未知。最早记其翰林学士事者，为《通鉴》卷二五四。《通鉴》记，广明元年（880）十二月，黄巢军攻占关中，僖宗由宦官田令孜侍奉出行，西奔赴蜀，中和元年（881）正月丁丑至成都。《通鉴》即记云："时百官未集，乏人草制，右拾遗乐朋龟谒田令孜而拜之，由是擢为翰林学士。"由此可知，乐朋龟此前已为右拾遗，广明

元年十二月随僖宗至成都。又，此时翰林学士，可知者已有张
祎、韦昭度、徐彦若（见前传，及书后"学士年表"），皆为
知名人士，恐未能谓"乏人草制"。但据《通鉴》所载，则乐
朋龟乃向田令孜求荐，田令孜即擢举其为翰林学士。前所引及
之《北梦琐言》卷五《张濬乐朋龟与田军容中外事》，即详述
此事："旧例，士子不与内官交游。十军军容田令孜擅回天之
力，僖皇播迁，行至洋源，百官未集，缺人掌诰。乐朋龟侍郎
亦及行在，因谒中尉，仍请中外，由是荐之充翰林学士。"由
此亦可见乐朋龟当时之心意，亦与当时"政事一委令孜"
（《通鉴》卷二五二乾符二年）有关。

宋黄休复《益州名画录》卷上《常重胤》条，记僖宗将
返回长安时，曾命常重胤录写随驾文武臣僚真像，中即记有
"翰林学士承旨、兵部尚书乐朋龟"。据严耕望《唐仆尚丞郎
表》，此所录在中和四年（884）秋，则乐朋龟于中和元年正
月由右拾遗人，后当累有迁转，至中和四年秋，仍在院，且已
为翰林承旨、兵部尚书（正三品），官阶已相当高。

《全唐文》卷八一四载乐朋龟文六篇，岑氏《补记》曾考
证其所作年月，可参。如《萧遘判度支制》，据《新唐书》卷
六三《宰相年表》，当作于中和二年二月；《王铎弘文馆大学
士等制》，亦据《新唐书·宰相年表》，为中和元年四月庚寅；
《王铎中书令诸道行营都统权知义成军节度使制》，亦据《新
表》，在中和二年正月辛亥；《赐陈敬瑄太尉铁券文》，据文中
所记，为中和三年十月十六日。乐朋龟制文，传存者此四篇，
皆随僖宗在蜀时所作。其传存之篇数不多，而据前所引述之
《新唐书·艺文志》，其所著如《纶阁集》十卷，当为在院任
职时所撰之制文及有关碑志、奏议等，当有一定数量。又此四
篇制文，每篇多为五、六百字，有逾千字者，较唐时一般制文
字数为多。前所引述之《北梦琐言》卷五则称其"于制诰不

甚简当，时人或未可之"，这也为当时人的另一种评议。

乐朋龟另有《西川青羊宫碑铭》，虽非制文，但亦在院时所作。按中和三年四月，唐军收复长安，僖宗鉴于即将返京，乃决定于成都建一道观青羊宫以志留念。杜光庭《历代崇道记》（《全唐文》卷九三三），有记叙建立青羊宫事，谓中和三年九月二十一日，先立青羊宫名，十月十七日，"勅高品郭遵泰监造"，后云"又敕翰林学士承旨、尚书兵部侍郎、知制诰乐朋龟撰碑立之，伏乞颁示天下，以表皇家承神仙之苗裔"，末署"中和四年十二月十五日"。另《全唐文》卷九八六有阙名《奉敕立青羊宫碑牒》，题下注"中和四年中书门下"，即中书门下所敕之牒，奉皇帝之命将乐朋龟所撰之碑文刻于青羊宫内，中云："乐朋龟职司内翰，首冠近臣，妙迴掷地之金，镂入他山之石。铺陈尽善，蔡邕当患于先知；述作无遗，子建何劳于独步。宜刊盛事，以证斯文。"极赞誉乐朋龟此文，称堪与蔡邕、曹植媲美。

由上所述，则乐朋龟当于中和三、四年间（883—884）已为翰林学士承旨、兵部尚书（据杜光庭《历代崇道记》，当先为兵部侍郎、知制诰，后迁为兵部尚书）。按乐朋龟所撰此篇《西川青羊宫碑铭》，有七千二百余字，亦为唐时碑文极少见的，可见乐氏确长于文辞之挥洒。可以注意的是，文中先记叙唐本朝历代君主对道教的信奉与重视，后即重点称誉左神策军中尉田令孜及其弟、时为剑南西川节度使陈敬瑄。其称陈敬瑄，谓"虽文翁、武侯之才，萧酇、王濬之策，未可与俦"，甚至可"掩裴度淮西之功"。对田令孜，则赞誉更多，称其"有踰千越万之才，有闻一知十之智"，"赏罚无私，九土之诸侯怀惠；恩威普度，十军之将帅归心"。由此可见，乐朋龟当初之入为翰林学士，确受田令孜之引荐，此后即一直附事之，作此碑文，如此谀词，也可见晚唐时期翰林学士另一种心境。

僖宗于光启元年（885）三月返京，乐朋龟当仍以翰林学士随还。《通鉴》卷二五六，光启二年（886）正月八日记，僖宗又因兵乱，西出宝鸡，翰林学士承旨杜让能亦追随至宝鸡。则此时杜让能既已为承旨（详见后杜让能传），则乐朋龟此前当已出院，由杜让能接为承旨，其出院或即在光启元年三月后，但以何官出院，不详。

《全唐文》所载乐朋龟另一文为《僖宗皇帝哀册文》，云："维文德元年岁次戊申十月乙丑朔二十七日辛卯，僖宗皇帝将迁于靖陵，礼也。"按僖宗于文德元年（888）三月卒，《旧纪》："其年十二月，葬于靖陵。"则乐朋龟于光启元年出院，至此已三年，当仍在朝中任职，故能奉命撰此册文，但亦未知其所任官。《新唐书·艺文志》记为以"太子少保致仕"，当在昭宗初。

前已引述，《新唐书·艺文志》著录其所著，有《纶阁集》十卷，《德门集》五卷，《赋》一卷。《纶阁集》当为在院时所撰之制诏、奏议、碑志等，《德门集》、《赋》则当为诗文集。今存者仅《全唐文》所载六篇，前已述；《全唐诗》未有载。

柳 璧

柳璧，两《唐书》有传，附于其祖柳公绰传后，见《旧唐书》卷一六五、《新唐书》卷一六三。两《唐书·柳公绰传》皆记为京兆华原人。

柳公绰历仕于宪、穆、敬、文四朝，终兵部尚书。其弟公权，书法家，穆宗、文宗朝为翰林侍书学士、翰林学士。柳公绰子仲郢，武宗会昌时为李德裕所知，曾被荐为京兆尹，"宣宗初，德裕罢政事，坐所厚善，出为郑州刺史"（《新传》）。柳仲郢后又历仕中外，其早年曾著有《尚书二十四司箴》，颇受韩愈咨赏；又善藏书，"家有书万卷"，"尝手抄《六经》，司马迁、班固、范晔史皆一抄，魏晋及南北朝史再，又类所抄它书凡三十篇，号《柳氏自备》，旁录仙佛书甚众，皆楷小精真，无行字"（《新传》）。

仲郢有四子：璞、珪、璧、玭。据两《唐书》传，柳璞著有《春秋三氏异同义》，又有《天祚长历》，"断自汉武帝纪元，为编年，以大政、大祥异、侵叛战伐随著之，闰位者附见其左"（《新传》），则为司马光《资治通鉴》之前资。柳珪，"与（柳）璧继擢进士，皆秀整而文，杜牧、李商隐称之"（《新传》）。又柳玭，僖宗时曾以吏部侍郎预修国史，"直清有父风"（《新传》）。

由上所述，可见柳璧有良好的文化家世境遇。

《新传》记柳璧"字宾玉"，《新唐书》卷七三上《宰相世系表》三上，记为"璧字宝玉，右谏议大夫"。其字号，一作"宾"，一作"宝"，互异。中华书局点校本及赵超《新唐书宰相世系表集校》，[1]皆未校及。

《旧传》记其"大中九年登进士第"，《新传》未记。清徐松《登科记考》卷二二即据《旧传》系于宣宗大中九年（855）。《旧传》接云："尝为《马嵬》诗，诗人韩琮、李商隐嘉之。"按韩琮、李商隐诗文，未有评及柳璧者。又李商隐卒于大中十二年（858）；韩琮于大中后期任湖南观察使，大中十二年五月，湖南军乱，韩琮被逐，后未知其行踪（参《唐五代文学编年史·晚唐卷》大中十二年）。[2]据此，则柳璧之《马嵬》诗当作于早期，进士登第年（大中九年）前后，故能为韩琮、李商隐所知。惜此诗后未传存，《全唐诗》也未载有柳璧之诗。

　　《旧传》接云："马植镇陈许，辟为掌书记，又从植汴州。李瓒镇桂管，奏为观察判官，军政不惬，璧极言不纳，拂衣而去。桂府寻乱，入为右补阙。"《新传》略同。参据《唐刺史考全编》，马植于大中九年至十一年为许州刺史，十一年改任汴州，卒于任，则柳璧登第后即先后在许州、汴州幕府。又李瓒（李宗闵子）于乾符前期任桂管观察使，据《通鉴》卷二五三，乾符三年（876）因曲奉监军、宦官李维周，失政，于是年十二月为军所逐（《新唐书·僖宗纪》记于乾符四年十二月，《通鉴·考异》据《实录》，定于乾符三年十二月）。《旧传》所云柳璧对李瓒"军政不惬"曾直言评议，当合实，并于乾符三年十二月军乱前即离去，入朝擢为右补阙。《新传》记为"擢右补阙，再转屯田员外郎"（《旧传》未记屯田员外郎），即于乾符后期在朝，历为右补阙（从七品上）、屯田员外郎（从六品上）。

　　《旧传》接云："僖宗幸蜀，召充翰林学士，累迁谏议大夫，充职。"《新传》同，并记为"右谏议大夫"。按僖宗因避黄巢军，于广明元年（880）十二月离京赴蜀，中和元年（881）正月抵达成都，后于光启元年（885）春返长安，中和四年间（881—884）皆在蜀。如此，则柳璧以屯田员外郎随僖宗赴蜀，于中和元年入院为翰林学士，后又迁为右谏议大夫，仍在院。

　　又，前曾引述之《益州名画录》卷上《常重胤》条，记僖宗于中和四年秋命从臣常重胤绘记当时从驾之文武臣寮（参见前韦昭度、乐朋龟传），中有翰林学士乐朋龟、杜让能等五人，但未有柳璧之名，则中和四年秋前柳璧已出院。在院时曾为右谏议大夫，出院时所带何官，及出院后仕迹，两《唐书》传皆未有记。

　　柳璧诗文著作，亦皆未有载记。

注释

〔1〕赵超《新唐书宰相世系表集校》，中华书局，1998年。

〔2〕《唐五代文学编年史》（傅璇琮主编），《晚唐卷》，吴在庆、傅璇琮撰，辽海出版社，1998年。

杜让能

杜让能，两《唐书》有传，《旧唐书》卷一七七附于其父杜审权传后，《新唐书》卷九六附于其先世杜如晦传后。杜如晦，仕于唐初高祖、太宗朝，太宗时曾为相。杜审权，宣宗时翰林学士、承旨，懿宗时任相。又杜审权之伯父杜元颖，亦为宪宗时翰林学士，穆宗时为相。则杜让能自其伯祖起，连续三代，皆为翰林学士，且后又任为宰相，这也是中晚唐翰林学士仕途进展之一特点。

《旧唐书·杜让能传》："咸通十四年登进士第，释褐咸阳尉。"《新传》则略云"擢进士第"，未记年。清徐松《登科记考》卷二三即据《旧传》，系于咸通十四年（873）。

据两《唐书》本传所载，杜让能后又在汴州、扬州（淮南）、兴元（山南西道）等节镇幕府任职，约在乾符时，入朝为礼部、兵部员外郎。《唐尚书省郎官石柱题名考》卷一九礼部郎中、卷二〇礼部员外郎，列有其名。

《旧传》接云："黄巢犯京师，奔赴行在，拜礼部郎中、史馆修撰。寻以本官知制诰，正拜中书舍人。谢日，面赐金紫之服，寻召充翰林学士。"黄巢攻占长安，僖宗出奔，在广明元年（880）十二月，中和元年（881）正月至成都。则杜让能随僖宗奔赴成都后，由礼部员外郎（从六品上）迁为礼部郎中（从五品上），又为史馆修撰，可能因当时军政繁杂，就未在史馆任职，即以礼部郎中加知制诰，参预草撰制文。后又迁为中书舍人（正五品上），旋即任为翰林学士。《唐会要》卷五七《翰林院》，亦有记，但稍有异，云："中和二年，僖宗幸蜀，时黄巢犯京畿，关东用兵，书诏重委，翰林学士杜让能，草辞迅速，笔无点窜，动中事机，迁户部侍郎、承旨。"据《唐会要》此处所记，中和二年（882），杜让能已任为翰林学士，则其入院，当确为中和元年。不过《唐会要》记杜让能于中和二年迁为户部侍郎、承旨，则不确。中和二年至四年间，乐朋龟为承旨（见前乐朋龟传），未能重复。不过杜让能于中和元年以中书舍人入为翰林学士，入院后因撰制"草辞迅速"、"动中事机"，即于中和二年又迁为户部侍郎，当合实；《旧传》亦称其"词才敏速，笔无点窜，动中事机，僖宗累迁户部侍郎"。不过其迁户部侍郎时，当加知制诰，而非任承旨。

又，《益州名画录》卷上《常重胤》条，记僖宗将返京，于中和四年秋绘记随驾文武臣寮（见前乐朋龟等传），所记有"翰林学士承旨、守兵部尚书乐朋龟"，后为"翰林学士、守礼部尚书杜让能"。由此，则杜让能当于中和三、四年间又由户部侍郎迁为礼部尚书，仍在院。此亦可纠正《旧传》一误，即《旧传》先叙"僖宗累迁户部侍郎"，后接云"从驾返京，加礼部尚书"，即僖宗于光启元年（885）三月返回京都后才改为礼部尚书，与《益州名画录》所记之实际著录不合。

不过《旧传》后记杜让能为承旨，当合实。《旧传》于"加礼部尚书"后，接云："转兵部尚书，学士承旨。"前已述，乐朋龟于中和四年秋为兵部尚书、翰林学士承旨，时在蜀，后僖宗于光启元年返京，乐朋龟行踪不详，未有记载，或即于光启元年即已出院（或卒），杜让能则约于光启元年上半年转为兵部尚书、承旨学士。

僖宗返京后，黄巢之事虽平，但北方藩镇各掌军权，又互相交战，并兵胁朝廷，时又宦官操政，故政事甚为紊乱。光启元年十一月，河东节度使李克用联结河中节度使王重荣，起兵南下，上表请诛宦者田令孜，并进逼京师，田令孜遂挟持僖宗出奔凤翔，光启二年又奔赴兴元。《旧传》有记："沙陀逼京师，僖宗苍黄出幸。是夜，让能宿直禁中，闻难作，步出从驾。"即杜让能此时仍在院，值夜班，乃匆促随僖宗出奔，并于赴兴元途中，"崎岖险阻之间，不离左右"，颇得僖宗信重，于是"至褒中，加金紫光禄大夫，改兵部侍郎、同平章事"，即由翰林学士擢迁为相。《通鉴》卷二五六光启二年（886）三月戊戌记："以御史大夫孔纬，翰林学士承旨、兵部尚书杜让能并为兵部侍郎、同平章事。"《新唐书》卷九《僖宗纪》、《新唐书》卷六三《宰相年表》同。

僖宗后于文德元年（888）二月返京，但三月病卒，昭宗立，杜让能仍居相位。但昭宗时，西部凤翔节度使李茂贞更持兵骄横，屡求重任，并迫使朝中大臣去职。景福二年（893）九月，李茂贞即率兵逼京师，并与另一宰臣崔昭纬交结，胁迫昭宗使杜让能外贬（先为梧州刺史，后贬雷州司户），又迫其自尽。《旧传》后记昭宗"念让能之冤，追赠太师"。《全唐文》卷九〇载昭宗《昭雪杜让能等制》，中称"竟因连谤，终至褐名，郁我好望，嗟乎强死"。

按杜让能于中和元年（881）入为翰林学士，光启二年（886）三月任相，在院历时六年，且任职时草撰制诰，"笔无点窜，动中事机"（《旧传》），"思精敏，凡号令行下，处事值机，无所遗算"（《新传》）。但可惜，其制文未有传存，《全唐文》未有载，《新唐书·艺文志》也未有著录。唐翰林学士所撰制文，就《全唐文》所载，还未如中书舍人撰制较多，这也值得研究。

侯翩（翩）

侯翩（翩），两《唐书》无传，全书亦无一字记及。记其为翰林学士的，为崔致远《与翰林侯翩书》，见崔致远文集《桂苑笔耕集》卷四，又见于清陆心源编《唐文拾遗》卷三七。

崔致远本新罗国人，早期入唐求学，后在高骈淮南节度幕府任职，僖宗中和四年（884）归国。高骈任淮南节度使在僖宗乾符六年（879）十月至光启三年（887）九月间，据《旧唐书·僖宗纪》，又参见《唐刺史考全编》卷一二三淮南道扬州。崔致远此文乃其在淮南道幕府，代高骈起草，文云："某材略素贫，勋劳甚薄，谬蒙睿渥，累陟华资。今者拜以古官，加之真食。伏蒙学士亲奉宸睠，过垂奖词，烦郭璞之彩毫，荣胜轩冕；使夷吾之琐器，顿异斗筲。……荷载兢惶，不任诚恳，末由拜赐，但切依攀云云。"同卷又有《上三相公书》，亦叙及"拜以古官"事，云："某蒙恩忝官，不任感惧，伏以风后古官，是圣代弥谐所重；国侨美赏，非贤才负荷固难。必也挺秀儒林，钩深学海，方可夺席占五十重之誉，享秩称二千石之荣。"

此所谓拜古官、享秩，即见《旧唐书》卷一八二《高骈传》所载，时僖宗在蜀，欲高骈率兵北上，协同诸镇与黄巢战，但高骈仍固守淮南，"僖宗知骈无赴难意，乃以宰臣王铎为京城四面诸道行营兵马都统，崔安潜副之，韦昭度领江淮盐铁转运使；增（高）骈阶爵，使务并停"。所谓增高骈"阶爵"，《新唐书》卷二二四下《高骈传》，记为"加骈侍中，增实户一百，封渤海郡王"。这就是所谓"拜以古官，加之真食"。《通鉴》卷二五四记此事，为中和二年正月。高骈对其"使务并停"，当然不满意，但对"增阶爵"，于表面上仍表谢意，故使幕僚崔致远撰草，除致三相公书外，还向撰制诏的翰林学士侯翩致函。由此，则僖宗先下制，加高骈侍中，增实户一百，当为侯翩所撰。值得注意的是，当时僖宗在蜀，高骈在扬州，两地相距极远，其间且有战地，而高骈尚能知朝廷所发之制文，为翰林学士侯翩所撰，这也是唐翰林学士草撰制诏的一种时代特色。

由此，则中和二年（882）正月，侯翩已在院，且为中书舍人，则其入院当在中和元年，僖宗至蜀后召入（因侯翩为蜀人，详后），但以何官入，则不详。

按《桂苑笔耕集》所载崔致远致侯翩信，岑氏《补记》提出，又参据《益州名画录》卷上所记僖宗将返京时命记随驾臣寮画像、姓名，岑氏谓："僖宗自蜀回銮日，宣令于中和院上壁画随驾臣寮，翰林学士中书舍人侯翩，据此知在中和、光启间以中舍充学士。至何时、何官出，他无可考。"岑氏所云"他无可考"，即仅引及崔致远函及《益州名画录》，实则撰于五代末、北宋初之《北梦琐言》另有记述，岑氏未有阅及。其书卷五《符载侯翩归隐》条，有记云："唐光启中，成都人侯翩，风仪端秀，有若冰壶。以拔萃出身，为邠宁从事。僖皇播迁，擢拜中书舍人、翰林学士。内试数题目，其词立就，旧族朝士，潜推服之。僖宗归阙，除郡不赴，归隐导江别墅，号'卧龙馆'。王蜀先主图霸，屈致幕府。先俾节度判官冯涓侯其可否，冯有文章大名，除眉州刺史，田令孜拒朝命，不放之任，羁寓成都，为侯公轸恤，甚德之。其辞（原注：一作辟）书，即冯涓极笔也。侯有谢书上王先主，其自负云：

'可以行修笺表，坐了檄书。'（下原注：其先人，蜀之小将也。）"后清初吴任臣撰《十国春秋》，卷四四"前蜀诸臣列传"，有《侯翾传》，所据即《北梦琐言》此条所记者，其《侯翾传》记云："僖宗幸蜀，拜中书舍人、翰林学士，已而归隐导江卧龙馆不出。高祖镇西川时，翾素于冯涓有恩，涓力荐，高祖辟为节度判官、掌书记，终于其官。翾尝上书高祖，有云：'翾可以行修笺表，坐了檄书。'其自负如此。"

由此可知，崔致远文中之侯翾，当与《北梦琐言》之侯翾为同一人，当时在蜀之翰林学士，仅有一侯姓者，并无二人，且翾、翾二字，字形也近。但以何字为是，未能定，故本传以二字并提。

据《北梦琐言》、《十国春秋》，侯翾原为成都人，其先父曾为蜀之小将。侯氏曾应科试，及第，书判拔萃后，入仕，曾在邠宁节度幕府供职。后当亦随僖宗至蜀，召入为翰林学士，任中书舍人。《益州名画录》卷上所录之随驾文武臣寮，乃作于中和四年（884）秋，僖宗返京在第二年光启元年（885）三月，则侯翾未随赴京，当于光启元年初出院，归隐，后在王建（即《北梦琐言》所称之"王蜀先主"，《十国春秋》所称之蜀"高祖"）幕府，为节度判官、掌书记，即出院时间可以确定，未如岑氏所云"至何时、何官出，他无可考"。

又岑氏《补记》曾引及黄滔《喜侯舍人蜀中新命三首》，但未有考述。为读者参阅方便，今据《全唐诗》卷七〇五录于下："八都词客漫喧然，谁解飞扬诰誓间。五色彩毫裁凤诏，九重天子豁龙颜。巴山月在趋朝去，锦水烟生入阁还。谋及中兴多少事，莫愁明月不收关。""却搜文学起吾唐，暂失都城亦未妨。锦里幸为丹凤阙，幕宾徵出紫微郎。来时走马随中使，到日援毫定外方。若以掌言看谏猎，相如从此病（原校：一作并）辉光。""贾谊才承宣室召，左思唯预秘书流。

赋家达者无过此，翰苑今朝是独游。立被御炉烟气逼，吟经栈阁雨声秋。内人未识江淹笔，竟问当时不早求。"

按黄滔为福州侯官人，曾多次赴京应试，屡未及第。广明元年（880）冬入京求试，但正值僖宗避黄巢军，入蜀，黄滔只得东归闽越，中和二、三年间（882、883）则又赴蜀求试。据徐松《登科记考》卷二三，中和元年、二年、三年，僖宗虽在蜀，但仍举试（中和四年停举）。上述《喜侯舍人蜀中新命三首》，当即中和二、三年间于成都向侯翮所献之诗。[1]按黄滔后于昭宗乾宁二年（895）才登第，中和二、三年尚在此前十余年，可见黄滔求仕之艰苦。黄滔此诗亦求时为翰林学士侯翮为之举荐，并赞鉴侯翮撰制之业绩："五色彩毫裁凤诏，九重天子豁龙颜"，并将其与贾谊、左思相比，可见侯翮当时在文士中之声望。

注释

〔1〕彭万隆《黄滔考》（《古籍研究》1999 年第 2 期），同意吴汝煜《全唐诗人名考》谓此侯舍人为侯圭。陶敏《全唐诗人名考证》（页 942）谓是侯翮，陶说是。

崔　凝

崔凝，两《唐书》无传，全书亦未有一字提及。叙及其为翰林学士者，唯刘崇望制文及《益州名画录》（卷上）。今考述如下。

《文苑英华》卷三八四"中书制诰"，载刘崇望《授中书舍人崔凝右补阙沈仁伟并守本官充翰林学士制》，后又载于《全唐文》卷八一二。制中未具体记叙崔、沈二人官历。

岑氏《补记》亦提及刘崇望此制，但考谓刘崇望任翰林学士在僖宗光启二年（886）至文德元年（888）间，又据《益州名画录》（卷上），僖宗自蜀回銮日令中和院中壁画随驾臣寮，中有翰林学士崔凝，岑氏谓"是光启初凝已进户侍，且已入翰林"，岑氏即云："（刘）崇望入内署在光启二年，亦无可驳尔，岂凝及仁伟之制非崇望所作而《英华》误署其名欤？"岑氏意谓，刘崇望于光启二年才任翰林学士，而崔凝、沈仁伟在光启元年初已为翰林学士，刘崇望则不可能作此制文，《文苑英华》所载此制，当非刘崇望所作。

按刘崇望确于光启二年入为翰林学士，详见后传。《益州名画录》卷上《常重胤》条，记僖宗返京前，令常重胤描记从驾之文武臣寮于成都中和院，其中记有："翰林学士、户部侍郎崔凝，翰林学士、中书舍人沈仁伟。"据严耕望《唐仆尚丞郎表》，此为中和四年（884）秋所作（参见前乐朋龟等传）。则可以确定，中和时僖宗在蜀（成都），崔凝已为翰林学士，中和四年秋前且已具户部侍郎官衔，品阶为正四品下，已甚高，则其入院当已有一定时间，官阶有所迁转，其入院当在中和二、三年间。岑氏定为光启初不确，即误以为《益州名画录》所载记画文武臣寮在光启元年三月僖宗返京前。

又《新唐书》卷六〇《艺文志》四，集部别集类，著录有刘崇望《中和制集》十卷，此前有崔嘏《制诰集》十卷，为会昌末、大中初崔嘏任知制诰、中书舍人时所作制诰。刘崇望在蜀时曾任司勋员外郎、吏部员外郎，当如崔嘏，兼有知制诰，《全唐文》所载其制词，多为在中和时所作（详见后传），故刘崇望后编其在蜀时所作，名《中和制集》。由此亦可证，崔凝、沈仁伟所授翰林学士制文，当为刘崇望在蜀时所作，非光启时任翰林学士时作，岑氏所疑无据。

又据《益州名画录》，崔凝当于中和四年秋仍在院，为户部侍郎，翌年光启元年（885）春当亦随僖宗返京；但何时出院，不详。

此后之仕迹，为昭宗乾宁二年（895）春知贡举事。此事，两《唐书》本纪及《通鉴》均未有记。黄滔《黄御史集》附录有《唐昭宗实录》（此《黄御史集》系《丛书集成》本，据清王懿荣校刊《天壤阁丛书》本），记乾宁二年春崔凝以刑部尚书知礼部贡举，黄滔及第，昭宗后又令重试，黄滔又得第。《实录》记举试后，昭宗令重试新及第进士，"（二月）丁酉，宣翰林学士承旨、户部侍郎、知制诰陆扆，秘书监冯渥，于云韶殿考所试诗赋"，结果有所升黜，原所取者张贻宪等五人，"所试诗赋，不副题目，兼句稍次，且令落下，许后再举"，又谓崔砺等四人，"诗赋最下，不及格式，芜类颇甚，曾无学业，敢窃科名？浼我至公，难从滥进，宜令所司落下，不令再举"。可见此次重试，甄别甚严，昭宗也因而对知举者崔凝严加处理，先云"其崔凝爵秩已崇，委寄殊重，司吾取士之柄，且乖慎选之图，辜朕明恩，自贻伊咎"，后于同月丁未下敕："而闻刑部尚书、知贡举崔凝，百行有常，中年无党，学窥典奥，文赡菁英。洎遍践清华，多历年数，累更显重，积为休声。遂辍其宪纲，任之文柄，宜求精当，稍异平常。朕昨者以听政之余，偶思观阅，临轩比试，冀尽其才，及览成文，颇多芜类。岂宜假我公器，成彼私荣？既观一一之吹，尽乏彬彬之美。且乖朕志，宜示朝章。尚遵含垢之恩，俾就专城之任，勉加自省，勿谓无恩。可贬合州刺史。"此敕对崔凝前期仕绩还是相当肯定，并称赞其"学窥典奥，文赡菁英"。但却以此次举试不正，远贬合州（合州，辖境相当今四川合川、大足等地）。

关于此次科试，后人亦有评议，《唐摭言》卷七《好放孤寒》条，有云："崔合州榜放，但是子弟，无问文章厚薄，邻之金瓦，其间屈人不少。孤寒中唯程晏、黄滔擅场之外，其余呈试考之，滥得亦不少矣。"就此，则此次科试，在选士上还着眼于"子弟"（即士族或有官方背景者）。

崔凝后即卒于合州。诗僧贯休有《春送赵文观送故合州座主神榇归洛》诗（《全唐诗》卷八三七）。此"赵文观"当作"赵观文"（陶敏《全唐诗人名考证》页 1039 引《昭宗实录》谓应作赵观文，是）。贯休诗云："喜继于悲锦水东，还乡仙骑却寻嵩。再烧良玉尧云动，方报深恩绛帐空。远道灵辅春欲尽，乱山羸马恨无穷。他年必立吾君侧，好把书绅答至公。"按赵观文，崔凝知举时，初试即入选，据前所引述之《昭宗实录》，重试时，敕中有云："其赵观文等四人，并卢赡等十一人并与及第。"徐松《登科记考》卷二四即系赵观文为乾宁二年进士及第之榜首，并引有黄滔《和同年赵先辈观文》、褚载《贺赵观文重试及第》等诗。赵观文，两《唐书》无传，《全唐文》卷八二八载其文一篇《桂州新修尧舜祠祭器碑》，《全唐文》小传称其为临桂（即桂州）人。由贯休此诗，则崔凝卒于合州，赵观文亦仕于蜀，或闻讯后赴蜀，特护送其枢归葬洛阳。由此亦可见崔凝当年知举，及第之文士对他还是甚为景仰的。

崔凝著述无有载记。

沈仁伟

沈仁伟，两《唐书》无传，全书也未有记。

《元和姓纂》卷七，记有沈询："进士，浙东观察、泽潞节度；生仁卫，进士。"清劳格《读书杂识》卷七引《北梦琐言》卷五、《益州名画录》卷上及《文苑英华》所载制文，谓作"卫"，误，是，详见后考述。

《北梦琐言》卷五《沈蒋人物》条，有云："沈询侍郎，清粹端美，神仙中人也。"后所记，有小注云："沈询字仁伟，官至丞郎，人物酷似先德，所谓世济其美。"此云"沈询字仁伟"，系据上海师范大学古籍研究所编、大象出版社2003年出版之《全宋笔记》本，经查文渊阁四库全书本，亦同，而上海古籍出版社编印之"唐五代笔记小说大观"点校本《北梦琐言》，则作"沈询子仁伟"。按《旧唐书》卷一四九《沈询传》未载其字，《新唐书》卷一三二《沈询传》则谓"字诚之"。由此可证，《北梦琐言》卷五小注中所记，应为"沈询子仁伟"，即沈仁伟为沈询子。唯两《唐书·沈询传》未记其子。

沈仁伟前期事迹未可知。《文苑英华》卷三八四"中书制诏"载有赵崇望《授中书舍人崔凝右补阙沈仁伟并守本官充翰林学士制》，据前崔凝传考，此制作于僖宗中和年间在蜀时。则沈仁伟当与崔凝同时召入，在中和二、三年间（882、883），以右补阙（从七品上）入，其官阶较崔凝之中书舍人（正五品上）为低。唯制文特称沈仁伟："三代丝纶，一门冠盖，不坠其业者，伊仁伟有之。"按沈传师为宪宗朝翰林学士，子沈询为宣宗朝翰林学士，则沈传师、沈询、沈仁伟祖孙三代均为翰林学士，在唐代也为少见。

《益州名画录》卷上《常重胤》条，记僖宗将返时，令于成都中和院内壁上绘记随驾文武臣寮，并记姓名、官衔，其中有"翰林学士、中书舍人沈仁伟"。此作于中和四年（884）秋（参见前乐朋龟等传）。如此，则中和四年，沈仁伟已由右补阙迁中书舍人，其间（即中和三、四年间）当另有所迁转，未有记载。

僖宗于光启元年（885）春返长安，沈仁伟可能亦随还京，唯何时出院，及后之仕迹，均不可知。其著作也无有载记。

郑延昌

郑延昌，《旧唐书》无传，《新唐书》卷一八二有传，亦甚简。《新唐书》卷七五上《宰相世系表》五上，记有郑延昌，但未记字号，仅云"相昭宗"；又记其父名猗，抚州刺史。

《新传》记"郑延昌字光远"，接云"咸通末，得进士第"。清徐松《登科记考》卷二三，咸通十三年，于赵崇名下引《广卓异记》："咸通十三年，礼部侍郎崔殷梦下三十人及第。其后郑昌图、赵崇、裴贽、郑延昌等四人相次拜相。"徐《考》即据此系郑昌图等四人于咸通十三年（872）进士及第。按咸通纪元为十四年，郑延昌即于咸通十三年及第，《新传》记为"咸通末"，亦合。

《新传》接云："迁监察御史。郑畋镇凤翔，表在其府。黄巢乱京师，畋倚延昌调兵食，且谕慰诸军。"据《旧唐书》卷一九下《僖宗纪》，乾符六年（879）十二月，郑畋任凤翔尹、凤翔节度使；中和元年（881）九月，"凤翔节度使郑畋以病徵还行在，以凤翔大将李昌言代畋为节度使，兼京城西面行营都统"。而据《通鉴》卷二五四，中和元年十月，凤翔行军司马李昌言因见凤翔府兵少，军粮亦少，就率军攻城，郑畋不得已，"乃以留务委之，即日西赴行在"，十一月即以李昌言为凤翔节度使。则郑畋之弃凤翔任，赴行在（成都），乃受其部将李昌言挟迫，非《旧纪》所谓"以病徵还"，且时在是年十月。《新唐书》卷九《僖宗纪》亦记于中和元年十月，云："十月，凤翔行军司马李昌言逐其节度使郑畋"。可见《旧纪》所记不如《通鉴》、《新纪》确切。

由此，则郑延昌于咸通十三年（872）登第后，仕历不详，后约于僖宗乾符时在朝为监察御史（正八品上），乾符六年十二月至中和元年十月在郑畋凤翔幕府，颇受重用（"调兵食，且慰谕诸军"）；后郑畋至成都，郑延昌当亦随赴行在。

《新传》接云："（郑）畋再秉政，擢司勋员外郎、翰林学士。"所谓郑畋再秉政，《旧唐书·僖宗纪》于中和二、三年间未有记。《新唐书》卷六三《宰相年表》，记郑畋于中和元年（881）六月戊戌，由京城西面行营都统为守司空兼门下侍郎、同中书门下平章事、京城四面行营都统；十一月，罢为太子少傅、分司东都。所谓罢为太子少傅、分司东都，即上述郑畋在凤翔任时为李昌言所迫，返蜀，朝中即免其"守司空、兼门下侍郎"之虚衔，仍挂为"太子少傅、分司东都"，实则仍在成都，未去东都（洛阳）。《新唐书·宰相年表》又记，中和二年（882）二月己卯，又任郑畋为司空兼门下侍郎同中书门下平章事，此则为实职，但仅年余，中和三年（883）七月，又罢为检校司徒，守太子太保。《通鉴》卷二五四亦记中和二年二月己卯，"以太子少傅、分司郑畋为司空兼门下侍郎、同平章事，召诣行在，军务一以咨之"。由此可见，郑畋于中和二年二月后任相，执掌实权，即擢拔原在其幕府的郑延昌入为翰林学士，即郑延昌当于中和二年春夏间以司勋员外郎（从六品上）入。

但岑氏《补记》有不同意见。他引《新传》所载郑畋再秉政，乃擢郑延昌为司勋员外郎、翰林学士，又引《新·宰相年表》所载郑畋于中和二年二月复相、三年七月罢相，乃云："以此推之，延昌擢勋外充翰林似在中和二、三年。唯中和院画真无延昌，《郎官柱》勋外亦未见其名，则疑是光启初始入，唐末迁转甚速，观下崇望行制，亦足为此疑之旁证也。"他所谓"观下崇望行制"，即此下又引刘崇望《授翰林学士郑延昌守本官兼中书舍人制》（《文苑英华》卷三八二、《全唐文》卷八一二），岑氏谓其于崔凝条已述，刘崇望为翰林学士在光启二年末至文德元年，此前未任翰林学士，就不应撰此制文。实则前已考述（前崔凝传，并参后刘崇望传），刘崇望于中和年间在蜀时，任司勋员外郎、吏部员外郎兼知制诰，即已草撰制诰，《新唐书·艺文志》四集部别集类载有其《中和制集》十卷，即编集其在中和时所撰制文，则此《授翰林学士郑延昌守本官兼中书舍人制》非其于光启二年后任翰林学士时所作。且岑氏未细读此制文意，此制非授郑延昌继续在院中任职，而是使其出院，亦与郑畋于中和三年七月罢相有关（详后）。又岑氏云《郎官考》勋外无郑延昌，今检中华书局1992年出版之点校本《唐尚书省郎官石柱题名考》，卷八司勋员外郎即列有郑延昌，在裴贽后，刘崇望前，亦与二人仕迹相合。

由此可以确定，郑延昌于中和二年（882）二月后因宰相郑畋举荐，以司勋员外郎入为翰林学士，而后出院，亦与郑畋罢相有关。据《新唐书·宰相年表》，中和三年（883）七月，郑畋罢为检校司徒，守太子太保。《新唐书·僖宗纪》同。《通鉴》卷二五五中和三年七月有具体记述："司徒、门下侍郎、同平章事郑畋，虽当播越，犹谨法度。田令孜为判官吴圆求郎官（元胡三省注：吴圆，田令孜之属官），畋不许。陈敬瑄欲立于宰相之上，畋以故事，使相品秩虽高，皆居真相之下，固争之。二人乃令凤翔节度使李昌言上言：'军情猜忌，不可令畋扈从过此。'畋亦累表辞位，乃罢为太子太保。"宦官田令孜对僖宗有操纵之权，陈敬瑄为田令孜弟，时为西川节度使，掌有军权。此二人乃联结前曾排挤郑畋之凤翔节度使李昌言，迫使郑畋去位。

郑延昌既为郑畋所荐入院，郑畋罢相，当亦受累而出。此可以刘崇望《授翰林学士郑延昌守本官兼中书舍人制》（《文苑英华》卷三八二）为证。为便于了解原情，今将此制全录："勅：以尔影缨著称，梦笔为文，富以美才，披其禁闼，典由中之诏，成布下之言，方谓得人，雅当入侍。盖闻羊祜谋议，是草皆焚；周仁重厚，其言不泄，亲近之地，慎密为先。尔既不能，何爽居外，西省亦吾教诰之地，戒之可矣。可依前件。"此制先赞其在院任职，有文才，后即责其未能慎密，泄言，实则为托辞，主要当因受郑畋罢相之累而被迫出院。

又《益州名画录》卷上《常重胤》条所记随驾文武臣寮，为中和四年秋所作（参见前乐朋龟等传），所记翰林学士乐朋龟、崔凝等诸人，无郑延昌，这因据前所述，郑延昌已于中和三年七月后出院。岑氏《补记》却据《益州名画录》卷上《常重胤》条未记有郑延昌名，乃谓其入院即在此后，即乃误读刘崇望之制文。

《新传》未记其出院，仅云"进累兵部侍郎，兼京兆尹，判度支"。未记年。《唐语林》卷四有云："郑延昌相公为京兆尹，兼知贡举。"清徐松《登科记考》卷二三记郑延昌于光启二年（886）以中书舍人知举，孟二冬《登科记考补正》卷二三，则据陈尚君《登科记考补》，定于光启四年（888），是。又据《唐语林》卷四，则郑延昌先为京兆尹，后兼知贡举。

《新传》记其任京兆尹后，接云："拜户部尚书，以中书侍郎同中书门下平章事，兼刑部尚书。"亦未记年。《旧唐书》卷二〇上《昭宗纪》，大顺二年（891）十二月，记："户部尚书郑延昌为中书侍郎、平章事、判度支。"而《新唐书》卷十《昭宗纪》、卷六三《宰相年表》及《通鉴》卷二五九，均记于景福元年（892）三月，当是。因此前二月，刘崇望罢相，出为武宁军节度使，故以郑延昌代之，而大顺二年十二月，时居相位者有崔昭纬、徐彦若、刘崇望，不可能再增，《旧纪》当误。

《新传》记其入相后，云："无它功，以病罢，拜尚书左仆射，卒。"仍未记年。而郑延昌罢相年月，两《唐书》又互有异。《旧唐书·昭宗纪》景福二年（893）十一月，"中书侍郎、刑部尚书、平章事、判度支郑延昌罢知政事，守尚书左仆射，以病求罢故也"。而《新唐书·宰相年表》，于第二年即乾宁元年（894）二月，仍记郑延昌为尚书右仆射兼门下侍郎，即仍在相位，至同年五月，则记为："延昌罢为尚书右仆射。"《新唐书·昭宗纪》、《通鉴》卷二五九同，北宋前期纂修《唐书》时，曾辑集实录，此当以《新纪》、《新表》及《通鉴》为是。

郑延昌罢相后，卒年不知。《全唐文》卷八一八载其文一篇：《奉修神主请参详典礼奏》，为其任京兆尹时奉命茸修京城宗庙（参见《旧唐书·僖宗纪》光启三年六月）。

刘崇望

刘崇望，两《唐书》有传，见《旧唐书》卷一七九、《新唐书》卷九〇。《旧传》："刘崇望字希徒。其先代郡人，随元魏孝文帝徙洛阳，遂为河南人。"《新唐书》卷七一上《宰相世系表》一上，河南刘氏，即记有刘崇望："字希徒，相昭宗。"

《旧传》记其"咸通十五年登进士科"；《新传》仅云"及进士第"，未记年。清徐松《登科记考》卷二三即据《旧传》系于咸通十五年（874）。按据《旧传》，刘崇望卒于昭宗光化二年（899），年六十二，则当生于文宗开成三年（838），咸通十五年进士及第，年三十七。

据两《唐书》本传，刘崇望进士及第后，曾先后在王凝宣歙及崔安潜许昌、成都幕府供职。王凝为宣歙观察使在僖宗乾符四至五年（877—878）；崔安潜于乾符三至五年（876—878）为许州刺史，乾符五年至广明元年（878—880）为成都尹、西川节度使（王凝、崔安潜事，参据《唐刺史考全编》）。据此，则刘崇望在王凝、崔安潜幕，约在乾符四、五年间。

《旧传》于崔安潜成都幕后，云："入为长安尉，直弘文馆，迁监察御史、右补阙、起居郎、弘文馆学士，转司勋、吏部二员外郎。"即乾符末由西川幕返朝，先为长安尉，实在弘文馆供职，后为起居郎，仍在弘文馆，但当为直学士，因据唐官制，于集贤院、弘文馆任职者，五品以上称学士，六品以下只能称直学士，刘崇望时为起居郎，从六品上，故只能称弘文馆直学士。《旧传》此处所记不确，当缺"直"字。

刘崇望之任司勋、吏部二员外郎，当已随僖宗在蜀时。按广明元年（880）十二月，黄巢兵逼长安，僖宗匆促西行，中和元年（881）正月至成都。僖宗于中和元年至光启元年初在蜀，刘崇望于此期间在朝为司勋员外郎、吏部员外郎，当兼知制诰，撰有制诏，《全唐文》卷八一二即载其制文二十篇，多在蜀时作。如《授翰林学士郑延昌守本官兼中书舍人制》、《授中书舍人崔凝右补阙沈仁伟并守本官充翰林学士制》，皆作于中和年间（见前郑延昌、崔凝等传）。又如《授郑绍业工部尚书制》，先云"泪扬我休命，出守荆门，颇闻理声"，后云因其所请，愿还朝，"是命进尔于冬官八座"，即郑绍业原曾在荆州任，后因事调回，授为工部尚书。按郑绍业，两《唐书》无传，《通鉴》卷二五三有记其事，广明元年（880）四月，"以工部侍郎郑绍业为荆南节度使"；卷二五五中和二年（882）十二月又记："初，朝廷以郑绍业为荆南节度使，时段彦谟方据荆南，绍业惮之，踰半岁，乃至镇。上幸蜀，召绍业还，以彦谟为节度使。"则郑绍业自荆南召还，乃在僖宗刚入蜀时，即于中和元年。又《新唐书》卷一八六《陈儒传》，卷二〇七《宦者·杨复光传》，亦皆记僖宗入蜀，"召绍业还行在"。由此可证，刘崇望于中和元年即撰有制文，当已兼知制诰。《新唐书》卷六〇《艺文志》四，集部别集类，著录刘崇望《中和制集》十卷，即刘崇望后将其于中和时所撰制文编集，即以"中和"名之。

据此，则岑氏《补记》谓刘崇望于中和年间尚未任翰林学士，则《文苑英华》所载授崔凝、沈仁伟为翰林学士制文，当非刘崇望作，《文苑英华》误署其名，又谓刘崇望所撰郑延昌有关翰林学士之制，当为光启二年刘崇望入为翰林学士时所作。岑氏此处所记皆不确，前已辨述（参见前崔凝等传）。

关于刘崇望任翰林学士，《旧传》记谓："田令孜干政，藩镇怨望，河中尤甚，不修职贡。僖宗在山南，以蒲坂近关，欲其效用，选使谕旨，以崇望为谏议大夫。既至，谕以大义，重荣奉诏恭顺，誓心匡复，请杀朱玫自赎。使还，上悦，召入翰林充学士。"《新传》略同，但皆未记年，故眉目不清。今梳理如下。

黄巢之事平后，僖宗于光启元年（885）三月自成都返长安。时宦官田令孜专权，外镇甚不满，是年十二月，河东节度使李克用、河中节度使王重荣联兵进逼京城，请诛田令孜，田令孜就挟奉僖宗出奔凤翔。光启二年（886）正月，田令孜又迫僖宗赴汉中兴元。四月，邠宁节度使朱玫奉嗣襄王熅（肃宗玄孙）自凤翔至长安，欲奉为帝（十月即位）。此时田令孜自知不为人所容，就荐另一宦者杨复恭为左神策中尉，掌军权，自为西川监军使，往依西川节度使陈敬瑄（陈为其弟）。

《通鉴》卷二五六光启二年五月载："是时，诸道贡赋多之长安，不之兴元，从官、卫士皆乏食，上涕泣，不知为计。"于是时任宰相杜让能建议，杨复恭现已接替田令孜，其弟杨复光与王重荣相善，可派重臣去王重荣处，"谕以大义，且致复恭之意"。于是僖宗即"遣右谏议大夫刘崇望使于河中"，诏谕王重荣，"重荣即听命，遣使表献绢十万匹，且请讨朱玫以自赎"。《旧唐书·僖宗纪》光启二年五月亦记此事，云"崇望使还，君臣相贺"。

岑氏《补记》亦引《旧纪》，云"故拟为是年六月自谏议大夫充"，当是。刘崇望当于光启二年五月自河中出使回，即为僖宗以右谏议大夫召入为翰林学士。时仍随僖宗在兴元，年四十九。

《旧传》接云："累迁户部侍郎、承旨，转兵部，在禁署四年。昭宗即位，拜中书侍郎、同平章事。"《新唐书·宰相年表》记：龙纪元年（889），"正月，翰林学士承旨、兵部侍郎刘崇望本官同平章事"。两《唐书·昭宗纪》及《通鉴》卷二五八所记同。

由此可定，刘崇望于僖宗光启二年（886）六月以右谏议大夫（正五品上，与中书舍人、给事中同阶）入为翰林学士，后迁为户部侍郎（正四品下）、承旨，又转为兵部侍郎，仍为承旨，至昭宗龙纪元年（889）正月出院任相。按僖宗于光启四年三月卒，昭宗立，刘崇望为昭宗即位后由翰林学士直接迁拔为相的第一位。此时在院者确也不多，仅三位（刘崇望、崔昭纬、崔汪），而以刘崇望在院时间最长，且有治绩，昭宗当有鉴于此，即自翰林学士擢迁为相。

《旧传》称其"在禁署四年"，前后确历时四年，但实仅两年半，且大半随僖宗在外（凤翔、兴元）。时多战乱，可能在院时撰制不多，《全唐文》所载其制文，皆为中和时以尚书员外郎兼知制诰时所作，后又编《中和制集》十卷。这对探索唐中书省与翰林学士院之修撰制诏，颇有价值。

堪可注意者，刘崇望任翰林学士期间，文士有诗文向其进献。《全唐诗》卷六四三载李山甫《谒翰林刘学士不遇》，云："梦绕清华宴地深，洞宫横锁晓沉沉。鹏飞碧海终难见，鹤入青霄岂易寻。六尺羁魂迷定止，两行愁血谢知音。平生只耻凌风翼，随得鸣珂上禁林。"陶敏《全唐诗人名考证》（页894）谓此"刘学士"即刘崇望，是，但未有具体考述。按李山甫，两《唐书》无传，在当时亦较有诗名，宋《诗话总龟》卷三八并称"李山甫诗名冠于当代"。司空图《偶诗五首》之二，有云："谁似天才李山甫，牡丹属思亦纵横。"（《全唐诗》卷六三四）但李山甫屡举试不第，仕途坎坷，约僖宗中和三、四年间（883—884）在魏博节度使幕。文德元年（888）魏博军乱（见《通鉴》卷二五七），李山甫当避乱离职。[1]而文德元年三月，刘崇望已随僖宗返京。李山甫诗云"梦绕清华"，当在长安时所作。李山甫此诗深为自己遭遇感慨，极愿"鹤入青霄"之翰林学士能加举荐，"随得鸣珂上禁林"。就诗题，当为李山甫已就谒于刘崇望，未得见，故再作诗进献。

另，《全唐文》卷八一五载有顾云《投翰林刘学士启》、《上翰林刘侍郎启》二文。顾云，两《唐书》亦无传。据徐松《登科记考》卷二三，顾云于咸通十五年（874）与刘崇望同登进士第。又据《唐诗纪事》卷六七、《唐摭言》卷一二，顾云曾在高骈淮南节度使幕任从事，后高骈为部将毕师铎所杀（时在光启三年，887），顾云退居，杜门著书。昭宗大顺中（890—891），在京，与羊昭业等修史。《新唐书》卷六〇《艺文志》四，集部别集类，著录其《顾氏编遗》十卷等好几种。据此，则淮南乱后，顾云初退居著书，后至京，于大顺前，即光启四年（888）刘崇望亦在京，顾云即向有同年之交的翰林学士上书。《投翰林刘学士启》先称："伏以学士辨敌飞龟，才雄白凤，鉴同止水，公甚平衡。润青藻于词林，薙榛芜于义路"；后请举荐："傥假以风云，赐之慰荐，奏扬雄于汉殿，始郭隗于燕台，愿借吹嘘，岂无裨助。"另一文《上翰林刘侍郎启》提及已曾上书，"辄贡菲词，上干英眄"，乃再进书，"傥蒙垂一顾之恩，出陆沈之所，平生进退，决在指纵，干犯清严，无任惶惧企望之至"。此亦可见当时文士企求荐引之心理。顾云后于大顺中入史馆修史，可能与刘崇望之举荐有关。

刘崇望于龙纪元年（889）正月任相后，历年均有藩镇之争，战乱甚盛，刘崇望累受其难，于景福元年（892）二月罢相，授武宁军节度使，但原任之武宁军节度使时溥不受代，刘崇望即改为太常卿之虚职。后又受河东李克用、河中王行瑜"入诛执政"之累，贬昭州司马，尚未行，王行瑜被杀，即召为吏部尚书，后改兵部尚书。

刘崇望任相期间，诗人李洞曾访谒其居，并为题诗：《题刘相公光德里新构茅亭》（《全唐诗》卷七二二）："野色迷亭晓，龙墀待押班。带涎移海木，兼雪写湖山。月白吟床冷，河清直印闲。唐封三万里，人偃翠微间。"按光德，为刘崇望在长安里居。《新传》即谓："光德，崇望所居坊也。"清徐松《唐两京城坊考》卷四，记西京外郭城光德坊有刘崇望宅。当代学者李浩《唐代园林别业考录》关内道，即据李洞诗及徐松所录，记有"刘相公茅亭"。[2] 又《唐五代文学编年史·晚唐卷》系此诗于大顺元年（890）正月，即刘崇望龙纪元年（889）正月任相后第二年，云："（李）洞此诗确年难考，约在本年前后。"[3] 按李洞于晚唐时以宣扬贾岛诗著称（详见《唐摭言》卷十《海叙不遇》条，《唐诗纪事》卷五八《李洞》），但家贫，屡试不第，其《乙酉岁自蜀随计趁试不及》（《全唐诗》卷七二三），乙酉岁为龙纪元年，即此年冬自蜀赴京应试，但启程过晚，致误试期，则大顺年间（890—891）即在长安，再次应试。[4]在京期间，即曾访谒刘崇望居所，似亦有仰望举荐之意。

《旧传》后云："时西川侵寇顾彦晖，欲并东川，以崇望检校右仆射、平章事、梓州刺史、剑南东川节度使。未至镇，召还，复为兵部尚书。"《通鉴》卷二六一即记于光化元年（898）正月："以兵部尚书刘崇望同平章事，充东川节度使。"按吴融时为翰林学士（见后昭宗朝吴融传），撰有《授刘崇望东川节度使制》（《全唐文》卷八二〇），中云："文含大雅，道茂中庸，蔼玉烛以舒和，挺金相而禀秀。闺门密行，每垂范于缙绅；朋友推诚，自可期于风雨。"即称其任翰学时既密行慎职，又能使"朋友推诚"。另刘崇望此次出任时，诗僧贯休时在京，有《送吏部刘相公除东川》诗（《全唐诗》卷八三一），[5]中云："一日离君侧，千官送渭滨。酒倾红琥珀，马控白骐驎。渥泽番番降，壶浆处处陈。"由此确可见刘崇望有"朋友推诚"之声望。

《旧传》末云："光化二年卒，时年六十二，册赠司空。"光化二年为公元 899 年。

《新唐书·艺文志》四，集部别集类，著录其《中和制集》十卷，前已述。《全唐文》卷八一二即载其制文二十篇。

注释

〔1〕参见《唐才子传校笺》卷八《李山甫传》梁超然笺；中华书局，1990 年。

〔2〕李浩《唐代园林别业考录》，上海古籍出版社，2005 年。

〔3〕《唐五代文学编年史·晚唐卷》，辽海出版社，1998 年。

〔4〕但仍未及第，参见《唐才子传校笺》卷九《李洞传》周祖譔、吴在庆笺，中华书局，1990年。

〔5〕据两《唐书》本传，刘崇望此前为兵部尚书，此次出任，未至镇，召还，复为兵部尚书；《通鉴》记此出任，亦称其为兵部尚书。则《全唐诗》所载此诗，诗题称"吏部"，当误。

李 磎

李磎，两《唐书》有传，见《旧唐书》卷一五七、《新唐书》卷一四六，皆附于其祖李鄘传后。《旧唐书·李鄘传》记为江夏（今湖北武昌）人，顺宗、宪宗时曾任京兆尹，后历为凤翔、淮南节度使，有治绩。

《旧传》记鄘子名柱，"官至浙东观察使"。《新传》则记其子名拭。《新唐书》卷七二上《宰相世系表》二上，江夏李氏，亦记李鄘子拭。按《通鉴》卷二四六武宗会昌二年（846）正月记："朝廷以回鹘屯天德、振武北境，以兵部郎中李拭为巡边使，察将帅能否。拭，鄘之子也。"又《会稽掇英总集》记："李拭，大中二年二月自京兆尹授，二年十月追赴阙。"即《旧传》所记"官至浙东观察使"者。由此，则《旧传》所载李鄘子（亦即李磎父）"柱"，误，应作"拭"。中华书局点校本及赵超《新唐书宰相世系表集校》均未校及。

两《唐书》本传及《新表》均记李磎字景望。《旧传》谓李磎"博学多通，文章秀绝。大中十三年，一举登进士第"。清徐松《登科记考》卷二二即据《旧传》系于宣宗大中十三年（859），同年有孔纬、豆卢瑑，皆为僖宗初翰林学士（见前传）。

《旧传》接云："归仁晦镇大梁，穆仁裕镇河阳，自监察、殿中相次奏为从事。"按归仁晦于懿宗咸通十三、十四年间（872—873）为汴州（大梁）刺史，穆仁裕于咸通十二年（871）至乾符元年（874）镇河阳（参见《唐刺史考全编》），则李磎于咸通末至乾符初，相继以监察御史（正八品上）、殿中侍御史（从七品上）在汴州、河阳使府任职。

《旧唐书》卷一九下《僖宗纪》，乾符三年（876）九月，"以刑部郎中李磎为户部郎中，分司东都"。《新传》亦有云："累迁户部郎中，分司东都。"李磎当于乾符初由河阳返朝，后累迁刑部郎中（从五品上），又于乾符三年九月以户部郎中分司东都（洛阳）。《唐尚书省郎官石柱题名考》卷一一户部郎中即记有李磎，又卷三吏部郎中、卷五司封郎中亦有其名。

《新传》后云："黄巢陷洛，磎挟尚书八印走河阳，时留守刘允章为贼胁，遣人就磎索印，拒不与。允章悟，亦不臣贼。"黄巢陷洛，在广明元年（880）十一月，《通鉴》卷二五四广明元年十一月记："丁卯，黄巢陷东都，留守刘允章帅百官迎谒；巢入城，劳问而已，闾里晏然。"

由此可知，李磎于乾符三年（876）九月以户部郎中分司东都，在洛阳，至广明元年（880）十一月仍在任。黄巢攻占洛阳，他只得出走，后当南下至淮南高骈幕，因《新传》记洛阳事后，有云："嗣襄王之乱，转侧淮南，高骈受伪命，磎苦谏，不纳。"嗣襄王事，已在广明元年之后好几年。广明元年十二月黄巢进军关中，继陷长安，僖宗出奔成都。中和三年（883）四月，唐军收复长安；光启元年（885）三月，僖宗返京师。但同年十一月，河东节度使李克用、河中节度使王重荣又进兵至关中，请诛宦官田令孜及邠宁节度使朱玫，僖宗由田令孜挟持又出奔凤翔、兴元。光启二年（886），朱玫奉唐宗室嗣襄王（李）煴自凤翔至长安，又奉嗣襄王称帝，并联络诸方镇，"以淮南节度使高骈兼中书令，充江淮盐铁、转运等使、诸道行营兵马都统"，而高骈乃"奉笺劝进"（《通鉴》卷二五六）。此即为《新·李磎传》所谓"高骈受伪命"，但"（李）磎苦谏，不纳"。

由此，则广明元年十一月黄巢攻占洛阳，李磎出走，后即至高骈淮南幕府任职；光启二年嗣襄王事发，高骈"受伪命"，李磎苦谏不纳，当离淮南幕，北上返朝。《新传》接谓："入为中书舍人、翰林学士。"则于光启二、三年间至兴元、凤翔僖宗行在，约光启三年（887）后半年以中书舍人入为翰林学士。岑氏《补记》亦大致据《新传》，谓："李磎约光启末自中书舍人充。"

但《旧传》所叙，却极为紊乱，其记李磎于归仁晦大梁、穆仁裕河阳幕府后，云："入为尚书水部员外郎，累迁吏部郎中，兼史馆修撰，拜翰林学士、中书舍人。广明中，分司洛下。遇巢、让之乱，逃于河桥。光启中避乱淮海，有伪襄王诏命，磎皆不从。"据此，则其以中书舍人入为翰林学士，在广明元年（880）以前，至广明时，再由翰林学士出院，分司东都，皆与前所引述之《旧唐书·僖宗纪》、《通鉴》所记不合，为《旧传》显误。

《新传》记其入院后，接云："辞职归华阴，复以学士召。"按磎于昭宗即位后，约龙纪元年（889）再入为翰林学士，且又任承旨，甚受重用，此于昭宗朝再为立传，详叙。僖宗则于光启四年（888）初自凤翔返朝，三月病卒，李磎当于此年三、四月间辞职出院，退居华阴，唯不知何故。

李磎于僖宗时在院，不到一年，时间甚短。《全唐文》卷八〇三所载其草撰之制文，皆为昭宗朝在院时所作。

昭宗、哀帝朝翰林学士传

崔昭纬

崔昭纬，两《唐书》有传，见《旧唐书》卷一七九、《新唐书》卷二二三下《奸臣传》。

《旧传》："崔昭纬，清河人也。祖庇，滑州酸枣县尉。父璪，鄂州观察使。"《新传》记其字蕴曜，亦云"其先清河人"。据《元和郡县图志》卷一六河北道贝州，所属有清河县（今属河北省）。

两《唐书》本传皆谓崔昭纬及进士第，但未记年。清徐松《登科记考》卷二三引《唐摭言》（卷一一）所记："张曙、崔昭纬，中和初西川同举，昭纬其年首冠。后七年，自内庭大拜。"徐氏按云："按《宰相表》，崔昭纬以大顺二年正月同平章事，自此年至大顺二年为七年。"徐氏即系于僖宗中和三年（883）。时僖宗尚在成都，未返长安。又孟二冬《登科记考补正》引有《广卓异记》卷七所记"昭纬中和三年状元及第"，则亦可作为佐证。

两《唐书》本传记崔昭纬进士及第后，皆为昭宗时仕迹。《旧传》谓"昭宗朝，历中书舍人、翰林学士"；《新传》云"至昭宗时，仕寖显，以户部侍郎同中书门下平章事"，未记翰林学士事。则昭宗朝前，崔昭纬仕迹不明。

按《全唐文》卷八三七载薛廷珪《授前京兆府参军钱珝蓝田县尉充集贤校理、乡贡进士崔昭纬秘书省秘书郎充集贤校理制》，即为崔昭纬进士及第后初授之官，为秘书省秘书郎（正九品上），并充集贤校理。唐时进士及第后，其释褐所授，一般即为品阶较低之秘书省秘书郎、校书郎。崔昭纬于中和三年登进士第，则其授此职，当在中和末、光启初。但这里就有此制文的撰者问题。《旧唐书》卷一九〇下《文苑下·薛逢传》附子廷珪传，载廷珪"中和中登进士第，大顺初累迁司勋员外郎、知制诰，正拜中书舍人"。又《旧五代史》卷六八有薛廷珪专传，明确载其"中和年在西川登进士第"，"乾宁中为中书舍人"。如此，则薛廷珪亦于僖宗中和时在西川应科举试及第者，与崔昭纬大致同时，而他于昭宗大顺初（890）才任为司勋员外郎、知制诰，即此时才能撰写制诏，而大顺元年崔昭纬已为翰林学士承旨、中书舍人（详见后）。又此制文为同授钱珝任蓝田县尉、充集贤校理，蓝田县尉为正九品下，官阶亦低，故与崔昭纬同充集贤校理。又《旧唐书·昭宗纪》载，龙纪元年（889）十一月，钱珝时为太常博士。太常博士为从七品上，则钱珝由蓝田县尉充集贤校理肯定在龙纪元年前，即早于薛廷珪大顺初（890）任司勋员外郎、知制诰前，薛廷珪是不可能撰此制文的。

又此制文中云"佐予中兴，乃眷于是"，所谓"中兴"，即指黄巢事平，僖宗于光启元年（885）三月由蜀返京，故大致可以确定，光启元年上半年僖宗返至长安时，即授崔昭纬、钱珝以本官入充集贤校理，以使"良重集贤藏书之府"，"无使我集贤殿不及汉兴之东观秘书也"。

由上所考，此制文之真实性是没有问题的，但撰者署为薛廷珪有误（《文苑英华》卷四〇〇"中书制诰"二，亦著录为薛廷珪撰，《全唐文》当沿袭《文苑英华》之误）。不过制文中有一提法，值得注意，其称崔昭纬，云："以昭纬名冠来籍，道绝下交，居德行之科，不减颜子，方设铅椠，有期丹青。""方设铅椠"二句，涉及版刻，则此时朝廷官方已对铅印甚为注意，可为晚唐时雕版印刷研究提供一信息。

关于崔昭纬任翰林学士，两《唐书》本传所记甚为简略。《旧传》云："昭宗朝，历中书舍人、翰林学士、户部侍郎、同平章事。"未记崔昭纬何时、以何官入院。《新传》则仅云"至昭宗时，仕寖显，以户部侍郎同中书门下平章事"，未记翰林学士事。

按崔昭纬为昭宗朝由翰林学士直接提拔为宰相之第二例，其任相之年月，两《唐书》所记有异。《旧唐书·昭宗纪》大顺元年（890）十二月记："以翰林学士承旨、兵部侍郎崔昭纬本官同平章事。"而《新唐书·昭宗纪》则记为大顺二年（891）正月："兵部侍郎崔昭纬、御史中丞徐彦若为户部侍郎，同中书门下平章事。"《新唐书》卷六三《宰相年表》、《通鉴》卷二五八同。按大顺二年正月，孔纬、张濬罢相，故以崔、徐接任。《旧纪》当误（又《旧纪》记其以兵部侍郎入相，亦误，应为户部侍郎）。

据此，崔昭纬于大顺二年正月以翰林学士承旨、户部侍郎任相，则其入为翰林学士承旨当有一定时间。又刘崇望约于僖宗光启三年（887）接杜让能为承旨，昭宗龙纪元年（889）正月出院任相（见前僖宗朝刘崇望传），则很可能崔昭纬于文德元年（888）夏秋入院，昭宗于是年三月即位，时在院者仅刘崇望一人（李磎于一、二月间辞职出院，参见书后"学士年表"），昭宗有鉴于此，当召崔昭纬与崔汪于此年夏秋入（崔汪事见后传）；后刘崇望于翌年（龙纪元年）正月拜相出院，崔昭纬即接为承旨，并具中书舍人衔。大顺元年（890），又迁为兵部侍郎；二年（891）正月，擢为相。故《新传》称"至昭宗时，仕寝显"。

崔昭纬为昭宗朝入任翰林学士之第一人，前后四年（实为两年半）。其在院期间，似无有业绩，而其任相后，则甚参预政事纠争，《旧传》概括为："内结中人，外连藩阃，属朝廷微弱，每托援以凌人主。"昭宗于文德元年（888）三月即位，时年二十七，鉴于僖宗朝内外紊乱，颇想有所改革，《通鉴》卷二五七文德元年三月记："昭宗即位，体貌明粹，有英气，喜文学，以僖宗威令不振，朝廷日卑，有恢复前烈之志，尊礼大臣，梦想贤豪，践祚之始，中外忻忻焉。"但此时外地藩镇掌有军权，多不听朝令，尤其是西部之凤翔李茂贞，东部汴州之朱全忠，更经常以兵胁迫昭宗，昭宗多为所折，而时居相位的崔昭纬则交结外镇，忌嫉朝臣同列，据《通鉴》卷二五九，景福二年（893），凤翔节度使李茂贞恃功骄横，向昭宗上表，并致宰相杜让能书，辞语不逊，昭宗怒，欲招讨之，命杜让能主其事，杜让能鉴于凤翔军力强，有顾虑，推辞。崔昭纬此时则与李茂贞相交结，"为之耳目"，并告李茂贞，杜让能是主张征讨的，李茂贞乃于此年九月兵临京城，"表（杜）让能罪，请诛之"。昭宗只得先贬杜让能为梧州刺史，后贬为雷州司户，后又迫令其自尽。《通鉴》卷二六○载，乾宁二年（895）二月，"崔昭纬与（凤翔）李茂贞、（邠宁）王行瑜深相结，得天子过失，朝廷机事，悉以告之"。是年五月，李茂贞、王行瑜即又率兵至京师，"坊市民皆窜匿"。李、王又上告，请诛韦昭度、李磎，昭宗未许，而王行瑜等则杀韦昭度、李磎于京城郊外之都亭驿。这就是《新唐书·崔昭纬传》所叙："始，帝委杜让能调兵食以讨凤翔，昭纬方倚李茂贞、（王）行瑜为重，阴得其计，则走告之，激使称兵向阙，遂杀让能。后又导三镇兵杀韦昭度等。"昭宗朝的翰林学士入相者有好几位，但任相后并不执公行事，往往交结藩镇，诬害同列，而其自身后也遭致恶果，这是唐末翰林学士参预政事的一种特殊政治境遇。

杜让能、韦昭度被杀后，《新唐书·崔昭纬传》记云："帝性刚明，不堪忍，会诛行瑜，乃罢昭纬为右仆射。复请朱全忠荐己，又厚赂诸王，为所奏，贬梧州司马，下诏条其五罪，赐死。行次江陵，使者至，斩之。"《旧传》略同，并详载其赐自尽制文，列五大罪状。王行瑜被杀事，在乾宁二年（895）。前已述，是年五月，王行瑜等杀韦昭度、李磎。时河东节度使李克用闻李茂贞、王行瑜率兵逼京师，乃出军南下，七月，至同州。昭宗为避战争，离长安避于南山莎城之石门镇，并邀李克用继续进兵，下诏削夺王行瑜官爵。八月，昭宗返京，并使崔昭纬罢相。十一月，李克用攻王行瑜于邠州，王行瑜兵败，为部下所杀。崔昭纬之贬梧州在此年十月间，他在贬谪途中，又复求救于汴州节镇朱全忠，但未受朱全忠接受。《通鉴》于乾宁三年（896）五月记，昭宗"遣中使赐昭纬死，行至荆南，追及，斩之，中外咸以为快"。

崔昭纬无著作著录，亦无诗文载录。

崔　汪

崔汪，两《唐书》无传。《旧唐书》卷一一一、《新唐书》卷一四一《崔光远传》，载其父崔汪，但光远仕于玄宗，时代不合，则其父崔汪非此唐末时崔汪。另《新唐书》卷七二下《宰相世系表》二下，记有崔汪，字希度，未注官职，但有记其父珦。按《旧唐书》卷一七七《崔珙传》，记珙弟有珦，兄弟中另有璪，刑部尚书，另有玙，宣宗大中六年（852）曾以礼部侍郎知举；其兄弟共八人，时称"八龙"。又崔远为崔玙孙，崔汪为崔珦子，珦为玙兄，则崔汪为崔远从叔。《旧唐书·崔珙传》末称崔氏"大中以来盛族，时推甲等"。薛廷珪《授翰林学士承旨户部侍郎崔汪尚书右丞、学士中书舍人崔涓李磎并户部侍郎知制诰充学士制》（《全唐文》卷八三七），称崔汪"门第轩冕，甲于当时"。由此，则可确定《新唐书·宰相世系表》所记之崔汪，即为本传传主崔汪，字希度，与同为昭宗朝之翰林学士崔远为同一族，其叔崔珙之子崔涓亦为昭宗朝翰林学士（皆见后传），则此家族同时前后有翰林学士三人，确非寻常。

崔汪为翰林学士之唯一材料即前所引述之薛廷珪制文。《旧唐书》卷一九〇下《文苑下·薛廷珪传》，记薛"大顺初累迁司勋员外郎、知制诰，正拜中书舍人。乾宁三年，奉使太原复命，昭宗幸华州，改左散骑常侍"。昭宗出华州，在乾宁三年（896）七月，则薛廷珪撰制文，在大顺元年（890）至乾宁三年（896）间。岑氏《补记》亦引及薛氏此制，谓："今观李磎同时除授，而景福末磎已加承旨。《旧唐书》纪二〇上，大顺元年末（或二年初）复有崔昭纬以承旨出相，故疑汪继承旨，即在此时，后无考。"岑氏即定为："崔汪大顺中充加承旨、户部侍郎知制诰，迁尚书右丞，仍依前充。"但未记崔汪何时入院。

按据《新唐书》卷六三《宰相年表》，崔昭纬于大顺二年（891）正月由翰林学士承旨、兵部侍郎入相，则崔汪继崔昭纬为承旨，当在大顺二年上半年，且此时已为户部侍郎，则当初入院，当有一定时间，可能为龙纪元年（889）入，即昭宗即位（文德元年，888）之第二年，但未知带何官衔。大顺元年（890）当有所迁转，二年（891）上半年即接崔昭纬为承旨，并迁户部侍郎（正四品下），或景福元年（892）又改为尚书右丞（亦正四品下）。景福二年李磎加承旨（详后李磎传），则崔汪当在此年出院。后不详。

薛廷珪所撰此制，其称叙崔汪，为："山岳镇地，望之而秀绝无涯；金石在悬，扣之而宫商有序。门第轩冕，甲于当时。"对于崔氏一族甚为赞誉，因制中所叙还有崔涓。另值得注意的，是对翰林学士职能之评议，云："朕以万乘之尊，托于人上；居九重之奥，以御区中。财成天地之宜，外委于良辅；夙夜宥密之命，内咨于近臣。"此则将翰林学士与外廷宰相平列，翰林学士之职责与宰臣并重，体现昭宗初即位时"尊礼大臣，梦想贤豪"（《通鉴》卷二五七文德元年三月）之识见。昭宗初即位，注意引用人才，召入好几位翰林学士，且甚快迁升其官阶，且多有提拔为相的；但后迫于外镇兵力，为其胁迫，朝臣与翰林学士多被贬责、杀害，这也是唐末翰林学士政治境遇之一大特点。

崔　涓

崔涓，两《唐书》无专传，附于《旧唐书》卷一七七、《新唐书》卷一八二其父崔珙传后。

两《唐书·崔珙传》，记其为博陵安平（今河北安平县）人。又崔珙弟玙，玙子澹，澹子远，远即昭宗时翰林学士崔远（见后传），则崔远为崔涓之从侄。

又《新唐书》卷七二下《宰相世系表》二下，崔涓字道源，所记官职为御史大夫，皆为两《唐书》传所未记者。

《旧唐书·崔珙传》："子涓，大中四年进士擢第。"清徐松《登科记考》卷二二即据此系于宣宗大中四年（850）。《新唐书·崔珙传》未记崔涓进士及第事，称其"性开敏"，曾为杭州刺史："为杭州刺史，受署，未尽识卒史（吏?），乃以纸各署姓名傅襟上，过前一阅，后数百人呼指无误。"按此事，《金华子杂编》卷上有详记，《新唐书》当本此。《金华子杂编》也未记年，仅云"初典杭州"。郁贤皓《唐刺史考全编》卷一四一江南东道杭州，据清劳格《杭州刺史考》，列于李远后，即附于大中末，但标有问号，即似有疑。按崔涓于大中四年才登进士第，恐未能于大中末期即能任杭州刺史。且《金华子杂编》谓"崔涓，大夫玙之子，小宗伯澹之兄"，而据前所引述之《新唐书·宰相世系表》及两《唐书·崔珙传》，崔涓为崔珙子，应非澹兄。《金华子杂编》既有此显误，则其记曾任杭州刺史，似亦非实。

又《旧唐书》卷一六四《王鐬传》记云："乾符初，崔瑾廉察湖南，崔涓镇江陵，皆辟为从事。"则崔涓于懿宗乾符元、二年间（874、875）曾为荆南节度使、荆州刺史。另五代王定保《唐摭言》卷二《置等第》条，有云："乾符四年，崔涓为京兆尹，复置等第，差万年县尉公乘亿为试官。试《火中寒暑退》赋、《残月如新月》诗。"《唐刺史考全编》卷二京畿道京兆府，以崔涓为崔涓，系崔涓于乾符三、四年（876、877）为京兆尹。据此，则崔涓于僖宗时已历居要职，且京兆尹为从三品，高于尚书诸司侍郎。

关于崔涓为翰林学士，即薛廷珪草撰之《授翰林学士承旨户部侍郎崔汪尚书右丞、学士中书舍人崔涓李磎并户部侍郎知制诰充学士制》（《全唐文》卷八三七）。据前崔汪传考述，此制约作于景福元年（892），即景福元年崔涓已在院，并由中书舍人（正五品上）迁户部侍郎（正四品下）、知制诰。由此，则有可能于大顺元、二年间（890、891）入院，其入院时，或为诸司郎中，于大顺二年迁中书舍人。

薛廷珪制文，称崔涓："公台华胄，名教伟人。禀象纬之英姿，得乾坤之秀气。器业事望，镇于周行。"极赞誉其家世之声望。《旧唐书·崔琪传》末云："崔氏，咸通、乾符间，昆仲子弟，纡组拖绅，历台阁、践藩岳者二十余人。大中以来盛族，时推甲等。"崔琪兄弟及子侄，确多达官（参见前崔汪传）。不过这里有崔涓历仕的年岁问题，即《旧唐书·崔琪传》载崔涓于大中四年（850）进士擢第，则此年至少当已二十岁，如此，大顺元、二年（890、891）入院，至少已六十一、二岁。又《全唐文》卷七九一载崔涓《赐许国公韩建铁券文》，作于光化元年（898）（详后），则已为六十八、九岁。以如此高龄入院，懿、僖两朝亦无，昭宗即位召入之翰林学士，多为中青年。故《旧唐书·崔琪传》记崔涓于大中四年进士及第，疑有误，恐为大中十四年（懿宗于大中十四年十一月改元咸通），缺一"十"字。

崔涓何时出院，不可知。崔涓《赐许国公韩建铁券文》（《全唐文》卷七九一），首云："维光化元年岁次戊午九月戊辰朔八日乙亥。"据《旧唐书·昭宗纪》，光化元年九月，"制以镇国、匡国等军节度使韩建守太傅、中书令、兴德尹，封颖川郡王，赐铁券，并御写'忠贞'以遗之。建累上表辞王爵，乃改封许国公。"按昭宗于乾宁三年（896）七月，因凤翔节度使李茂贞兵逼京师，应华州刺史韩建之请，出驻华州，时历三年，光化元年（898）正月，昭宗下诏与李茂贞修好，拟返长安，并任韩建为修宫阙使，预修宫室。八月，改华州为兴德府，返京，九月乙亥，即加韩建守太傅、兴德尹（《通鉴》卷二六一）。如此，则崔涓于乾宁年间亦随昭宗在华州，光化元年九月返京时，又应命草撰《赐许国公韩建铁券文》，当此时仍在院。后不详。

崔涓所作，仅《全唐文》卷七九一所载此篇制文，其他未有载记。

崔　远

崔远，两《唐书》有传，见《旧唐书》卷一七七、《新唐书》卷一八二《崔珙传》后。按崔珙，武宗、宣宗时曾为相，有声誉。崔珙弟玙，宣宗大中六年（852）曾以礼部侍郎知贡举。玙子澹，大中十三年（859）进士登第，后累为吏部侍郎。崔远即澹子。《旧传》于传末云："崔氏，咸通、乾符间，昆仲子弟，纡组拖绅，历台阁、践藩岳者二十余人。大中以来盛族，时推甲等。"《新传》亦谓"天下推士族之冠"。可见士族崔氏，于晚唐时仍人才辈出，仕绩显著。

《旧唐书·崔珙传》记为"博陵安平人"。安平，今河北安平县。又《新唐书》卷七二下《宰相世系表》二下，记有崔远，谓字昌之，两《唐书》传未记其字号。

《旧唐书·崔远传》："龙纪元年登进士第。"《新传》未载。清徐松《登科记考》卷二四即据《旧传》系于龙纪元年（889），同年有吴融、韩偓，后皆为翰林学士。按僖宗此前因避河东节度使李克用进逼京师，出奔凤翔、兴元，文德元年（888）二月返京，三月卒，昭宗接位。龙纪元年为昭宗即位之第二年。

《旧传》接云："大顺初，以员外郎知制诰，召充翰林学士，正拜中书舍人。"《新传》未载其进士登第及召充翰林学士事，仅于其名下略云："乾宁中以兵部侍郎同中书门下平章事。"按崔远于龙纪元年（889）及第，大顺元年（890）为其及第后之第二年，即进士及第后就被授为尚书员外郎、知制诰，并召为翰林学士，确为罕见，也为唐科举考试后一般所未有的。《通鉴》卷二五七记昭宗于文德元年（888）三月即位后，云："昭宗即位，体貌明粹，有英气，喜文学，以僖宗威令不振，朝廷日卑，有恢复前烈之志，尊礼大臣，梦想贤豪，践祚之始，中外忻忻焉。"昭宗当意有所为，乃不拘常例，擢提有文识之士。其初即位之年，前朝所存之翰林学士仅一人（刘崇望），即于此年夏秋召入崔昭纬、崔汪两位；龙纪元年（889），刘崇望于正月出院为相，乃又召两位（崔涓、李磎）。大顺元年，即崔远进士及第后之第二年，先为员外郎、知制诰，大顺二年即以员外郎、知制诰入为翰林学士。

《旧传》于"召充翰林学士"后，接云："正拜中书舍人。乾宁三年，转户部侍郎、博陵县男、食邑三百户，转兵部侍郎、承旨。[1] 寻以本官同平章事。"按崔远既于大顺二年（891）以员外郎（从六品上）、知制诰入，其迁中书舍人（正五品上），当历尚书郎中（从五品上），惜清劳格《唐尚书省郎官石柱题名考》未载有崔远。当为入院后历一年，于景福元年（892）迁郎中，景福二年（893）迁中书舍人，乾宁元年（894）迁户部侍郎（正四品下），三年（896）七、八月间转兵部侍郎、承旨，寻于九月拜相出院。按乾宁三年正月陆扆在院为承旨，七月任相出院（陆扆事见后传），则崔远当接陆扆为承旨，并由户部侍郎转为兵部侍郎。

又《全唐文》卷八一八载有张玄晏《上承旨崔侍郎启》，为感谢时为翰林学士并任为侍郎之崔远举荐其入为翰林学士。按张玄晏乃于乾宁三年下半年入院（详见后张玄晏传），于此亦可佐证崔远确于乾宁三年秋为兵部侍郎、承旨，又可证崔远之重视人才，注意荐人入院。

关于崔远入相之时间，新旧《唐书》又有较大之差异。

《旧唐书·昭宗纪》记："光化元年（898）春正月辛未朔，车驾在华州。以兵部侍郎崔远为户部侍郎、同平章事。"而《新唐书·昭宗纪》、《新唐书·宰相年表》则于乾宁三年（896）九月乙未记，崔远与崔胤同日为相："武安军节度使崔胤为中书侍郎，翰林学士承旨、兵部侍郎崔远，同中书门下平章事。"《通鉴》卷二六〇同。前已引述，《旧传》记崔远于乾宁三年转户部侍郎，又转兵部侍郎、承旨，"寻以本官同平章事"，即指同年出院拜相；《新传》亦谓"乾宁中以兵部侍郎同中书门下平章事"。《新唐书·宰相年表》于光化元年正月，记崔胤兼吏部尚书，崔远兼工部尚书，即此前乾宁三年九月任相，于光化元年正月仍在相位，不过改兼官衔。由此可证《旧纪》记光化元年正月昭宗迁徙华州后，崔远才入相，确为显误。《唐大诏令集》卷五〇载有《崔胤崔远平章事制》，[2] 文末即署为"乾宁三年九月"，称崔远为"翰林学士承旨、银青光禄大夫、行尚书兵部侍郎、知制诰"，即又一确证。[3]

就上所述，崔远此次在在院，前后共六年，在当时翰林学士中，任职时间是较长的。唯《全唐文》卷八一九仅载其制文两篇：《授苏文建邠州节度使制》，据岑氏《补记》，为乾宁三年七月作，即崔远在院期间，另《授泾州节度使张琏检校司徒同平章事制》，据《通鉴》卷二六一乾宁四年（897）十月，"加彰义节度使张琏同平章事"，则此制当作于乾宁四年十月，而崔远于三年九月已拜相出院，岑氏《补记》谓既已任相，"不应草制"。实则唐时先曾任翰林学士后又为宰相，仍有草撰制文的。如陆贽于德宗贞元八年（792）四月为相，而有《贞元九年冬至大礼大赦制》。[4] 李德裕于武宗会昌任相时，所撰制文更多，如《授张仲武东面招讨回鹘使制》、《授王元逵平章事制》、《授李丕汾州刺史制》等，[5] 有十余篇。故不能以此怀疑非崔远所作。

昭宗《崔胤崔远平章事制》，对崔远翰学任职期间之业绩，甚为赞誉，云："珪璋蕴德，鸾鹤呈姿，持伟望以标奇，蕴神锋而匿耀……体国励志，问牛之美早传；致君载诚，吐凤之名夙著。"

崔远任相期间，亦与文士有交往。吴融有《和集贤相公西溪侍宴观竞渡》（《全唐诗》卷六八四）。陶敏《全唐诗人名考证》（页926）谓诗题之"集贤相公"为崔远，是。据《旧唐书·昭宗纪》，崔远于光化三年九月罢相时，其官衔有"集贤殿大学士"者。又《旧纪》光化元年（898）记："六月己亥，帝幸西溪观竞渡。"按乾宁三年（896）七月，凤翔节度使李茂贞率兵迫京师，昭宗从华州节度使韩建之请，出徙华州，至光化元年八月才返京，则《旧纪》所记昭宗于光化元年六月至西溪观竞渡，即在华州。吴融诗云："片水耸层桥，祥烟霭庆霄。昼花铺广宴，晴电闪飞桡。浪叠摇仙仗，风微定彩标。都人同盛观，不觉在行朝。"时吴融在翰林学士任（见后传），当亦随昭宗、大臣在华州。此诗描绘西溪竞渡，甚为欢乐，特表以"都人同盛观，不觉在行朝"，这也是当时一种特殊情景。由诗题，当崔远先有诗作，吴融即和之。惜崔远原作未存。又《唐五代文学编年史·晚唐卷》，[6] 亦于光化元年记吴融此诗，并引有郑谷《驻跸华下同年司封员外从翁许共游西溪久违前契戏成寄赠》诗，有"北渚牵吟兴，西溪爽共游"，则西溪确为华州之一游地。

另，郑谷亦于华州有进献崔远之诗：《转正郎后寄献集贤相公》（《郑谷诗集笺注》卷三），此"集贤相公"亦即崔远，乃郑谷作于乾宁四年（897）初为都官郎中时。[7] 据《郑谷诗集》笺注者严寿澂等所作《郑谷传笺》，郑谷此前长期奔波，仕途并不顺利，乾宁元年（894）始释褐为鄠县尉，后历任右拾遗、补阙，至乾宁四年迁都官郎中，实为不易，故心情舒爽，特向时居相位的崔远进诗："干名初在德门前，屈指年来三十年。自贺孤危终际会，别将流涕感阶缘。止陪鸳鹭居清秩，滥应星辰浼上玄。平昔苦心何所恨，受恩多是旧诗篇。"诗中深寓感激之情，似郑谷之迁转官阶，曾得到崔远举荐。

由前所述吴融、郑谷之诗，可见崔远任相时，仍能与文士交往，并加荐引，未有如崔昭纬那样，由翰林学士擢居相位，即专心于结交藩镇，诬害同列。但崔远晚期结局，仍极不幸。

《旧传》记乾宁三年（896）任相后，云："天祐初，从昭宗东迁洛阳，罢相，守右仆射。"即崔远自乾宁三年至天祐元年（904），均在相位。实则据《新唐书·宰相年表》，崔远于光化三年（900）九月丙午，罢为兵部尚书，两《唐书·昭宗纪》均同。《通鉴》卷二六二光化三年九月丙午亦记崔远罢守本官，并"以刑部尚书裴贽为中书侍郎、同平章事"。《新唐书·宰相年表》后于天祐元年（904）正月乙巳，记崔胤罢为太子少傅、分司东都，"兵部尚书崔远为中书侍郎、翰林学士、左拾遗柳璨为右谏议大夫，并同中书门下平章事"。两《唐书·昭宗纪》及《通鉴》卷二六四亦同。由此可知，崔远曾于光化三年（900）九月罢相，至天祐元年（904）正月，又复为相。而《旧传》未记光化三年罢相事，却云天祐元年罢相，即既有所缺，又有误。

崔远第二次罢相实已为哀帝时，天祐二年（905）三月，又为朱全忠所杀。据《通鉴》及两《唐书》，崔远于天祐元年（904）正月与柳璨同任为相后，昭宗寻即为朱全忠所迫，由长安徙洛阳；八月，朱全忠谋杀昭宗，昭宗第九子辉王柞即位（年十三），称昭宣帝。时诸宰臣亦皆随在洛阳，柳璨即依附朱全忠，排斥同列崔远、裴枢、独孤损，三人即于天祐二年罢相。《通鉴》卷二六五，天祐二年五月载："柳璨恃朱全忠之势，姿为威福。会有星变，占者曰：'君臣俱灾，宜诛杀以应之。'璨因疏其所不快者于全忠曰：'此曹皆聚徒横议，怨望腹非，宜以上塞灾异。'"朱全忠乃听其言，贬朝臣多人，"搢绅为之一空"。崔远初贬为莱州刺史，又贬为白州司户；同年六月，流贬者皆被杀，"时（朱）全忠聚（裴）枢等及朝士贬官者三十余人于白马驿（胡注：白马驿在滑州白马县），一夕尽杀之，投尸于河"。《旧唐书·崔远传》亦载："行至滑州，被害于白马驿。"这可以说是有唐一代文士，最后一次大屠杀，其中崔远、陆扆、王溥皆曾为翰林学士。

崔远，除《全唐文》卷八一九载有两篇制文外，其他无诗文传存。宋《宣和书谱》卷四"正书"，记有崔远，称"观其笔迹，虽不传于世，然赠嶜光帖，其楷体可喜，想见其家范云。今御史府所藏正书一：送嶜光诗。"则确如《旧传》所云："远文才清丽，风神峻整，人皆慕其为人。"

注释

〔1〕中华书局点校本于"兵部侍郎"后不加顿号，即谓"转兵部侍郎承旨"，乃以承旨为兵部侍郎附属之职，误。

〔2〕《唐大诏令集》，商务印书馆点校本，1959年。

〔3〕《通鉴》卷二六○记崔胤此次任相乃由湖南武安节度使召入，此制亦称其为"湖南管内观察处置等使"。而《旧唐书·昭宗纪》及卷一七七《崔胤传》则记为自清海军节度使、岭南东道观察使入。《通鉴》有《考异》，指出《旧传》误，谓《新传》记为"武安节度使"，是，乃云"今从《实录》"。岑氏《补记》亦提及，谓《新唐书》当有宋敏求新辑之《实录》，《通鉴》亦从之。

〔4〕《陆宣公集》卷一，浙江古籍出版社，刘泽民点校，1998年。

〔5〕《李德裕文集校笺·文集》卷三、卷四，河北教育出

版社，傅璇琮、周建国校笺，2000 年。

〔6〕《唐五代文学编年史》，傅璇琮主编，《晚唐卷》吴在庆、傅璇琮撰，辽海出版社，1998 年。

〔7〕《郑谷诗集笺注》，严寿澂、黄明、赵昌平笺注，上海古籍出版社，1991 年。

李　磎

李磎，两《唐书》有传，见《旧唐书》卷一五七、《新唐书》卷一四六。

李磎约于僖宗光启三年（887）下半年以中书舍人入为翰林学士；四年（888）二、三月间，即僖宗三月病卒前，辞职出院，归居于华阴（见前传）。

《旧传》接云：“王铎镇滑台，杖策诣之，铎表荐于朝，昭宗雅重之，复召入翰林为学士，拜户部侍郎，迁礼部尚书。”《新传》略云：“辞职归华阴，复以学士召。”《新传》所记虽简略，但未有《旧传》之误。据《旧传》，李磎乃由王铎向昭宗举荐，昭宗即又召入，但此与王铎行迹不合。据《旧唐书》卷一九下《僖宗纪》，中和元年（881）七月，王铎以检校太尉、中书令兼滑州刺史、义成军节度使、郑滑观察处置使；四年（884）十一月，改为沧州刺史、义昌军节度、沧德观察处置等使。《旧唐书》卷一六四《王铎传》亦载：“其年（中和四年）冬，僖宗自蜀将还，乃以铎为沧景节度使。”即王铎在郑滑节镇任为中和元年七月至四年十一月间，而此期间李磎在高骈淮南幕府供职（见前传）。尤可注意者，《旧纪》于中和四年十二月载：“新除沧德节度使王铎，为魏博节度使乐彦祯害之于漳南县之高鸡泊，行从三百余人皆遇害。”《通鉴》卷二五六所记同。[1]如此，则王铎于僖宗中和四年（884）十二月已为人所害，而昭宗于光启四年（888）三月才即位，怎能谓李磎因王铎向昭宗举荐而入为翰林学士？

李磎于昭宗朝再入为翰林学士，其主要之证据材料，为薛廷珪草撰之《授翰林学士承旨户部侍郎崔汪尚书右丞、学士中书舍人崔涓李磎并户部侍郎知制诰充学士制》（《全唐文》卷八三七）。据前崔汪、崔涓传，此制作于昭宗大顺二年（891），即此时李磎已在院，且已为中书舍人（正五品上），则入院当已有一、二年，当为龙纪元年（889），即昭宗即位后之第二年。唯不知带何官入。岑氏《补记》只引述薛廷珪此制，但定李磎于大顺中入，并接谓"自中书舍人加户部侍郎知制诰，依前充"。按大顺仅二年，薛廷珪此制为大顺二年作，此时李磎已在院，并由中书舍人（正五品上）迁户部侍郎（正四品下），则何能谓李磎于大顺中（即一、二年间）始入？岑氏之说当不确。

《旧传》记其入院后，云："拜户部侍郎，迁礼部尚书。景福二年十月，与韦昭度并命中书门下平章事。"《新传》则甚简，于"复以学士召"后，即云"乾宁元年，进礼部尚书、同中书门下平章事"。即出院拜相，一为景福二年（893），一为乾宁元年（894），又互异。经检《新唐书》卷六三《宰相年表》，乾宁元年六月，"戊午，翰林学士承旨、礼部尚书李磎本官同中书门下平章事"。《新唐书》卷十《昭宗纪》、《通鉴》卷二五九所载均同。按与韦昭度并命为相、同中书门下平章事者，为御史中丞崔胤，时为景福二年（893）九月壬辰，《新唐书·昭宗纪》、《通鉴》卷二五九同。据此，则《旧传》谓李磎于景福二年十月与与韦昭度并命为相，时、事均误。[2]

由此，应定为李磎于乾宁元年六月由翰林学士承旨、礼部尚书，以本官同中书门下平章事（任相后又骤有变，详后）。即乾宁元年六月前已为承旨、礼部尚书，而崔汪于景福二年（893）由尚书右丞、承旨出院，则李磎当于景福二年下半年接为承旨，并由户部侍郎迁为礼部尚书，再过一年，乾宁元年六月任相（《旧唐书·昭宗纪》记于乾宁元年十月，又误）。

据前所述，则李磎于昭宗时第二次入院，前后共历六年，时间并不短（第一次在僖宗朝，不到一年）。薛廷珪于大顺二年所作之制文，称李磎为："学际天人，道隆姬孔；参言语侍从之列，擅渊云贾马之才。履正居中，格于公论。"虽较概略，但评价仍高。值得一提的是，《全唐文》卷八○三载李磎文，一卷，中有制文二十五篇，这在僖、昭两朝翰林学士所撰制文传存者，数量是最多的。《新唐书》卷六○《艺文志》四，集部别集类，即著录有李磎《制集》四卷，当为李磎自编其所草制文。《全唐文》所载的李磎制文，除《授吏部侍郎徐彦若御史中丞制》为较高官阶外，其他多为中下阶之官，如河南府参军充集贤校理，虔州司马，州刺史，县令，甚至有授县主簿、县尉的。一般以为翰林学士所撰授官制文，多为授宰相、三公、侯妃、公主等，以与中书舍人有别，可见实际情况并非如此。晚唐时以他官知制诰及中书舍人，多有撰授翰林学士制文者，很值得作综合考索。李磎另有几篇制文，为授宦官者，对内官甚为赞誉，这当然是应命之作，但这也有可能后被人评为"磎怀奸，与中人杨复恭昵款"（见后）。

《旧传》记李磎与韦昭度同于景福二年十月命相，前已考辨，应为乾宁元年六月，且非与韦昭度同任，乃为李磎个人，《旧传》误记。不过两《唐书》本传皆记李磎命相之制下宣时，水部郎中、知制诰刘崇鲁极力谏阻。《通鉴》卷二五九乾宁元年（894）六月戊午有具体记述："方宣制，水部郎中、知制诰刘崇鲁出班掠麻恸哭。上召崇鲁，问其故，对言：'磎奸邪，依附杨复恭、西门君遂，得在翰林，无相业，恐危社稷。'磎竟罢为太子少傅。"而刘崇鲁之所以如此，乃"崔昭纬恐磎为相，分己权，故使崇鲁沮之"。李磎后上奏十表弹劾刘崇鲁，但仍未任相。李磎是否与宦者杨复恭有交结，其于昭宗时复召为翰林学士，是否得宦者杨复恭等之力，别无记载。

《新唐书·宰相年表》后记：乾宁二年（895）"二月乙未，李磎为户部侍郎、同中书门下平章事，判度支"，即又召入为相。此即《旧传》所云："昭宗素爱其才，而急于大用；至乾宁初，又上第十一表，乃复命为相。"《旧传》此云"乾宁初"，不确，乾宁仅四年，不能以二年定为"初"。且后又云"数月，与昭度同为王行瑜等所杀"，则当仍为乾宁元年，亦误。

据《通鉴》卷二六〇，李磎于乾宁二年二月乙未复任相，时亦同居相位之崔昭纬与凤翔节度使李茂贞、邠宁节度使王行瑜深相结，"朝廷机事，悉以告之"，于是向李、王建议，由李、王上表"称磎奸邪"，昭宗于是被迫于此年三月使李磎罢相（罢为太子少师），即李磎此次任相，仅一月。后同年五月，李茂贞、王行瑜又率兵至京，王行瑜乃将韦昭度、李磎擅杀于京郊都亭驿。

王行瑜后因河东节度使李克用出兵，于乾宁二年十一月为部下所杀（据《通鉴》卷二六〇）。两《唐书·李磎传》即记王行瑜被杀后，昭宗乃下诏复李磎官爵，赠司徒，谥曰文。由此也可见昭宗是"素爱其才"的（《旧传》）。《全唐文》卷九〇即载有昭宗《昭雪杜让能等制》，其中提及李磎，云："李磎文章宏赡，迥出辈流，竟以朋党之间，挤于死地，凡在有识，孰不咨嗟。宜并与昭洗，仍复官爵。"

李磎文化素养是不错的，《新传》称："磎好学，家有书至万卷，世号'李书楼'。所著文章及注解诸书传甚多。"李磏之著作确颇丰硕，且为当时文士赏识。五代末、北宋初孙光宪著《北梦琐言》,[3] 即记司空图曾为其撰有行状，并详记其著述，卷六《李磏行状》条云："司空图侍郎撰李公磏行状，以公有出伦之才，为时辈妒忌，罹于非横。其平生著文，有《百家著诸心要文集》三十卷，《品流志》五卷，《易之心要》三卷，注《论语》一部，《明无为》上下二篇，《义说》一篇。仓卒之辰，焚于贼火，时人无所闻也，惜哉!"此处所录书名，《新唐书·艺文志》皆未著录。此云司空图为其撰行状，但后传存之司空图文集也未有。司空图颇重视文士之品质，能特为李磏撰写行状，并详细著录其著作，亦可见其与李磏之交情。

李磏确颇有才艺，宋《宣和书谱》卷四"正书"，即列有李磏条，中云："其书见于楷法处是宜，皆有胜韵，大抵饱学宗儒，下笔处无一点俗气，而暗合书法，兹胸次使之然也。至如世之学者，其字非不尽工，而气韵病俗者，政坐胸次之罪，非乏规矩尔。如磏能破万卷之书，则其字岂可以重规叠矩之末，当以气韵得之也。今御府所藏正书一：送窅光诗。"唯《全唐诗》未载其诗。前已述，《全唐文》载其文一卷，大部分为制文，另有奏议、论、记、传等。《新唐书·艺文志》四，著录其《制集》四卷，另有《表疏》一卷，当亦为翰林学士任职期间所上之奏议，亦可见其对时政之关注。

注释

〔1〕《旧唐书》奏一六四《王铎传》记王铎遇害在光启四年十二月，当以"中和"讹为"光启"，中华书局点校本于此有校，但仅云"《通鉴》卷二五六作'中和四年'"，未有判断，似亦不当。

〔2〕岑氏《补记》亦谓李磏于景福二年十月以本官同中

书门下平章事，记时误同《旧传》。

〔3〕《北梦琐言》，载《全宋笔记》第一辑。《全宋笔记》，上海师范大学古籍研究所编，大象出版社，2003 年。

李昌远

李昌远，两《唐书》无传。《新唐书》卷七二上《宰相世系表》二上，记有李昌远，未记其前世，但记其同辈有希远，希远曾孙固言，《新表》记为文宗时宰相，如此，则与昭宗时李昌远时代不合，非同一人。由此，则两《唐书》皆未有此李昌远材料。

唯一材料为薛廷珪《授起居郎李昌远、监察陆扆并守本官充翰林学士制》（《全唐文》卷八三七），即与陆扆同时入院。陆扆乃于昭宗大顺二年（891）三月入（详后陆扆传），则李昌远当亦于大顺二年三月以起居郎入为翰林学士。按《旧唐书》卷一九〇下《文苑下·薛逢传》附记薛廷珪事，谓其"大顺初，累迁司勋员外郎、知制诰，正拜中书舍人"，后乾宁三年（896）七月从昭宗赴华州，改左散骑常侍。则李昌远之入为翰林学士，正与薛廷珪以知制诰或中书舍人草撰制文时间合。

薛廷珪制中称李昌远"魁梧博厚，宽裕温良，蕴是粹和，发为符采"，虽赞誉之，但较概略，并不具体。不过制中对翰林学士职能之评估，堪可注意，云："近侍宸严，参予密命；韬经济弥纶之望，为言语侍从之臣。"即既为皇上撰制文诰，又与皇上密议朝政。其对翰林学士参预朝政特殊地位之评议，当为当时文士之共识。

又据薛廷珪制，李昌远于大顺二年（891）三月前已任为起居郎（从六品上），与尚书诸司员外郎同阶。但其入院后官阶是否有所迁转，何时出院，皆未能确知。在院当延续后两年，可至景福二年（893）。

李昌远无诗文记载，亦未有著作著录。

陆　扆

陆扆，两《唐书》有传，见《旧唐书》卷一七九、《新唐书》卷一八三。

《旧传》："陆扆字祥文，本名允迪，吴郡人，徙家于陕，今为陕州人。曾祖澧，位终殿中侍御史。祖师德，淮南观察支使。父郜，陕州法曹参军。"《新传》略云："陆扆字祥文，宰相贽族孙。客于陕，遂为陕人。"《新唐书》卷七三下《宰相世系表》三下，载其父埛，青州从事、监察御史，名与官职，与《旧传》异；中华书局点校本及赵超《新唐书宰相世系表集校》，[1]均未校及。

《旧传》接云："扆，光启二年登进士第，其年从僖宗幸兴元。"按光启元年（885）十二月河东节度使李克用进兵讨宦官田令孜，田令孜遂迫奉僖宗出奔，二年正月由凤翔赴兴元，三月至兴元。由此，则此年科试即在兴元。据《唐摭言》卷八《自放状头》，乃于此年六月始科试并放榜。[2]陆扆当于光启二年初先至兴元，后即于六月在兴元应试并登第，即《新传》所云"光启二年，从僖宗幸山南，擢进士第"。而《旧传》先云陆扆"光启二年登进士第"，后云"其年从僖宗幸兴元"，似先在京师应试及第，后从僖宗赴兴元，不如《新传》所叙确切。

按陆扆卒于天祐二年（905），年五十九（详后），则当生于宣宗大中元年（847）。光启二年及第时为四十岁。

　　陆扆及第后，《旧传》有具体记述："（光启二年）九月，宰相韦昭度领盐铁，奏为巡官。明年，宰相孔纬奏直史馆，得校书郎。寻丁母忧免。龙纪元年冬，召授蓝田尉，直弘文馆，迁左拾遗，兼集贤学士。中丞柳玭奏改监察御史。"按陆扆年四十及第，及第后仅三个月，即入仕，而一般唐科举应试虽及第，尚须经吏部铨试，又须候一定时间，才能释褐入仕。此当僖宗因避乱外出，亟需人才，《旧传》所记，当合于当时实际情况。但《旧传》记其以左拾遗兼集贤学士，则不确，因左右拾遗为从八品上，按唐制，入集贤院为学士者须五品以上，六品以下只能称直学士。《旧传》此处所记，应于"集贤"下补"直"字。

　　陆扆于任翰林学士前，即与文士有文学交往。吴融有《和陆拾遗题谏院松》诗（《全唐诗》卷六八四）："落落孤松何处寻，月华西畔结根深。晓含仙掌三清露，晚上宫墙百雉阴。野鹤不归应有怨，白云高去太无心。碧岩秋涧休相望，捧日无须在禁林。"陶敏《全唐诗人名考证》页926谓此"陆拾遗"即陆扆，是，但未考此诗作年。按吴融于昭宗龙纪元年（889）与韩偓同登进士第，此前吴融长期举试落第，《唐摭言》卷五《切磋》条有云："吴融，广明、中和之际，久屈负声。"吴融《祝风》诗亦自叹"余仍辗轲者，进趋年二纪"。应试达二十余年，于龙纪元年才及第，确难得。而据《旧唐书·陆扆传》，陆扆于龙纪元年冬为蓝田尉、直弘文馆，后迁左拾遗、兼集贤直学士，则其为左拾遗，当为龙纪元年末、大顺元年初。而据《通鉴》卷二五七，韦昭度于文德元年（888）六月任西川节度使，奉命入蜀征讨陈敬瑄，吴融曾应辟在其幕府赴蜀，至大顺二年（891）随韦昭度返回（关于吴融事，参见《唐才子传校笺》卷九《吴融传》周祖譔、吴在庆笺）。[3] 则吴融此诗当作于大顺元年初尚未入蜀时。[4] 据诗题，陆扆时在左拾遗任，尚未入院，但已有诗，吴融为和作。

陆扆后由左拾遗改为监察御史（正八品上），《旧传》即记叙其入院："大顺二年三月，召充翰林学士，改屯田员外郎。"薛廷珪有《授起居郎李昌远、监察陆扆并守本官充翰林学士制》（《全唐文》卷八三七），即与李昌远同于大顺二年（891）三月入（李昌远事，见前传）。制中称陆扆："监察陆扆，珪璋缜密，咸获玲珑，蔼然休声，砺乃佳器。"

《旧传》详叙其在院时迁转情况，《新传》则仅云："累进翰林学士、中书舍人。"今据《旧传》，并参《旧纪》等，概述如下。

大顺二年（891）三月，以监察御史入。约于本年后半年迁为屯田员外郎（从六品上），知制诰。时年四十五，即进士及第后五年。

景福元年（892），迁祠部郎中（从五品上），仍知制诰。

景福二年（893），元日朝贺，赐紫。六月二十二日，迁中书舍人（正五品上）。按《旧传》记于五月，《旧唐书·昭宗纪》记于此年六月戊午："以祠部郎中、知制诰陆扆为中书舍人，依前翰林学士。"此年六月戊午即为二十二日。

乾宁元年（894）五月，迁为户部侍郎（正四品下）、知制诰。《旧传》未记月份，《旧纪》记为五月："以翰林学士、中书舍人陆扆为户部侍郎、知制诰，充职。"

乾宁二年（895）五月，由户部侍郎转兵部侍郎，仍知制诰。《旧传》未记月份，《旧纪》记于五月："以翰林学士、户部侍郎、知制诰陆扆为兵部侍郎，充职。"

乾宁三年（896）正月，加承旨，寻改尚书左丞。《旧传》："（乾宁）三年正月，宣授学士承旨，寻改左丞。"按黄滔文集附录《昭宗实录》，记乾宁二年二月九日丁酉"宣翰林学士承旨户部侍郎知制诰陆扆、秘书监冯渥于云韶殿考所试诗赋"，则乾宁二年二月前陆扆已为承旨。而乾宁二年赵光逢已为承旨（见后赵光逢传），则任承旨时间有冲突，承旨只能为一人。岑氏《补记》亦提及，谓当据《旧·陆扆传》系于乾宁三年正月。按据后赵光逢传，赵光逢自乾宁元年六月后已为承旨，乾宁三年六月辞职，崔远于乾宁三年秋接为承旨。而据《新唐书·宰相年表》，乾宁三年七月，"丙午，翰林学士承旨、尚书左丞陆扆为户部侍郎、同中书门下平章事"，则乾宁三年正月，陆扆与赵光逢同为承旨，此甚可疑（岑氏《补记》未提及此事，但谓崔远乃接陆扆于乾宁三年秋为承旨）。赵光逢事，待考。

又《旧纪》于乾宁三年二月又记："以银青光禄大夫、户部尚书、嘉兴县子、食邑五百户陆扆为兵部尚书。"按两《唐书》本传皆未记其在职期间先后历衔户部、兵部尚书；且同年正月为尚书左丞，七月出院时亦提及尚书左丞，未提及兵部尚书（据两《唐书》本纪、《新·宰相年表》及《通鉴》卷二六〇）。《旧纪》乾宁三年二月此记当误。《旧纪》于乾宁二年五月曾记"以翰林学士、户部侍郎、知制诰陆扆为兵部侍郎"，《旧纪》当将乾宁二年五月所记误移于三年二月，并将"侍郎"误书为"尚书"。

据两《唐书》本纪、《新·宰相年表》及《通鉴》卷二六〇，陆扆即于乾宁三年七月丙午，由翰林学士承旨、尚书左丞为户部侍郎、同中书门下平章事。《唐大诏令集》卷五〇即载有《陆扆平章事制》，文末署"乾宁三年七月"，但未署撰者姓名。《文苑英华》卷四五〇"翰林制诏"亦载有此制，署为杨钜作，制中称"翰林学士承旨、银青光禄大夫、守尚书右丞、知制诰、上柱国、嘉兴县开国男、食邑三百户陆扆"。但《唐大诏令集》所载，称"可尚书兵部侍郎同中书门下平章事"，《文苑英华》则为"可尚书户部侍郎"，两《唐书》本纪亦皆记为户部侍郎，《唐大诏令集》之"兵"当为"户"之讹。

此制甚赞陆扆"六年专诏诰之勤"，即自大顺二年（891）三月，至乾宁三年（896）七月，前后六年，"谠正自持，闻望弥峻"。又称颂其族祖、德宗时翰林学士陆贽："况尔伯祖贽，昔以才行尝居禁林，当德宗避狄之时，实乃祖纳言之日；积其伟业，升于鼎司，书命谏章，流在人口"，可见陆贽甚有特色之制文，在晚唐仍极有影响。《旧传》亦载昭宗曾面对陆扆云："朕闻贞元时有陆贽、吴通玄兄弟，能作内庭文书，后来绝不相继。今吾得卿，斯文不坠矣。"

《全唐文》卷八二七载陆扆文十篇，全为制文，除《封棣王虔王沂王遂王制》为封诸王册文外，其余均为授节度使文，未有授任朝中大臣者，与当时几位中书舍人（及以他官兼知制诰者）相比，则晚唐时翰林学士撰诏，已可不受限制，面可以开广。又陆扆所撰制文，文辞亦甚畅通，确有受陆贽影响；且字数亦多，一篇至少有六、七百字。确如《旧传》所评："扆文思敏速，初无思虑，挥翰如飞，文理俱惬，同舍服其能。"

陆扆在院时，除积极参预政事，撰写制诰外，还特作诗记抒值班之情景，《全唐诗》卷六八八载其《禁林闻晓莺》一诗："曙色分层汉，莺声绕上林。报花开瑞锦，催柳绽黄金。断续随风远，间关送月沉。语当温树近，飞觉禁园深。绣户惊残梦，瑶池啭好音。愿将栖息意，从此沃天心。"颇有诗意。

当时文士亦有与其文学交往者。诗僧贯休有《寄翰林陆学士》诗（《全唐诗》卷八三四）。贯休长期居于荆南，当陆扆任翰林学士时，贯休特寄以诗，先称颂其所处之高位："宝辇千官捧，宫花九色开。"又抒期望之情："何时重一见，为我话蓬莱。"另黄滔有《和陈先辈陪陆舍人春日游曲江》(《全唐诗》卷七〇六)。陆扆在院任中书舍人在景福二年(893)五月至乾宁元年(894)五月间,《唐五代文学编年史·晚唐卷》即系于乾宁元年三月,当确切。此陈先辈为陈峤,光启三年(887)擢第,故黄滔于此时即称其先辈。由此诗题,当为陈峤曾陪陆扆于此年春游曲江,并作有诗,黄滔又作诗和之。黄滔于乾宁二年登第,则此时尚未及第,此七绝后二句云:"红杏花旁见山色,诗成因触鼓声回。"似亦有期望陆扆请予举荐之意。

以上较详记述陆扆任职情况,今接叙其任相后之行迹。按乾宁三年七月,凤翔节度使李茂贞又出兵进逼长安,昭宗乃从华州节度使韩建之请,出驻华州,"(李)茂贞遂入长安,自中和以来所葺宫室市肆,燔烧俱尽"(《通鉴》卷二六〇)。可见当时藩镇对朝廷之凌视。昭宗至华州,仅十余日,即将陆扆由翰林学士(承旨)擢拔为相。杨钜所撰《授陆扆平章事制》,即称:"于戏!奸凶尚炽,干革未平,生灵流离,宗稷榛莽。尔其举坠典,正颓纲,进贤良,远奸慝。勿依违以避事,无拱然以叨恩,庶乎艰难有望康济。"可见昭宗是寄予重望的,杨钜之文笔亦甚舒畅,值得注意。

但唐末僖、昭两代,翰林学士虽擢迁为相,其仕途甚为坎坷,结局往往不幸。据《新·宰相年表》,陆扆于乾宁三年(896)七月丙午为户部侍郎、同中书门下平章事,八月戊午为中书侍郎、判户部,而九月丁酉即贬峡州刺史(据《通鉴》卷二六〇,为受另一宰相崔胤所诬陷。又《旧传》所载贬峡州刺史,涉及覃王率师送徐彦若赴凤翔事,《通鉴·考异》谓此乃景福二年杜让能讨凤翔事,时陆扆尚未为相,《旧传》误,《新传》亦误)。光化二年(899)正月,陆扆又以兵部尚书同中书门下平章事,复相;三年(900)九月戊申,为门下侍郎兼户部尚书；天复元年（901）五月，又兼兵部尚书。而天复三年（903）二月甲戌，又贬为沂王傅、分司东都（亦为崔胤所陷）。后天祐元年（904）四月，昭宗因朱全忠所迫，自长安迁洛阳，八月，被朱全忠谋杀，其子讳祚被立（年仅十三）。时陆扆又在吏部尚书任（《旧唐书·哀帝纪》）。天祐二年（905）五月，时任宰相之柳璨，依仗朱全忠，并向朱全忠诬告同时居相位之独孤损、崔远、裴枢等，及朝臣吏部尚书陆扆等，于是独孤损等均被贬谪，陆扆被贬为濮州司户，次月，即六月，诸人又为朱全忠谋杀于滑州白马驿（《通鉴》卷二六五）。《旧传》云陆扆时年五十九。

陆扆著作，《新唐书》卷六〇《艺文志》四，集部别集类，著录《陆扆集》七卷。后传存不多，《全唐诗》仅载其在院时所作诗一首，《全唐文》载其制文十篇，前已述。另，宋《宣和书谱》卷四"正书"，记有陆扆，中云："亦善作真字，尝有赠詧光草书歌，笔迹不减古人，翰墨跃映，真可尚也。今御府所藏正书一：赠詧光草书歌。"则陆扆亦以书法著称。

注释

〔1〕《新唐书宰相世系表集校》，中华书局，1998年。

〔2〕《唐诗纪事》卷六九陆扆条，亦云"六月榜出"，但谓"扆，昭宗末举进士及第"，以僖宗误记为昭宗。孟二冬《登科记考补正》卷二三光启二年，于陆扆名下亦引及《唐诗纪事》，但仍记为"昭宗"，未加订正。

〔3〕《唐才子传校笺》，傅璇琮主编，卷九为第四册，中华书局，1990年。

〔4〕《唐五代文学编年史·晚唐卷》系吴融此诗于景福元年（892），不确。按陆扆已于大顺二年（891）三月以监察御史入为翰林学士，景福元年仍在院，迁为祠部郎中、知制诰，

已非左拾遗。

赵光逢

赵光逢，两《唐书》有传，见《旧唐书》卷一七八、《新唐书》卷一八二，皆附于其父赵隐传后。《新传》甚简，仅二十余字。而新旧《五代史》则有专传，即《旧五代史》卷五八、《新五代史》卷三四，因赵光逢后仕于梁，并曾任为相。

《旧唐书·赵隐传》记为京兆奉天（今西安乾县）人。赵隐于懿宗咸通十三年（872）曾为相（此据《新唐书》卷六三《宰相年表》，《旧传》云咸通末），僖宗乾符元年（874）二月出为浙西镇海军节度使（此据《新唐书·宰相年表》，《旧传》云"乾符中"，不确），广明元年（880）卒（《旧传》云"广明中卒"，广明纪元仅一年，不当云"广明中"）。《旧传》称赵隐"少孤贫，弟兄力耕稼以奉亲"，"既居宰辅，不以权位自高"。

《新唐书》卷七三下《宰相世系表》三下，记有赵光逢，云："字延吉，太常卿。"两《唐书》本传皆未记其字号，两《五代史》本传则均记为字延吉。

《旧传》记赵光逢"乾符五年登进士第，释褐凤翔推官"。《新传》仅云"第进士"，未记年。清徐松《登科记考》卷二三即据《旧传》系于僖宗乾符五年（878）。《旧五代史》本传有具体记载："光逢与弟光裔，皆以文学德行知名。光逢幼嗜坟典，动守规检，议者目之为'玉界尺'。僖宗朝，登进士第。"则其早年即有文名。

《旧传》记其进士及第后，云"释褐凤翔推官"，《旧五代史》传则谓"踰月，辟度支巡官"，稍有异。

《旧传》后记为："入朝为监察御史，丁父忧免。僖宗还京，授太常博士，历礼部、司勋、吏部三员外郎，集贤殿学士，转礼部郎中。"《新传》则甚简，于登进士第后，仅云"历台省华剧"，后即谓"以中书舍人为翰林学士"（亦有误，见后）。按据前述，其父赵隐卒于广明元年（880），则僖宗为避黄巢攻占长安而移居蜀中时，赵光逢即丁父忧，后僖宗于光启元年（885）三月返京，赵光逢则于僖宗后期及昭宗初期，如《旧传》所记，在朝中历任礼部等员外郎及郎中之职。清劳格《唐尚书省郎官石柱题名考》卷二〇礼外、卷八勋外、卷四吏外及卷一九礼中，皆有其名。唯《旧传》谓其以任员外郎时兼充集贤殿学士，误。按唐官制，集贤殿学士须以五品以上充，六品以下只能称"直学士"，尚书员外郎为从六品上，不能称学士，《旧传》当于"学士"前缺一"直"字。

关于赵光逢任翰林学士，《新传》仅记为"以中书舍人为翰林学士"，未记年，且有误。《旧五代史》传未记其入院，却云"转尚书左丞、翰林承旨"，《新五代史》传亦仅云"昭宗时为翰林学士承旨"。《旧传》则有具体记述，云："景福中，以祠部郎中知制诰，寻召充翰林学士。"按景福纪元为两年（892、893），赵光逢此前（约大顺时）为礼部郎中（从五品上），景福元年转为祠部郎中、兼知制诰，寻召为翰林学士，则当于景福元年、二年间以祠部郎中、知制诰入。由此即可证《新传》所云"以中书舍人为翰林学士"确误，赵光逢之具中书舍人衔，是入院后由祠部郎中迁转的。

关于赵光逢入院时所带之官衔，还须有一辨，即岑氏《补记》记赵光逢入院，有云："《全唐文》八二四黄滔《上赵员外启》，三称员外学士，按唐末赵姓学士，今知者唯有光逢，岂光逢实自员外入而《旧唐书》传从略欤。"岑氏乃据黄滔文，以为既称员外，又称学士，则赵光逢当由员外郎入，

《旧唐书》记为祠部郎中，当有所缺略。按黄滔此文，首云："伏以曦暐流辉，已侵穷腊，禹门飞浪，即到登时，莫不禺多士之精诚，伫有司之新命。"即为年底腊月时所作。唐代科举会试，一般在年初举行，但各地州府所贡的举子须于前一年秋冬之际陆续集中于京师，履行报到及行卷、求荐等活动（参傅璇琮《唐代科举与文学》第四章《举子到京后活动概说》，陕西人民出版社，1986 年）。黄滔此处所述的"已侵穷腊"、"即到登时"，当是他作为应试的举子，已在京师，快到年底，表现一种期望登榜的心理。黄滔虽为唐末一位著名文人，但他多年应试不第，最终于昭宗乾宁二年（895）登第。如果此篇《上赵员外启》在此次登第前所写，则当为乾宁元年（894）冬，而此时赵已为翰林学士承旨、兵部侍郎，不可能称其为员外。据前引述之《旧传》，僖宗于光启元年（885）返京后，赵光逢历任太常博士，礼部、司勋、吏部员外郎，并兼集贤殿直学士，即当僖宗末、昭宗初。黄滔此启，也当在这一期间，其称学士者，当并非指翰林学士，而是指集贤殿直学士，与时任员外郎相合。唐时只称学士，不一定即为翰林学士，如黄滔另有《寄同年崔学士》诗（《全唐诗》卷七〇五），此即作诗寄其同年登第者崔仁宝（见徐松《登科记考》卷二四）。黄滔又有《出京别崔学士》（《全唐诗》同上卷）。此崔仁宝未曾任翰林学士。

由此，黄滔此篇《上赵员外启》进上赵光逢，无疑，但非如岑氏《补记》所云赵光逢时已为翰林学士。黄滔曾多次应试不第，故文中云，"若滔也，折角有年，争锋无主，空秉龙钟之态，仰希伤悯之求"，即期望时任尚书员外郎并兼集贤直学士之对方能大力加以推荐、举拔："伏以员外、学士猥隆恩遇，克异等伦，近者面获起居，亲切然诺，自归旅舍，彻坐寒宵，历将往事以思惟，洞见今辰之通塞。"

　　《旧传》接叙赵光逢入院后之官阶迁转："正拜中书舍人、户部侍郎、学士承旨，改兵部侍郎、尚书左丞，学士如故。"皆未记年，亦未记何时出院。后云"乾宁三年，从驾幸华州，拜御史中丞，改礼部侍郎"，则当于乾宁三年（896）前已出院。而《旧五代史》传云："转尚书左丞、翰林承旨。昭宗幸石门，光逢不从，昭宗遣内养戴知权诏赴行在，称疾解官。驾在华州，拜御史中丞。"据《通鉴》等所记，乾宁二年（895）五月，凤翔节度使李茂贞与静难节度使王行瑜等交结，率兵入朝，杀朝臣韦昭度、李磎于都亭驿（见前韦、李传）。后河东节度使李克用闻迅，出兵南下，向昭宗上表，议征讨王行瑜、李茂贞，王、李即还镇；七月，李克用仍率军至河中，时京都长安有军中大乱，昭宗只得"徙幸石门镇"。石门镇在长安之南南山。后李克用击败王行瑜，昭宗下诏"削夺王行瑜官爵"，并于八月返京。为此，则昭宗当于乾宁二年七、八月间在南山石门。《旧五代史·赵光逢传》又称，昭宗出赴石门时，赵光逢未从行，后又"称疾解官"，则于此时辞职出院。至于昭宗出幸华州，乃在乾宁三年（896）七月，因此年六月凤翔节度使李茂贞又率兵攻京，昭宗应华州节度使韩建之请，徙驻华州，至光化元年（898）八月才返京。由此，则《旧传》所云"乾宁三年，从驾幸华州，拜御史中丞"，赵光逢时已出院一年，乃出院后又授为御史中丞，非在院时由尚书左丞改为御史中丞。

　　又《旧唐书·昭宗纪》，乾宁二年（895）三月，"以翰林学士承旨，兵部侍郎、知制诰赵光逢为尚书左丞，依前充职"。则乾宁二年三月前，已为承旨、兵部侍郎，三月改为尚书左丞，仍为承旨，至是年七月辞职出院。而兵部侍郎前，曾任户部侍郎，并为学士承旨，按乾宁元年前半年，李磎为承旨，六月拜相出院，则赵光逢当于乾宁元年六月后接为承旨。

由上考述，赵光逢之入、出，当为：

景福元年、二年间（892、893），以祠部郎中、知制诰入，寻又迁中书舍人。

乾宁元年（894），前半年，即六月前，由中书舍人迁为户部侍郎，并兼知制诰；六月后改兵部侍郎、知制诰，接任承旨。

乾宁二年（895）三月，改尚书左丞，仍为承旨，七、八月间辞职出院。

可以注意的是，黄滔于乾宁二年初又向赵光逢进献一诗，诗题与前不同，明确标为《投翰长赵侍郎》（《全唐诗》卷七〇六），这就与此年一、二月间赵光逢已为兵部侍部、翰林学士承旨相合，将翰林学士承旨称誉为翰长。按黄滔正于乾宁二年初登进士第，这是二十余年来夙愿所及，故诗中云："禹门西面逐飘蓬，忽喜仙都得入踪。……手扶日月重轮起，数是乾坤正气钟。"黄滔此次及第，当有赵光逢举荐之力，故诗中对赵光逢之任职翰林学士，赞誉为："五色笔驱神出没，八花砖接帝从容。诗酬御制风骚古，论似人情鼎彝浓。"这也可见唐翰林学士在科举选士中所起的作用。

据前所述，赵光逢于乾宁二年七、八月间出院，乾宁三年七月昭宗出驻华州，复召为御史中丞。《旧唐书·昭宗纪》乾宁三年十二月有记："以前翰林学士承旨、尚书左丞、知制诰赵光远为御史中丞。"此处记为"赵光远"。据《新唐书》卷七三下《宰相世系表》三下，赵光远为赵骘子，骘为赵隐弟，则赵光远虽有其人，乃赵光逢之堂兄弟。《旧纪》此处之"赵光远"，显为"赵光逢"之讹。如此显误，中华书局点校本也未有校。

《旧传》记其为御史中丞后，接云"改礼部侍郎"，《旧五代史》传更记为："改礼部侍郎、知贡举。"徐松《登科记考》

卷二四即记赵光逢于光化二年（899）以礼部侍郎知举，其所据为《唐摭言》所云"光化二年，赵光逢放柳璨及第"，即《唐摭言》卷一五《杂记》条。此亦是唐翰林学士出院后，虽转任别职，但又曾知举之一例。[1]

据两《唐书》、《五代史》，赵光逢后因事又退居洛阳。昭宗于天祐元年（904）四月因朱全忠所迫，由长安迁至洛阳，即又起用赵光逢为吏部侍郎，尚书左丞。天祐元年八月，昭宗被杀，昭宣帝立；天祐四年（907）三月，昭宣帝又被迫禅位，"御史大夫薛贻矩为押金宝使，左丞赵光逢为副"（《旧唐书》卷二〇下《哀帝纪》）。由此，赵光逢即仕于梁。据两《五代史》传，赵光逢在梁时曾任中书侍郎、平章事，居相位；梁末帝时以疾辞。后唐明宗天成（926—930）初，"迁太保致仕，封齐国公，卒于洛阳"。撰于五代末、北宋初之《北梦琐言》，卷一九《玉界尺》有云："太傅致仕赵光逢，仕唐及梁，薨于天成中。文学德行，风神秀异，号曰玉界尺。扬历台省，入翰林、御史中丞，梁时同平章事。时以两登廊庙，四退丘园，百行五常，不欺暗室，缙绅仰之。"则五代士人对其亦甚首肯。

赵光逢著作未见载记。

注释

〔1〕《全唐诗》卷七〇七载殷文圭《赵侍郎看红白牡丹因寄杨状头赞图》（七律），陶敏《全唐诗人名考证》（页947）谓此赵侍郎为赵光逢，引《旧传》"乾宁三年，从驾幸华州，拜御史中丞，改礼部侍郎"，即谓"杨赞图乾宁四年赵光逢下状元"。按杨赞图确为乾宁四年进士及第，状元（参见《登科记考》卷二四），但乾宁四年（897）知举者为礼部侍郎薛昭纬，赵光逢知举为光化二年（899），则杨赞图非"赵光逢下

状元"。又，据前所述，赵光逢于乾宁三年十二月为御史中丞，而乾宁四年知举为礼部侍郎薛昭纬，则赵光逢此时仍未转礼侍，其为礼部侍郎可能在光化元年（898）秋冬，翌年初即以礼侍知举。殷文圭于乾宁五年（898）登进士第（参见《登科记考》卷二四），亦在赵光逢任礼部侍郎前，殷文圭此诗题之"赵侍郎"是否即为赵光逢，俟考。

薛贻矩

薛贻矩，两《唐书》无传，两《五代史》有传，见《旧五代史》卷一八、《新五代史》卷三四。

《新唐书》卷七三下《宰相世系表》三下，薛氏西祖房，记有薛贻矩："字式瞻，一字熙用，御史大夫。"记其终官御史大夫，当以其在唐时所授，实则其由唐入梁，在梁时曾为相。《旧五代史》传称其为"河东闻喜人"，河东闻喜，即今山西闻喜县。

《旧五代史》传记其早年已有文名，谓："贻矩风仪秀耸，其与游者皆一时英妙，藉甚于文场间。"并记其于"唐乾符中登进士第"，即僖宗乾符年间（874—879）。清徐松《登科记考》卷二七记已登科而未确定年份者，但未记有薛贻矩，不知何故。

《旧五代史》传接云："历度支巡官，集贤校理、殿中、起居舍人，召拜翰林学士，加礼部员外郎，知制诰，转司勋郎中，其职如故。"《新五代史》传则仅云："仕唐为兵部侍郎、翰林学士承旨。"按薛贻矩曾两次入院，《新五代史》传所记，为第二次入院所授之官衔，未记其初入院之仕迹。

按据《旧五代史》传所述，薛贻矩当以起居舍人入，但未记年。岑氏《补记》引黄滔《上翰林薛舍人书》及《薛舍人启》，谓薛贻矩"约乾宁初自起居舍人充"，大致可从。今具体考述如下。

按黄氏此二文（《全唐文》卷八二四），均为黄滔应试前求举荐者，而黄滔于昭宗乾宁二年（895）进士及第（参见《登科记考》卷二四）。则此二文只能作于乾宁二年初以前，而乾宁二年七月前，薛贻矩已为翰林学士（详后），则黄滔《上翰林薛舍人书》，既称学士，又称舍人，此舍人非薛贻矩第二次入院时所授之中书舍人。《上翰林薛舍人书》，黄滔称自己已多年应试不第："哀滔昔年五随计吏，刖双足以全空，今复三历贡闱，救陆沉而未暇"；并云："礼司取士，寒进昇名，若无喆匠以斲成，未有良时而自致。"即亟盼身居翰林学士要职之薛舍人能力荐之，故另一《薛舍人启》又云："伏以舍人学士，半千膺数，全硕负才，嘉名冠绝于九流，逸步翱翔于四户。"则此二启当作于乾宁元年冬，可能因薛氏之举荐，黄滔即于乾宁二年初登第。

唯岑氏《补记》谓黄氏此二文所称之舍人，为《旧五代史》传所记之起居舍人。岑氏所说尚可议。按起居舍人虽与尚书诸司员外郎同阶（从六品上），但唐时一般不概称其为舍人者。就薛贻矩而言，他以起居舍人入任翰林学士，但后历任礼部员外郎、知制诰，又迁转司勋郎中，当仍知制诰，唐时对以他官兼知制诰者，多称舍人，因知制诰为中书舍人之前资。由此大致可定：薛贻矩当于景福二年（893）、乾宁元年（894）间以起居舍人入为翰林学士，入院后即累转为礼部员外郎、司勋郎中，并兼知制诰。

《旧五代史》传接云："乾宁中，天子幸石门，贻矩以私属相失，不及于行在，罢之。"按此所谓"天子幸石门"，乃乾宁二年（895）五月，凤翔节度使李茂贞、静难军节度使王行瑜等率兵入朝，杀朝臣韦昭度、李磎于都亭驿（见前韦昭度、李磎传）；河东节度使李克用闻讯，即起兵讨李茂贞、王行瑜，于此年七月兵至同州，李茂贞等虽还镇，而京都仍大乱，于是昭宗仓促间出奔南山石门镇。《通鉴》卷二六〇详记此事，谓"时百官多扈从不及"。则薛贻矩当亦于忙乱中未及随从，即罢职出院。

昭宗出幸后，李克用又攻讨王行瑜，败之，关中复稍安定，故昭宗即于同年八月返京。《旧五代史》传即云："旋除中书舍人，再践内署。"当为昭宗返京后，即再召薛贻矩入，并由司勋郎中（从五品上）升迁为中书舍人（正五品上）。自此薛贻矩在院期间较长，且官阶累有迁转。《旧五代史》传云："历户部、兵部侍郎、学士承旨。及昭宗自凤翔返京，大翦阉寺，贻矩尚为韩全海等作画赞，悉记于内侍省屋壁间，坐是谪官。"其谪官即在天复三年（903）二月（详后）。如此，则薛贻矩此次在院，前后有八、九年。在此长时期中，虽无草撰制诰的记载，但甚与同院学士有文学交往。如吴融有《中秋陪熙用学士禁中玩月》诗（《全唐诗》卷六八四），诗题"学士"下，《全唐诗》本有校，谓"此下一本有'侍郎'二字"，即两《五代史》传记其再次入院后曾历户部、兵部侍郎（《新五代史》传未记户侍）。按吴融于乾宁三年（896）以礼部郎中入院，后历迁中书舍人，至天复三年（903），则二人亦长期共在院供职。吴融诗云："月圆年十二，秋半每多阴。此夕无纤霭，同君宿禁林。未高知海阔，当午见宫深。衣似繁霜透，身疑积水沉。遭逢陪侍辇，归去忆抽簪。太液池南岸，相期到晓吟。"则虽为中秋佳节，二人仍在院中值班，"衣似繁霜透，身疑积水沉"，有朝政紊乱，身负重压之感。

关于贬官事，据《通鉴》等史书所载，天复元年（901）七月，时为宰相的崔胤，拟抑制宦官，即与汴州节镇朱全忠交结，请其率兵至京；十月，朱全忠发兵至河中，请昭宗徙洛阳。时宦官、中尉韩全诲与凤翔节镇李茂贞交结，乃挟奉昭宗徙往凤翔，由李茂贞奉接。朱全忠占长安后，又西至凤翔，与李茂贞交战。天复二年（902），李茂贞与朱全忠战，屡败，乃与朱全忠和议，谋共诛宦官。天复三年（903）正月，昭宗仍在凤翔，李茂贞独向昭宗进奏，请诛宦官韩全诲等，以与朱全忠和解，即可返京都。昭宗遂听从李茂贞，后即返京。而与朱全忠交结甚深的崔胤，恃朱全忠之势，待昭宗返京后，又谋逐朝臣多人，又贬谪翰林学士韩偓为濮州司马。据《旧唐书》卷一八四《宦官传》，"（天复）三年正月，（李）茂贞杀两军中尉韩全诲、张弘彦、枢密使袁易简、周敬容等二十二人，皆斩首，以布囊贮之，令学士薛贻矩送于（朱）全忠求和"。则此时薛贻矩仍在职。又《旧唐书》卷一七七《崔胤传》载崔胤亦参与谋杀宦官，而于昭宗返京后，"又贬陆扆为沂王傅，王溥太子宾客，学士薛贻矩夔州司户，韩偓濮州司户，姚洎景王府咨议"。据前《通鉴》所载，韩偓被贬在天复三年二月，薛贻矩当亦与韩偓同时被贬出院。按陆扆、王溥曾为翰林学士，韩偓、薛贻矩、姚洎时正为翰林学士，可见唐末翰林学士多受当时政治斗争之牵累。

另，薛贻矩在院期间尚有一事须予辨清，即两《五代史》传皆记其第二次入院时，迁转侍郎，又为学士承旨。按乾宁三年（896），陆扆先为承旨，七月拜相出院，此后直至光化四年（901）十一月韩偓为承旨，其间五年，未记另有人任承旨者，而乾宁五年（898）至光化四年（901），薛贻矩为院中资历最深者（以上可参"学士年表"）。按惯例，薛贻矩当可于其间接任承旨，但又按唐制，如仍在院，不可能另有其他学士予以接任，故韩偓于光化四年十一月为承旨，时薛贻矩仍在院，不可能由韩偓接其为承旨，故两《五代史》传记薛贻矩在任侍郎期间又任为承旨，当不确，但这四、五年期间竟无一人为承旨，亦甚可疑。

按《旧五代史》传，谓薛贻矩天复三年之贬，乃因薛贻矩曾为宦者韩全海等作画赞，且"悉记于内侍省屋壁间"，正值崔胤等与李茂贞交结，谋杀宦官，即亦因薛贻矩曾为韩全海等作有画赞，"坐是谪宦"（《新五代史》传所载亦同）。实则薛贻矩作画赞，非个人所为，此实为翰林学士之职责，乃应君主之命而作。此当亦为崔胤假托之辞。

薛贻矩出贬，当时有文士送行之作。吴融有《送薛学士赴任峡州二首》（《全唐诗》卷六八五）。按前已述，吴融与薛贻矩长期共在院中，前两年昭宗奔赴凤翔时，吴融不及从，退居阌乡，天复三年正月昭宗返长安，吴融又被召入院，不料其复入院仅一月，薛贻矩即被贬，当甚使其不安，故其送行诗，首二句即谓："负谴虽安不敢安，叠猿声里独之官。"不过仍加以慰勉："莫将彩笔闲抛掷，更待淮王诏草看。"又时在江陵的贯休有《送薛侍郎贬峡州司马》（《全唐诗》卷八三七）。当为薛贻矩自长安南下，经江陵，再溯长江而上，在江陵会晤贯休，贯休特作诗送之："得罪唯惊恩未酬，夷陵山水称闲游。人如八凯须当国，猿到三声不用愁。花落扁舟香冉冉，草侵公署雨脩脩。因人好寄新诗好，不独江东有沃州。"将其赴贬之行慰为旅游，这也是诗僧开阔之心境。贯休虽在江陵，有好几首诗赠献韩偓、吴融、姚洎几位翰林学士，值得注意。

又，两《唐书》传，记薛贻矩此次之贬，仅云"谪官"、"左迁"，未记贬地。前所引述之《旧唐书·崔胤传》，则谓贬"夔州司户"，而吴融、贯休二诗诗题皆称峡州，贯休诗更明确记为峡州司马。《唐五代文学编年史·晚唐卷》乃据吴融、贯休诗，谓《旧唐诗》所谓夔州，误，应是峡州，[1]是。但岑氏《补记》谓唐无峡州，薛贻矩乃为贬峡州，非《旧唐书·

崔胤传》所谓贬夔州，或先贬硖州，后贬夔州。实则中唐时李吉甫《元和郡县图志》，[2]其"阙卷逸文"卷一，就有峡州，州内并有夷陵县、西夷陵等，与贯休诗"夷陵山水称闲游"合。《新唐书》卷四〇《地理志·山南道》，也有峡州夷陵郡。又《全唐诗》卷五八八有李频《峡州送清彻上人归浙西》，李频亦为晚唐时人，因此结合吴融、贯休诗，不能说唐无峡州。

不过薛贻矩很快即被召回，《旧五代史》传："天祐初，除吏部侍郎，不至，太祖素重之，尝言之于朝，即日拜吏部尚书。"《新五代史》传更明确记为："贻矩乃自结于梁太祖，太祖言之于朝，拜吏部尚书。"薛贻矩似于翰林学士任职期间即与朱全忠已有交往，昭宗时曾奉命将被诛之宦官首脑向朱全忠进献（见前述）。按昭宗于天祐元年（904）八月在洛阳时已被朱全忠谋杀，其子立（昭宣帝），朱全忠当于此时将薛贻矩召回，并授以吏部尚书。后天祐四年（907）正月，昭宣帝下诏禅位于梁（朱全忠），也特命薛贻矩"持诏赴大梁，议禅代之事"。《旧五代史》卷三《梁太祖纪》，开平元年（即天祐四年）正月记薛贻矩奉命至汴梁传禅代之意，载谓："贻矩谒帝，陈北面之礼，帝辑之升阶，贻矩曰：'殿下功德及人，三灵所卜已定。皇帝方议裁诏，行舜、禹之事，臣安敢违。'既而拜伏于砌下，帝侧躬以避之。"正因此，梁太祖登位后，即于是年五月任薛贻矩为相：中书侍郎、平章事。

《旧五代史》传接谓"在任绵五载"，《新五代史》传亦谓其"为梁相五年"。而清邵晋涵《旧五代史考异》有云："案《欧史·梁本纪》，贻矩以开平元年同平章事，至乾化二年薨，统计贻矩居相位共六年。"即新旧《五代史》传所云为相五年，误。按《旧五代史》卷七《梁太祖纪》，薛贻矩卒于乾化二年（912）五月，则邵氏《考异》说是。唐末朝臣，入梁时即任为相，居相位有六年，这也极为少见。

薛贻矩著作无载记。《唐文拾遗》卷四六载其《上大梁新定格律奏》，辑自《册府元龟》卷六一三，唯仅数行，乃仕梁时所上奏议。

宋《宣和书谱》卷五"正书"，记有薛贻矩，颇为称誉，云："贻矩风仪秀耸，所与游者咸一时之英杰，自此声名籍甚。喜弄翰墨，正书得古人用笔意。且唐末接五代，工书者笔迹疑皆扫地矣。观其赠昝光草书序，秀润可观，一时学者亦鲜俪焉。今御府所藏正书一：赠昝光草书序。"

注释

〔1〕按《唐五代文学编年史·晚唐卷》于此处，引据《旧唐书·薛贻矩传》，当为误写，因《旧唐书》未有薛贻矩传，应为崔胤传。

〔2〕《元和郡县图志》，贺次君点校，中华书局，1983年。

杨　钜

杨钜，两《唐书》有传，见《旧唐书》卷一七七、《新唐书》卷一八四，皆附于其父杨收传后。杨收为懿宗时翰林学士，后曾为相，为另一宰相韦保衡所诬，被贬死（见前传）。

《新唐书》卷七一下《宰相世系表》一下，载杨钜"字文硕"，两《唐书》本传皆未载其字号。

《旧唐书·杨收传》谓"收子鉴、钜、鏻，皆登进士第"，《新传》未记诸子进士及第事。清徐松《登科记考》卷二三，僖宗广明元年（880）据《永乐大典》所辑《苏州府志》"广明元年，钱珝、杨钜登第"，系杨钜于广明元年进士及第。钱珝确为广明元年及第（参见《唐才子传校笺》卷九《钱珝传》周祖谟、吴在庆笺），但杨钜却未与钱珝同年及第。今检《全唐文》卷八一九载杨钜《唐御史里行虞鼎墓志铭》，记虞鼎"登咸通十年进士"，徐松《登科记考》卷二三即据杨钜所作此志，系虞鼎于懿宗咸通十年（869）进士及第。又杨《志》后历叙虞鼎仕迹，如御史里行、饶州刺史等，并记其卒于五代唐庄宗同光元年（923）十月十六日，十月十八日葬。文末云，葬前，虞鼎子虞盘受其父之托，请杨钜为作墓志，"冀出一言为远记"，杨钜乃云："况钜与公同年，知公为最深，铭安得而辞耶？"唐时称"同年"，即指同一年登科者。杨钜自称与虞鼎同年登科，有深交，故愿撰志。志中已特记虞鼎为咸通十年进士及第，则杨钜亦当同年及第者，此为第一手材料，不能仅据后世所纂之方志。徐松《登科记考》、孟二冬《登科记考补正》皆未注意于此。

两《唐书》本传皆未具体记述其登第后之仕历，仅自其为翰林学士起叙。《旧传》云："乾宁初以尚书郎知制诰，召充翰林学士。"《新传》亦谓"乾宁初为翰林学士"。岑氏《补记》即据两《唐书》本传所记，谓乾宁初以尚书郎入为翰林学士。

按乾宁共五年，既云"初"，当为元年。由此当可定，杨钜于乾宁元年（894）以尚书郎（当为郎中）、知制诰入。《旧传》后叙其官阶迁转为："拜中书舍人、户部侍郎，封晋阳男，食邑三百户。"《新传》未记。《新唐书》卷五八《艺文志》二，史部职官类，著录杨钜《翰林学士院旧规》，记杨钜为"昭宗时翰林学士，吏部侍郎"。或杨钜在职时，先由尚书郎中迁中书舍人，后又历迁户部侍郎、吏部侍郎。

至于其出院，《旧传》记为："从昭宗东迁，为左散骑常侍。"《新传》亦谓"从入洛，终散骑常侍"。按昭宗因朱全忠所迫，于天祐元年（904）元月自长安起行，闰四月至洛阳，杨钜当随昭宗东迁洛阳，后改授左散骑常侍出院。左散骑常侍虽为正三品，官阶较高，但终为散衔，杨钜当因故出院，不过授以高阶，以示慰谕。

据此，则杨钜在院，前后共有十年，在本朝翰林学士中，任职时间是最长的。《全唐文》卷八一九载其制文五篇，岑氏《补记》据两《唐书》、《通鉴》等曾简考其撰写年月，今再具考如下。

《册淑妃何氏为皇后文》，又载于《文苑英华》卷四四六"翰林制诏"。《旧唐书·昭宗纪》，光化元年（898），"四月庚子，制淑妃何氏宜册为皇后"。按《文苑英华》卷四四六"翰林制诏"又载有钱珝《册淑妃为皇后文》，在杨钜文前，首云："维乾宁（琼按原作'元'，误，径改）五年岁次戊午四月庚子朔二十七日丙寅，皇帝若曰……"《新唐书》卷十《昭宗纪》亦记为"四月丙寅"。则《旧纪》记为"四月庚子"，误，庚子应为四月朔日，下诏册封则为丙寅。按乾宁三年（896）七月，昭宗因凤翔节镇李茂贞率兵攻京师，因华州刺史韩建之请，出迁华州，至乾宁五年（898）八月才返京，并改元光化。钱珝制文仍称乾宁五年，即昭宗于此年四月尚在华州，未改元。《旧唐书·何后传》亦云册为皇后在昭宗幸华州时。这里可以注意的是，此次册淑妃何氏为皇后，所下制敕，既有翰林学士（杨钜）作，又有中书舍人（钱珝）作，可见中书舍人撰制敕未受限制；当然也可能中书省受皇帝之命，受翰林学士以皇帝之名所下之制，即再撰制向尚书门下下诏。又，《通鉴》卷二六一亦记有"立淑妃何氏为皇后"，却系于乾宁四年十一月戊寅，提前半年，而未注所据，当误。

《授陆扆平章事制》，《文苑英华》卷四五〇所载，文末署"三年七月"。《新唐书》卷六三《宰相年表》，即记于乾宁三年（896）七月，"丙午，翰林学士承旨、尚书左丞陆扆为户部侍郎、同中书门下平章事"。

《赵凝进封南康王制》，按此"赵凝"应作"赵匡凝"，《文苑英华》（卷四五一）辑入时当避宋讳（赵匡胤），删"匡"字，而清编《全唐文》仍沿袭《文苑英华》，未补"匡"字。岑氏《补记》据《通鉴》卷二六一光化二年（899）十一月所载，加封忠义节度使赵匡凝兼中书令，并引制中所云"贵仍迁于右座"，以为即加兼中书令，乃定于光化二年。今查《旧唐书·昭宗纪》，天祐元年（904）六月记："荆南襄州忠义军节度、开府仪同三司、检校太师、中书令、江陵尹、襄州刺史、上柱国、楚王、食邑六千户赵匡凝宜备礼册命。"杨钜此制中有云："况我襄岘奥壤，荆吴要津，资上将之抚宁，兴庶人之歌咏。"即与江陵、襄州之地相合。赵匡凝于景福元年（892）至天祐二年（905）为忠义军（山南东道襄州）节度使（参见《唐刺史考全编》卷四）。则此制当即作于天祐元年六月，因进封南康王，故命其备礼册命。岑氏《补记》列于光化二年，证据不足。

《授韩建华州节度使制》，岑氏《补记》只略云：据《通鉴》二六一，乾宁四年十月，以建为镇国、匡国两军节度使。今按制中云"越自去秋狩于太华"。乾宁三年七月，昭宗即因凤翔李茂贞所迫，徙驻华州，与制文所记时合。又《旧唐书·昭宗纪》，乾宁四年十月，"以华州节度使韩建兼同州刺史、匡国军节度使"；《通鉴》卷二六一乾宁四年十月明确记："以（韩）建为镇国、匡国两军节度使。"故杨钜制文称："今者沙泽之阳，疆理相接……俾兼统制之权。"即韩建已为华州刺史，此次更兼同州刺史，故下此制文。

《授王搏威胜军节度平章事制》，此文岑氏《补记》未提及。按《唐大诏令集》卷五四有载此文，文末署"乾宁三年八月"。

由此可见，杨钜所撰制文，数量虽不多，仅五篇，但制文所记，其所授之官位甚高，除册封皇后外，有授陆扆为相，册封山南东道节镇赵匡凝为南康王，等等，可见杨钜当时在职撰制，是甚受重视的。

杨钜在职时除应命撰制文外，还有个人所作的《翰林学士院旧规》，此亦为唐时记述翰林学士建置之专著。[1]此书未如韦执谊《翰林院故事》、元稹《承旨学士院记》、丁居晦《重修承旨学士壁记》等均记有年月。不过书中所叙，所记之时，最早者为乾宁二年（895）十月（《沿革》），最晚为天复三年（903）七月（《草书诏例》），当即撰于在院时。此书体例亦与韦执谊、元稹、丁居晦等不同，未具体记述翰林学士入院、出院年月，而为分类记学士在院任职之规则、习俗，重点在昭宗朝，故亦有史料价值。

杨钜在院时，除上述撰有制文及专著外，还有与文士之交往。徐寅有《献内翰杨侍郎》诗（《全唐诗》卷七〇九）："窗开青琐见瑶台，冷拂星辰逼上台。丹凤诏成中使取，白龙香近圣君来。欲言温署三缄口，闲赋宫词八斗才。莫拟吟云避荣贵，庙堂玉铉待盐梅。"陶敏《全唐诗人名考证》（页950）谓此"内翰杨侍郎"即杨钜，是。按徐寅，两《唐书》、《五代史》均无传，《闽书》、《十国春伙》有传，其事迹可参《唐才子传校笺》卷十周祖譔、贾晋华笺。徐寅虽已于乾宁元年（894）进士及第，但仕途不顺，仅为秘书省正字，光化二年（899）仍在京供职，后离京，至汴梁朱全忠幕，历二年，即返闽中依王审知，后终老于泉州乡里。此诗或于光化二、三年（899、900）作，时杨钜在院中，为户（吏）部侍郎。前数句喻翰学接近皇宫，地处禁密，可见其才识，末二句提及之"盐梅"，乃借喻殷高宗任傅说为相，即期望杨钜亦当擢迁入相。此诗当为徐寅因久在下位，期望杨钜能予以引荐。[2]

又吴融有《和杨侍郎》、《寄杨侍郎》诗（《全唐诗》卷六八六），皆为吴融与杨钜同在院时所作（吴融在院时间，详后吴融传）。关于吴融此二诗之杨侍郎，陶敏《全唐诗人名考证》（页928），《唐五代文学编年史·晚唐卷》（天祐元年），皆以为是杨注，不当，应为杨钜（后杨注传对此有考，可参）。

关于杨钜晚年结局，亦须考辨。《旧传》记："从昭宗东迁，为左散骑常侍，卒。"《新传》亦记为："从入洛，终散骑常侍。"则意谓天祐元年（904）闰四月随昭宗至洛阳，出院改为左散骑常侍，即卒。岑氏《补记》论及《翰林学士院旧规》撰人时，引宋洪遵曾云此书为李愚作，岑氏先云："李愚在唐（非后唐），未尝入翰林，则似称（杨）钜撰者近是。"而又云："但《旧规》内有云：契丹书头云，敕契丹王阿保机。"岑氏即谓，阿保机为辽太祖名，其称王（帝）始天祐四年，直至后唐明宗天成元年乃卒，就此而论，"又应与（李）愚为翰林时相当，故若谓其书与愚完全无关，亦未惬当"。岑氏即据两《唐书》，以杨钜即卒于唐末，而《翰林学士院旧规》中提及契丹王阿保机，则已为五代后唐时，故此书当是五代后唐时翰林学士李愚所作。案前已引述杨钜所作《唐御史里行虞鼎墓志铭》（《全唐文》卷八一九），志中明确记虞鼎卒于同光元年。按同光元年为五代后唐庄宗年号，元年为公元923年，则杨钜此时仍在世，可确证非卒于唐末。又阿保机为辽太祖名，其称王（帝）始于天祐四年（907），其卒在后唐明宗天成元年（926），则《旧规》中称"契丹王阿保机"，杨钜亦仍在世。杨钜当于昭宗朝任职时即撰《翰林学士院旧规》，后于五代梁、唐时又有所增补（如补述"契丹王阿保机"事）。由此，则两《唐书》记杨钜卒于唐末，岑氏疑《旧规》为五代后唐时李愚所作，皆非。

杨钜著作，《新唐书·艺文志》著录其《翰林学士院旧规》一卷，《全唐文》载其制文五篇，前已述。其他则无有载记，唯宋《宣和书谱》有记，卷四"正书"，记有杨钜，中并详引其书法之论。为供参考，今具载如下："喜作字，得正书体，其沉着处有类钟繇，而点画则柳公权法也。当时赠昝光草书诗，序者无虑数个人，而各出一家之见，以附载于文。独钜之立论，以性之与习自是两途，有字性不可以无学，有字学者复不可以无性，故其为言曰：习而无性者，其失也俗，性而无习者，其失也狂。盖以谓有规矩绳墨者，其习也，至于超诣绝尘处，则非性不可，二者相有以相成，相无以相废，至此然后可以论书欤。又为说曰：羲之七子，独献之能嗣其学，则知用此以求古人，庶几天下书眼同一纲纽耳。噫，钜之能为此论，则能知书之病也夫。今御府所藏正书一：赠昝光草书序。"由此，则杨钜对书法之论，尚为宋人所称。惜所引之论，原文未存。

注释

〔1〕《翰林学士院旧规》，原载于南宋洪遵《翰苑群书》，今编于傅璇琮、施纯德编校之《翰学三书》，页20；辽宁教育出版社，2003年。

〔2〕徐寅另有二诗，一为《经故翰林杨左丞池亭》（《全唐诗》卷七〇八），陶敏《全唐诗人名考证》（页949），即谓此"杨左丞"为杨钜；另一首《伤前翰林杨左丞》（《全唐诗》卷七一〇），《全唐诗人名考证》（页951），谓"疑为杨钜"。按此二诗，当徐寅仍在长安时作，就二诗诗题，则此杨左丞均已去世，前诗云"八角红亭荫绿池，一朝青草盖遗基"，即目见其墓。据前述，徐寅约于光化三年（900）离京，

在汴梁二年，后返闽，而杨钜至天祐元年（904）二月前仍在京任职，直至五代后唐（详见后考），绝不可能于徐寅离京前即已去世。故徐寅此二诗之"翰林杨左丞"，绝非杨钜。但究为何人，俟考。

王彦昌

王彦昌，两《唐书》无传，全书也未有记。记其事迹之唯一材料，为唐末五代初王定保所著之《唐摭言》卷九《敕赐及第》条，今全文录如下：

"王彦昌，太原人，家世簪冕，推于鼎甲。广明岁，驾幸西蜀，恩赐及第，后为嗣薛王知柔判官。昭宗幸石门，时宰臣与学士不及随驾，知柔以京尹判鹾，权中书，事属近辅，表章继至，切于批答。知柔以彦昌名闻，遂命权知学士。居半载，出拜京尹。又左常侍、大理卿，为本寺人吏所累，南迁。"

按广明元年（880）十二月，僖宗因避黄巢兵，匆促出奔，二年（881）正月至成都。因兵乱，又临时在蜀举办科试，故应试与录取者不多。据清徐松《登科记考》卷二三，此年又续赐第二人，即王彦昌、杜昇（杜昇，亦据《唐摭言》卷九《敕赐及第》）。

嗣薛王（李）知柔，《新唐书》卷八一有传，为睿宗子惠宣太子（李）业后裔，李业曾封为薛王，故李知柔称为嗣薛王。据《新传》，知柔曾任为京兆尹，《旧唐书》卷二〇上《昭宗纪》，乾宁二年（895）六月丁亥朔，"以京兆尹、嗣薛王知柔兼户部尚书、判度支，兼诸道盐铁转运等使"，则王彦昌当于乾宁二年六月应辟为其判官，此距前广明二年敕赐及第，已十四年。

按乾宁二年五月，凤翔节度使李茂贞、静难节度使王行瑜等率兵入京，诛杀朝臣韦昭度、李磎，河东节度使李克用闻讯，即起兵南下，李茂贞、王行瑜遂返镇。七月，李克用仍南下至河中，京都内左右神策军闻讯亦大乱互斗，昭宗遂仓猝出奔南山石门。《唐摭言》所记"昭宗幸石门"，即指此事。《通鉴》卷二六〇乾宁二年七月亦有记："时百官多扈从不及，户部尚书、判度支及盐铁转运使薛王知柔独先至，上命权知中书事及置顿使。"王彦昌于六月已由嗣薛王知柔辟在其府署中供职，七月当亦随至南山，当时亦有学士未及扈从者（如薛贻矩，见前传），故嗣薛王知柔即举荐其入为翰林学士。《唐摭言》所谓"权知学士"，即匆促间临时安排，实为正式入院。但未详带何官入。

按李克用后又与王行瑜战，未来长安，昭宗遂于是年八月返京，王彦昌当亦返朝，仍在院供职。

《唐摭言》接云："居半载，出拜京尹。"按《旧唐书·昭宗纪》，"（乾宁）三年春正月癸丑朔，制以特进、户部尚书、兼京兆尹、嗣薛王知柔检校司徒，兼广州刺史、御史大夫，充清海军节度、岭南东道观察处置等使"。即嗣薛王李知柔于乾宁三年（896）正月由京兆尹出任广州刺史、岭南东道等使，可能李知柔即举荐王彦昌接其任。王彦昌于乾宁二年七月入院，三年正月接为京兆尹，即与《唐摭言》所云"居半载，出拜京尹"合。

京兆尹是一个要职，但两《唐书》本纪皆未载王彦昌由翰林学士改任京兆尹事。《旧唐书·昭宗纪》于乾宁三年九月记为："以京兆尹孙偓为兵部侍郎、同平章事。"即孙偓于乾宁三年九月前已在京兆尹任。于是《唐刺史考全编》卷二京畿道京兆府，虽亦将王彦昌列于乾宁三年，但却排于孙偓之后，则王彦昌乃于乾宁三年九月接孙偓为京兆尹，此则与

《唐摭言》所记王彦昌于乾宁二年七月入为翰林学士，"居半载，出拜京尹"不合。且《旧纪》虽记孙偓于乾宁三年九月由京兆尹入相，但未记其任京兆尹之年月。就诸人仕迹加以比勘，当为：嗣薛王知柔于乾宁三年正月由京兆尹出任岭南节镇，王彦昌接任，时正为居翰苑半年；后约近数月，又由孙偓接为京兆尹，同年九月，孙偓又由京兆尹入相。又据《旧纪》，此年十一月，华州节度使韩建兼领京兆尹，皆相接。

《唐摭言》记王彦昌任京兆尹后，接云："又左常侍、大理卿，为本寺人吏所累，南迁。"按京兆尹为从三品，左散骑常侍、大理卿皆为正三品，王彦昌当离京兆尹实职后，朝中则授以较高品阶之虚衔。至于"为本寺人吏所累，南迁"，则不详。

王彦昌为昭宗朝翰林学士任职期间最短的。其诗文未有载记。

裴廷裕

裴廷裕，两《唐书》无传。《新唐书》卷七一上《宰相世系表》一上，东眷裴氏，河东闻喜（今属山西），记有裴廷裕，字膺馀，又其父绅，字子佩，唯皆未记官名。《旧唐书》卷一八下《宣宗纪》，大中九年（855），记："三月，试宏词举人，漏泄题目，为御史台所劾。"考试官即有处罚，其中刑部郎中唐技出为处州刺史。清徐松《登科记考》卷二二据裴廷裕《东观奏记》（卷下），时裴绅亦为试官，即因此由职方员外郎出为申州刺史。裴绅其他事不详。

关于裴廷裕登科，首见于《唐摭言》卷三《慈恩寺题名游赏赋咏杂记》条，中云"小归尚书榜，裴起部与邻之李搏先辈旧友"，后记李搏以诗贺之，裴亦和之。清徐松《登科记考》卷二三，据《益州名画录》所记僖宗由蜀返京，于中和院记有随驾文武臣姓名，内有礼部侍郎、知贡举归仁泽，即《唐摭言》所叙之"小归尚书"，乃系裴廷裕于中和二年（882）进士及第。但严耕望《唐仆尚丞郎表》，[1] 卷一六《辑考五下·礼侍》有考，记中和二年知举者为归仁绍，《益州名画录》所记中和院写真，乃作于中和四年秋，记为礼部侍郎、知贡举归仁泽，则当于中和五年（光启元年）知举。严氏并据《广卓异记》卷一九引《登科记》所载，归仁绍为咸通十年（869）状元及第，归仁泽为乾符元年（874）状元及第，则归仁绍、归仁泽为两人，但徐松《登科记考》则定为一人，以"绍"断为"泽"，实误。后陈尚君《〈登科记考〉正补》，[2] 又据乾隆《山西通志》，考定裴廷裕于光启元年（885）登第，时僖宗尚在成都，即将返京，科试仍在成都举办。

前所引述之《唐摭言》（卷三）在记叙裴廷裕于"小归尚书榜"登第后，其先辈旧友李搏（按据《唐诗纪事》卷六一，李搏"登乾符进士第"，即早于裴廷裕六、七年，故云先辈），特以诗贺之："铜梁千里曙云开，仙篆新从紫府来。天上也张新羽翼，世间无复旧尘埃。嘉祯果中君平卜，贺喜须斟卓氏盂。应笑戎藩刀笔吏，至今泥滓曝鱼鳃。"又有七绝一首："曾随风水化凡麟，安上门前一字新。闻道蜀江风景好，不知何似杏园春？"《唐摭言》乃谓"裴有六韵答"，中云："仅劳问我成都事，亦报君知便纳降。蜀柳笼堤烟蠹蠹，海棠当户燕双双。富春不并穷师子，濯锦全胜旱曲江。"皆抒写蜀地美景，更可证裴廷裕确在成都应试及第者。

裴廷裕及第后，约历六、七年，于大顺二年（891）二月间，在左补阙任。《唐会要》卷六三《修国史》条有记云："大顺二年二月，敕吏部侍郎柳玭等修宣宗、懿宗、僖宗实录。始丞相、监修国史杜让能，三朝实录未修，乃奏吏部侍郎柳玭、右补阙裴廷裕、右拾遗孙泰、驾部员外郎李允、太常博士郑光庭等五人修之。踰年，竟不能编录一字，惟廷裕採宣宗朝耳闻目睹，撰成三卷，目曰《东观奏记》，纳于史馆。"按杜让能于僖宗光启二年（886）三月已由翰林学士承旨、兵部尚书入相，昭宗大顺二年（891）仍居相位，是年正月，又加为弘文馆大学士（《旧唐书》卷二〇上《昭宗纪》），且又监修国史，故特安排柳玭、裴廷裕等修前三朝实录。不过此时昭宗刚即位，虽欲有所作为，但此后外镇如凤翔李茂贞、汴梁朱全忠、河东李克用仍不断以兵威胁朝廷，率兵入关，且僖宗时长安已数次历经兵乱，史书材料已极损毁，故《唐会要》称"踰年，竟不能编录一字"。裴廷裕在《东观奏记》自序中也称，自宣宗卒，"垂四十载，中原大乱，日历与起居注不存一字，致儒学之士搁笔未就"。不过裴廷裕自己仍有所作为，在参预修撰实录时，乃"採宣宗朝耳闻目睹"，著有《东观奏记》三卷，即其自序中所谓："廷裕自为儿时，已多记忆，谨採宣宗朝耳目闻睹，撰成三卷。"

《东观奏记》，主要记宣宗朝政事，历为后人重视。清《四库全书总目》卷五一，史部杂史类，于《东观奏记》提要，即称其"司马光作《通鉴》，多採其说"。光绪时缪荃孙《东观奏记跋》，更云："《通鉴》採及三十二条，《考异》一条，在唐朝杂史中最称翔实。"《新唐书》于本传中也有采录。其书确有史料价值。不过此书有一缺点，即对宣宗朝政绩称誉过分，并不合实，本书有关宣宗朝翰林学士传中，间有甄辨，可参。

裴廷裕后即于乾宁时入任翰林学士。《唐摭言》卷一三《敏捷》条，即云："裴廷裕，乾宁中在内庭。"又《全唐文》卷八四一载有裴廷裕《大唐故内枢密使特进左领军卫上将军知内侍省事上柱国濮阳郡开国侯食邑一千户食实封一百户吴公墓志铭并序》，记墓主宦官内枢密使吴承泌卒于乾宁二年（895）正月二十日，十一月二十日葬，中云："公之季知象、犹子恕己以书寓门僧，请铭于裴廷裕，时为天子词诏之臣，不得辞。""天子词诏之臣"，即翰林学士。又《金石萃编》卷一一八载其石刻文，首题："翰林学士、朝议郎、守尚书司封郎中、知制诰、上柱国、赐紫金鱼袋裴廷裕撰。"（《唐尚书省郎官石柱题名考》卷五司封郎中裴廷裕条，亦引此，并记为"乾宁二年，陕西咸宁"）。由此，则乾宁二年冬，裴廷裕已在院，官衔为司封郎中、知制诰。由此，则其入院可能在乾宁元年、二年间。大顺二年（891）已为左补阙（从七品上），或历二、三年，迁为尚书诸司员外郎（从六品上），乾宁元年（894）即以员外郎入为翰林学士，乾宁二年再迁为司封郎中（从五品上）。

《全唐文》卷八四一载其制文两篇，一为《授孙偓判户部制》，先称为"正议大夫，守中书侍郎、同中书门下平章事，上柱国、赐紫金鱼袋"，后云"可银青光禄大夫、依前中书侍郎、同中书门下平章事，充集贤殿大学士、兼判户部事"。据《新唐书》卷六三《宰相年表》，孙偓于乾宁二年（895）十月，由京兆尹为户部侍郎、同中书门下平章事，判户部；三年（896）七月为中书侍郎。而同年八月戊午，时居相位的陆扆为中书侍郎，判户部，九月丁酉，陆扆出贬峡州刺史，则裴廷裕此制当作于乾宁三年九月丁酉，因同月戊申孙偓又改为门下侍郎兼诸道盐铁转运使、判度支，与制文所记官衔不合（岑氏《补记》谓在七、八月间，恐亦不合）。另一篇制文为《授孙储邠州节度使制》。《唐刺史考全编》卷六京畿道邠州，又引吴融《授孙储秦州节度使制》（《全唐文》卷八二〇），谓孙储先授邠州，未之任，旋又改秦州，当在乾宁四年（897）。

岑氏《补记》亦谓孙储由邠迁秦约亦在乾宁四年。

由此，则裴廷裕所撰此二制，及前记述之所撰吴承泌墓志，均作于乾宁年间，此可确证裴廷裕在乾宁元年至四、五年间均在院。

又吴承泌，题中称"知内侍省事"，文中谓"充学士使"，又云："严徐论思之地，枚马视草之司，公以精识通才，光膺是选。丝纶夜出，得以讲陈；鸳鹭会同，靡不宴洽。"这就是所谓"翰林院使"。据杜元颖《翰林院使壁记》，[3]此翰林院使（亦即学士使），有二员，"进则承睿旨而宣于下，退则受嘉谟而达于上，军国之重事，古今之大体，庶政之损益，众请之异同，悉以关揽，因而启发"。结合裴廷裕所作此志，可见唐时翰林学士虽为皇帝内臣，而由宦官所任之学士使，实际上起上下贯通之作用。

关于裴廷裕出院事，见于钱珝《授裴廷裕左散骑常侍制》（《全唐文》卷八三一），云："敕：具官裴廷裕，国之用材，在乎称职。况词臣之任，君命所垂，苟详慎之有乖，系事机而实重，既闻舆论，得以移官。以尔学植素深，文锋甚锐，自居侍从，亦谓勤劳。乃推游刃之功，庶叶匿瑕之道。未能降秩，且复立朝，珥貂犹假于宠光，夹乘乃亲于左右。将存大体，以息多言。可依前件。"文辞有所蕴含，未有明显谴责，但仍指其不慎，有所漏言，故使其出院。具体原因不明。但仍未加贬谪，且授以正三品之左散骑常侍，虽为散秩，唯制中仍云"且复立朝"。钱珝在昭宗朝曾任中书舍人，后于光化三年（900）获谴外出（见后张玄晏传），裴廷裕出院，当在此前。具体年月，尚未能定，或在乾宁五年、光化二年间（898、899）。

如此，裴廷裕出院后为左散骑常侍，仍在朝，但《新唐书·艺文志》二，著录《东观奏记》，下有注文，谓裴廷裕

"贬湖南，卒"。则此后又因事贬湖南，卒于贬所。前所引述之《唐摭言》卷一三《敏捷》条，亦有类似记载："裴廷裕，乾宁中在内庭，文书敏捷，号为下水船。梁太祖受禅，姚洎为学士，尝从容，上问及廷裕行止，洎对曰：'倾岁左迁，今闻旅寄衡水。'"姚洎于昭宗后期为翰林学士，后又入仕于梁（见后姚洎传）。据《唐摭言》此处所记，裴廷裕则确于昭宗后期被贬于湖南，据姚洎所云"今闻旅寄衡水"，则梁初尚在世。

裴廷裕著作，主要是《东观奏记》。《全唐诗》卷六八六载其诗二首。《全唐文》卷八四一载其文四篇，前已述。

注释

〔1〕严耕望《唐仆尚丞郎表》，中华书局重印本，1986年。

〔2〕载《唐代文学研究》第4辑，广西师范大学出版社，1993年。

〔3〕见傅璇琮、施纯德编《翰学三书》之《翰苑群书》卷二；辽宁教育出版社，2003年。

郑　璘

郑璘，两《唐书》无传。《新唐书》卷七五上《宰相世系表》五上，记有郑璘，谓字华圣，未注官名；又记其父从谠，"相僖宗"。按郑从谠，两《唐书》有传，《旧唐书》卷一五八本传记其为荥阳人。《元和郡县图志》卷八河南道郑州，有荥阳县（即今河南省荥阳县）。郑从谠于僖宗时曾为相，《新唐书》卷六三《宰相年表》记为乾符五年（878）九月至广明元年（880）二月，又历任节镇，有政绩。但《旧传》及《新唐书》卷一六五本传皆未载其子郑璘。

郑璘早年事迹不详。清劳格《唐尚书省郎官石柱题名考》卷十考功员外郎列有其名。按《全唐文》卷八三七载有薛廷珪《授考功员外郎郑璘司勋员外郎卢择并充史馆修撰制》，中云："纪纲专总于丞相，笔削分任于名儒，非夫望蕴司南，才膺载笔者，不当其选。而崇望言尔璘等博闻强识，绳直冰清。"由此可见，刘崇望任相、监修国史时曾推荐郑璘、卢择兼充史馆修撰，预修国史。《旧唐书》卷一七九《刘崇望传》，谓张濬罢相后，"崇望代为门下侍郎、监修国史、判度支"。《新唐书》卷六三《宰相年表》，记刘崇望于昭宗龙纪元年（889）正月已由翰林学士承旨、兵部侍郎任相，为"本官同中书门下平章事"；大顺二年（891）正月，张濬罢相出为鄂岳观察使，刘崇望乃于二月为门下侍郎。《旧唐书》卷二〇上《昭宗纪》，大顺二年正月，"以中书侍郎、吏部尚书、平章事刘崇望为门下侍郎、监修国史、判度支事"，较《新表》所记早一月。刘崇望后于景福二年（892）二月出为武宁军节度使（据《新·宰相年表》）。如此，则郑璘当于大顺二年，因宰相刘崇望之荐，以考功员外郎充史馆修撰，预修国史。由此亦可见，此时郑璘尚未为翰林学士。

郑璘为翰林学士，唐时未有记载。宋晁公武《郡斋读书志》卷七职官类，[1]著录《翰林杂志》一卷，云："右不题撰人。辑唐韦执谊《故事》、元稹《承旨壁记》、韦表微《新楼记》、[2]杜元颖《监院使记》、郑璘《视草亭记》并诗、李宗谔《题名记》为一编。"按此处所述韦执谊、元稹、韦表微、杜元颖均为唐翰林学士，其所著已收辑于傅璇琮、施纯德所编之《翰学三书》，[3]。李宗谔为宋真宗景德时翰林学士（《宋史》卷二六五本传）。郑璘既与此唐宋几位翰林学士并列，并将其

·551·

所著合编于《翰林杂志》，则当亦曾为翰林学士；其《视草亭记》并诗虽未存（《新唐书·艺文志》亦未著录），但就书名含义，当为在翰林学士院内任职时所记。岑氏《补记》亦引及此，唯对郑璘早期事迹（如以考功员外郎充史馆修撰），未有记述。

郑璘之为翰林学士，除上述《郡斋读书志》所录其著作外，还可就《全唐文》卷八二一所载其制文六篇作为佐证。《全唐文》所载之六篇制文，其中五篇载于《文苑英华》之"翰林制诏"。岑氏《补记》对制文撰作时间有所考述，今参岑氏所述，复考如下。

《皇帝第八男祕第九男祚第十男祺封王制》，又见于《文苑英华》卷四四五"翰林制诏"，题下注："《诏令》作封景王辉王祁王制。"文末署"乾宁四年十月"。按《唐大诏令集》（商务印书馆点校本，1959 年）卷三三即载有《封景王祕等制》，题郑璘撰，文末署"乾宁四年十月"。《文苑英华》所载此篇，题下校所谓《诏令》，或即指此宋敏求所编之《唐大诏令集》。按《新唐书》卷十《昭宗纪》亦于乾宁四年（897）十月记："甲子，封子祕为景王，祚辉王，祺祁王。"《旧唐书》卷一七五《昭宗十子传》及《通鉴》卷二六一同。而《旧唐书》卷二〇上《昭宗纪》却系于乾宁四年二月，显误。又值得注意的是，《唐大诏令集》卷三四亦载有钱珝《册景王祕文》、《册辉王祚文》、《册祁王祺文》，当亦同时作。时钱珝为中书舍人，则册封诸王文，中书舍人亦可撰制，这对于唐中书舍人的职能及与翰林学士的比较，可作进一步研究。

《授安友权安南节度使制》，又见于《文苑英华》卷四五八"翰林制诏"，未署撰年。安友权，两《唐书》无传，亦无有载记。《唐刺史考全编》卷三一〇安南都护府，亦引及郑璘此制，云："吴氏《方镇年表》系于乾宁四年（897）至光化三年（900），姑从之。"别无他考。

《授李铔邕州节度使制》，《文苑英华》卷同上，未署年月。《通鉴》卷二六二光化三年（900）五月，载："邕州军乱，逐节度使李铔；铔借兵邻道讨平之。"即光化三年五月，已在邕州节度使任。《唐刺史考全编》卷二九〇岭南道邕州，亦据吴氏《方镇年表》，系李铔于乾宁四年（897）始任邕州节度使，则此制即撰于乾宁四年。

《授李继密山南西道节度使制》，《文苑英华》所载卷同上。《通鉴》卷二六一光化元年（898）五月载："以武定节度使李继密为山南西道节度使。"郑璘此制当即作于此时。

《授钱镠润州节度使制》，《文苑英华》所载卷同上。《通鉴》卷二六〇乾宁三年十月记："钱镠令两浙吏民上表，请以镠兼领浙东；朝廷不得已，复以王抟为吏部尚书、同平章事，以镠为镇海、威胜两军节度使。"元胡三省注："钱镠自此遂跨有浙东、西。"此即郑璘此制所云："是用益其疆土，盛彼旌旄，增镜水之名封，兼金陵之奥壤。合此重寄，殷为大藩。""镜水"喻浙东，"金陵"喻浙西。

《授王抟诸道盐铁转运等使制》，《文苑英华》未载。按此制前称王抟为"守吏部尚书、同中书门下平章事"，后云"可门下侍郎、依前兼吏部尚书、同中书门下平章事、监修国史、充诸道盐铁转运等使"。据《新唐书·宰相年表》，王抟于乾宁三年（896）十月戊午为吏部尚书、同中书门下平章事，四年（897）四月为门下侍郎兼吏郎尚书、诸道转运等使。则郑璘此制即当作于乾宁四年四月。

据以上六文，所撰时间在乾宁三年（896）十月至光化三年（900）五月，即此五年内在院供职。唯其何时以何官入，未能确知。据前所述，郑璘已于大顺二年（891）为考功员外郎，并充史馆修撰，则郑璘可能于乾宁二、三间以尚书郎中入。其出院，当在光化三年五月以后。按韩偓于五代梁开平三年（909）有《余寓汀州沙县病中闻前郑左丞随外镇赴洛兼云继有急徵旋见脂辖因作七言四韵以赠之或冀其感悟也》（《全唐诗》卷六八一）。就此诗，韩偓与郑璘颇有交谊，二人曾同在院中。按韩偓于光化二年（899）入院，天复三年（903）二月出贬濮州司马（见后韩偓传），时为翰林学士之薛贻矩、姚洎亦同时被贬出院（见薛、姚传）。有可能郑璘亦同时被迫出院（或稍前）。另，《新唐书》卷一九〇《王潮传》附王审邽传，称其"为泉州刺史、检校司徒。……中原乱，公卿多来依之，振赋以财，如杨承休、郑璘、韩偓、归德懿、杨图、郑戬等赖以免祸，审邽遣子延彬作招贤院以礼之。"王审邽于乾宁元年（894）至天祐元年（904）为泉州刺史（参《唐刺史考全编》卷一五三江南东道泉州）。就韩偓诗题，可能郑璘在院时曾迁至尚书左丞（正四品上），后于天复三年二月与韩偓等同时被迫出院，即南下依附于泉州刺史王审邽幕。

又前所引韩偓诗，题下自注"己巳年"，即梁开平三年（909），时韩偓居于汀州沙县。[4]诗云："莫恨当年入用迟，通材何处不逢知。桑田变后新舟楫，华表归来旧路歧。公幹寂寥甘坐废，子牟欢抃促行期。移都已改侯王第，惆怅沙堤别筑基。"由此则郑璘在闽时，亦曾与韩偓相聚。后南闽节镇王审知称臣于朱梁，当向其举荐人才，中有郑璘，韩偓闻郑璘将赴洛，就特寄诗劝谏。郑璘可能听从韩偓之劝，未北赴，仍留于闽，因两《五代史》及有关史书均未载郑璘仕梁之讯息。

据前所引《郡斋读书志》，郑璘当于在职时著有《视草亭记》，惜后未存，《新唐书·艺文志》未著录。其诗也未载于《全唐诗》。其文，即《全唐文》卷八二一所载制文六篇，前已述。

注释

〔1〕《郡斋读书志》，孙猛校证本，上海古籍出版社，1990 年。

〔2〕韦表微之"表"，原书作"来"，孙猛校证本改。

〔3〕《翰学三书》，辽宁教育出版社，2003 年。

〔4〕参见邓小军《韩偓年谱》，载其所著《诗史释证》，中华书局，2004 年；又《唐五代文学编年史·五代卷》，页81；辽海出版社，1998 年。

张玄晏

张玄晏，两《唐书》无传。关于其事迹，两《唐书》仅见《新唐书》卷六〇《艺文志》四，集部别集类，著录《张玄晏集》二卷，注云："字寅节，昭宗翰林学士。"

《全唐文》卷八一八载有张玄晏文十余篇，另有《唐故楚州盱眙县令荥阳郑府君墓志铭并序》，为《全唐文》所未载者，见于周绍良主编《唐代墓志汇编》，[1]咸通一一六。此文署"乡贡进士张玄晏撰"。文中记述此郑府君（名溃），卒于"咸通甲午岁六月乙酉"，葬于其年十月十五日。按咸通甲午，为咸通十五年，实为乾符元年（874）。懿宗卒于咸通十四年（873）七月，僖宗立，第二年十一月始改元乾符。张玄晏此制作于此年十月，故仍称"咸通甲午"。据此，则张玄晏于僖宗乾符元年冬曾为乡贡进士，唯后是否及第，未可知。就其以后仕迹，曾长期在朝中任职，则当为科试及第者。

《新唐书·艺文志》记张玄晏为昭宗时翰林学士，未记时。就《全唐文》卷八三七所载薛廷珪一篇制文，可考见张玄晏于入院前曾历任殿中侍御史、都官员外郎。薛廷珪此篇制文，题为《授侍御史沈栖远右司员外郎、殿中张玄晏都官员外郎制》，中称"具官沈栖远等，由御史属为尚书郎"，即沈、张二人皆由御史台所属徙为尚书郎官署。就此制题，张玄晏原为殿中侍御史（从七品上），升迁为都官员外郎（从六品上）。

按《旧唐书》卷一九〇下《文苑下·薛逢传》附其子廷珪传，称薛廷珪"大顺初累迁司勋员外郎、知制诰，正拜中书舍人。乾宁三年奉使太原"，光化中复为中书舍人。据后钱珝制文，张玄晏于乾宁三年秋由驾部员外郎入院，则薛廷珪此制当在乾宁三年前，或在乾宁初。薛氏此制，称张玄晏云："以玄晏词无枝叶，道有污隆，履君子之中庸，练国朝之故实。直方之气，佥论多之；文艺之优，前辈高许。"则张玄晏入院前已有文名。

张玄晏之入为翰林学士，首见于钱珝《授右司郎中张玄晏翰林学士制》，载于《文苑英华》卷三八四，文末未署年月；又载于《全唐文》卷八三一。按钱珝撰写制文之时间，见于其《舟中录序》（《全唐文》卷八三六），云："己丑岁冬十一月，余以尚书郎得掌诰命。庚申岁夏六月，以舍人获谴，佐抚州。"按此"己丑"，误，《文苑英华》所载钱珝此序，作"乙卯"，是。乙卯为乾宁二年（895），庚申为光化三年（900），故序中云"冒居六年"。钱珝乃于乾宁二年十一月因宰臣王抟之荐，以膳部郎中知制诰，又于乾宁三年迁为中书舍人；后王抟于光化三年（900）六月罢相被贬，又被迫自尽，钱珝亦受累出贬抚州司马。[2]由此，钱珝此篇授张玄晏翰林学士制文，即当在乾宁二年十一月后。又制中云："吾越在关辅，不遑燕居。"按乾宁三年六、七月间，凤翔节镇李茂贞率兵逼京师，昭宗应华州刺史韩建之请，出驻华州，长安为李茂贞所占，甚受破坏。昭宗在华州整整有两年，于光化元年

（898）八月，才返京。由此，则当为昭宗匆促徙迁华州，军政紊乱，人才不足，张玄晏即于乾宁三年下半年受召入院。钱珝制中称此时"大盗未屠，蒸人且坠"，亟需用人，故勉励张玄晏，"尔其据体会机，剪烦总要"。并对张玄晏此前仕绩，亦甚赞誉："具官张玄晏，尝闻荐绅论者，多以尔儒行践修，出言之章，能顾于是，聚问之学，斯不为人。乃知发外之文，实自积中之性。"

《全唐文》卷八一八载张玄晏《上承旨崔侍郎启》，中云："自忝班行，寻逾涯分，岂谓承旨侍郎念兹单拙，悯及埋沈，密迥吹借之隆私，显示挈维之重德。今日早面承尊旨，曲奉恩言，必欲拔自泥沙，置之霄汉。"即对时为翰林学士承旨崔侍郎之荐拔甚表谢意，因崔侍郎之力，乃"拔自泥沙，置之霄汉"。此崔侍郎为崔远，时亦在院，于乾宁三年秋由户部侍郎转为兵部侍郎，七月，接陆扆为承旨，又于九月拜相出院（参见前崔远传及书后"学士年表"）。由此即可参证张玄晏当于乾宁三年秋（九月前）入为翰林学士。

又据钱珝制题，张玄晏乃以右司郎中入，而岑氏《补记》援引张玄晏《谢奉常仆射启》（《全唐文》卷八一八）所云"伏奉敕命，授尚书驾部员外郎知制诰，依前充职者"，又引张玄晏另一文《谢时相启》（《全唐文》同上卷）"某伏奉今日敕授尚书驾部郎中知制诰、依前充职者。……忽自秋而徂冬，每素飧而尸禄"，遂以为钱珝制文题"右司郎中"四字误，张玄晏应以驾部员外郎、知制诰入，至同年冬，迁改驾部郎中。实则张玄晏《谢奉常仆射启》，《文苑英华》卷六五三已载，其文为："某伏奉敕命，授尚书驾部郎中、知制诰，依前充职者。"《全唐文》所载，乃据《文苑英华》录入，但误将"驾部郎中"改为"驾部员外郎"，岑氏仅据《全唐文》，未复核《文苑英华》，故致误断，并未加考析，即断钱珝制文题"右司郎中"四字误,更不确。

《全唐文》卷八一八载有张玄晏数篇书启,涉及入院受朝臣举荐,值得一提,并应予注意。中有《未召试前与孙相公启》,此孙相公为孙偓。据《新唐书》卷六三《宰相年表》,孙偓于乾宁二年(895)十月入相,四年(897)二月罢相,这正与张玄晏入为翰林学士时段相合。张玄晏当在正式入院前须先参预考试(可参韩偓《金銮密记》,见后韩偓传),在试前乃先上书给宰相孙偓,对孙"许与之恩言"、"提拔之隆旨",深表感恩之情;"倍怀感激之心,冀竭效酬之节"。另有一篇《谢时相启》,则为考试后对宰相致谢:"某今日伏奉宣召,伏蒙圣慈令充职翰林者。"由此可见,晚唐时士人入院前,似仍须参预考试,而张玄晏则于试前特向宰相进献书启,有期望举荐之意。

《全唐文》所载,张玄晏另有一《谢时相启》,与前所述之《谢时相启》,文题虽同,所作之时则不同。后一《谢时相启》,云:"顾惟鲰浅,寻过津涯,忽自秋而徂冬,每素飧而尸禄。"可见虽已入院,且已自秋至冬,仍致谢意,并云:"某伏奉今日敕,授尚书驾部郎中、知制诰,依前充职者。"此与《文苑英华》卷六五三所载之张玄晏《谢奉常仆射启》之"某伏奉敕命,授尚书驾部郎中、知制诰,依前充职者",意合。此"奉常仆射",据郁贤皓、胡可先《唐九卿考》,[3]为乾宁三、四年间任太常卿的孙储,而孙储则为孙偓亲兄。由此可见,张玄晏于乾宁三年秋由司封郎中入院,本年冬改为驾部郎中,但加兼知制诰,故再次向宰相孙偓及其兄孙储致谢。前一《谢时相启》云:"相公殊常降德,不次施恩,拔自迷途,置诸密地。……遂使专诏诰教令之事,为言语侍从之臣。内省屡微,益深荣惧。"后一《谢时相启》云:"相公曲示洪钧,重磨顽璞,降始终之茂德,宏特达之深恩。再假丹青,复掀羽翼。"即应试入院，受宰相之举荐，在院时官衔之迁转，亦由宰相"曲示洪钧"。由此可见，当时翰林学士本人对宰相之推荐、提拔，是极为重视的。这也可见宰相对翰林学士地位、境遇所起的作用，所谓翰林学士为"内相"，甚至超越宰相之权，就张玄晏这几篇书启，可证是不合实的。

今将现存张玄晏数篇制文之年月略考如下：

《皇第十一男祯封雅王第十二男祥封琼王制》。《旧唐书》卷一七五《昭宗诸子传》，记："雅王祯，琼王祥，并光化元年十一月九日封。"《新唐书》卷十《昭宗纪》、《通鉴》卷二六一亦均记于光化元年十一月甲寅。《文苑英华》卷四四五"翰林制诏"亦载张玄晏此制，后署"光化元年十一月"。可以注意的是，《文苑英华》同卷又载钱珝《册雅王文》、《册琼王文》。张玄晏是册雅王、琼王合为一制，而钱珝分为二制，可与前郑璘所撰同类制文相参。中书舍人亦能撰此类册文，且与翰林学士同时诏发，可为研究唐中书舍人职能提供有用之材料。又钱珝此二篇制文，均有"今遣某官某乙持节册尔为雅（琼）王"辞句，而张玄晏所撰，首云"门下"，末云"仍令所司择日备礼册命，主者施行"，此可能为翰林学士与中书舍人之职能有所不同，一为皇帝诏发，一为中书省承皇帝之命（即翰林学士所发），又下敕"令所司择日备礼册命"。

《授庞从武宁平难军节度使改名师古制》，称"具官庞从，夙怀明略，早负壮图。……可某官，仍改名师古。"《通鉴》卷二六一，乾宁四年，"三月丙子，朱全忠表……庞师古为武宁留后"。武宁即治徐州。

《授王敬荛武宁军张珂彰义军节度使制》。《旧唐书·昭宗纪》，乾宁四年十一月，"以颍州刺史王敬荛检校尚书左仆射，兼徐州刺史，加司空，充武宁军节度使"。未记张珂。《通鉴》卷二六一光化二年正月则记："朱全忠表李罕之为昭义节度使，又表权知河阳留后丁会、武宁留后王敬荛、彰义留后张珂并为节度使。"即朱全忠为交结诸道统帅，请朝中授以正式节钺。《旧唐书·昭宗纪》记于乾宁四年，且仅记王敬荛，则又误又缺，应以《通鉴》为是。

《授冯行袭昭信军节度使制》。据《通鉴》卷二六一光化元年（898）正月，"以昭信防御使冯行袭为昭信节度使"。

《授李思敬宣武军李继颜保大军节度使制》。为光化元年（参《唐刺史考全编》卷二〇九山南西道洋州）。

《授王潮威武军节度使制》。《通鉴》卷二六〇乾宁三年，"九月庚辰，升福建为威武军，以观察使王潮为节度使。"

《授李继徽秦州节度使制》。《通鉴》卷二六〇乾宁三年，"三月，以天雄留后李继徽为节度使"。天雄节镇所治在秦州。而岑氏《补记》却误为邠州，云："李继徽邠州制在乾宁四年。"

就上所述，其所撰制，在乾宁三、四年至光化元年间，即随昭宗在华州期间。按昭宗于光化元年八月返京师，张玄晏所撰封雅王、琼王制在光化元年十一月，则随昭宗返京，仍在院内供职。但何时出院，未可知，可能在光化二年（899）以后。

张玄晏著作，《新唐书·艺文志》著录其集二卷，后未存。《全唐文》卷八一八载其文十余篇，另又有《千唐志斋》所辑之盱眙令郑渍墓志（前已述）。其诗未有载记。

注释

〔1〕《唐代墓志汇编》，周绍良编，上海古籍出版社，1992年。

〔2〕《唐才子传校笺》卷九《钱珝传》，周祖譔、吴在庆笺，中华书局，1990年。

〔3〕《唐九卿考》，中国社会科学出版社，2003 年。

吴　融

　　吴融，《新唐书》卷二〇三《文艺传》下，有传。另《唐才子传校笺》卷九《吴融传》周祖譔、吴在庆笺，及《唐五代文学编年史·晚唐卷》，对吴融事迹有较详考述，[1]今即参据此二书，记述如下。

　　《新传》："吴融字子华，越州山阴人。"越州山阴（今浙江绍兴）为其祖籍，中年时（约年三十左右）曾徙家于松江畔之长洲县（今属江苏苏州市），其间曾与陆龟蒙、皮日休等交往（详后）。

　　《新传》记："龙纪初，及进士第。"《直斋书录解题》卷一九著录其《唐英集》三卷时，注云："融与（韩）偓皆龙纪元年进士。"[2]元辛文房《唐才子传》卷九又具体记为"龙纪元年李瀚榜及进士第"。标为"李瀚榜"，当据元时尚存之唐登科记。清徐松《登科记考》卷二四即据《唐才子传》，记龙纪元年（889）科试进士榜，状元为李瀚，同年及第者有吴融。

　　按韩偓后于任翰林学士期间，曾屡与吴融有诗唱和，其《与吴子华侍郎同年玉堂同直怀恩叙恩因成长句四韵兼呈诸同年》（《全唐诗》卷六八〇），于"二纪计偕劳笔研"句下自注云："余与子华俱久困名场。"吴融于其《祝风》诗（《唐英歌诗》卷中）亦云："余仍辗轲者，进趋二年纪。"则其登第前已有二十余年屡举试不第者。

　　但吴融早期已多与文士交往，有名声。《唐摭言》卷五《切磋》条有记云："吴融，广明、中和之际，久负屈声；虽未擢科第，同人多赞谒之如先达。"如晚唐另一著名诗人方干，《唐摭言》卷十《韦庄奏请追赠不及第人近代者》条，记方干"幼有清才，为徐凝所器，诲之格律"，后曾谒访浙东观察使王龟，"王公将荐之于朝，请吴子华为表章。无何公遘疾而卒，事不谐矣"。按据两《唐书·王龟传》，王龟于咸通十四年（873）为越州刺史、浙东观察使，后乾符元年（874）六月，为当地乱兵所害（参见《唐刺史考全编》卷一四二江南东道越州）。则吴融当于咸通十四年、乾符元年间在浙东王龟幕，并代为撰表举荐方干（《唐五代文学编年史·晚唐卷》亦记此，系于乾符元年，并举方干有《谢王大夫奏表》诗，载《全唐诗》卷六五二）。本年前后，吴融又与皮日休有交往，如吴融有《和皮博士赴上京观中修灵（宝）斋赠威仪尊师兼见寄》、《高侍御话及皮博士池中白莲因成一章寄博士兼奉呈》（《全唐诗》卷六八七）。皮博士即皮日休，乾符元年任太常博士（参见《唐五代文学编年史·晚唐卷》乾符元年）。又，《唐摭言》卷十《海叙不遇》条，记陆龟蒙于僖宗中和元年（881）卒于苏州故里，"颜荛给事为文志其墓，吴子华奠文千余言"。颜荛所作墓志不存，吴融所作祭文，见《全唐文》卷八二〇。由此可见，吴融进士登第前已与当时诗文名家甚有交往。

《新传》记吴融及第后，接云："韦昭度讨蜀，表掌书记，迁累侍御史。坐累去官，流浪荆南，依成汭。"韦昭度，僖宗朝翰林学士，其奉命征讨西蜀陈敬瑄之时间，详见前韦昭度传。吴融随韦昭度赴蜀，在龙纪元年（889）春，大顺二年（891）秋又随韦昭度返京，在蜀两年，有诗作（参见《唐五代文学编年史·晚唐卷》）。吴融返京后迁为侍御史（从六品下），但于乾宁二年（895）夏又因事南贬流寓荆南，在荆南节度使成汭幕；后于乾宁三年（896）冬又返京（详参《唐才

子传校笺》卷九《吴融传》笺）。成汭，《新唐书》卷一九
〇、《旧五代史》卷一七有传，其任荆南节度使在文德元年至
天复三年间（888—903），参见《唐刺史考全编》卷一九五山
南东道荆州。

吴融在荆州一年半，又与诗僧贯休甚有交往。初抵达荆州
时，即有《访贯休上人》诗（《全唐诗》卷六八六），后又曾
为其集作序，即《禅月集序》（《全唐文》卷八二〇），有云：
"沙门贯休……止于荆门龙兴寺。余谪官南行，因造其室，每
谈论未尝不了于理性。自是而往，日入忘归，邈然浩然，使我
不知放逐之感。此外商榷二雅，酬唱循还，越三日不得往来，
恨疏矣。如此者凡期有半。"又记乾宁三年丙辰，吴融返京
时，贯休又特赠其《西岳集》："丙辰岁，余蒙恩诏归，与上
人别，袖出歌诗草本一，曰《西岳集》，以为赆（琼按：原作
尽，当误，今改）矣。"吴融离荆时，贯休特作诗送之，有
《送吴融员外赴阙》（《全唐诗》卷八三一）；吴融返京后，即
作诗寄酬：《寄贯休上人》（《全唐诗》卷六八四）。

晚唐八十余年期间，翰林学士在入院前，即与文士有如此
广泛、深入之交往，应当说吴融是较为突出的。

《新传》记吴融"流浪荆南，依成汭"后，接云："久之，
召为左补阙，以礼部郎中为翰林学士。"据前所述，吴融于乾
宁二年初夏流贬荆南，乾宁三年即已返京，仅一年余，而
《新传》称为"久之"，措词不确。又吴融有《壬戌岁阌乡卜
居》诗（《唐英歌诗》卷中），中云："六载抽毫侍禁闱，可
堪多病决然归。"壬戌为天复二年（902）。天复元年（901）
十一月，昭宗因朱全忠兵胁，出徙凤翔，吴融因未能随从，避
乱居于阌乡（详后）。自天复元年上溯六载，则为乾宁三年
（896）。由此可以确定，乾宁三年初秋，吴融受召自荆南返
京，初为左补阙（从七品上），旋即迁礼部郎中（从五品上），

入为翰林学士，即乾宁三年秋冬际。按乾宁三年七月，昭宗因凤翔节度使李茂贞率兵逼京，出徙华州，当时正处于匆促之中，故急召人才，张玄晏即于此时入（见前张玄晏传），吴融当亦与张玄晏同时入。

据前所引吴融《壬戌岁阌乡卜居》诗，吴融当于乾宁三年初秋入院，直至天复元年十一月，均在院。按昭宗后于光化元年（898）八月自华州返京，吴融当亦随返，则在华州有两年余，后在京有三年余。其在院内官阶之迁转，据《新传》，以礼部郎中入，后为中书舍人（正五品上），接云："昭宗反正，御南阙，群臣称贺，融最先至。于时左右欢骇，帝有指授，叠十许稿，融跪作诏，少选成，语当意详，帝咨赏良厚。进户部侍郎。"《新传》此处所谓"昭宗反正"，未记具体年月。《唐摭言》卷一三《敏捷》条则有具体记述："昭宗天复元年正旦，东内反正，即御楼，内翰维吴子华先生，上命于前跪草十余诏，简备精当，曾不顷刻。上大加赏激。"此时确记为天复元年正旦。据《通鉴》卷二六二，光化三年（900）十一月，"上猎苑中，因置酒，夜，醉归，手杀黄门、侍女数人"，于是宦官、左军中尉刘季述密谋陈兵殿廷，迫使昭宗及后妃出居少阳院，以太子嗣位。十二月底，时任盐州雄毅军使孙德昭为左神策军指挥使，乃与宰臣崔胤谋，诛杀刘季述等。《旧唐书·昭宗纪》即于天复元年（901）正月甲申朔记："昭宗反正，登长乐门楼，受朝贺。"由此，则吴融当于天复元年正月即迁为户部侍郎（正四品下）。岑氏《补记》仅云"拜中书舍人，进户部侍郎"，对具体年月未有考。

又韩偓《无题》诗（《全唐诗》卷六八三），自序有云："余辛酉年戏作《无题》十四韵，故奉常王公相国首于继和，故内翰吴侍郎融、令狐舍人涣……相次属和。"辛酉为天复元年，此亦为吴融于天复元年为户部侍郎之确证。

　　《全唐文》卷八二〇载吴融所撰制文六篇，岑氏《补记》有考其撰写时间，除《授王行审鄜州节度使制》谓待考外（《唐刺史考全编》卷七关内道鄜州，引吴融此制及《新唐书·吴融传》，谓作于天祐三、四年间，显误），皆作于乾宁三、四年至天复元年间，是。唯《授孙德昭安南都护充清江军节度使制》，此"清江"应为"静海"，岑氏未辨正（详见傅璇琮《岑仲勉〈补僖昭哀三朝翰林学士记〉正补》，载《唐研究》第十卷，北京大学出版社，2004 年，又编于前《唐翰林学士传论》）。

　　吴融在此期间，常与同院诸学士有诗唱和，如《和诸学士秋夕禁直偶雪》（《全唐诗》卷六八五），特别与韩偓唱酬更多，详见后韩偓传，此不赘。现可提二事。一为当时以草书著名之诗僧贯光，曾得昭宗赏识，乾宁四年（897）昭宗仍在华州时，贯光归永嘉，当时有不少在朝之文臣以诗送之，后辑送行者五十家之作为一集，其中即有吴融诗。宋赞宁《宋高僧传·后唐明州国宁寺贯光传》，称贯光"多作古调诗，若僻寡味，得句时有得色。长于草隶"；并云自华归故乡时，"有朝贤赠歌诗，吴内翰融、罗江东隐等五十家，仅成一集"。司空图亦有《送草书僧归楚越》（《全唐文》卷八〇七）。宋《宣和书谱》卷一九有记："释贯光，江南人也。潜心草字，名重一时。吴融赠其歌曰：'忽时未动更惊人，一声霹雳龙蛇活。'"吴融又有《送广利大师东归》（《全唐诗》卷六八五）。《宣和书谱》多有载当时文士赠贯光诗，其笔迹于北宋徽宗宫内尚有存者。由此亦可见吴融参与之文学群体活动。另一事为贯休诗集撰序，其《禅月集序》称作此序在"己未岁嘉平月之三日"。己未为光化二年（899），嘉平月为十二月。序中称"太白、乐天既殁，可嗣其美者，非上人而谁"，即贯休诗又上接李白、白居易；而所以能"嗣其美"，即在于"气骨高举"，并讥评"迩来相效者，靡漫浸淫，困不知变"，亦可见吴融对晚唐诗界的评论。

《新传》记吴融"进户部侍郎"后，接云："凤翔劫迁，融不克从，去客阌乡。俄召还翰林，迁承旨，卒官。"按据《通鉴》卷二六二，天复元年（901）十月，朱全忠与宰臣崔胤联系，发兵赴长安，欲迫昭宗迁徙洛阳；十一月初，昭宗乃受宦者、中尉韩全诲之挟，出奔凤翔。当时韩偓倒是连夜追赶，随昭宗西出的，而吴融则不知何故，未及随从，遂客居阌乡，即辞职出院。按阌乡在今河南西部灵宝市西北，已在潼关东，不知何以吴融远出关东。这就历一年余。天复三年（903）正月，昭宗与朱全忠和解，返长安，并诛宦者韩全诲等。吴融当于此年春返朝，复入院。而此年二、三月间，宰相崔胤与朱全忠交结，又胁迫昭宗贬谪同列宰臣陆扆，并贬翰林学士韩偓出为濮州司马，薛贻矩出为峡州司户。薛贻矩出贬时，吴融有《送薛学士赴任峡州二首》（《全唐诗》卷六八五），其一有云："莫将彩笔闲抛掷，更待淮王诏草看。"即仍期望以后仍能召还，入院充职。

关于吴融出院及卒年，《新传》仅云："迁承旨，卒官。"未有确记。岑氏《补记》谓吴融当继韩偓为承旨，又云："融卒何年，虽乏明文，但据《旧唐书》一七九《柳璨传》，璨天祐元年正月十日命相时，充承旨者已是张文蔚，则文蔚殆于天复三年加充。换言之，即融以天复三年卒官也。"即吴融天复三年（903）正月返朝，再入院，并接任承旨，但又于同年卒。但吴融有《寄杨侍郎》诗（《全唐诗》卷六八六）："目极家山远，身拘禁苑深。烟霄惭暮齿，麋鹿愧初心。""禁苑深"，则此杨侍郎亦在翰林学士院中任职。陶敏《全唐诗人名考证》（页928）谓此杨侍郎为杨注。《唐五代文学编年史·晚唐卷》天祐三年条引吴融另一首《寄杨侍郎》诗（《全唐诗》同上卷），亦以为杨注。据《旧唐书·昭宗纪》，杨注于天祐元年（904）六月以中书舍人充翰林学士，又同书《哀帝纪》天祐二年三月，记杨注时为户部侍郎。则吴融此二诗，当作于天祐元年、二年间（904、905），即此时吴融仍在世，非天复三年（903）已卒。关于张文蔚于天复三年接任承旨，可再考。可能吴融于天复三年下半年离职出院，张文蔚接任，而吴融非卒于在院中任职时。

又前所述之韩偓《无题》诗，自序称"丙寅年九月"作，中称"故内翰吴侍郎融"。丙寅为天祐三年（906），既称吴融为"故"，则天祐三年九月前吴融已卒，当卒于天祐二、三年间（参《唐五代文学编年史·晚唐卷》天祐二年条）。

《新唐书》卷六〇《艺文志》四，集部别集类，著录《吴融诗集》四卷，又《制诰》一卷。其所撰制诰，能专辑为一卷，可见在职时所撰亦多。《直斋书录解题》卷一九诗集类，著录吴融《唐英集》三卷。清《四库全书总目》卷一五一集部别集类，亦著录《唐英歌诗》三卷，当承宋时所传之本，其《提要》有将其所作与韩偓评比者，谓："偓心在朝廷，力图匡辅，以孱弱文士毅然折逆党之凶锋，其诗所谓报国危曾将虎须者，实非虚语，纯忠亮节，万万非融所能及；以文章工拙论之，则融诗音节谐雅，犹有中唐之遗风，较偓为稍胜焉。"又将其与当时诗家相比，云："在天祐诸诗人中，远不及司空图，沉挚不及罗隐，繁富不及皮日休，奇僻不及周朴，然其余作者，罕与雁行。"吴融诗文创作，在唐末还是较为突出的，可进一步结合其政治活动加以探讨。

《全唐诗》编其诗为四卷（卷六八四—卷六八七）。《全唐文》卷八二〇载其文十余篇。

注释

〔1〕《唐才子传校笺》，傅璇琮主编，中华书局，1990
年。《唐五代文学编年史》，傅璇琮主编，《晚唐卷》为吴在
庆、傅璇琮撰，辽海出版社，1998 年。

〔2〕《直斋书录解题》，上海古籍出版社点校本，1987
年。

韩　仪

韩仪，为韩偓兄，《新唐书》卷一八三《韩偓传》后有其
附传，但所记甚简。

《新传》记其字羽光，"亦以翰林学士为御史中丞"，未载
其入院前仕迹。按《唐摭言》卷一《述进士》下篇，有云：
"近年及第，未过关试，皆称'新及第进士'，所以韩中丞仪
尝有'知闻近过关试仪'，以一篇纪之曰：'短行纳了付三铨，
休把新衔恼必先。今日便称前进士，好留春色与明年。'"据
此，韩仪曾自称"前进士"，即曾登进士第，但未知其年。

《新传》仅称其曾为翰林学士，但未记何时入院。《全唐
文》卷八四〇载其制文八篇，当在院任职时所撰。中有《授
朱朴平章事制》，可考定于昭宗乾宁三年（896）八月作，则
此前即已入院。

《授朱朴平章事制》，岑氏《补记》谓《文苑英华》卷四
五〇所载，文末署乾宁三年八月；《新唐书》卷二〇《昭宗
纪》、卷六三《宰相年表》均记朱朴拜相在乾宁三年八月乙
丑，《旧唐书》卷二〇上《昭宗纪》记为四年五月乙亥朔，岑
氏于此未作判断。按朱朴任相事，《通鉴》卷二六〇乾宁三年
（896）七、八月有具体记述，七月记："水部郎中何迎表荐国

子《毛诗》博士襄阳朱朴，才如谢安，道士许岩士亦荐朴有经济才。"同年八月记："上愤天下之乱，思得奇杰之士不次用之，国子博士朱朴自言：'得为宰相，月余可致太平。'上以为然。乙丑，以朴为右谏议大夫、同平章事。朴为人庸鄙迂僻，无他长。制出，中外大惊。"《通鉴》卷二六一又记乾宁四年（897）二月朱朴与孙偓同罢相，并云："朴既秉政，所言皆不效，外议沸腾。"《旧唐书》卷一七九、《新唐书》卷一八三《朱朴传》亦皆记朱朴拜相后仅数月即罢相。由此，则《旧纪》记朱朴于乾宁四年五月乙丑朔，"以国子博士朱朴为右谏议大夫、同平章事"，显误。又，韩仪所撰此制，确对朱朴甚为赞誉，称其"学业优深，识用精敏，久徊翔而不振，弥贞吉以自多。朕知其才，遂召与语，理乱立分于言下，闻所未闻；兵农皆在于彀中，得所未得。不觉前席，为之改容。"可能正因此，遂使制文一出，"中外大惊"。韩仪作为翰林学士，当然不得不听从君主意旨撰文，但中唐时如白居易等，还是有自己相对独立见解的。

韩仪于乾宁三年八月即已撰授宰臣制文，则其入院当已有一定时间，或当在乾宁三年初。但以何官入，入院后官衔如何迁转，限于史料，皆未可知。

《全唐文》所载其他七篇制文，岑氏《补记》也多有所考，谓"年月之较可确定者，为乾宁三年秋至四年冬"。即均在华州时作。时昭宗即出驻于华州。《新传》云："以翰林学士为御史中丞"，似意为出院任御史中丞。御史中丞为正五品上，与中书舍人同阶，很可能韩仪在院时曾历任尚书诸司郎中、中书舍人。又昭宗于乾宁五年（898）八月自华州返京师，改元光化，按现存韩仪制文之时日推测，很可能随昭宗返朝后，昭宗即授以谏职，出院。但另有一可能，即韩仪于光化元年仍未出院，而韩偓于光化三年（900）六月以司勋郎中兼侍御史入为翰林学士（见后韩偓传），韩仪当因与韩偓为亲兄弟，乃避嫌辞出，昭宗即授以御史中丞。唐时以亲兄弟同时入为翰林学士者，首例为张垍、张圾（见前玄宗朝传），但有其特殊性，即张垍为驸马都尉，玄宗之婿。有唐一代，仅此一例。后懿宗朝，韦保衡亦先为驸马都尉，后入为翰林学士（咸通十年，869，三月），其弟韦保乂，也于懿宗朝为翰林学士，但其入院在咸通十二年（871）二月，而韦保衡已于前一年（咸通十一年）四月任相出院，亲兄弟二人并未同时在院（详见前传）。当然，韩仪现存制文，未见有乾宁四年以后者，但唐时翰林学士有不少在院好几年，连一篇制文也未有传存者。故此处推测，韩偓于光化三年六月入院，韩仪即避嫌辞职出院，可能性较大。

《新传》后云："（韩）偓贬之明年，帝宴文思毬场，全忠入，百官坐庑下，全忠怒，贬仪棣州司马，侍御史归蔼登州司户参军。"按韩偓由翰林学士出贬濮州司马在天复三年（903）二月，则此时韩仪当仍为御史中丞，未受累。所谓"偓贬之明年"，当为天复四年，亦即天祐元年（904）。按此年正月，朱全忠即迫使昭宗离长安东迁，闰四月徙至洛阳。《旧唐书·昭宗纪》天祐元年七月记："甲子，（朱全忠）自汴至洛阳，宴于文思毬场。全忠入，百官或坐于廊下，全忠怒，笞通引官何凝。丙寅，制金紫光禄大夫、行御史中丞、上柱国韩仪责授棣州司马，侍御史归蔼责授登州司户，坐百官傲全忠也。"（此事，《通鉴》、《新唐书·昭宗纪》皆未载）由此可见朱全忠之专横跋扈，也可见韩仪等之政见品德。

棣州，《元和郡县图志》卷一七所载，属河北道，其辖境相当今山东阳信、惠民等县。韩仪被贬后，事迹不详。可知者，韩偓有《寄上兄长》一诗（《全唐诗》卷六八○）："两地支离路八千，襟怀悽怆鬓苍然。乱来未必长团会（原

注：一作聚），其奈而今更长年。"按韩偓于天复三年（903）二月被迫出院，贬濮州（今山东鄄城北）司马，四年二月再贬荣懿县尉、邓州司马，未赴任弃官南下，留于湖南。天祐二年（905）又移居江西；三年，移福州。邓小军《韩偓年谱》记韩偓居于福州后，稍安定，乃作此《寄上兄长》诗，棣州与福州亦近八千里，故诗中云"两地支离路八千"。[1]据此，则韩仪长期留于棣州贬地，未如韩偓弃官南下。很可能后即卒于棣州。

《全唐文》卷八四〇载其文八篇，前已述。《全唐诗》卷六六七载其《记知闻近过关试》一诗，即辑自《唐摭言》卷一《述进士》下篇者，前亦已述。

注释

〔1〕邓小军《韩偓年谱》，见其所著《诗史释证》，中华书局，2004 年。

卢　说

卢说，两《唐书》既无专传，亦无一字记及。《文苑英华》卷四一九"中书制诏"载有钱珝《翰林学士兵部侍郎卢说妻博陵郡君崔氏进封博陵郡夫人制》，岑氏《补记》即引此，谓卢说为昭宗时翰林学士，并谓此制当为乾宁二年末至光化三年夏所行，因钱珝于此期间任为知制诰、中书舍人。当是。但岑氏又据《文苑英华》卷四五八所载卢说《授马殷湖南节度使制》，定卢说约于乾宁末入充翰林学士，则不合，今考如下。

按岑氏所引卢说此制，谓题为《授马殷湖南节度使制》，而《文苑英华》所载，题为《授李思敬马殷湖南节度使制》，《全唐文》卷八二一同，实则此制非仅记授马殷湖南节度使，另尚有李思敬事，岑氏所引，于题中漏"李思敬"三字。但《文苑英华》、《全唐文》所载，题与文亦有差误，如仅就制题，则似李思敬与马殷同授湖南观察使，此与制文内容亦不合。

按《通鉴》卷二六〇，乾宁三年（896）三月记："保大节度使李思孝表请致仕，荐弟思敬自代，诏以思孝为太师，思敬为保大留后。"同年九月，即"以保大留后李思敬为节度使"。《通鉴》于同年九月又载："以湖南留后马殷判湖南军府事。"关于湖南事，《旧唐书》卷二〇上《昭宗纪》有较详记载，即乾宁三年四月，"湖南军乱，杀其帅刘建锋，三军立其部将权知邵州刺史马殷为兵马留后"。《新唐书》卷十《昭宗纪》亦记乾宁三年四月武安（湖南）节度使刘建锋因军乱被杀，"其将马殷自称留后"。由此，则可知乾宁三年四月，湖南军乱，其主帅、湖南节度使刘建锋被杀，马殷被推为兵马留后，至同年九月，朝廷正式任命其判湖南军府使，也就是使其任为湖南节度使。按保大节度治鄜州，唐时属关内道，即在陕中。由此可见，卢说此制，所任实为二人，一在北，一在南，称保大为"束神京襟带"，称湖南为"扼衡越咽喉"，非常清晰。其叙李思敬，制中称"有以难兄告老，沥恳以闻，俾谐内举之诚，爰颁试守之命"，即乾宁三年三月保大节度使李思孝表请致仕，荐其弟思敬，乃授以为保大留后，即制中所云"爰颁试守之命"。后叙马殷，称"有以元戎殒丧，军俗上陈，言其以得士心，可使为帅，姑徇人欲，爰假武符"，也与该年四月湖南事合。制文在记叙上述事后，一称"或曾未半期"，一称"或始逾星纪"，即不到半年，即于九月授以正职，故制文云"不有即真之命，曷明劝赏之文"。由此可以考定，此制当撰于乾宁三年九月，因二人同任节度使，在同一期间，故可以在同一制文中颁发，这在唐代制文中是常有的。由此，则其制题实应为《授李思敬保大节度使、马殷湖南节度使制》，《文苑英华》缺记，《全唐文》沿袭。又，乾宁纪元为五年，即公元894—898，卢说既于乾宁三年九月已撰有制文，则其入院当更在此前。而岑氏定为乾宁末人，则不确。

由上考述，则卢说当于乾宁二、三年间入为翰林学士，但以何官入，限于史料，未可知。前所引之钱珝制文，称卢说为"翰林学士、兵部侍郎"，兵部侍郎为正四品下，官阶高于中书舍人（正五品上），当为入院后逾一定年月所授。《全唐文》卷八二一仅载卢说制文一篇（即前所述者），故未能考索其出院时间。

又钱珝此制，称所以进封卢说妻崔氏，乃因"（卢）说代我之言，必能恪居其职，助于内者，足以彰焉"，乃勉励卢说恪守其职。

关于卢说仕迹，《全唐文》卷八二一小传，未记翰林学士事，但云"官汝阳主簿"。据《元和郡县图志》卷九河南道，汝阳属蔡州，为上县，其主簿为正九品下，官阶甚低，当为初入仕时所授。又齐己有《送卢说乱后投知己》诗（《全唐诗》卷八三九）："兵寇残江墅，生涯尽荡除。事堪煎桂玉，时莫倚诗书。暮狄啼空半，春山列雨余。舟中有新作，回寄示慵疏。"按此诗题仅记卢说之名，未称其官衔，而唐末乱事甚多，故未能确定其所撰之时；或亦为卢说早年未入仕时，故齐己称其"投知己"，当以求举荐。不过由此亦可见卢说与当时已有盛誉之诗僧齐己亦曾有交往。

韩 偓

韩偓，《旧唐书》无传，《新唐书》卷一八三有传，所记甚详。近现代学者有关韩偓事迹之记述、考证者亦不少，正因如此，现为韩偓所作传论，为避免重复，当以记其翰林学士任期为主，主要参考者除岑氏《补记》外，为《唐才子传校笺》卷九《韩偓传》周祖譔、吴在庆笺，邓小军《韩偓年谱》，[1]，《唐五代文学编年史》之《晚唐卷》、《五代卷》；其他单篇论文，如周祖譔、叶之桦《韩偓年谱补正》，[2]吴在庆《韩偓贬官前后的心态及其对诗歌创作的影响》，[3]亦间加参辑。

《新传》："韩偓字致光，京兆万年人。"韩偓之字，诸书所载不一，有作致尧、致元者。宋计有功《唐诗纪事》卷六五韩偓条，清《四库全书总目》卷一五一《韩内翰别集》提要，及岑氏《补记》，皆以为作致光误，应为致尧。然吴融有《和韩致光侍郎无题三首十四韵》（《全唐诗》卷六八五），为吴融与韩偓同任翰林学士时所作，既为同在院中，当有所据。故韩偓之字致光、致尧，诸说皆可并存。

关于韩偓生年，亦有歧说，现据周祖譔、吴在庆《唐才子传·韩偓传》笺、邓小军《韩偓年谱》（以下简称邓《谱》），定于武宗会昌二年（842）。

又据有关记载，韩偓父瞻（字畏之），文宗开成二年（837）与李商隐同年进士及第（徐松《登科记考》卷二一）。又韩瞻与李商隐同为文宗、武宗时节度使王茂元之婿，故李商隐为韩偓姨父。又韩偓兄韩仪，亦为昭宗时翰林学士，在韩偓前入院，见其前传。

韩偓早年即有诗才，并极受李商隐赞赏。李商隐于宣宗大中五年（851）七月应东川节度使柳仲郢之聘，入其幕府，离长安赴任时，韩瞻携韩偓送行，于饯别寓席时，韩偓特作诗赠别，有"连宵侍坐徘徊久"之句，甚得李商隐欣赏；后李商隐在梓州时，也特作诗回寄，诗题为：《韩冬郎即席为诗相送，一座尽惊，他日余方追吟"连宵侍坐徘徊久"之句，有老成之风，因成二绝寄酬，兼呈畏之员外》（《全唐诗》卷五三九）。冬郎为韩偓幼年时小称（见《南部新书》卷乙及《唐诗纪事》卷六五），时为十岁，故李商隐诗中称"十岁裁诗走马成"，又称其诗"雏凤清于老凤声"，与诗题所云"有老成之风"相合。由此可见韩偓少年时即甚有诗才，惜此诗整篇未存，仅李商隐于诗题中录其一句。

《新传》云"擢进士第"，但未记年。清徐松《登科记考》卷二四，据《新唐书·吴融传》所记吴融于龙纪初及进士第，又据《唐诗纪事》所载韩偓与吴融同年及第，即载韩偓与吴融同为昭宗龙纪元年（889）同年进士及第。《唐才子传·韩偓传》亦记为"龙纪元年，礼部侍郎赵崇下擢第"。按韩偓后与吴融同在翰林学士任内时，曾有一诗，题为：《与吴子华侍郎同年玉堂同直怀恩叙恳因成长句四韵兼呈诸同年》（《全唐诗》卷六八〇），中有"二纪计偕劳笔研"句，自注云"余与子华俱久困名场"。即韩偓应试已二十余年，屡试不第。龙纪元年，韩偓已四十八岁，可见确为"久困名场"。

值得注意的是，在这长时期中，他虽"久困"，但仍专注于诗歌创作。《四部丛刊初编》影印之旧抄本韩偓《玉山樵人集》，其卷末附有《玉山樵人香奁集序》，为后任翰林学士承旨、户部侍郎、知制诰时所作，有记其早期之作，云："余溺章句，信有年矣。诚知非大夫所为，不能忘情，天所赋也。自庚辰、辛巳之际，迄辛丑、庚子之间，所著诗歌不啻千首，其间以绮丽得意者，亦数百篇，往往在士大夫之口，或乐工配入声律，粉墙椒壁，斜行小字，窃咏者不可胜记。大盗入关，缃帙都坠。"按《全唐文》卷八二九亦载有韩偓《香奁集自序》，却甚简，未有此所引语句。故陈尚君《全唐文补编》卷一一六即据以补入。[4]此也可确定此序确出于韩偓之手，所记可信。序中提及之庚辰、辛巳为懿宗咸通元年、二年（860、861），庚子、辛丑为僖宗广明元年、二年（880、881），亦即在韩偓十九、二十岁至三十九、四十岁之间。即此二十年间，所作诗有千余首，其间"以绮丽得意者"有数百篇，且传诵于士大夫，又传播于社会。可惜广明元年、二年间，黄巢等攻占长安、关中，其诗作大多散佚。

《新传》记其登进士第后，云："佐河中幕府，召拜左拾遗，以疾解。后迁累左谏议大夫。"据邓《谱》，韩偓于昭宗乾宁三年（896）曾为刑部员外郎；乾宁五年即光化元年（898）迁为司勋（封）郎中兼侍御史，后于光化三年（900）入为翰林学士。

关于韩偓入院之年，唐末五代初王定保《唐摭言》卷六《公荐》条记为："韩偓，天复初入翰林。"元辛文房《唐才子传》卷九《韩偓传》谓："天复中，王抟荐为翰林学士。"近现世之有关著述多有辨其误者，其所据主要即《新传》所云"宰相崔胤判度支，表以自副，王抟荐为翰林学士"，及《全唐文》卷八三一钱珝《授司勋（《文苑英华》之总目卷三八四作封）兼侍御史知杂事赐绯鱼韩偓本官充翰林学士制》。今考述如下：

《新唐书》卷六三《宰相年表》，记崔胤于乾宁三年（896）九月已再任为相，光化二年（899）正月丁未罢守吏部尚书，至光化三年（900）六月丁卯，又为尚书左仆射兼门下侍郎、同中书门下平章事、诸道盐铁转运使。两《唐书·昭宗纪》及《旧唐书》卷二二三下《崔胤传》，皆记崔胤复相兼领度支、盐铁、户部使时，又诬使王抟罢相，后又贬死。《通鉴》卷二六二光化三年六月所记同。而钱珝，原即因王搏之荐，为中书舍人，后王搏为崔胤所诬，罢相贬谪，钱珝亦受累贬抚州司马（见《新唐书》卷一七七《钱珝传》）。钱珝《舟中录序》即云："庚申岁夏六月以舍人获遣，佐抚州。"（《文苑英华》卷七〇七）庚申即光化三年。由此，则钱珝《授司勋郎中兼侍御史知杂事赐绯鱼韩偓本官充翰林学士制》，当撰于光化三年六月贬出前。邓《谱》定韩偓入充翰林学士在此年六月十一日至十三日左右，是。[5]

　　韩偓入院，另一值得注意的，是入院应试事。韩偓后于晚年曾追叙其在院任职事，著有《金銮密记》。宋陈振孙《直斋书录解题》卷五著录其为三卷，谓"具述在翰苑时事"。此书后佚，当代学者陈尚君曾采辑诸书所引，得十七条，刊于《中华野史·唐朝卷》。[6]中有引自《说郛》卷四、卷七五者，云："昭宗召偓入院，试文五篇：《万邦咸宁赋》、《禹拜昌言诗》、《武臣授东川节度使制》、《答佛詹国进贡书》、《批三功臣让图形表》。"关于翰林学士入院考试，李肇《翰林志》曾有记："凡初迁者，中书、门下省召令右银台门候旨。其日入院，试制、书、答三首，诗一首，自张仲素后加赋一首。试毕封进，可者翌日受宣，乃定。"李肇作《翰林志》在宪宗元和十四年（819），时亦在院（见前宪宗朝李肇传）。而此前，白居易于元和二年（807）入院时，即有《奉敕试制书诏批答诗等五首》，[7]此为首次记叙有此考试者，并有原文。此后长时期即未记入院考试事，至唐末昭宗时才又有韩偓所记，但韩偓所记仅有题，无文。如此，则唐时翰林学士入院前确须经过考试。但唐时科举考试，有及第，有未及第者。按体制，既有考试，当亦有不合而未能入选者，但有唐一代，未有记虽经荐举，但经考试而不合格，终未召入者。唐翰林学士入选，往往先由皇帝提名，或宰相大臣等推荐，其入院已定，所谓考试当仅是一种程式，未起实际作用。

韩偓于光化三年（900）六月入院，时年五十九，天复三年（903）二月出院被贬（见后），在院前后不到三年。时间并不长，但有两点值得注意：一、在职期间，虽未有制文传世，但积极参预朝政。《新传》与《通鉴》对此所记甚详。宋晁公武《郡斋读书志》卷六杂史类著录《金銮密记》，其提要有云："予尝谓偓有君子之道四焉：唐之末，南北书朋而忘其君，偓，崔胤门生，独能弃家从上，一也；其时搢绅无不交通内外，以躐取爵位，偓独能力辞相位，二也；不肯草韦贻范起复麻，三也；不肯致拜于朱温，四也。《诗》曰'风雨如晦，鸡鸣不已'，偓之谓也。"可见韩偓积极参政，坚持己见，至南宋尚为人重视。[8]二、韩偓在院时，作诗甚多，有记院中值班事，有与诸学士唱和，有记学士时俗，这在晚唐翰林学士中极为突出，可与中唐时白居易并称。

韩偓参预政事，《新传》与《通鉴》所叙甚详，邓《谱》等亦有具记，限于篇幅，此处就不再复述。今大致考索其任职期间所历官阶。

《新传》："王溥荐为翰林学士，迁中书舍人。偓尝与（崔）胤定策诛刘季述，昭宗反正，为功臣。"据《通鉴》卷二六二，光化三年（900）十一月，宦官、左军中尉刘季述率禁兵逼昭宗困居，挟太子缜嗣位，后崔胤与左神策指挥使孙德昭谋，于天复元年（901）正月诛杀刘季述等，昭宗复位。则天复元年正月前韩偓已为中书舍人，即为"功臣"，即迁左谏议大夫。《通鉴》卷二六二天复元年正月丙午即记有"左谏议大夫万年韩偓"。[9]

《通鉴》卷二六二又载，天复元年（901）十月，朱全忠发兵西进，至河中，表请昭宗迁徙洛阳，京城大骇，士民多逃窜山谷。十一月，昭宗乃受宦官韩全海等之挟，出奔凤翔，凤翔节度使李茂贞相接。《新传》记:"(韩)偓夜追及鄠,见帝恸哭。至凤翔,迁兵部侍郎,进承旨。"韩偓此时有《辛酉岁冬十一月随驾幸岐下作》诗(《全唐诗》卷六八〇)。辛酉即天复元年。按崔远于乾宁三年(896)秋自户部侍郎、知制诰改迁兵部侍郎、知制诰,为翰林学士承旨,同年九月十七日出院任相,此后未见有谁接任承旨,历四年,至天复元年十一月才由韩偓接为承旨。这可能由于史料所限,其间承旨学士有所缺记。

天复二年(902),昭宗仍在凤翔。韩偓因在学士承旨重任,此年就发生一件大事:此年五月,宰相韦贻范遭母丧罢位,《通鉴》卷二六三于七月记:"韦贻范之为相也,多受人赂,许以官,既而以母丧罢去,日为债家所诮",于是汲汲于起复,"日遣人诣两中尉、枢密及李茂贞求之。甲戌,命韩偓草贻范起复制,偓曰:'吾腕可断,此制不可草!'即上疏论贻范遭忧未数月,遽令起复,实骇物听,伤国体。学士院二中使怒曰:'学士勿以死为戏!'偓以疏授之,解衣而寝;二使不得已奏之,上即命罢草,仍赐敕褒赏之。"至八月乙亥朔,仍无命相制诏,凤翔节度使李茂贞即公然对昭宗说:"陛下命相而学士不肯草麻,与反何异!"(此又见《金銮密记》,陈尚君据《类说》卷七辑)于是,同月即起复韦贻范为相。由此可见韩偓之坚持己见,但此事亦为其以后致贬之原由。

《旧唐书·昭宗纪》,天复三年正月丙午,"上又令户部侍郎韩偓、赵国夫人宠颜宣谕于(朱)全忠军",则天复二年,其官衔已由兵部侍郎改为户部侍郎,当仍知制诰,依前为承旨。

天复三年(903)正月,昭宗从李茂贞之请,与朱全忠和解,还京都,诛杀宦官韩全诲等,而朝中则为崔胤专权,崔胤与朱全忠交结,又贬责朝臣王溥、陆扆等,韩偓亦于同时贬出。《通鉴》卷二六四，天复三年二月记："初，翰林学士承旨韩偓之登进士第也，御史大夫赵崇知贡举。上返自凤翔，欲用偓为相，偓荐崇及兵部侍郎王赞自代；上欲从之，崔胤恶其分己权，使朱全忠入争之。全忠见上曰：'赵崇轻薄之魁，王赞无才用，韩偓何得妄荐为相！'上见全忠怒甚，不得已，癸未，贬偓濮州司马。"可见，韩偓之贬，即出于宰臣崔胤与节镇朱全忠之谋，这也是唐末翰林学士所处之政治境遇。韩偓《出官经硖石县》（《全唐诗》卷六八〇），题下自注："天复三年二月二十日。"首二句云："谪宦过东畿，所抵州名濮。"句下自注："是月十一日贬濮州司马。"硖石在今河南三门峡东南，濮州在今山东鄄城北，如此，则韩偓于天复三年二月十一日受令贬濮州司马，同月二十二日已在洛阳途中。

韩偓在院任职时，常与同院学士以诗唱和，其所作有《与吴子华侍郎同年玉堂同直怀恩叙恳因成长句四韵兼呈诸同年》、《和吴子华侍郎令狐昭化舍人叹白菊衰谢之绝次用本韵》等（《全唐诗》卷六八〇），即与吴融、令狐涣唱和者。特别是韩偓《无题》诗（《全唐诗》卷六八三）更值得注意。此诗自序有云："余辛酉年戏作《无题》十四韵，故奉常王公相国首于继和，故内翰吴侍郎融、令狐舍人涣、阁下刘舍人崇誉、吏部王员外涣相次属和。余因作第二首，却寄诸公。二内翰及小天亦再和。余复作第三首，二内翰亦三和。王公一首，刘紫微一首，王小天二首，二学士各三首。余又倒押前韵成第四首，二学士笑谓余曰：'谨竖降旗，何朱研如是也？'遂绝笔。是岁十月末，余在内直，一旦兵起，随驾西狩，文稿咸弃，更无子遗。"辛酉年，即天复元年，时吴融、令狐涣同在院，王溥即序中所云"奉常王公相国"，时为相，但天复元年二月前亦曾在院。由此，则韩偓此时作《无题》诗，不仅院内学士，且外廷宰臣、中书舍人、吏部员外郎等均与唱和。惜天复元年十月末、十一月初随昭宗匆促西奔，诗稿佚失。当时唱和者，现所存唯吴融有《和韩致光侍郎无题三首十四韵》（《全唐诗》卷六八五）。

此外，韩偓与社会人士亦有文字交往。诗僧贯休有《送陈秀才赴举兼寄韩舍人》诗（《全唐诗》卷八三一），陶敏《全唐诗人名考证》（页1035）谓此韩舍人即韩偓，是。贯休长期居于江陵，多与翰林学士有交往，如《送令狐涣赴阙》、《送吴融员外赴阙》、《送姚洎拾遗自江陵幕赴京》等（均见《全唐诗》卷八三一）。此诗称韩偓为舍人，当在光化三年秋冬在院为中书舍人时。此位陈秀才（名不详）当于此时赴京应试，贯休特为向韩偓献诗，诗云"主圣臣贤日，求名莫等闲"，即期望韩偓予以荐举。这也是晚唐时翰林学士在科举应试中常为人相求举荐之一例。

韩偓出院被贬后之经历，这里就不具述，谨就邓《谱》等，概述如下：

天复三年（903）十二月或天祐元年（904）正月，又改贬荣懿县尉。荣懿在今贵州北部边境，即自濮州南下；途中又徙邓州（今河南邓县）司马，于是又沿汉水北上改赴邓州。天祐元年正月，朱全忠迫昭宗罢崔胤相位，旋又杀之，并胁迫昭宗迁都洛阳。韩偓闻讯，即弃官南下。后累居于湖南、江西、福建等地，多有诗作。五代梁末帝贞明六年（920），去世于福建泉州南安，年七十九。

韩偓诗，见《全唐诗》卷六八〇—六八三，共四卷；《全唐文》卷八二九载其文十余篇，无制文。另有专集传世，可参邓小军《韩偓集版本》一文（亦见其所著《诗史释证》，中华书局，2004年）。

注释

〔1〕邓小军《韩偓年谱》，载其所著《诗史释证》，中华书局，2004年。

〔2〕《韩偓年谱补正》，周祖譔、叶之桦撰，载《唐代文学研究》第六辑，中国唐代文学学会等编，广西师范大学出版社，1996年。

〔3〕吴在庆《韩偓贬官前后的心态及其对诗歌创作的影响》，载其所著《唐代文士与唐诗考论》，厦门大学出版社，2006年。

〔4〕陈尚君《全唐文补编》，中华书局，2005年。

〔5〕邓《谱》在引《唐摭言》卷六《公荐》"韩偓，天复初入翰林"时，又引《通鉴》卷二六二天复元年六月所记："上之返正也，中书舍人令狐涣、给事中韩偓皆预其谋，故擢为翰林学士"，谓《通鉴》与《唐摭言》皆记韩偓为翰林学士在天复元年，误。按《通鉴》此处所记，乃天复元年六月韩偓与令狐涣在任职翰林学士时昭宗与之交谈，咨询政事，所谓"上之返正也"，乃光化三年十二月事，此为《通鉴》追叙，《通鉴》并未谓天复元年六月才召韩偓、令狐涣入院。

〔6〕《中华野史·唐朝卷》，泰山出版社，2000年。

〔7〕见《白居易集笺校》，朱金城撰，上海古籍·出版社，1988年。

〔8〕晁氏此处所述亦有小误，即韩偓于龙纪元年及第时，知举者为赵崇，非崔胤，而晁氏云"偓，崔胤门生"，误。应为崔胤为相兼知盐铁等使时，曾辟韩偓为副使。

〔9〕邓《谱》有两处记有"迁中书舍人、加知制诰"（页230、233）。按唐时，知制诰者例以他官兼，一般为尚书诸司郎中、员外郎，或侍郎，中书舍人本身即行撰制时，不再兼知制诰，故不能称"中书舍人、加知制诰"。

张文蔚

张文蔚，附于《旧唐书》卷一七八其父张裼传后（以下皆简称《旧传》），另《旧五代史》卷一八、《新五代史》卷三四有专传，因在梁太祖（朱全忠）时曾任为相。

张裼，河间人，文宗时曾为翰林学士、承旨（见前传）。《旧五代传》称："张文蔚，字右华，河间人也。"《新五代传》同。唯《新唐书》卷七二下《宰相世系表》二下，记张文蔚，谓"字在华"。"在"、"右"互异，中华书局点校本及赵超《新唐书宰相世系表集校》均未校及，陈尚君《旧五代史新辑会证》卷一八《张文蔚传》亦未有校。[1]疑《新表》作"在"，误。

《旧传》记张文蔚"乾符二年进士擢第"。清徐松《登科记考》卷二三即据此系于僖宗乾符二年（875）。《旧五代传》仅概称为"唐乾符初登进士第"，未记年，但记其早年即有文名："文蔚幼砺文行，求知取友，蔼然有佳士之称。"但《旧五代传》记其登第后仕迹，有误，云："时丞相裴坦兼判盐铁，解褐署巡官。"按《新唐书》卷六三《宰相年表》，乾符元年（874）二月癸丑，"检校户部尚书兼华州刺史裴坦为中书侍郎、同中书门下平章事"；同年"五月乙未，坦薨"。《新唐书》卷九《僖宗纪》、《通鉴》卷二五二，所记均同。裴坦，《旧唐书》无传，《新唐书》卷一八二本传亦记其由华州刺史"召为中书侍郎、同中书门下平章事，不数月卒"，则与《新表》、《通鉴》等所记合。由此，则裴坦于张文蔚进士及第前一年，已任相，并卒，《旧五代传》所记显误。[2]

另，《旧唐书》卷一九下《僖宗纪》所记亦有误。按《旧唐书·僖宗纪》未如《新纪》、《新表》、《通鉴》所记裴坦于乾符元年任相及卒之事，但于乾符二年二月记为："以吏部侍郎裴坦为兵部侍郎，充诸道盐铁转运使。"此处记裴坦由吏侍改为兵侍，未记其任相事，尤其是裴坦于前一年乾符元年五月已卒，而《旧纪》却于第二年乾符二年二月仍记其仕迹，更为显误。

《旧传》记张文蔚进士及第后之仕历，为："累佐使府。龙纪初，入朝为尚书郎。乾宁中，以祠部郎中知制诰，正拜中书舍人，赐紫。"《旧五代传》所记较详，记其曾两次丁忧，两次任中书舍人，唯未如《旧传》所记曾任祠部郎中、知制诰，后迁为中书舍人，而载为"拜司勋郎中、知制诰，岁满授中书舍人"，未记任祠部郎中。清劳格《唐尚书省郎官石柱题名考》卷二一祠部郎中列有张文蔚，并谓《旧五代传》"失载祠中"。按《文苑英华》卷四一九"中书制诰"，有刘崇望《祠部郎中知制诰张文蔚母扶风郡太夫人苏氏封冯翊郡太夫人等制》，则任祠部郎中、知制诰时其母尚在世。《旧五代传》云："拜司勋郎中、知制诰，岁满授中书舍人。丁母忧，退居东畿。"由此，则《旧五代传》"司勋郎中"当为"祠部郎中"之误。

关于张文蔚入为翰林学士，《旧传》记其任中书舍人后，云："崔胤擅朝政，与蔚同年进士，尤相善，用为翰林学士、户部侍郎。"按崔胤确亦于乾符二年登进士第（《登科记考》卷二三）。岑氏《补记》引《旧唐书》卷一七七《崔胤传》"光化中，贬（王）溥溪州司马……自是朝廷权政皆归于己"，定张文蔚于光化末自中书舍人充。岑说可从。《通鉴》卷二六二光化三年（900）六月，记崔胤因交结朱全忠，由湖南复召为相，同月，王抟罢相出贬溪州刺史，寻赐死途中，"于是（崔）胤制朝政，势震中外"。由此，则张文蔚当于光化三年秋冬因宰臣崔胤举荐，由中书舍人（正五品上）入为翰林学士，后又迁为户部侍郎（正四品下）。又，迁为户部侍郎时，当加知制诰。

《旧传》未记张文蔚在院时曾任承旨，仅记其入院后为"户部侍郎，转兵部"，也未记年月。《旧五代传》则云"俄召入翰林，为承旨学士"，后转为户部侍郎。《新五代传》则甚简，仅云"唐昭宗时为翰林学士承旨"，未记中舍、户侍、兵侍等官衔。关于张文蔚任翰林学士承旨事，《旧唐书》卷一七九《柳璨传》曾提及，云："崔胤得罪前一日，召璨入内殿草制敕。胤死之日，既夕，璨自内出，前驱传呼相公来。人未见制敕，莫测所以。翌日对学士，上谓之曰：'朕以柳璨奇特，似可奖任。若令预政事，宜授何官？'承旨张文蔚曰：'陛下拔用贤能，固不拘资级。恩命高下，出自圣怀。若循两省迁转，拾遗超等入起居郎，临大位，非宜也。'帝曰：'超至谏议大夫可乎？'文蔚曰：'此命甚惬。'即以谏议大夫平章事。"按据《新唐书》卷六三《宰相年表》，崔胤罢相，柳璨由翰林学士、左拾遗为右谏议大夫、同中书门下平章事，在天祐元年（904）正月乙巳。《通鉴》卷二六四天祐元年正月亦记此，不过先于正月乙巳记崔胤罢相，为太子少傅、分司，翌日，迁柳璨为相，并有《考异》，谓"（崔）胤未死，璨已除平章事，新、旧《柳璨传》云胤死后，误也"。《通鉴》即后于同月戊申记朱全忠密令兵围崔胤宿第，杀之。由此，则张文蔚于天祐元年正月已为承旨，则当于前一年即天复三年（903）下半年任承旨。按天复三年，二月前韩偓为户部侍郎、翰林学士承旨，二月中被贬出院（见前韩偓传），吴融接任承旨，后吴融于天复三年内又辞职出院，则即由张文蔚接任（参书后"学士年表"）。时当为户部侍郎。

《旧传》记张文蔚于户部侍郎后"转兵部"，《旧五代传》

则于户部侍郎后云"寻出为礼部侍郎"。《新五代传》未记。《唐摭言》卷一四《主司称意》条记有:"(天祐)二年,张文蔚东洛放榜后大拜。"徐松《登科记考》卷二四,即据以记张文蔚于天祐二年(905)以礼部侍郎知贡举。由此,则张文蔚当于天祐元年以礼部侍郎出院。《旧传》仅云"转兵部",未记改任礼部侍郎出院事。疑其所云"转兵部",此"兵部"为"礼部"之误。

如此,则张文蔚于光化三年(900)秋冬以中书舍人入院,天祐元年(904)秋冬以礼部侍郎出院,前后历三年余。《旧五代传》称其"所发诏令,靡失厥中,论者多之";《新五代传》亦谓:"是时,天子微弱,制度已隳,文蔚居翰林,制诏四方,独守大体。"惜其制文均未有传存。

又,《旧传》曾云:"从昭宗迁洛阳。辉王时,拜中书侍郎、平章事。"按昭宗因受朱全忠之胁,于天祐元年(904)正月离长安东徙,闰四月至洛阳,张文蔚时当仍在院,随从赴洛。同年八月,昭宗为朱全忠谋杀,其子辉王(李)柷接位,为昭宣帝(哀帝)。就前所述,张文蔚于天祐元年秋冬以礼部侍郎出院,即昭宗已卒,哀帝即位之时,第二年(天祐二年)春知举,即在洛阳。但两《五代史》本传于此又有误记。《旧五代传》云:"寻出为礼部侍郎,天祐元年夏,拜中书侍郎、平章事,兼判户部。"《新五代传》云:"昭宗迁洛,拜中书侍郎、同中书门下平章事。"《旧五代传》即记张文蔚拜相在天祐元年夏,时昭宗尚在位;《新五代传》亦谓昭宗迁洛,即任张文蔚为相。而前已考述,张文蔚于天祐元年秋冬才以礼部侍郎出院,天祐二年春尚知贡举。两《五代史》本传所记,确为显误。

关于张文蔚任相,《新唐书·宰相年表》,于天祐二年三月戊寅,明确记为:"礼部侍郎张文蔚同中书门下平章事。"

《新唐书》卷十《哀帝纪》同。《通鉴》卷二六五亦于天祐二年三月戊寅记："以礼部侍郎河间张文蔚同平章事。"即张文蔚于天祐二年初以礼部侍郎知举后，即擢迁入相。《旧唐书》卷二〇下《哀帝纪》亦记于天祐二年三月，但云以"尚书吏部侍郎"为中书门下平章事，此处"吏"当为"礼"之音讹。

《旧五代传》记张文蔚任相后，云："时柳璨在相位，擅权纵暴，倾陷贤俊，宰相裴枢等五家及三省而下三十余人，咸抱冤死，搢绅以目，不敢窃语其是非，余怒所注，亦不啻十许辈。文蔚殚其力解之，乃止，士人赖焉。"《新五代传》所记同。《旧传》则未有记。《通鉴》卷二六五即于天祐二年五月记柳璨恃朱全忠之势，贬裴枢等，六月，又下令迫使裴枢等自尽，实为朱全忠所杀。《通鉴》有记云："柳璨余怒所在，犹不啻十数，张文蔚力解之，乃止。"可见张文蔚尚能为朝士解祸。

《旧五代传》后云："（柳）璨败死，文蔚兼度支盐铁使。"按柳璨虽交结朱全忠，但亦为朱全忠所忌，乃于天祐二年十二月罢其相，出贬，旋又斩杀之。而据《新唐书·宰相年表》，张文蔚于此年三月甲申已为中书侍郎、判度支，即在柳璨罢相、贬死前，此亦为《旧五代传》一误。

据史书所载，哀帝后为朱全忠所迫，禅位。《旧唐书·哀帝纪》，天祐四年（907）三月，"乙酉，乃以中书侍郎、平章事张文蔚充册使"；"甲午，文蔚押文武百僚赴大梁"，行事。后朱全忠即位，建国号为梁，仍命张文蔚为相。《旧五代史》卷三《梁太祖纪》，开平元年即天祐五年（907），"五月，以唐朝宰臣张文蔚、杨涉并为门下侍郎、平章事"。

《旧传》仅载张文蔚"入梁，卒"。《旧五代传》则具体记为："开平二年春，暴卒于位，诏卒赠右仆射。"

张文蔚仕梁为宰臣，实仅一年，但《新五代传》记"梁初制度皆文蔚所裁定"，即颇有政绩。《旧五代传》于传末称誉其"沈邃重厚，有大臣之风"。不过《新五代史》卷三五标为"唐六臣传"，其中张文蔚、张策、赵光逢、薛贻矩及所附杜晓，于唐昭宗、哀帝时曾任翰林学士，后仕于梁，《新五代史》于此传前有小序，中云："呜呼！唐之亡也，贤人君子既与之共尽，其余在者皆慵懦不肖，倾险狯猾，趋利卖国之徒也。"极予讥评，此亦为欧阳修之史观。

张文蔚无诗文载记。

注释

〔1〕陈尚君《旧五代史新辑会证》，复旦大学出版社，2005 年。

〔2〕徐松《登科记考》卷二三，于张文蔚名下亦据《新唐书·宰相年表》纠《旧五代传》之误，但未提及《新纪》、《通鉴》等加以佐证。陈尚君《旧五代史新辑会证》有校，引朱玉龙《中华版〈旧五代史〉考证》，谓据《新唐书·宰相年表》，裴坦于乾符元年二月为相，五月卒，与徐松所述同。

王　溥

王溥，《旧唐书》无传，《新唐书》有传，见卷一八二。《新传》："王溥字德润，失其何所人。"《新唐书》卷七二中《宰相世系表》二中，太原王氏，记有王溥，云："字德润，相昭宗。"太原当为其郡籍。《新表》又记其祖堪，定陵令；父聪，未注官职。

《新传》称其"第进士"，未记年，故清徐松《登科记考》列于卷二七进士及第末记有年者。

《新传》后云："擢累礼部员外郎、史馆修撰。崔胤镇武安，表署观察府判官。胤不赴镇，溥留充集贤殿直学士。御史中丞赵光逢奏为刑部郎中、知杂事。"按据《新唐书》卷六三《宰相年表》，乾宁三年（896）七月乙巳，时任宰相的崔胤，改为检校礼部尚书、同平章事、武安军节度使；九月乙未，复为中书侍郎兼户部尚书、同中书门下平章事。《通鉴》卷二六〇乾宁三年七月亦载："乙巳，以中书侍郎、同平章事崔胤同平章事，充武安节度使。上以胤，崔昭纬之党也，故出之。"而崔胤则密求援于朱全忠，朱全忠乃迫使昭宗仍将崔胤召回，复为相。崔胤此次本辟王溥为其节镇幕府任职（判官），但实未赴任，故王溥仍留于朝，充集贤殿直学士。不过由此亦可见崔胤对王溥已有赏识。

至于《新传》所云"御史中丞赵光逢奏为刑部郎中、知杂事"，则有钱珝制文，《文苑英华》卷三九四载钱珝《授礼部员外郎集贤院直学士赐紫金鱼袋王搏刑部郎中兼御史知杂事制》，此又载《全唐文》卷八三一，题中仍作"王搏"。清劳格《唐尚书省郎官石柱题名考》卷二〇礼部员外郎，于王溥名下亦引钱珝此制，特为指出："依《新传》，'搏'当作'溥'。"制中云："御史中丞光逢，以望执宪，搢绅间咸观其初，故选荐府僚，审而后定。以尔学文惟博，藏器则深。正道甚夷，有进不竞。其守则峻，其用必通。斯可正秋曹郎，率白简吏。"即《新传》所云由御史中丞赵光逢奏为刑部郎中者。按赵光逢于昭宗景福时入为翰林学士（见前传），《旧唐书》卷一七八《赵光逢传》谓"乾宁三年，从驾幸华州，拜御史中丞"。昭宗即于乾宁三年（896）七月因凤翔节度使李茂贞率兵迫长安，从华州刺史韩建之请，出徙华州，则王溥因赵光逢之荐，由礼部员外郎（从六品上）、集贤殿直学士迁为刑部郎中（从五品上）兼御史知杂事，当亦于乾宁三年八、九月份以后。

《新传》接云："昭宗蒙难东内，溥与（崔）胤说卫军执刘季述等杀之。帝反正，骤拜翰林学士、户部侍郎。"按光化三年（900）十一月，宦官、左军中尉刘季述率兵至宫，召百官，议废帝，另立太子，昭宗被困。翌年天复元年（901）正月，右神策军将孙德昭等以兵讨乱，诛刘季述等，昭宗复位。崔胤与孙德昭有所交结，故《通鉴》卷二六二天复元年正月记平乱后，崔胤进位司空，"上宠待胤益厚"。据《新传》，王溥亦与崔胤有所谋议，当即于昭宗复位后，即天复元年正月，召王溥为翰林学士，并迁授户部侍郎（正四品下）。

又《旧唐书》卷二〇上《昭宗纪》，光化三年（900）十月，"辛酉，以前清海军节度副使、朝散大夫、检校左散骑常侍、御史大夫、上柱国王溥守左散骑常侍，充盐铁副使"。岑氏《补记》即据此，谓王溥于光化四年（901）正月以左散骑常侍入院。按据前所述，王溥于乾宁三年（896）九月后为刑部郎中、御史知杂事，《新传》于此后未记其他官职事，且左散骑常侍为正三品，诸司侍郎为正四品下，不应其由左散骑常侍入，又降阶为户部侍郎。《旧唐书·昭宗纪》于光化三年十月记王溥事，甚可疑，故当仍定为以刑部郎中入，入院后又迁为户部侍郎。

《新传》记其入院后，即云："以中书侍郎同中书门下平章事，判户部。"未记年月。今检《新唐书·宰相年表》，天复元年（901），"二月，翰林学士、户部侍郎王溥为中书侍郎，与裴枢并同中书门下平章事"。《新唐书·昭宗纪》、《通鉴》卷二六二同。而《旧唐书·昭宗纪》则记于天复三年（903）三月乙未："以户部侍郎王溥同平章事"，较《新纪》、《新表》、《通鉴》等所记，竟晚两年，实则天复三年二月为王溥罢相之时（见后），此又为《旧纪》显误。

又《通鉴》载王溥授相，乃因王溥"尝在崔胤幕府，故胤引之"。此确合乎实际（见前述）。由此可见，晚唐时翰林学士之入院、迁拔，常出于宰相荐引，此亦为唐翰林学士与宰相之关系提供值得研究之材料。

关于王溥此次任相，《文苑英华》卷四五〇"翰林制诏"，载有吴融《授王搏中书侍郎同中书门下平章事判户部制》，又载于《全唐文》卷八二〇。岑氏《补记》谓王搏以乾宁初为相，时吴融尚未掌制，当为溥之误。按据《新唐书·宰相年表》，王搏于乾宁二年三月由户部侍郎判户部为中书侍郎、同中书门下平章事，而吴融则于乾宁三年以礼部郎中入为翰林学士，确未能撰王搏为相之制文。且吴融此制有云："昨者朕失遵王度，致降天灾……而赖能谋于上相，说彼中权，反正乘舆"，即叙刘季述于内廷起乱，王溥能与宰臣谋议平反。云"昨者"，时仅二月。又云："畴其忠节，虽已擢于禁林，惜此奇才，难久留于诰命。"即谓王溥前已擢入为翰林学士，今因惜此奇才，即再擢拔为相，这与王搏由户部侍郎入相，不合。前已记述《文苑英华》所载钱珝所撰授王溥刑部郎中兼御史知杂之制文，以王溥误为王搏，而吴融此制又同样有误。此或为《文苑英华》传刻之误。

《新传》记其任相后，云："不能有所裨益，罢为太子宾客，分司东都。"但两《唐书》本纪及《新唐书·宰相年表》皆未载王溥罢相事及年月，甚可怪。按《通鉴》卷二六二，天复元年（901）十一月，"甲戌，制：守司空兼门下侍郎同平章事崔胤责授工部尚书，户部侍郎、同平章事裴枢罢守本官。"元胡三省于此处注云："皆宦官之意也，时宰相皆不扈从。"按此前宦者韩全诲等因朱全忠进兵，挟迫昭宗西赴凤翔，而崔胤因交结朱全忠，不随从，故昭宗即迫于韩全诲，下制罢崔胤等相位。胡注云"时宰相皆不扈从",当王溥亦未随昭宗西出,遂就此罢为太子宾客、分司东都。由此,则其任相,亦仅十月。

按韩偓《无题》诗（《全唐诗》卷六八三）,自序中云:"余辛酉年戏作《无题》十四韵,故奉常王公相国首于继和,故内翰吴侍郎融、令狐舍人涣、阁下刘舍人崇誉、吏部王员外涣相次属和,余因作第二首,却寄诸公。"后又云:"是岁十月末,余在内直,一旦兵起,随驾西狩,文稿咸弃,更无孑遗。"辛酉,即天复元年,时韩偓正任为翰林学士。就此序所云,韩偓于院中作《无题》诗时,时任宰相之王溥先为和作,后又有翰林学士及诸文臣继和,惜同年十月末随昭宗西出凤翔,诗稿均佚（详见前韩偓传）。由此亦可见王溥于天复元年,先为翰林学士,后为相,与韩偓皆有文字交往。

《新传》接云:"未几,召拜太常卿、工部尚书。"按据《通鉴》等载,天复三年（903）正月,凤翔节度使李茂贞与朱全忠和解,并谋诛杀宦官韩全诲等,昭宗返京,二月,复以崔胤为相。可能王溥亦于天复三年二月后亦入朝,任太常卿、工部尚书,后昭宗于天祐元年（904）八月在洛阳为朱全忠谋杀,太子辉王即位,即后称为哀帝。《旧唐书》卷二〇下《哀帝纪》记哀帝即位时,"差太常卿王溥充礼仪";天祐二年（905）二月,"庚戌,制以太常卿王溥为工部尚书"。而同年五月,时任宰相的柳璨,又恃朱全忠之势,陷害朝中诸臣。《通鉴》卷二六五天祐二年五月记,又贬谪宰臣裴枢、崔远等,王溥亦由工部尚书贬淄州司户,而旋于六月,裴枢等三十余人于滑州白马驿尽为朱全忠所杀。此即《新传》所云"会朱温侵逼,贬淄州司户参军,赐自尽,与裴枢等投尸于河"。这是唐末文士群体参预政事而遭致的一场悲剧。

据前所引述的韩偓《无题》诗序,王溥在朝居相位时是乐于与翰林学士等作诗歌酬和的。但王溥未有诗文传存。又据王定保《唐摭言》卷三《散序》，王定保于唐末即开始撰写此书，颇着意于"谘访于前达"，"蒙言及京华故事，靡不录之于心，退则编之于简策"，其中就提及王溥，称"从翁丞相溥"，视为家族前辈。此亦可见王溥颇注意与社会文士之交往。

令狐涣

令狐涣，两《唐书》无专传，仅附见于《旧唐书》卷一七二、《新唐书》卷一六六《令狐楚传》后。令狐楚为涣祖，于宪宗元和时曾为翰林学士，后又曾任相；其子绹，宣宗时翰林学士，后亦居相位达十年。绹有三子：滈、涣、沨。据《旧传》，令狐滈于宣宗时因其父绹长期为宰相，遂内外勾结，货贿盈门，"讼者不一"；懿宗时，"为众所非，宦名不达"。不过令狐涣祖孙三代，皆曾为翰林学士，在唐代也甚难得。

《旧传》仅云"涣、沨俱登进士第，涣位至中书舍人"，《新传》同，其他皆未有记，即两《唐书》传均未记令狐涣任翰林学士事。

贯休有《送令狐涣赴阙》诗（《全唐诗》卷八三一）："渚宫遥落日，相送碧江湄。陟也须为相，天乎更赞谁。风高樯力出，霞热鸟行迟。此去多来客，无忘慰所思。"首句云"渚宫"，当在江陵时作。贯休长期居于江陵，在江陵期间有《送姚洎拾遗自江陵幕赴京》、《送吴融员外赴阙》等作（《全唐诗》卷同上）。此二诗于姚洎、吴融名下均记有官名，即姚、吴时在江陵幕府任职，但送令狐涣诗则仅提及姓名，或令狐涣早期游历荆湖时尚未入仕，而与诗僧贯休已有交往。

明确记及令狐涣为翰林学士者，为《通鉴》卷二六二天复元年（901）六月，云："上之返正也，中书舍人令狐涣、给事中韩偓皆预其谋，故擢为翰林学士，数召对，访以机密。"此为追记，所谓"上之返正"，为天复元年正月。据《通鉴》等所记，光化三年（900）十一月，宦官刘季述率兵入宫，挟昭宗困居，拥立太子嗣位，后宰相崔胤与左神策指挥使孙德昭谋，于天复元年（901）正月，由孙德昭领兵诛杀刘季述等，昭宗复位，即返正。据《通鉴》所记，当时崔胤与孙德昭谋议时，时为中书舍人的令狐涣亦曾参与，故于昭宗复位后，即由崔胤举荐，召令狐涣入为翰林学士（韩偓已前于光化二年入院，见前传）。

据前《通鉴》天复元年六月所记，昭宗曾召韩偓、令狐涣，"访以机密"。韩偓有《六月十七日召对自辰及申方归本院》（《全唐诗》卷六八〇），即记此六月召对事。

韩偓于此年常与同院友人作诗唱和，其《无题》诗（《全唐诗》卷六八三），自序有云："余辛酉年戏作《无题》十四韵，故奉常王公相国首于继和，故内翰吴侍郎融、令狐舍人涣、阁下刘舍人崇誉、吏部王员外涣相次属和。余因作第二首，却寄诸公，二内翰及小天亦再和。余复作第三首，二内翰亦三和。"可见韩偓当时就《无题》诗连作三首，令狐涣与吴融均有和作。

韩偓又有《和吴子华侍郎令狐昭化舍人叹白菊衰谢之绝次用本韵》（《全唐诗》卷六八〇）："正怜香雪披千片，忽讶残霞覆一丛（自注：此花将谢，却有红色）。还似妖姬长年后，酒酣双脸却微红。"吴子华即吴融，子华为其字（见前吴融传），则昭化当为令狐涣字。[1]

不过韩偓与令狐涣于当时政事，所见亦有异。据前所述，天复元年正月，崔胤与左神策指挥使孙德昭谋，诛杀刘季述等，平乱，凤翔节度使李茂贞即又率兵来朝，以示对昭宗返正之支持。后李茂贞还镇，崔胤想以外镇之兵抵制宦官所掌之军，就向昭宗奏议，留李茂贞之兵三千于京师，以李茂贞之义子继筠掌管。当时韩偓以为不可，恐有后患，但崔胤不纳。《新唐书》卷一八三《韩偓传》曾记此事，并云："偓又语令狐涣，涣曰：'吾属不惜宰相邪？无卫军则为阉竖所图矣。'偓曰：'不然，无兵则家与国安，有兵则家与国不可保。'"当时外镇之威胁已较宦官为重，东为汴州朱全忠，西为凤翔李茂贞，经常出兵胁迫昭宗。韩偓是为"家与国"之总局考虑的，而令狐涣则偏重于宰相之安全："吾属不惜宰相邪？"这当令狐涣因受崔胤之举荐有关。

岑氏《补记》仅记令狐涣"天复元年自中书舍人充"，未记出院事。实则令狐涣之出院亦与崔胤交结有关，其时即在天复元年冬。

崔胤与朱全忠素有交结，想利用朱全忠兵力抵制李茂贞，加强其在朝中之控制权，朱全忠亦欲挟昭宗东徙洛阳。《通鉴》卷二六二天复元年六月载，崔胤"遗朱全忠书，称被密诏，令全忠以兵迎车驾"。朱全忠乃于是年十月即"大举兵发大梁"，同月"戊申，朱全忠至河中，表请车驾幸东都，京城大骇，士民亡窜山谷。是日，百官皆不入朝，阙前寂无人"。十一月，昭宗即受宦官韩全诲之挟，离京西奔，后受凤翔节度使李茂贞接侍。《通鉴》载，昭宗离京前，曾"遣供奉官张绍孙召百官，崔胤等皆表辞不至"。很明显，崔胤是想奉迎朱全忠的，故不随昭宗西出。当时令狐涣亦留京未出，《通鉴》记昭宗于十一月，出至鄠县，《考异》曾引《续宝运录》所云"圣上幸凤翔，宰臣裴诌、翰林学士令狐涣等扈从"，《考异》谓"其说妄谬，今不取"。

又朱全忠于十一月至长安后，又继续西进，至凤翔，与李茂贞对话，昭宗也劝朱全忠还镇。朱全忠可能出于全局考虑，不便与李茂贞交战，即返回，于是昭宗即下诏罢崔胤相，《通鉴》于十一月甲戌载："制：守司空兼门下侍郎、同平章事崔胤责授工部尚书，户部侍郎、同平章事裴枢罢守本官。"《新唐书》卷六三《宰相年表》天复元年十一月亦记："甲戌，（崔）胤、（裴）枢罢，并守工部尚书。"时裴枢亦未随昭宗西出。《旧唐书》卷一七七《崔胤传》即详录崔胤罢相制文，其中指责崔胤"四居极位，一无可称"。《通鉴》于十一月甲戌，有《考异》，亦云："《实录》载制辞曰：'四居相位，一无可称。'又曰：'无功及人，为国生事。'"可以注意的是，《旧唐书·崔胤传》所载崔胤罢相制文，又特为提及令狐涣，谓："令狐涣奸纤有素，操守无堪，用作腹心，共张声势。遂令滥居深密，日在禁闱，罔惑朕躬，伪行书诏，致兹播越，职尔之由。"对令狐涣指责甚深，明确指出，令狐涣是为崔胤"用作腹心"，故受其意旨，"伪行书诏"。在罢崔胤之制文中，又如此公开谴责令狐涣，则肯定亦同时贬其出院。岑氏《补记》之所以未记令狐涣出院，当未注意到此制文。作为昭宗一朝之翰林学士，令狐涣之品行确是较低的。[2]

　　由此可定，令狐涣于天复元年正月因受宰相崔胤之荐，由中书舍人入为翰林学士，同年十一月，受崔胤罢相之累，出院。出院后仕迹不详。其诗文也未有著录。

注释

　　〔1〕岑氏《补记》引《长安志》，谓昭化为令狐涣于长安所居之坊名，不确。陶敏《全唐诗人名考证》（页923）亦谓岑说误。

　　〔2〕北宋宋敏求所编之《唐大诏令集》卷五八"宰相·贬降"，亦载《崔胤工部尚书制》，中亦有指责令狐涣语，与

《旧唐书·崔胤传》所录制文同。唯《唐大诏令集》所载，文末署为"天复二年十一月"，"二年"误，应为"元年"。

姚洎

姚洎，两《唐书》无传。其仕迹最早可知者，当为贯休《送姚洎拾遗自江陵幕赴京》（《全唐诗》卷八三一），中有"銮辂方离华，车书渐似秦"之句。按乾宁三年（896）七月，昭宗因凤翔节度使李茂贞率兵攻京之胁，应华州节度使韩建之请，出徙华州，至乾宁五年（898）八月始返京，并改元光化。贯休此诗"銮辂方离华"，当指昭宗自华州返京师。贯休作此诗，当在光化元年秋，姚洎由江陵幕入朝任拾遗。按贯休于昭宗乾宁时即居于江陵，甚得荆南节度使成汭礼待，宋赞宁《宋高僧传》卷三〇本传，记其"北谒荆帅成汭，初甚礼厚，于龙兴寺安置"；又云"时内翰吴融谪官相遇，往来论道论诗，融为休作集序，则乾宁三年也"。吴融为贯休诗集作序，详见前吴融传。由此可知，贯休于乾宁时即居于江陵，姚洎亦当于此期间在荆南节度幕中供职，与贯休有交往，故其离职赴朝时，贯休即特作诗送之。

姚洎籍贯，未知，其是否曾应科试及第，亦不详。

姚洎返朝后，不久即当入为翰林学士。《新唐书》卷一八三《韩偓传》，有记云："宰相韦贻范母丧，诏还位，偓当草制，上言：'贻范处丧未数月，遽使视事，伤孝子心。今中书事，一相可办。陛下诚惜贻范才，俟变缞而召可也，何必使出峨冠庙堂……'"韩偓是坚持按礼制而办的，故坚不撰制。但韦贻范与凤翔节度使李茂贞有交结，李茂贞坚请复其相位，故《新唐书·韩偓传》云："既而帝畏（李）茂贞，卒诏贻范还相，（姚）洎代草麻。”

据《新唐书》卷六三《宰相年表》，天复二年（902）"五月庚午，（韦）贻范以母丧去罢"；同年，"八月己亥，贻范起复"。《新唐书》卷十《昭宗纪》同（《旧唐书·昭宗纪》未有记）。由此，则姚洎于天复二年五月已在翰林学士任，且能为授宰相位撰制，其入院或当在前一年，即天复元年（901）。但以何官入院，此时所带何官，皆未可知。

《通鉴》卷二六三天复二年五月又有记："庚午，工部侍郎、平章事韦贻范遭母丧，宦官荐翰林学士姚洎为相。洎谋于韩偓，偓曰：'若图永久之利，则莫若未就为善；傥出上意，固无不可。且汴军旦夕合围，孤城难保，家族在东，可不虑乎？'洎乃移疾，上亦自不许。"就此，则宦官尚对姚洎有好感，欲荐其为相。

又，天复元年十一月，昭宗因朱全忠出兵至关中，乃受宦官韩全诲之挟，出徙凤翔，至天复三年（903）正月才返长安。《旧唐书·昭宗纪》天复三年正月记，"甲辰，天子遣中使到（朱）全忠军，（李）茂贞亦令军将郭启奇来达上欲还京之旨"；"辛亥，全忠令判官李振入奏，上令翰林学士姚洎传宣，令全忠唤崔胤令率文武百僚来迎驾"。由此则可确知姚洎一直随昭宗守于凤翔。

昭宗于天复三年正月返长安，时任宰相的崔胤，数年来即交结朱全忠，此时更"恃全忠之势，专权自恣，天子动静皆禀之，朝臣从上幸凤翔者，凡贬逐三十余人"（《通鉴》卷二六四天三复三年二月）。《旧唐书》卷一七七《崔胤传》记有被贬责者姓名："昭宗初幸凤翔，命卢光启、韦贻范、苏检等作相，及还京，胤皆贬斥之。又贬陆扆为沂王傅，王溥太子宾客，学士薛贻矩夔州司户，韩偓濮州司户，姚洎景王府咨议。"《通鉴》记陆扆、韩偓之贬，均在天复三年二月，则姚洎亦于此时被迫出院。不过姚洎此时未外贬，仍留于京中，为景王府咨议，虽为虚职，但较韩偓、薛贻矩等处分较轻。

正因此，姚洎当不久即又迁改中书舍人。《旧唐书》卷二〇下《哀帝纪》，天祐二年（905）八月，"戊子，制中书舍人姚洎可尚书户部侍郎，充元帅府判官，从（朱）全忠之请也"。按天祐元年（904）正月，昭宗为朱全忠所胁，离长安东徙，闰四月至洛阳，同年八月又为朱全忠谋杀，皇太子祚即位（即哀帝），年仅十三，时朝政实受朱全忠操纵。由《旧唐书·哀帝纪》所记，则姚洎虽于天复三年（903）二月被责出院，后又授中书舍人，至天祐二年八月又迁为户部侍郎，而实在朱全忠之元帅府充职，即为朱全忠所聘。

又《旧五代史》卷四《梁太祖纪》，记开平二年二月，"兵部侍郎姚洎为卤簿使"。开平二年为公元908年，即朱全忠受禅之第二年，此时朱全忠拟巡幸洛阳，即又以姚洎为卤簿使（时又已改任兵部侍郎）。

按岑氏《补记》引《唐摭言》卷一三所记"梁祖受禅，姚洎为学士"，即谓"则洎逮事朱梁，其终官不可考"，未提及《旧五代史·梁太祖纪》开平二年二月事。应当说，姚洎于天祐二年八月虽为户部侍郎，实在朱全忠之元帅府充职，梁朝建立，开平二年仕梁由户侍改为兵侍，仍于朱全忠出外巡幸时为卤簿使，即姚洎由唐入梁，并未任翰林学士，《唐摭言》所记非实，岑氏引以为据，亦不确。

又徐松《登科记考》卷二五，梁开平四年（910）十二月，记姚洎曾以兵部尚书、知贡上奏，论及公卿子弟贡举荐送事（据《册府元龟》、《五代会要》），《全唐文》卷八四一即载此篇，题为《请令公卿子弟准赴贡举奏》。翌年乾化元年（911），知举者即姚洎。

又《旧五代史》卷八《梁末帝纪》，乾化三年（913），

"秋九月甲辰，以光禄大夫，守御史大夫、吴兴郡开国侯姚洎为中书侍郎、平章事"。《新五代史》卷三《梁末帝纪》、《通鉴》卷二六八所记同。则姚洎在梁时，甚受重视。岑氏《补记》谓其"逮事朱梁，其终官不可考"，当失检五代史书。

姚洎仕梁任相，后不详。《全唐诗》未载其诗。《全唐文》卷八四一仅载其文一篇，前已述，实为梁时所作。

柳 璨

柳璨，两《唐书》有传，见《旧唐书》卷一七九、《新唐书》卷二二三下，《新唐书》卷二二三标为《奸臣传》。

《旧传》："柳璨，河东人。曾祖子华。祖公器，仆射公绰之再从弟也。父遵。"《新传》："柳璨字炤之，公绰族孙也。"未载其祖、父名。《新唐书》卷七三下《宰相世系表》三下，记其祖名器，无"公"字；父名仲遵，则多"仲"字；又记柳璨字昭之，与《新传》之"炤之"异。中华书局点校本均未有校。

柳璨之祖、父，皆未记有官职。《旧传》记柳璨"少孤贫"，但"好学"，"僻居林泉，昼则采樵，夜则燃木叶以照书"。又记其"光化中登进士第"。《唐摭言》卷一五《杂记》条有记，云："光化二年，赵光逢放柳璨及第。"清徐松《登科记考》卷二四即据此系于昭宗光化二年（899）。

柳璨早年即以博学著称。《旧传》记其登第后，云："尤精汉史，鲁国颜荛深重之。荛为中书舍人，判史馆，引为直学士。璨以刘子玄所撰《史通》讥驳经史过当，璨纪子玄之失，别为十卷，号《柳氏释史》，学者伏其优赡。"按颜荛，两《唐书》无传。《旧唐书》卷二〇上《昭宗纪》，光化三年

（900）八月，"丁卯，以朝请大夫、虞部郎中、知制诰、上柱国、赐紫金鱼袋颜荛为中书舍人"。则柳璨当于光化二年登第，光化三年八月后因中书舍人颜荛之荐，为史馆直学士，但以何官入直，未知。柳璨此后则迁为左拾遗（从八品上）。

柳璨早期勤于著述，值得注意。《新唐书》卷六〇《艺文志》四，集部文史类，即著录前已记述之《柳氏释史》，十卷，下注："柳璨。一作《史通析微》。"《直斋书录解题》卷二二文史类，亦著录有《史通析微》十卷，谓："唐柳璨撰，讥评刘氏之失。"则此书南宋前期尚存，惜后佚。唐本朝能对刘知几（子玄）《史通》有专书评议者，除柳璨外，别无他作。后世多有评注，如明陆深《史通会要》三卷，李维桢《史通评释》二十卷，王维检《史通训故》二十卷，清黄叔琳《史通训故补》二十卷，浦起龙《史通通释》二十卷（参见清《四库全书总目》史部史评类）。《四库全书总目》卷八八于《史通》提要，亦有评刘知几"性本过刚，词复有激，诋诃太甚，或悍然不顾其安，《疑古》、《惑经》诸篇，世所共诉，不待言矣"。可见后世对《史通》确多有议，而柳璨能着意于此，开其端，确亦不易。又据《新唐书·艺文志》二，史部编史类，又著录柳璨《正闰位历》三卷，谱牒类有其《姓氏韵略》六卷；《艺文志》三，子部五行类，有其《梦隽》一卷。其治学之面确甚博，在昭宗朝翰林学士中是较特出的。惜其入院、任相后，参预政事，人品迥异。

《旧传》记其曾任左拾遗，但未记年，后云："昭宗好文，初宠待李磎颇厚，泊磎不得其死，心常惜之，求文士似磎者。或荐璨高才，召见，试以诗什，甚喜，无几，召为翰林学士。"《新传》略同，也均未记年。按李磎于文德元年（888）复入为翰林学士，乾宁元年（894）六月任相，二年（895）五月为邠宁节度使王行瑜所杀（见前李磎传）。则虽已逾数年，昭宗仍对李磎甚有怀念，现得悉柳璨有文才，故即召为翰林学士。

两《唐书》未有记柳璨何时入院，现可知其在院年月者，为杨钜《翰林学士院旧规》之《草书诏例》条，云："唐天复三年七月二十一日，学士柳璨准宣于思政殿对，便令到院宣示待诏，自今后写敕书，后面不得留空纸。"[1]按杨钜于乾宁初入为翰林学士，至天祐元年（904）正月出院，则天复三年（903）仍在院，故所记可信。由此，则柳璨于天复三年七月已在院。又，此前他已任为左拾遗，后又由左拾遗升阶为宰相，则他可能于天复二年以左拾遗入，在院时官阶未有迁转。

《旧传》接云："崔胤得罪前一日，召璨入内殿草制敕。胤死之日，既夕，璨自内出，前驱传呼相公来，人未见制敕，莫测所以。翌日对学士，上谓之曰：'朕以柳璨奇特，似可奖任。若令预政事，宜授何官？'承旨张文蔚曰：'陛下拔用贤能，固不拘资级。恩命高下，出自圣怀。若循两省迁转，拾遗超等入起居郎，临大位，非宜也。'帝曰：'超至谏议大夫可乎？文蔚曰：'此命甚惬。'即以谏议大夫、平章事，改中书侍郎。任人之速，古无兹例。'"《新传》所载略同，唯有云："起布衣，至是不四岁，其暴贵近世所未有。"按《新唐书》卷六三《宰相年表》，天祐元年（904）正月乙巳，崔胤罢为太子少傅、分司东都。《新唐书》卷十《昭宗纪》天祐元年，亦记正月乙巳，"崔胤罢"；"乙酉，朱全忠杀太子少傅崔胤及京兆尹郑元规、威远军使陈班"。而据《新纪》、《通鉴》，崔胤罢相之同日，柳璨即由翰林学士、左拾遗为右谏议大夫、同中书门下平章事。《通鉴》记此事时并有《考异》，曰："按（崔）胤未死，璨已除平章事，新、旧《传》云胤死后，误也。"则与两《唐书》所载崔胤死后，柳璨才任为相，有异。

又据前考述，柳璨于光化二年（899）登第，光化三年

（900）八月后，因中书舍人颜荛之荐，为史馆直学士，后迁左拾遗，至天祐元年（904）正月又由翰林学士、右谏议大夫入相，确如《新传》所云"起布衣，至是不四岁"，是唐时少见的。

按天复三年，在院之学士，如薛贻矩、韩偓、姚洎，已为宰臣崔胤贬责出院，吴融于同年出院，杨钜于天祐元年正月出院，即柳璨被任为相时，在院者仅张文蔚（参见书后"学士年表"）。时张文蔚任承旨学士，故昭宗特向他咨询。

柳璨任相后，有很大变化，一方面积极依附于朱全忠，另一方面又蓄意谋害不少朝士。按天祐元年正月，昭宗受朱全忠之胁，被迫离长安东徙，闰四月至洛阳，同年八月又为朱全忠谋杀，其子柷继位（年十三）。《旧唐书·柳璨传》记云："昭宗迁洛，诸司内使、宿卫将佐，皆朱全忠腹心也，璨皆将迎，接之以恩，厚相交接，故当时权任皆归之。"《通鉴》卷二六五天祐二年（905）三月记："时天子左右皆朱全忠腹心，（柳）璨曲意事之。同列裴枢、崔远、独孤损皆朝廷宿望，意轻之，璨以为憾"，乃"谮于全忠"，此年三月，即将裴枢等三人皆罢去相位。同年五月，柳璨又言于朱全忠，进一步使裴枢等出贬；六月戊子朔，又由朝廷下令，"敕裴枢、独孤损、崔远、陆扆、王溥、赵崇、王赞等并所在赐自尽"，实则当时所贬者三十余人皆于滑州白马驿为朱全忠所杀。《旧传》记此事，谓"班行为之一空，冤声载路"。《旧唐书》卷一一三《裴枢传》，即记谓：哀帝时，柳璨希朱全忠意，罢裴枢相。又卷一七七《崔远传》记"为柳璨希朱全忠旨，累贬白州长史"，又被害于白马驿。卷一七八《卢携传》又载："子晏，天祐初为河南县尉，为柳璨所杀。"又卷一九〇下《司空图传》亦有云："昭宗迁洛，鼎欲归梁，柳璨希贼旨，陷害旧族。"可见时人对柳璨依附朱全忠，陷害朝士，甚为谴责。

《新唐书》卷一八三《陆扆传》即云："柳璨始附朱全忠，谋去朝廷衣冠有望者。"

当正因此，《旧唐书》卷二〇下《哀帝纪》，天祐二年（905）十二月甲午，记云："上召三宰相议其事，柳璨云：'人望归元帅，陛下揖让释负，今其时也。'"即促使禅位于朱全忠。但虽然如此，"（柳）璨陷害朝士过多，（朱）全忠亦恶之"（《通鉴》卷二六五天祐二年十二月）。即于天祐二年十二月癸丑贬为登州刺史，次日甲寅，杀之。两《唐书》本传及《通鉴》皆记其临刑时大叫："负国贼柳璨，死宜矣！"这当是临终时一种心境变态。

柳璨著述甚多，前已记述。《全唐文》卷八三〇载其《移置元元观奏》、《请黜司空图李敬义奏》，皆任相时作。《唐文拾遗》卷四五，据《天中记》，载《请创阁图画梁王奏》，亦为昭宗将迁洛时，柳璨请再创建凌烟阁，"图画梁王，以旌德业"，亦为谀附朱全忠之作。

另，陶敏《全唐诗人名考证》（页920），考郑谷《恩门小谏雨中乞菊栽》，谓此"恩门小谏"为柳璨，小谏乃指柳璨任左拾遗事，恩门为柳玭，郑谷在柳玭知举时及第。今检赵昌平等笺注之《郑谷诗集笺注》卷三（页425），谓郑谷此诗作于乾宁五年（898），是。就此，则柳璨于光化二年（899）才进士及第，光化三年（900）八月因颜荛之荐入直史馆，后迁为左拾遗，则与郑谷此诗作年不合，陶《考》此说俟考。

注释

〔1〕杨钜《翰林学士院旧规》，原辑于宋洪遵《翰苑群书》，今编于傅璇琮、施纯德《翰学三书》，辽宁教育出版社，2003年。

沈栖远

沈栖远，两《唐书》无传。《新唐书》卷六〇《艺文志》四，集部别集类，著录"沈栖远《景台编》十卷"，注云："字子鸾，咸通进士第。"按懿宗咸通共十五年（860—874），则沈栖远登进士第之时甚早，在昭宗朝前二、三十年。但限于史料，其早期仕迹不详。

《全唐文》卷八三七载有薛廷珪《授侍御史沈栖远右司员外郎、殿中张玄晏都官员外郎制》。据前张玄晏传，此制当为薛廷珪于张玄晏入院前约大顺元、二年（890、891）所作，由此，则沈栖远此时由侍御史（从六品下）迁为左司员外郎（从六品上）。制中称："以栖远清白向正，艺实扬名，鲁人将以为木铎，太一下传其洪范。石渠铅椠，谏署淹翔，动静有常，职业惟允。"对其任侍御史之仕绩亦甚赞誉。

《旧唐书》卷二〇上《昭宗纪》，天祐元年（904）五月，"乙酉，翰林学士、左谏议大夫、知制诰沈栖远守本官，以病陈乞故也。"《旧唐书》记沈栖远，仅此一处，就此，则沈栖远于天祐元年五月前已入院，至此出院，在院当已有一、二年，或为天复三年（903）以左谏议大夫入，入院后又加知制诰。按天复元年（901）十一月，朱全忠发兵来河中，欲昭宗东徙洛阳，昭宗乃西奔凤翔（由凤翔节度使李茂贞接待）。天复三年正月，因李茂贞与朱全忠和解，朱全忠还兵，昭宗返京。时崔胤居相，执掌大权，多贬责朝臣，"朝臣从上幸凤翔者，凡贬逐三十余人"（《通鉴》卷二六四天复三年二月）。时朝中人员变动甚大，沈栖远可能即在此时被召入院。

又天祐元年正月，昭宗受朱全忠之挟，离长安东徙，闰四月至洛阳。则沈栖远当为不满朱全忠对皇上之挟持，遂随昭宗徙至洛阳后，即托病辞职出院。

又岑氏《补记》引《元和姓纂》，记沈栖远"宾客致仕"后，"梁徵详定礼仪、户部侍郎"，即后又仕于梁。此恐不一定可靠。经通检，新旧《五代史》均未提及沈栖远。

《新唐书·艺文志》四，集部别集类，著录沈栖远《景台编》，当在朝中供职时所记，包括左司员外郎及翰林学士任内，且有十卷，份量不少。惜后未存，其诗文也未有载记。

杨　注

杨注，附于两《唐书·杨收传》后，见《旧唐书》卷一七七、《新唐书》卷一八四。杨收，懿宗时翰林学士，又曾任相，后为韦保衡陷害致死，详见懿宗朝杨收传。收三子：鉴、钜、镣。杨钜亦为昭宗时翰林学士，见前传。又杨收弟严，严有二子：涉、注。则杨收为杨注之伯，而岑氏《补记》谓"注，《旧唐书》一七七附见其父收传"，以杨收为其父，有所疏失。

两《唐书》传皆未载其字号，《新唐书》卷七一下《宰相世系表》一下，记杨注字文台（其兄涉字文川）。

《旧传》："中和二年进士登第。"清徐松《登科记考》卷二三即据此系于僖宗中和二年（882）。

《旧传》接云："昭宗朝，累官考功员外、刑部郎中。寻知制诰，正拜中书舍人，召充翰林学士。"《新传》则仅云"注为翰林学士"，皆未记年。

杨注之入院，《旧唐书》卷二〇上《昭宗纪》有记，天祐元年（904）六月，"丙申，通议大夫、中书舍人、赐紫金鱼袋杨注可充翰林学士"。按此年正月，昭宗被迫离长安东徙，闰四月至洛阳，政局大变。正月，杨钜已出院，五月，沈栖远又以病辞出，时在院中仅二、三人（参见书后"学士年表"），杨注可能即因此召入。

《旧传》叙其入院后云："累迁户部侍郎。辉王缵历，兄涉为宰相，注避嫌辞内职，守户部侍郎。"辉王即昭宗子（名祚）。按天祐元年八月，昭宗为朱全忠谋杀，太子辉王祚嗣位（时年十三），故曰"缵历"。《新唐书》卷六三《宰相年表》，天祐二年三月，"甲申，吏部侍郎杨涉同中书门下平章事、判户部"，即杨注入院后翌年三月，其兄杨涉任相，杨注乃避嫌出院。《旧唐书》卷二〇下《哀帝纪》天祐二年（905）三月亦有记："丁亥，敕：翰林学士、户部侍郎杨注是宰臣杨涉亲弟，兄既秉于枢衡，弟故难居宥密，可守本官，罢内职。"这也是唐时习例。如独孤郁于宪宗元和五年（810）四月入为翰林学士，同年九月出院，即因此年九月其岳父权德舆由太常卿为礼部尚书、同中书门下平章事，入相。韩愈《唐故秘书少监赠绛州刺史独孤府君墓志铭》，[1]即记云："权公即相，君以嫌自列，改尚书考功员外郎。"

由此，则杨注于天祐元年（904）六月以中书舍人（正五品上）入为翰林学士，后迁为户部侍郎（正四品下），二年（905）三月以本官出院，在院仅八、九个月。主要即随哀帝在洛阳供职，当时朝政为汴梁朱全忠操纵，故当时在内廷之翰林学士实无有作为。

其在院时之与文士交往，有一事须辩析。吴融有《和杨侍郎》诗（《全唐诗》卷六八六），有云："目极家山远，身拘禁苑深。烟霄惭暮齿，麋鹿愧初心。"陶敏《全唐诗人名考证》（页928）即据此，以杨侍郎为杨注，谓："诗云'身拘禁苑深'，融时当与杨同在翰林。"按吴融早于昭宗乾宁三年（896）入院，光化四年（901）十一月昭宗出徙凤翔时，吴融因仓促未及随从，暂居于阌乡；天复三年（903）正月，因昭宗返回，吴融又返朝入院，并接韩偓为承旨（韩偓于此年二月贬出）。但吴融于天复三年出院，张文蔚即于此年接为承旨（见前吴融、张文蔚传）。而杨注于天祐元年（904）六月后才入院，约本年秋冬由中书舍人迁为户部侍郎。吴融与杨注未曾同时在院。又，杨钜于乾宁初以尚书郎、知制诰入为翰林学士，后累有迁转，约光化四年前后由中书舍人改为户部侍郎，至天祐元年（904）正月才出院，而光化三、四年间吴融正在院，则吴融此篇《和杨侍郎》诗，乃与杨钜和作，此杨侍郎非杨注。

杨注出院后仕迹不详。其兄杨涉，《新五代史》卷三五"唐六臣传"有传，称："唐亡，事梁为门下侍郎、同中书门下平章事。在位三年，俛首无所作为，罢为左仆射，知贡举，后数年卒。"其子凝式，亦历仕五代，有文名。唯新旧《五代史》皆未记有杨注，或未仕于梁。

杨注未有诗文著录。

注释

〔1〕见《韩昌黎文集校注》卷六，马其昶校注，上海古籍出版社，1986年。

杜 晓

杜晓，两《唐书》无专传，仅附于《旧唐书》卷一七七、《新唐书》卷九六《杜让能传》后。杜晓为杜让能子。杜让能，僖宗朝翰林学士，昭宗时曾为相，景福二年（893）十月，因另一宰臣崔胤陷害，与凤翔节度使李茂贞谋，使杜让能受贬、自尽。《新唐书·杜让能传》后略有记云："子光乂，次子晓，不复仕。晓入梁，贵显于世。"《旧唐书·杜让能传》亦云："子光乂、晓，以父枉横，不求闻达。晓入梁，位亦至宰辅。"另《新唐书》卷七二上《宰相世系表》二上，记有杜晓，云："字明远，膳部郎中、翰林学士。"此为两《唐书》唯一记其曾为翰林学士传者。由此，则杜晓在唐末仍入仕，《新唐书·杜让能传》谓其二子"不复仕"，则不确。

两《五代史》则有杜晓专传，见《旧五代史》卷一八、《新五代史》卷三五。《旧五代传》云："杜晓，字明远，京兆杜陵人。"又记其父杜让能被害后，"晓居丧柴立，几至灭性。忧满，服幅巾七年，沉跡自废者将十余载。"《新五代传》亦云"自废十余年"。陈尚君《新辑会证》本引清邵晋涵《旧五代史考异》卷一二："案《欧阳史》作'自废十余年'，吴缜《纂误》据景福二年让能死，乾宁四年崔远判户部，光化三年崔远罢相，相隔七、八年。晓为崔远判户部所举，不得云'自废十余年'。"邵氏《考异》是，详后考述。

可能受其父被害所累，杜晓未曾应举科试。《旧五代传》云："光化中，宰相崔远判盐铁，奏为巡官，兼校书郎。"按《新唐书》卷六三《宰相年表》，崔远于昭宗乾宁三年（896）九月乙未，由翰林学士承旨、兵部侍郎以本官同中书门下平章事，入相，四年（897）三月，判户部，直至光化三年（900）九月罢为兵部尚书。则崔远居相判户部（盐铁），奏荐杜晓为其巡官，并兼校书郎，当在光化二、三年间（899、900），即由此入仕。此距景福二年（893）其父杜让能被害，确仅八年左右。

《旧五代传》接云："寻除畿尉，直弘文馆，皆不起。及昭宗东迁，宰相崔远判户部，又奏为巡官兼殿中丞。"据《新唐书·宰相年表》，天祐元年（904）正月，崔远复为相。昭宗则于此年正月，受朱全忠所胁，离长安东徙，闰四月至洛阳。如此，则天祐元年闰四月后，崔远又奏荐杜晓为其判户部之巡官，并予以殿中丞之官衔。殿中丞为从五品上，与尚书省诸司郎中同阶，品阶已不低。

《旧五代传》又接云："未几，拜左拾遗，寻召为翰林学士，转膳部员外郎，依前充职。"按据《新唐书·宰相年表》天祐二年（905）三月甲申，崔远又罢为尚书右仆射。岑氏《补记》即据此，谓杜晓当于天祐元年末以左拾遗入为翰林学士，即受崔远之荐。可从。

《旧五代传》后云："及崔远得罪，出守本官。"按昭宗于天祐元年八月被害，太子祚立，时居相位之柳璨依附朱全忠，执掌大权，即又排挤同列。《通鉴》卷二六五天祐二年三月甲申载，时崔远、裴枢皆罢相，五月癸酉，又使其贬官，"贬逐无虚日，搢绅为之一空"；六月，崔远、裴枢及朝士贬官者三十余人皆被杀于滑州白马驿。杜晓既数次为崔远所辟，其入院当亦受崔远之荐，则当亦于天祐二年五、六月以本官出院，即仍为膳部员外郎。

《旧五代传》接云："居数月，以本官知制诰，俄又召为翰林学士，迁郎中充职。"按《旧唐书·哀帝纪》，天祐二年十二月辛卯，已记有"膳部员外、知制诰杜晓"，则当于是年秋已以本官（膳部员外郎）知制诰。又此年十二月癸丑，宰臣柳璨又为朱全忠贬责，被杀，则杜晓当即于此际复召入为翰林学士，迁为膳部郎中。

《旧五代传》又云："太祖受禅，拜中书舍人，职如故。"按朱全忠受禅，建梁立国，在天祐四年（亦为开平元年，907）三月。则杜晓于朱全忠即位后，应聘仍在院供职，并由膳部郎中（从五品上）迁为中书舍人（正五品上）。此为唐翰林学士入梁任职之首例。

入梁后仕历，《旧五代传》记云："开平三年，转工部侍郎，充承旨。明年秋，拜中书侍郎、平章事，仍判户部。"《新五代传》则谓："梁太祖即位，迁工部侍郎、奉旨。开平二年，拜中书侍郎、同中书门下平章事。"则杜晓在梁时为相，有二说，一为开平四年（910），一为二年（908），实则皆误（《全唐文》卷八三六杜晓小传，亦云"（开平）四年拜中书侍郎平章事，仍判户部"，仍沿袭《旧五代传》之误）。

按《旧五代史》卷五《梁太祖纪》，于开平三年九月记云："太常卿赵光逢为中书侍郎、平章事，翰林学士奉旨、工部侍郎、知制诰杜晓为尚书户部侍郎、平章事。"《新五代史》卷二《梁太祖纪》开平三年九月："辛亥，韩建、杨涉罢。太常卿赵光逢为中书侍郎，翰林学士承旨、工部侍郎杜晓为户部侍郎，同中书门下平章事。"《通鉴》卷二六七亦于开平三年九月记："辛亥，侍中韩建罢守太保，左仆射、同平章事杨涉罢守本官。以太常卿赵光逢为中书侍郎，翰林奉旨、工部侍郎杜晓为户部侍郎，并同平章事。"（元胡三省于此处有注："梁改翰林承旨为翰林奉旨，以庙讳诚，避嫌讳也。"）则可确定杜晓于梁开平三年秋九月由翰林学士（承旨）擢为宰相，新旧《五代史》之《杜晓传》皆误。按陈尚君《新辑会证》本曾于《旧五代传》之"明年秋，拜中书侍郎、平章事，仍判户部"处作校，但仅引《旧五代史考异》卷一所云"按杜晓入相之岁，《欧阳史》纪作三年，传作二年，吴缜已辨其误"，但未对《旧五代传》加以辨正。应当说，《旧五代传》之"开平三年，转工部侍郎，充承旨"，此"开平三年"应为"开平二年"，如此则"明年秋"即开平三年秋，与《旧五代史·梁太祖纪》等合。可能《旧五代传》原书本作"开平二年"，清邵晋涵就《永乐大典》辑时，误将"二"作"三"。

《旧五代传》接云："庶人友珪篡位，迁礼部尚书、平章事、集贤殿大学士，依前判户部。及袁象先之讨友珪，禁兵火纵，晓中重创而卒。"《新五代传》略同。按据史书所记，郢王友珪于乾化二年（912）六月谋杀太祖朱全忠，自立为帝。《通鉴》卷二六八乾化三年（913）二月记，侍卫亲军都指挥使袁象先，为朱全忠之甥，乃于此月庚寅率禁兵数千人突入宫中，杀友珪，"诸军十余万大掠都市，百司逃散，中书侍郎、同平章事杜晓，侍讲学士李珽，皆为乱兵所杀"。则杜晓在梁，任相有四、五年。《旧五代史》卷一八列传，有张文蔚、薛贻矩、张策、杜晓，皆为唐昭宗、哀帝时翰林学士，后仕于梁，传末称："杜晓著文雅之称，张策有冲淡之量，咸登台席，无忝士林。"极予肯定。

《全唐文》卷八三六载杜晓文一篇《匡国节度使冯行袭德政碑》。此篇多有缺字，不堪读，但《旧五代史》卷一五《冯行袭传》有记。据传，冯行袭于昭宗时曾任节镇，后入梁，任为匡国节度使，梁太祖朱全忠乃"诏翰林学士杜晓撰德政碑以赐之"。则杜晓此篇，为在梁任翰林学士时所作，其在唐于院中任职时，无一篇传存。

封　渭

封渭，两《唐书》无传，《新唐书》卷七一下《宰相世系表》一下，记有封敖侄孙封渭，云"字希叟"，未注官职。封敖为武宗朝翰林学士（见前传）。

清徐松《登科记考》卷二四，据《黄御史集》后所附《莆阳志》，记黄滔于昭宗乾宁二年（895）登进士第，徐氏又引黄滔《二月二日宴中贻同年封先辈渭》诗，定封渭与黄滔同年及第，是。此诗见《全唐诗》卷七〇五，云："帝尧城里

日衔杯，每倚嵇康到玉颓。桂苑五更听榜后，蓬山二月看花
开。垂名入甲成龙去，列姓如丁作鹤来。同戴大恩何处报，永
言交道契陈雷。"按此诗前为《放榜日》诗，则当皆作于刚及
第放榜时。

封渭此后仕迹不详。按黄滔另有《寄同年封舍人渭》
（《全唐诗》卷七〇五），题下自注："时得来书。"诗云："唐
城接轸赴秦川，忧合欢离骤十年。龙颔摘珠同泳海，凤衔辉翰
别升天。八行真迹虽收拾，四户高扃奈隔悬。能使丘门终始
雪，莫教华发独潸然。"按黄滔于昭宗光化三年（900）已在
闽，后为闽王审知所辟，以监察御史里行充威武军节度使推官
（参《唐五代文学编年史·晚唐卷》光化三年正月、四年十一
月）。梁太祖乾化元年（911）时，仍仕为闽节度使推官，约
后数年卒（参《唐五代文学编年史·五代卷》乾化元年）。黄
滔《寄同年封舍人渭》诗，首句称"唐城接轸赴秦川"，则昭
宗时仍在长安。昭宗因朱全忠所胁，于天祐元年（904）正月
即离长安东徙，闰四月至洛。封渭寄黄滔信，昭宗尚在长安，
则黄滔作此诗，当在天复三年（903）、天祐元年（904）间，
亦距登第年乾宁二年（895）近十年，故诗云"忧合欢离骤十
年"。诗题称"封舍人渭"，则此时封渭已任为中书舍人。

至于封渭曾任翰林学士，仅见于《册府元龟》卷七七一
《总录部·世官》："封舜钦，庄宗同光已来累历清显。封氏自
大和已来，世居两制，以文笔称于时。舜钦从子渭，昭宗迁洛
时为翰林学士，舜钦为中书舍人，叔侄对掌内外制。"按《新
唐书》卷七一下《宰相世系表》一下，记舜钦为封敖子，其
弟信卿，信卿子渭，则封渭为舜钦侄，故云"从子"。《旧五
代史》卷六八有《封舜钦传》。又《旧五代史》卷三《梁太
祖纪》，开平元年（907）九月，封舜钦已在中书舍人任，则
《册府元龟》卷七七一所云"昭宗迁洛时（封渭）为翰林学

士，舜钦为中书舍人"，与时合。据此，则封渭于昭宗天祐元年闰四月迁洛前已为中书舍人，迁洛后即以中书舍人为翰林学士（岑氏《补记》亦引及《册府元龟》，但未详考，亦未引及《旧五代史》）。

但封渭在院仅一年，又出院。《旧唐书》卷二〇下《哀帝纪》，天祐二年五月，"甲戌，敕中书舍人封渭贬齐州司户，右补阙郑蒕密州莒县尉，兵部员外卢协祁州司户，并员外置。"按关于此时朝臣贬责，《通鉴》卷二六五天祐二年五月有记，此时"柳璨恃朱全忠之势"，"因疏其素所不快者于（朱）全忠"，当时宰臣独孤损、裴枢、崔远等罢相被贬，"自余或门胄高华，或科第自进，居三省台阁，以名检自处，声迹稍著者，皆指为浮薄，贬逐无虚日，搢绅为之一空"。封渭当亦于此时自院中出贬为齐州司户（以员外置）。《通鉴》并于此年六月记裴枢等朝士三十余人被贬者，又为朱全忠谋杀于滑州白马驿，未知封渭是否亦及于此难，因此后事迹不详。而其从父舜钦，历仕于五代梁、唐，"累历清显"（《旧五代史》卷六八《封舜钦传》）。

封渭诗文未有载记。

韦　郊

韦郊，两《唐书》无专传，《旧唐书》卷一五八《韦贯之传》记贯之有二子：澳、潾；潾有五子：庚、庠、序、雍、郊；后略有记韦郊仕迹。

《新唐书》卷七四上《宰相世系表》四上，亦有记，但有误。据《新表》所列，韦贯之有三子，即澳、庚、潾，又记庚有四子，为庠、雍、序、郊。与《旧唐书·韦贯之传》相校，《新表》所记韦贯之子多一人，即庾，实则韦贯之确为二子，即澳、潾，其名皆以水字（氵）旁，而庾则与庠、序等皆以广部行，庾当与庠、序等同列，非贯之子。又《新表》未记潾有子，而将庠、序等列于庾之下格，并将韦郊之官名记于雍之名下，均误。岑氏《补记》及赵超《新唐书宰相世系表集校》均有辨正，中华书局点校本则未有校。唯岑氏《补记》引述之《旧唐书·韦贯之传》，记韦庾四子，将韦序误作"韦亭"，谓"亭字休之"，实则《新表》记为"序字休之"。此当岑氏笔误或所见之版本有异。

韦贯之于宪宗元和时曾以礼部侍郎连续两年知贡举（清徐松《登科记考》卷一八），"所选士大抵抑浮华，先行实，由是趋竞者稍息"；后曾为相，"严身律下，以清流品为先，故门无杂宾"（《旧唐书·书贯之传》）。其伯兄韦绶，为德宗朝翰林学士；韦贯之子澳，宣宗时翰林学士承旨。此亦可见韦郊家世之文化渊源。

《旧唐书·韦贯之传》记潾子序、雍、郊皆登进士第，但未记年。关于韦郊，记云："郊文学尤高，累历清显。自礼部员外郎知制诰，正拜中书舍人。昭宗末，召充翰林学士，累官户部侍郎、学士承旨，卒。"按前所引述之《新唐书·宰相世系表》，于韦郊仅记"字延休"，而于其兄雍处，则记有："户部侍郎、翰林学士承旨"。即将韦郊之官名移于韦雍名下，此又为《新表》之误。

据《旧传》，韦郊本已任中书舍人，昭宗末召为翰林学士，则当为天祐元年（904）上半年昭宗东徙洛阳时。按张文蔚于天复三年（903）后半年接吴融为承旨，天祐元年冬出为礼部侍郎，以备翌年春知举（参见前张文蔚、吴融传，及"学士年表"），时在院学士未记有任承旨者，则当由韦郊接任。由此可定：韦郊于天祐元年上半年以中书舍人为翰林学士，同年冬迁为户部侍郎、承旨。

唯《旧传》于"累官户部侍郎、学士承旨"后，即云"卒"，似即卒于唐末（哀帝时）。岑氏《补记》谓韦郊"以某年入充，卒于某年，均未得他文为证，故附于昭宗之末"；其《补文宗至哀帝七朝翰林承旨学士记》，亦谓仅据《旧传》，"郊究以何年加承旨，尚难确定"，当亦未检核张文蔚、吴融事。

今检《旧五代史》卷三《梁太祖纪》，记开平二年（908）十月，提及"翰林学士张策、韦郊、杜晓"。杜晓确以翰林学士入梁，见前传。开平二年为朱全忠立朝之第二年，由此可以确定韦郊亦以翰林学士入仕于梁，故谓卒于唐末，不确（岑氏《补记》未引及《旧五代史》此处所记）。但韦郊此后事迹不详。

韦郊未有诗文著录。

张　策

张策，两《唐书》无传，两《五代史》有传，见《旧五代史》卷一八、《新五代史》卷三四。

《旧五代传》记其"字少逸，敦煌人"，《新五代传》同。《旧五代传》又载其父名同，"仕唐，官至容管经略史"。容管属容州（今广西容县），当时属岭南道。《旧唐书》卷一九下《僖宗纪》，记乾符三年（876）九月，"商州刺史张同为谏议大夫"，其他不详。

两《五代史》本传皆称张策少年时聪警，并特记一事。《旧五代传》谓："居洛阳敦化里，尝浚甘泉井，得古鼎，耳有篆字曰：'魏黄初元年春二月，匠吉千'，且又制作奇巧，同甚宝之。策时在父傍，徐言曰：'建安二十五年，曹公薨，改年为延康，其年十月，文帝受汉禅，始号黄初，则是黄初元年无二月明矣。鼎文何谬欤！'同大惊，亟遣启书室，取《魏书》展读，一不失所启，宗族奇之，时年十三。"《新五代传》所记略同。由此可见，张策十三岁时，已对史书记诵极熟，且能订正遗物所记之失，确为不易。

张策曾在邠州王行瑜幕。《旧五代传》："王行瑜帅邠州，辟为观察支使，带水曹员外郎，赐绯。"约在昭宗乾宁初（894、895）。后又在华州节度使韩建幕，《旧五代传》云："天复中，（张）策奉其主书币来聘，太祖见而喜曰：'张夫子且至矣。'即奏为掌记，兼赐金紫。"《新五代传》亦记云："华州韩建辟判官，建徙许州，以为掌书记。建遣策聘于太祖，太祖见而喜曰：'张夫子至矣。'遂留以为掌书记。"按据《通鉴》卷二六二，天复元年（901）十月，朱全忠发兵，请昭宗徙洛阳；十一月，昭宗因宦官韩全诲之挟，出奔凤翔，朱全忠仍发兵至关中，逼华州，"韩建遣节度副使李巨川请降，献银三万两助军"。《新唐书》卷十《昭宗纪》，天复元年十一月亦记："丁巳，朱全忠陷华州，镇国军节度使韩建叛附于朱全忠。"则张策当于此时受韩建之命，至朱全忠处求和，朱全忠赏识其才，遂聘张策入其幕府，掌书记。这是张策依附朱全忠的开端。

故《旧五代传》后云："天祐初，表其才，拜职方郎中，兼史馆修撰，俄召入为翰林学士。"《新五代传》叙朱全忠留其为掌书记后，亦云："荐之于朝，累拜中书舍人、翰林学士。"这就是，张策先于天复元年（901）十一月在朱全忠幕，后又由朱全忠之荐入朝，任职方郎中，兼史馆修撰，随又入为翰林学士。这是唐末文士因节镇重臣之荐而入任翰林学士之一例。

《旧唐书》卷二〇下《哀帝纪》，天祐二年（905）五月记："丁亥，敕以翰林学士、尚书职方郎中张策兼充史馆修撰，修国史。"由此，则天祐二年五月，张策已在院中，其入院或当在天祐元年，以职方郎中入。

《旧五代传》后云："转兵部郎中、知制诰，依前修史。未几，迁中书舍人，职如故。"其迁中书舍人，或为天祐下半年。由此，则张策先为职方郎中，后以职方郎中入任翰林学士，在院期间又累迁为中书舍人。而《新五代传》则谓，因朱全忠之荐，"累拜中书舍人、翰林学士"，即意为先任中书舍人，后入为翰林学士，则与前考述不合，当不确。

《旧唐书·哀帝纪》天祐四年（907）三月记，哀帝因朱全忠所逼，传位，"庚寅，诏薛贻矩再使大梁，达传位之旨"；乙酉，以"中书侍郎、平章事杨涉押传国宝使，翰林学士、中书舍人张策为副"。《通鉴》卷二六六梁太祖开平元年（即天祐四年，907）三月，所记同。

朱全忠即位后，于同年四月改元开平，国号梁，"唐代中外旧臣官爵并如故"（《通鉴》）。张策仕于梁，仍为翰林学士，但有较快之升迁。《旧五代传》云："太祖受禅，改工部侍郎，加承旨。其年冬，转礼部侍郎。明年，从征之泽州，拜刑部侍郎，平章事，仍判户部，寻迁中书侍郎。"《旧五代史》卷四《梁太祖纪》开平二年（908）四月即记："以吏部侍郎于兢为中书侍郎、平章事，以翰林奉旨学士张策为刑部侍郎、平章事。时帝在泽州，拜二相于行在。"据《通鉴》卷二六六，梁开平二年，三月"癸巳，门下侍郎、同平章事张文蔚卒"；四月"癸卯，门下侍郎、同平章事杨涉罢为右仆射"，故以于兢、张策继为相。

《旧五代传》接云："寻迁中书侍郎，以风恙拜章乞骸，改刑部尚书致仕。"未记年。《新五代史》卷二《梁太祖纪》

则具记为：开平二年十一月，"癸巳，张策罢"。《旧五代传》记张策致仕后，"即日肩舆归洛，居于福善里，修皇嘉木，图书琴酒，以自适焉。乾化二年秋，卒。"《新五代传》未记其卒年，仅云"致仕，卒于洛阳"。按乾化二年为公元912年，则其闲居于洛，有四年。《旧五代史》卷一八，于传后有评云："张策有冲淡之量。"

《旧五代传》对其著作有记，谓："所著《典议》三卷，制词歌诗二十卷，笺表三十卷，存于其家。"则其著述颇多，惜均未存。

张　衍

张衍，《旧五代史》有传，见卷二四。《传》云："张衍，字元用，河南尹魏王宗奭之犹子也。"此宗奭，即张全义，《旧五代史》卷六三有传，称濮州临濮人。濮州，辖境相当今山东鄄城及河南濮阳等地。僖宗时起兵者王仙芝即濮州人，故《旧五代史·张全义传》称"乾符末，黄巢起冤句，全义亡命入巢军"；后与朱全忠相交，累得其助，"全义感梁祖援助之恩，自是依附，皆从其制"，即为朱全忠任为河南尹。

张衍早期事迹，《旧五代传》记为："衍乐读书为儒，始以经学就举，不中选。时谏议大夫郑徽退居洛阳，以女妻之，遂令应辞科，不数上登第。"郑徽，《旧五代史》卷五八《郑珏传》称张全义为河南尹时曾为其判官。

关于张衍任翰林学士，《旧五代传》记为："唐昭宗东迁，以宗奭勋力隆峻，衍由校书郎拜左拾遗，旋召为翰林学士。"按昭宗因朱全忠所迫，于天祐元年（904）正月离长安东徙，此时张全义任河南尹（治洛阳），《旧五代史·张全义传》即记："梁祖迫昭宗东迁，命全义缮治洛阳宫城。"《通鉴》卷二六四天祐元年记："夏四月辛巳，朱全忠奏洛阳宫室已成，请车驾早发，表章相继。"昭宗遂于闰四月抵达洛阳。由此可见，朱全忠之促迫昭宗徙洛阳，洛阳宫室建成是作为表面理由之一的。于此，则如《旧五代史·张衍传》所云，当以全义"勠力隆峻"，受到朱全忠之赏识，张衍即因张全义之"犹子"，即由校书郎（正九品上）迁左拾遗（从八品上），随即召为翰林学士，当在天祐三年四、五月间。

张衍由天祐三年四、五月间入院，后天祐四年（907）四月唐哀帝禅位，朱全忠立，建梁，并改元开平。奇怪的是，朱全忠接位后，并未使张衍仍在院任职。《旧五代传》云："太祖即位罢之，特拜考功郎中，俄迁右谏议大夫。"则虽使其出院，仍升其官阶。左拾遗为从八品上，较低，而考功郎中为从五品上，右谏议大夫为正五品上，与中书舍人同阶，升迁较快。

不过此后又有不幸的结局。《旧五代传》云："衍巧生业，乐积聚。太祖将北伐，颇以扈从间糜耗力用，系意屡干托宰执，求免是行，太祖微闻之，又属应召稽晚，与孙骘等同日遇祸。"《旧五代史》同卷《孙骘传》更详记其事："乾化二年春，太祖将议北巡，选朝士之三十余人扈从。二月甲子，东驾发自洛阳。禺中，次白马顿，召文武官就食，以从臣未集，驻跸以俟之，命飞骑促于道，而与谏议大夫张衍、兵部郎中张俦等累刻方至，太祖性本卞急，因兹大怒，并格杀于前墀。"《通鉴》卷二六八乾化二年（912）二月亦记有此事，谓："甲子，帝发洛阳，从官以帝诛戮无常，多惮行，帝闻之，益怒"，由是杀张衍、孙骘、张俦三人。

孙骘、张俦，《旧五代史》卷二四亦皆有传，此二人亦由唐入仕于梁的，据传所记，"骘雅好聚书，有《六经》、《汉史》洎百家之言，凡数千卷，皆简翰精至，披勘详定，得暇即朝夕躭玩，曾无少怠"。张儁则"善为五言诗，其警句颇为人所称"。张衍亦"乐读书为儒"。如此，则以文博著称的文士，虽仕于梁已有五、六年，但终为朱全忠忌杀。这也是唐翰林学士仕梁后遭致不幸结局之一例。

唐翰林学士年表

（文宗——哀帝朝）

文宗朝

大和元年（827）

路　随　依前中书舍人。正月八日，迁兵部侍郎、知制诰，并加承旨。

韦表微　依前中书舍人。正月八日，迁户部侍郎、知制诰。

王源中　宝历二年（826）九月二十四日，自户部郎中充。本年正月八日，改权知中书舍人。

宋申锡　宝历二年（826）九月二十四日，自礼部员外郎为翰林侍讲学士，后改为翰林学士。本年仍依前为礼部员外郎、学士。

郑　瀚　四月二十三日，自中书舍人充侍讲学士。二十八日，赐紫。

许康佐　四月二十三日，自度支郎中改驾部郎中充侍讲学士。二十八日，赐紫。

李让夷　十二月二十二日，自左拾遗充。同月二十七日，赐绯。

大和二年（828）

路　　随　　依前兵部侍郎、知制诰、承旨。十二月二十七日，为
中书侍郎同平章事，出院任相。

韦表微　　依前户部侍郎、知制诰。十二月二十八日，加承旨。

王源中　　依前权知中书舍人。二月五日，正拜中书舍人。十一
月五日，迁户部侍郎、知制诰。

宋申锡　　依前礼部员外郎。正月八日，迁户部郎中、知制诰。

郑　　瀚　　依前中书舍人、侍讲。六月一日，迁礼部侍郎出院。

许康佐　　依前驾部郎中、侍讲。六月一日，迁谏议大夫。

李让夷　　依前左拾遗。二月五日，迁左补阙。

柳公权　　五月二十一日，自司封员外郎充侍书学士。二十三
日，赐紫。十一月二十一日，改库部郎中。

大和三年（829）

韦表微　　依前户部侍郎、知制诰、承旨。八月二十日，以疾出
守本官。

王源中　　依前户部侍郎、知制诰。十二月，加承旨。

宋申锡　　依前户部郎中、知制诰。六月一日，迁中书舍人。

许康佐　　依前谏议大夫、侍讲。八月二十三日，改为学士，仍
为谏议大夫。

李让夷　　依前左补阙。十一月五日，改职方员外郎。

柳公权　　依前库部郎中、侍书。

丁公著　　四月二十六日，自礼部尚书充侍讲。七月二十七日，
改户部尚书，出为浙西观察使。

崔　　郸　　五月七日，自考功郎中充。八月十二日，加知制诰。

郑　　覃　　九月二十一日，自右散骑常侍充侍讲。

路　　群　　九月二十一日，自右谏议大夫充侍讲。

大和四年（830）

王源中　依前户部侍郎、知制诰、承旨。

宋申锡　依前中书舍人。七月七日，迁尚书右丞出院，寻拜相。

许康佐　依前谏议大夫。八月二十七日，改中书舍人，又改为侍讲，仍兼学士。

李让夷　依前职方员外郎。

柳公权　依前库部郎中、侍书。

崔　郸　依前考功郎中、知制诰。九月十六日，迁为中书舍人。

郑　覃　依前右散骑常侍、侍讲。三月三十日，迁工部尚书。六月十七日，以工部尚书出院。

路　群　依前右谏议大夫、侍讲。八月二十七日，改为学士，仍为右谏议大夫。

薛廷老　十一月前，自殿中侍御史充。

大和五年（831）

王源中　依前户部侍郎、知制诰、承旨。

许康佐　依前中书舍人，学士兼侍讲。

李让夷　依前职方员外郎。九月十六日，守本官出院。

柳公权　依前库部郎中、侍书。七月十五日，改右司郎中出院。

崔　郸　依前中书舍人。

路　群　依前右谏议大夫。九月五日，改中书舍人。

薛廷老　依前殿中侍御史。九月四日，改刑部员外郎出院。

李　珏　九月十九日，自库部员外郎、知制诰充；同月二十三日，赐紫。

大和六年（832）

王源中　依前户部侍郎、知制诰、承旨。

许康佐　依前中书舍人，学士兼侍讲。

崔　郸　依前中书舍人。本年以疾出守本官，月日不详。

路　群　依前中书舍人。

李　珏　依前库部员外郎、知制诰。

郑　覃　三月十四日复入院，自工部尚书充侍讲。

大和七年（833）

王源中　依前户部侍郎、知制诰、承旨。

许康佐　依前中书舍人，侍讲兼学士。七月二十五日，迁户部侍郎、知制诰。

路　群　依前中书舍人。十二月十七日，出守本官。

李　珏　依前库部员外郎、知制诰。三月二十八日，迁为中书舍人。

郑　覃　依前工部尚书、侍讲。六月十六日，改御史大夫出院。

陈夷行　四月，自吏部员外郎充。

郑　涯　四月八日，自左补阙充。

高　重　十月十二日，复入为侍讲，国子祭酒。

大和八年（834）

王源中　依前户部侍郎、知制诰、承旨。四月二十日，迁礼部尚书，出院。

许康佐　依前户部侍郎、知制诰，学士兼侍讲。五月八日，加承旨。

李　珏　依前中书舍人。

陈夷行　依前吏部员外郎。八月二十三日，改为著作郎、知制诰兼皇太子侍读。九月六日，赐绯。同月七日，迁谏议大夫、兼知制诰。

郑　涯　依前左补阙。九月七日，改为司勋员外郎；同月十六日，赐绯。

高　重　依前国子祭酒、侍讲。

元　晦　八月九日，自殿中侍御史充。九月十六日，赐绯。

柳公权　十月十五日复入，自兵部郎中、弘文馆学士充侍书学士。

李　训　十月十七日，自国子监四门助教改国子周易博士充侍讲。

大和九年（835）

许康佐　依前户部侍郎、知制诰、承旨，侍讲兼学士。五月五日，改兵部侍郎出院。

李　珏　依前中书舍人。五月六日，加承旨。五月十九日，迁户部侍郎、知制诰。八月五日，出贬江州刺史。

陈夷行　依前谏议大夫、知制诰、太子侍读。二月十六日，罢太子侍读。五月二十二日，改太常少卿。七月二十九日，复兼太子侍读。

郑　涯　依前司勋员外郎。十一月十九日，加知制诰。十二月十五日，出守本官。

高　重　依前国子祭酒、侍讲。七月十八日，出为鄂岳观察使。

元　晦　依前殿中侍御史。八月二十日，改库部员外郎。九月十一日，出守本官。

柳公权　依前兵部郎中、侍书。九月十二日，加知制诰，改充学士，仍兼侍书。

李　训　依前国子周易博士、侍讲。七月二十一日，加兵部郎中、知制诰，改学士。九月二十七日，守礼部侍郎、同平章事，任相。十一月甘露事变，被杀。

丁居晦　五月三日，自起居舍人、集贤院直学士充。十月十八日，赐绯。同月十九日，迁司勋员外郎。

归　融　八月一日，自中书舍人充。同月五日，加承旨。又同月二十日，迁工部侍郎、知制诰；二十四日，赐紫。

郑　注　八月四日，自太仆卿改工部尚书充侍讲学士。九月二十五日，出为凤翔陇右节度使。

黎　埴　十月十二日，自右补阙充。

顾师邕　约前半年自水部员外郎充。十二月初被贬，流崖州，赐死。

袁　郁　十二月二十七日，自礼部员外郎、集贤院直学士充。

开成元年（836）

陈夷行　依前太常少卿兼太子侍读。五月二十三日，加承旨。六月二十四日，迁工部侍郎、知制诰。八月七日，赐紫。

柳公权　依前兵部郎中、知制诰。九月二十八日，迁中书舍人，仍为学士兼侍书。

丁居晦　依前司勋员外郎。

归　融　依前工部侍郎、知制诰、承旨。五月十五日，以本官兼御史中丞出院。

黎　埴　依前右补阙。

袁　郁　依前礼部员外郎。正月十四日，转库部员外郎。

开成二年（837）

陈夷行　依前工部侍郎、知制诰、承旨。四月五日，以本官平章事出院，任相。

柳公权　依前中书舍人。四月，改谏议大夫、知制诰，仍兼侍书。

丁居晦　依前司勋员外郎。九月十一日，迁司封郎中、知制诰。

黎　埴　依前右补阙。二月十日，改司勋员外郎。

袁　郁　依前库部员外郎。三月十一日，丁忧外出。

柳　璟　七月十九日，自库部员外郎、知制诰充。

周　墀　十二月二十五日，自考功员外郎、知制诰充。

开成三年（838）

柳公权　依前谏议大夫、知制诰。九月十八日，迁工部侍郎、知制诰，仍以学士兼侍书，并加承旨。

丁居晦　依前司封郎中、知制诰。八月十四日，迁中书舍人。十一月十六日，改御史中丞出院。

黎　埴　依前司勋员外郎。正月十日，加知制诰。十二月十八日，赐绯。十二月二十一日，迁兵部郎中，知制诰。

柳　璟　依前库部员外郎、知制诰。四月十四日，迁驾部郎中、知制诰。

周　墀　依前考功员外郎、知制诰。十一月十六日，迁职方郎中，仍兼知制诰。

王　起　五月五日，由兵部尚书判太常卿事充皇太子侍读，入为侍讲学士。

高元裕　五月五日，自谏议大夫充侍讲学士。八月十日，出院，兼太子宾客。

裴　素　十二月六日，自司封员外郎兼起居郎、史馆修撰充。

开成四年（839）

柳公权　依前工部侍郎、知制诰、承旨，仍兼侍书。

黎　埴　依前兵部郎中、知制诰。十一月六日，迁中书舍人。

柳　璟　依前驾部郎中、知制诰。

周　墀　依前职方郎中、知制诰。九月十二日，赐紫。

王　起　依前兵部尚书判太常卿事、侍讲。三月十二日，授太子少师兼兵部尚书，仍为侍讲。

裴　素　依前司封员外郎兼起居郎。七月十三日，加知制诰。

高少逸　闰正月十一日，自左司郎中充侍讲。八月一日，迁谏议大夫，仍为侍讲。

丁居晦　闰正月，自御史中丞改中书舍人，复入。

武宗朝

开成五年（840）

柳公权　依前工部侍郎、知制诰、承旨。三月九日，加散骑常
　　　　侍出院。

黎　埴　依前中书舍人。二月一日，赐紫。三月十六日，改御
　　　　史中丞出院。

柳　璟　依前驾部郎中、知制诰。二月九日，迁中书舍人。十
　　　　月，迁礼部侍郎出院，以备明春知举。

周　墀　依前职方郎中、知制诰。五月十三日，迁工部侍郎、
　　　　知制诰。六月十日，守本官出院。

王　起　依前兵部尚书、太子少师、侍讲。正月七日，守本官
　　　　出院。

裴　素　依前司封员外郎、起居郎、知制诰。二月二日，赐
　　　　绯。六月，迁中书舍人。十一月，加承旨，赐紫。

高少逸　依前谏议大夫、侍讲。正月二十七日，赐紫，守本官
　　　　出院。

丁居晦　依前中书舍人。三月十三日，迁户部侍郎、知制诰。
　　　　同月二十三日，卒，赠吏部侍郎。

李　褒　三月二十日，自考功员外郎、集贤院直学士充。六
　　　　月，转库部郎中、知制诰。十二月十二日，赐绯。

周敬复　三月三十日，自兵部员外郎、知制诰充。十二月十一
　　　　日，赐绯。

郑　朗　四月十九日，自谏议大夫充侍讲学士。五月四日，赐
　　　　绯。十一月二十九日，守本官出院。

卢　懿　四月十九日，自司封员外郎充侍讲学士。五月四日，
　　　　赐绯。

李　讷　七月五日，自左补阙充。

崔　铉　七月五日，自司勋员外郎充。

敬　晦　十一月十六日，自兵部员外郎、史馆修撰充。

会昌元年（841）

裴　素　依前中书舍人、承旨。约十一月十七日，卒官。

李　褒　依前库部郎中、知制诰。五月，迁中书舍人。十二月，加承旨。同月六日，赐紫。

周敬复　依前兵部员外郎、知制诰。二月十三日，迁职方郎中、知制诰，又中书舍人。

卢　懿　依前司封员外郎、侍讲。二月九日，出守本官。

李　讷　依前左补阙。

崔　铉　依前司勋员外郎。

敬　晦　依前兵部员外郎、史馆修撰。

会昌二年（842）

李　褒　依前中书舍人、承旨。五月十九日，出守本官。

周敬复　依前职方郎中、知制诰（或中书舍人）。九月十八日，出守本官。

李　讷　依前左补阙。四月十六日，迁职方员外郎。十一月二十一日，赐绯。

崔　铉　依前司勋员外郎。正月十二日，迁司封郎中、知制诰。九月二十七日，加承旨，赐绯。十一月二十九日，迁中书舍人，仍为承旨。

敬　晦　依前兵部员外郎、史馆修撰。八月六日，出守本官。

韦　琮　二月十五日，自起居舍人、史馆修撰充。十月十七日，改加司勋员外郎。

魏　扶　八月八日，自起居郎充。

白敏中　九月十三日，自右司员外郎充。同月十五日，改兵部员外郎。十一月二十九日，加知制诰。

封　敖　十二月一日，自左司员外郎兼侍御史知杂事充。同月三日，改驾部员外郎。

会昌三年（843）

李　讷　依前职方员外郎。四月，出守本官。

崔　铉　依前中书舍人、承旨。五月十四日，迁中书侍郎同平章事，出院任相。

韦　琮　依前司勋员外郎。五月二十九日，转兵部员外郎、知制诰。

魏　扶　依前起居郎。四月二十五日，赐绯。五月二十九日，加知制诰。

白敏中　依前兵部员外郎、知制诰。五月二十九日，迁职方郎中。十二月七日，加承旨，赐紫。

封　敖　依前驾部员外郎。五月二十五日，加知制诰。

徐　商　六月一日，自礼部员外郎充。

孙　瑴　九月二十八日，自左拾遗充。

会昌四年（844）

韦　琮　依前兵部员外郎、知制诰。四月十五日，迁兵部郎中。九月四日，迁中书舍人。

魏　扶　依前起居郎、知制诰。四月十五日，转考功郎中、知制诰。九月四日，迁中书舍人。

白敏中　依前职方郎中、知制诰、承旨。四月十五日，迁中书舍人。九月四日，迁户部侍郎、知制诰，仍为承旨。

封　敖　依前驾部员外郎、知制诰。四月十五日，迁中书舍人。九月四日，迁工部侍郎、知制诰。

徐　商　依前礼部员外郎。八月七日，迁礼部郎中、知制诰。九月四日，转兵部郎中、知制诰。

孙　瑴　依前左拾遗。九月十日，迁起居郎。

会昌五年（845）

韦　琮　依前中书舍人。

魏　扶　依前中书舍人。

白敏中　依前户部侍郎、知制诰、承旨。

封　敖　依前工部侍郎、知制诰。三月十八日，上表辞，出守
　　　　本官。

徐　商　依前兵部郎中、知制诰。约于本年迁中书舍人，后即
　　　　出院。

孙　毅　依前起居郎。

宣宗朝

会昌六年 （846）

韦　琮　依前中书舍人，后改为户部侍郎。下半年加承旨。

魏　扶　依前中书舍人。约本年冬迁为礼部侍郎，出院，以备
　　　　明春知举。

白敏中　依前户部侍郎、知制诰、承旨。四月辛未，以兵部侍
　　　　郎同中书门下平章事，出院任相。

孙　毅　依前起居郎。二月二十三日，加兵部员外郎。四月十
　　　　七日，加知制诰。六月十日，迁兵部郎中。

刘　瑑　六月二日，自殿中侍御史充。七月九日，三殿赐绯。

裴　谂　六月二日，自考功员外郎充。八月十九日，加司封郎
　　　　中。

大中元年 （847）

韦　琮　依前户部侍郎、承旨。七月，出院任相。

孙　毅　依前兵部郎中、知制诰。十二月七日，加承旨。同月
　　　　二十六日，迁中书舍人，仍为承旨。

刘　瑑　依前殿中侍御史。闰三月十二日，改职方员外郎。十
　　　　一月二十七日，加知制诰。

裴　谂　依前司封郎中。二月三十日，加知制诰。

萧　邺　二月二十六日，自监察御史里行充。十一月二十日，
　　　　迁右补阙。十二月二十七日，三殿赐绯。

宇文临　闰三月七日，自礼部员外郎充。四月，守本官出院。
　　　　十二月八日，复自礼部郎中入；同月二十八日，加知
　　　　制诰。

沈　询　五月十二日，自右拾遗、集贤院直学士充。

大中二年（848）

孙　毅　依前中书舍人、承旨。七月六日，迁户部侍郎、知制
　　　　诰。十二月二十四日，除河南尹兼御史大夫，出院。

刘　瑑　依前职方员外郎、知制诰。七月六日，迁司封郎中。

裴　谂　依前司封郎中、知制诰。约正月，迁中书舍人。七月
　　　　六日，又迁工部侍郎、知制诰。十二月二十六日，加
　　　　承旨。

萧　邺　依前右补阙。七月六日，迁兵部员外郎。十一月十三
　　　　日，加知制诰。

宇文临　依前礼部郎中、知制诰。正月八日，思政殿召对赐
　　　　绯。七月六日，迁中书舍人。

沈　询　依前右拾遗、集贤院直学士。正月二日，思政殿召对
　　　　赐绯。七月七日，迁起居郎。十月二日，守本官、知
　　　　制诰，出院。

令狐绹　二月十日，自考功郎中、知制诰充。

大中三年（849）

刘　瑑　依前司封郎中、知制诰。六月十四日，迁中书舍人。
　　　　十二月二十七日，三殿赐紫。

裴　谂　依前工部侍郎、知制诰、承旨。五月二十三日，守本
　　　　官出院。

萧　邺　依前兵部员外郎、知制诰。九月十四日，责授衡州刺

633

史。

宇文临　依前中书舍人。九月十四日，责授复州刺史。

令狐绹　依前考功郎中、知制诰。二月二十一日，迁中书舍
人。五月一日，迁御史中丞，出院。九月十六日，又
自御史中丞入，并加承旨。同月二十三日，权知兵部
侍郎、知制诰，仍为承旨。

郑　颢　二月二日，自起居郎充。四月十日，加知制诰。闰十
一月四日，迁右谏议大夫、知制诰。

郑处海　五月二十日，自监察御史里行充。七月十八日，迁屯
田员外郎。闰十一月九日，三殿召对赐绯。

崔慎由　六月八日，自职方郎中、知制诰充。九月六日，迁中
书舍人。十二月九日，守本官出院。

郑　薰　九月十八日，自考功郎中充。闰十一月二十七日，加
知制诰。

大中四年（850）

刘　瑑　依前中书舍人。十一月二十八日，守本官兼御史中
丞，充西讨伐党项行营诸寨宣慰使。后返京，改迁刑
部侍郎，仍在院。

令狐绹　依前兵部侍郎、知制诰、承旨。十月二十七日，守本
官出院，任相。

郑　颢　依前右谏议大夫、知制诰。十月七日，迁中书舍人。

郑处海　依前屯田员外郎。八月五日，守本官出院。

郑　薰　依前考功郎中、知制诰。十月七日，迁中书舍人。十
月十三日，守本官出院。

毕　诚　二月十三日，自职方郎中兼侍御史知杂事充。

萧　真　七月二十四日，自兵部员外郎充。十月七日，加知制
诰。

苏　滌　十二月二十四日，自右丞入。

大中五年（851）

刘 瑑　依前刑部侍郎。五月，守本官出院。

萧 邺　正月二十八日，复自考功郎中充。二月一日，加知制
　　　诰。七月十四日，迁中书舍人。

郑 颢　依前中书舍人。八月二日，授右庶子出院。

毕 诚　依前职方郎中兼侍御史知杂事。

萧 寘　依前兵部员外郎、知制诰。□月十四日，迁驾部郎
　　　中，仍知制诰。

苏 滌　依前右丞。六月五日，迁兵部侍郎、知制诰。

韦 澳　七月二十日，自库部郎中、知制诰充。

曹 确　八月十一日，自起居郎充。十月十六日，三殿召对赐
　　　绯。

大中六年（852）

萧 邺　依前中书舍人。正月七日，三殿召对赐紫。七月二十
　　　七日，加承旨。

毕 诚　依前职方郎中兼侍御史知杂事。正月七日，三殿召对
　　　赐紫。七月七日，权知刑部侍郎出院。

萧 寘　依前驾部郎中、知制诰。五月十九日，迁中书舍人。

苏 滌　依前兵部侍郎、知制诰。六月九日，上表病免。十一
　　　月，以左丞出院。

韦 澳　依前库部郎中、知制诰。五月十九日，迁中书舍人。

曹 确　依前起居郎。五月十九日，改兵部员外郎。

庾道蔚　七月十五日，自起居舍人充。十二月二十九日，三殿
　　　召对赐绯。

李汶儒　七月十五日，自礼部员外郎充。十二月二十九日，三
　　　殿召对赐绯。

大中七年（853）

萧　邺　依前中书舍人、承旨。六月十二日，迁户部侍郎、知制诰，仍为承旨。

萧　寘　依前中书舍人。十月十二日，三殿召对赐紫。

韦　澳　依前中书舍人。

曹　确　依前兵部员外郎。四月十一日，加知制诰。

庾道蔚　依前起居舍人。九月十九日，改司封员外郎。

李汶儒　依前礼部员外郎。十二月五日，迁礼部郎中、知制诰。

大中八年（854）

萧　邺　依前户部侍郎、知制诰、承旨。十二月十八日，守本官、判户部，出院。

萧　寘　依前中书舍人。五月十九日，迁户部侍郎、知制诰。

韦　澳　依前中书舍人。五月十九日，迁工部侍郎，知制诰。七月二日，三殿召对赐紫。

曹　确　依前兵部员外郎、知制诰。五月十九日，迁库部郎中、知制诰。

庾道蔚　依前司封员外郎。

李汶儒　依前礼部郎中、知制诰。

大中九年（855）

萧　寘　依前户部侍郎、知制诰。二月十七日，加承旨。

韦　澳　依前工部侍郎、知制诰。

曹　确　依前库部郎中、知制诰。闰四月六日，迁中书舍人。

庾道蔚　依前司封员外郎。八月十三日，迁驾部郎中、知制诰。

李汶儒　依前礼部郎中、知制诰。十月十二日，迁中书舍人。

孔温裕　二月二十九日，自礼部员外郎、集贤院直学士充。三月三日，改司封员外郎、知制诰。

大中十年 (856)

萧　真　依前户部侍郎、知制诰、承旨。八月四日，检校工部尚书、浙西观察使，出院。

韦　澳　依前工部侍郎、知制诰。五月二十五日，授京兆尹出院。

曹　确　依前中书舍人。五月十三日，三殿召对赐紫。

庾道蔚　依前驾部郎中、知制诰。正月十四日，守本官出院，寻除连州刺史。

李汶儒　依前中书舍人。十月十六日，三殿召对赐紫。

孔温裕　依前司封员外郎、知制诰。

于德孙　正月三十日，自职方员外郎、知制诰充。十一月二十八日，三殿召对赐紫。

皇甫珪　六月五日，自吏部员外郎充。六月七日，改司勋员外郎。

蒋　伸　八月二十六日，自权知户部侍郎充，九月二日，正授户部侍郎、知制诰。十月二日，加承旨。

大中十一年 (857)

曹　确　依前中书舍人。八月二十一日，授河南尹，出院。

李汶儒　依前中书舍人。正月五日，守本官出院。

孔温裕　依前司封员外郎、知制诰。约二、三月间，迁司勋郎中、知制诰。

于德孙　依前职方员外郎、知制诰。四月十五日，迁驾部郎中。

皇甫珪　依前司勋员外郎。正月十一日，三殿召对赐绯。十月二日，迁司封郎中、知制诰。

蒋　伸　依前户部侍郎、知制诰、承旨。十二月二十九日，转兵部侍郎、知制诰，仍为承旨。

苗　恪　正月十五日，自库部郎中充。四月十五日，加知制诰。

杨知温　九月八日，自礼部郎中充。十二月十九日，加知制诰。

大中十二年（858）

孔温裕　依前司勋郎中、知制诰。正月十八日，迁中书舍人。八月三十日，除河南尹出院。

于德孙　依前驾部郎中、知制诰。闰二月十三日，迁中书舍人。

皇甫珪　依前司封郎中、知制诰。八月十二日，迁中书舍人。

蒋　伸　依前兵部侍郎、知制诰、承旨。五月十三日，守本官、判户部出院。十二月二十九日，任相。

苗　恪　依前库部郎中、知制诰。闰二月十三日，迁中书舍人。

杨知温　依前礼部郎中、知制诰。五月十二日，三殿召对赐绯。十月十一日，迁中书舍人。

严　祁　五月二十一日，自左补阙内供奉充。九月十二日，改驾部员外郎。

杜审权　约五月自刑部侍郎充；同月二十八日，转户部侍郎、知制诰，加承旨。

大中十三年（859）

于德孙　依前中书舍人。四月二十九日，授御史中丞出院。

皇甫珪　依前中书舍人。八月二十六日，赐紫；同月二十九日，加朝请大夫。十一月，迁工部侍郎、知制诰。

苗　恪　依前中书舍人。八月二十六日，赐紫；同月二十九日，加朝请大夫兼户部侍郎、知制诰。十二月十三日，加承旨。

杨知温　依前中书舍人。九月十三日，召对赐紫。

严　祁　依前驾部员外郎。七月八日，加知制诰。八月二十九日，加新野县开国男，食邑三百户。

杜审权　依前户部侍郎、知制诰、承旨。八月二十九日，加通
　　　　议大夫、兵部侍郎、知制诰，仍为承旨。十二月三
　　　　日，守本官同平章事，出院，任相。

高　璩　四月二十三日，自右拾遗内供奉充。九月三日，召对
　　　　赐绯。十一月三日，迁起居郎、知制诰。

李　抚　十二月二十四日，自权知右拾遗内供奉充。

懿宗朝

咸通元年（860）

皇甫珪　依前工部侍郎、知制诰。十月，改授同州刺史，出
　　　　院。

苗　恪　依前户部侍郎、知制诰、承旨。十一月八日，出院，
　　　　授检校工部尚书、山南西道节度使兼御史大夫。

杨知温　依前中书舍人。十月，迁工部侍郎、知制诰。

严　祁　依前驾部员外郎、知制诰。六月十三日，迁库部郎
　　　　中，仍知制诰。

高　璩　依前起居郎、知制诰。十月六日，迁右谏议大夫、知
　　　　制诰；同月二十六日，召对赐紫。

李　抚　依前右拾遗内供奉。五月十二日，召对赐绯，迁右补
　　　　阙。十月二十六日，召对赐紫。

刘　邺　十月十二日，自左拾遗充；同月二十六日，召对赐
　　　　绯。

张道符　十一月二十五日，自户部郎中、赐绯充。

咸通二年（861）

严　祁　依前库部郎中、知制诰。四月，改迁中书舍人，出
　　　　院。

高　璩　依前右谏议大夫、知制诰。七月十九日，加承旨。八月七日，迁工部侍郎、知制诰，仍为承旨。

李　觊　依前右补阙。三月十一日，加改左补阙。

刘　邺　依前右拾遗。九月二十七日，迁起居舍人。

张道符　依前户部郎中。二月六日，改司封郎中、知制诰。四月二十一日，卒。五月二日，赠中书舍人。

杨　收　四月十八日，自吏部员外郎充。同月二十一日，迁库部郎中。七月八日，加知制诰。十月十六日，三殿召对赐紫。

路　岩　五月二十八日，自屯田员外郎充。十一月二十八日，三殿召对赐绯。

赵　骘　八月六日，自右拾遗充。十一月二十六日，三殿召对赐绯。

咸通三年（862）

高　璩　依前工部侍郎、知制诰、承旨。二月二十日，加朝散大夫、兵部侍郎，依前充。八月十九日，加检校礼部尚书、东川节度使，出院。

李　觊　依前左补阙。二月二十日，改迁职方员外部、知制诰。九月十四日，守本官出院。

刘　邺　依前起居舍人。二月二十一日，改兵部员外郎、知制诰。七月二十九日，召对赐紫。十一月八日，迁中书舍人。

杨　收　依前库部郎中、知制诰。二月二十日，迁中书舍人。九月二十三日，加承旨；同月二十六日，迁兵部侍郎、知制诰。

路　岩　依前屯田员外郎。二月二十一日，迁屯田郎中、知制诰。

赵　骘　依前右拾遗。二月二十日，迁起居舍人。

刘允章　九月二十七日，自起居郎充。十一月二十七日，三殿召对赐绯。

独孤霖　九月二十七日，自右补阙、赐绯入。

咸通四年（863）

刘　邺　依前中书舍人。

杨　收　依前兵部侍郎、知制诰、承旨。五月七日，守本官同中书门下平章事，出院任相。

路　岩　依前屯田郎中、知制诰。正月九日，迁中书舍人。五月九日，赐紫；同月十六日，加承旨。九月十八日，迁户部侍郎、知制诰。

赵　骘　依前起居舍人。八月七日，改兵部员外郎、知制诰。

刘允章　依前起居郎。三月二十四日，授歙州刺史，出院。

独孤霖　依前右补阙。闰六月十九日，改司勋员外郎。十二月二十一日，加知制诰。

李　瓒　四月七日，自荆南节度判官、检校礼部员外郎、赐绯充。同月十日，迁右补阙内供奉。九月十八日，改驾部员外郎。十二月二十八日，加知制诰。

于　琮　六月七日，自水部郎中、赐绯入。八月七日，改库部郎中、知制诰。

咸通五年（864）

刘　邺　依前中书舍人。九月五日，迁户部侍郎、知制诰。

路　岩　依前户部侍郎、知制诰、承旨。九月二十六日，改兵部侍郎、知制诰。十一月十九日，以本官同中书门下平章事，出院任相。

赵　骘　依前兵部员外郎、知制诰。正月十七日，三殿召对赐紫。七月八日，迁驾部郎中、知制诰。

刘允章　十一月二十七日，复自仓部员外郎再入。

独孤霖　依前司勋员外郎、知制诰 。五月九日，三殿召对赐紫。七月八日，迁库部郎中、知制诰。

李瓒 依前驾部员外郎、知制诰。六月一日，改权知中书舍人出院。

于琮 依前库部郎中、知制诰。七月八日，迁中书舍人。九月二十七日，迁刑部侍郎出院。

侯备 六月五日，自吏部员外郎、赐绯充。同月八日，迁司勋郎中。九月五日，加知制诰。十二月二十六日，加承旨。

裴璩 六月六日，自兵部员外郎充。

咸通六年（865）

刘邺 依前户部侍郎、知制诰。

赵骘 依前驾部郎中、知制诰。九月十七日，加朝散大夫，户部侍郎、知制诰。九月三十日，改礼部侍郎出院。

刘允章 依前仓部员外郎。正月九日，迁户部郎中、知制诰。五月九日，三殿召对赐紫。

独孤霖 依前库部郎中、知制诰。六月五日，迁中书舍人。九月十七日，加朝散大夫、工部侍郎、知制诰。

侯备 依前司勋郎中、知制诰、承旨。二月二十三日，迁中书舍人。五月二十囗日，迁户部侍郎、知制诰。九月十七日，加朝散大夫、兵部侍郎、知制诰。

裴璩 依前兵部员外郎。正月九日，迁户部郎中、知制诰。五月九日，三殿召对赐紫。九月十七日，加朝散大夫，迁中书舍人。

郑言 正月十日，自驾部员外郎充。四月十日，迁礼部郎中、知制诰；同月十九日，中谢赐紫。

刘瞻 十月十八日，自太常博士充。同月二十六日，改工部员外郎。

咸通七年（866）

刘　邺　依前户部侍郎、知制诰。

刘允章　依前户部郎中、知制诰

独孤霖　依前工部侍郎、知制诰。三月十三七日，三殿召对，面宣充承旨。

侯　备　依前兵部侍郎、知制诰、承旨，三月九日，授河南尹出院。

裴　璩　依前朝散大夫、中书舍人。

郑　言　依前礼部郎中、知制诰。

刘　瞻　依前工部员外郎。三月九日，授太原少尹出院。

李　骘　三月二十四日，自太常少卿、弘文馆直学士充。同月二十七日，加知制诰。七月，迁中书舍人。十月二十五日，三殿召对赐紫。

卢　深　三月三十日，自起居郎入。七月一日，改兵部员外郎。十月二十五日，三殿召对赐紫。

咸通八年（867）

刘　邺　依前户部侍郎、知制诰。

刘允章　依前户部郎中、知制诰。十一月四日，迁工部侍郎、知制诰。十一月十六日，改礼部侍郎出院。

独孤霖　依前工部侍郎、知制诰、承旨。正月二十七日，改户部侍郎、知制诰；十一月四日，改兵部侍郎、知制诰，仍为承旨。

裴　璩　依前朝散大夫、中书舍人。正月二十七日，迁水部侍郎、知制诰。九月二十三日，除同州刺史出院。

郑　言　依前礼部郎中、知制诰。十一月四日，迁工部侍郎、知制诰。

刘　瞻　十一月二十二日，自颍州刺史不赴任，再次入院；二十六日，三殿召对赐紫。

李　骘　依前中书舍人。

卢　深　依前兵部员外郎。正月二十四日，加知制诰。八月八日，召对赐紫。十月十一日，加户部郎中、知制诰。

崔　珮　十月二十三日，自监察御史入；二十五日，守本官充。

咸通九年（868）

刘　邺　依前户部侍郎、知制诰。

独孤霖　依前兵部侍郎、知制诰、承旨。

郑　言　依前工部侍郎、知制诰。六月十八日，守户部侍郎出院。

刘　瞻　依前在院，未详官衔。五月二十六日，为中书舍人。九月十二日，迁户部侍郎、知制诰、承旨。

李　骘　依前中书舍人。五月十六日，除江西观察使出院。

卢　深　依前户部郎中、知制诰。十月二十六日，迁中书舍人。

崔　珮　依前监察御史。正月二十一日，赐绯。七月二十一日，改工部员外郎。十二月七日，赐紫。

郑　畋　五月二十日，自万年县令入；二十四日，改户部郎中充。八月十一日，加知制诰。

张　裼　六月十三日，自刑部员外郎入；十五日，改祠部郎中充。九月十七日，加知制诰。十月十六日，召对赐紫。

崔　充　六至九月间（十七日），自考功员外郎充。十月十六日，召对赐绯。闰十二月二日，三殿召对赐紫。

咸通十年（869）

刘　邺　依前户部侍郎、知制诰。

独孤霖　依前兵部侍郎、知制诰、承旨。九月八日，守本官，判户部，出院。

刘　瞻　依前户部侍郎、知制诰。六月十七日，以本官同中书
　　　　门下平章事，出院任相。

卢　深　依前中书舍人。十一月十一日，迁户部侍郎、知制
　　　　诰。十二月，卒，赠户部尚书。

崔　珮　依前工部员外郎。三月十三日，改考功郎中出院。

郑　畋　依前户部郎中、知制诰。六月四日，迁中书舍人。十
　　　　一月十一日，迁户部侍郎。

张　裼　依前祠部郎中、知制诰。七月十日，迁中书舍人。十
　　　　一月，迁工部侍郎、知制诰。

崔　充　依前考功员外郎。五月二十五日，迁库部郎中、知制
　　　　诰。

韦保衡　三月十三日，自起居郎、驸马都尉，入守左谏议大
　　　　夫、知制诰。十一月十日，迁兵部侍郎，并加承旨。

韦　蟾　六月□日，自职方郎中充。九月七日，改户部郎中、
　　　　知制诰。十一月十一日，迁中书舍人。十二月二十八
　　　　日，三殿召对赐紫。

咸通十一年（870）

刘　邺　依前户部侍郎、知制诰。十一月二十二日，加承旨。
　　　　十二月二十三日，守本官出院，充诸道盐铁等使。

郑　畋　依前户部侍郎、知制诰。四月二十六日，加承旨。九
　　　　月二十七日，授梧州刺史出院。

张　裼　依前工部侍郎、知制诰。十二月二十三日后，加承
　　　　旨。

崔　充　依前库部郎中，知制诰。

韦保衡　依前兵部侍郎、知制诰、承旨。四月二十五日，以本
　　　　官同中书门下平章事，出院任相。

韦　蟾　依前中书舍人。

杜裔休　正月十一日，自起居郎充。五月二十七日，三殿召对

赐紫。九月十一日，改司勋员外郎、知制诰。

郑延休　五月十八日，自司封郎中、知制诰迁中书舍人充。

薛　调　十月十七日，自户部员外郎加驾部郎中充。

咸通十二年（871）

张　祎　依前工部侍郎、知制诰、承旨。正月二十六日，改户
　　　　部侍郎；十一月十八日，又改兵部侍郎，仍为知制
　　　　诰、承旨。

崔　充　依前库部郎中、知制诰。正月二十六日，迁户部侍
　　　　郎、知制诰。

韦　蟾　依前中书舍人。正月二十六日，迁工部侍郎、知制
　　　　诰。

杜裔休　依前司勋员外郎、知制诰。

郑延休　依前中书舍人。正月二十八日，三殿召对赐紫。十一
　　　　月十八日，迁工部侍郎、知制诰。

薛　调　依前驾部郎中。正月二十六日，加知制诰。

韦保乂　二月十三日，自户部员外郎充。三月十六日，特恩赐
　　　　紫。五月十日，迁户部郎中、知制诰。

刘承雍　约二月后以左司员外郎充。

咸通十三年（872）

张　祎　依前兵部侍郎、知制诰、承旨。五月十二日，出贬封
　　　　州司马。

崔　充　依前户部侍郎、知制诰。六月十日，加承旨。九月二
　　　　十八日，加检校工部尚书、东川节度使出院。

韦　蟾　依前工部侍郎、知制诰。十月十五日，加承旨。十一
　　　　月十五日，改御史中丞兼刑部侍郎出院。

杜裔休　依前司勋员外郎、知制诰。二月九日，守本官出院。

郑延休　依前工部侍郎、知制诰。十一月二十四日（或十二
　　　　月四日），加承旨。后约于十二月七日，迁工部侍

郎。

薛　调　依前驾部郎中、知制诰。二月二十六日，卒；三月十
　　　　一日，赠户部侍郎。

韦保乂　依前户部郎中、知制诰。本年内又升迁为兵部侍郎。

刘承雍　依前左司员外郎，后迁为户部侍郎。

崔　璆　约本年入院，官位不详。

李　溥　约本年入院，官位不详。

咸通十四年（873）

郑延休　依前工部侍郎、知制诰、承旨。八月二十二日，加金
　　　　紫光禄大夫、尚书左丞、知制诰。

韦保乂　依前兵部侍郎。十月，出贬宾州司户。

刘承雍　依前户部侍郎。十月，出贬涪州司户。

崔　璆　约仍在院，官位不详。

李　溥　约本年出院，官位不详。

豆卢瑑　约上半年以兵部员外郎充。

崔　湜　十一月二十三日，自殿中侍御史改司封员外郎充。

卢　携　十二月，自左谏议大夫充，后迁为中书舍人。

僖宗朝

乾符元年（874）

郑延休　依前尚书左丞，知制诰、承旨。正月十三日，除检校
　　　　吏部尚书、充河阳三城节度使，出院。

崔　璆　仍在院，官位不详，约本年以右谏议大夫出院。

豆卢瑑　依前兵部员外郎，约五月后为户部侍郎。

崔　湜　依前司封员外郎。何时出院，不详。

卢　携　依前中书舍人。约正月后迁户部侍郎，加承旨。十
　　　　月，以本官同中书门下平章事，出院任相。

孔　纬　正月、二月间以右司员外郎充。

崔　澹　本年以司封郎中充。

徐仁嗣　本年以司封员外郎充。

王　徽　秋冬间，以司封郎中充。

乾符二年（875）

豆卢瑑　依前户部侍郎、承旨。

崔　浞　依前司封员外郎。何时出院，不详。

孔　纬　依前右司员外郎。可能于今年迁考功郎中、知制诰。

崔　澹　依前司封郎中。二月，迁中书舍人。

徐仁嗣　依前司封员外郎。二月，迁司封郎中。

王　徽　依前司封郎中。约本年改职方郎中、知制诰，后又改户部郎中（当仍知制诰）。

裴　澈　约本年以度支郎中充。

萧　遘　约本年冬或明年初以户部员外郎充。

乾符三年（876）

豆卢瑑　依前户部侍郎、承旨。

孔　纬　依前考功郎中、知制诰。约于本年迁中书舍人，后又迁为户部侍郎、知制诰。

崔　澹　依前中书舍人。

徐仁嗣　依前司封郎中。本年十月前，已迁为中书舍人。何时出院，不详。

王　徽　依前户部郎中、知制诰。九月，迁中书舍人。

裴　澈　依前度支郎中。

萧　遘　约上年冬或今年初，以户部员外郎充。九月，迁户部郎中，后兼知制诰。

乾符四年（877）

豆卢瑑　依前户部侍郎、承旨。

孔　纬　依前户部侍郎、知制诰。本年出为御史中丞。

崔　澹　依前中书舍人。九月以本官出院，拟于明春知举。

王　徽　依前中书舍人。

裴　澈　仍在院，十月前在礼部员外郎任。

萧　遘　依前户部郎中、知制诰。约本年初迁中书舍人。

张　祎　约本年以左补阙充。

韦昭度　约本年以户部员外郎充。

乾符五年（878）

豆卢瑑　依前户部侍郎、承旨。五月丁酉，为兵部侍郎、同中
　　　　书门下平章事，出院任相。

王　徽　依前中书舍人。五月丁酉后，迁户部侍郎，并接豆卢
　　　　瑑为承旨。后又改为兵部侍郎、尚书左丞，仍为承
　　　　旨。

裴　澈　仍在院，或由礼部员外郎有所升迁，具体官位不详。

萧　遘　依前中书舍人。

张　祎　依前左补阙。今年或明年，迁为中书舍人。

韦昭度　依前户部员外郎。

徐彦若　约本年以主客员外郎充。

乾符六年（879）

王　徽　依前兵部侍郎、尚书左丞、承旨。

裴　澈　仍在院，本年或已为户部侍郎。

萧　遘　依前中书舍人。

张　祎　约今年迁中书舍人。

韦昭度　依前户部员外郎，后改为户部侍郎、知制诰。

徐彦若　依前主客员外郎。

广明元年（880）

王　徽　依前兵部侍郎、尚书左丞、承旨。十二月五日，守本
　　　　官同平章事，出院任相。

裴　澈　依前户部侍郎，十二月五日，与王徽同时任相。

萧　遘　依前中书舍人，后又迁为户部侍郎、知制诰。十二月
　　　　三日后继王徽为承旨。

张　祎　依前中书舍人。

韦昭度　依前户部侍郎、知制诰。

徐彦若　依前主客员外郎，后加知制诰。

中和元年（881）

萧　遘　依前户部侍郎、知制诰、承旨。或正月以兵部侍郎、
　　　　判度支出院。

张　祎　依前中书舍人。秋后改为工部侍郎、判度支。

韦昭度　依前户部侍郎、知制诰。正月，加承旨。本年春代知
　　　　贡举，后迁兵部侍郎。七月十四日，以本官同平章
　　　　事，出院任相。

徐彦若　依前主客员外郎、知制诰，后迁中书舍人。

乐朋龟　正月后，以右拾遗充。

柳　璧　本年或明年，以屯田员外郎充。

杜让能　约于本年以中书舍人充。

中和二年（882）

张　祎　依前工部侍郎、判度支，后改为尚书右丞、判度支。

徐彦若　依前中书舍人。

乐朋龟　依前右拾遗。约后累迁为兵部侍郎，加承旨。

柳　璧　依前屯田员外郎。

杜让能　依前中书舍人，后迁为户部侍郎、知制诰。

侯翱（�翻）　约今年入院，后迁为中书舍人。

崔　凝　约今年以中书舍人充。

沈仁伟　约今年以右补阙充。

郑延昌　二月后以司勋员外郎充。

中和三年（883）

张　祎　依前尚书右丞、判度支。约春时守本官出院。

徐彦若　依前中书舍人。

乐朋龟　依前兵部侍郎、承旨。

柳　璧　依前屯田员外郎。约后迁左谏议大夫。

杜让能　依前户部侍郎、知制诰。

侯翽（翩）　依前中书舍人。

崔　凝　依前中书舍人。

沈仁伟　依前右补阙。

郑延昌　依前司勋员外郎。二月后出院任中书舍人。

中和四年（884）

徐彦若　依前中书舍人。

乐朋龟　依前兵部侍郎、承旨。后迁兵部尚书，仍为承旨。

柳　璧　依前左谏议大夫。秋前已出院，任何官不详。

杜让能　依前户部侍郎、知制诰。本年前半年迁礼部尚书。

侯翽（翩）　依前中书舍人。

崔　凝　依前中书舍人。约本年迁为户部侍郎。

沈仁伟　依前右补阙。秋前已迁为中书舍人。

光启元年（885）

徐彦若　依前中书舍人。

乐朋龟　依前兵部尚书、承旨。后数月出院。

杜让能　依前礼部尚书。二、三月后改兵部尚书，加承旨。

侯翽（翩）　依前中书舍人。本年春出院，留蜀隐居。

崔　凝　依前户部侍郎。后不详。

沈仁伟　依前中书舍人。后出院，不详。

光启二年（886）

徐彦若　依前中书舍人。约本年出院，为御史中丞。

杜让能　依前兵部尚书、承旨。三月戊戌，为兵部侍郎、同平章事，出院任相。

刘崇望　约五、六月间自谏议大夫充。

光启三年（887）

刘崇望　依前谏议大夫。后迁户部侍郎，加承旨。

李　磎　夏季后以中书舍人充。

昭宗朝

文德元年（888）

刘崇望　依前户部侍郎、承旨，后转兵部侍郎，仍为承旨。

李　磎　依前中书舍人。三、四月间辞职归居华阴。

崔昭纬　约夏秋间入，未详带何官。

崔　汪　约夏秋间入，未详带何官。

龙纪元年（889）

刘崇望　依前兵部侍郎、承旨。正月，以本官同平章事，出院任相。

崔昭纬　仍在院，未详何官，约上半年为中书舍人，并加承旨。

崔　汪　仍在院，未详何官。

李　磎　本年复入，未详何官。

大顺元年（890）

崔昭纬　依前中书舍人、承旨。本年改为兵部侍郎，仍为承旨。

崔　汪　仍在院，本年或迁为户部侍郎。

李　磎　仍在院，未详何官。

崔　涓　本年以尚书诸司郎中入。

崔　远　约本年以尚书员外郎、知制诰入。

大顺二年（891）

崔昭纬　依前兵部侍郎、承旨。正月庚申，以户部侍郎同中书门下平章事，出院任相。

崔　汪　依前户部侍郎，正月后加承旨。后改尚书右丞，仍为承旨。

李　磎　仍在院。本年为户部侍郎、知制诰。

崔　远　依前尚书员外郎、知制诰。

崔　涓　依前尚书诸司郎中，后迁中书舍人。

李昌远　三月，以起居郎充。后不详，当延续二年。

陆　扆　三月，以监察御史充。后改屯田员外郎。

景福元年（892）

崔　汪　依前尚书右丞、承旨。

李　磎　依前户部侍郎、知制诰。

崔　远　依前尚书员外郎、知制诰。约今年迁中书舍人。

崔　涓　依前中书舍人。

李昌远　依前起居郎。

陆　扆　依前屯田员外郎。后迁为祠部郎中、知制诰。

景福二年（893）

崔　汪　依前尚书右丞、承旨。本年出院。

李　磎　依前户部侍郎、知制诰。后迁礼部尚书，加承旨。

崔　远　依前中书舍人。

崔　涓　依前中书舍人，后未详带何官。

李昌远　依前起居郎。约本年出院。

陆　扆　依前祠部郎中、知制诰。六月二十二日，迁中书舍人。

赵光逢　以祠部郎中、知制诰充，后迁中书舍人。

乾宁元年（894）

李　磎　依前礼部尚书、承旨。六月，以本官同中书门下平章事，出院任相。

崔　远　依前中书舍人。约本年迁户部侍郎。

崔　涓　仍在院，未详何官。

陆　扆　依前中书舍人。五月，迁户部侍郎、知制诰。

赵光逢　依前中书舍人。后迁户部侍郎、知制诰。六月后改兵部侍郎、知制诰，加承旨。

薛贻矩　本年以起居舍人充，后改礼部员外郎、知制诰。

杨　钜　约本年以尚书郎、知制诰入。

裴庭裕　约本年以尚书员外郎入。

乾宁二年（895）

崔　远　依前户部侍郎。

崔　涓　仍在院，未详何官。

陆　扆　依前户部侍郎、知制诰。五月，改兵部侍郎、知制诰。

赵光逢　依前兵部侍郎、知制诰、承旨。三月，改尚书右丞，仍为承旨。约七、八月间辞职出院。

薛贻矩　依前礼部员外郎、知制诰，后迁司勋郎中、知制诰。七月，因未能随帝出幸，出院。同年冬，又以中书舍人复入。

杨　钜　依前尚书郎、知制诰。

裴庭裕　依前尚书员外郎。十一月前为司封郎中、知制诰。

王彦昌　六月入，未详何官。

乾宁三年（896）

崔　远　依前户部侍郎。秋，转兵部侍郎，加承旨。九月，以兵部侍郎同平章事，出院任相。

崔　涓　仍在院，未详何官。

陆　扆　依前兵部侍郎。正月，加承旨，并改为尚书左丞。七月丙午，同中书门下平章事，出院任相。

薛贻矩　依前中书舍人。

杨　钜　依前尚书郎、知制诰。

王彦昌　仍在院。正月，出任京兆尹。

裴庭裕　依前司封郎中、知制诰。

韩　仪　约上半年入，未详何官。

卢　说　约上半年入，未详何官。

郑　璘　约十月前入，曾为考功员外郎，以尚书郎中入。

张玄晏　秋，以右司郎中充。冬，改驾部郎中、知制诰。

吴　融　秋，以礼部郎中充。

乾宁四年（897）

崔　涓　仍在院，未详何官。

薛贻矩　依前中书舍人。本年或转为户部侍郎。

杨　钜　依前尚书郎、知制诰。约后迁中书舍人。

裴庭裕　依前司封郎中、知制诰，后有升迁，未详何官。

韩　仪　仍在院，未详何官。

卢　说　仍在院，曾任兵部侍郎，后出院。

郑　璘　仍在院，未详何官。

张玄晏　依前驾部郎中、知制诰。

吴　融　依前礼部郎中。

光化元年（898）

崔　涓　仍在院，未详何官。后出院。

薛贻矩　依前户部侍郎。

杨　钜　依前中书舍人。

裴庭裕　仍在院。本年出为左散骑常侍。

韩　仪　仍在院，未详何官。

郑　璘　仍在院，未详何官。约本年出院。

张玄晏　依前驾部郎中、知制诰。后或有升迁，未详何官。

吴　融　依前礼部郎中。后迁中书舍人。

光化二年（899）

薛贻矩　依前户部侍郎。

杨　钜　依前中书舍人。

韩　仪　仍在院，未详何官。

张玄晏　仍在院，未详何官。后出院。

吴　融　依前中书舍人。

光化三年（900）

薛贻矩　依前户部侍郎。

杨　钜　依前中书舍人。

韩　仪　仍在院。约本年辞职，以御史中丞出院。

吴　融　依前中书舍人。

韩　偓　六月中旬，自司勋郎中兼侍御史知杂事充。冬，迁左
　　　　谏议大夫。

张文蔚　秋冬，以中书舍人充。

天复元年（901）

薛贻矩　依前户部侍郎，后改兵部侍郎。

杨　钜　依前中书舍人，后改户部侍郎。

吴　融　依前中书舍人。正月，改户部侍郎。十一月，暂离职
　　　　居于阌乡。

韩　偓　依前左谏议大夫。前半年迁中书舍人。十一月随昭宗
　　　　赴凤翔，旋迁为兵部侍郎、知制诰，加承旨。

张文蔚　依前中书舍人。后迁户部侍郎、知制诰。

王　溥　正月，以户部侍郎充。二月，为中书侍郎同平章事，
　　　　出院任相。

令狐涣　年初以中书舍人充。十一月，出院。

姚　洎　本年未详何官入，后为中书舍人。

天复二年（902）

薛贻矩　依前兵部侍郎。

杨　钜　依前户部侍郎。

韩　偓　依前兵部侍郎、知制诰、承旨。后改户部侍郎、知制
　　　　诰，仍为承旨。

张文蔚　依前户部侍郎、知制诰。后改兵部侍郎、知制诰。

姚　泊　依前中书舍人。

柳　璨　约本年自左拾遗充。

天复三年（903）

薛贻矩　依前兵部侍郎。二月，出贬为峡州司户。

杨　钜　依前户部侍郎。

韩　偓　依前户部侍郎、知制诰、承旨。二月十一日，出贬濮州司马。

张文蔚　依前兵部侍郎、知制诰。下半年，加承旨。

姚　泊　依前中书舍人。二月，出贬，为景王府咨议。

柳　璨　依前左拾遗。

吴　融　正月，复入院。二月，为承旨。下半年离职出院。

沈栖远　约本年人，为左谏议大夫、知制诰。

天祐元年（904）

杨　钜　依前户部侍郎。正月，以左散骑常侍出院。

张文蔚　依前兵部侍郎、知制诰、承旨。冬，改礼部侍郎，出院，以备明春知举。

柳　璨　依前左拾遗。正月乙巳，以右谏议大夫同中书门下平章事，出院任相。

沈栖远　依前左谏议大夫、知制诰。五月，以病辞出。

封　渭　闰四月昭宗徙洛阳后，以中书舍人充。

韦　郊　上半年以中书舍人充。冬，迁户部侍郎，加承旨。

杨　注　六月丙申，以中书舍人充。后迁户部侍郎。

杜　晓　冬，以左拾遗充，转膳部员外郎。

张　策　约本年以职方郎中、史馆修撰充。

哀帝朝

天祐二年（905）

杨　注　依前户部侍郎。三月，辞职，出守本官。

封　渭　依前中书舍人。五月甲戌，出贬齐州司户。

韦　郊　依前户部侍郎、承旨。

杜　晓　依前膳部员外郎，后迁膳部郎中。六月，出守本官。冬，又以本官复入，加知制诰。

张　策　依前职方郎中、史馆修撰。下半年，改兵部郎中、知制诰。

天祐三年（906）

杜　晓　依前膳部郎中、知制诰。

韦　郊　依前户部侍郎、承旨。

张　策　依前兵部郎中、知制诰。可能后改中书舍人。

张　衍　四、五月间以左拾遗充。

天祐四年（907）

杜　晓　依前膳部郎中、知制诰。三月，入梁，仍在院，迁中书舍人。

韦　郊　依前户部侍郎、承旨。三月，入梁，仍在院。

张　策　依前中书舍人。三月，入梁，仍在院，迁工部侍郎、承旨。

张　衍　依前左拾遗。三月，入梁，出院，仕为考功郎中。

图书在版编目 (CIP) 数据

唐翰林学士传论·晚唐卷 / 傅璇琮著. —沈阳：辽海出版社，
2007.10（2018.3 重印）

ISBN 978-7-80711-998-2

Ⅰ. 唐… Ⅱ. 傅… Ⅲ. 政治人物—列传—中国—唐代
Ⅳ. K827=42

中国版本图书馆 CIP 数据核字 (2007) 第 162670 号

唐翰林学士传论·晚唐卷（全二册）

责任编辑	徐桂秋	
责任校对	王　清	
开　本	155mm×230mm	1/16
字　数	520 千字	
印　张	42.75	
版　次	2018 年 3 月第 2 版	
印　次	2018 年 3 月第 1 次印刷	

出　版	辽海出版社
印　刷	天津兴湘印务有限公司

ISBN 978-7-80711-998-2　　　　定价：99.00 元（全二册）